# SEGELN AUF SEE

*Theorie und Praxis des Fahrtensegelns*

Wilfried Erdmann
– Herausgeber –

Michael Bohmann
Erdmann Braschos
Dr. Jürgen Hauert
Erik v. Krause
Joachim F. Muhs
Günter Wabbel

Delius Klasing Verlag

Die Deutsche Bibliothek – CIP-Einheitsaufnahme

**Segeln auf See:** Theorie und Praxis des Fahrtensegelns/
Wilfried Erdmann (Hrsg.). Bohmann ... – Bielefeld:
Delius Klasing, 1995
ISBN 3-7688-0726-6
NE: Erdmann, Wilfried [Hrsg.]; Bohmann, Michael

2., überarbeitete Auflage
ISBN 3-7688-0726-6

© Copyright by Delius, Klasing & Co., Bielefeld
Titelbildgestaltung: Siegfried Berning
Gesamtherstellung: Kunst- und Werbedruck, Bad Oeynhausen
Printed in Germany 1995

# VORWORT

Bücher vom Fahrtensegeln gehören zum Seesegeln wie Sturmfock und Kompaß. Seit über 100 Jahren – zuerst natürlich in England – wird regelmäßig publiziert. In all diesen immer dicker und aufwendiger produzierten Fachbüchern haben Veränderungen im Yachtbau, in der Navigation, in der technischen Entwicklung insgesamt eine wichtige Rolle gespielt.

Auch dieses Buch, mit Beiträgen von sieben Autoren, allesamt in der Branche tätig, hat sich zum Ziel gesetzt, Kenntnisse über den derzeitigen Stand des Bootsbaus, der Ausrüstung und des Zubehörs zum Seesegeln zu vermitteln. Über diesen Aspekt hinaus behandelt es die Neuheiten im Bereich Elektronik, Elektrik und anderer Bordtechnik. Denn wir wissen ja: Schiffe werden heutzutage nicht nur größer, schöner, teurer, sondern vor allem komplizierter in der Ausrüstung. Darauf einzugehen, erscheint uns wichtig, meist mit eigenen Erlebnissen und Erfahrungen. Aber auch einzugehen auf allgegenwärtige See- und Segelsituationen wie beispielsweise Schwerwettersegeln, den richtigen Trimm, Umgang mit der Sicherheit, Routenplanung, Crew und Wache. Schwierigkeiten werden nicht verschwiegen, denn: Fahrtensegeln ist nicht nur fabelhaft.

Gleichwohl: Die Bedeutung des Reisens unter Segeln hält auch im Zeitalter der Computer und Satelliten unvermindert an. Derzeit sollen in der Tat rund 2500 Deutsche ständig „unter Segeln stehen", das heißt unterwegs sein – im Mittelmeer, in der Karibik und sonstwo. Hinzu kommen noch all die Crews, die sich einen kompletten Sommer „offshore" leisten. Segeln und Leben an Bord, in Freude und Freiheit, auf dem Meer, in Buchten und Häfen haben nichts von ihrem Reiz eingebüßt. Auch wenn die Fremde nicht mehr so einsam und idyllisch ist: Der Wind ist weiterhin umsonst und das Meer unendlich. Offenbar macht gerade die einmalige Kombination Sport, Technik, handwerkliches Geschick das Segeln so attraktiv.

Es hilft nichts: Will man locker und sicher Meer und Boot genießen, muß man sich theoretische und praktische Kenntnisse vorher erarbeiten. Was bei der Abfahrt vergessen wird, läßt sich häufig unterwegs nicht nachholen. Hochseesegeln zählt zudem nicht zu den Tätigkeiten, die sich im Handumdrehen erlernen lassen, dazu ist das Thema zu komplex. Schon der Gesichtspunkt, daß es zu vielen Dingen an Bord verschiedene Ansichten gibt, die wiederum alle richtig sein können, macht die Sache nicht einfach. Grundsätzlich gilt nach meiner Erfahrung: Auf See und im Wind ist alles erworbene Wissen niemals endgültig.

Wir „Sieben" haben gern an den Themen dieses Buches gearbeitet, das in einer Zeit, in der kein Mangel an Informationen herrscht, ein redlich erarbeitetes Inventar des Fahrtensegelns darstellt.

*Wilfried Erdmann*

# INHALT

Vorwort...................... 5


*Erdmann Braschos:*
DIE FAHRTENYACHT            9

Die Entscheidung für eine Yacht
und ihre Rumpfform................. 10
Baumaterialien der Fahrtenyacht .......... 23
Mast, Baum und Spieren............. 28
An Deck ................. 40
Unter Deck ................. 57
Die Ausrüstung ................. 71
Die Mannschaft................. 82


*Michael Bohmann:*
PRAXIS DER SEEMANNSCHAFT            105

Verhalten in schwerem Wetter ............ 106
Sicher durch den Sturm............ 120
Mann über Bord ............ 126
Festmachen ohne Streß ............ 129
Anlegen unter Segeln............ 139
Anker und Ankermanöver............ 141
Segelgarderobe und Segelreparaturen.......... 149
Windfahnensteuerungen............ 157

*Wilfried Erdmann:*
DAS WETTER            167

Einleitung................. 168
Atmosphäre ................. 170
Luftdruck................. 172
Wolken ................. 174
Wind ................. 177
Windsysteme................. 179
Routenplanung ................. 189
Seegang................. 197
Meeresströmungen ................. 201
Logbuch ................. 204
Wetterkarte ................. 205
Wettervorhersage ................. 208
Gezeiten ................. 209
Wetterregeln ................. 214

*Erik v. Krause:*
NAVIGATION            215

Einführung ................. 216
Hilfsmittel der Navigation ............ 216
Terrestrische Navigation ............ 228
Funkpeilung ................. 238
Elektronische Navigationsverfahren.......... 239
Astronomische Navigation............ 245
Elektronische Datenverarbeitung an Bord............ 259

*Joachim F. Muhs:*
STROM AN BORD 261

Einleitung .................................................. 262
Stromverbraucher ..................................... 264
Stromspeicher .......................................... 267
Energiebilanz ........................................... 269
Batterieladung .......................................... 273
Kabelnetz ................................................ 281
Motorelektrik ........................................... 289
Anhang .................................................... 294

*Günter Wabbel:*
GESETZE REGELN DEN VERKEHR 295

Ausweich- und Fahrregeln ........................ 296
Wer ist ausweichpflichtig? ....................... 300
Verhalten in Verkehrstrennungsgebieten
und engen Fahrwassern ............................ 303
Verhalten gegenüber der Großschiffahrt ..... 304
Ich fahre nicht bei Nebel! ........................ 305
Beleuchtung und Signalkörper ................... 306
Schallsignale ........................................... 309
Schiffspapiere .......................................... 311
Behörden und Institutionen für die Seeschiffahrt .. 315
Zollvorschriften und Einreiseformalitäten ........... 315
Gesetze von „Sicherung der Seefahrt" bis
„Bergung und Hilfeleistung" ..................... 316

*Dr. Jürgen Hauert:*
GESUNDHEITSSTÖRUNGEN AN BORD 323

Gesundheitsvorsorge ................................ 324
Behandlungshinweise ............................... 325
Bordapotheke .......................................... 335

Bildnachweis ........................................... 339
Die Autoren ............................................. 340

# DIE FAHRTENYACHT

ERDMANN BRASCHOS

# DIE ENTSCHEIDUNG FÜR EINE YACHT UND IHRE RUMPFFORM

Bei der Entscheidung für eine Yacht und ihre Rumpfform ist zunächst genau zu bedenken, was man möchte: mit ein paar seefesten Segelfreunden entschlossen gegen Wind und Wellen anbolzen, weite Reisen über die offene See durchführen oder sich mit Familie und Freunden an sonnigen Segelnachmittagen raumschots unter südlicher Sonne von Bucht zu Bucht treiben lassen?

Auch das typische Wellenbild des vorwiegend besegelten Revieres sollte man sich vergegenwärtigen: Während sich in der Ostsee zum Beispiel eine Yacht unter 12 Meter Länge in den kurzen, steilen Wellen des flachen Gewässers mit kurzen Anlaufstrecken für den Seegang leichter tut, empfiehlt sich für den Atlantik oder das Mittelmeer mit entsprechend größeren Wellenamplituden (Abstand von Wellenkamm zu Wellenkamm) ein längeres Schiff, mit dem sich höhere Durchschnittsgeschwindigkeiten im Laufe längerer Seereisen erzielen lassen. Außerdem liegt ein Schiff mit langer Wasserlinie insgesamt ruhiger im Wasser als eine kleine Yacht.

Die Entscheidung für eine Fahrtenyacht, die gut segeln soll, dürfte vor allem eine Entscheidung für ihre Linien, also ihre Rumpfform sein. So empfiehlt sich vor dem Kauf einer Yacht – sei sie nun gebraucht oder werftneu – die genaue Betrachtung ihrer Linien.

Wer also im Norden segelt und eine Kreuz auch bei mehr Wind und Seegang nicht aufgeben möchte, sollte nach einem solide gebauten Schiff mit guten Am-Wind-Eigenschaften schauen. Für diesen Zweck werden die schlanken, eleganten Linien nordischer Bootstypen nicht umsonst von vielen erfahrenen Seglern bevorzugt. Ihre Merkmale: ein V-förmiges, auch in ruppige Seen weich einsetzendes Vorschiff ohne allzuviel Überhang, ein mäßig breiter Trapez- oder U-förmiger Hauptspant bei modernen Kurz- oder Flossenkielern oder ein S-förmiger Hauptspant mit breiter Bilge bei Langkielern und Yachten mit gemäßigtem Langkiel.

**Das Folkeboot zeigt die klassische Linie der bewährten Fahrtenyacht (oben).**

**Schlank und schnell: nordischer Bootstyp mit guten Am-Wind-Eigenschaften.**

Solche Yachten können eine ganze Menge Wind vertragen und halten auch mal die abrupte Bekanntschaft mit dem Granitrücken des skandinavischen Schildes aus. Das kann durchaus ein Kriterium bei der Auswahl einer Yacht sein, wenn die Reise in seemännisch anspruchsvolle und navigatorisch problematische Gewässer geht. Einen leichten Knuff unter den Kiel sollte die Yacht dann schon vertragen können.

Wer dagegen in südlichen Gefilden segelt, bei den vorwiegend leichten Winden unter dem nahezu konstanten sommerlichen Hoch über dem Mittelmeer, wird eher nach einer Yacht mit guten Leichtwind- und Raumschotseigenschaften suchen. Die Merkmale: ein flaches Unterwasserschiff mit – bezogen auf die Länge über alles – maximaler Wasserlinienlänge, das heißt ein annähernd senkrechter Vorsteven und eine kleine, unter dem Rumpf hängende Ballastflosse. Die relativ breite Mittschiffssektion sorgt für eine hohe Form- und Anfangsstabilität, einen entsprechend reduzierten Ballastanteil und ein sich flach nach achtern hin erstreckendes Unterwasserschiff mit untergehängtem Spatenruder.

Während die schlanken, nordischen Linien harmonisch ausgewogener Rümpfe mit V-förmigem Vorschiff gute Am-Wind-Eigenschaften versprechen, gewährleisten die modernen, vorwiegend französischen Yachtkonstruktionen (etwa der Werften Beneteau oder Jeanneau) gute Raumschotsgeschwindigkeiten. Am Wind dagegen enttäuschen solche Yachten mit ihren vollen Linien. Die flachen, breiten Rümpfe setzen bei Wind und Seegang hart ein, was die Geschwindigkeit durch das Wasser merklich bremst. Da das Volumen des in das Wasser einsetzenden Vorstevens nicht, wie bei traditionellen oder nordischen Rumpfformen, kontinuierlich, sondern abrupt zunimmt, neigen diese Yachten bei hartem Wetter hoch am Wind zum Schlagen. Der tiefe Vorfuß traditioneller Fahrtenyachten meistert solche Anforderungen besser, denn er bremst die Abwärtsbewegung des Vorstevens frühzeitig und harmonisch ab.

Der entscheidende Grund für die Wahl eines relativ hochbordigen Vorschiffes mit annähernd senkrechtem Vorsteven ergibt sich aus den großen Komfortbedürfnissen, die heute bereits an Yachten mittlerer Größe (um 10 Meter Länge) gestellt werden. Ein Yachtkonstrukteur, der dem Käufer seines Designs bereits im Vorschiff volle Stehhöhe bieten möchte, ohne die Decksfläche mit allzu großen und hohen Aufbauten oder Deckshäusern einzuengen, der wird eine hochbordige Yacht zeichnen müssen: eine Yacht mit annähernd senkrechtem und hoch aus dem Wasser ragendem Vorsteven eben. Im Interesse großer Raumschotsgeschwindigkeiten wird dann, bezogen auf die Länge der Yacht, die maximale Wasserlinienlänge gewählt. Auch dies schreibt dem Konstrukteur beinahe zwingend die Wahl eines steil aus dem Wasser ragenden Vorstevens vor.

Der traditionelle, scharf geschnittene Klippersteven, wie er aus der Segelschiffahrt in den Yachtbau übernommen wurde, ist für sein weiches Einsetzen selbst in rauhe See bekannt. Der Nachteil: Ein Klippersteven bringt relativ viel Überhang und somit zusätzliches Gewicht am vorderen Schiffsende. Jedes Kilo weit außerhalb des Schwerpunktes der Yacht erhöht aber

**Läuft raumschots ganz passabel und bietet viel Platz unter Deck: eine französische Großserienyacht.**

**Die Anmut der klassisch eleganten Fahrtenyacht. Eine unverwüstliche S&S-Konstruktion.**

die Neigung des Schiffes zum Stampfen und damit zum besonders tiefen Eintauchen des Vorschiffes. Unter rein seglerischen Gesichtspunkten wird man sich also kaum für eine Yacht mit ausgeprägtem Klippersteven entscheiden – eher aus ästhetischen Gründen: Er erinnert an die große Zeit der Segelschiffahrt und vermittelt eine besonders schiffige Anmutung.

Bis in die 70er Jahre hinein galt der leicht angedeutete Klippersteven als stilbildendes und selbstverständliches Detail moderner Fahrtenyachten. Der Längsriß eines Schiffes mit angedeutetem Klippersteven – etwa aus der Hand angelsächsischer Konstrukteure – verleiht der Yacht eine beinahe schon aggressiv anmutende Silhouette. Man vergleiche unter ästhetischen Gesichtspunkten nur einmal eine Serienyacht der Werft „Camper & Nicholson" (wie sie heute leider nicht mehr gebaut wird) mit einer modernen Großserienyacht aus Frankreich.

### Kiele

Bis Anfang der 70er Jahre galt der Langkieler oder die Yacht mit einem gemäßigten Langkiel als unabdingbar für sichere Seereisen. Denn bis dahin war das Design der sicheren Fahrtenyacht dem Bau traditioneller Arbeitsboote angenähert, die in der Regel aus Holz gebaut wurden. Was sich in Stürmen und im seemännischen Alltag einmal bewährt hatte, wurde über Jahrzehnte hinaus bewahrt. Fahrtenyachten durften in der Herstellung nicht allzu teuer werden und sollten auch nach einer heftigen Grundberührung manövrierfähig bleiben. Folglich galten Yachten mit langen, sich vom Vorschiff bis unter das Achterschiff erstreckenden Kielen als Optimum: preiswert zu fertigen, mit großer Bilge und mit in seiner ganzen Länge geführtem und von vorne durch den Kiel geschütztem Ruder. Der

Hauptspant früherer Arbeitsboote (Fischer- und Lotsenboote) wurde also stilbildend für den Yachtbau und glich – idealisiert – einem großen, geschwungenen „S".

Im Laufe der 70er und 80er Jahre wurden die Kiele – beeinflußt durch den Yachtbau aus Kunststoff – immer kürzer, schmaler und gewagter. Heute scheint der Flossenkiel das Optimum zu sein: mit niedrigem Ballastschwerpunkt, minimierter Abdrift und einer stark reduzierten wasserbenetzten Fläche. Der Nachteil ist, daß Flossenkiele schon bei Yachten mittlerer Größe einen Tiefgang von 1,50 bis 2 Metern verlangen. Ein Tiefgang von mehr als 2 Metern ist aber für Fahrtensegler kaum mehr akzeptabel. Zu viele reizvolle Häfen und idyllische Ankerplätze bleiben dem Segler unzugänglich, wenn eine Barre besonders tiefgehenden Yachten die Ansteuerung verwehrt, oder wenn Fahrwasser oder Hafenbecken zu flach sind.

**Flossenkiel mit unten angedickter Kielsohle: niedriger Ballastschwerpunkt bei reduziertem Tiefgang.**

**Der gemäßigte Flossenkiel – eine Kreuzung aus traditionellem Lang- und modernem Kurzkiel. Nicht besonders schnell, aber sehr belastbar.**

Die Lösung des Problems: Der Kiel wird an der Sohle, seinem unteren Ende, angedickt und mit einer Art Bleibombe versehen. Eine besonders strömungsgünstige Variante ist der sogenannte Scheelkiel.

### Der Kielschwerter

Bei uns in Europa ist der Kielschwerter etwas in Vergessenheit geraten. In den USA jedoch werden nach wie vor kleine und große Fahrtenyachten (etwa die legendär schönen „Hinckleys") als Kielschwerter angeboten.

Der Nachteil des Kielschwerters ist, daß man mehr Mechanik an Bord hat. Einen soliden Flaschenzug zum Beispiel, eine Achse im Schwertkasten, einen Schlitz im Kiel und natürlich einen Schwertkasten mit all seinen Problemen der Führung des Schwertes. Bei der Gestaltung des Salons muß – zumindest auf kleinen Kielschwertyachten – auf den Schwertkasten Rücksicht genommen werden. Allerdings ist ein Schwert eine interessante Bereicherung für den Trimm der Yacht, wenn durch Aufholen bei viel Wind etwa die Steifigkeit bei mehr Abdrift erhöht werden kann.

In Tidengewässern sind sie auch heute noch eine interessante Lösung des uralten Problems von Tiefgang und brauchbaren Am-Wind-Eigenschaften. Ein Kielschwerter ist nicht ganz so steif wie ein Flossenkieler mit seinem optimal niedrigen Ballastschwerpunkt. Da aber der Yachtbau unserer Tage ohnehin sehr auf die Breite und Formstabilität der Schiffe setzt und der Ballastanteil entsprechend reduziert wird, dürfte allein unter dem Gesichtspunkt der Steifigkeit kaum etwas gegen den Kielschwerter sprechen. Und daß er eine seetüchtige Kielvariante ist, das beweisen die vielen Langfahrten und Weltumsegelungen mit Kielschwertern, unter anderem durch das Ehepaar Koch mit der gerade 9 m langen „Kairos" und Wilfried Erdmann mit der gerade 7,5 m langen „Kathena". Ein mittelgroßer,

In den USA beliebt: der Kielschwerter (oben). Ein neuralgischer Punkt des Kielschwerters: In punkto Steifigkeit und Endstabilität ist der Kielschwerter Schiffen mit langem Hebelarm unter Wasser unterlegen (Mitte). Im Flachen wenig Tiefgang, auf See ein effizientes Unterwasserschiff. Ein Schwenkkieler aus der Feder Georg Nissens (links).

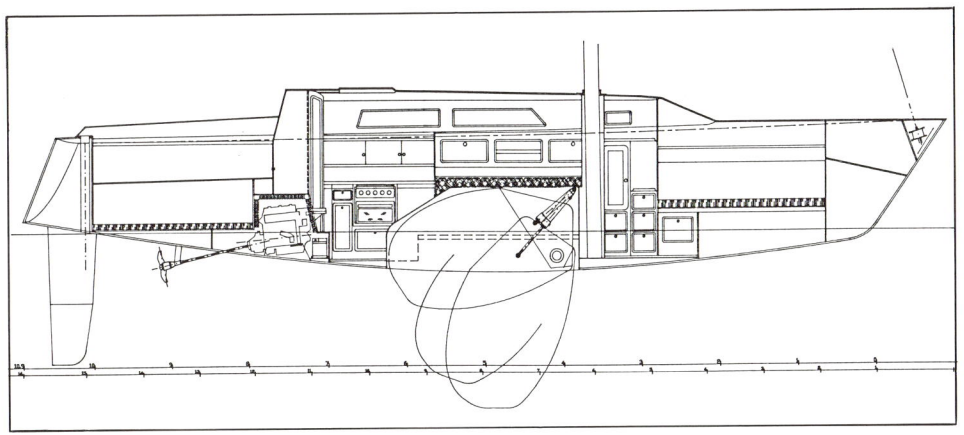

etwa 10 Meter langer Kielschwerter geht bei aufgeholtem Schwert nur einen Meter tief, segelt in tiefem Wasser am Wind aber mit einer 2 Meter in das Wasser hinabreichenden Lateralfläche. Die Kielschwertyacht ist somit eine nach wie vor interessante Kombination brauchbarer Segeleigenschaften mit geringem Tiefgang am Anker- oder Liegeplatz.

### Der Flügelkiel bei Fahrtenyachten

Ausgelöst durch den Sieg des australischen 12ers im America's Cup mit seinem vieldiskutierten Flügelkiel wird seit Ende der 80er Jahre auch manche Fahrtenyacht mit solch futuristisch anmutendem Flügelkiel angeboten. Ähnlich jedoch wie auf den Regattabahnen ist der Flügelkiel im wesentlichen eine psychologische „Waffe", denn ein zusätzliches Geschwindigkeitspotential ist nicht nachweisbar. Der Flügelkiel ist lediglich ein Verkaufsargument für die Werften in einem hart umkämpften Markt und somit eher ein modisch schickes Attribut als ein spürbarer hydrodynamischer Vorteil. Er wirkt allein im Zusammenspiel mit extrem viel verdrängenden Konstruktionen wie den bleischweren Zwölfern mit einem extrem hohen Ballastanteil innerhalb der vorgegebenen Formelkorsetts. Unter dem Rumpf solch schwerer Yachten dämpft er das Stampfen.

Dem Fahrtensegler bringt der Flügelkiel im Grunde nur Nachteile in der seemännischen Praxis. Schon an Bord eines modernen Flossenkielers mit achtern aufgehängtem freistehenden Spatenruder schwitzt man „Blut und Wasser", ob sich bei der Berührung mit Fischernetzen oder einer treibenden Mooring das Unterwasserschiff der Yacht verheddert hat. Diese Angst ist beim Flügelkiel ungleich größer.

Wie sieht dagegen erst eine Grundberührung einer flügelkielbewehrten Yacht aus: Die seitlich abstehenden Ballastflügel können verbiegen und die Geradeausfahrt der Yacht beeinträchtigen. Und schließlich ist das Auf- und Abslippen sowie das Aufpallen einer Yacht mit Flügelkiel aufwendig und verlangt besonders viel Umsicht beim Kranen.

### Flossenkiele mit wenig Tiefgang

Beim Bau großer Yachten haben sich nach achtern verlängerte Flossen- und Scheelkiele als Kompromiß zwischen optimal wirksamer Lateralfläche und limitiertem Tiefgang durchgesetzt.

Zweifellos schnell, jedoch von der Konstruktion – insbesondere ihrer Aufhängung – her aufwendig sind die sogenannten Upside-Down-Kiele. Sie sind an ihrer Wurzel extrem schmal gehalten und verdicken sich erst im unteren Drittel, um einen besonders niedrigen Ballastschwerpunkt zu erhalten. Diese Kiele werden ohne jeden Übergang und ohne jede seitliche Rundung winklig unter den Rumpf gebolzt. Sie können bei extremen Belastungen, wenn die Yacht etwa stunden- oder tagelang hart am Wind segelnd heftig in die Seen einsetzt, abbrechen, wie die Kenterungen der Maxiyachten „Drum" und der „Martela O. F." gezeigt haben. Denn nicht immer können die konstruktiven Probleme der Upside-Down-Kiele durch die Verwendung hochfester Materialien aufgewogen werden, und dann können die enormen Kräfte am Kiel, die nur über die kleine Fläche der Kielwurzel auf den Rumpf übertragen werden, zum Bruch führen.

Das ist bei den traditionellen Kiel- und Bilgengestaltungen, wo der Kiel in einer großen Rundung harmonisch in den Rumpf übergeht, nicht problematisch. Upside-Down-Kiele und alle anderen mit schmaler Kielwurzel oder kleinen Radien beim Übergang vom Kiel zum Rumpf sind also für Fahrtenyachten wenig geeignet, da sie aufwendige, materialintensive und nicht zuletzt kostspielige Kielaufhängungen erfordern. Außerdem bieten sie keinen oder nur wenig Platz für die Bilge, einem wertvollen und kühlen Stauraum an Bord der Fahrtenyacht.

Fazit: Die modernen, schnellen Kiele mit minimierten Querschnitten an der Kielwurzel haben im Regattasport gewiß ihre Vorteile. Für den Fahrtensegler, der Langlebigkeit und Belastbarkeit ein paar Zehntelknoten mehr Fahrt vorzieht, sind sie weniger geeignet.

Das Optimum für den Fahrtensegler dürfte der gemäßigte Flossenkiel sein, wie er zum Beispiel immer wieder unter den Konstruktionen des schwedischen Yachtkonstrukteurs Peter Norlin zu finden ist. Er hat eine waagerechte Kielsohle, was wichtig beim Trockenfallen oder beim Aufpallen der Yacht an Land ist, und er ist – trotz seiner im Vergleich zu den ganz modernen Kielen größeren wasserbenetzten Fläche – immer noch schnell. Er erfordert bei einer 12 bis 15 Meter langen Yacht noch nicht allzuviel Tiefgang (1,50 bis 2 Meter), ist solide zu konstruieren und weitgehend „crashsicher" (vor allem dann, wenn das Blei von vorne nach achtern schräg abwärtsverlaufend unter die Bilge gebolzt wird). In der Rundung der Bilge bleibt noch Platz für Tanks und kühl gelagerte Getränke. Der Sitz der Kielbolzen kann jederzeit durch Klangprobe mit dem Hammer oder mit der Taschenlampe überprüft werden. Sollte die Yacht aus irgendeinem Grund mal einen kräftigen Schluck Wasser nehmen, schwimmen die Bodenbretter auch bei Schräglage nicht sofort auf. Bei einer heftigen Grundberührung scheren die Kielbolzen nicht ab, da die Kraft des Stoßes von vorne auf die Schräge des Kieles verteilt weitergegeben wird.

Es gibt einige Werften, die den Ballast in die Kunststoffschale integrieren, anstatt ihn außen unter die Bilge zu bolzen. Dies geschieht, um die Gefahr, daß der Kiel in extremen Situationen abgeschert wird, zu reduzieren.

Dieser Vorteil erscheint mir, gegenüber dem Nachteil, daß in das einmal beschädigte Laminat Wasser eindringt, gering zu sein. Eher würde ich einen deformierten Bleikiel in Kauf nehmen, der sich im Winterlager der Yacht bequem wieder in die alte Form spachteln läßt. Außerdem erhöht das Laminat um den Kiel den Querschnitt und somit den Wasserwiderstand wesentlich. Dieser Gesichtspunkt ist bei Aluminium- oder Stahlyachten angesichts der dünnen Wandstärken

für die Bleiummantelung zu vernachlässigen. Beim Bau moderner Kunststoff-Fahrtenyachten aber werden die meisten Kiele ohnehin untergebolzt.

## Die Achillesferse der Fahrtenyacht: das Ruder

Bei traditionellen Fahrtenyachten mit durchgehendem Kiel ist die Anordnung des Ruders vorgegeben. Es wird am Ende des Kiels aufgehängt und in seiner ganzen Länge geführt. Das ist eine solide, jedoch nicht sehr strömungsgünstige Konstruktion mit großer wasserbenetzter Fläche und nicht immer befriedigendem Wirkungsgrad. Diese Langkieler gelten nicht umsonst als besonders kursstabil, denn sie zeichnen sich durch ihr behäbiges Verhalten auf See, ihre sprichwörtliche Gemütsruhe und ihren altbewährten „Geradeauslauf" aus. Dieses Verhalten hat im Hafen jedoch seine Nachteile. Die Ruderwirkung setzt bei Hafenmanövern auf engem Raum oft den entscheidenden Augenblick zu spät ein.

Allein unter dem Gesichtspunkt der Kursstabilität übrigens sind die modernen Kiel-Ruderkonfigurationen des geteilten Lateralplanes, von denen noch zu sprechen sein wird, ebenso kursstabil, jedoch sensibler zu steuern und reaktionsschneller bei Ruderausschlägen.

Als sich die Teilung des Lateralplanes in den 60er Jahren durchsetzte, sahen die Entwürfe zunächst Konstruktionen mit mäßig langem Flossenkiel und einem freistehenden, allerdings von einem zunächst noch großen Skeg geführten Ruder vor. Im Laufe der 70er Jahre wurde dieser Skeg dann immer kleiner, bis er, im vergangenen Jahrzehnt, bei Regatta- und modernen Fahrtenyachten ganz verschwand. Der Skeg erhöht nicht nur die Kursstabilität der Yacht, er dient auch als Abweiser von Seegras, Fischernetzen oder als Schutz des Ruders vor im Wasser treibenden Trossen. Die Anordnung des Ruders in Verbindung mit einem Skeg hat für die Fahrtensegler noch einen entscheidenden Vorteil: Es ist eine haltbare, langlebige und zuverlässige Konstruktion. Ein durch Skeg geführtes Ruder ver-

Strömungstechnisch die beste Lösung, aber für den Fahrtensegler unpraktisch: der moderne Kurzkiel. Winklig unter die Bodenwrangen gebolzt, bietet er keinerlei Platz in der Bilge und ist nicht gerade crashsicher.

biegt nicht so leicht und wird, anders als ein freistehendes Balanceruder, auch eine leichte Grundberührung verzeihen. Für den Fahrtensegler, der mit
seinem Schiff weniger bekannte und nicht vollständig
ausgelotete Buchten bevorzugt oder weite Reisen
unternimmt, ist eine sichere Ruderkonstruktion ein
wichtiges Kriterium für die Auswahl seiner Yacht.
Man bedenke, daß ein verbogener Ruderschaft, eine
unmittelbar unter dem Koker gekrümmte Ruderachse,
die Yacht manövrierunfähig machen kann. Dies kann
im schlimmsten Fall zur Strandung des Schiffes
führen.

Strömungstechnisch günstiger ist das freistehende
Balance- oder Spatenruder. Es dringt aus der Regattaszene immer mehr zur Konstruktion moderner Fahrtenyachten vor. Der Vorteil des Balanceruders ist, daß
es sich selbst bei großen Geschwindigkeiten unter
Segeln und entsprechend hohem Wasserdruck noch
leicht bewegen läßt. Läßt die Konstruktion der Yacht
einen großen Abstand zwischen den Lateralflächen
von Kiel und Ruder zu, ergibt sich auch bei Yachten
mit freistehendem Balanceruder eine hervorragende

**Das Ruder des Langkielers
ist über die ganze Länge
geführt und bei Grund-
berührungen bestens
geschützt.**

**Vertrauenerweckend: Die-
ses in der unteren Hälfte
vorbalancierte Ruder ist
nicht nur solide in Aluminium geschweißt, sondern
wird vorne zusätzlich von
einem Skeg geführt.**

Kursstabilität, gepaart mit sensiblen, unmittelbaren Reaktionen auf kleine Ruderausschläge. Der Nachteil ist, daß der große Abstand zwischen Kiel und Ruder in der Regel eine schlechte Anströmung des Ruderblattes durch den Propeller ergibt, der bei den heute üblichen Lösungen mit S-Trieb (zum Beispiel: Volvo Saildrive) direkt hinter dem Kiel und nicht unmittelbar vor dem Ruder dreht. Gerade bei Rückwärtsfahrt und Manövern mit seitlichem Wind ist es aber wichtig, daß das Ruderblatt vom nahen Propeller angeströmt wird, damit die Yacht unmittelbar Ruderwirkung bekommt und bald dreht.

Ein völlig freistehendes Balance- oder Spatenruder verlangt eine sehr sorgfältige Behandlung und viel Umsicht bei Hafenmanövern, zum Beispiel, wenn man mit der Yacht rückwärts vor Buganker in mediterraner Manier an einen Liegeplatz dieselt. Da kann das tiefgehende Spatenruder leicht im flachen Wasser auf einen Felsbrocken oder auf einen Vorsprung in der Kaimauer aufsetzen und Schaden nehmen. Der Skipper einer Yacht mit einer solchen „Achillesferse" unter dem Heck wird möglichst immer ein Crewmitglied bitten, auf dem Achterschiff stehend die Wassertiefe zu prüfen, falls er selbst nicht darauf achten kann. Der zweite Nachteil dieses modernen, zweifellos schnellen Ruders ist, daß sich im Wasser treibende Plastiktüten, Seegras und Fischernetze leicht darin verheddern können. Treibt ausgerechnet bei Ruderlage ein Fremdkörper zwischen Blatt und Rumpf, kann es sogar blockieren. Dieses – wenn auch ziemlich unwahrscheinliche – Mißgeschick kann jedoch mit der Montage eines kleinen Abweisers ohne großen Aufwand vermieden werden.

## Das Achterschiff

Das Heck traditioneller Fahrtenyachten hat, ähnlich wie ihr Vorschiff, ein im Vergleich zu modernen Konstruktionen kleines Volumen. Vorwiegend aus ästhetischen Gründen wurde es elegant, klein und schlank gehalten und weit aus dem Wasser heraus gehoben. Oft wurde es mit einem kleinen Spiegel versehen, was eine unter hydrodynamischen Gesichtspunkten nicht besonders günstige Lösung darstellt, da sie nicht das Maximum an Wasserlinienlänge und damit Geschwindigkeit bietet.

Von der Konstruktion traditioneller Arbeitsboote her hat sich das klassische Spitzgatt- oder Kanuheck eingebürgert. Yachten mit spitz zulaufendem Heck sollten besonders seetauglich sein und beim Ablaufen vor schweren Stürmen die Seen mit dem bugförmigen, leicht aufgekimmten Achterschiff zerteilen. Diese Theorie gilt mittlerweile als überholt, denn bei schwerem Wetter läuft die Yacht auch unter blanken Masten vor dem Wind in der Regel so schnell, daß die zerteilende Wirkung des Achterschiffes entfällt.

Viel entscheidender bei der Gestaltung des Achterschiffes ist heute das Volumen und Platzangebot des Achterschiffes. Wer mehrere Kojen oder eine geräumige Eignerkajüte unter dem Brückendeck, dem Cockpit oder hinter dem Steuerstand haben möchte, erhält heute Yachten mit einer solch „respektablen" Achter-

Das Spitzgattheck galt früher als Inbegriff der Seetüchtigkeit. Sein Nachteil ist das geringe Volumen im Achterschiff (wenig Stauraum, schlechter Wasserablauf).

schiffssektion. Außerdem ist das Geschwindigkeitspotential eines maximal breiten, füllig gestalteten Hecks bei windreichen Raumschotskursen höher. Am Wind bietet ein voluminöses Heck eine lange, gestreckte Wasserlinie, was ebenfalls der Geschwindigkeit zugute kommt.

Seit einigen Jahren werden in die voluminös breiten Hecks moderner Fahrtenyachten Stufen integriert. Auf der untersten Stufe stehend kann man nach einem erfrischenden Bad im Meer das Seewasser mit einer separaten, an das Heck montierten Süßwasserdusche vom Körper waschen und bequem in das Cockpit steigen. Die modernen Yachthecks mit integrierten Stufen und Badeplattform sind sicher praktisch – schön finde ich sie nicht. Man vergleiche nur einmal ein klassisches Yachtheck mit diesen kantigen „Kunststofflandschaften" im Spiegel.

## Positives oder negatives Yachtheck?

Neuerdings kommt das klassisch negative Yachtheck von früher wieder in Mode – vor allem bei großen und gediegenen Fahrtenyachten, deren Designer die konservative Linie der Yacht unterstreichen wollen.

Die „Swan 61", die kleinere Schwester „Swan 55" und die von German Frers gezeichnete „Hallberg-Rassy 45" haben solche Hecks. Ihr Vorteil ist der Zugewinn an Decksfläche auf dem Achterschiff, da das Deck achtern über die Abrißkante des Spiegels hinausragt. Im Hafen wird das Achterdeck als Abstellfläche für Landschuhe und Einkäufe, beim Manövrieren für wurfbereit liegendes Tauwerk gebraucht. Auf See oder in Badebuchten eignet es sich zum Lesen, Faulenzen und Sonnen. Der Nachteil ist das zusätzliche Gewicht am Schiffsende.

Das entscheidende Argument für das positive Yachtheck mit seinem „racing appeal" hat deshalb für Fahrtensegler nur Nachteile.

Die Entscheidung für das positive, „schneller aussehende" Yachtheck oder das ein wenig bieder wirkende negative Yachtheck ist natürlich auch eine Geschmacksfrage. Der Vergleich zeigt jedoch, daß die traditionelle Variante dem Bordleben eher gerecht wird als die moderne.

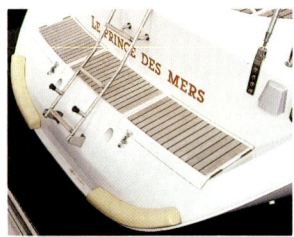

Die Freizeit- und Badelandschaft einer modernen Konfektionsyacht: praktisch, aber nicht schön.

Das traditionelle Heck der klassischen Fahrtenyacht: wenig Überhang, maximale Decksfläche (rechts).

## Mehrrumpfboote

Die komfortbetonten und unkonventionellen Ideen der seit jeher aufgeschlossenen französischen Segler schwören seit Jahrzehnten auf Mehrrumpfboote, vor allem Katamarane. Kein Wunder, daß es gleich mehrere namhafte Werften in Frankreich gibt, die sich auf die Entwicklung und Serienfertigung komfortabler Fahrtenkatamarane konzentriert haben.

Und steckt nicht in jedem Katamaran auch ein Quantum des von uns allen erträumten Südseeglücks und der Wunsch nach Unabhängigkeit auf zwei Kufen?

Aber auch nüchtern betrachtet spricht viel für die modernen Zweirümpfer – vor allem dann, wenn man sich einmal klarmacht, wie viele Tage man in idyllischen Buchten und entlegenen, romantischen Häfen verbringt und verbringen möchte, wie viele Vorzüge der Komfort und das Platzangebot der Katamarane für das Bordleben hat.

Gerade für Langfahrtsegler und Weltenbummler ist der Aspekt der Wohnlichkeit des Schiffes wichtiger als optimale Am-Wind-Eigenschaften und die klassisch-elegante Seitenansicht der Yacht. Denn so viele Vorteile der Katamaran auch hat, schön anzusehen ist er ganz gewiß nicht.

Zu der vielgepriesenen Geschwindigkeit des Katamarans sei hier jedoch gleich klargestellt: Ein mit Süßwasser, Diesel, mit Ausrüstung und Vorräten beladener Katamaran ist keineswegs so schnell, wie die Legende es will. Denn der größte Feind des Katamarans ist, ähnlich wie bei zu Fahrtenyachten modifizierten IOR-Rissen, die Zuladung. Richtig schnell sind sie nur, wenn sie leer gesegelt werden und entsprechend leicht sind. Natürlich segelt ein Fahrtenkatamaran raumschots bei frischem Wind ein paar Knoten schneller als eine herkömmliche Fahrtenyacht – jedoch geht die Geschwindigkeit platt vor dem Laken und am Wind rapide herab. Eine Kreuz bei frischem oder kräftigem Wind sollte man mit einem Fahrtenkatamaran getrost vergessen. Seglerisch ist ein Fahrtenkatamaran für eingefleischte Einrumpfsegler daher meist enttäuschend. Die Segeleigenschaften können es also nicht sein, die viele derart für den Katamaran schwärmen lassen.

Dafür hat er ganz andere Qualitäten. Etwa den geringen Tiefgang, den Komfort auf See und das verschwenderisch anmutende Platzangebot mit mehreren, wirklich voneinander getrennten Lebensräumen unter Deck.

Da wäre also erstens der Tiefgang: Wer hat vor einem drohenden Sturm auf der Seekarte noch nicht nach der wirklich rundum geschützten, hinter einer verwinkelten Einfahrt gelegenen Bucht gesucht – sie anhand der

Reichlich Platz, wenig Tiefgang und passable Raumschotsgeschwindigkeiten bietet der Fahrtenkatamaran.

Segeln auf zwei Beinen: An Bord des Mehrrümpfers lebt es sich bequem.

Küstenlinie gefunden und sich sogleich beim Studium der Tiefenangaben auf die Lippen gebissen: eine wunderbar geschützte Bucht mit Schilf an der Seite und einem kleinen Strand, einer Ortschaft in der Nähe – und der unpassierbaren, ein Meter tiefen Barre davor …

Und wer in den vergangenen Jahren mit der 2 Meter tiefgehenden Yacht einen idyllischen, geschützten Ankerplatz in einer Badebucht in der Ostsee oder im Mittelmeer suchte, um ein wenig Ruhe zu finden, sah sich bald in Gesellschaft vieler tiefgehender Yachten, die sich allabendlich in den wenigen wirklich geschützten und ausreichend tiefen Buchten versammeln. Da ist die Crew eines gerade mal 50 cm tief gehenden Fahrtenkatamarans fein heraus: Sie passiert manch' flache Barre und seichtes Fahrwasser, wirft den Heckanker und gleitet mit den kaum ins Wasser eintauchenden Vorsteven auf oder nahe vor den

Wie geschaffen für entlegene, geschützte und flache Ankerbuchten: der Katamaran (oben).

Der größte Feind des Kats ist die Zuladung, wie an den festgesaugten Hecks der Rümpfe zu sehen.

Strand. Gerade nahe genug, um die Sachen für das Barbecue von Bord an Land zu reichen.

Aber um diesen wirklich unschlagbaren Vorzug haben die Konstrukteure und Werften viele ihrer Katamarane mittlerweile gebracht: Die unter den Rumpf gebolzten Kiele für die nötige Lateralfläche gehen annähernd so tief wie kleine Fahrtenyachten oder Kielschwerter mittlerer Größe (1 bis 1,50 m). So müssen viele Buchten dann doch wieder aus der Route gestrichen werden!

Ein weiteres Plus des Katamarans ist seine Steifigkeit: Ein Katamaran schlingert und krängt nicht, sondern segelt aufrecht. Der vielzitierte Blumentopf im Salon kann stehenbleiben, die Seeventile bleiben offen, und man kann entspannt aufrecht durch die Kabinen gehen.

Das fortwährende Nicken des Katamarans bei viel Wind und Seegang führt bei entsprechender Veranlagung allerdings auch zur Seekrankheit, wie berichtet wird.

Der Katamaran bietet ein sprichwörtlich anderes Lebensgefühl an Bord: Es gibt reichlich Platz an und

Wichtig ist der Abstand zwischen der „nacelle" und dem Wasser – sonst wird es laut (oben).

Futuristisch wie die Lobby eines Weltraumbahnhofes. Blick in die „gute Stube" eines modernen französischen Fahrtenkatamarans.

unter Deck. Die Kabinen in den Seitenrümpfen sind nicht nur durch Bootsbausperrholz, sondern auch räumlich voneinander getrennt. Bei großen Katamaranen hat jede Kabine einen eigenen Sanitärraum. Man kann sich auf einem Katamaran wirklich einmal für einige Stunden vom Bordbetrieb zurückziehen. Die Franzosen sprechen von der „convivialité", dem gastlichen, großzügigen Lebensraum an Bord.

Der Salon des Katamarans befindet sich über dem Wasser schwebend zwischen den Rümpfen und erstreckt sich annähernd über die gesamte Breite des Schiffes. Er ist luftig, hell und großzügig. Durch die großflächigen Scheiben nach vorne und zur Seite hin und durch die Schiebetür nach achtern ist man am Salontisch sitzend nicht – wie bei der klassischen Einrumpfyacht – von der Außenwelt abgeschnitten, sondern genießt hoch über dem Wasser fast ungehinderte Rundumsicht.

Kein Wunder, daß sich der Katamaran deshalb besonders für Reisen mit Segelanfängern, älteren Seglern (die es meist komfortabel wünschen) und Kindern eignet.

In den Vorschiffen kann der technophile Segler dank der räumlichen Entfernung und der akustischen Trennung vom Salon eine Meerwasserentsalzungsanlage, einen Generator oder eine Waschmaschine unterbringen.

Hat jeder Rumpf seinen Antrieb, ist der Katamaran unter Motor so manövrierfähig wie ein Schottelschlepper: Er dreht auf der Stelle – auch gegen starken Seitenwind. Ein Propeller läuft dabei vorwärts, einer rückwärts.

In unseren Breiten, wo Liegeplätze teuer sind, verschlingt ein Zweirümpfer im Hafen jedoch ein kleines Vermögen. Denn ein Katamaran nimmt ohne weiteres den Liegeplatz zweier Einrumpfyachten ein.

Entscheidend für das Wohlbefinden auf See ist übrigens die Höhe der „nacelle", die Verbindung der beiden Rümpfe mit dem Boden des Salons über dem Wasser. Bei bewegter See schlägt nämlich das Wasser unter den Hohlkörper und verursacht einen unerträglichen Lärm. Etwa einen Meter sollte der Abstand zwischen Wasserlinie und Unterkante der nacelle schon betragen. Man kann sich leicht ausrechnen, daß dennoch schon bei sechs Windstärken manche Welle unter die Brücke schlägt.

**Schön sieht er nicht aus. Aber manches läßt sich auf dem modernen Zweirümpfer bequemer verrichten: etwa das Ankerbergen.**

**Der glasfaserverstärkte Kunststoff (GfK) hat den Yachtbau völlig umgekrempelt. Hier wird gerade das Interieur in den Rumpf einer Serienyacht gekrant (rechts).**

# BAUMATERIALIEN DER FAHRTENYACHT

## Kunststoff

Noch in den 60er Jahren hatten viele Segler Vorbehalte gegen Kunststoff als Baumaterial seegehender Yachten. Es war wenig erprobt und galt als häßlich, billig, unberechenbar und spröde bei extremen Beanspruchungen.

Doch längst hat der glasfaserverstärkte Kunststoff (GfK) seinen Siegeszug im Yachtbau hinter sich: Das Gros der Fahrtenyachten ist aus Kunststoff. Er ist preiswert in der Verarbeitung, vielseitig verwend- und formbar, pflegeleicht und haltbar.

GfK sieht auch nach Jahren bei umsichtiger Handhabung der Yacht noch ansehnlich aus: Vorausgesetzt, die Werft hat weder beim Einkauf noch bei der Verarbeitung des Materials geschludert oder gespart. Zwar verlangt ein GfK-Rumpf im Vergleich zu Holz oder Stahl kaum Pflege – doch hat sich längst schon herum-

gesprochen, daß GfK-Rümpfe im Laufe einiger Jahre Wasser ziehen können und daß sie zum Schutz vor Osmose von Zeit zu Zeit aus dem Wasser genommen werden sollten.

Mittlerweile ist für Fahrtensegler auch die Weiterentwicklung in der Kunststofftechnologie interessant: Kompositlaminate mit leichtem, geräuschdämmendem und besser isolierendem Kernmaterial und einer hochfesten, belastbaren Außenhaut. Beim herkömmlichen GfK hält weniger die Glasfaser als das Harz. In der Kompositbauweise ist es genau umgekehrt. So läßt sich damit bis zu 20 % des Rumpfgewichtes gegenüber herkömmlich gebauten GfK-Rümpfen einsparen. Dieses eingesparte Gewicht kann der Konstrukteur der Yacht entweder in den Kiel des Schiffes packen (was die Yacht bei gleichem Gesamtgewicht steifer und schneller macht) oder als Zuladung in den Kraftstoff-, Frischwasser- und Fäkalientanks vorsehen.

Die finnische Baltic-Werft hat sich übrigens frühzeitig um diese gewichtsparende Bauweise bei ihren Yachten bemüht. Das Ergebnis sind schnelle, gelegentlich auch auf den Regattabahnen erfolgreiche Fahrtenyachten.

Erst neuerdings hat man sich angesichts gealterter

Ein Schiff nicht nur für die sonnigen Seiten des Seesegelns: Die finnische Werft Baltic zeigt, wie eine hochwertige GfK-Yacht aussehen kann.

GfK-Rümpfe auf die Möglichkeit des Anstrichs besonnen. Die Sanierung 15 bis 20 Jahre alter Kunststoffyachten wird mittlerweile von vielen Werften angeboten. Es gibt hochwertige, kratzfeste Lacke aus dem Flugzeugbau, die sich besonders für die strapazierte Außenhaut einer Yacht eignen. Jedoch Vorsicht: einmal lackieren heißt immer lackieren! Und teuer ist es, professionell ausgeführt.

## Bläschenkrankheit Osmose

Es gibt kaum ein Thema, das den Eignern von Kunststoffyachten in den vergangenen Jahren derart ans Herz gegangen ist wie das Phänomen Osmose, die Bläschenkrankheit. Kunstoff ist zwar ein ausgesprochen pflegeleichtes Material für den Bootsbau, aber dennoch keines, das man getrost vergessen kann, wie sich gezeigt hat: Schon gar nicht, wenn die Yacht im Wasser liegt. Denn jeder Kunststoffrumpf zieht früher

oder später Wasser. Wer sein Schiff regelmäßig aus dem Wasser genommen hat, Schäden im Gelcoat sofort versiegelte, die Außenhaut regelmäßig im Unterwasserbereich konservierte, wo die Werft beim Laminieren des Rumpfes sorgfältig gearbeitet hat, dessen Schiff blieb bislang verschont. Als entscheidend erwies sich auch das Revier der Yacht. Schiffe, die lange Zeit in salzhaltigen Gewässern mit hohen Temperaturen (Mittelmeer/Karibik) lagen, deren Laminat zog eher Wasser als Süßwasserschiffe. Derzeit werden rund um die Welt sogenannte Osmosebehandlungen angeboten, dem Trend folgend, daß viele Kunststoffyachten jetzt zehn, 15 oder 20 Jahre unter dem Kiel haben und eine Generalüberholung ansteht. Natürlich ist es wichtig, Osmoseschäden frühzeitig zu erkennen und schadhafte Stellen fachmännisch zu versiegeln. Aber die teure Aufarbeitung der Außenhaut lohnt sich für den Eigner nur dann, wenn alle nötigen Arbeitsgänge in der richtigen Reihenfolge auch tatsächlich ausgeführt werden (wenn bei einem Antifouling-Anstrich mal geschlurt wird, ist das zwar ärgerlich, aber nicht so dramatisch). Nur wenige Werften liefern die Yacht nach Behandlung des Rumpfes mit einem annähernd „werftneuen" Finish der Außenhaut auch wieder ab. In der Branche der „Restaurierung von Kunststoffyachten" tut sich derzeit sehr viel, und man ist gut beraten, sich in der Szene gründlich umzuhören, aufgearbeitete Rümpfe zu inspizieren und deren Eigner zu befragen. Sollten Sie ein gebrauchtes Schiff kaufen, so erkunden Sie, wo das Schiff wie lange jährlich im Wasser gelegen hat. Es gibt ganze Jahrgänge oder Serien von GfK-Schiffen (auch von Nobelwerften!), die Osmoseschäden zeigen. Da lohnt es sich vor dem Kauf eines bestimmten Schiffstyps, Eigner von Yachten des gleichen Jahrgangs zu befragen.

## Aluminium

Aluminium ist das teuerste und für den anspruchsvollen Fahrtensegler haltbarste Material für den Bau einer Yacht.

Im Regattasport hat es allein deshalb an Bedeutung verloren, weil sich mit den extrem belastbaren, hochfesten Kunststoff-Verbundwerkstoffen heute noch leichtere und schnellere Rümpfe fertigen lassen.

Dort, wo es bei der Kollision oder Strandung einer Holz- oder Kunststoff-Yacht kracht und splittert, bleiben in der Aluminiumyacht äußerstenfalls mehr oder minder große Beulen zurück. Sie sehen zwar häßlich aus, aber die Yacht bleibt schwimmfähig.

Jedoch ist die Fertigung einer formschönen Rundspant-Aluminiumyacht eine kostspielige Angelegenheit. Außerdem verlangt eine Aluminiumyacht in der Pflege und Handhabung mehr Aufmerksamkeit als ein Kunststoff-Schiff.

Vertrauenerweckend, robust und wertbeständig: Der Doppelknickspanter ist eine günstige Variante des Aluminiumbootsbaues.

Das Gerippe aus Spanten und Stringern ist selbsttragend. Durchgehende Schotten sind nicht nötig. Dies läßt dem Eigner unter Deck besonders viel Gestaltungsspielraum.

Die Zerstörung von Aluminium durch Elektrolyse kann heute durch eine fachmännische Konstruktion des Schiffes (mit einer akribisch genauen Trennung von Metallen mit unterschiedlichen Eigenspannungen) weitgehend ausgeschlossen werden.

Wer also einen extrem belastbaren, sicheren und wertbeständigen Rumpf haben möchte, um in rauhen Gewässern segeln zu gehen, ist mit Aluminium nach wie vor am besten beraten. Ein Aluminiumrumpf ist übrigens selbsttragend und besonders steif. Das läßt unter Deck viel Spielraum zur Planung und Gestaltung des Interieurs, da auf tragende Schotten und Stützen weitgehend, wenn nicht sogar völlig verzichtet werden kann (sofern man aus Sicherheitsgründen nicht doch durchgehende und verschließbare Schotten wünscht).

Zur Konservierung des Materials braucht Aluminium übrigens nicht gestrichen zu werden. Die meisten Rümpfe werden aus optischen Gründen gestrichen und weil die Werft die beim Aluminiumschweißen entstehenden Beulen mit mehr oder minder viel Spachtelmasse glättet.

Leider sieht man vielen Aluminiumyachten sofort an, aus welchem Material sie sind. Es gibt Werften in Frankreich, in den USA und in Holland, die auf Aluminiumbauten spezialisiert sind. Beispiele dafür, welches Finish sich im Aluminiumyachtbau erzielen läßt, liefern die Werften Abeking & Rasmussen, Dübbel & Jesse oder auch Lürssen.

Wer sich einmal mit den Schwierigkeiten befaßt, Aluminiumbleche zum makellosen Finish einer Yacht zu verarbeiten, der begreift, daß diese Art des Yachtbaus eine ganz besondere Kunst ist.

## Stahl

Mindestens ebenso haltbar, allerdings schwerer und etwas günstiger im Bau sind Yachten aus Stahl. Doch muß der Stahlrumpf regelmäßig konserviert werden. Selbst kleinste Lackschäden müssen sofort gemalt werden, sonst wird die Yacht mit unzähligen Roststellen und häßlichen Rostfahnen schnell unansehnlich.

Dank seiner hohen Festigkeit ist Stahl unter Fahrtenseglern nach wie vor beliebt. Wer Törns durch schwierige, seemännisch anspruchsvolle und rauhe Gewässer plant und gegen eine kräftige Grundberührung oder gegen Kollisionen mit Treibgut gewappnet auf Reisen gehen möchte, ist mit einer Stahlyacht gut bedient.

Zwar sehen sie nicht sehr schön aus, doch sind Stahl- und Aluminiumyachten in Knickspantbauweise eine preisgünstige Variante.

## Beton

Vor zehn bis zwanzig Jahren experimentierten einige Fahrtensegler mit knapp bemessenem Budget mit Beton als Baumaterial. Beton ist jedoch ein ausgesprochen sprödes und schweres Baumaterial und hat sich folglich nicht durchgesetzt. Zwar gibt es heute noch einige Betonschiffe, die segeln, doch sei von diesem Baumaterial abgeraten.

## Holz

Holz ist ein natürliches und gewiß das schönste Baumaterial für eine Yacht. Was gibt es Attraktiveres als eine makellos glänzend naturlackierte Holzyacht mit Mahagonirumpf, Teakdeck und Mahagoniaufbauten?

Doch der Preis dieses Anblicks ist hoch: Eine gut gebaute Holzyacht ist ein fast unbezahlbares Kunstwerk – in der Anschaffung wie in der Instandhaltung. Wer ein Holzschiff selbst in Schuß halten möchte, hat im Winterhalbjahr alle Hände voll zu tun mit dem alljährlichen Abziehen des Rumpfes und einer neuen Lackierung.

Für Reisen in südliche Gewässer ist eine Holzyacht

**Das Detail verrät die Güte einer Yacht, hier: die durchdachte und materialgerechte Konstruktion eines Luks. Vorreiberverschlüsse (oben), separate, umlaufende Entwässerung des Luks (unten), Zylinder zur Arretierung im geöffneten Zustand.**

ungeeignet. Man kann förmlich dabei zusehen, wie der Lack unter der Sonneneinstrahlung von den dunklen Mahagoniteilen abspringt. In tropischen Gewässern macht zudem der Holzwurm dem Rumpf der Holzyacht zu schaffen. Zwar gibt es von früher her noch ausgeklügelte und wirksame Mittel zur Bekämpfung dieses Schädlings, doch machte die Mühe nur in Zeiten Sinn, als es noch keine preisgünstige Alternative zum Holzrumpf gab.

Eine gut gepflegte Holzyacht, deren Eigner keine Kosten und Mühen für die Instandhaltung und Pflege des Schiffes scheut, zählt zum Besten, was es derzeit auf dem Wasser gibt. Diese Schiffe zeigen auch nach Jahren noch eine glänzend mit Klarlack versiegelte Außenhaut – meist aber werden sie früher oder später weiß gestrichen, weil das Holz einmal Schaden genommen hat und nicht sofort wieder geschützt wurde.

Unter dem Gesichtspunkt der Festigkeit gesehen spricht viel für Holz: Nicht umsonst werden auch heute noch viele Regattayachten und Mehrrümpfer, die bekanntlich besonderen mechanischen Beanspruchungen ausgesetzt werden, in Holz gebaut. Außerdem läßt sich ein Schaden an einer Holzyacht meist mit Bordmitteln beheben.

Besonders interessant ist Holz als Baumaterial im Verbund mit dem von den Gougeon Brothers in den USA entwickelten „West System". Hier werden moderne Harze und Fasern mit Holz als Kernmaterial zu hochfesten Rümpfen verarbeitet. Dabei wird ähnlich wie beim Kunststoff-Kompositbau vorgegangen, nur daß das Kernmaterial sympathischer und ansehnlicher ist.

Auch wenn Holz aus Kostengründen und in Hinblick auf den Pflegeaufwand heute als Baumaterial der Fahrtenyacht nicht mehr interessant ist, so muß man an Bord einer Kunststoff-, Aluminium- oder Stahlyacht an Deck keineswegs auf Holz verzichten: etwa in der Plicht, wo Bodenbretter und Grätings, Sitzbänke und -duchten sowie die Einfassung des Sülls aus Teakholz die Yacht freundlicher und wohnlicher erscheinen lassen. Der Kajütaufbau und das Deck kann in nördlichen Gewässern ebenso mit Teakholz belegt werden. Das Schanzkleid oder die Handläufe entlang des Kajütaufbaues aus Mahagoni oder Teakholz werten auch eine nüchterne Kunststoffyacht optisch auf.

**Der neueste technische Stand im Holzbootsbau: So entsteht ein modernes, formverleimtes Schiff. Auf die ersten beiden Lagen wird mit Vakuumdruck aufgeplankt. Die Vorteile: Es gibt keine Heftklammern aus Metall im Furnier, dafür einen genau justierbaren Anpreßdruck über die Vakuumpumpe. Überschüssiges Harz wird aus dem Rumpf gesogen – die Hölzer gehen eine flächige, verwindungssteife Verbindung ein.**

**Welch einen Anblick bietet diese klassische Yacht vom Reißbrett Carlo Sciarellis, gefertigt in edlen Hölzern. Das schönste Baumaterial für ein Schiff ist und bleibt Holz.**

Das klassische Weiß ist die universellste Farbe für die Außenhaut der Fahrtenyacht.

### Die Farbgebung der Yacht

In südlichen Gewässern sollten Rumpf und Deck möglichst in einem hellen Farbton gehalten sein, damit es an und unter Deck nicht zu heiß wird. Dunkle Farbtöne bleichen unter der Sonne zudem schneller aus.

In nord- oder mitteleuropäischen Gewässern kommen auch dunkle Farbtöne, etwa das elegante Dunkelblau oder Dunkelgrün, in Frage.

Aus Sicherheitsgründen sind natürlich Rot, Gelb oder Orange die besten Farben. Denn einen in klassischem Weiß oder Dunkelblau lackierten Rumpf erkennt man auf See wesentlich schlechter als einen in Signalfarbe gehaltenen.

### Baumaterial und Radarecho

Kunststoff- oder Holzyachten ergeben auf dem Radarschirm so gut wie überhaupt kein, und wenn, dann nur ein schwaches Echo. Bei Seegang verschwindet das Echo des tief in die See gedrückten Rumpfes zudem zeitweise und ist von anderen schwachen Echos – etwa denen der Wellenberge – nicht mehr zu unterscheiden.

Grund genug für einen Radarreflektor an Bord. Er macht jedoch nur dann Sinn, wenn er fest in einer starren Position möglichst hoch montiert ist. Ein lediglich mit der Flaggleine unter der Saling vorgeheißter Radarreflektor, der bei jeder Schiffsbewegung hin und her schaukelt, dient bei schlechter Sicht eher zur Beschwichtigung der eigenen Angst als der eigenen Sicherheit. Denn mal ergibt er ein Echo, mal wieder nicht.

Am besten montiert man ihn auf dem Masttopp, wo sein Windwiderstand jedoch besonders nachteilig ist. Im Mittelmeer, wo Nebel seltener ist, würde ich eine Arretierung unter der Saling vorsehen, wo der Radarreflektor bei Bedarf starr angebracht werden kann.

## MAST, BAUM UND SPIEREN

Mast, Baum und Spinnakerbaum sollten möglichst aus Aluminium sein. Sie haben ein niedrigeres Gewicht und eine höhere Bruchfestigkeit als die früher verwendeten Holzmasten. Auch heute sind die Forschungen nach dem aerodynamisch günstigsten Profil, der optimalen Materialstärke und dem besten Querschnitt nicht abgeschlossen. Als Kompromiß wird heute das ovale Profil angesehen.

### Die Dimensionierung

Auch das Rigg eines Fahrtenschiffes muß leicht sein, denn jedes Kilo mehr im Topp nimmt der Yacht ihre Steifigkeit und erhöht die Schwungmasse über Deck, was sich vor allem im Sturm nachteilig auswirkt. Hier sollte man auf die Erfahrungswerte der Mastenbauer, Ausrüster und Takler vertrauen, um ein ausgewogenes und zueinander passendes Paket von Mastprofil und

Abstagung zu erhalten. Denn ein Rigg hält nur so viel aus wie das schwächste Glied seiner Kette.

Die meisten Masten brechen übrigens deshalb, weil sie über kurze oder längere Zeit in einer unnatürlichen, materialermüdenden Kurve gestanden haben – etwa in der Mitte nach achtern oder Lee durchhängend, da die Unterwanten zu lose waren.

Ein besonderes Augenmerk richte man auf die Beschläge, die die Zugkräfte des Riggs aufnehmen. Sämtliche Püttinge und Rüsteisen müssen durch das Deck hindurchgehen und großflächig die Kraft auf tragende Teile wie Schotten und Rumpf weitergeben. Fehlt der Unterbau oder wurde er nachlässig ausgeführt, wird das Pütting früher oder später bei viel Wind aus dem Deck herausreißen.

Früher wurde für Püttings, Fallen und Wanten verzinkte Ware genommen. Diese hat gegenüber Edelstahl den Vorteil, daß sich Ermüdungserscheinungen ankündigen (das Material dehnt und verformt sich), während Edelstahl unvermittelt bricht.

Dennoch ist Edelstahl die erste Wahl des Seglers, weil Edelstahl nicht rostet – sofern er nicht von Flugrost angegriffen wird. Deshalb sollte man von Zeit zu Zeit sämtliche Edelstahlteile an Bord mit Süßwasser abspülen, die Oberfläche reinigen und einfetten.

Der Aluminiummast sollte von innen ausgekleidet sein, damit im Aluminiumprofil schlagende Fallen keinen Lärm verursachen. Werft- und herstellerseitig sollten für das Fock- und Spinnakerfall zwei Fallaustritte vorhanden sein, damit sich die Yacht flott nachrüsten oder sich ein ausgerauschtes oder beschädigtes Fall ersetzen läßt. Später ist es mühsam, lästig und teuer, eine größere Fallscheibenbox in das Profil einzubauen.

Wichtig ist auch, daß der Drahtvorlauf des Falls zwar möglichst lang ist und an die Winsch heranreicht, damit es möglichst wenig belastetes Tauwerk (= Reck) gibt. Doch sollten weder der Übergang von Tau zu Draht, geschweige denn der Draht selbst auf der Winschtrommel liegen. Sonst halten Spleiß und Winsch nicht lange, es sei denn, es ist eine Drahtwinsch. Zeigt das laufende Gut den ersten Fleischerhaken, sollte man es im Laufe der Reise regelmäßig kontrollieren, um es rechtzeitig auswechseln zu können.

Vor- und Achterstag sowie die Backstagen sollten an Deck mit einem zusätzlichen Gelenkstück (Toggle)

Ein sauber geschweißter Aluminiummast mit materialschonend eingepaßtem Fallenkasten und solide unterbauter Topplatte.

Das entscheidende Kriterium für die Auswahl des Mastenherstellers sollte sein, ob er ein breit angelegtes, bewährtes und im Fahrtgebiet der Yacht erhältliches Baukastensystem von Ersatzteilen für das Rigg bereithält.

Bewährt und einfach: eine auf das Mastprofil genietete Klammer als Salingsfundament (oben).

Ein gutes Mastsystem hat separate Kabelkanäle für die Elektrik im Rigg (unten).

Saubere Führung des stehenden Gutes durch die Salingnock (oben).

Sollte regelmäßig inspiziert werden: die Aufhängung der Wantterminals im Mast (unten).

versehen sein, damit der Zug ungehindert und ohne das Material zu verwinden oder zu knicken weitergegeben wird. Denn so manches Stag ist bei großer Beanspruchung gebrochen, weil es nicht mit einem Toggle ausgerüstet wurde.

Wantenspanner werden mit Edelstahlsplinten oder – besser noch – mit Nirostadraht gesichert. Man achte darauf, daß die Splinte wirklich ganz in die Bohrung durch das Gewinde hineingeschoben und hinten weit aufgebogen sind. Wantenspanner, Bolzen, Splinte und Toggle werden mit einigen Lagen Gewebetesa geschützt. Sonst verletzt man sich im Vorbeigehen an den scharfen Metallkanten oder den dornenähnlichen Splinten. So manches Segel und Spinnakertuch hat entlang eines überstehenden Splints ein vorzeitiges Ende gefunden!

Immer wieder sieht man auf Fahrtenyachten durchsichtige Plastikschläuche über Wantenspanner und ein Stück des Terminals geschoben. Dies ist zwar eine praktische und billige Lösung, doch vergilben die durchsichtigen Schläuche bald und sehen häßlich aus. Besser sind die weißen Weichplastikschützer, wie sie in verschiedenen Größen im Zubehörhandel erhältlich sind.

Ragt hoch über das Deck, ist aber bewährt: der klassische Doradelüfter. Stative aus Stahlrohrbügeln schützen vor der Vorschot.

In jedem Falle müssen Spanner, Bolzen, Toggle und Splinte von Zeit zu Zeit überprüft werden, damit sich nichts unbemerkt löst. Schraubverbindungen hoch oben am Mast, die selten oder überhaupt nicht mehr geöffnet werden sollen und sich auch bei Vibrationen des Riggs nicht lösen dürfen, werden mit selbstsichernden Muttern oder mit einem Tropfen „Locktite" gesichert. Eine bewährte Methode ist es auch, den Gewindegang direkt hinter der Mutter durch einen gezielten Schlag mit dem Körner leicht zu beschädigen, so daß sich die Mutter zwar nicht von selbst löst, sich aber mit Hilfe eines Schraubenschlüssels lösen läßt.

Mit dem geeigneten Werkzeug läßt sie sich über den verletzten Gewindegang hinaus drehen, von alleine wird die Mutter sich nicht öffnen.

Von einer Ummantelung der Wanten mit einem nachträglich aufgeschobenen PVC-Schlauch – etwa zum Schutz der Vorsegel – rate ich in Gewässern, wo das Salz dem Stahl besonders zusetzt, ab. Im östlichen Mittelmeer zum Beispiel wird die Oxydation durch Salzeinwirkung und Feuchtigkeit unter dem Schlauch derart beschleunigt, daß bei Flugrosteinwirkung schon nach zwei Jahren auf dem Edelstahl Rostspuren zu sehen sind.

In das Aluminiumprofil des Mastes sollte ein separater Kabelkanal integriert sein, worin die Leitungen vor den vorbeilaufenden und schlagenden Fallen geschützt untergebracht sind.

Wichtig bei der Entscheidung für einen bestimmten Mastenhersteller sollte – abgesehen von seiner Erfahrung und dem Renommee im Mastenbau – die Breite des problemlos nachzurüstenden Systems an Beschlägen sein. Ebenso wichtig ist das Händlernetz, denn wer möchte schon im Ausland ewig einer zu ersetzenden Fallscheibe hinterhertelefonieren?

### Slup- oder Ketschtakelung?

Früher wurden sogar zwölf Meter lange Yachten zweimastig als Ketsch oder Yawl getakelt, um kleinere, unterteilte und handliche Segelflächen zu bekommen

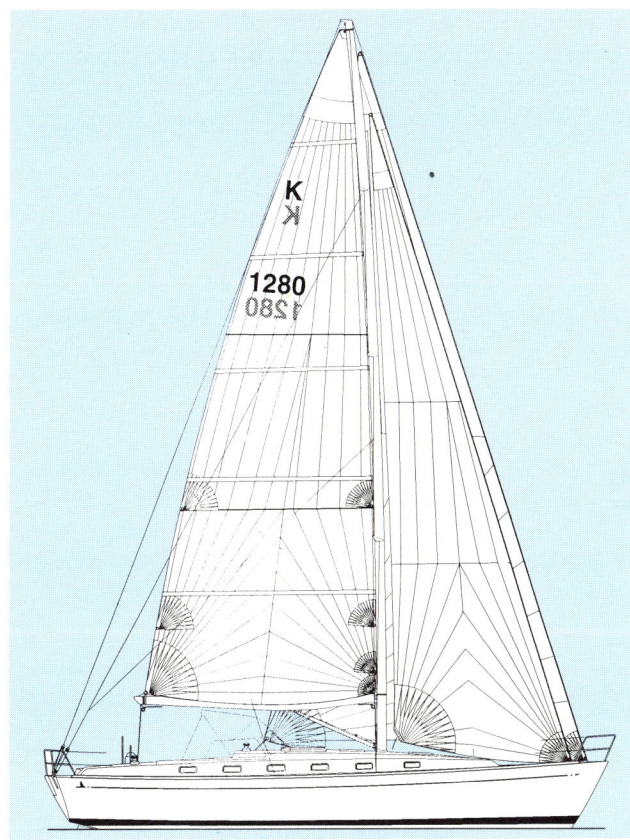

und den Segelschwerpunkt niedrig zu halten. Wer jemals in einem handfesten Sturm mit blanken Masten „gesegelt" ist, weiß die Vorteile einer kurzen Takelage mit möglichst geringer Schwungmasse über Deck zu schätzen. Denn die Yacht mit hohem Mast bietet wesentlich mehr Windwiderstand und wird in den Wellen wesentlich mehr schlingern.

Man schaue sich nur einmal in den Häfen eines windreichen und seemännisch schwierigen Revieres um – etwa im Englischen Kanal. Zuerst meint man, die Yachten seien alle untertakelt, bis man auf See bei den vorherrschenden frischen Winden sehr bald spürt, daß man als Fahrtensegler mit kleinerer Normalbesegelung gut bedient ist.

Im Grunde beantwortet sich die Frage nach der Größe

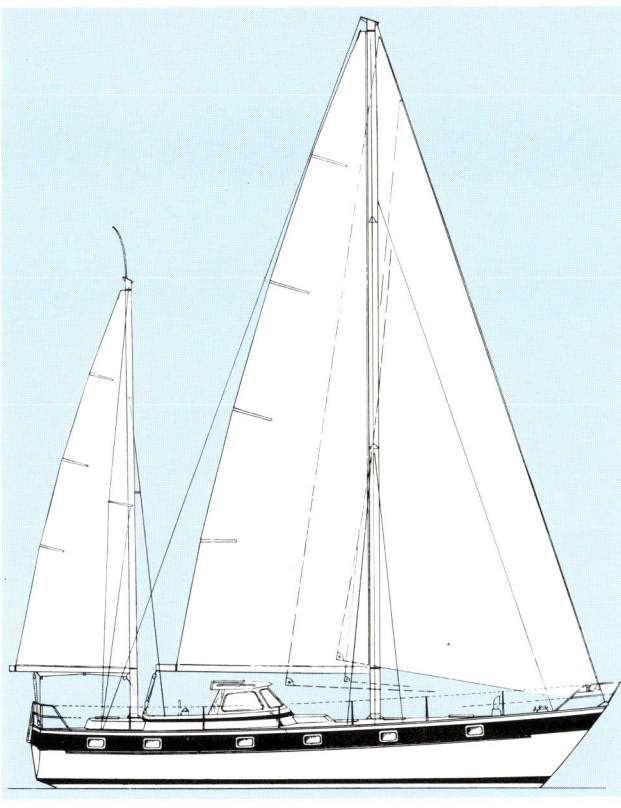

So sieht die moderne, kuttergetakelte Fahrtenyacht aus: dicht hintereinander angeordnete Vorstagen mit großer Leichtwind-Genua und effizienter, hoch geschnittener Selbstwendefock. Ein leistungsfähiger, dabei bequemer Segelplan (oben links).

Früher war die Ketsch des Fahrtenseglers erste Wahl. Allerdings ist die Sluptakelung viel effizienter. Selten sieht man den Besan auf See tatsächlich einmal gesetzt (links und oben rechts).

des Riggs und der Art der Takelung durch das vorwiegend besegelte Revier: Wer auf dem Bodensee segelt oder sein 7 bis 8 Meter langes Schiff alljährlich für den Urlaub an die Adria oder Cote d'Azur trailert, wird mehr Segelfläche und ein entsprechend größeres Rigg vorsehen als der Nordseesegler, dessen Törns ihn bis nach Norwegen oder England führen.

Dennoch: Anders als früher entscheidet man sich heute bei mittelgroßen und größeren Yachten eher für die Slup als für eine zweimastige Takelung, denn der Besan wird meistens spazieren gefahren und macht sich auf Dauer zum Anbringen des Sonnensegels oder der Wäscheleine nützlicher als zum Segeln.

### Die Slup

Von der Handhabung und Pflege her am einfachsten ist die slupgetakelte Fahrtenyacht. Der Mast wird von einem Vor- und Achterstag sowie den Wanten gehalten. Ist der Mast einmal gesetzt und stimmt der Zug auf Wanten und Stagen, kann man den Mast der hochgetakelten Slup – von den Wartungs- und Inspektionsarbeiten einmal abgesehen – ziemlich vergessen. Er steht wie ein Schornstein gerade auf der Fahrtenyacht – fertig.

Der Nachteil der Slup bei bereits mittelgroßen Yachten ist die Größe der Vorsegelfläche, die sich aus dieser Takelung zwingend ergibt: Die Genua ist 50 oder mehr Quadratmeter groß und von einer kleinen oder unerfahrenen Crew kaum mehr zu beherrschen. Zwar werden heute an Bord so gut wie aller Fahrtenyachten die Vorsegel gerollt, so daß das Handling großer Tücher kein besonderes Problem mehr darstellt, doch sollte allein schon aus Sicherheitsgründen bedacht werden, daß eine Rollanlage einmal aussetzen oder sich unerwartet aufrollen kann. Dann muß das große, im Starkwind wild schlagende Tuch von der Crew geborgen werden können!

Für den Fahrtensegler ist deshalb die bewährte Kuttertakelung sinnvoll: Ein zweites, inneres Vorstag (vom Vordeck aus zum oberen Drittel des Mastes verlaufend) trägt ein kleineres Vorsegel. Frischt es unterwegs

auf, wird das äußere Vorsegel geborgen (weggerollt), und man läßt die Fock stehen. Läßt der Wind nach, rollt man den Klüver wieder aus.

Besonders reizvoll an der Kuttertakelung ist, daß man sich manchen Vorsegelwechsel erspart, einen niedrigen, zur Schiffsmitte hin konzentrierten Segelschwerpunkt erhält, mit guten Am-Wind-Eigenschaften, da die Fock meist überlappt und mit dem Großsegel zusammen ein aerodynamisch günstiges Profil ergibt.

Die – wie ich meine – einzigen Nachteile der Kuttertakelung: Beim Über-Stag-Gehen bleibt der Klüver am inneren Vorstag hängen, das Tuch leidet beim Scheuern und: Bei viel Wind muß der Zug des inneren Vorstags auf das obere Drittel des Mastes nach achtern durch zusätzlich zu setzende Backstagen ausgeglichen werden.

**Sind die Salinge nach achtern gepfeilt, kann auf kleinen und mittelgroßen Fahrtenyachten auf Backstagen verzichtet werden.**

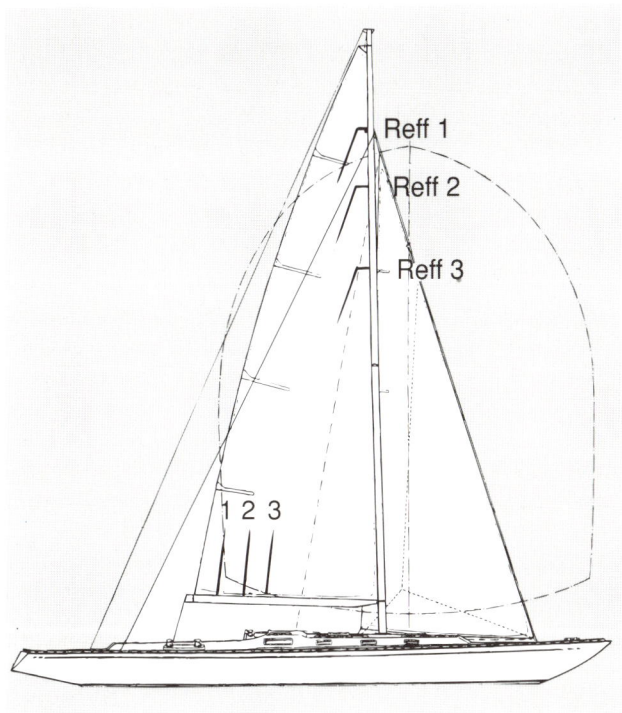

Das Kopfbrett des gerefften Großsegels sollte stets von den Backstagen klarkommen (links).

Mit gut stehenden, sauber gerefften Segeln fast direkt gegen den Wind. So macht Kreuzen Spaß.

## Die geteilte Takelung der Slup

Das 7/8-Rigg ist wesentlich interessanter und vielseitiger im Trimm, verlangt aber auch mehr Aufmerksamkeit. Doch ist es keineswegs so anspruchsvoll und problematisch, wie viele Fahrtensegler glauben. Denn die meisten Segler lassen sich von spektakulären Fotos aus der Regattaszene von dieser Takelung abschrecken. Die Bilder von brechenden oder unter Spinnaker vornüberkippenden Masten sind natürlich sehr einprägsam. Aber diese Masten sind ohnehin so leicht und dicht an der Grenze zum Bruch gebaut, daß sie kaum einen Bedienungsfehler oder ein Versäumnis des Mannes an der Backstagswinde verzeihen. Das 7/8-Rigg der Fahrtenyacht ist aber so konzipiert, daß bei kleinen Yachten entweder ganz auf Backstagen verzichtet werden kann oder daß Fehler im Masttrimm verziehen werden. Die Backstagen sind durch leicht

nach achtern versetzte Oberwantpüttinge und entsprechend gepfeilte Salinge entbehrlich. Die Biegung des Mastes nach vorne wird durch den Zug der Unterwanten begrenzt.

Ich selbst segele seit vielen Jahren ein Fahrtenschiff mit 7/8-Rigg, und viele meiner Mitsegler waren nach anfänglicher Skepsis verblüfft, wie einfach und effizient dieses Rigg zu trimmen ist.

Damit das Großsegel sich bei gesetzten Backstagen problemlos reffen läßt, ist es wichtig, daß die Reffreihen so eingeteilt werden, daß das Kopfbrett des Großsegels entweder eindeutig über oder unter dem Angriffspunkt der Backstagen am Mast sitzt. Sonst werden die Backstagen beim Einlegen des ersten oder zweiten Reffs jedesmal lästig.

Ebenso wichtig ist eine kontrollierte, harmonisch von Deck zum Topp hin nach achtern und leicht nach Lee wegbiegende Kurve des 7/8-Mastes bei harten Am-

Wind-Kursen. Auf keinen Fall darf der flexible Mast zwischen Deck und Oberwantbeschlag an irgendeiner Stelle durchhängen oder gar unkontrolliert bei Einsetzen in ein Wellental schlackern. Sonst ermüdet das Material unnötig. Diese Hinweise mögen den Eindruck entstehen lassen, die geteilte Sluptakelung mache im Vergleich zur Hochtakelung mehr Arbeit. Doch mit den Trimmöglichkeiten der 7/8-Takelung spart man sich manchen Gang auf das Vorschiff und oft auch übergangsweise das Reffen des Großsegels. Denn der größte Vorteil dieser Takelung für den Fahrtensegler liegt in der Verteilung der Segelfläche auf Vor- und Großsegeldreieck. Das leichter zu bändigende Großsegel ist größer, das Vorsegel entsprechend kleiner.

Früher brauchte man an Bord hochgetakelter Yachten für annähernd jede Windstärke ein passendes Vorsegel. Die 7/8-Takelung deckt dagegen bei Normalbesegelung ein breites Windspektrum ab. Damit kann die Segelgarderobe klein gehalten werden. Das spart die Kosten für die jeweiligen Segel, Arbeit beim Wechseln der Segel und Platz zum Stauen der Segelsäcke.

## Die Ketsch

Für die Ketschtakelung entscheiden sich viele Langfahrtsegler bislang aus guten Gründen:

An Bord großer Fahrtenyachten macht die Ketschtakelung Sinn, wenn man auf die Nachteile eines allzu hohen Mastes, entsprechend großer Segelflächen und auf Rollanlagen verzichten möchte.

Viele Fahrtensegler, die größere Yachten allein oder mit kleiner Crew segeln, bevorzugen die Unterteilung der Gesamtsegelfläche in drei annähernd gleichwertige Flächen. Sie sind gut zu handhaben und lassen bei den verschiedenen Wind- und Seegangsbedingungen eine Vielzahl von Kombinationsmöglichkeiten zu. Viele erfahrene Segler schwören auf die guten Segeleigenschaften einer Ketsch, die bei Starkwind oder Sturm unter Sturmfock und gerefftem Besansegel fährt.

Der Besanmast eignet sich gut zur Befestigung von Radar und Radarreflektor.

Vor Anker hält das gesetzte und dichtgeholte Besan das Schiff mit dem Bug ruhiger im Wind.

Damit erschöpfen sich nach meinen Beobachtungen

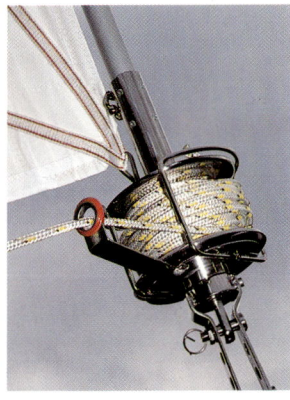

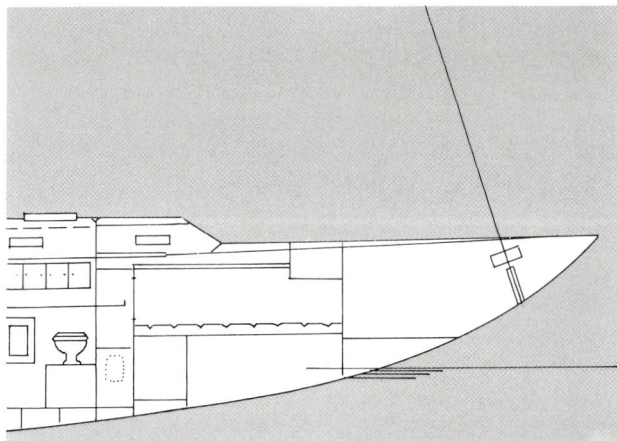

aber auch die Vorteile dieser Takelung. Fragen Sie nur einmal Langfahrtsegler, wie oft der Besan tatsächlich gesetzt wird!

### Segelrolleinrichtungen

So gut wie jede Fahrtenyacht hat heute eine Rolleinrichtung für das Vorsegel, und derzeit rüstet mancher Fahrtensegler sein Schiff auch mit einem Rollgroßsegel aus, für teures Geld nach oder um.

Wer keine Rollanlage(n) benutzt, wird schwerwiegende Gründe haben: Entweder er hat kein Budget für die Nachrüstung des Schiffes mit Rollanlagen, oder ihn hindern als Segler (wie mich) quasi „weltanschauliche" Gründe daran.

Über die Vorzüge von Rollsegeln braucht man heute, wo an Bord nahezu jeder Fahrtenyacht gerollt wird, kaum mehr zu diskutieren: Noch nie ließ sich ein Segel so schnell, praktisch und bequem setzen oder bergen.

Dennoch möchte ich einige, in meinen Augen gewichtige Nachteile von Rollanlangen an Bord zeigen – in der Hoffnung, daß der eine oder andere Segler die Ausrüstung seines Schiffes noch einmal überdenkt:

1. Ein Rollsegel steht nicht gut und kann niemals mit einem herkömmlich gesetzten oder sauber gerefften Tuch konkurrieren.

**An der Qualität des Wickelmechanismus und der Lagerung der Rolleinrichtung sollte nicht gespart werden (oben li. u. re.).**

**Der beste Platz zur Montage der häßlichen Trommel ist in der Vorpiek unter Deck (Mitte): geschützt vor Sonne, Salz und Sand. Außerdem kann das Segel dann schön tief an Deck liegend geschnitten werden.**

**Eine Rollgenua muß anders (flacher) geschnitten werden als herkömmliche Vorsegel (rechts). Die drei Streifen am Unterliek empfehlen, wie weit das Segel beim Reffen eingerollt werden sollte.**

**Eine klassische amerikanische Fahrtenyacht mit aufwendig geschnittenen, gut stehenden Segeln (links).**

Auch eine Rollgenua verlangt Aufmerksamkeit, sonst „steht" sie wie ein nasses Küchentuch.

Wer seine Vorsegel klassisch, ohne Rollanlage fährt, binde das Segel nach dem Bergen sorgfältig an der Reling fest und achte darauf, daß es unterwegs nicht über Bord gewaschen wird (rechts).

Ein dunkelblau aufge-doppeltes Achter- und Unterliek schützt vor häß-lichen Schmutzrändern.

2. Mit einem teilweise eingerollten Vorsegel kann man nicht mehr befriedigend hoch am Wind segeln. Das Tuch verzieht sich, es bilden sich Falten, der Bauch des Segels läßt sich nicht mehr kontrollieren.

3. Rollanlagen kosten viel Geld und müssen regelmäßig gewartet werden. Die im seglerischen Alltag beanspruchten Lager und die Wickelmechanik sind Salz und Sonne ausgesetzt, verschleißen und gehen früher oder später kaputt.

4. Lieber zehn Minuten auf dem Vordeck arbeiten (länger dauert es mit ein wenig Übung nämlich nicht) und das zum Wind passende, gut stehende und seglerisch befriedigende Vorsegel setzen, als den halben Tag mit einer mäßig stehenden, teilweise eingerollten Allround-Genua herumschippern.

5. Mit ein wenig Routine läßt sich ein Großsegel mit modernem Schnellreff (einer Variante des traditionellen Bindereffs) genauso schnell verkleinern wie mit einer Rollanlage in den Mast oder Baum wickeln.

6. Ein zur Windstärke passendes Tuch ist sicherer. Lieber ein beispielsweise 380 g/m² schweres Tuch der Normalfock oder der Sturmfock setzen, als mit bangem Gefühl eine flappende, 300 g/m² schwere Allround-Genua zu zwei Dritteln eingerollt am Vorstag hängen haben!

7. Eine Rollanlage bedeutet mehr Technik, die bei Starkwind Schwächen zeigen oder kaputtgehen kann. Das läßt sich in jeder Marina heutzutage bei Sturm beobachten, wenn ein nachlässig eingerolltes und ungesichertes Segel anfängt zu flattern und nach und nach unbeaufsichtigt entrollt wird.

8. Segeln ohne Rollanlagen macht mehr Spaß.

Dies ist ein zugegeben schlichtes, aber ein starkes Argument. Denn wir alle segeln doch aus Vergnügen, oder nicht?

Gewiß wird mancher Segler in diesen zweifellos unpopulären Argumenten gegen Segelrolleinrichtungen eine gewisse Skepsis gegenüber der Technik an Bord erkennen und eine sportliche Einstellung zum Fahrtensegeln.

Ich denke, jeder, der länger mit einer Segelyacht unterwegs gewesen ist, weiß, wieviel an Bord kaputtgeht

und wieviel Zeit der Eigner mit Reparaturen, Wartungsarbeiten und Pflege der Yacht verbringt. Man setze diese Arbeitszeit nur einmal ins Verhältnis zur reinen Segelzeit, die bleibt.

Man muß ja nicht gerade wie Bernard Moitessier nur mit einem Handpeilkompaß zur gröbsten Orientierung um die Erde segeln und zur Takelung der Yacht auf einige abgelegte Telegrafenmasten aus Alicante zurückgreifen. Aber wer viel segeln und wenig basteln will, der wird jedes Ausrüstungsteil seiner Yacht daraufhin überprüfen, ob es ihm mehr Segelzeit ermöglicht, ob es ihn abhängiger vom nächsten Bootsausrüster macht und mehr Arbeitszeit mit Reparaturen abnötigt. Ich benutze seit zehn Jahren ein hochwertiges, aber vom Aufbau her schlichtes Doppelprofilvorstag von Reckmann ohne Rollmechanismus. Abgesehen von einigen kleinen Reparaturen des am Segelfuß und -kopf ausgefransten Vorlieks habe ich mich nie länger mit dem Vorstag befassen müssen. So muß es sein.

Wenn man sich aber für eine Rollgenua und ein Rollgroßsegel entscheidet, sollten die Segel in jedem Falle speziell für das Einrollen geschnitten sein. Das bedeutet: Das Segel ist insgesamt flacher geschnitten und hat keine oder nur quer zur Rollrichtung verlaufende Latten. Damit man den Schmutzstreifen im Achterliek der Genua nicht sieht, sollte das Segel dort mit einem dunklen, UV-stabilen Tuch verarbeitet sein.

Das Großsegel kann entweder in den Mast oder in den Baum gerollt werden. An Bord kleiner und mittel-

Das Prinzip des Stow-away-Mastes. Das flach geschnittene Großsegel wird über das Vorliek durch die Nut in den Mast gerollt. Das Schothorn wird dabei über die Schiene auf dem Baum nach und nach gefiert.

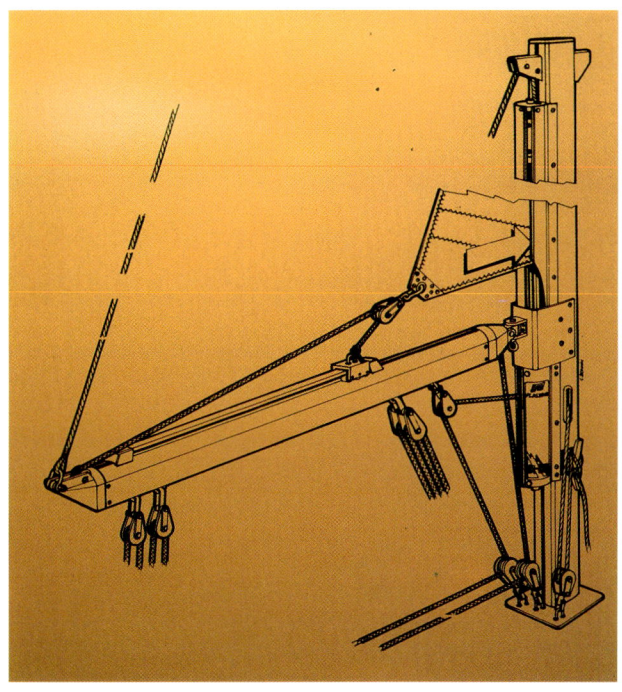

großer Yachten sollte aus Sicherheitsgründen und hinsichtlich des besseren Segelstands der Rollbaum bevorzugt werden.

Aber Vorsicht! Auch diese Technik funktioniert nicht immer, und es ist eine kleine Wissenschaft für sich in der Zusammenarbeit von Mastenbauer und Segelmacher, um dem Eigner ein dauerhaft funktionssicheres System liefern zu können.

An Bord großer Yachten wird das Großsegel dagegen in den Mast hineingerollt. Der Nachteil ist, daß das Segel insgesamt flacher geschnitten werden muß. Da außerdem Latten zum Ausstellen und zur Profilierung des Großsegels entfallen, ist ein Rollgroßsegel in der Fläche kleiner als ein herkömmlich geschnittenes Großsegel.

Eine interessante Alternative ist ein durchgelattetes Großsegel mit weit nach achtern ausgestelltem Achterliek. Es ist schneller als ein normal geschnittenes Großsegel und fällt beim Bergen in die seitlich von halber Höhe des Mastes zum Baum verlaufenden Führungsleinen, die manche Segler auch spöttisch als „Faulenzer" bezeichnen, da man das Großsegel nach dem Abfieren des Falls nicht mehr auftuchen muß.

Die Dehler-Werft hat dieses System perfektioniert und als „Main Drop System" auf den Markt gebracht. Das Segel fällt in eine ständig am Großbaum angeschlagene Art Tasche und wird auf dem Großbaum zwischen den Faulenzern in der Tasche liegend kurzerhand oben verschlossen – fertig.

## Segeltuche, Segelschnitt

In den vergangenen zehn Jahren hat sich in der Entwicklung moderner Fasern, Segeltuche und somit möglicher Segelschnitte derart viel getan, daß der Segler jedes Jahr mit neuen Fasern, immer reckärmeren Tuchen und Bahnenanordnungen im Segel konfrontiert wird.

All diese Neuigkeiten mögen für den gutsituierten Regattasegler ja interessant sein, für den Fahrtensegler sind sie es bisher noch nicht. Denn so reckarm und belastbar die modernen Tuche für eine oder zwei Saisons auch sind, das entscheidende Problem der UV-Stabilität ist noch nicht zufriedenstellend gelöst. Und auf die UV-Stabilität kommt es für den Fahrtensegler gerade an. Denn die Sonne setzt dem Segeltuch auf Dauer mehr zu als der Wind. Für den Fahrtensegler bleibt also vorerst nur die herkömmliche Polyesterfaser, vielen Seglern besser unter dem Markennamen „Dacron" bekannt.

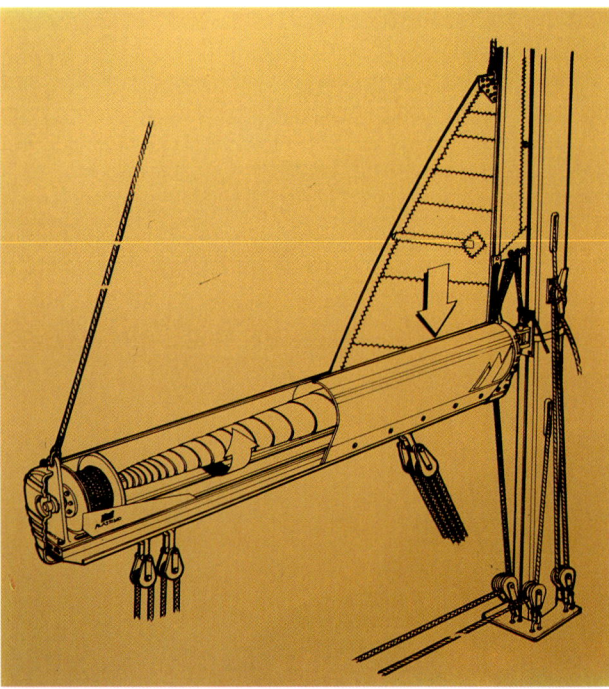

**Das Prinzip Stow-away-Baum:** Das Großsegel wird um das Unterliek in den Baum hineingerollt. Das Tuch verschwindet aus der Sonne und muß nicht mehr beigebändselt werden.

**Ob alt oder neu:** Das Polyestertuch, besser bekannt unter dem Markennamen „Dacron", ist nach wie vor des Fahrtenseglers erste Wahl.

Außerdem sind moderne Fasern wesentlich knickempfindlicher als Dacron. Weil Polyestertuche in Schußrichtung (über die Breite der Bahn) am belastbarsten, weil reckärmsten sind, ist auch der gute alte Horizontalschnitt des Fahrtenseglers erste Wahl. Zwar sind heute auch Radialschnitte mit speziell verstärkten Polyestertuchen zu sehen, doch wird ein radial geschnittenes Segel aus solchen Tuchen früher oder später wellig, weil das Tuch sich längs der Kanten, an denen es schräg – und nicht winklig zur Schußrichtung – vernäht wurde, verzieht.

Das Segel sollte dreifach im Zickzack oder Doppelstich vernäht sein, und zwar mit UV-stabilem Garn. Die wenigsten Tuche zerreißen nämlich auch nach Jahren mitten durch die Bahn. Vielmehr geben die vom UV-Licht und dem Scheuern des Segels geschwächten Nähte am chesten nach. Solide, großflächig und mehrfach abgestuft ins Segel verlaufende Bolten aus mehrlagigem Tuch verteilen die Zugkräfte von Kopf, Segelfuß, Schothorn oder den besonders strapazierten Reffkauschen.

Um der Ermüdung des Tuches entgegenzuwirken, kann man das Tuchgewicht (Gramm je Quadratmeter) ein wenig schwerer als vom Konstrukteur für die Normalbesegelung vorgesehen wählen. Also zum Beispiel: 340 g/m² statt 300 g/m². Lassen Sie sich als Fahrtensegler nichts erzählen von ganz neuen Fasern, lassen Sie die Finger von Laminaten und „nageln" Sie

Was auch immer mit diesen Segeln geschehen ist, wie viele Tage die Tücher gerefft auch hart am Wind beansprucht wurden: Dieses „Wellblech" im Achterliek würde ich reklamieren (oben).

Der bewährte Horizontalschnitt mit durchgehenden Latten im Großsegel. Wenn Sie lange etwas von Ihren Segeln haben wollen, dann nehmen Sie ein etwas schwereres Tuch: lieber 340 g/m² statt 320 g/m².

den Segelmacher Ihrer Wahl statt dessen bei der Anzahl der Nähte, der Größe der Bolten, der Anzahl der Tuchaufdoppelungen und des Tuchgewichtes. Bei einem beispielsweise 40 m² großen Segel fällt das 40 g/m² schwerere Tuch mit nicht einmal 2 kg mehr ins Gewicht. Das 40 g/m² schwerere Tuch wird aber im Ernstfall wesentlich besser stehen und länger halten, wenn es darum geht, bei Starkwind in eine schützende Bucht zu kreuzen. Nur die ersten Wochen auf See wird das Tuch unhandlich und steif sein – aber es wird auf lange Sicht weitaus besser stehen und länger halten.

# AN DECK

### Das Deck

Das Deck der klassischen Fahrtenyacht ist glatt und hat nur kleine Aufbauten. Ein positiver Decksprung (mit leicht aufgekimmten Schiffsenden) sorgt für eine gefällige, schiffig anmutende Seitenansicht der Yacht. Früher ging man davon aus, daß eine Yacht mit ihren Aufbauten überkommenden Seen – dem gefürchteten „grünen Wasser" – möglichst wenig Widerstand bieten dürfe. Fenster und Luken wurden so klein wie möglich gehalten und die Niedergänge samt Luken knapp bemessen.

Die Popularisierung des Segelsports und die Tatsache, daß heutzutage nur die allerwenigsten Yachten brutal gegen Wind und See geprügelt werden, hat zu einem

Wandel im Deckslayout moderner Fahrtenyachten geführt. Das Deck ist einladender geworden, es sieht sogar – vor zwei Jahrzehnten noch undenkbar! – ausdrücklich Liegeflächen zum Sonnenbaden vor. Es ist bequem zu begehen, freundlicher, körpergerechter und insgesamt weniger abweisend gestaltet. Ecken und Kanten sind verschwunden, und die Luken wurden in die Silhouette von Deck und Aufbauten integriert.

Ein großes Cockpit galt noch vor zehn Jahren an Bord einer seegehenden Yacht als Leichtsinn. Schlägt es einmal voll Seewasser, bedeutet dies ohne weiteres mehr als eine Tonne Zuladung für die Yacht! Das große, bequeme Mittelcockpit einer 15 Meter langen Yacht unserer Tage hat ein beachtliches Volumen.

Fahrtenyachten werden heute jedoch weniger unter dem Gesichtspunkt ihrer unbedingten Seetüchtigkeit gekauft, als vielmehr hinsichtlich eines bequemen, entspannenden „boat life".

An Bord kleiner und mittelgroßer Fahrtenyachten gerät der Kajütaufbau in seiner Höhe und Breite im Verhältnis zu den Proportionen des ganzen Schiffes meist recht groß. Dies, um unter Deck möglichst viel Platz und durchgehende Stehhöhe zu gewinnen. Bei allem Komfortbedürfnis unter Deck ist es wichtig, daß auf den Seitendecks zwischen Kajütaufbau und Speigatten beziehungsweise der Reling genug Platz zum Durchgehen bleibt. Die Holepunktschienen und Wanten engen den Weg von der Plicht zum Vorschiff ohnehin schon ein.

Das Deck selbst sollte gewölbt sein. Zwar ist ein ebenes Deck leichter zu fertigen. Zweckmäßig dagegen ist das leicht gerundete Deck. Denn das profilierte Deck ist von Haus aus steifer und kann daher gewichtsspa-

**Ein flach gehaltenes Deck mit breitem Durchgang zu beiden Seiten des Kajütaufbaus ist entscheidende Voraussetzung für sicheres Arbeiten an Deck.**

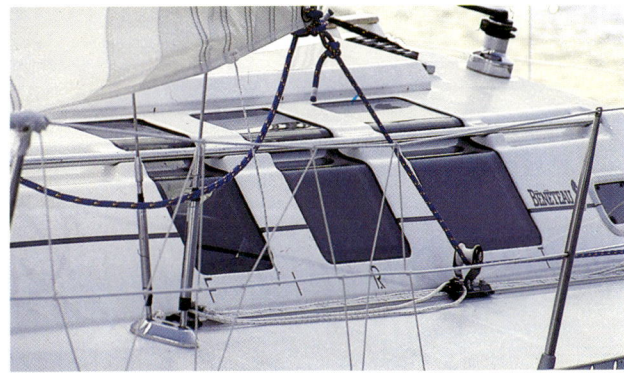

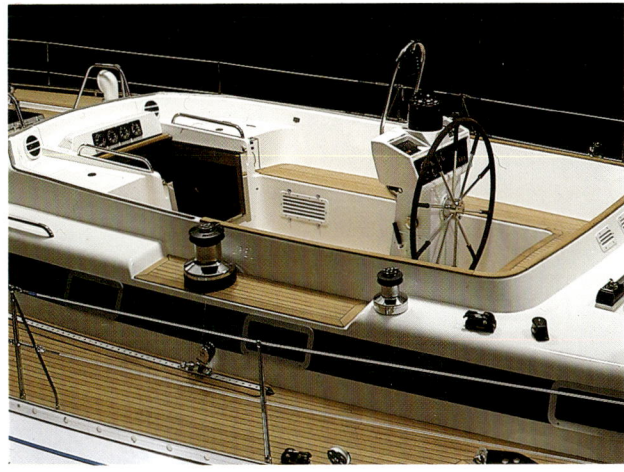

rend gebaut werden. Ein gewölbtes Deck sieht nicht nur schön aus, sondern macht auch im Hafen Sinn. Bei Regen oder bei der Reinigung des Decks läuft das Wasser besser ab.

In diesem Zusammenhang sei übrigens ein Nachteil des positiven Decksprungs angesprochen: Das Wasser läuft niemals vollständig vom Deck einer ruhig liegenden Yacht ab, sondern sammelt sich, je nach Schwimmlage des Schiffes, irgendwo entlang des Schanzkleides oder hinter der Fußleiste und sammelt sich mitsamt Schmutz in der tiefsten Stelle des Decks in einer Pfütze. Nur wenige Konstruktionen sind so durchdacht, daß das Wasser durch einen zusätzlichen Abfluß oder ein genau plaziertes Speigatt immer vollständig abfließt.

## Der Decksbelag

Beim Bau traditioneller Holzyachten ist die Entscheidung für ein Teakstabdeck mit vergossenen Fugen naheliegend. Es ist äußerst strapazierfähig und nahezu unverwüstlich. Man kann ein schweres Ankergeschirr darauf absetzen und die Kette darüber rutschen lassen, kleinere Reparaturen darauf ausführen, es abschrubben und -scheuern, es einsalzen lassen: Stets wird es einigermaßen rutschsicher sein und über Jahre hinaus ansehnlich bleiben. Nach ein oder zwei Jahrzehnten

Die klassische Fahrtenyacht hat ein leicht gewölbtes Deck mit einem kleinen, dezent sich in die gesamten Linien der Yacht einfügenden Deckshaus und ebenso schlichten Fenstern (oben).

In den 70er Jahren noch undenkbar: Design à la Philippe Stark (Mitte).

Ist die Yacht breit genug, bleibt seitlich neben der Mittelplicht genug Platz für die Arbeit an Deck (unten).

Hier bleibt genug Platz für den Weg aufs Vorschiff. Beachten Sie die praktischen Wantenhüllen zum Schutz der Segel über den Wantenspannern (rechts).

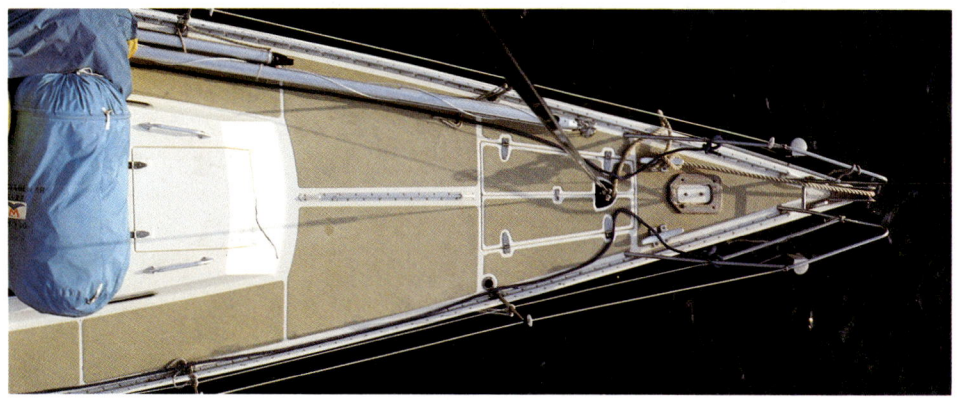

Ein Decksbelag aus Tread-
master ist eine feine Sache,
leicht zu verlegen, durch
Auswechseln beschädigter
Platten gut in Schuß zu
halten, und er bleibt über
viele Jahre ansehnlich.

wird man das Deck im Rahmen einer Generalüberholung der Yacht abziehen oder ganz durch neues Holz
ersetzen. Kurz und gut: eine feine Sache, wenn es
fachmännisch und sauber verlegt wurde. Im Groß-
serien-Kunststoffyachtbau wird das Teakdeck
nachträglich auf das Kunststoffdeck der Yacht aufgebracht. Das sieht zwar meist schöner aus als ein
Kunststoffdeck, bringt aber zusätzliches, streng
genommen unnötiges Gewicht an Bord und beeinflußt
die Gewichtsverteilung nachteilig.

In südlichen Gewässern mit entsprechender Sonneneinstrahlung ist man mit einem Teakdeck allerdings
weniger gut beraten. Ein Teakholzdeck heizt sich unter
der Sonne derart auf, daß man barfuß kaum mehr dar-
überlaufen kann und es unter Deck spürbar wärmer
wird als bei einem hellen Decksbelag.

„Kühlere" Alternativen zum Teakdeck sind entweder
ein weißer Anstrich des Decks, ein helles Kunststoffdeck ohne Belag, jedoch mit einer in das Gelcoat eingelassenen, rutschsicheren Struktur oder aber Tread-
master. Hier wird das Deck, ob Stahl, Aluminium,
Kunststoff oder Holz, mit großflächigen, gummiartigen
Matten beklebt, in die etwa fingernagelgroße Kork-
plättchen eingegossen sind. Dieser Belag ist weitgehend UV-stabil, bleicht nur wenig in der Sonne aus und
ist in einem hellen (khakifarbenen) und einem dunklen
(braunen) Farbton erhältlich. Es ist einer der trittfeste-
sten und rutschsichersten Decksbeläge überhaupt und
hält den Beanspruchungen des Bordlebens stand.

**Das Dingi**

Man braucht nur einmal über die Stege irgendeines
beliebigen Hafens zu gehen, um bald zu erkennen, daß
kaum ein Konstrukteur von Fahrtenyachten sich über
eines der wichtigsten Hilfsmittel an Bord der Fahrtenyacht ernsthaft Gedanken gemacht hat: das Dingi.
Entweder das Beiboot hängt unter den Davits einer
großen Yacht mit hinreichend breitem Achterschiff,
was von der Gewichtsverteilung, vom Windwiderstand, von der Optik und vom Manövrieren in engen

Eine bequeme Lösung an
Bord breiter und großer
Fahrtenyachten: das Dingi
unter den Davits.

Die sicherste Lösung: das
Beiboot auf dem Kajütdach.
Leider behindert es die Sicht
nach vorne (rechts).

Ein kräftiger Stropp hält das Dingi auf den Lagerböcken.

Häfen her gesehen keine gute Lösung ist. Oder das Beiboot liegt zwischen Mast und Vorstag halb auf der vorderen Ecke des Kajütaufbaues, halb auf dem Vordeck und ist bei Ankermanövern, Vorsegelwechsel und bei harten Am-Wind-Kursen im Wege.

Oder das Dingi wird zwischen Mast und Deckshaus oder Sprayhood gelagert und behindert die Sicht nach vorne, stört beim Einbinden des Reffs ins Großsegel und wird vom durchgesetzten Baumniederholer vom Kajütdach gerissen. Oder es liegt auf dem Achterdeck und behindert beim Anlegen den Weg nach achtern und versperrt den Zugang zur Achterpiek.

Kein Wunder, daß viele Segler ganz auf ein festes Beiboot verzichten oder ein aufblasbares Beiboot bevorzugen. Hierüber kann man geteilter Meinung sein. Ich halte aber ein aufblasbares Beiboot auf Dauer nicht für eine befriedigende Lösung: Es macht viel Arbeit, ist nur dann gut zu verstauen, wenn es sorgfältig zusammengelegt wurde, wird mehr oder minder schnell undicht und ist im Einsatz an einer felsigen Küste mit (dem mittelmeertypischen) Gestein vulkanischen Ursprungs schnell am Ende, da durchgescheuert. Es geht meines Erachtens nichts über ein starres, solide gebautes Beiboot mit gut verankerten Dollen und ebensolchen Riemen. Damit bringe ich auch bei fünf oder sechs Windstärken in einer halbwegs geschützten Bucht noch den 25 Kilogramm schweren Zweitanker samt Kette aus, falls sich am Abend schlechtes Wetter ankündigen sollte oder die Yacht mit dem Heckanker in einer unangenehmen Altsee „ruhiggestellt" werden muß. Das geht mit einem Gummiboot nicht oder nur sehr schwer.

Bleibt also die Frage: Wohin mit dem Dingi? Ich meine, wenn es irgendwie geht, sollte das Beiboot auf dem Kajütdach gelagert werden. Auf einem paßgenauen Holzbock gegen Verrutschen gesichert und mit einem kräftigen Stropp festgezurrt, kann nichts passieren. Dort versperrt es zwar die Sicht, aber es liegt immerhin mittschiffs nahe am Schwerpunkt der Yacht und stört beim Anlegen und Manövrieren der Yacht am wenigsten. Bei ganz hartem Wetter ist die Wahrscheinlichkeit, daß das Beiboot von Bord gewaschen wird, auf dem Kajütaufbau am geringsten, da die Wucht des ankommenden Wassers durch Vorschiff, Kajütaufbau und Mast schon gebrochen wurde.

Sehr gute Erfahrungen habe ich übrigens mit einem Beiboot vom Typ „Pioner" des norwegischen Herstellers „Dyno" gemacht. Das Material, Polyäthylen, ist zwar nicht gerade eine Zierde, dafür ist es aber unverwüstlich. Das gerade zweieinhalb Meter lange Boot transportiert spielend drei Erwachsene – zur Not und in wirklich glattem Wasser auch einmal fünf (!) Erwachsene und hat immerhin noch zehn Zentimeter Freibord – von der ankernden Yacht zum nächsten Strand.

Fein, wenn die Yacht groß genug ist, daß man sich des Beibootes für den Nachmittagstörn so lässig entledigen kann (oben).

### Wohin mit der Rettungsinsel?

Der größte Feind der Rettungsinsel an Bord ist – von etwaigen Dieben im Hafen einmal abgesehen – die Sonne. Jeder Mitarbeiter einer Wartungs- und Servicestation, etwa von „Autoflug", weiß ein Lied davon zu singen. Die intensive Sonneneinstrahlung südlicher Gefilde heizt die Insel tagsüber auf. Im Container oder der Packtasche bildet sich Schwitzwasser. Die Folge ist, daß die Insel innen zu rotten beginnt, das Gummi wird spröde und brüchig. Deshalb haben die meisten Rettungsinseln eine Lebensdauer von bestenfalls zehn Jahren, trotz regelmäßiger Wartung. Also nichts wie raus aus der Sonne mit der Rettungsinsel – nur wohin? Es gibt drei denkbare Staumöglichkeiten:

– an Deck, etwa auf dem Kajütaufbau, auf dem Achterdeck oder in das Heck einer modernen Yacht (mit Badeplattform) integriert, unter einem Sonnenschutz aus weißem Tuch,

– in der Kajüte in Reichweite des Niedergangs, etwa unter der Leiter des Niedergangs oder unter der Hundekoje,

– im Cockpit unter dem Steuermannssitz.

Man bedenke allerdings, daß eine Rettungsinsel für vier bis fünf Personen ohne weiteres 20 bis 30 Kilogramm auf die Waage bringt, sich also im Notfall bei der zu erwartenden Hektik an Bord schlecht tragen

läßt. Die Insel sollte deshalb allzeit griffbereit und für jedermann sichtbar gelagert werden.

Unter diesem Gesichtspunkt dürfte das Kajütdach oder das Achterdeck der beste Platz sein. Dort auf ihrem Lagergestell braucht man sie lediglich von ihrem Sicherungsgurt zu befreien und die Insel ins Wasser zu schubsen.

Bei einer solchen Lagerung hat man auch nach einem Blitzschlag, bei Bränden oder Explosionsgefahr an Bord noch die größten Chancen, die Insel schnell einsatzbereit zu halten.

Ein guter, sonnengeschützter und weitgehend diebstahlsicherer Platz für die Rettungsinsel befindet sich auf den meisten Yachten gleich unter dem Brückendeck im Niedergang. Der Stauraum unter der Leiter des Niedergangs ist ohnehin anderweitig schlecht zu nutzen. Das Gewicht der Rettungsinsel ist außerdem nahe der Schiffsmitte positioniert. Der Nachteil ist jedoch die bereits erwähnte Unzugänglichkeit bei Bränden.

Von der Zugänglichkeit her macht auch die Lagerung der Rettungsinsel auf der Badeplattform im Heck einer modernen Fahrtenyacht Sinn. Jedoch ist die Insel hier nicht nur der unmittelbaren Sonneneinstrahlung ausgesetzt, sondern auch der Nässe. In Zeiten, wo sich auch die Konstrukteure von Fahrtenyachten zunehmend Gedanken über das Gewicht und die Gewichtsverteilung an Bord ihrer Konstruktionen machen, halte ich die Unterbringung der Insel am achteren Schiffsende außerdem für ungünstig. Dies gilt mehr noch für die Aufhängung der Insel an einem Lagergestell, welches senkrecht am Heckkorb montiert ist. Man braucht sich nur einmal die Befestigung der Heckkorbstützen unter Deck der meisten Serienyachten anzuschauen, um sogleich von dieser Idee Abstand zu nehmen.

Der ideale Platz – so meine ich – für eine Rettungsinsel befindet sich unter dem Sitz des Steuermanns. Die Insel lagert allzeit griffbereit in einer separaten Box unter der Sitzbank, ist sonnengeschützt und mit einer bestehenden Verbindung zum Schiff (der entscheidenden Nabelschnur und Reißleine) untergebracht. Leider haben nur wenige Konstrukteure und Werften an diesen Platz gedacht.

**Der beste, sicherste, am schnellsten erreichbare Platz für die Rettungsinsel. Leider denken nur wenige Werften so gründlich über praxistaugliche Lösungen an Bord nach!**

### Die Gangway

Auch für eine Gangway, die in vielen Häfen und auf länger andauernden Törns gebraucht wird, haben die wenigsten Konstrukteure einen praxisgerechten Stauraum vorgesehen. Dabei gibt es elegante und praktische Lösungen auch für mittelgroße Fahrtenyachten: beispielsweise eine Gangway, die im Achterschiff hinter einer Klappe im Spiegel gelagert wird. Im Hafen zieht man die Gangway einfach hinten aus dem Schiff heraus – fertig.

Oft tut es auch ein schlichtes Holzbrett mit Sprossen. Beim Auslaufen bändselt man es kurzerhand im achteren Bereich der Yacht an der Fußleiste oder an der Reling fest. Sollte man einmal in einem häßlichen Industriehafen mit einer Spundwand längsseits gehen müssen, eignet sich eine solche Gangway wunderbar als Fenderbrett, um die Vorsprünge und Einbuchtungen der Wand auszugleichen.

### Das Cockpit oder die Plicht

An Bord moderner Fahrtenyachten geht es beim Cockpit nicht allein um die Funktionalität. Es geht auch um den wichtigsten Lebensraum an Bord auf See, bei langen Liegezeiten im Hafen oder in einer idyllischen Ankerbucht. Über die Größe des Cockpits wurde schon einiges gesagt. Anders als früher glaubt man heute, die Wassermassen eines unter extremen Seebedingungen vollgeschlagenen Cockpits mit Lenzrohren großen Querschnitts schnell wieder in die See leiten zu können. Wenn man sich darüber hinaus einmal klar macht, wie oft man das Cockpit der Fahrtenyacht im Hafen, beim Empfang von Freunden, zum Essen, zum Lesen, zum Kaffeetrinken oder für Reparaturen an Bord braucht, wird deutlich, daß es als vielseitig beanspruchter Lebensraum im Grunde gar nicht groß genug sein kann. Es ist das Wohnzimmer der Yacht in südlichen Gefilden – unter offenem Himmel freilich. Bei der Gestaltung des Cockpits mancher Fahrtenyachten wurde sogar vollständig auf das herkömmliche Brückendeck verzichtet. Der Vorteil ist, man

Ein gutes Fahrtenschiff ist bis in das nur scheinbar nebensächliche Detail durchkonstruiert (oben).

Die Plicht: Arbeitsplatz und Lebensraum an Bord der seegehenden Yacht.

kann ungehindert und ohne große Klettertouren von der Plicht in die Kajüte gelangen. Der Nachteil ist, steigt einmal eine Welle in die Plicht ein, kann das Wasser durch den Niedergang in die Kajüte laufen, sofern man nicht vorsichtshalber noch ein zumindest halbhohes Schott eingesetzt hatte.

Vor allem deshalb, weil der Platz unter Deck gebraucht wird, hat heute nahezu jede Fahrtenyacht ein großes, voluminöses Brückendeck, über welches man in den Niedergang zur Kajüte steigt. Meist wird das Brückendeck vom Konstrukteur der Yacht gerade so hoch angeordnet, daß unter Deck genug Platz für volle Stehhöhe bleibt. Es sind also weniger seemännische und sicherheitstechnische Erwägungen, die an Bord der modernen Fahrtenyacht zu solch hohen und breiten Brückendecks führen.

Yachten werden vielmehr erkennbar von innen nach außen entworfen, um den Komfortbedürfnissen der Käufer zu entsprechen.

Selbstredend, daß der Segler einer modernen Fahrtenyacht ein körpergerecht geformtes, harmonisch abgerundetes Cockpit erwartet, ohne gefährliche Stolperstellen, Ecken und Kanten.

Am störendsten in der Plicht einer Fahrtenyacht ist wohl der Traveller. Dennoch kann man nicht auf ihn verzichten, wenn man mit dem Schiff einigermaßen befriedigend hoch am Wind segeln möchte. Der beste und wirksamste Platz für den Traveller befindet sich unterhalb des achteren Viertels des Großbaumes. An dieser Stelle läßt sich das Achterliek des Großsegels auch bei viel Wind noch wirksam flach ziehen, ohne daß der Baum allzu stark vom Zug des Segels und der Talje gebogen wird. Auf vielen Schiffen sieht man den Traveller übrigens gleich vor dem Niedergang sitzen –

wobei die Talje dann etwa in der Mitte des Großbaumes befestigt ist. Der Vorteil: Das Cockpit ist frei von schienbeinstrapazierenden Reitbalken. Der meiner Ansicht nach gravierende Nachteil: Es wird wesentlich mehr Kraft benötigt, um das Segel dichtzuholen, wobei die Schot zudem reibungsintensiv und entsprechend kraftraubend mehrfach ins Cockpit umgelenkt werden muß. An Bord der meisten Yachten ist die Großschot dann auch nicht in Griffweite des Steuermanns. Das ist bei schwierigen, genau zu koordinierenden Manövern unter Segeln, in Gefahrensituationen bei viel Wind (wenn plötzlich einmal das Segel aufgefiert werden muß) oder mit Segelanfängern und Gästen an Bord nachteilig.

### Backskisten und Schwalbennester

In den vergangenen Jahren sind die Backskisten leider allzuoft von den Komfortbedürfnissen unter Deck eingeengt worden – wenn sie nicht sogar ganz den Kabinen im Achterschiff oder in der Back geopfert wurden. Zumindest eine, wenn nicht zwei Backskisten braucht man aber auf See. Denn wo sollen sonst Pütz, Decksschrubber, Fender, der Korb mit Tauwerk und Reservestropps, Festmacher, Reserveschoten, Schwimmwesten und vieles mehr hin?

Eine Backskiste kann also nicht groß genug sein – vor allem dann, wenn der Törn länger als zwei Wochen dauert und man ein fremdes, seemännisch anspruchsvolles Revier ansteuert und viel Reservetauwerk (für lange Festmacherleinen zum Land hin) mitnehmen muß.

Bei Backskisten muß man besonders darauf achten, daß die Deckel wasserdicht schließen und die Sitzbänke Lenzbrunnen haben, damit sich Spritzwasser nicht sammeln kann.

Schwalbennester für die Winschkurbeln, das Fernglas, den Peilkompaß, Zeisinge und Stropps zum Festzurren, ein Signalhorn, Arbeitshandschuhe (zum Hantieren mit dem Ankergeschirr, Kunststofftauwerk oder fremden Moorings voll scharfem, hautschindendem Muschelbewuchs) und vieles mehr sollte es reichlich

**So ist der Traveller aus der Plicht – nur greift die Großschot viel zu weit vorne. Es entstehen unnötig große Kräfte an der Schot.**

im Cockpitsüll geben. Sie sollten einen Ablauf für überkommenes Spritzwasser besitzen.

Sollte man aber eines Tages den Taschenbuchroman eines Mitseglers vom vergangenen Jahr darin entdecken, dann ist man entweder ein unordentlicher Mensch oder die Schwalbennester sind eindeutig zu groß, um darin Ordnung halten zu können …

### Lenzrohre

Die Lenzrohre sollten einen möglichst großen Querschnitt haben, damit überkommenes Wasser, das die Stabilität der Yacht beeinträchtigen könnte, schnell abfließt. Die IOR-Ausrüstungsvorschriften für seegehende Regattayachten enthalten je nach Größe der Yacht und Fahrtrevier Angaben über Mindestanzahl und -durchmesser für Lenzrohre des Cockpits. Daran können sich Fahrtensegler orientieren, die an ihrem System zweifeln, und nötigenfalls nachrüsten. Die Abflüsse sollten mit Gittern versehen sein, sonst gelangen Kleinteile (Wäscheklammern, Münzen, Schrauben) in die Schläuche und bleiben vor dem Seeventil hängen. Man braucht sich von Zeit zu Zeit nur einmal mit mehreren Eimern Wasser zu vergewissern, wie schnell das Wasser aus der Plicht abläuft, um zu sehen, ob die Lenzschläuche verstopft sind.

### Pinnen- oder Radsteuerung?

Eine Pinnensteuerung ist schon vom Aufbau her weniger aufwendig und folglich einfacher in der Wartung.

Jedoch wurde die Übertragung vom Steuerrad zum Ruderblatt im Laufe der Jahrzehnte derart perfektioniert, daß man sich heute kaum mehr über die Zuverlässigkeit der Radsteuerung Gedanken zu machen braucht. In jedem Falle würde ich die Übertragung per Drahtzug oder Kette jener per Hydraulik vorziehen. Ein Seilzug läßt sich problemlos auch von einem Laien auf Schwachstellen und Verschleißerscheinungen (Scheuerstellen oder die berühmten Fleischerhaken) untersuchen und zur Not auch einmal ohne eine Werkstatt in der Nähe reparieren. Eine Hydraulik nicht.

Die Wartung der Seilsteuerung ist ebenfalls einfach. Ein paar Umdrehungen am Spanner oder Endterminal des Drahtzuges, und das Spiel ist aus dem Ruder.

Auch wenn bei regelmäßiger Überprüfung der Steuerseile oder Kette, trotz Schmierung von Umlenkblöcken und des Ruderkokers und gelegentlicher Inspektion des Ruderquadranten ein Aussetzen der Übertragung vom Rad zum Ruderschaft unwahrscheinlich ist, sollte eine brauchbar große (und hinreichend lange!) Notpinne stets griffbereit an einem festen Platz in der Backskiste liegen.

Ein dreißig Zentimeter langes Rohr reicht bei viel Wind (also gerade dann, wenn der Schaden am ehesten eintritt) nicht aus, um die Kräfte des im Wasser bewegten Ruderblattes zu bändigen und die Yacht problemlos auf Kurs zu halten! Der Ruderquadrant selbst sollte übrigens leicht zugänglich in einem schnell zu

So sieht der Steuerstand einer mittelgroßen Fahrtenyacht aus. Die Steuersäule trägt gleichzeitig den Kompaß. Man beachte auch das sauber verlegte Teakholz.

Zu jeder Radsteuerung gehört eine auch unter extremen Bedingungen brauchbare, also möglichst lange Notpinne (oben).

öffnenden Schapp (nicht mit Schrauben, sondern Schnellverschlüssen zu öffnen!) untergebracht sein – mit genug Raum, um die Steuereinheit zu kontrollieren und gelegentlich einmal nachspannen zu können. Denn wenn der Platz um den Quadranten herum zu knapp bemessen und die Wartung extrem unbequem ist, dann unterbleibt die Arbeit aus einem allzu menschlichen Grund: der eigenen Bequemlichkeit.

Aber zurück zu der Frage, ob Pinnen- oder Radsteuerung. In den vergangenen beiden Jahrzehnten ging der Trend eindeutig von der Pinnensteuerung weg zur Radsteuerung. Bereits kleine und mittelgroße Yachten verkaufen sich mit Radsteuerung einfach besser, da sie dem stolzen Eigner eher das begehrte Skippergefühl vermittelt als die Pinnensteuerung. Sachliche Gründe für die Wahl der Radsteuerung gibt es nicht. Früher wurden selbst die über dreißig Meter langen J-Klasse-Yachten mit Pinne gesteuert. Die auf das Ruderblatt wirkende Kraft wurde einfach durch den Hebelarm der entsprechend langen Pinne aufgewogen. Letztlich ist es eine Frage des eigenen Geschmacks und der Gewohnheit, ob man das Rad oder die Pinne bevorzugt.

Die Größe des Rades richtet sich nach den seglerischen Ansprüchen, der Konstruktion des Ruders (ob balanciert oder nicht) und den üblicherweise gesegelten Geschwindigkeiten. Denn ein Ruder bei zehn und mehr Knoten raumschots unter Spinnaker zu drehen verlangt wesentlich mehr Kraft, als es bei sieben Knoten zu bewegen. Wer also sensibel steuern möchte und auch bei frischem Wind noch viel Tuch setzen will, wird ein Rad größeren Durchmessers brauchen. Der Nachteil eines großen Rades ist vor allem an Bord von Fahrtenyachten gravierend, denn es beansprucht viel Platz in der Plicht und zerteilt den eigentlichen Lebensraum der Yacht.

Seit einigen Jahren geht der modische Trend zu solch großen, überdimensionalen Steuerrädern bei Fahrten- und Charteryachten.

Ebenso modisch schick ist die Ausrüstung bereits 50 Fuß großer Yachten mit zwei Steuerrädern. Was bei den gewaltig breiten Regattayachten der Maxiklasse Sinn macht, um den aufmerksamen Steuermann im Cockpit zur Kontrolle des Segelstandes optimal zu positionieren. Dieser Vorteil erscheint mir an Bord von Fahrtenyachten fraglich.

## Die Instrumente am Steuerstand

Es ist heute üblich, die Instrumente um die Steuersäule herum gruppiert zu montieren, neuerdings sogar auf einem speziell aus Kunststoff angefertigten Pult. Der Vorteil ist, daß der Rudergänger alle wichtigen Daten gleich im Blick hat. Dies, so meine ich, kann aber schwerlich folgende Nachteile wettmachen: Erstens sind sie am Steuerstand – jedenfalls dann, wenn er unter freiem Himmel im Cockpit steht – direkt der Sonneneinstrahlung, dem Seewasser, der Salzluft und den Temperaturschwankungen ausgesetzt. Zweitens präsentiert der stolze Eigner seine gesamte Schiffs-

Das Steuerpult einer großen, luxuriös ausgestatteten Fahrtenyacht. Links der Joystick für das aus dem Bug ausfahrbare Bugstrahlruder (up/down) und Pfeilen nach links oder rechts. Rechts Drehzahlmesser und Steuerung des Verstellpropellers über Joystick. Die roten und grünen Knöpfe sind für die hydraulischen Winschen und Segelrollanlagen. Mit dem großen grauen Knopf rechts vom Kompaß stellt der Skipper die Gradzahl des Autopiloten ein.

Geschützt vor Sonne, Salz und Wasser: Instrumententafel mit Tochteranzeigen unter dem Dach des Deckshauses (links).

Wenn der Wind auffrischt, braucht man auch im sonnig warmen Mittelmeer ein Sprayhood.

elektronik den interessierten Blicken potentieller Langfinger.

Am längsten überleben die Anzeigeinstrumente an einem spritzwasser- und sonnengeschützten Ort – entweder in einer Konsole unter dem Sprayhood oder unter Deck in Sichtweite des Rudergängers.

Die Elektrik und Elektronik an Bord geht nicht durch Gebrauch, sondern durch Nichtbenutzung und Oxydation der Leiterbahnen und Bauelemente in der aggressiven und überall hin diffundierenden Salzluft kaputt.

Deshalb sollte man nur die nötigsten Anzeigen am Steuerstand montieren – am besten Tochteranzeigen, deren Hauptinstrument in der Navigationsecke eine wesentlich längere Lebensdauer haben dürfte. Denn zum Fahrtensegeln reicht es, wenn man sich ab und zu einmal über den Loggestand informiert und sich vergewissert, ob die Yacht die erwarteten sechs oder sieben Knoten läuft.

### Sprayhood, feste Windschutzscheibe und Deckshaus

In unseren Breiten zählen Wind und Nässe zu den größten Feinden des Fahrtenseglers. Wind, Salzwasser, Sonne und Regen mögen für einige Stunden an Deck erfrischend sein – auf Dauer zehren sie aus, ermüden den Rudergänger und lassen ihn unkonzentriert werden.

Winddichte und wasserabweisende Kleidung helfen

hier weiter. Viel besser aber ist es, wenn Wind und Spritzwasser erst gar nicht in die Plicht gelangen. Gründe genug für ein Sprayhood, eine Windschutzscheibe oder gleich ein komfortables Deckshaus. Ein solide vernähtes Sprayhood oder besser noch ein Sprayhood mit fester Scheibe hält alle in der Plicht auch bei ungemütlichem Wetter warm und trocken und macht den Törn in nordischen Gewässern insgesamt angenehmer.

Die vielseitigste und preiswerteste Lösung ist ein Sprayhood: Nahezu jedes Fahrtenschiff hat ein solches kinderwagenähnliches Klappverdeck über dem Nie-

dergang – wenn nicht, dann sollte man bei der nachträglichen Montage oder bei der Erneuerung dieses verschleißträchtigen Teils auf folgendes achten:

Sein Tuch muß aus UV-beständigem, feuchtigkeitsverträglichem und verrottungssicherem Tuch bestehen, darf mindestens drei Jahre kein Wasser durchlassen und muß genau passen. Sitzt das Sprayhood nämlich nicht genau, flattert es im Fahrtwind mit der Folge, daß das Tuch ausleiert und auf dem Gestell scheuert. Deshalb sollte man den Hersteller des Sprayhood nach Möglichkeit an Bord Maß nehmen lassen und bei Abnahme des Klappverdecks darauf bestehen, daß es wirklich paßt.

Das Rohrgestell des Verdecks sollte so kräftig sein, daß man sich beim Vorbeigehen zwischen Reling und Kajütaufbau daran festhalten kann. Auf keinen Fall sollte man, wie an Bord mancher Yachten zu sehen, eine Signalfarbe für das Tuch wählen. Schließlich hat der Rudergänger das Tuch beim Steuern die meiste Zeit im Auge. Also eher eine neutrale, das Auge beruhigende Farbe wählen, die nicht allzu schmutzempfindlich ist.

**Wurde die feste Scheibe im richtigen Winkel auf das Kajütdach montiert, hat der Steuermann meist gute Sicht voraus (ganz oben).**

**Das Sprayhood sollte so hoch sein, daß man bequem den Niedergang hinabsteigen kann. Außerdem sollte der Steuermann durch die Plastikfenster oder über das aufgeklappte Sprayhood hinweg nach vorn sehen können.**

Im zusammengeklappten Zustand sollte das Verdeck unter einer Abdeckung verschwinden (einem separaten, 10–20 Zentimeter breiten Stoffstreifen). Sie verhindert, daß sich das Verdeck im Laufe eines Segelnachmittages bei schönem Wetter im Fahrtwind immer wieder von selbst zur Hälfte aufklappt, und schützt das Tuch vor Nässe und Sonneneinstrahlung.

Es gibt nur wenige Hersteller und Werkstätten, die wirklich gute und haltbare Sprayhoods bauen. Da die Anfertigung ordentlich Geld kostet – je nach Schiffsgröße und Verarbeitungsqualität zwischen 700 und 2.000 (!) DM –, lohnt es sich, vorher bei Segelfreunden einmal zu fragen: Wer verarbeitet UV-stabile Tuche, die auch noch angenehm anzufassen sind, vernäht ordentlich mit UV-stabilem Garn, setzt großflächige Verstärkungen auf und verwendet ausschließlich nichtrostende Nieten und Kauschen? Eigentlich sollten diese Kleinigkeiten ja alle selbstverständlich sein. Aber bei genauem Nachfragen wundert man sich dann leider doch.

### Ein Deckshaus muß nicht häßlich sein

In den vergangenen Jahren haben Werften und Konstrukteure viel an der Gestaltung der Deckshäuser auf Fahrtenyachten getan. Es muß also keineswegs das bewährte klassische Deckshaus mit geteilten Scheiben und der Anmutung traditioneller Arbeitsboote sein. Es werden auch Yachten mit großflächigen, futuristisch gewölbten Scheiben angeboten, die das Deckshaus optisch leichter erscheinen lassen und eher zu den Linien einer schnellen Fahrtenyacht passen.

An Bord mittelgroßer bis über 50 Fuß langer Fahrtenyachten gibt es zwei Steuerstände, einen für schönes Wetter achtern und einen im Deckshaus nahe am Schiffsmittelpunkt, der trocken, warm, windgeschützt und in Rufweite von Navigationsecke, Kombüse und Salon ist. Der Nachteil: Man hört weniger von draußen und bekommt kaum oder überhaupt nicht mehr mit, wenn ein Segel killt, und reagiert später auf Unregelmäßigkeiten an Bord, die sich auf See meist durch Geräusche ankündigen.

Ein halb offenes Deckshaus muß die Linie des Schiffes nicht stören – es kann sie auch um ein hübsches Detail bereichern (links).

Das ringsum geschlossene Deckshaus verlängert die Saison in den kühlen Gewässern vor unserer Haustür um einige Wochen.

## Die feste Windschutzscheibe

Reicht die Pinne weit in die Plicht hinein, so sitzt man bequem und einigermaßen geschützt am Süll angelehnt. Jetzt zeigt sich der Vorteil einer festen Plexiglasscheibe gegenüber dem durchsichtigen, meist welligen Fenster in der Sprayhood. Durch die Scheibe kann man einigermaßen nach vorne sehen – durch die welligen (nach einigen Jahren zudem verkratzten und vergilbten) Plastikfenster der Sprayhood nicht mehr. Eine solche feste Scheibe kann man übrigens ohne große Mühe nachträglich einbauen: Man nimmt mit einer Schablone die Rundung des kleinen, über den Kajütaufbau verlaufenden Sprayhoodsülls ab und läßt die Scheibe aus Plexiglas paßgenau fertigen. Die Scheibe ersetzt dann die erste Schräge der herkömmlichen Sprayhood und gibt der Konstruktion zusätzlichen Halt. Ganz wichtig ist übrigens, daß das Material stark genug ist, um den mechanischen Beanspruchungen des Bordlebens standzuhalten, man sich an ihr wie an einer Sprayhood im Vorbeigehen abstützen kann und die Kanten entsprechend abgerundet sind, damit sich niemand am Rand der Scheibe verletzt. Die Scheibe selbst sollte nicht zu schräg auf den Aufbau gesetzt werden, sonst irritieren die Spiegelungen im Glas und behindern die Sicht nach vorne.

So läßt sich mit vergleichsweise kleinem Budget auf fast jeder Yacht eine praktische Windhutze und Spritzkappe montieren. Die Kosten für die Anfertigung der Scheibe und Änderung der Sprayhood bei einer 10 Meter großen Yacht belaufen sich auf etwa ein- bis zweitausend DM.

## Das Süll und die Vorschotwinschen

Das Süll sollte so hoch gezogen sein, daß man in der Plicht sitzend auch bei Schräglage niemals das Gefühl hat, man finde zu wenig Halt oder könne herausrutschen. Das ist vor allem dann wichtig, wenn man Freunde an Bord hat, die zuvor noch nie segeln waren und es unterwegs plötzlich auffrischt.

Früher, an Bord herkömmlich gebauter Holzyachten,

bestand das Süll lediglich aus einem formverleimten Holzbrett mit seitlich montiertem Winschenpodest. Heute, wo in der Fertigung von Kunststoff-, Aluminium- oder Stahlyachten mehr gestalterische Möglichkeiten bestehen und Aufwand nicht mehr gescheut wird, ist das Süll ein mehr oder minder breiter, voluminöser Rahmen mit rutschfester Oberfläche. Denn das Süll ist außer der Plicht eine der meistbetretenen Flächen an Bord. Deshalb sollte es zumindest die Breite eines Bordschuhes haben und mit Teakholz oder einem rutschsicheren Belag versehen sein.

## Winschenpodest und Winschen

Wichtig für die einwandfreie und reibungs- sowie verschleißarme Arbeitsweise der Schotwinschen ist der richtige Zugwinkel der ankommenden Schot zur Schotwinsch. Das gilt natürlich für alle Winschen an Bord – für die Vorschotwinde aber ganz besonders, da sich bei einer schlechten Zuführung des Tauwerks zur Winde immer wieder „Überläufer" ergeben. Bemerkt man einen solchen Überläufer auf der Winsch erst nach einer Umdrehung und ist viel Zug auf der Schot, so bekneift sich die Schot und ist nur unter großer Mühe, im schlechtesten Falle überhaupt nicht mehr zu lösen. Dann muß man die wertvolle Schot abschneiden.

Die Winschentrommel muß annähernd rechtwinklig zur dichtzuholenden Schot stehen, in jedem Falle aber so, daß die Schot im unteren Drittel der Trommel ankommt und nach mehreren Umdrehungen mit der Trommel auch unten bleibt. Wandert die Schot beim Kurbeln nach oben, geht der Zug sehr auf die Lagerung der Trommel, und es kommt außerdem zu den schon angesprochenen Überläufern.

Das Winschenpodest selbst muß groß genug sein, damit eine hinreichend große Winsch Platz darauf findet. Was aber ist hinreichend groß? Darüber werden sich Werften und anspruchsvolle Eigner wohl nie einigen können. Ich habe jedenfalls erst ganz wenige Schiffe gesehen, die werftseitig mit ausreichend dimensionierten Winschen ausgerüstet wurden. Meist

**Nur wenige Werften rüsten ihre Schiffe für den Kunden serienmäßig mit ausreichend dimensionierten Winschen aus.**

montieren die Serienhersteller das soeben noch vertretbare, kleinstmögliche Modell, um Kosten zu sparen.

In der Praxis an Bord bedeutet das: Ab vier bis fünf Windstärken ist die mittelgroße Genua der Fahrtenyacht nicht mehr dichtzuholen. Zur Überwindung dieses Problems gibt es verschiedene Lösungen, welche, die überhaupt nichts kosten und solche, die mehrere tausend DM verschlingen. Entweder, der stärkste Mann an Bord muß ran und zeigt den Mitseglern, was sein Bizeps so hergibt. Oder der Steuermann luvt ein wenig an, so daß die im vorderen Drittel eingebeulte Genua leichter dichtzuholen ist. Oder man gibt Geld aus zum Beispiel für eine an Bord von Regattayachten übliche Doppelwinschkurbel (Kosten etwa 200 DM), die Wunder wirkt und hilft, das Letzte aus der Segelwinde herauszuholen. Eine Winschkurbel mit doppelten, übereinander angeordneten Griffen läßt sich bequem mit beiden Händen anfassen. Dank der Schwungmasse der beiden Oberarme entwickelt man damit erstaunlich viel Kraft. Wichtig ist dabei, daß die Kurbel gut verarbeitet ist und der Griff sauber im Schwengel verankert wurde, sonst bricht der Griff eines Tages ab, man stürzt über die Winde und verletzt sich.

Oder man kauft kurzerhand für mehrere tausend DM neue und größere Winschen. Meist läßt die Größe des Winschenpodests jedoch kaum die Montage wesentlich größerer Schotwinschen zu. Wenn aber das Problem der Dimensionierung der Vorschotwinschen ein für alle Male an Bord gelöst werden soll, reicht es nicht, die vorhandenen Winschen gegen das nächstgrößere Modell zu tauschen. Meist muß die übernächste Größe her. In der Regel paßt aber der Durchmesser dieser Trommeln nicht mehr auf das Winschenpodest. Die Lösung: Es gibt von Hersteller zu Hersteller unterschiedliche Untersetzungen bei bestimmten Trommeldurchmessern. Im vergangenen Jahr habe ich bei mir an Bord die Winschen ausgetauscht und solche des dänischen Herstellers „Andersen" eingebaut. Sie bieten das derzeit beste Verhältnis von Trommeldurchmesser zu Untersetzung (Zugkraft). Es gibt Modelle

bei Andersen, die haben einen Wirkungsgrad von 90 anstelle der üblichen 70 Prozent. Die dänischen Edelstahlwinschen sind zwar nicht gerade billig, sie sind nach meiner Ansicht aber das beste, was es derzeit auf dem Markt gibt.

Von Aluminiumwinschen an Bord von Fahrtenyachten halte ich wenig – vor allem dann, wenn man in südlichen Gefilden unter entsprechender Sonneneinstrahlung segelt. Alles, was schwarz eloxiert ist, heizt sich in der Sonne auf und läßt sich nicht mehr anfassen. So gesehen hat der „Profilook" der 70er und 80er Jahre, die Mode, Masten, Spieren, Fensterrahmen, Blöcke, Travellerschienen, Winschen und Griffe schwarz zu färben, nur Nachteile.

Es bleiben für den Einsatz an Bord also im Grunde nur verchromte Bronzewinschen oder die genannten Edelstahlwinschen. In jedem Falle lohnt es sich, Ausrüstungen renommierter Hersteller zu kaufen. Mit Winschen, Fallschäkeln und Blöcken des englischen Herstellers Lewmar habe ich zum Beispiel bei Kulanzfragen gute Erfahrungen gemacht. Ein nach Jahren eingerissener Fallschäkel wurde anstandslos durch einen neuen ersetzt.

Bronzewinschen haben übrigens den Nachteil, daß auch bei pfleglicher Behandlung im Laufe der Jahre der Chrom abblättert. In jeder größeren Stadt kann man die Winschentrommel zum Nachverchromen abgeben. Ich selbst habe das zwar noch nicht versucht,

Der Zugwinkel der ankommenden Schot zur Windentrommel muß genau stimmen, sonst gibt es Überläufer!

aber von sehr unterschiedlichen Ergebnissen gehört: Mal habe die Nachverchromung auf der Trommel nur ein Jahr gehalten, mal fünf Jahre. Lästig ist es allemal, wenn der Chrom nach und nach von der Trommel abblättert und im Tauwerk hängen bleibt.

## Herkömmliche und selbstholende Winschen

Vom Einhandsegeln und dem Regattasport kommt die Erfindung der sogenannten „selbstholenden Winschen".

Das Tau wird wie bei einer herkömmlichen Winsch zwei- oder dreimal um die Trommel gelegt und dann über eine Schräge in eine Kehle geführt, die es von selbst festhält.

Diese Einrichtung macht bei kleiner Crew Sinn oder wenn man einmal „faul segeln" möchte, ohne beim Dichtholen von Fallen und Schoten mehr als eine Hand zu bemühen. Sie hat jedoch zwei Nachteile: Es entsteht mehr Reibung auf der Winde, was zu einem Kraftverlust führt. Daher empfiehlt es sich bei viel Wind, auf die selbstholende Einrichtung der Winsch zu verzichten – vorausgesetzt, es sind genug Leute an Bord. Wenn einer wie gehabt zieht und einer kurbelt, dann hat der Kurbelnde es leichter. Der zweite Nachteil der modernen Winschen: Sie sind wahre Schotenfresser und zerfleischen das teure Tauwerk sprichwörtlich. Nach meinen Erfahrungen verkürzt der regelmäßige Gebrauch des selbstholenden Kopfes der Winsch die Lebensdauer einer Schot um zwei Drittel. Deshalb versuche ich bei viel Wind und hoher Zugkraft auf die Schotwinschen, die selbstholende Einrichtung der Winde möglichst nicht zu gebrauchen.

Obwohl viele Fahrtensegler, vor allem jene, die ein wenig aufs Geld gucken, deshalb nichts von selbstholenden Winschen halten, sind sie dennoch eine wunderbare und brauchbare Einrichtung an Deck. Wenn man nachts alleine oder mit kleiner Crew segelt, lassen sich die Schoten mit Hilfe der selbstholenden Winschen schnell und mit nur einer Hand dichtholen.

## Motorisierte Winschen

Entsprechend der rasant wachsenden Größe von Fahrtenyachten, wie sie vor allem in den Nobelhäfen des Mittelmeeres zu bewundern sind, wurden Winschen und Segelrollanlagen motorisiert. Selbst 20 bis 30 Meter lange Megayachten sind so von kleinen Familiencrews zu segeln. Wenn das Portemonnaie des Eigners groß genug ist und das Bordnetz genug Energie hergibt, spricht sicher einiges für motorisierte Winschen. Es gibt zwei Möglichkeiten, Winschen und Segelrolleinrichtungen an Bord zu betreiben: entweder elektrisch oder hydraulisch. Die Hydraulik hat den Vorteil, daß man lediglich einen Motor braucht, der über Druckschläuche die Segelrollanlagen, Winschen und Spanner (zum Beispiel von Vor- und Achterstag) sowie das Achterspill versorgt. Der Motor läßt sich vom Gewicht her günstig tief und nahe am Gewichtsschwerpunkt der Yacht, zugleich geschützt und für Wartungsarbeiten leicht zugänglich im Schiff installieren. Der Nachteil ist, daß die Hydraulikschläuche über große Entfernungen durch das ganze Schiff (mit großen Radien, Hydraulikschläuche dürfen nicht geknickt werden) verlegt werden müssen und viel Platz beanspruchen.

Ob elektrischer oder hydraulischer Antrieb: Solche Segelhilfen bringen auch einige zusätzliche technische Probleme mit an Bord. Die regelmäßige Inspektion ihrer Arbeitsweise, Wartungsarbeiten und Reparaturen kosten viel Geld und Zeit und beanspruchen die Ner-

**Spart Winschen an Bord, braucht viel Energie: der Einsatz einer motorisierten Winde in der Mitte der Plicht.**

ven des Eigners. Für den Fahrtensegler, der ausgedehnte Törns in exotische Reviere oder Reisen in seemännisch besonders anspruchsvolle Gewässer plant, kommen derlei technisch aufwendige Einrichtungen an Bord ohnehin nicht in Frage.

Denn was soll die Crew einer Fahrtenyacht mit einer Winde an Bord anfangen, die sich nicht mit einfachen Bordmitteln und gängigem Werkzeug instand setzen läßt?

Vom Einsatz motorisierter Winschen halte ich an Bord der Fahrtenyacht mittlerer Größe ebenfalls wenig. Ich möchte hier nicht etwa der Technikfeindlichkeit an Bord das Wort reden, meine aber, daß der normalsterbliche Eigner einer Fahrtenyacht genug mit der Pflege und Reparatur seines Schiffes zu tun hat, als daß er die ohnehin knapp bemessene Zeit zum Segeln durch weitere Reparaturarbeiten einschränken möchte. Mein Motto: Je weniger Technik an Bord ist und je einfacher und zweckmäßig schlichter die Ausstattung der Yacht mit bewährten Dingen ist, desto mehr Zeit bleibt zum Segeln und desto geringer ist die Gefahr, daß im entscheidenden Augenblick etwas ausfällt.

Der entscheidende Gesichtspunkt aber ist: Wo soll denn auf einer neun bis vierzehn Meter langen Yacht die Energie für eine oder mehrere motorisierte Winschen herkommen, wenn nicht aus dem fortwährend vom laufenden Motor gespeisten Bordnetz? Den Motor aber läßt man ja gerade deshalb möglichst selten an Bord laufen, weil man dem Segel- und nicht dem Dieselsport frönt.

### Umlenkung von Fallen und Streckern in die Plicht

Bis in die 70er Jahre hinein war es an Bord der Fahrtenyacht üblich, die Fallen am Mast zu bedienen und zu belegen, das Reff in das Großsegel am Mast oder Baum einzudrehen oder -zubinden, das Vor- und Unterliek des Großsegels am Mast zu trimmen.

Heute gehört die Umlenkung sämtlicher Fallen und Strecker vom Mast über den Kajütaufbau zur Plicht auf den meisten Fahrtenyachten zum Standard. So braucht man den sicheren und geschützten Platz in der

Plicht nur äußerst selten zu verlassen und kann fast alle Arbeiten, vom Setzen und Trimmen des Segels bis hin zum Reffen, von der Plicht aus erledigen. Fallen und Strecker kommen seitlich vom Niedergang auf dem Kajütaufbau an, wo Winschen und Klampen oder Klemmen montiert sind. Kammklemmen, die von vielen Werften aus Kostengründen montiert werden, halte ich an dieser Stelle für ungeeignet, da ihre zahnbewehrten Klemmbacken bereits nach zwei oder drei durchsegelten Sommern unscharf sind und die zu belegenden Fallen und Strecker zunächst unmerklich, dann aber spürbar durchschlüpfen lassen. Außerdem kann man mit einer versehentlichen, ungeschickten Handbewegung das Groß-, Fock- oder das Spinnakerfall ohne weiteres aus der Kammklemme loswerfen. Schnell ist dann der Spinnaker überfahren oder das Großfall so weit abgefiert, daß die Nock des Großbaums (sofern abgedirkt) in die Plicht ragt und die Segler am Kopf verletzt. Hier sollten unbedingt arretierbare Hebel-

Der Zugwinkel aller Fallen, Reff- und Trimmleinen muß genau zu den Umlenkrollen an Deck passen, sonst geht viel Kraft verloren (oben).

Moderne Kipphebelklemmen haben die gute alte Belegeklampe abgelöst.

klemmen, die nur mit einer bewußten und gewollten Handbewegung zu entsichern und zu öffnen sind, vorgesehen werden oder eine herkömmliche Klampe, auf der das Fall oder der Strecker mit dem klassischen Kopfschlag belegt wird. Ein Kopfschlag auf der Klampe ist in jedem Falle sicher und beansprucht das Tauwerk am wenigsten.

Wichtig ist, daß seitlich neben dem Niedergang genug Platz zum Bedienen der Winschen ist und man mit der Winschkurbel nicht andauernd an das aufgeklappte oder zusammengefaltete Sprayhood kommt.

Entscheidend für ein kraftsparendes, reibungsloses Setzen oder Durchsetzen der Fallen und Strecker ist die einwandfreie, saubere Führung der Leinen vom Mast über die Umlenkrollen nach achtern. Läßt die Gestaltung des Decks oder Kajütaufbaus dies nicht zu, so sollte man auf diese praktische Lösung verzichten. Denn die Überwindung des Reibungswiderstandes schlecht geführter Fallen und Strecker erfordert zuviel zusätzliche Kraft, als daß die Bedienung der Leinen aus der Plicht heraus noch ein Gewinn wäre.

### Plichtpersenning und Sonnensegel

In nordischen Gewässern wird man bald nach dem Anlegen, dem Auftuchen der Segel und Aufklaren des Decks eine über den Großbaum gezogene und seitlich an der Reling befestigte Persenning als Wind- und Regenschutz aus der Backskiste holen. Eine solche Persenning ist in südlichen Gefilden als Sonnenschutz ebenso unentbehrlich. Wind, Regen und Sonne zehren auf Dauer aus und machen, je nach Intensität, ein Leben in der Plicht unmöglich.

Gerade in südlichen Gefilden, im Mittelmeer oder in der Karibik, ist ein wirksamer Sonnenschutz für den Mitteleuropäer, der nicht so an die Sonne gewöhnt ist, unentbehrlich.

In Zeiten, wo die Ozonschicht in beängstigendem Maße zerstört wird und die UV-Bestrahlung entsprechend zunimmt, ist ein flott zu befestigendes und haltbares Sonnensegel oder die Plichtpersenning ein Muß.

Sie sollte aus einem hautfreundlichen, angenehm grif-figen Material sein. Das Tuch sollte leicht und an den Lieken und Ecken mit großflächigen Verstärkungen versehen sein. Kräftige Kauschen aus rostfreiem Material, die im Abstand von 50 cm eingestanzt sind, halten die Persenning auch an unwirtlich-windigen Hafentagen über der Plicht.

Sind die Lieken der Persenning an Backbord und Steuerbord rot und grün eingefaßt, so ist man beim Auseinanderfalten der Persenning schnell über die Zuordnung der Lieken orientiert und muß nicht lange suchen.

Die Persenning sollte über das ganze Cockpit reichen, den Kajütaufbau um etwa einen Meter überlappen und bis über den Steuermannssitz oder die Achterkajüte reichen, damit man trocken oder sonnengeschützt in der ganzen Plicht sitzen und hantieren kann.

Segelt man vorwiegend in nördlichen Gewässern, sollte die Persenning aus etwas schwererem Tuch und aus wasserundurchlässigem Material sein, auf dem der Schmutz nicht sofort zu erkennen ist, zum Beispiel dunkelblau. Im Süden sollte das Sonnensegel aus hellem, leichterem, imprägniertem Tuch sein, damit sich die Plicht darunter nicht so aufheizt.

Wohl deshalb, weil die meisten Fahrtenyachten bisher von nordischen und angelsächsischen Auftraggebern, Konstrukteuren und Werften konzipiert wurden, gab es bis vor wenigen Jahren praktisch keinen brauchbaren Sonnenschutz an Bord der Fahrtenyacht unter Segeln.

Aus der Karibik-Charter, wo man sich bereits seit den späten 40er Jahren den Luxus des Fahrtensegelns unter südlicher Sonne leistet, gelangte das sogenannte „Bimini-Top" zu uns. Yachten aus Frankreich, Italien und aus den USA werden bereits serienmäßig mit solchen Klappverdecks über der Plicht angeboten. Die Bügel des Verdecks sind seitlich am Süll befestigt und werden durch den waagerecht obenaufliegenden Bezug und mehrere Gurte gehalten. Ein solches Bimini-Top bietet wenig Windwiderstand und behindert die Rundumsicht nicht. Für Raumschotskurse, bei denen der Rudergänger den Verklicker genau im Auge behalten muß, sollte in das Sonnenverdeck im entsprechenden Blickfeld ein kleines Fenster eingelassen sein.

Voraussetzung für diese überaus praktische und einigermaßen formschöne Lösung ist natürlich, daß die Großschot nicht im Wege ist und das Hantieren in der Plicht und am Süll mit den Vorschotwinschen nicht beeinträchtigt wird. Deshalb kommt dieser wirksame Sonnenschutz meist leider nur auf mittelgroßen und großen Yachten in Frage.

Mit einem solchen Sonnenschutz werden die drückend heißen Vorwindkurse bei leichtem Wind im Mittelmeer erträglich, und das Leben an Deck wird um einige Grade kühler und angenehmer.

**Wo hängt man den Lifebelt an Deck ein?**

In der Plicht, aber auch an Deck der Fahrtenyacht sollten solide verankerte Ösen installiert sein, an denen sich die Crew in extremen Situationen auf See mit dem Lifebelt einhängen kann.

Winschen, Relingsstützen oder gar die oft genutzte Aluminiumfußleiste am Schanzkleid der Yacht halte ich zur Befestigung des Lifebelts für wenig geeignet. Auch ein um eine Winsch gelegtes Auge des Lifebelts kann herunterrutschen oder von einer überkommenden See weggewaschen werden. Eine Relingsstütze oder ein Relingszug gibt im Ernstfall sehr nach und kann bei einer heftigen, ruckartigen Belastung aus einem ungünstigen Zugwinkel verbiegen oder gar abreißen. Die Fußleiste ist zwar der gewiß haltbarste Platz zum Einpicken des Lifebelts, aber schlecht zu erreichen. Außerdem wird die Crew bei Arbeiten in der Plicht zu sehr behindert. Es kommt hinzu, daß ein weit außen liegender Befestigungspunkt nicht mehr davor schützt, auch angeleint außenbords zu stürzen. Unter dem Druck des Wassers auf den Körper ist dann schon mancher Sicherheitsgurt gerissen.

Besser ist deshalb ein zentral in der Plicht (im Boden oder am Reitbalken) befestigtes Auge und ein Sicherungsdraht an Deck, der möglichst weit zur Schiffsmitte hin angebracht ist und in den man sich auf dem Weg nach vorn mit seinem Lifebelt einhakt.

Gerade an Bord von Kunststoff- oder Holzyachten sollte man sich vergewissern, daß für eine großflächige Aufnahme der Zugkraft, die auf das Auge einwirken kann, gesorgt ist. Dies wird entweder durch eine großflächige Unterlegscheibe vor der Mutter, besser noch durch ein Aluminiumblech oder – am besten – durch eine Zugentlastung zu einer hinreichend kräftig laminierten oder konstruierten Stelle am Rumpf (etwa: Bodenwrange, Stringer, Spant oder ein nachträglich in der Schale befestigtes T-Stück) erreicht.

Kaum jemand macht sich über diese „Kleinigkeit" Gedanken, dabei ist dieses Detail gerade bei hartem Wetter wichtig. Wer jemals unter stürmischen Bedingungen mit seiner Yacht aus einer Legerwallsituation herauskreuzen mußte und entsprechend wenig Zeit und Aufmerksamkeit für die Frage der Befestigung seines Lifegurtes hatte, wird sich im nächsten Hafen in einer ruhigen Stunde mit diesem Thema beschäftigt haben.

Wie auch immer die Yacht in der Plicht und an Deck beschaffen sein mag, die Befestigung des Karabinerhakens vom Lifegurt sollte eine eindeutige Lösung haben: entweder durch nachträglich auf das Süll montierte Heißaugen (das Süll ist in der Regel stark genug laminiert), durch auf den Schutzbügel der Steuersäule (sofern dieser einem kräftigen seitlichen Zug standhält) und durch möglichst weit mittschiffs angebrachte Sicherungsdrähte (Hundeleinen), die den Segler auf seinem Weg von der Plicht auf das Vorderschiff kontinuierlich sichern.

# UNTER DECK

**Lüftung und Helligkeit unter Deck**

Bevor auf das Interieur der Fahrtenyacht eingegangen wird, soll zunächst ein wichtiges, für das Wohlbefinden an Bord entscheidendes Thema angesprochen werden. Denn wie angenehm es sich auf einer seegehenden Yacht leben läßt, hängt ganz maßgeblich von einer guten und durchdachten Belüftung sämtlicher Kabinen, Schränke und Kleiderspinde ab. In südlichen, warmen Gefilden wird es sonst unter Deck auch bei einem hellen Decksbelag unerträglich heiß und stickig – in nördlich kühleren Gewässern ist eine gründliche Lüftung der Kajüte nicht minder wichtig, wenn das Interieur des Schiffes nicht auf Dauer muffig und klamm riechen soll.

Ideal ist die Belüftung der Yacht über die in das Deck und die Aufbauten eingelassenen Luken. Auf See verschließt man bei zunehmendem Wind die Luken, so daß die Kajüte ein völlig wasserdicht abgeschlossener Raum ist, lediglich vom Niedergang her zu begehen.

Früher hat man an Bord seegehender Yachten möglichst wenige und kleine Luken und Bullaugen vorgesehen, um in das Schiff keine potentiell undichten Stellen einzubauen. Eine berechtigte Skepsis, sind doch selbst heute die Luken teurer Yachten nicht immer dichtzubekommen.

Heute bieten die Hersteller großflächige Klappluken mit beachtlichen Ausmaßen an: 50 mal 50 und mehr Zentimeter sind keine Seltenheit mehr an Bord bereits mittelgroßer Yachten. Sinnvoll sind sie ganz gewiß, denn man kann auch große Segel durch das geöffnete Luk auf direktem Wege nach oben hieven.

Zusätzlich werden zur Lüftung der Yacht mehrere, etwa 20 mal zehn Zentimeter große Klappluken in den Kajütaufbau integriert. Bei vielen Yachten sind auch die seitlich in den Kajütaufbau eingelassenen Fenster

ausstellbar. Segelt die Yacht am Wind oder liegt sie bei einer leichten Brise vor Anker, erreicht man durch Öffnung der entsprechend im Windzug liegenden Luken eine ausreichende und angenehme Zirkulation unter Deck. So ganz nebenbei haben solche kleinen Klappluken oder Bullaugen den Vorteil, daß man die Yacht verlassen und abschließen kann, ohne auf die Lüftung der Kajüten verzichten zu müssen. Kein Langfinger kommt durch die kleinen Luken ins Schiff hinein.

Wo auch immer die Reise mit dem Schiff hingeht, ob in nördliche oder südliche Gewässer, an allen Luken sollten Moskitonetze angebracht sein, zumindest aber Vorrichtungen, mit deren Hilfe sich solche Netze schnell und ohne größere Umstände befestigen lassen. Denn in den wirklich geschützten, idyllisch landeinwärts gelegenen Buchten entdecken Bienen, Fliegen und Mücken alsbald die Marmeladen- und Honiggläser, die Speisereste auf den Tellern, in der Spüle oder in der Mülltüte und belästigen die schlafende Crew. In manchen Häfen schützen solche Netze unter den geöffneten Luken auch vor Kakerlaken, Mäusen, Ratten oder nächtlich streunenden Katzen. In den Häfen des Mittelmeeres zum Beispiel scheinen die Katzen sehr genau zu wissen, wo die Kombüse an Bord von Segelyachten liegt: Oft schon schreckte ich nachts aus der Koje hoch, weil irgendeine Katze sich am Niedergang zu schaffen machte.

**Achten Sie auf eine wirksame Belüftung der Yacht!**

**In den Aufbau der modernen Fahrtenyacht sind viele Fenster, Luken und Lüfter eingelassen (rechts).**

Aber so praktisch die vielen großen und kleinen Klappluken an Bord auch sind – letztendlich entscheidend für das Wohlbefinden an Bord ist auf See, daß sie wirklich dicht zu verschließen sind. An Bord der meisten Kunststoff- oder Holzyachten verziehen sich die Luken, wenn die Yacht in der See zu arbeiten beginnt, oder sie verformen sich bei schwankenden Temperaturen und verschiedenen Zuladungen.

Da Holz oder Kunststoff des Decks, das Aluminium des Lukenrahmens und das Gummi der Dichtlippe den mechanischen Beanspruchungen unterschiedlich nachgeben und sich bei Temperaturschwankungen (etwa durch Sonneneinstrahlung) unterschiedlich weit ausdehnen oder zusammenziehen, ist die Undichtigkeit eines Klappluks in allzu leichtgebauten Decks vorprogrammiert. Das Gummi der Dichtlippe wird unter der Einwirkung von Nässe, Sonne, Salz und Schmutz im Laufe der Jahre ohnehin spröde und sollte daher von Zeit zu Zeit überprüft und bei Rissen im Material ausgewechselt werden. An Bord großer, aufwendig gebauter Yachten haben sich Skylights mit sogenannten Vorreiberverschlüssen und zwei Dichtringen um das Luk herum bewährt. Eine besonders formschöne und vertrauenerweckende Gestaltung eines Skylights ist zum Beispiel an Bord der bei Dübbel & Jesse auf Norderney gefertigten „Nordsee 55" zu sehen.

Wird die See zu rauh, um die Skylights geöffnet lassen zu können, und segelt man gar die Nacht durch, macht sich die fehlende Ventilation der Kajüte besonders unangenehm bemerkbar. Deshalb sollte die Yacht über die Klappluken hinaus mit spritz- und schwallwassergeschützten Lüftern ausgerüstet sein.

Zu den besonders bewährten und wirksamen Lüftern gehört die sogenannte „Dorade-Type". In den vergangenen Jahren sind sie an Bord moderner Fahrtenyachten ein wenig aus der Mode gekommen, da ihr traditioneller „Look" nicht gerade mit den modernen Linien und der windschlüpfrig fluchtenden Gestaltung der Aufbauten zu harmonisieren scheint. Dennoch, der Dorade-Lüfter belüftet die Yacht äußerst wirksam. Vor allem dann, wenn man die Hutze mit der Öffnung in den Wind dreht, ist bei richtiger Anordnung der seit-lich versetzten Rohre, ausreichender Entwässerung des Gehäuses und sorgfältiger Montage auf Deck die „Dorade-Type" meiner Meinung nach das beste, was es gibt. Unabdingbar sollte sein, daß der Lüfter mit einer Blindplatte zu verschließen ist, nachdem die drehbare Hutze aus dem Lüftergehäuse herausgeschraubt wurde.

Wird die See unterwegs bockig und ist grünes Wasser an Deck zu erwarten, kann man die Hutze aus dem Wind herausdrehen, so daß das Spritz- oder Schwallwasser nicht unmittelbar in den Trichter der Hutze hineingelangt, sondern seitlich vorbeispült. Oder man entfernt die Hutze und dreht die Blindplatte in das Lüftergehäuse. Mancher Fahrtensegler, der sein Schiff über Land transportieren läßt, die Yacht einlagern will oder einmal an einer Regatta teilnehmen möchte, entfernt mit wenigen Handgriffen die gefährdeten oder störenden Hutzen. Der Nachteil des Dorade-Lüfters ist nämlich, daß er im Vergleich zu anderen Lüftern weit über das Kajütdach oder Deck hinausragt, daß sich Leinen um die Hutze legen und die Hutzen wegreißen können, daß sie viel Platz einnehmen und man über sie stolpert. Deshalb ist es an besonders gefährdeten Stellen sinnvoll, den Dorade-Lüfter mit einem Bügelstativ aus Edelstahlrohr zu schützen. Das hat den Vorteil, daß man sich zugleich an der solide verankerten Bügelkonstruktion festhalten kann.

Neuerdings bieten verschiedene Hersteller kleine Elektrolüfter mit Solarzellen an. Diese leise laufenden Elektrolüfter können über dem Herd und in den Naßzellen gute Dienste leisten.

**Der Niedergang**

Verlassen wir nun das Deck und wenden uns der Einrichtung unter Deck zu. Von der Plicht oder dem Brückendeck der Fahrtenyacht geht es meist steil abwärts über eine Leiter in die Kajüte. Oder man steigt an Bord der kleinen Fahrtenyacht über eine Stufe des Interieurs in den Salon.

Oft handelt es sich bei dem Niedergang um eine schlichte Treppe. Heute, wo die anspruchsvolle Käu-

**Kräftige Handläufe und breite, rutschfeste Stufen sichern den Weg des übermüdeten, unkonzentrierten Seglers auf dem Weg unter Deck.**

ferschaft ein Auge für das liebevoll geformte und verarbeitete Detail hat, findet man zunehmend Treppen mit seitlich nach oben gebogenen Stufen, auf denen es sich an Bord einer gekrängten Yacht wesentlich bequemer und sicherer stehen und gehen läßt, da eine der seitlichen Schrägen dann zur Waagerechten wird.

Ob der Niedergang nun aufwendig oder schlichter gestaltet wurde: In jedem Falle sollten ein paar kräftige Handläufe an den Seiten der Treppe zur Verfügung stehen. Die Treppe selbst sollte zur bequemeren Reinigung der Bodenbretter leicht demontierbar sein. Auf vielen Yachten mittlerer Größe ist der Motor außerdem über eine schallisolierte Klappe von der Kajüte aus zugänglich. Auch dafür muß die Treppe bei Wartungsarbeiten der Maschine (etwa zur Kontrolle der Keilriemenspannung) leicht entfernbar sein. In unmittelbarer Nähe des Niederganges sollten sich Feuerlöscher, das Signalhorn und das nötigste Bordwerkzeug befinden. Die Lifebelts lassen sich allzeit griffbereit und luftig unter dem Niedergang aufhängen.

**Die Navigationsecke**

Der herkömmliche Platz für die Navigationsecke ist unmittelbar vor dem Niedergang an Backbord oder Steuerbord in Reich- und Rufweite der Plicht. Liegt die Seekarte aufgeschlagen auf dem Navigationstisch, kann man sich vom Niedergang in die Kajüte herunterbeugend grob über die räumlichen Verhältnisse, etwa den Küstenverlauf, orientieren, ohne gleich in die Kajüte hinabsteigen zu müssen.

Wie groß oder klein die Yacht auch immer sein mag –

Diese Navigationsecke einer
großen, gediegenen Fahr-
tenyacht bietet reichlich
Platz für alle Instrumente.

Am besten sitzt man in
Fahrtrichtung vor dem
Kartentisch (links).

der Kartentisch sollte zumindest Platz für eine hälftig oder auf ein Viertel gefaltete Seekarte bieten und von einer etwa daumenbreiten Schlingerleiste eingefaßt sein, damit man Bleistift, Kursdreiecke und Karte nicht immer wieder wegräumen muß, wenn das Schiff krängt.

Heutzutage versuchen Konstrukteure und Werften bereits auf neun Meter langen Yachten eine Navigationsecke mit separatem Sitzplatz für den Navigator unterzubringen. Man sitzt in Schiffsrichtung blickend auf einer kleinen Sitzbank oder auf dem Kopfende der Hunde- oder Navigatorenkoje.

Dieser Sitzplatz ist jedoch nur dann wirklich zu gebrauchen, wenn dem Navigator genug Bewegungs- und Ellenbogenfreiheit bleibt und er nicht sogleich mit dem Ohr an der Schräge des Kajütaufbaues klebt. Legt die Yacht sich bei Am-Wind-Kursen seitlich über und bewegt sich schlingernd und stampfend durch die See, arbeitet es sich an der Karte vor dem Kartentisch im Durchgang zum Salon stehend besser, weil man die Schiffsbewegungen sitzend schlecht ausgleichen kann. Ein Fach für Stifte, Bleistiftspitzer, Radiergummi, Zirkel, den Taschenrechner und all den Papierkram, den die Behörden dem Skipper oder Eigner der Yacht im Laufe eines Törns abverlangen, sollte vorhanden sein.

Leider nicht auf allen Fahrtenyachten zu finden, aber überaus praktisch sind Schubladen unter dem Kartentisch, in denen die Karten des besegelten Revieres einmal oder zweimal gefaltet zu verstauen sind.

Wichtig ist außerdem, daß die Navigationsecke genug Platz zur Unterbringung der heute üblichen Yachtelektronik bietet: für Log und Echolot, Funkpeiler, UKW-Sprechfunkgerät, Barometer, Uhr, Loran-, Decca- oder GPS-Empfänger. Es muß außerdem genug Raum für eine Belüftung der Kühlrippen an der Rückseite der Geräte geben und für das Koaxialkabel, das mit seinem großen Querschnitt keinesfalls winklig an das Gerät herangeführt und angeschlossen werden darf. Es muß in weiten Bögen verlegt sein, damit Seele und Abschirmung keinen Schaden nehmen. Da wird es schnell eng in der Navigationsecke.

An Bord vieler Fahrtenyachten ist es möglich, die Instrumente übereinander am Schott zu montieren, so daß die wichtigsten Informationen wie Uhrzeit, Barometer- und Loggenstand, Geschwindigkeit und Position von der Plicht aus abgelesen werden können.

Im Vergleich zu früher ist die Zeit, die man heute üblicherweise am Navigationsplatz der Yacht verbringt, äußerst gering geworden. Die moderne Yachtelektronik erübrigt in der Regel die aufwendige und zeitraubende Rechenarbeit. Dies sollte man bei der Ausstattung und Konzeption des Navigationsplatzes bedenken, sofern man die Wahl hat. Noch ein Wort zur Unterbringung der Navigationsecke in der Yacht: So sinnvoll ihre Nähe zum Niedergang auch ist, so hat diese doch zwei gravierende Nachteile, wie ich meine: Erstens sind Karten und Handbücher sowie die feuchtigkeitsempfindliche Yachtelektronik nahe am Niedergang am ehesten Seewasser und Gischt ausgesetzt. Zweitens präsentiert man im Hafen Dieben gleich auf einen neugierigen Blick ins Schiffsinnere, wie sehr sich ein Diebstahl lohnt.

Gegen Spritz- und Salzwasser im Niedergang wird man sich mit einer umsichtigen Schiffsführung, einer aufgeklappten Sprayhood und rechtzeitig eingesetztem Steckschott in das Niedergangsluk schützen.

Manche Fahrtensegler behelfen sich auch mit einem Vorhang, der die Instrumente vor Salzspritzern und begehrlichen Blicken schützt.

## Die Kombüse

Die Anordnung der Kombüse in unmittelbarer Nähe des Niederganges macht dagegen in jeder Hinsicht Sinn, wie ich meine: Nahe am Niedergang ist es am luftigsten, und die heißen, fettigen Küchendünste können durch das geöffnete Schiebeluk am schnellsten abziehen.

Geschirr, Speisen und Getränke lassen sich aus der Kombüse leicht durch den Niedergang nach oben an Deck reichen, wo jemand den Tisch in der Plicht vorbereitet. Wird unterwegs auf See eine Mahlzeit zubereitet, ist der Smutje stets in Ruf- und meist in Sichtweite des Rudergängers. So kann der Smutje leicht

Wünsche von den Mitseglern an Deck entgegennehmen und der Rudergänger die in der Kombüse arbeitende Person vor plötzlich auftauchendem Schwell warnen.

Der Platz unmittelbar vor dem Niedergang ist bei den meisten Yachten mittlerer Größe außerdem nahe am Schiffsmittelpunkt und gehört somit zu den ruhigsten Aufenthaltsorten an Bord. Dies ist besonders wichtig für die Kombüse, damit möglichst wenig umkippt oder überschwappt und der Smutje nicht seekrank wird.

### Die Ausstattung der Kombüse

Zu einem reibungslosen und schnellen Ablauf der Arbeit in der Kombüse sollten zur Rechten und Linken von Spülbecken und Herd genügend Flächen zum Abstellen von Töpfen, von Geschirr, Gewürzen und Zutaten sein. Alle Arbeitsflächen sind selbstredend mit Schlingerleisten versehen, die an den Ecken unterbrochen sind, damit man Krümel aus den Ecken herauswischen kann.

Der Herd ist halbkardanisch mit großzügig bemessenem Schwingradius aufgehängt und gegen Herausfallen nach oben gesichert. Denn ein Herd mit offener Flamme, der sich unter ungünstigen Umständen aus seiner Halterung löst, kann einen Brand oder gar eine

Die Arbeitsflächen der Kombüse sollten mit wenigstens fünf Zentimeter hohen Schlingerleisten eingefaßt sein. Sonst ist das Kochen auf See Glücksache. Dieses Spülbecken ist zum Abwasch bei bockiger See schon zu groß.

Die mustergültige Ausstattung und Verarbeitung einer Kombüse. So feierlich kocht man natürlich nur im Hafen oder in einer ruhigen Bucht (links).

Explosion (bei Gas) auslösen. Ist eine solche Schüttelsicherung werftseitig nicht vorgesehen, kann man sie mit zwei nachträglich angeschraubten Metallwinkeln leicht nachrüsten.

An Bord vieler Yachten fehlt auch ein solide montierter Bügel vor dem Herd, an dem der Smutje sich festhalten kann und der ihn davor schützt, in den Herd hineinzufallen.

Wenn auf See gekocht wird, braucht man in der Regel beide Hände zum Arbeiten – derweil man sich mit der Hüfte an den Schlingerleisten oder mit dem Rücken oder den Schultern am Interieur der Yacht abstützt oder anlehnt. Auf kleineren Yachten sind auch häufig Gurte montiert, in denen man frei stehen kann. An Bord besonders großzügig und geräumig gestalteter Yachten mit viel „Stehplatz" in der Kombüse findet man oft einen kräftigen, in den Bodenbrettern der Yacht verankerten Stahlrohrbügel nur zum Anlehnen in Hüfthöhe.

Zum Reinigen des Geschirrs an Bord eignen sich große Spülbecken wenig, da sich das Wasser in großen Becken allzu leicht aufschaukelt. Besser sind zwei kleine, tiefe Spülbecken, deren Boden etwa das Format eines DIN-A4-Blattes haben sollte. Damit der Gast an Bord zum Aufbrühen eines Kaffees nicht versehentlich Salzwasser nimmt, sollten Pumpen und Wasserhähne eindeutig markiert sein. Steht genug Strom zur Verfügung oder plant man, lange an Bord zu leben, spricht viel für ein elektrisch betriebenes Druckwassersystem. Ansonsten kommt man mit Fußpumpen auch gut zurecht und verbraucht weniger Wasser. Aus Sicherheitsgründen sind sämtliche Zu und Abläufe mit leicht erreichbaren (See-)Ventilen versehen und bequem zu verschließen.

Es gibt zwei verschiedene Arten von Seeventilen: Solche, die mit einem Handrad über ein Gewinde verschlossen oder geöffnet werden und solche, die von einem Kipphebel über 90° nach oben oder seitwärts geöffnet oder geschlossen werden. Für die Werft sind Schraubhähne billiger als die praktischen Kugelschieber mit schwenkbarem Arm. Oft fehlt allerdings auch der Platz für ihre Montage. Wo immer möglich, sollten

Kugelschieber vorgesehen werden, denn die Stellung ihres Hebels zeigt sofort, ob das Ventil offen oder geschlossen ist. Außerdem sind solche Kipphebelventile wesentlich schneller zu bedienen, und auch der unerfahrene Mitsegler kann es auf Anhieb öffnen oder schließen.

Wer auf Kipphebelventile um- oder nachrüstet, sollte auf die Ausführung des Hebels achten, der von einigen Herstellern ungeschickterweise aus sprödem Gußmaterial oder Kunststoff angeboten wird. Er wird sofort abreißen oder -brechen, wenn das Ventil schwergängig ist. Auch die Verwendung von rostendem Blech ausgerechnet in diesem Bereich ist natürlich völlig ungeeignet.

Aber zurück zur Pantry. Man beachte, daß bei einer unglücklichen Plazierung der Tanks im Schiff und der Spülbecken im Verhältnis zur Wasserlinie bei Am-Wind-Kursen mit viel Schräglage das Wasser durch die Zu- und Abläufe in die Spüle gedrückt werden kann und über Stunden unbemerkt die gesamte Kombüse und wertvolle, trocken zu haltende Vorräte unter Wasser setzen kann. Deshalb müssen an Bord mancher Yachten, wo die Tanks nicht ganz unten im Schiff, sondern auf annähernd gleicher Höhe der Pantry angebracht sind, Kipphebelventile vor den Zulauf gesetzt werden.

Auch wenn die Pantry in unmittelbarer Nähe des Niedergangs untergebracht wurde, ist ein zusätzliches Klappluk oder ein leistungsfähiger Lüfter über dem Herd sinnvoll. Angenehm für den Smutje ist es auch, wenn sich seitlich neben dem Niedergang in der Wand zur Plicht oder in der Seitenwand des Kajütaufbaues ein ausstellbares Fenster befindet.

Das Geschirr sollte in möglichst genau passenden Tassenschränken, Tellerkästen und -schubladen oder maßgerechten Fächern untergebracht sein, so daß es auf See nicht rappelt, scheppert oder gar kaputtschlägt.

Das gilt auch für die Tee- und Kaffeekanne und alle Behältnisse, die rutschen, umkippen oder zerbrechen können, wenn sie keinen festen Platz an Bord haben.

Die ideale Kombüse der Fahrtenyacht ist ähnlich wie ein moderner Werkzeugkoffer konzipiert, wo jedes

**Für das Dinner zu zweit im Hafen mag sich diese ovale Sitzgruppe samt Eßtisch eignen – in der offenen See unterwegs nicht.**

Teil seinen festen Platz hat und eine Lücke bleibt, wenn etwas fehlen sollte.

### Der Salon, nur „Wohnzimmer" der Yacht?

Aus dem schlicht und weitgehend funktionell gehaltenen Salon der Fahrtenyacht wurde im Laufe des vergangenen Jahrzehnts ein repräsentativer, in seiner Ausstattung und Gestaltung eher an eine Hotellobby erinnernder Raum. Weil moderne Fahrtenyachten (von privaten Eignern und Charterinteressenten) weniger nach rein seglerischen Kriterien ausgewählt werden als unter dem Gesichtspunkt des Komforts unter Deck, ist heute bereits auf Serienyachten mittlerer Größe ein Rundsofa mit edlen Bezügen in einem geschwungenen, abgerundeten Interieur üblich.

Dabei ist der Salon auf See im Laufe eines langen, anstrengenden Törns oder etwa im Laufe eines Segelnachmittages bei hartem Wind ein vielseitig beanspruchter Raum. Die Freiwache schläft im Schutze der Leesegel oder liest, Gepäck, Fotoausrüstung, Bücher, Pullover und Handtücher stapeln sich hier. Der Salon ist manchmal auch Segellast. Kleinere Reparaturen an Bord werden unterwegs meist im Salon der Yacht ausgeführt, wo es einigermaßen ruhig ist, wo nichts über Bord fallen oder wegwehen kann. Der Rudergänger kommt mit salzigem Ölzeug den Niedergang hinab und zieht es nicht sofort, wie es eigentlich sein sollte, aus, sondern geht nach vorne in den Sanitärraum durch. Oder ein Segler, wie immer nach der Freiwache noch schläfrig und unaufmerksam, verschüttet Kaffee. Ein Marmeladenbrot rutscht aus der Hand, jemand hat das Skylight im Kajütdach offen gelassen und Gischt weht durch das Luk herein … ein anderer Mitsegler hat seine Landschuhe anbehalten und Sand in die Kajüte getragen, der jetzt auf den Bodenbrettern knirscht. All dies sind Situationen, wie sie im Laufe eines Törns vorkommen. Auch eine gute und teure Ausstattung des Salons kann solchen Beanspruchungen manchmal nicht standhalten, bei einer allzu exquisiten ist es nur schade darum. Über einen längeren Zeitraum gesehen und mit Blick auf die seglerische Praxis spricht also viel gegen feinlagig-erlesene Furniere und samtene Polster im Salon.

Viel wichtiger ist nach ein, zwei Jahren nämlich, daß die Bezüge sich abziehen und waschen, zumindest aber reinigen lassen.

Einige Yachtwerften haben die gute Stube ihrer Yachten daher funktionell-schlicht gehalten. Heute, wo viele Werften renommierte Designer mit der Gestaltung des Interieurs beauftragen, ist die Optik unter Deck nicht nur modisch schicker geworden, sondern auch freundlicher und heller. Bis vor zehn Jahren noch schien das ungeschriebene Gesetz zu gelten, daß der Salon der Fahrtenyacht mit dunklen und solide anmutenden Massivhölzern aus Teak und Mahagoni die Ausstrahlung einer mittelalterlichen Bibliothek haben müsse.

Der sich wandelnde Geschmack und der Trend zu leichten, funktionellen Linien an und unter Deck wird seit einigen Jahren von vielen Werften aufgenommen und konsequent auf das Interieur der Schiffe übertragen. Das farbenfroh helle, freundliche Design der Dehler-Schiffe unter Deck ist ein Beispiel dafür, daß es sich im Yachtbau immer wieder lohnt, herkömm-

Das klassisch schlicht gehaltene Interieur einer Fahrtenyacht: kein „Schnickschnack".

liche Lösungen oder tradierte Einrichtungskonzepte und Bauverfahren neu zu durchdenken und alte Zöpfe abzuschneiden.

Wie auch immer der Salon gestaltet wurde, einiges scheint mir an Bord der Fahrtenyacht unerläßlich: Die Bodenbretter dürfen nicht allzuviele Ecken und Kanten – keinesfalls ungeschützte Metallteile – aufweisen, an denen man sich barfuß verletzt. Der Boden muß leicht sauber zu halten sein, ohne störende Ecken und Kanten, sonst läßt er sich nicht schnell ausfegen oder mit dem Scheuerlappen wischen. Rüsteisen und Püttinge müssen ohne großen Aufwand unter Deck zu inspizieren sein (zum Beispiel hinter leicht demontierbaren Sichtblenden oder in Seitenschapps).

Zu den praktischsten, auf See ruhigsten und ganz gewiß gemütlichsten Kojen im Schiff zählen die des Salons. Bei hartem Wetter liegt man hier in der Schiffsmitte nahe an der Drehachse der stampfenden Yacht am besten und kann in dringenden Fällen auf Zuruf geweckt werden.

Unter den Seitendecks und hinter den Rücklehnen der Sitzgruppe im Salon findet man an Bord besonders breiter Yachten auch an Backbord und Steuerbord in Schulterhöhe separate Kojen. Liegt man in diesen Lotsenkojen, ist man nicht im Wege und beeinträchtigt das Bordleben im Laufe seiner Freiwache am wenigsten.

Sämtliche Kojen im Salon sollten mit Leesegeln ausgestattet sein, damit man auf allen Kursen sicher liegenbleibt.

### Der Salon im „Keller" der Yacht?

Als zunehmend störend wird die traditionell tiefe Anordnung des Salons im Mittschiffsbereich empfunden. Gerade klassisch-elegante Risse mit langen, flach gestreckten Seitenrissen der Yacht ergeben fast zwangsläufig „Kellerschiffe": Schön von außen anzusehen, aber zum längeren bequemen Leben an Bord wenig geeignet. An Bord traditioneller Fahrtenyachten verschwindet die „gute Stube" zwischen Niedergang und Mastschott in der Tiefe, und man hat im Salon sit-

Ein Deckshaus, in dem es sich mit viel Sicht nach draußen angenehm lebt.

zend keinen Blick nach draußen. Gerade in schönen, idyllischen Buchten oder Häfen, aber auch auf See möchte man bequem von drinnen nach draußen schauen können und nicht vom Geschehen um die Yacht herum abgeschottet sein wie in einem Keller.

Deshalb wurde an Bord von Motorseglern oder großen Fahrtenyachten der Salon angehoben und in einem Deckshaus untergebracht. Unter den Bodenbrettern der guten Stube bleibt dann viel Platz für all jene Einrichtungen, für die man sich einen zentralen und tief gelegenen Gewichtsschwerpunkt wünscht: für Tanks, den Kühlschrank, Getränke, die Maschine, Werkzeug und den Generator. Von einem solchen freistehenden Deckshaus bietet sich an Bord vieler Yachten sogar ein Blick nach vorne – was besonders bei langen, rauhen Törns angenehm ist, wenn man auch unter Deck allzeit wissen möchte, was voraus auf dem Wasser geschieht. Mitsegelnde Gäste und Segelanfänger, die

sich für eine Weile unter Deck zurückziehen wollen, werden für den Blick nach vorne besonders dankbar sein.

Überhaupt wurden die Fenster an Bord seegehender Yachten im Laufe der vergangenen Jahre merklich größer. Von dem französischen Designer Phillipe Starck stammt die Idee, die Seitenfenster im Kajütaufbau wie ein Band in das Dach hinaufzuziehen, um die Kajüte so durch das Tageslicht richtig ausleuchten zu können und dem Interieur der Yacht insgesamt etwas Leichtigkeit zu vermitteln.

### Der Tisch im Salon

Der Tisch im Salon sollte seitlich aufgesetzte Schlingerleisten haben und halbkardanisch aufgehängt sein, damit es sich auch auf See halbwegs kultiviert an Bord essen läßt.

Eine ebenso unterschätzte Kleinigkeit ist die Veranke-
rung des Tischfußes im Boden. Nur wenige Tische an
Bord von Fahrtenyachten sind derart kräftig in der Bilge befestigt, daß man sich bedenkenlos bei Schräglage
an sie anlehnen oder beim Durchgehen nach vorne im
schlingernden Schiff dagegen geworfen werden kann,
ohne daß die Füße abbrechen. Der Salontisch kann
also nicht solide genug gebaut sein, um über Jahre
sicher an seinem Platz stehen zu bleiben.

### Der Sanitär- und WC-Raum

Die Gestaltung und Verarbeitung der Sanitärräume an
Bord traditioneller Fahrtenyachten gehört nach meiner
Einschätzung zu den enttäuschendsten Kapiteln im
herkömmlichen Yachtbau: Man hat sich darüber früher
einfach zu wenig Gedanken gemacht.
Eine Wohltat ist dagegen die funktionelle und überaus
praxisgerechte Naßzelle moderner Fahrtenyachten,
etwa aus französischer Großserienproduktion. Erst vor
einigen Jahren nämlich kam man auf die Idee, den
Sanitärraum ähnlich wie in einem Flugzeug so zu
konstruieren, daß das Wasser beim Waschen und
Duschen oder der Schmutz beim Reinigen der Naßzelle möglichst ungehindert an den Lenzbrunnen zu
Füßen fließt, anstatt auf den waagerechten, kunststoff-
beschichteten Sperrholzbrettchen mit unzähligen
Ecken und Winkeln stehenzubleiben.
Werften, oft kleine Handwerksbetriebe, die sich solch
grundsätzliche konstruktive Arbeit und die Kosten für
zusätzliche GfK-Formen für das „Badezimmer" ihrer
Yachten nicht leisten können oder wollen, bauen heute
leider immer noch Naßzellen aus Mahagoni oder
Teakholz und furniertem Bootsbausperrholz. Die
moderne Naßzelle aus Kunststoff dagegen läßt sich
von Deck aus mit einer Druckwasserspritze durch das
Klappluk in einer Minute abspritzen und sodann mit
einem Fensterleder trockenwischen.

### Wie viele Sanitärräume an Bord?
### Oder: Wie groß muß eine Naßzelle sein?

Heutzutage werden bereits mittelgroße Yachten der
40-Fuß-Klasse mit zwei, wenn nicht gar drei

Etwas eng, ansonsten vor-
bildlich: Dieser Sanitärraum
„aus einem Guß" läßt sich
bequem und schnell sauber-
halten. Es gibt keine
Schmutzecken, und das
Duschwasser läuft durch ein
Lenzrohr in den Schmutz-
wassertank ab (links).

So wurden Sanitärräume
früher gebaut. Das Holz
verlangt viel Pflege und der
Raum stets gute Lüftung.
Praxisgerechter ist die GfK-
Wanne links.

Sanitärräumen angeboten. An Bord von Charteryachten oder privaten Schiffen, deren Eigner vorzugsweise mit zwei weiteren Ehepaaren auf Törn gehen, mag dies sinnvoll sein. Nur sind die Naßzellen meist zu eng, als daß man sich vernünftig darin waschen könnte. Mein Motto ist, lieber nur einen richtig großen Sanitärraum möglichst in der Schiffsmitte zu haben, der sich auf See auch unter harten Bedingungen benutzen läßt und in den man auch schnell einmal die Genua hineinstopfen und trocknen lassen kann.

Und was nutzt schließlich eine Toilette, die von den etwas schamhaften Mitseglern und Mitseglerinnen nicht benutzt werden mag, weil all jene Geräusche, die sich beim Verrichten von Dingen höchst privater Natur nun einmal ergeben, durch die zentimeterdünne Trennwand in die Nachbarkabine dringen? An Bord großer Yachten mit wesentlich mehr Platz unter Deck werden die Kabinen auch akustisch besser voneinander getrennt. Am wichtigsten aber scheint mir, daß der Sanitärraum möglichst ohne Einschränkung auch auf See zu benutzen ist. Denn gerade im Laufe harter Törns oder langer Nachtfahrten ist die an Bord ohnehin meist rudimentäre Körperpflege und Wahrung der „Restkultur" wichtig: Wie viele Eigner wunderschöner, gepflegter Yachten sind in den Häfen der Erde anzutreffen, die selbst alle ein wenig ungepflegt erscheinen!

Es kostet ohnehin schon einige Überwindung, sich bei sechs Windstärken in der Nacht länger im Sanitärraum aufzuhalten – da sollte er wenigstens groß genug sein, meine ich.

## Eine Achillesferse der Fahrtenyacht: die Toilette

Die Bordtoilette und die Entsorgung der Yacht von Fäkalien, Toilettenpapier und Schmutzwasser zählt nach wie vor zu den größten technischen Problemen an Bord: Verstopfte Ventile und beschädigte oder brüchige Pumpenmembranen, klemmende und verkrustete Seeventile, Schläuche, deren Querschnitte durch eingetrocknete und granulierte Fäkalienreste bis zur endgültigen Verstopfung verengt wurden, sind zu demontieren, zu reinigen oder auszutauschen.

Eine ekelhafte Arbeit, bei der mir jedesmal schlecht wird und die viel Beherrschung erfordert. Deshalb sollte die Bordtoilette möglichst simpel aufgebaut sein. Je weniger Teile es gibt, desto weniger kann kaputtgehen und muß demontiert werden. Es sollten möglichst wenige, dafür reichlich dimensionierte Pumpen und Ventile zum Einsatz kommen. Zuläufe und Abwasserschläuche sollten – trotz der erforderlichen Schwanenhalsführung bis weit über die Wasserlinie – auf möglichst kurzem und direktem Wege außenbords führen.

Wenn möglich, sollte der Fäkalientank oberhalb des Seeventiles sitzen, damit die Pumpe zum Leeren des Tanks gespart werden kann – man öffnet das Seeventil unterwegs, und alles läuft von selbst hinaus.

Die Installation eines Fäkalientanks ist heute selbstverständlich, auch wenn dieser Beitrag zum Umweltschutz durch Leerung auf See – wie derzeit noch üblich – eine Augenwischerei ist. Richtig sinnvoll angesichts der Überdüngung und Verschmutzung der Meere ist eigentlich nur die Entsorgung im Hafen durch Absaugstationen und entsprechend ausgerüstete Fäkalien-Tankwagen. Die Installation eines Fäkalientanks macht nur dann Sinn, wenn die normal belegte Yacht für zwei Tage in einer Bucht oder einem Hafen liegen kann, ohne daß der Tank sogleich voll wird.

Dies läßt sich aber nur erreichen, wenn der Fäkalientank entweder ausreichend groß ist (200, besser noch mehr Liter fassend) oder die Toilette dank einer Vakuumspülung pro Benutzung mit einem oder zwei Liter Spülwasser auskommt.

Die Installation großer Fäkalientanks verbietet sich bereits an Bord mittelgroßer Yachten von selbst: Es fehlt der Platz. Ein weiterer Nachteil ist, daß der Gewichtstrimm moderner Fahrtenyachten durch die Zuladung von zweihundert und mehr Kilogramm beeinflußt wird. Und darüber machen sich Yachtkonstrukteure und Werften gerade intensiv Gedanken. Viel spricht also für das Vakuumsystem. Der Nachteil: Es kostet mehrere tausend DM zusätzlich, die Aggregate brauchen Strom und verlangen zusätzliche Aufmerksamkeit bei der Instandhaltung der Yacht.

Wie groß der Fäkalientank auch immer ist, in jedem Falle sollte er aus festem Material sein, denn ein einmal undichter Gummisack wird unter Deck immer einen Fäkaliengeruch hinterlassen.

### Frischwasser- und Kraftstofftanks

Der ideale Platz für Frischwasser- und Kraftstofftanks ist im Bereich der Bilge, wo sie tief sitzen und nahe am Gewichtsschwerpunkt der Yacht angeordnet werden können.

Die Tanks sollten aus Metall gefertigt und mit einem Mannloch (Inspektionsluke) versehen sein. Als Frischwassertanks eignen sich aber auch flexible Tanks (Gummisäcke) oder solche aus Kunststoff. Die flexiblen, sich der Rumpfform anpassenden Gummisäcke haben den Vorteil, daß sie sich in unzugänglichen Winkeln der Yacht unterbringen und flott nachrüsten lassen. Sie müssen nicht festgekeilt werden oder genau passen und sind vergleichsweise billig. Ein Tank aus Aluminium, Stahl oder Kunststoff muß in jedem Falle sorgfältig an seinem Lagerplatz verkeilt werden, da er sich auch unter extremen Wetterbedingungen auf See nicht losreißen darf.

Jeder Tank muß gut belüftet sein mit einem Schlauch, der zu einem versteckten Winkel an Deck führt. Große Tanks müssen mit Schlingerblechen versehen sein, damit sich ihr Inhalt nicht zu sehr aufschaukelt.

Als überaus praktisch haben sich einige, zehn oder besser noch zwanzig Liter fassende Reservekanister an Bord erwiesen.

Besonders preiswert und strapazierfähig sind die industrieüblichen Säurekanister für 20 Liter Inhalt. Mit drei bis fünf solcher Kanister für Süßwasser und einigen Reservekanistern für Diesel lassen sich nicht absehbare Engpässe in der Versorgung unterwegs problemlos überbrücken.

### Stauraum an Bord

Beim Yachtbau unserer Tage gibt es viel zu wenig Stauraum für Vorräte, für das Werkzeug, für die Lagerung von Ersatz- und Verschleißteilen und all die Kleinigkeiten, die man beim Segeln braucht.

Es gibt nur zwei Lösungen: Entweder man lastet die Yacht nicht voll mit Mitseglern aus und läßt bewußt ein Drittel der verfügbaren Kojen frei, oder man muß jeden Abend und jeden Morgen umräumen.

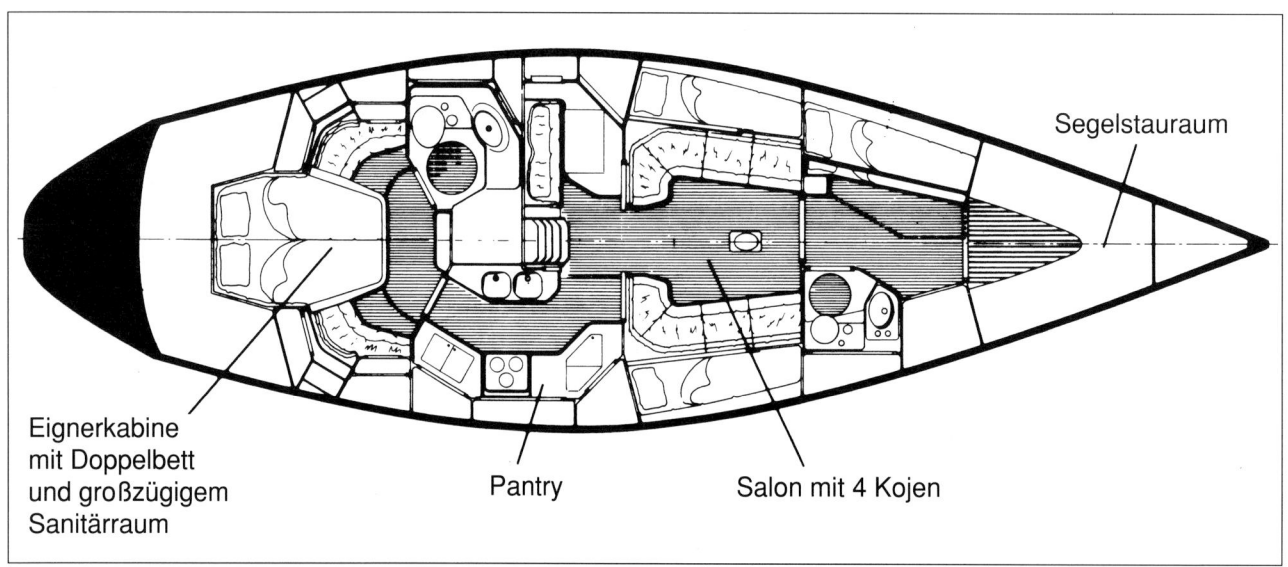

Eignerkabine mit Doppelbett und großzügigem Sanitärraum

Pantry

Salon mit 4 Kojen

Segelstauraum

**Das Layout der Eignerversion eines gediegenen finnischen Cruiser-Racers: wenige Kojen, dafür viel Lebens- und Stauraum unter Deck. Außerdem läßt dieser Einrichtungsplan im Vorschiff Platz für eine praxisgerecht große, separate Segellast, wie man sie nur noch selten an Bord seegehender Yachten findet.**

An Bord alter, klassischer Fahrtenyachten findet man noch einen Raum, den es heute – wenn überhaupt – nur noch auf großen Yachten (ab 55 Fuß) gibt: eine von Deck und durch die Vorderkajüte zugängliche Segellast, die zugleich als Werkraum dient. Dort hängt an Backbord und Steuerbord das Reservetauwerk luftig, trocken und allzeit griffbereit. Da liegt die Segelgarderobe in Säcken bereit, hier läßt sich an einer kleinen Werkbank, die mit den wichtigsten Werkzeugen ausgerüstet ist, manche schwierige Reparatur mit Bordmitteln auch auf See ausführen.

Wohin mit den Segeln? Der beste Platz ist die Vorpiek, da man hier auf See ohnehin schlecht schlafen kann, weil es dort wegen der Wassergeräusche und des Auf und Ab der stampfenden Yacht zu unruhig ist. Außerdem sind die Segel einigermaßen leicht, so daß sie das Vorschiff kaum zusätzlich belasten.Und wohin mit der Kleidung? Am besten in die Kleiderspinde. Nur sind die Kleiderstangen an Bord der meisten Yachten gerade 50 Zentimeter lang. Da paßt nicht viel drauf, und die Schubfächer und Schapps unter den Kojen sind auch bald voll. Kein Wunder, daß an Bord vieler Yachten aus dem Seesack oder – besser noch – der Reisetasche gelebt wird. Eine Reisetasche läßt sich nämlich leichter in Ordnung halten als der klassische Seesack.

# DIE AUSRÜSTUNG

### Ankerkasten und Kettenführung

Entscheidend für problemlose Ankermanöver ist ein groß bemessener Ankerkasten und eine durchdachte Führung der Kette aus dem Ankerkasten heraus.

In jeder Hinsicht sinnvoll ist die Montage eines Spills unter Deck. Ein Spill ist nämlich nicht besonders schön anzusehen, behindert die Arbeit an Deck, schmälert die verfügbare Trittfläche und geht unter der Einwirkung von Sonne und Salzwasser bald kaputt. So gibt es zum Beispiel einen renommierten Hersteller eines Ankerspills, der für die Mechanik im Spillgehäuse herkömmliche Zahnräder, Lager und Bremsen verwendet, wie sie serienmäßig in Fahrradnaben zu finden sind: Eine solche Mechanik rostet schon beim Einbau an Deck!

Vom Gewichtstrimm her ungünstig ist die Lagerung der schweren Ankerkette unmittelbar hinter dem Vorsteven. Man vergegenwärtige sich nur, daß das Ankergeschirr einer 40 Fuß langen und 12 Tonnen verdrängenden Yacht mehr als 100 Kilogramm auf die Waage bringt: Der gebräuchliche Pflugscharanker sollte 30 kg (oder schwerer) sein. Das Spill dürfte je nach Aus-

Vorbildlich, aber selten zu sehen: die motorisierte Ankerwinsch im Kettenkasten.

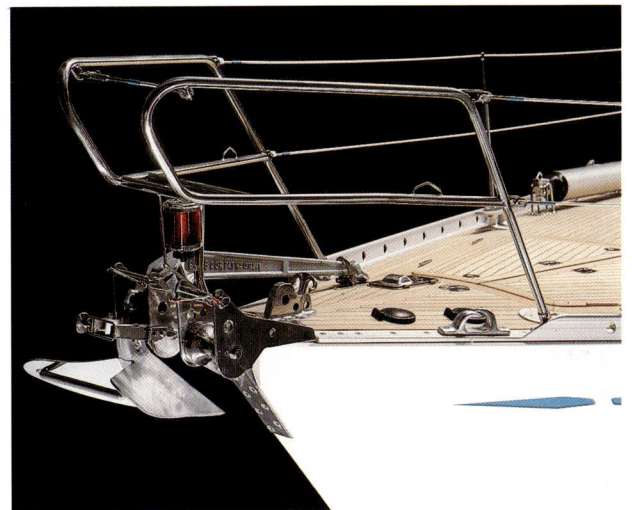

Der Pflugscharanker liegt allzeit bereit zum Fallen im Bugbeschlag: mit zwei Handgriffen zu entsichern.

führung und Type 20 bis 40 kg wiegen, und 30 bis 50 Meter Kette tun ein übriges, um die Yacht vorne tiefer eintauchen zu lassen, als der Konstrukteur es sich seinerzeit gewünscht hat.

Nicht umsonst stauen viele Blauwassersegler beim Verlassen des Kontinentalschelfs ihren Anker samt Kette im Mittschiffsbereich.

Gerade bei viel Wind und entsprechend hohem Seegang ist die Entlastung des Vorschiffs ein Muß.

### Wie schwer sollte der Anker sein?

Es gibt Langfahrtsegler, die verzichten auf eine Versicherung ihrer Yacht und rüsten sie dafür mit einem teuren, reichlich dimensionierten, doppelten Ankergeschirr aus. Denn viele Yachten gingen verloren, weil der Anker unbemerkt aus dem Grund ausbrach und über den Boden slippte, bis die Yacht im flachen Wasser nach der ersten Grundberührung seitwärts auf den Sand oder Fels hinaufgeschoben und von der Brandung nach und nach zerstört wurde.

Deshalb habe ich selbst mein 8 Tonnen verdrängendes Schiff mit einem 30 Kilogramm schweren, streng genommen für ein 12 Tonnen schweres Schiff noch ausreichenden Pflugscharanker ausgerüstet. Zehn Meter Kettenvorlauf und eine viel zu dicke, 100 Meter lange Trosse haben auch an unruhigen Ankerplätzen oder bei auffrischendem Wind die Nerven geschont. Ein solch schweres Ankergeschirr hat jedoch einen ganz entscheidenden Nachteil: Ein 30 Kilogramm schwerer Anker ist im Handling wesentlich schlechter als ein 20-Kilo-Anker. Da flucht man so manches Mal unter der Last des Gewichtes beim Stauen und Festzurren des Ankergeschirrs!

Trotzdem kann ich nur jedem Segler, der die Wahl hat, zu einem 20 bis 30 % schwereren Anker raten, als es die Tabelle oder der Ausrüster empfiehlt.

Die werftseitig mitgelieferten Ankergrößen kann man getrost vergessen: Denn den meisten Serienyachten wird der soeben noch vertretbare, kleinstmögliche Anker mit auf die Reise gegeben. Ein kleiner Anker ist im Einkauf eben billiger als der große. Mit dem Pflugschar- oder CQR-Anker konnte ich bisher durchweg gute Erfahrungen sammeln. Mittlerweile schwören auch viele Segler auf den sogenannten Bruceanker oder andere Varianten des Pflugscharprinzips.

Natürlich ist der Pflugscharanker auf verkrauteten Ankergründen nicht der beste. Nur halte ich die Diskussion über das Für und Wider des einen oder anderen Ankers für spitzfindig im Vergleich zu den Allroundeigenschaften des Pflugscharankers. Und genau die Vielseitigkeit eines Ankers ist es, die der Fahrtensegler braucht. Kurz und gut: Ich meine, der CQR-Anker ist bewährt, einfach im Aufbau und einigermaßen zu handhaben (anzufassen).

Ein mitentscheidender Vorteil für den Fahrtensegler ist: Er zieht sich bei geschickter Konstruktion der Bugrolle von alleine in eine starre, arretierte Position auf den Bugbeschlag der Yacht.

### Kettenwirbel – ja oder nein?

Auf einen Wirbel zwischen Kette und Anker habe ich bewußt verzichtet, um diese gefährliche Bruchstelle zu vermeiden. Zu oft habe ich von vielen erfahrenen Seglern gehört, daß Kettenwirbel auf Dauer ermüden und brechen. Seit einigen Jahren werden haltbare, formschöne und schlanke (auch über das Spill laufende) Edelstahlwirbel angeboten. Doch erscheinen sie mir im Verhältnis zu ihren Vorteilen zu teuer (über 100 DM).

Am sichersten ist ein solider Schäkel zwischen Anker und Kette. Er wird beim Bergen des Ankers zwar ab und zu einmal haken und den Pflugscharanker mit seiner Flunke nach vorne (also falsch herum) zeigend unter der Bugrolle ankommen lassen – aber damit kann man leben.

**Der Anker sollte stets angeschäkelt bleiben und der Bugbeschlag so konstruiert sein, daß die Flunke des Pflugschars die Außenhaut nicht beschädigt.**

### Kette oder nur Kettenvorlauf?

An Bord der meisten Fahrtenyachten wird ausschließlich Kette verwendet. Das hat den Vorteil, daß man den Anker über ein motorisiertes Spill abfieren oder bergen kann, ohne die Kette selbst anfassen zu müssen – sofern die Kettenführung einwandfrei funktioniert, was nur bei wenigen Spills der Fall ist.

Ich habe mich für einen zehn Meter langen Kettenvorlauf und 90 Meter Trosse entschieden. Der überdimensionierte, schwere Kettenvorlauf sorgt für das nötige Durchhängen und damit die gewünschte Federwirkung zwischen Anker und Schiff. Bei zehn Meter Kettenvorlauf schlieren im Normalfall nur die Kettenglieder und nicht die Trosse über Grund. Damit wird die Trosse geschont. Trosse ist wesentlich leichter als Kette – es läßt sich folglich wesentlich mehr Trosse als Kette mitnehmen. Eine dreikardeelige Ankertrosse liegt angenehm in der Hand und ist wesentlich besser zu handhaben als Kette. Ankert man auf großen Wassertiefen, so sind 90 Meter Trosse wesentlich leichter und schneller zu bergen als die gleiche Länge Kette.

Der Nachteil der Kombination von Kettenvorlauf und Ankertrosse ist jedoch, daß ein Ankerspill mit großem Trommeldurchmesser her muß, damit die Trosse unter Last überhaupt über die Winde geborgen werden kann. Außerdem muß man am Übergang von Trosse zu Kette umlegen von der Tautrommel auf das Kettenrad. Wichtig ist in jedem Falle, daß man eine kalibrierte Kette (mit Kettengliedern einheitlicher Größe) kauft, die zum Kettenrad des Spills paßt.

Ein weiterer Nachteil der Lösung mit kurzem Kettenvorlauf und Trosse ist, daß man die Yacht nur äußerst ungern über Wochen oder Monate vor Anker liegen lassen wird, da das Ankertau im Wasser anfängt zu gammeln – ein Gesichtspunkt, der in den meisten Häfen und Marinas aber kaum mehr zum Tragen kommt, da ohnehin überall feste Moorings zur Verfügung stehen, die benutzt werden können (und aus Sicherheitsgründen auch müssen!).

Als Zweitanker habe ich einen etwas leichteren (25 Kilogramm schweren) Stockanker ausgewählt – mit 30 Metern Kettenvorlauf und zusätzlicher Trosse, die

Optisch nicht besonders überzeugend, aber sicher: Dieser 30-kg-Pflugscharanker ist mit drei geübten Handgriffen klar zum Fallen (links).

Hier wurde an alles gedacht: von der perfekten Lagerung des Zweitankers bis zum Scheuerbrett für die Kette über Deck.

sonst für besonders lange Landverbindungen (etwa vom Heck zu einem Baum in einer engen Ankerbucht oder als Spring unter einer hohen Mauer) verwendet wird. Der Stock- oder Admiralitätsanker ist zwar unpraktisch im Zusammenbau und Handling, dafür im zusammengeklappten Zustand klein und als schmales, langes Paket gut zu verstauen. Solch ein Zweitanker läßt sich mit Kette wunderbar im Mittschiffsbereich (etwa einer tiefen Bilge) oder auf dem Boden der Backskiste verstauen.

Beabsichtigt man, für einige Tage in einer geschützten Bucht zu bleiben oder besteht die Gefahr, daß der Ankerplatz über Nacht viel Wind ausgesetzt sein könnte, wird er mit dem Beiboot zusätzlich ausgebracht. Hinter zwei solchen Ankergeschirren lassen sich im glatten Wasser auch einmal neun Windstärken vor Anker abwettern, ohne daß man ständig Angst um das Schiff haben muß.

Besonders unangenehm ist das Handling eines verzinkten Ankers und einer verzinkten, scharfkantigen Kette. Überstehende Zinkreste und -grate oder Muschelbewuchs reißen schnell schmerzhafte Wunden in die Innenflächen der Hände. Deshalb sollte man vor jedem Ankermanöver vorne an Deck Arbeitshandschuhe anziehen, wie sie auf dem Bau üblich sind. Jeder Markt für Heimwerker hat sie, und die paar Mark für die Anschaffung lohnen sich bald!

Von zusätzlich an Bord mitgeführten Reitgewichten oder geflochtenen Ankerleinen mit Bleiseele halte ich wenig. Diese Einrichtungen kosten im Vergleich zu einem bewährten Ankergeschirr mit Kette und dreikardeeligem Tau nur viel Geld und sind in der Handhabung weniger vielseitig. Ein Reitgewicht auf der Ankertrosse zum Beispiel muß separat verstaut werden und macht mit der dazugehörigen Sorgleine, die nur verheddert, zusätzliche Arbeit.

Nach einigen Jahren werden der verzinkte Anker und die Kette rosten. Viele Segler streichen ihr Ankergeschirr dann an. Da die Flächen jedoch beim Ankern ständig beansprucht werden, hält die Farbe nicht lange. Besser ist es, wenn man das Ankergeschirr von Zeit zu Zeit nachverzinken läßt.

Neuerdings werden auch Edelstahlketten und -anker angeboten. Das ist natürlich eine feine Sache, kostet jedoch viel Geld.

## Immer Ärger mit dem Spill

Ein Dauerthema auf Fahrtenyachten ist das Ankerspill. Im Laufe der üblichen Törns entlang einer buchtenreichen Küste, wo es morgens und abends, gelegentlich auch einmal über Mittag bei der Ansteuerung einer Badebucht zum Einsatz kommt, ist das Ankerspill eine besonders beanspruchte Arbeitshilfe an Deck. Ich spreche hier ganz bewußt von Hilfe, weil es auch ohne Hilfe geht. Aber dazu später.

Man wundert sich, was Spills so alles mitmachen, wenn die Ankerkette bei rasanter Rückwärtsfahrt vor

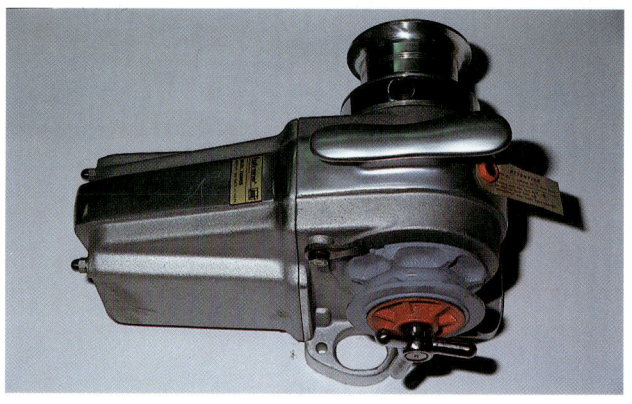

Ein Dauerthema an Bord der Fahrtenyacht: das Ankerspill. Es soll betriebssicher und lange haltbar sein, und es soll sich im oder auf dem Vorschiff funktionsgerecht montieren lassen.

dem Kai bei gelöster Bremse aus dem Vorschiff um das Kettenrad des Spills rattert und dabei einen Höllenlärm veranstaltet – bis der Mann, lässig auf dem Vordeck stehend, auf Zuruf des Rudergängers die Bremse des Kettenrades mit dem Spielbein betätigt. Kein Wunder, daß auf den meisten Charteryachten alle paar Wochen die Bremsen des Ankerspills kaputt sind! Am nächsten Morgen holt die Winde die Kette wieder an Bord. Nicht wenige Crews muten dem Motor des Spills dabei auch zu, daß er den Bug der Yacht über die Position des auf Grund liegenden Ankers zieht. Nur aufwendige, teure Konstruktionen und eine reichliche Energieversorgung bewältigen diese Schwerstarbeit im Laufe des Manövers, ohne Schaden zu nehmen.

Auf dem Vordeck, wo das Spill ständig dem Seewasser, der Sonne und der aggressiven Seeluft ausgesetzt ist, hält die Schmierung der Lager im Innern und die gekapselte Mechanik und Elektrik nicht lange. Kein Wunder, daß viele Fahrtensegler im Laufe ihres Seglerlebens viel Geld für das Spill und die erforderlichen Reparaturen sowie Wartungsarbeiten ausgeben, von Zeit zu Zeit neue Modelle ausprobieren, auch diese selbst reparieren oder es irgendwann aufgeben.

Es geht nämlich auch ohne Spill: Wenn man zum Bergen des Ankers über die Stelle dieselt, wo der Anker eingegraben ist, und ihn dann Hand über Hand an den Vorsteven zieht. Oder ihn mit einer schnellaufenden Handwinde hinaufkurbelt.

Zum Ausbrechen des Ankers aus dem Grund braucht man jedenfalls kein Spill, sofern man folgenden Trick beherzigt: den Anker kurzstag nehmen oder mit ein wenig Lose an einer vertrauenerweckenden, solide im Deck verankerten Klampe belegen. Dann verlassen alle das Vordeck – für den unwahrscheinlichen Fall, daß doch einmal etwas reißt und durch die Gegend fliegt. Dann fährt man mit leichter Marschfahrt über den Anker und wartet, bis das Vorschiff das Ausbrechen des Ankers mit einem leichten Rucken anzeigt. Das Masttopp nickt ein wenig, der Anker ist frei.

Der größte Nachteil der meisten Handspills ist nach meinen Erfahrungen ihre Übersetzung: zum Ausbrechen eines wirklich festsitzenden Ankers zu schwach

übersetzt, zum flotten Bergen des frei unter dem Bug im Wasser pendelnden Ankers zu langsam, weil zu schwach untersetzt.

Fast alle Spills sind nach drei- oder vierjährigem Einsatz allein schon aus dem Grund am Ende, weil der Mix verschiedener Materialien elektrolytische Reaktionen hervorruft. Hinzu kommt, daß die unterschiedliche Ausdehnung bei wechselnden Temperaturen und die unterschiedlichen Reaktionen auf das jedem Metall zusetzende Seewasser am Ende eines gemeinsam haben: Nichts geht mehr.

Bei der geduldigen, noch hoffnungsvollen ersten Demontage des Spills findet der verblüffte Eigner Edelstahlschrauben in Gußteilen oder im Aluminium festgefressen, Edelstähle und bronzene Lager – all das läßt sich nur mit viel Geduld, großem handwerklichem Geschick und einer perfekt ausgestatteten Werkstatt mit Radabzieher, Drehbank, Fräseinrichtung und einem Mechaniker vor Ort richten. Deshalb ist mein nächstes „Spill" eine herkömmliche Schotwinde mit großer Trommel und zwei Gängen: Die hält wenigstens fünf Jahre, ist vergleichsweise leicht und eignet sich besonders zum Verholen der Yacht.

**Der Motor**

An Bord kleiner Yachten mit etwa 7 Meter Länge über alles, wo man aus Platz- und Budgetgründen keine andere Wahl hat, wird man die Yacht nur mit einem Außenbordmotor ausrüsten. Die Montage am Spiegel des Bootes ist für den Gewichtstrimm des Schiffes und den Motor selbst nachteilig. Die Abrißkante des Spiegels saugt sich fest und bremst das Schiff. Der Propeller des Außenbordmotors wird auch bei Motoren mit verlängertem Schaft von Zeit zu Zeit aus dem Wasser gehoben, wenn das Boot stampft. Dreht der Propeller in der Luft, geht die Drehzahl des Motors ungebremst in die Höhe. Der Motor erzeugt viel Lärm und kann auf Dauer Schaden nehmen.

Außerdem sind Benzinmotoren (fast jeder Außenborder ist ein Benziner) aufgrund der Brand- und Explosionsgefahr des Treibstoffes für den Betrieb an Bord

weniger geeignet als ein Diesel. Die Nachteile des Dieselmotors sind sein hohes Gewicht und die Vibrationen, die vom Dieselmotor ausgehen.

Früher wurden marinisierte Industrie- und Traktormotoren für den Betrieb auf kleinen Schiffen eingebaut. Der Vorteil: Sie waren solide gebaut, zuverlässig und man fand in fast jeder Motorenwerkstatt Ersatzteile. In den vergangenen Jahren haben die Motorenhersteller kleinere und leichtere Dieselmotoren für die Verwendung auf Yachten entwickelt. Man vergleiche nur einmal einen 15 Jahre alten Volvo Penta Dreizylinder mit 35 PS mit einem über 40 PS starken Turbo-Diesel: Die neue Maschine ist etwa halb so groß!

Der Motor sollte gut zugänglich sein – etwa unter dem Niedergang, wo sich Störungen auch auf See beheben lassen.

Ist der Wind weg, braucht der Fahrtensegler einen verläßlichen Dieselmotor (oben).

Weil die Hersteller ihre Motoren radikal abgespeckt haben und sich ein Innenbordmotor heute so aufhängen läßt, daß kaum Vibrationen an den Rumpf der Yacht weitergegeben werden, gibt es keine wirkliche Alternative zum Dieselmotor.

Entscheidend für die Wahl eines bestimmten Fabrikats sollte ihre Verbreitung sein. Denn nur in jenen Revieren, wo viele Motoren einer bestimmten Marke im Einsatz sind, ist mit einer flächendeckenden und schnellen Ersatzteilversorgung zu rechnen.

Ein Motor zum Beispiel, dessen Basismodell unter den meisten LKW-Hauben brummt und in den meisten Fischerbooten tuckert, läßt sich im Schadensfalle flott wieder herrichten. Ein- oder zweizylindrige Diesel laufen unruhig – vibrationsärmer ist da schon ein Dreizylinder.

Von der Gewichtsverteilung her befindet sich der beste Platz für den Motor in oder auf der Bilge hinter dem Mastschott – nahe am Schwerpunkt der Yacht. Dort ist übrigens der Hilfsmotor vieler Regattayachten montiert. Im Salon der Fahrtenyacht ist er unter einer schallisolierten Haube von allen Seiten gut zugänglich: Man entfernt die Verkleidung und kommt von allen Seiten bequem an die Maschine heran.

Der Nachteil: Der Motor beansprucht Platz im Salon (meist wird er unter einer Sitzbank oder dem Tisch versteckt) und verbreitet Lärm und Vibrationen im Salon. Im Falle eines großen Schadens läßt sich die Maschine überhaupt nicht oder nur in Einzelteile zerlegt durch den Niedergang in die nächste Werkstatt transportieren.

Ein von der Schallisolierung her idealer Platz, der zugleich einigermaßen zugänglich ist, befindet sich an Bord kleiner und mittelgroßer Fahrtenyachten unter dem Plichtboden: Der Boden wird wie der Deckel eines Mannloches aufgeschraubt und aus der Plicht gehoben. Man gelangt von oben an die Maschine und erreicht, seitlich an ihr vorbeigreifend, die wichtigsten Teile.

Mit Hilfe eines Kranes läßt sich die Maschine aus dem Schacht herausheben und problemlos in die nächste Werkstatt transportieren. Ein weiterer Vorteil dieses Einbauplatzes: Bei Reparaturen wird die Plicht in Anspruch genommen und nicht der schmutzempfindliche Salon der Yacht mit seinen edlen Hölzern und teuren Polsterstoffen.

Der Motor der Fahrtenyacht sollte etwa 4 PS pro Tonne Verdrängung leisten. Bei der Verdrängung sollte man sich jedoch nicht auf die Werftangaben verlassen (die stimmen nämlich selten), sondern das Gesamtgewicht der beladenen, komplett ausgerüsteten und vollgetankten, auslaufbereiten Yacht berücksichtigen.

Hat die Yacht hohe Aufbauten und präsentiert bei Motorfahrt gegenan dem Wind viel Fläche, sollten es ruhig ein paar PS mehr sein. In Legerwallsituationen, bei der Passage gefährlicher Fahrwasserabschnitte, bei viel Wind, Seegang oder Strömung ist eine starke, überdimensionierte Maschine wichtig für die Manövrierfähigkeit der Yacht und beruhigend für die Crew. Man versuche nur einmal, mit einer durchschnittlich mit 3 PS pro Tonne motorisierten Yacht bei Starkwind von einem unruhigen an einen geschützten Liegeplatz zu verholen. Sollte der Anker im Hafen oder in einer engen Bucht slippen, muß die Yacht auch bei acht oder neun Beaufort unter Motor zu manövrieren sein, um größere Schäden zu vermeiden.

Was auch immer der Anlaß für diese Havarie gewesen sein mag: Verlassen Sie sich niemals ganz auf den Motor.

## Der Propeller

Zuverlässigkeit und Wirkungsgrad sollten bei der Auswahl des Propellers an erster Stelle stehen. Dies schreibt eigentlich schon zwingend den zwei- oder dreiflügeligen Festpropeller vor. Mit diesen Propellern kann man unbedenklich von Vorwärtsfahrt über den Leerlauf auf Rückwärtsfahrt schalten, um die Yacht schnell zum Stehen zu bringen oder in engen Häfen zu drehen. Von den derzeit noch weit verbreiteten Faltpropellern möchte ich abraten: Sie klappen schon nach wenigen Monaten im Wasser bei bereits leichtem Bewuchs nicht mehr richtig zusammen und reagieren nicht immer prompt auf Rückwärtsfahrt. Schon mehrmals haben sie mich in kritischen Situationen im Stich gelassen. Faltpropeller schlagen außerdem nach einer Weile aus, und so manches ältere Modell fällt auch schon mal vom vulkanisierten Lagerteil ab. Während ihr Wirkungsgrad bei Vorausfahrt noch akzeptabel erscheinen mag, ist ihre Leistung bei Rückwärtsfahrt unbefriedigend.

Eine interessante Alternative sind die neuen, allerdings nicht gerade billigen Propeller mit verstellbaren Flügeln. Der Vorteil: Man spart das Getriebe und kann die Maschine mit der konstanten, idealen Drehzahl laufen lassen (interessant bei Antrieb des Bugstrahlruders über die Hauptmaschine): Lediglich der Anstellwinkel der Propellerflügel wird von senkrecht (= Nullstellung) über vorwärts mit verschiedenen Steigungsgraden bis rückwärts verändert. Eine technisch reizvolle Lösung für den Eigner einer großen Yacht mit entsprechendem Portemonnaie.

Unter dem Rumpf vieler Fahrtenyachten sind heute auch die sogenannten „Max. Prop."-Propeller zu finden. Dieser zwei- oder dreiflügelige Verstellpropeller ist nicht nur wesentlich wirksamer als ein herkömmlicher Faltpropeller, beim Segeln werden die Flügel in Strömungsrichtung gestellt und bieten so nur minimalen Wasserwiderstand. Der Nachteil für den Fahrtensegler: Die Mechanik verlangt eine gewisse Aufmerksamkeit bei der Installation und Wartung des Propellers.

Natürlich ist der Geschwindigkeitsverlust der Yacht unter Segeln bei Verwendung eines Festpropellers im Vergleich zum Falt- oder Drehflügelpropeller zu bedenken: Ich schätze ihn auf einen halben Knoten. Die Bremswirkung des Festpropellers läßt sich reduzieren, wenn man den Propeller im Wasser mitdrehen läßt. Bei Yachten mit Propellerwelle sollte man damit jedoch nicht experimentieren, da die Lagerung der Welle heiß wird und es immer wieder Dichtigkeitsprobleme gibt. Nach Angaben von Volvo Penta ist dies bei einem Z-Trieb, wo der Schaft des Saildrive von kühlendem Wasser umspült wird, weniger problematisch. Allerdings sind die Geräusche unter Deck, vor allem bei hohen Raumschotsgeschwindigkeiten, störend.

Der beste, weil sicherste Platz für den Propeller der Fahrtenyacht befindet sich in einer Aussparung im Kiel (bei Langkielern) oder im Skeg der Yacht unmittelbar vor dem Ruderblatt. Hier können im Wasser treibende Fremdkörper den Propeller am wenigsten beschädigen.

Der weitverbreitete Sail Drive (S-Trieb) mit einem zweiflügeligen Faltpropeller.

In kritischen Situationen, wenn die Yacht vor Anker zu treiben beginnt, in engen Häfen und Buchten ist der Fahrtensegler auf einen wirksamen Propeller angewiesen – am besten dreiflügelig (oben).

## S-Trieb und Welle

Anfangs gab es unter den Fahrtenseglern viele Vorbehalte gegenüber dem S-Trieb. Denn der Schaft wird durch ein etwa bordtoilettengroßes Loch im Rumpf nach außen geführt, welches mit einer Gummimanschette abgedichtet ist. Gegen diesen Gummiring gab es einige Vorbehalte. Wechselt man die Manschette jedoch regelmäßig und inspiziert das Gummi zwischendurch, braucht man sich über den S-Trieb an Bord keine Sorgen zu machen. Ich selbst habe den Gummiring sogar länger als das empfohlene eine Jahr verwendet und nie Probleme damit gehabt.

Viel wichtiger ist die regelmäßige Kontrolle der Zinkanode, die die Metallteile des S-Triebs vor der gefährlich schleichenden Zerstörung bewahrt.

Die klassische Verbindung zwischen Motor und Propeller ist jedoch aus baulichen Gründen die Welle.

## Die Ausstattung der Maschine

Die Maschine sollte eine Zweikreiskühlung haben, deren Wasserpumpe über einen Keilriemen von der Schwungscheibe angetrieben wird. Eine Zweikreiskühlung erhöht die Lebensdauer des Motors maßgeblich. Schon nach wenigen Jahren sind die Kühlkanäle der Einkreiskühlung von Salzkristallen, Kalkablagerungen, Sand und Schmutzresten auf wenige Millimeter verengt, wenn nicht gar zugesetzt. Die Folge ist für den Motor meist tödlich: Die Kühlung setzt aus, die Temperatur des Motors geht schlagartig hoch.

Die Kühlung kann natürlich auch bei der Zweikreiskühlung aussetzen. In gewisser Weise ist das Risiko hier sogar größer, da zwei Pumpen benötigt werden. Deshalb ist eine gut sichtbar am Steuerstand angebrachte Temperaturanzeige und eine akustische Alarmeinrichtung ein Muß auf jeder Fahrtenyacht.

Wenn die Maschine stark genug ist und Platz im Maschinenraum bleibt, ist eine Nebenkraftabnahme von der Schwungscheibe des Motors zum Betrieb des Kühlkompressors eine feine Sache. Denn der Betrieb des Kühlschrankes ist einer der größten Stromfresser.

In jedem Falle sollten ein Ersatzpropeller, zwei Reserveimpeller für die Kühlwasserpumpe, ein Ölfilter, zwei zusätzliche Keilriemen, Öl für Motor und Getriebe sowie ein Satz Zylinderkopfdichtungen (aber nur sofern diese wirklich sauber und trocken in der Originalverpackung gelagert werden können) bei Beginn eines längeren Törns an Bord sein.

Über das von Herstellern mitgelieferte Motorwerkzeug hinaus sollte ein reichhaltig (auch mit großen, unüblichen Größen) ausgestatteter Werkzeugkoffer mit Maulschlüsseln, Nußkasten, Schraubenziehern, Durchschlägen, Inbusschlüsseln usw. vorhanden sein. Auf einen Drehmomentschlüssel an Bord würde ich verzichten. Geht es an die Demontage der Zylinderköpfe, sollte ohnehin jemand vom Fach an Bord kommen, der dieses spezielle Werkzeug aus seiner Werkstatt dann mitbringt.

In jedem Falle sollte ein kleiner Rasier- oder Schminkspiegel an Bord sein, mit dessen Hilfe man auch in versteckten Winkeln der Maschine kleine Leckagen im Kraftstoff- oder Kühlsystem erkennen kann.

Die meisten Motoren gehen nicht durch Gebrauch, sondern durch lange Standzeiten kaputt. Gerade an Bord von Yachten, wo viel gesegelt und wenig motort wird, und bei Schiffen, die über längere Zeiträume verlassen werden, ist es wichtig, daß der Motor regelmäßig eine Weile im Leerlauf läuft. Sonst steht er sich über kurz oder lang von selbst kaputt.

Häufig ist in den Häfen zu beobachten, daß der Skipper den Motor nach Abschluß eines Anlegemanövers nicht wenigstens für einige Minuten herunterkühlen läßt, bevor er ihn stoppt. Gerade das behutsame Herunterkühlen der erhitzten Gußteile aber ist wichtig für die Lebensdauer des Diesels.

## Der Blitzschutz

Der Einschlag eines Blitzes in eine Yacht ist zwar äußerst selten, doch schont ein richtig installierter Blitzschutz die Nerven der Crew und im Ernstfall unter günstigen Umständen auch Schiff und Leben.

An Bord von Stahl- oder Aluminiumyachten braucht

man sich über den Blitzschutz keine Gedanken zu machen. Der metallene Rumpf und das Deck wirken ähnlich wie das Auto als Faraday'scher Käfig und bieten Sicherheit.

Holz- und Kunststoffyachten sichert man am besten durch einen Kupferdraht möglichst dicken Querschnitts (nicht unter 8 mm), der auf dem kürzesten Weg vom Mast und den Püttingen ins Wasser oder zu den Kielbolzen führt. Entweder man klemmt die Drähte bei einem drohenden Gewitter mit Batterieklemmen an, oder man installiert sie auf Dauer unter Deck. Vorsicht ist jedoch mit den elektrolytischen Vorgängen an Bord geboten. Um eine metallische Verbindung von Materialien mit verschiedener Eigenspannung zu vermeiden und trotzdem im Ernstfall die vielen tausend Volt über die Kielbolzen ins Wasser zu leiten, sollten die Kupferlitze zwar unmittelbar vor dem Kielbolzen sitzen, diesen aber nicht berühren. Der Blitz überspringt den Abstand.

## Kühlung

Führt der Törn in südliche Gewässer mit viel Sonne und hohen Temperaturen, wo viel Durst und Appetit auf kühle Getränke und Lebensmittel entsteht, braucht man einen leistungsfähigen Kühlschrank an Bord.

Doch der Kühlschrank zählt zu den größten Stromverbrauchern an Bord. Schon nach ein bis zwei Tagen hat er die Bordbatterien der meisten Fahrtenyachten leergesaugt und die Bordspannung in die Knie gezwungen. Grund genug, sich über die Kühlung an Bord und den Stromverbrauch Gedanken zu machen.

Die technisch raffinierteste Lösung des Kühlproblems kommt aus den USA. Ein von der Firma „Waeco" in Deutschland perfektioniertes System arbeitet mit zwei Regelkreisen, wovon einer um das Bordnetz herumgelegt ist und einer um den Kühlbedarf. Mit Hilfe eines Kältespeichers werden Zeiten, in denen die Yacht segelt, also ohne laufende Maschine nicht kühlen kann, überbrückt. Aus der Batterie wird nur soviel Strom entnommen, daß die Versorgung der anderen Aggregate nicht gefährdet ist.

Besonders geschickt ist auch der Betrieb des Kühlkompressors über eine Nebenkraftabnahme von der Schwungscheibe des Motors. Damit werden die Verluste der Umwandlung von Energie ausgeschlossen, und der Wirkungsgrad ist entsprechend höher. Auf vielen Yachten ist das Kühlaggregat derart versteckt angebracht, daß die warme Abluft sich vor den Kühlrippen staut und das Aggregat entsprechend viel Strom verbraucht.

Von einer Kühlung mit Gas oder Petroleum halte ich aus Gründen der Sicherheit (Brand und Explosionsgefahr) wenig, denn es gelangt damit meist eine Kraftstoffart mehr an Bord.

## Gas

Ein wichtiges Thema ist Gas an Bord. Viele Fahrtensegler lehnen Gas an Bord aus Sicherheitsgründen grundsätzlich ab. Sind Gasflasche und -leitungen jedoch einwandfrei installiert, kann man die Gefahr einer Explosion an Bord weitgehend ausschließen.

Die Gasflasche muß in einer separaten, an der Unterseite belüfteten Box stehen, damit unbemerkt und in kleinen Mengen ausströmendes Gas nicht in das Schiff, sondern nach draußen ins Freie gelangt.

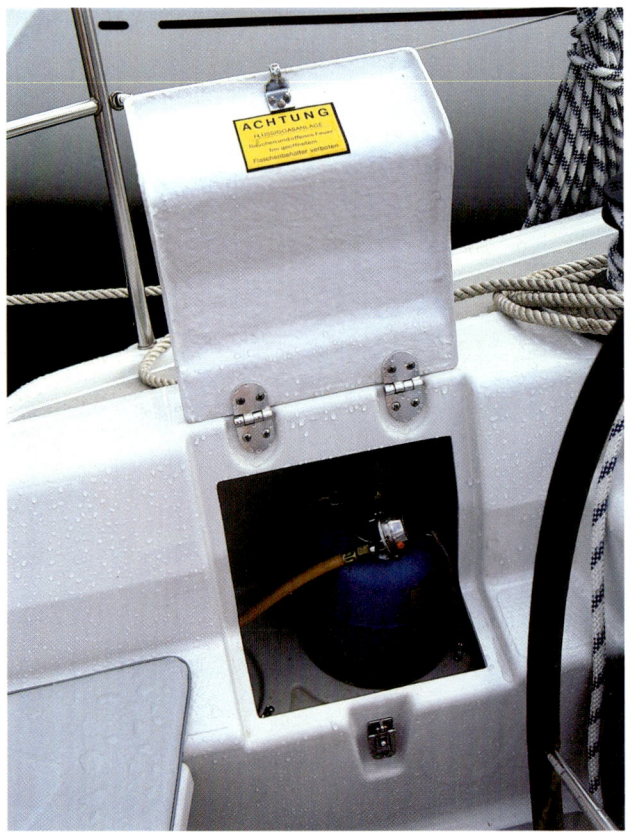

**Die Gasflasche ist rüttelsicher in einer separaten, unten nach außenbords entlüfteten Box untergebracht.**

Die Flasche selbst sollte festgezurrt sein, damit sie auch bei heftigen Schiffsbewegungen nicht hin und her rutscht. Mechanische Beanspruchungen der Schlauchverbindung (Zug und Knicke) sollten durch die Installation ausgeschlossen sein. Der Schlauch muß in einer Rundung mit reichlich Lose von der Flasche zum Rohranschluß hinführen.

An der Flasche sollte ein von der Kombüse aus fernbedienbares elektromagnetisches Absperrventil sitzen. Der Schlauch zwischen Flasche und Rohrleitung sowie die Rohrleitung selbst sollte von Zeit zu Zeit auf ihre Dichtigkeit hin überprüft werden. In jedem Falle vergewissere man sich über den Zustand der Flaschen und der Dichtfläche um das Gewinde herum. Ist sie beschädigt, kann Gas seitlich in kleinen Mengen (nur schwach hörbar!) entweichen.

Die Dichtigkeit des Anschlusses kann man übrigens leicht mit dem altbewährten Spüli-Test überprüfen. Man löst etwas Spülmittel in einem Becher mit Wasser auf und bestreicht die fraglichen Stellen damit. Wird die Oberflächenspannung durch entweichende Luft durchbrochen, zeigt die Seifenlösung dies mit mehr oder minder großen Blasen an.

Ein Gasdetektor in der Bilge mit optischem und akustischem Alarm bietet zusätzliche Sicherheit.

Vorsicht ist auch beim Wechseln der Flaschen geboten. Möchte man die Flasche im Ausland wechseln, kann es Schwierigkeiten mit dem Austauschen der Flasche (im Leergutverfahren) oder dem Wiederbefüllen geben. Das in Deutschland und Skandinavien weit verbreitete „Camping Gas"-System ist nicht in allen europäischen Ländern üblich. Deshalb sollten Adapteranschlüsse für Gasflaschen mit anderen Gewinden an Bord sein.

## Heizung

In nördlich kühlen Gewässern – aber auch im Frühjahr und im Spätherbst im Mittelmeer – trägt eine Heizung an Bord ganz entscheidend zum Wohlbefinden bei: Sie heizt nicht nur, sondern beseitigt auch die Feuchtigkeit unter Deck – was letztlich genauso wichtig ist wie die Wärme in der Kajüte.

Ein Ofen unter Deck allein nutzt jedoch wenig. Wichtig ist, daß die Wärme in sämtliche bewohnten Kabinen verteilt wird – am besten über ein Schlauchsystem, durch welches heißes Wasser zirkuliert. Deshalb sollte eine Heizung möglichst schon werftseitig vorgesehen sein – auch wenn man sie erst später nachrüsten möchte.

Das Wasser läßt sich entweder über einen Wärmetauscher des Motors oder durch einen Gas- oder Dieselbrenner aufheizen. Viel spricht für einen Dieselofen – übrigens auch zum Kochen. Es gibt dieselbetriebene Herde und Öfen, die annähernd geruchsfrei arbeiten. Diesel ist sicherer als Gas und man hat, abgesehen vom Strom, nur einen Energieträger an Bord.

Auf den meisten Yachten der 8- bis 12-Meter-Klasse wird man jedoch schwer einen Platz für den Brenner finden – am ehesten zwischen dem Mastschott und der Vorderkajüte. In jedem Falle ist ein Durchbruch durch das Deck oder den Kajütaufbau notwendig. Der Nachteil dieses Einbauplatzes für den Brenner und den Lüfter ist jedoch, daß der Lüfter im Vorschiffsbereich am ehesten überkommendem Wasser ausgesetzt ist. Bereits wenige Tropfen Seewasser lösen unweigerlich die Korrosion des Ofens aus. Entweder man achtet penibel darauf, daß kein Wasser in den Lüfter gelangt und verschließt ihn vor jedem Auslaufen sorgfältig, oder man wählt einen Einbauplatz für den Brenner unter dem achteren Ende des Kajütaufbaues.

Diesel-Warmluftheizungen, wie sie auch im Automobilbau eingesetzt werden, bewähren sich schon seit Jahren an Bord kleiner und mittelgroßer Yachten.

### Edelstahl = rostfrei?

Ob man eine werftneue oder gebrauchte Yacht übernimmt: In jedem Falle sollte man mit einem kleinen Taschenmagneten durch das Schiff gehen und alles, was nicht aus Edelstahl ist und auch nur mittelbar mit Seewasser in Berührung kommen könnte, sofort auswechseln.

Aber auch dann ist man vor häßlichen Roststellen an Bord nicht gefeit: Es gibt minderwertige Edelstähle und V2A-Legierungen, die trotz ihrer Güte für Korrosion nach Berührung mit Flugrost (ausgelöst durch fremde Rostspäne) anfällig sind. Leider wird man dies erst nach einem oder zwei Jahren feststellen.

Entdeckt man die Rostpusteln oder angerosteten Stellen rechtzeitig auf dem blanken Metall, lassen sie sich problemlos durch das Polieren des Metalls beseitigen. Schlechter sieht es bei stehendem oder laufendem Gut aus, wo der Rost bald unerreichbar tief in den Kardeelen des Drahtes sitzt.

### Edelstahl und Aluminium für die Ausrüstung

Ein großes Problem bei der Instandhaltung und Reparatur der Yacht sind im Aluminium sitzende, festgefressene Edelstahlschrauben. Mit viel Glück und einigem Geschick kommt man mit Kriechöl weiter. Oft aber lassen sich die im angelaufenen Aluminium festsitzenden Schrauben nicht mehr drehen, und die Köpfe reißen beim dritten oder vierten energischen Versuch ab. Mit gutem Werkzeug und einigem handwerklichen Geschick wird man die Schraube aus dem Aluminium herausbohren können. Aluminiumteile, die zum Zwecke der Inspektion mehrmals demontiert werden müssen, werden von gewissenhaft-anspruchsvollen Herstellern deshalb mit V4A-Schrauben befestigt. V4A-Schrauben reißen nicht so leicht ab wie V2A-Schrauben – sind aber auch wesentlich teurer.

### Die Über-alles-Persenning

Verläßt man das Schiff für eine längere Zeit, sollte das Deck möglichst vom Bug- bis zum Heckkorb abgedeckt werden. So bleibt es über viele Jahre in einem neuwertigen Zustand. Der Decksbelag und das Tauwerk bleichen nicht so stark aus, Farben, Gelcoat und Hölzer werden geschont, und man verbringt weniger Zeit mit der Reinigung des Schiffes. Viele Werften von Großserienyachten bieten solche Persenninge passend zum Schiff an. Ansonsten kann man sie bei jedem Lieferanten für Industrieabdeckungen und LKW-Planen anfertigen lassen. Gute Erfahrungen habe ich mit einer LKW-Plane gemacht: Sie ist zwar schwer und das Material liegt unangenehm in der Hand – dafür ist es unverwüstlich, witterungsbeständig und verträgt Scheuerstellen, Sturzregen und Temperaturen von 35° in der blanken Sonne. Die Plane sollte über die Reling bis zum mittleren Relingsdurchzug reichen und mit ein paar kräftigen, in das versäumte (umgeschlagen und verschweißte) Material eingestanzten rostfreien Ösen versehen sein, die mit Stropps an der Fußleiste befestigt werden. In jedem Falle ist es wichtig, daß die Luft unter der Persenning zirkuliert, sonst fängt das Schiff an zu gammeln, sonst riechen Tauwerk, Hölzer und Segel beim Aufdecken der Yacht stockig.

# DIE MANNSCHAFT

Wer bei der Planung eines Törns über die Mannschaft, die Crew der Yacht nachdenkt, wird sich mit zwei Fragen zu beschäftigen haben, wobei die erstere noch vergleichsweise leicht zu klären ist: Mit wie vielen Personen sollte man segeln gehen und mit wem?

Hinsichtlich der Frage, mit wem man segeln gehen kann, können hier natürlich nur einige Hinweise gegeben werden – hängt dies doch sehr von den persönlichen Vorlieben der Segler ab. Mehr läßt sich dagegen über die Zahl der Segler an Bord einer Yacht in einem bestimmten Revier sagen.

Wie wichtig die Erörterung dieser Frage ist, läßt sich allein schon daran erkennen, daß es im Grunde dauernd Crewprobleme gibt, die aus der Zahl der Segler resultieren. Denn entweder es sind zu viele Personen an Bord einer zum Beispiel gecharterten Yacht, um die Kosten pro Kopf niedrig zu halten, oder es gibt an Bord großer privater Yachten zu wenige hilfreiche Mitsegler, die dem Eigner oder Eignerehepaar beim Manövrieren des Schiffes behilflich sind.

Deshalb soll es zunächst um die Fragen gehen: Wie viele Segler können oder dürfen etwa an Bord der gecharterten Yacht sein, und wie viele müssen es wenigstens sein?

### Wie viele Mitsegler sollten maximal an Bord sein?

Eine der seit Ende der achtziger Jahre beliebtesten und meistgefragten bare boat Yachten im Chartereinsatz ist die „Sun Magic 44". Diese Selbstfahreryacht ist 13,30 Meter lang, zehn Tonnen schwer und bietet acht Kojen in vier separaten Kabinen.

**Mit Rollsegeln lassen sich unter normalen Bedingungen auch große Yachten von kleinen Crews handhaben.**

Im Salon des 4,20 Meter breiten Schiffes können zusätzlich zwei Personen schlafen. Theoretisch finden also zehn Personen auf diesem 44-Fuß-Schiff Platz, zumindest zum Schlafen. Nun wäre es aber falsch zu glauben, man könne deshalb mit acht oder gar zehn Personen auf einer 13-Meter-Yacht segeln gehen. Dennoch sieht man im Mittelmeer viele Chartercrews dieser Größe. Sechs oder acht Personen auf einem elf bis zwölf Meter langen Charterschiff sind ebenfalls keine Seltenheit.

Im Mittelmeer, einem in der Regel sonnig warmen Revier, mag dies für eine oder zwei Wochen gut gehen. Hier lebt man ohnehin draußen an Deck, geht abends zum Essen in ein Restaurant – nutzt die Yacht im Laufe eines gemütlich-erholsamen Törns eher als „daysailer" mit vielen Schlafplätzen unter Deck.

Ganz anders sieht es dagegen aus, wenn man nicht von Hafen zu Ankerbucht, von Badebucht zum nächsten Hafen segelt, sondern im Mittelmeer sportlicher segeln und dabei größere Distanzen zurücklegen möchte – etwa von den Balearen in die windreiche Ägäis. Einen solchen, seglerisch und seemännisch anspruchsvollen Törn wird man zu acht oder zehnt auf der 44-Fuß-Yacht gewiß nicht ohne Probleme an Bord absolvieren können. Denn wenn man Tag und Nacht

segelt, möchte man richtig auf der Yacht leben können: Wache gehen, kochen, essen, schlafen, sich einigermaßen bequem und gründlich waschen, in der Freiwache mal ein Buch lesen und sich mit den Mitseglern unterhalten. Schließlich braucht man Platz in der Plicht für Reparaturarbeiten und damit es sich entspannt und sicher bei viel Wind und hohem Seegang an Deck sitzen läßt. Da sollte die 13,30 Meter lange Yacht mit maximal sechs Personen belegt werden – allein schon deshalb, weil zumindest die Hälfte der Crew (die Wache und der Skipper) in der Plicht sicher mit den Beinen bei Schräglage verkeilt sitzen möchten.

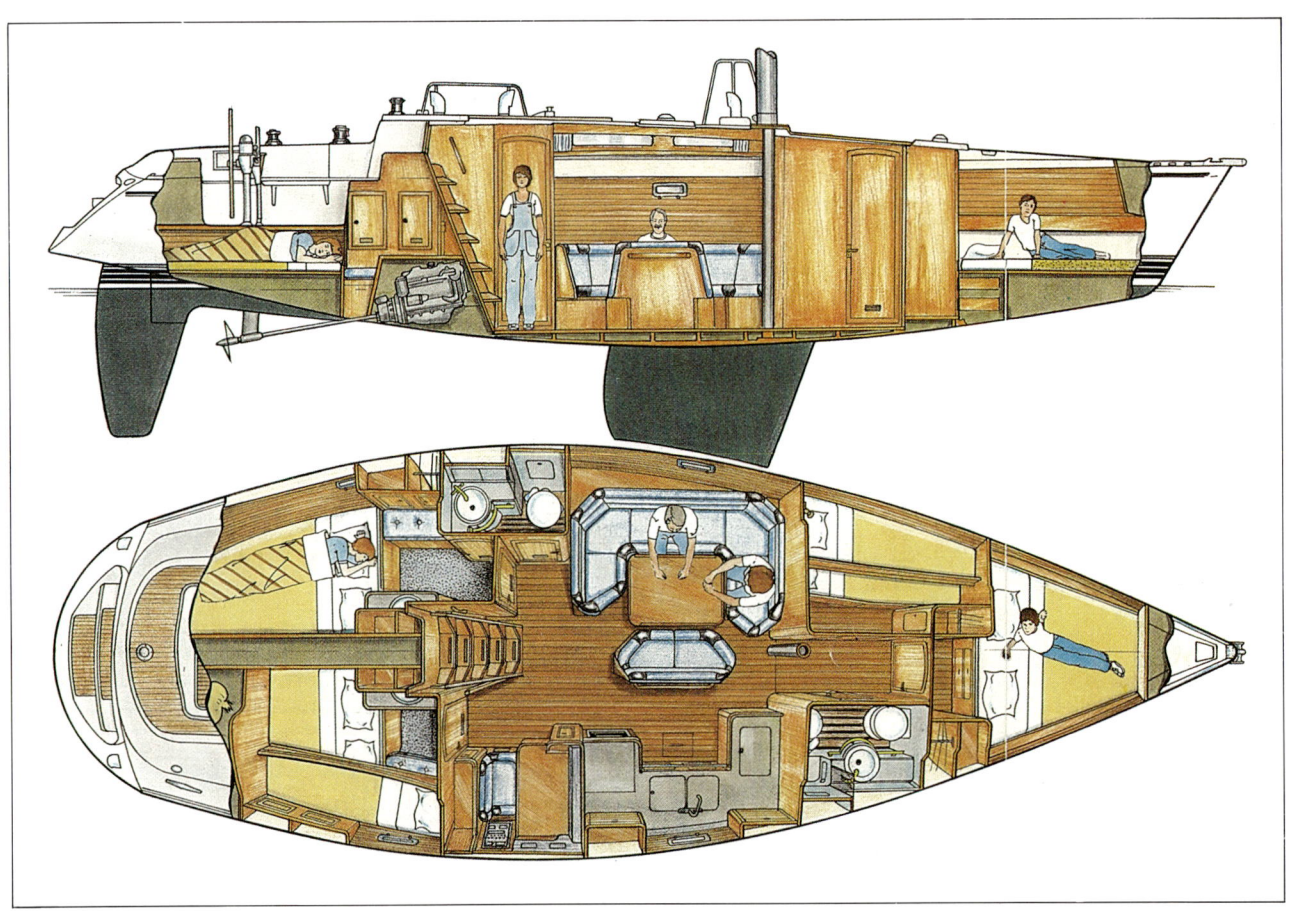

Die „Sun Magic 44" als eine der meistverbreiteten Großserienyachten ist ein Beispiel dafür, wie viele Kojen heutzutage auf 44 Fuß untergebracht werden: Wer entspannt und halbwegs niveauvoll Segeln geht, läßt ein Drittel der Kojen frei.

In nordischen, windreichen Revieren sollte sich die Größe der Crew auch am verfügbaren Platz in der Plicht orientieren (rechts).

Diese Zahl sehe ich übrigens auch in anderen Revieren, wo es unwirtlich (windreich, naß und kühl) zugeht, als die Obergrenze an: in Nord- und Ostsee zum Beispiel, in skandinavischen Gewässern, die britische sowie die rauhe französische Nord- und Westküste entlang. Hier werden Schiff und Mannschaft seglerisch, seemännisch und navigatorisch einiges abverlangt. Hier muß man sich ständig mit schnell veränderlichen Wettersituationen, mit Starkwind, Nebel, Regen, mit Untiefen oder Gezeiten auseinandersetzen. Tritt man sich unter solchen Umständen an und unter Deck auch noch ständig auf die Füße, ist der Ärger an Bord schon vorprogrammiert, und es ist lediglich eine

Frage der Zeit und der Disziplin, wann es zum ersten Streit kommt.

Für die maximale Belegung einer (Charter-)Yacht würde ich daher folgende Faustformel anwenden: Im Mittelmeer sollte man im Interesse eines erholsamen, streßfreien Törns etwa ein Viertel der in den Raumwundern des modernen Yachtbaus angebotenen Kojen freilassen, im Norden oder bei seglerisch anspruchsvollen Törns im Mittelmeer eher ein Drittel.

So läßt sich die freibleibende Kabine als Segellast und Stauraum für den Seesack oder den zweiten Satz Ölzeug nutzen.

Die Frage, wie viele Segler maximal an Bord der

Wenn es anfängt zu blasen, muß alles zueinander passen: das Schiff zum Revier und die Mannschaft zum Schiff.

Diese moderne Großserienyacht mit unten abgeflachtem U-Spant hat überhaupt keinen Stauraum in der Bilge (unten).

Fahrtenyacht untergebracht werden können, wird natürlich ganz entscheidend vom verfügbaren Stauraum pro belegte Koje, der Konzeption und Bauqualität der Yacht bestimmt.

Die traditionelle Fahrtenyacht mit tiefreichender, voluminöser Bilge, mit Kleiderspinden und Schubfächern, mit reichlich Stauraum unter und seitlich hinter den Kojen und nicht zuletzt weniger Kojen (die klassische Aufteilung sieht in der Vorderkajüte zwei, im Salon zwei und unter der Back eine Navigatorenkoje vor) wird sich eher voll auslasten lassen als die moderne Fahrtenyacht mit flachem U-Spant, minimiertem Unterwasserschiff, ohne Stauraum in der Bilge, mit wenig Platz unter oder seitlich neben den Kojen, wo zusätzlich Sanitärräume anstelle von Kleiderspinden und Schubfächern vorhanden sind.

Vor Antritt eines seglerisch fordernden Törns in einem windreichen Revier sollte jeder an Bord nämlich einen geeigneten Platz für das Ölzeug, Gummistiefel, den Südwester, Schwimmweste, Lifegurt sowie einen trockenen, gut belüfteten Platz für den Pullover und die zweite, noch nicht eingesalzene Hose finden. Das

Bei der Planung des Törns sollte man nie von durchgehend schönem Wetter und mittlerer Brise ausgehen.

ist an Bord einer voll belegten Yacht gar nicht so einfach, denn: Nur selten habe ich Schiffe kennengelernt, deren Kojen in der Vorpiek unter dem Luk zum Vordeck auch bei rauhem Wetter wirklich trocken blieben. Auch an Bord teurer Yachten aus renommierten Werften waren oder wurden die Luken meist undicht. Im Zeitalter der Raumfahrt, wo ganz andere technische Probleme beherrscht werden, sollte man eigentlich erwarten, daß ein Luk wasserdicht zu schließen ist. Dennoch: Allein schon weil dem selten so ist, kann man die Vorderkajüte auf dem Gros der Fahrtenyachten vergessen!

Außerdem ist das Vorschiff bei Am-Wind-Kursen nicht zum Schlafen geeignet – ebensowenig wie bei hartem Wetter raumschots. Es ist zu weit von der Schiffsmitte, dem Schwerpunkt (= Drehachse der stampfenden Yacht) entfernt. Zudem bilden Vor- und Unterwasserschiff einen beachtlichen, unüberhörbaren Resonanzkörper auf See. Es gibt nur wenige Segler, die in diesem Lärm schlafen können oder mögen. Bleiben also nur die Kojen hinter dem Mastschott und Hauptspant der Yacht: die Kojen im Salon, die Hundekoje sowie die Schlafplätze der Achterkajüte. Sie sollten mit Leesegeln ausgerüstet sein.

Jetzt braucht man sich nur noch einmal das Interieur des Schiffes seiner Wahl vor Augen zu führen, um zu erkennen, wie viele durchweg brauchbare Kojen an Bord von den maximal verfügbaren (befinden sie sich nun auf der traditionellen oder modernen Fahrtenyacht) übrigbleiben.

## Wie viele Mitsegler braucht man mindestens an Bord?

An Bord privater Yachten taucht nicht selten ein Crewproblem ganz anderer Art auf. Viele Eigner oder Eignerehepaare suchen händeringend Segler, die ihnen beim Manövrieren der Yacht behilflich sind. So mancher Eigner beschäftigt sich immer wieder mit der Frage, wie viele mehr oder minder erfahrene Mitsegler er zur sicheren Beherrschung der Yacht braucht. Eines ist in jedem Falle klar: Je weniger Segler an Bord sind – ob nun seesegelerfahren oder nicht – desto geringer ist die Wahrscheinlichkeit, daß es zu Unstimmigkeiten kommt. Aber darauf soll später in dem Kapitel „Psychologie an Bord" näher eingegangen werden.

Aber wie viele Segler braucht man nun an Bord?

Im vergangenen Jahrzehnt ging der Trend eindeutig hin zu immer größeren, komfortabel ausgestatteten und entsprechend schweren Yachten. Ein zehn, 20 oder mehr Tonnen verdrängendes Schiff ist nicht mehr ohne weiteres im Hafen von einer kleinen Crew zu handhaben, jedenfalls dann nicht mehr, wenn das An- oder Ablegen vom Skipper der Yacht nicht sicher

Die meisten Hände an Deck
werden weniger draußen
auf See als vielmehr bei
Hafenmanövern gebraucht.
Ein weiteres Kriterium für
die Zusammenstellung und
Größe der Crew ist die
Erfahrung der jeweiligen
Mitsegler.

Dieser schnelle, gut ausgestattete 52-Füßer wird von
drei erfahrenen Seglern
auch auf langen Seereisen
ohne weiteres beherrscht.

beherrscht wird oder wenn der Wind ungünstig auf den Liegeplatz steht.

Auf See hingegen, wo Platz und Zeit genug sind, läßt sich eine große Yacht auch von einer kleinen Crew noch sicher handhaben – dank moderner Arbeitshilfen wie selbstholender oder motorisierter Winschen, Segelrollanlagen und einer starken Maschine.

Deshalb denke ich, es sollten so wenige Segler wie möglich und so viele, wie es der Törn, Segelstil und das Revier verlangen, an Bord sein. Jede Yacht mittlerer Größe (35 bis 45 Fuß) läßt sich heute von drei erfahrenen Seglern auch in schwierigen Situationen beherrschen. Aufeinander eingespielte Langfahrt-Seglerpaare, so ist immer wieder zu beobachten, kommen auch zu zweit mit ihrer Yacht gut zurecht. Sie haben natürlich viel Routine und das seemännische Handwerk im Laufe ihrer ausgedehnten Reisen perfektioniert. Das Beispiel zeigt, daß sich mit einigem Geschick auch mit einer sehr kleinen Crew sichere Seereisen absolvieren lassen. Die Entscheidung, wie viele Personen der Freizeitsegler für einen Törn braucht, hängt ab vom Revier, von der Takelung der Yacht und ihrer Ausrüstung, ihrer Größe, den jeweils zu segelnden Distanzen und natürlich der Dauer des gesamten Törns.

Zuallererst aber ist zu prüfen, wie gut die Yacht für Seereisen ausgerüstet ist und auch unter Deck für das Leben unterwegs hergerichtet wurde: Sonst unterbleiben die gerade auf See so wichtigen warmen und wohlschmeckenden Mahlzeiten. Denn auf See, an Bord einer im Meer sich bewegenden Yacht sind es die sogenannten Kleinigkeiten, die zum Beispiel bei der Zubereitung eines Essens eine weitere Person zum Anreichen oder Halten der Teller, von Speisen oder Zutaten erforderlich machen, oder nicht.

Schlingerleisten, ein kardanisch aufgehängter Herd und Tisch mit ausreichend bemessenen Schwingradien – kurz: eine dem Bordleben auf See entsprechende (und nicht nur auf der Bootsausstellung oder im Hafen überzeugende) Ausstattung der Kombüse ermöglicht es einer Person unter Deck, die unterwegs wichtige warme Mahlzeit zu bereiten. Welche Fahrtenyacht ist schon werftseitig mit einem flott zu montierenden und ansehnlichen Tischkreuz ausgestattet, welches die Freiwache auch bei bewegter See im Salon entspannt essen und trinken läßt? Eine Prüfung dieses mir für das Leben auf See wesentlich erscheinenden Details wird manchen Segler entweder dazu veranlassen, das Schiff entsprechend herzurichten oder für die Arbeit in der Kombüse eine Person mehr vorzusehen (zur „Assistenz") – was bei der Wacheinteilung und der Zusammensetzung und Größe der Crew zu berücksichtigen ist. Oder man richtet den Törn, den Segelstil und die zu segelnden Distanzen entsprechend ein.

**Revier und Crewstärke**

In nautisch weniger anspruchsvollen Seegebieten, wie zum Beispiel im sommerlichen Mittelmeer, kann man sorglos mit dem absoluten Minimum an Crew an Bord auf Reisen gehen – jedenfalls dann, wenn man nicht gerade in der Ägäis, im Golf von Lyon oder im Golf von Triest (Gewässer, die auch im Hochsommer als unberechenbar oder windreich gefürchtet sind) segeln geht und von Hafen zu Bucht, von Bucht zu Hafen segelt und stets sichere und geschützte Ankerplätze für die Nacht findet.

Ganz anders sieht das in den bereits genannten, windreicheren Gegenden des Mittelmeeres oder zu windreicheren Jahreszeiten aus – oder dort, wo größere Distanzen über offene Seeräume gesegelt werden und auch einmal schlechtes Wetter auf See beherrscht werden muß.

Hier sollte die Crew sich auf strapaziöse Seereisen einstellen und allein schon von der Anzahl her zum Schiff und dem bei hartem Wetter verfügbaren Platz zum Schlafen, Kochen, Essen und Stauen passen. Jede Freiwache sollte einen bei allen Wetterbedingungen brauchbaren Kojenplatz haben, in dem sich nicht nur dösen, sondern tief und entspannend für einige Stunden schlafen läßt.

In einem nautisch anspruchsvollen Revier, in Nord- und Ostsee, wo besonders aufmerksame Navigation,

mehrere Segelwechsel am Tag, regelmäßiges und kon-
zentriertes Abhören der Wetterberichte, die genaue
Beobachtung von Wind und Wetter gefragt sind, wo
reger Schiffsverkehr und Tidenströme die Aufmerksamkeit der Crew fordern, müssen genug segelerfahre-
ne Personen an Bord sein, die all diese Aufgaben bei
Tag und Nacht übernehmen können: Außer dem Skipper und Navigator der Yacht sollten an Bord der kleinen, etwa acht Meter langen Fahrtenyacht daher
wenigstens zwei weitere Segler sein. Sonst wird der
Törn mit einer oder gleich mehreren hintereinander
durchsegelten Nächten zur Strapaze.
Bei unsichtigem Wetter oder bei der Passage von
Wegen für die Großschiffahrt und in Gewässern mit

**In seemännisch und naviga-
torisch anspruchsvollen
Revieren wie den schwedi-
schen Schären erfordert das
Handling der Yacht mehr
erfahrene Segler als bei-
spielsweise im Mittelmeer.**

**Solch eine Kreuz über
lange Strecken oder gar
durch die Nacht wird
nur für erfahrene Seesegler
zum Vergnügen (rechts).**

Untiefen, die häufige Kurswechsel und eine kontinu-ierliche Überwachung des Schiffsstandortes erfordern, sollten zwei Personen an Deck sein, damit der Ruder-gänger beim Ausschauhalten unterstützt wird und navigatorische Hinweise vom Kartentisch bekommt.

Drei Personen dürften im Laufe eines anstrengenden Törns – etwa durch den Englischen Kanal – das Mini-mum sein. Denn im Ernstfall gehen zwei Personen an Deck Wache, derweil einer sich in der Koje ausruht. Nach einer oder spätestens zwei durchsegelten Näch-ten ist man dann entsprechend ausgezehrt.

Bietet die 14 Meter lange Yacht genug Platz, sollten vier, wenn nicht fünf gestandene Segler an Bord sein: Außer dem Skipper der Yacht bleiben je zwei Perso-nen für die Backbord- und die Steuerbordwache.

## Der Faktor Segelerfahrung

Die Größe und Zusammensetzung der Crew wird ent-scheidend von der Segelerfahrung der jeweiligen Crewmitglieder bestimmt. Über das erforderliche theoretische Wissen und die entsprechenden Segel-scheine des Seglers hinaus ist es wichtig, wie viele Seemeilen der Mitsegler bereits auf See in verantwort-licher Position zurückgelegt hat. Ein gewisses Quan-tum an seemännischer Praxis und Instinkt für die Gefahren auf See erleichtert nicht nur das Miteinander an Bord, sondern gibt der Freiwache das nötige Ver-trauen unter Deck. Nur dann wird man wirklich ent-spannt und tief schlafen.

Mit zwei Mitseglern, die schon einmal die norwegi-sche Küste entlanggesegelt sind und den gefürchteten Ärmelkanal von Ost nach West unter Segeln bezwan-gen, kann man bedenkenlos einen Törn antreten, auch wenn eine größere Crew wünschenswert wäre.

Mit vier Mitseglern, die ihre nautischen Kenntnisse dagegen mehr aus Büchern bezogen als auf See erwor-ben haben, ist dagegen zur Vorsicht zu raten. Während man einen gestandenen Segler ohne weiteres nachts alleine Wache gehen lassen kann, ist bei weniger erfahrenen Seglern die Nachtwache zur Sicherheit mit zwei Personen zu besetzen – bis gewährleistet ist, daß

alle an Bord die Positionslampen der für die Yacht gefährlichen Großschiffahrt eindeutig interpretieren können.

## Wie lange geht der Törn?

Wer einen ein- oder zweiwöchigen Urlaubstörn plant, wird sich mit der Größe und Zusammensetzung der Mannschaft weniger intensiv beschäftigen als jemand, der eine Atlantiküberquerung in Angriff nehmen will. Eine oder zwei Wochen kann man auch einmal mit einer leicht überbelegten Yacht im Mittelmeer segeln gehen, wenn die Familie, gute Freunde der Familie oder Arbeitskollegen mit von der Partie sind. Im Laufe eines kurzen Törns läßt sich an Bord mancher Engpaß überbrücken, ohne daß es zu Dissonanzen kommen muß.

Anders sieht das bei einer längeren Seereise aus. Da sollten die Mitsegler sich alle schon eine Weile ken-nen, und zwar nicht nur vom Sportverein oder Arbeits-platz her, sondern auch im Laufe einiger gemeinsam gesegelter Meilen. Je länger der Törn geht, desto bes-ser sollte man an Bord miteinander harmonieren. Denn mitten auf dem Atlantik kann man nicht aussteigen. Immer wieder spielen sich an Bord seegehender Yach-ten unterwegs Dramen ab, weil die Segler die kritische Frage des komplizierten Miteinanders zuvor nicht gründlich genug geprüft haben.

Nicht umsonst werden seglerisch fordernde Über-führungstörns über große Entfernungen von kleinen, aber aufeinander eingespielten Crews durchgeführt, die sich bereits seit Jahren auf See und an Land ken-nen.

Im Laufe längerer Reisen erweist sich der Umgang miteinander als wenigstens genauso wichtig wie die Seesegelerfahrung der einzelnen Crewmitglieder.

## Das Kennenlernen der Crew vor dem Törn

Auch wer eher einen Urlaubstörn als eine mehrwöchi-ge Blauwasserreise plant, sollte möglichst alle Mitseg-ler bereits bei der Planung der Reise schon kennen oder spätestens jetzt kennenlernen. Wer zum Beispiel einen dreiwöchigen Norwegentörn plant, sollte das Miteinander im Laufe eines verlängerten Wochenendes auf der Ostsee testen. Ein Kurztörn durch die süddänischen Inseln zum Beispiel mit einer Kreuz bei ruppiger See wird schnell zeigen, ob man sich nicht nur am Tresen des Segelvereins versteht. Viele Törns enden unnötigerweise im Streit, manch einer verläßt vorzeitig mit dem Seesack die Yacht – weil unausgesprochene Erwartungen von der Reise, unterschiedliche Temperamente und unerwartet hervorbrechende Antipathien aufeinanderprallen. Bekanntlich zeigen sich die Wesensmerkmale eines Menschen oft erst in Augenblicken, wo es hektisch, anstrengend und unbequem zugeht: Wenn ein Segel bei viel Wind schlägt, beim Retten, beim Ankermanöver, in einer unerwartet heftig einsetzenden Bö. Dann reagieren viele Menschen situativ, verlieren den Überblick, lassen sich von der Hektik an Bord anstecken, beginnen unüberlegt zu handeln.

Man tut also gut daran, vor dem dreiwöchigen Norwegentörn herauszufinden, wer menschlich und seglerisch zur Crew paßt.

## Der Segelstil – die Zeiteinteilung

Der Segelstil wird natürlich nicht nur von der Yacht, ihren Segeleigenschaften und ihrer Ausstattung bestimmt, sondern ganz entscheidend von der Crew. Wer gerne sportlich segelt und es vorzieht, eine Ankerbucht unter Segeln anzusteuern, wird dieses Manöver kaum reibungslos und zum Vergnügen aller an Bord durchführen können, wenn es einige Segler gibt, die dies ablehnen, weil sie bisher eher zum Zündschlüssel der Maschine griffen, als es unter Segeln zu versuchen. Umgekehrt wird sich der sportlich gesonnene Mitsegler kaum von einem Skipper überzeugen lassen, der das Aufkreuzen als eine müßige und gestrige Art des Segelns betrachtet.

Es ist also in jedem Falle wichtig, sich mit der Crew vorher über den Stil des Törns zu verständigen und wo nötig – auch einen für alle tragbaren Kompromiß

zu finden. Zwar hat der Skipper verantwortlich über die Schiffsführung zu entscheiden – doch ist es wichtig für die Harmonie an Bord, daß möglichst alle seine Entscheidungen mittragen.

Häufig läßt sich auch die segelfaule Crew von einem sportlicheren Segelstil überzeugen. Ich selbst habe schon mehrere Male die Erfahrung gemacht, daß eine Kreuz, die den Mitseglern anfangs als zu mühsam und zeitraubend erschien, nach und nach mit Freude und Begeisterung gesegelt wurde. Man muß seinen Mitseglern die Kreuz, den Königsweg unter Segeln, eben ab und zu einfach „verkaufen". Wer versucht, zu überzeugen anstatt zu diktieren, der gewinnt seine Mannschaft auch für eine sportliche Reise.

Jedes Jahr neu erlebe ich die Neigung vieler leistungsorientierter Menschen, sich auch bei der Planung ihres Segelurlaubs viel vorzunehmen. Soundsoviele Meilen in sieben oder vierzehn Tagen zu segeln, soundsoviele durchsegelte Nächte oder die Rundung eines bestimmten Kaps, die Ansteuerung eines fernen, aber verheißungsvollen Hafens – wohl aus innerer Unruhe und der tief sitzenden Angst, einmal nichts zu tun. Aber wer ist später an Bord noch Lebenskünstler genug, um nach einigen Tagen auf See, wenn die aus dem Arbeitsleben mit auf die Reise genommene Hektik sich gelegt hat, das damals beschlossene Ziel aufzugeben? Ist es nicht besser, sich auf den eigentlichen Sinn des Törns zu besinnen, denn: Segeln wir alle nicht um des Segelns willen? Meine Devise ist: Lieber weniger Meilen richtig und mit Genuß segeln, als unter Zeitdruck viele Meilen wegdieseln.

Wer zu zweit oder zu dritt segelt, im Bordleben und im seglerischen Alltag von früheren Reisen her aufeinander eingespielt ist, wird so manche seglerische Gewalttour mit langen Am-Wind-Kursen genießen können. Mit mehr Personen wird das jedoch selten zu einem ungetrübten Vergnügen.

Wer also mit vielen Personen, mit Freunden und Anfängern segeln geht, wird kurze, stets am Tag zu segelnde Distanzen einplanen und einige faule Stunden am Vormittag oder frühen Nachmittag im Hafen oder einer idyllischen Ankerbucht vorsehen. Im sommerlichen Mittelmeer mit den um die Mittagszeit einsetzenden thermischen Winden lohnt das Auslaufen ohnehin erst am späten Vormittag.

Mit vielen oder dem Segeln noch fremden Personen an Bord plane ich einen geruhsamen Törn – schließlich dauert alles etwas länger: Von der Planung des Einkaufs der Bordvorräte über das Aus- und Einklarieren, die Zubereitung der Mahlzeiten an Bord bis hin zu den Vorbereitungen zum Auslaufen und der Manöver.

Unabhängig vom persönlichen Segelstil gehört es zu den Grundsätzen einer verantwortungsbewußten, Risiken und Verschleiß meidenden Schiffsführung, daß Segel rechtzeitig gerefft oder geborgen werden. So bleibt Zeit, um die Arbeit an Deck in Ruhe und stets mit sicherem Halt auszuführen, sie ist nicht so anstrengend und gerät besser. Diese alte Schulweisheit gilt natürlich für große wie für kleine Crews. Die meisten Probleme an Bord entstehen, weil die verfügbare Zeit

In jedem Falle sollte die Crew sich vor dem Törn über den Segelstil einigen: ob sportlich oder bequem, ob auch hart am Wind Meilen „weggeputzt" werden sollen oder nur raumschots.

vor einem Manöver oder im Laufe der Reise nicht richtig eingeteilt wird und viele Arbeiten, die man zuvor hätte in Ruhe ausführen können, plötzlich und in Hektik erledigt werden müssen.

Sind jedoch viele erfahrene Segler an Bord, so wird man ein Segel einmal länger bei auffrischendem Wind stehen lassen, das Wasser am Schanzkleid der Yacht entlangziehen lassen und die Freuden des Seesegelns bei zunehmendem Wind länger als sonst mit einer kleinen oder wenig erfahrenen Mannschaft auskosten. Gibt es genug erfahrene und hilfreiche Hände an Bord, wird man sportlicher segeln. Wer mit einer kleinen, weniger erfahrenen Crew oder vielen Personen an Bord segelt, wird auf die sportliche Note des Törns dagegen früher verzichten müssen. Denn eine Genua bei vier Windstärken vorsorglich gegen eine Arbeitsfock zu tauschen ist eine wesentlich bequemere, trockenere und schneller zu erledigende Angelegenheit, als bei fünf bis sechs Windstärken das Segel zu bergen.

Eine umsichtige, vorausschauende Schiffsführung und der vielzitierte sechste Sinn ersparen viel Hektik und Ärger an Bord. Und die sind bekanntlich der größte Feind eines entspannenden Törns. Wer jedoch mit einer noch wenig erfahrenen Crew sportlicher segeln möchte, sollte das Ruder frühzeitig jenen Mitseglern übergeben, die sich erst noch mit dem Steuern der Yacht vertraut machen müssen: damit man selbst die schwierigen Arbeiten auf dem Vordeck, etwa die Vorbereitung eines Segel- oder Anlegemanövers, gemeinsam mit der Crew übernehmen kann.

### Törns mit Segelanfängern

Wer mit Segelanfängern oder Seglern, die mit dem Schiff oder speziell dem Seesegeln noch nicht vertraut sind, auf Reisen gehen möchte, sollte sich vor dem Auslaufen Zeit nehmen, um die wichtigsten Ausrüstungsgegenstände an Deck und die nötigsten Begriffe zu klären.

Das geht weit über die ohnehin übliche Einweisung der Crew in die Yacht und ihre Sicherheitseinrichtun-

gen hinaus. Vielleicht wird man hier erstmal erklären müssen, wozu ein Fall da ist und warum man es unter keinen Umständen loslassen darf, bevor es irgendwo befestigt ist. Überaus hilfreich für Segelanfänger und Fremde an Bord ist übrigens eine Beschriftung der aus dem Mast oder seitlich neben dem Niedergang ankommenden Fallen und Strecker. Dann weiß jeder sofort, wo die Dirk zu fieren oder dichtzuholen ist und wo das Fockfall sitzt.

Der Segelanfänger oder Neuling sollte möglichst schnell und auf direktem Wege mit Fallen, Schoten und Tauwerk der Yacht vertraut werden und gewisse Aufgaben selbst übernehmen. Sonst bleibt ihm der Törn als frustrierendes Segelerlebnis in Erinnerung. Segelanfänger sollten möglichst bald eine verantwortliche Aufgabe an Deck bekommen, nachdem ihnen das besprochene Manöver in seinem Zusammenwirken mit den anderen Seglern an Bord erklärt wurde.

Als besonders vorteilhaft für das Kennenlernen des Schiffes und das Interesse am Segeln hat sich immer wieder die frühzeitige Übergabe des Steuers erwiesen. Wer möchte nicht gerne einmal die Yacht aus dem Hafen steuern oder zum Segelsetzen in den Wind drehen? Der Skipper sitzt dabei seitlich neben dem Steuer auf dem Süll und macht auf etwaige Gefahren aufmerksam, gibt Tips und kann notfalls jederzeit eingreifen.

Das ist ein ganz simpler Kniff, um den Segeleinsteiger die Scheu vor dem Schiff, den allzu großen Respekt und die Unsicherheit zu nehmen. Überhaupt habe ich die Erfahrung gemacht, daß vieles an Bord vornehmlich eine Frage der Psychologie ist.

### Psychologie an Bord

Ob Segelanfänger oder „alte Salzbuckel" an Bord sind – in jedem Falle ist es wichtig, daß der Skipper der Yacht der Crew ein Gefühl der Sicherheit vermittelt. Der Törn und das Handling der Yacht sollten möglichst klar abgesprochen und organisiert sein. Dazu ist die Einweisung der Crew in die Besonderheiten der Yacht notwendig. Jeder an Bord sollte wissen, was er zu tun hat und wie das Schiff bei Manövern reagiert. Eine klare Zuordnung der Aufgaben bei Törnbeginn und nochmals vor jedem Manöver orientiert alle Beteiligten über den Ablauf des Geschehens an Bord. Eine gelassene, ruhige Schiffsführung ist entscheidend für eine entspannte, erholsame Reise. Dies setzt aber die Über- und Umsicht des Skippers voraus. Das heißt, er muß abschätzen können, wieviel Zeit ein bestimmtes Manöver in Anspruch nimmt, und die Vorbereitungen etwa zum Ankern der Yacht frühzeitig treffen. Lieber den Anker eine Meile zu früh entsichern und klar zum Fallen auf der Bugrolle liegen haben, lieber die Festmacher und Fender eine Viertelstunde zu früh aus der Backskiste holen und anbringen, als die entscheidende Minute zu spät, die dann unmittelbar vor oder bereits während des Manövers Hektik an Bord auslöst. Der Skipper sollte sich übrigens auf keinerlei Diskussionen einlassen, ob diese oder jene Vorbereitung bereits jetzt und nicht etwa später zu treffen sei. Er plant und überblickt das Manöver, erklärt das Vorhaben den Mitseglern und sorgt mit einer frühzeitigen

Vorbereitung dafür, daß das Manöver entspannt und ruhig begonnen werden kann.

Denn entscheidend für das Vertrauen in Schiff und Skipper ist die Ruhe an Bord. Beginnt jemand laut zu werden oder brüllt gar der Skipper selbst, löst dies nicht nur Aggressionen aus, sondern wird auch eine Reihe unüberlegter Handlungen nach sich ziehen. Gerät die Yacht unvermittelt in eine kritische Situation oder ist bei Starkwind Schiff und Mannschaft in Sicherheit zu bringen, sollte der Skipper der Yacht alle an Bord über die möglichen Gefahren informieren – dabei jedoch selbst keine Angst oder Hektik verbreiten. Später, im sicheren Hafen, kann der Skipper die Crew ja immer noch darüber aufklären, welche Gefahren, Ängste und Sorgen ihn im Laufe des glücklich absolvierten Törns besonders beschäftigt haben. Mich haben übrigens solche Yachtskipper am meisten beeindruckt, die selbst mit einem Quantum Respekt vor der See segeln gehen und die sich selbst und den Mitseglern auch die eigene Angst eingestehen können. Natürlich nützt ein solches Eingeständnis in der Situation nichts, aber nachher, wenn die Gefahren auf See von allen gemeistert wurden, warum sollte sollte man da nicht zugeben können, daß man selbst Angst hatte? Ein Gespräch darüber ist vor allem mit Segeleinsteigern wichtig, die viele gefährliche Situationen mangels Erfahrung nicht richtig einschätzen können und mit der unsinnigen Vorstellung segeln gehen, wer möglichst wenig Angst habe, dem passiere auch weniger. Natürlich ist es fein, wenn die Crew bei acht Windstärken in der Plicht angeschnallt sitzt und Witze macht, derweil der Skipper sich über eine etwaige Zunahme des Windes vor dem nächsten Kap Gedanken macht. Auch zeugt es von sehr viel Vertrauen in die Yacht und die Schiffsführung. Aber manchmal sollte im Gespräch auch auf ein ungesundes Gottvertrauen aufmerksam gemacht werden. Gerade Segelanfänger neigen dazu, die Gefahren an Bord zu unterschätzen, wenn alles gut und nichts kaputtgeht.

Der Skipper führt nicht nur das Schiff, er führt vor allem Menschen. Gerade auf engem Raum, wo alle physisch direkt spürbar aufeinander angewiesen sind,

**Egal, wie viele Personen mit von der Partie sind – einer an Bord, der Skipper oder die Skipperin, führt die Yacht.**

spielt das Miteinander eine große Rolle. Weitaus schwieriger als das Handling der Yacht ist die Beherrschung des menschlichen Miteinanders an Bord.

Der Skipper sollte seiner Crew zwar deutlich machen, wo es langgeht – aber dafür gibt es geeignete und weniger geeignete Methoden: Er kann sich lautstark und vordergründig autoritär von der Crew abgrenzen, er kann aber auch auf erträglichere Art und Weise das Miteinander an Bord gestalten. Er sollte in schwierigen Situationen an Bord ausgleichend wirken. Bekanntlich neigen Segelanfänger bei hartem Wetter oder in kritischen Situationen zum Übertreiben. Da werden aus sechs Windstärken mit kurzer, steiler See schnell acht oder neun. Sechs Windstärken sind für eine solide gebaute Yacht bei umsichtiger Schiffsführung noch keine Gefahr. Bei acht oder neun aber wird es ernst. In solchen Situationen sollte der Skipper seiner Crew erklären, wieviel Wind tatsächlich ist und warum der Wind sich in der subjektiven Erlebniswelt des Segelanfängers als weitaus stärker darstellt, als er ist. Der Skipper sollte erklären und die Crew bei zunehmendem Wind beruhigen. Jedoch sollte er es nicht versäumen, die Mannschaft über die größte Gefahr an Bord aufzuklären: Wer bei sechs Windstärken über Bord fällt, dessen Leben steht auf dem Spiel. Wird das Mann-über-Bord-Manöver nicht augenblicklich eingeleitet und findet die Crew den im Wasser treibenden Segler nicht sofort, stehen die Chancen bei kühlen Temperaturen schlecht für das Überleben. Mit diesem Hinweis wird der Skipper die Crew für die größte Gefahr im Laufe des Törns sensibilisieren – ohne irgendeine panische Reaktion bei einem Mitsegler auszulösen oder tiefsitzende Ängste zu schüren.

Mit einem solchen „worst case"-Denken habe ich, zumindest was die Sicherheit an Bord betrifft, gute Erfahrungen gemacht. Denn ich habe schon Skipper erlebt, denen es gleichgültig zu sein schien, was mit wem an Bord passiert. Wohler fühlt man sich an Bord, wenn der Skipper eine gewisse Fürsorge für seine Crew bekundet.

Skipper, die auch in kritischen Situationen an Bord die Ruhe bewahren, zeigen ihren Mitseglern, wie Probleme an Bord am ehesten gemeistert werden können. Wer hektisch und unüberlegt reagiert, verschlimmert das Mißgeschick nur. Meistens bleibt auf See oder im Hafen genug Zeit und Platz, um alles überlegt und in Ruhe zu klarieren.

Oft wird die von vielen gefürchtete Seekrankheit durch Angst und Hektik an Bord ausgelöst oder beschleunigt. Wer kennt nicht das dumpfe, die eigene Handlungsfähigkeit lähmende Gefühl im Magen, wenn ein riskantes Manöver bevorsteht: etwa wenn eine schmale, schlecht in der bewegten See zu findende Fahrrinne exakt angesteuert werden muß, eine enge Hafeneinfahrt bei hoch gehender See zu passieren ist oder eine Nacht auf See bei hartem Wetter bevorsteht. Ein stark gekrängtes Schiff und schlagende Segel steigern in solchen Situationen bekanntlich die eigene Unsicherheit. Nicht zuletzt deshalb empfiehlt es sich mit Rücksicht auf die Psyche (vor allem bei Segelanfängern), die Segelfläche der Yacht rechtzeitig zu reduzieren, um die angstauslösende Schräglage zu mindern. Lieber ein schwieriges Manöver oder eine zu durchsegelnde Nacht leicht untertakelt, aber entspannt angehen, als übertakelt mit einer angespannten, nervösen Crew! Gerade das Reffen erweist sich immer wieder als ein

**Zu einer umsichtigen, Vertrauen schaffenden Schiffsführung gehört, daß die Segel stets rechtzeitig reduziert werden. So können die Manöver gelassen und in Ruhe durchgeführt werden, und nicht etwa in Hektik oder gar mit Gebrüll.**

wichtiges Manöver – vermittelt es doch allen an Bord die Gewißheit, die Yacht auch bei zunehmendem Wind zu beherrschen und das seemännische Handwerk auch in schwierigen Situationen zu verstehen.

Ist unterwegs auf offener See Starkwind zu erwarten, den die Crew draußen abwettern muß, ist es nicht nur im Interesse der Sicherheit von Crew und Schiff wichtig, daß die Yacht darauf vorbereitet wird. Alle an Bord sollten eine Aufgabe bekommen, die sie beschäftigt. Wer die Seeventile zudreht, Lifebelts und Schwimmwesten zurecht- und anlegt, wer die Sturmbesegelung aus der Segellast holt, anschlägt und setzt, in der Kombüse Kaffee kocht und Brote schmiert, wer die Taktik für die nächsten Stunden klärt, sich in die Seekarte und Handbücher vertieft, wer den Salon, die Kombüse und die Navigationsecke aufräumt und für das Leben unter Deck bei hohem Seegang vorbereitet, der steigert seine Angst und Ungewißheit nicht, sondern er bekommt das Gefühl, daß man wohlvorbereitet an die Sache herangeht. Auch sollte der Skipper der Crew seine Sturmtaktik erklären und zeigen, welche Möglichkeiten es gibt.

Welche Bedeutung psychologische Einflüsse an Bord haben, wie oft an Bord einer Yacht auf See überwiegend situativ, vom jeweiligen Wohlbefinden geprägt entschieden wird, läßt sich leicht anhand des folgenden Beispiels überprüfen: Sie segeln bei frischem, zunehmendem Wind gegenan und haben zu entscheiden, ob in die nächste geschützte Bucht für die Nacht abgelaufen wird, oder ob das entferntere Ziel, womöglich mit einer Nachtfahrt, angesteuert wird. Stellen Sie sich vor, Sie haben in den vergangenen Stunden nichts Warmes gegessen und segeln leicht übertakelt. Es ist mehr als wahrschenlich, daß Sie die nächste Bucht anlaufen werden: in der Hoffnung, das Reffen des Großsegels oder einen weiteren nassen Vorsegelwechsel zu sparen und in Ruhe eine warme Mahlzet einnehmen zu können, sobald die Yacht vor Anker liegt. Oder Sie stellen sich vor, Sie segeln unter einer angemessenen Besegelung, hatten gerade eine warme Mahlzeit und das Schiff liegt ausgeglichen auf dem Ruder. Sie werden weitersegeln!

Ein paar Grad mehr Krängung, das polternd in die Seen einsetzende Vorschiff, ein vibrierendes Achterliek und der Hunger lassen alle an Bord aus der unbequemen Situation heraus für eine Unterbrechung der Reise plädieren. Eine dem Wind und dem Seegang angemessene Segelführung, die regelmäßige warme Mahlzeit an Bord lassen den Skipper und seine Crew zu einer Fortsetzung des Törns und einer weiteren Nachtfahrt plädieren. Das Beispiel zeigt: An Bord wird immer situativ entschieden. Der erfahrene Skipper aber weiß, daß er die meisten Lebenssituationen an Bord selbst gestalten, daß er sie prägen kann: nicht nur für seine Mannschaft, sondern auch für die eigene Gestaltung der Reise.

### Die Verteilung der Kojen

Jeder Törn beginnt mit dem heiklen Thema der Kojenverteilung, und nicht selten gibt es schon hier die ersten Rangeleien unter jenen Menschen, die erst noch zu einer Mannschaft zusammenwachsen müssen.

Ich denke, es gibt zwei Arten der Zuordnung der Kojen: Handelt es sich um einen faulen Törn mit Segelanfängern oder mit älteren Seglern, so erhalten diese die bequemsten und am ruhigsten in Mittschiffsnähe gelegenen Kojen. Ist die Reise schwierig, seemännisch anspruchsvoll oder navigatorisch aufwendig, schläft der Skipper (= meist der Navigator) im Salon oder in der Hundekoje, um jederzeit schnell auf Zuruf erreichbar zu sein und etwaige Unregelmäßigkeiten an Bord, killende oder schlagende Segel, ungewöhnliche Geräusche oder Unsicherheiten der Wache an Deck frühzeitig mitzubekommen. In seiner Freiwache braucht sich der Navigator im Schlafsack nur mal umzudrehen und hat das Barometer, Log, die Anzeige von Loran- oder Deccaempfänger, von Echolot und die Uhrzeit im Blick. Auch einen Blick auf die Seekarte kann man bequem aus dem warmen, trockenen Schlafsack werfen. Sollten die Segler an Deck den Skipper der Yacht brauchen, können sie ihn leicht und schnell vom Niedergang aus wecken. Bei harten Am-Wind-Kursen ist die Hundekoje – einmal abgesehen von denen der Achterkajüte – die ruhigste und bequemste. Die sollte bei anstrengenden Reisen dem Skipper vorbehalten bleiben.

## Wer macht was? Oder:
## Lästige Pflichten und große, das Bordleben prägende Kleinigkeiten

Manch einer wird die feste Rolleneinteilung an Bord schätzen, ich mag sie nicht und halte sie im Laufe eines gemütlichen Urlaubstörns auch für wenig sinnvoll. Denn es gibt nur wenige Situationen, wo sie nötig ist: bei An- und Ablegemanövern, beim Ankern, Wenden, Halsen oder beim Reffen der Segel.

Bewährt hat sich statt dessen, daß alle an Bord alles machen, und zwar reihum. Denn nur so gewinnen alle Vertrauen in ihre eigenen Fähigkeiten, lernen die Yacht und ihre Mannschaft von verschiedenen Blickwinkeln aus kennen – erfahren das Geschick und Mißgeschick, Können und Fehler am Steuer der Yacht, auf dem Vorschiff, an den Winschen, beim Ausbaumen eines Vorsegels und – nicht zuletzt – an der Spülbürste!

Aber dies geht nur mit der ganz entscheidenden Einschränkung: dann, wenn Platz und Zeit genug für ein verpatztes Manöver ist. Denn in einer engen Hafeneinfahrt oder Ankerbucht ist kein Platz für Experimente mit dem Schiff.

Eine klare und unmißverständliche Zuteilung der Aufgaben vor einem Manöver hat dabei natürlich in jedem Falle zu geschehen. Schließlich soll das erste Wendemanöver eines Anfängers am Steuer der Yacht ja gelingen. Deshalb: rechtzeitig vor einem Manöver erklären, warum etwas so und nur so zu tun ist, wer warum wo stehen soll und warum etwas wann zu tun ist. Das ist natürlich für alle Beteiligten – sofern sie nicht bereits segeln können und die Aufgaben fast schon instinktiv rasch erkennen – mühsamer als eine bei Törnbeginn festgelegte Hierarchie an Bord, hat aber den, wie ich meine, entscheidenden Vorteil, daß die Segeleinsteiger an Bord mehr in das Geschehen an Bord integriert sind und mehr Spaß auf dem Wasser

**Jedes Manöver sollte vorab besprochen sein, damit alle an Bord wissen, wie es abläuft.**

haben. Was gibt es Schöneres, als einem Neuling an Bord das Handwerk des Segelns zu vermitteln – ihm zu zeigen, wie schön das Seesegeln ist!

Mancher erfahrene Nord- oder Ostseesegler wird bei den vorangegangenen Zeilen den Kopf geschüttelt haben, weil es in seemännisch viel Geschick erfordernden Revieren oder im Laufe langer Törns im Norden kaum Gelegenheit zu solchen Rollenspielen an Bord gibt.

Wer durch den Englischen Kanal segelt, wird dies jedoch kaum mit Segelanfängern tun. In einem vielbefahrenen, gefährlichen Tidengewässer mit schnell wechselnden Wetter- und Seegangsbedingungen geht es natürlich nur mit der klassischen und bewährten Wach- und Rollenverteilung an Bord: Einer skippert, navigiert und entscheidet, die Wache steuert und segelt das Schiff und versorgt den Skipper ständig mit den neuesten Informationen von Deck, ein anderer bereitet eine Mahlzeit vor; wer handwerklich geschickt ist, führt die nötigen Reparaturen durch. Der Hafen oder Liegeplatz für die Nacht wird vom Skipper ausgesucht, das Manöver von ihm durchgeführt, da er den Hafenplan mit Wassertiefen und Liegemöglichkeiten bei der Ansteuerung bereits im Kopf hat.

Diese bewährte, eindeutige Rollenverteilung ist bei einem faulen Törn bei leichtem Wind durch die balearische Inselwelt zum Beispiel so nicht nötig.

Der alte Zopf, daß nur der Skipper/Eigner der Yacht breitbeinig am Steuerrad stehend Kommandos zu geben habe, nützt den Mitseglern an Bord nämlich wenig. Warum sollten sie bei leichtem Wind nicht einmal selbst in eine durchweg tiefe Ankerbucht motoren? Oft lernen Ehefrauen und Kinder das Seesegeln überhaupt nicht, weil viele Skipper das Schiff mehr als Statussymbol denn als Sportgerät sehen, das von allen an Bord beherrscht werden sollte.

Eine Yacht rückwärts unter Motor vor eine Kaimauer manövrieren, das kann jeder – zumindest, wenn das Wasser ruhig ist und keine Strömung die Yacht versetzt.

Kurzum: Mit dem Prinzip der zwanglosen Rotation an Bord habe ich – wohlgemerkt bei faulen Törns entlang der Küste in unproblematischen Gewässern – gute Erfahrungen gesammelt. Allerdings sollte an Bord klar sein, daß der Skipper der Yacht jederzeit eingreift, wenn er es für nötig hält (weil Crew, das Nachbarschiff oder die eigene Yacht gefährdet oder beschädigt werden könnten). Den größten Gewinn ziehen übrigens alle an Bord aus dieser zwanglosen und, wie ich meine, am ehesten urlaubsgemäßen Form der Schiffsführung: Man hat mehr Freude an Bord, weil der Skipper selbst segelt und sich nicht bedienen und segeln läßt.

Zur Rollenverteilung gehört auch, daß der Abwasch, die Vorbereitung von Mahlzeiten, Einkäufe und die Verproviantierung der Yacht – diese lästigen, aber wichtigen Arbeiten von allen an Bord, auch dem Skipper der Yacht, reihum übernommen werden sollten.

An den Herd sollten jedoch nur jene Crewmitglieder, die a) etwas vom Kochen verstehen und denen b) auf See unter Deck nicht schlecht wird. Gerade das Kochen auf See fördert immer wieder die alte Weisheit zutage: „Gut gemeint ist oft das Gegenteil von gut". Deshalb sollte nur kochen, wer auch kochen kann. Selbstredend wird diese allseits hochgeschätzte Persönlichkeit an Bord dafür von anderen Pflichten an Bord enthoben.

Eine warme, wohlschmeckende Mahlzeit an Bord ist gerade im Laufe längerer Seereisen von nicht zu unterschätzender Bedeutung für das Wohlbefinden und die Psyche. Es gibt Fahrtensegler, die legen an, ankern, drehen bei oder verkleinern die Segelfläche, um gemeinsam und entspannt an oder unter Deck an einem gedeckten Tisch die Mahlzeit einzunehmen. Gerade dann, wenn ein längerer harter Törn bevorsteht und wenn es auf See unwirtlich zugeht, ist die Behauptung und Wahrung der Eßkultur gegenüber den Ansprüchen des Bordlebens wichtig für das Seelenheil an Bord.

Das Schiff sollte an und unter Deck regelmäßig einer gründlichen Reinigung unterzogen werden. Die Grätings auf dem Boden der Plicht werden spätestens einmal in der Woche gereinigt. Auch wenn man auf See im allgemeinen sauberer lebt als in Landnähe, so wird man den Fußboden im Salon und Niedergangsbereich etwa alle zwei oder drei Tage wischen müssen. Auch diese Arbeiten sollten reihum von allen an Bord übernommen werden. Auch der Skipper sollte sich an diesen Arbeiten beteiligen. Die regelmäßige Ausführung dieser Arbeiten haben auch einen nicht zu unterschätzenden psychologischen Effekt: Denn wenn die Crew die Yacht nicht nur benutzt, sondern „ihr" Schiff unterwegs auch reinigt und instand hält, entwickelt die Mannschaft eine völlig andere Beziehung zum Schiff. So altmodisch es klingen mag: Aber nur wer die Yacht unterwegs auch putzt, verschafft sich und den Mitseglern im Laufe der Reise das nötige Minimum an Identifikation mit der Yacht. Allein schon deshalb heißt es auf jedem guten Seeschiff alle paar Tage: „Rein Schiff machen." So ganz nebenbei sorgt dieses aus den Tagen der Segelschiffahrt hergebrachte Ritual für ein halbwegs sauberes Schiff, auf dem es sich besser und vergnüglicher segelt.

Für die Führung der Bordkasse und die Verwaltung und Planung der Bordvorräte sollte man bei Törnbeginn jemanden aus der Crew bestimmen. Die Entscheidung der Frage, ob überhaupt und von wem die Bordkasse geführt werden solle, erweist sich vor Beginn mancher Törns mit ganz offensichtlich heterogenen Crews oft als heikle Frage. Leider gibt es immer wieder Segler, die von vornherein deutlich machen, lieber ein paar Mark zu sparen und alles separat abrechnen zu wollen, als Urlaub zu machen. Die Führung der Bordkasse allerdings zähle ich zu den Tätigkeiten an Bord, bei denen das Prinzip der zwanglosen Handhabung und Rotation unter südlicher Sonne völlig ungeeignet ist. Deshalb: Die Bordkasse sollte im Laufe des Törns durchweg von einer Person geführt werden.

Schließlich möchte man sich im Laufe der Reise auf angenehmere und wichtigere Dinge konzentrieren als bei herrlichem Segelwetter die Frage diskutieren, wer wann wem wo wieviel Geld in welcher Währung für Einkäufe geliehen hat.

Der Skipper sollte die Kasse allerdings nicht führen – eher jemand, der mangels seglerischer Erfahrungen im Laufe der Reise nicht immer voll beschäftigt sein wird.

Die meisten Crews sind nach einer längeren Seereise oft deshalb erholungsbedürftig, weil sie sich nicht richtig auf das Leben an Bord eingelassen haben. Man tut zwar gut daran, sich auf die See einzustellen, doch sollte man nicht alle liebgewordenen Gewohnheiten aufgeben. Es gibt Crews, die frühstücken gerne ausgiebig. Warum nicht? Dann stehen eben alle etwas früher auf, oder die Yacht bleibt etwas länger im Hafen.

### Von Skipper und Mannschaft sowie dem Segeln mit Anfängern oder „Besserwissern"

Natürlich können hier nur allgemeine Hinweise zur Auswahl der Mitsegler gegeben werden. Zu sehr hängt dies von den jeweiligen Anschauungen und Erfahrungen, von Sympathien und dem eigenen Temperament ab. Dennoch: Im Laufe vieler Reisen und Chartertörns habe ich immer wieder erlebt, daß Törns mit Segeleinsteigern und sportlich eingestellten, zupackenden Anfängern viel Spaß machen. Wer mit dem Wasser, mit dem Seesegeln Beziehung aufnehmen möchte, ist im Umgang meist unproblematisch – er möchte segeln und nicht diskutieren, warum der andere Skipper sein

Schiff zum Beispiel mit zwei halben Schlägen und nicht mit einem Palstek anbindet.

Gewiß: Wer das Handwerk des Segelns auf See ernsthaft betreibt und die Reise an Bord erst dann genießt, wenn die Yacht unter Segeln auf dem Teller gedreht wird, wenn Manöver perfekt und ohne viel Gerede klappen, der erwartet zu Recht ein gewisses Maß an Perfektion an Bord. Nicht umsonst ist der gute Seesegler auch ein gnadenloser Pedant, was die Instandhaltung und Handhabung der Yacht angeht. Doch habe ich an Bord vieler Yachten beobachten können, daß der allzu strenge Blick auf die schulmäßige, die korrekte Ausführung von Kleinigkeiten gerade Segelanfängern das Seesegeln eher vergällt als es ihnen Zugang vermittelt. Wenn jemand den Palstek noch nicht kann oder nicht weiß, wie eine Leine so zum Kai geworfen wird, daß ein Ende auch drüben ankommt, dann gehört es einzig und allein zur Umsicht des Skippers, das Manöver so auszuführen, daß dennoch nichts passiert. Wenn der Mitsegler die Yacht mit zwei halben Schlägen belegt oder mit einem improvisierten Kopfschlag, reicht das fürs erste. Später, wenn der Motor ausgestellt und das Deck gemeinsam aufgeklart wird, bleibt immer noch Zeit, den richtigen Knoten zu zeigen.

Da ist der Umgang mit erfahrenen Seglern, die ihre Erfahrungen nicht nur gerne weitergeben möchten, sondern ihr seemännisches Handwerk auch an Bord der fremden Yacht allseits beachtet und verwirklicht sehen wollen, schon wesentlich anstrengender. Stellt sich im Laufe der ersten Meilen oder Stunden heraus, daß es hier zu fortwährenden Reibereien kommt, sollte der Skipper klarstellen, daß gewisse Dinge an Bord so ausgeführt werden, wie er es wünscht. Verbesserungsvorschläge und Kritik an den gefahrenen Manövern müssen zurückgestellt und nachher, zum Beispiel beim Abendessen an Land, diskutiert werden.

Natürlich ist der Austausch von Erfahrungen an Bord sinnvoll, und welcher Skipper wird schon für sich beanspruchen wollen, er müsse nichts mehr dazulernen. Doch sollten solche Gespräche grundsätzlich in Ruhe und vor allem nach dem fraglichen Manöver stattfinden. Dies verlangt von dem erfahrenen Mitsegler, der in verantwortlicher Position am Steuerrad der Yacht gewiß manches anders anpacken würde, einiges an Beherrschung. Denn wer kann schon mit ansehen, wie etwas bereits vom Ansatz her nach seiner Einschätzung falsch begonnen wird und mitwirkend den Mund halten? Aber diese Disziplin ist dann gefordert.

Sollten sich die Diskussionen an Bord über die Kompetenz des Skippers häufen, so bleibt dem Schiffsführer nichts anderes übrig, als seine Position gegenüber der Crew in einem klärenden Gespräch endgültig abzugrenzen: Er hat das Sagen an Bord und steht für seine Entscheidungen und deren Folgen selbstverständlich ein.

In jedem Falle sollte vor Antritt des Törns für alle an Bord verbindlich vereinbart werden, wer der Schiffsführer ist. Denn viele Törns scheitern daran, daß dies nicht hinreichend deutlich vereinbart wurde. Kommen im Laufe eines zum Beispiel zweiwöchigen Törns zwei Skipper in Frage, und beanspruchen beide die Schiffsführung, so sollte man sie zeitlich trennen: Der eine Segler skippert die erste Hälfte des Törns, der andere Skipper hat die Schiffsführung in der zweiten Woche dann inne.

Ich denke, entscheidend ist immer das Wie. Ist die von einem erfahrenen Mitsegler vorgetragene Kritik wohlwollend, ist sie sachlich und begründet – so wird auch der erfahrene Skipper sich eine nachträglich vorgetragene Manöverkritik in Ruhe anhören können und darauf eingehen.

Mitsegler, die nicht in der Lage sind, den Anordnungen des Skippers zu folgen – sei es, daß sie meinen, es besser zu können, sei es, daß sie die Autorität des Skippers anzweifeln –, sollten prüfen, ob sie die Yacht nicht vorzeitig verlassen. Denn eine fortwährende Diskussion über die Anweisungen und Fähigkeiten des Skippers ist auf dem engen Raum einer Yacht gerade für jene Segler strapaziös, die diese Debatte für müßig halten. Sie kann letztlich allen den Törn verderben.

Ich selbst habe übrigens eine allzu schulmeisterliche, akademische Herangehensweise an das Seesegeln meist als lästig empfunden. Zwar gibt es viele bewähr-te und sinnvolle Regeln an Bord, die das Leben auf See erleichtern. Aber ihre Erfüllung sollte niemals zum Selbstzweck werden.

Ich finde es gut, wenn der Mitsegler auf dem Vordeck den Kopfschlag richtig macht – viel wichtiger aber ist, daß der Knoten zunächst einmal hält. Liegt die Yacht erst einmal ruhig, kann man immer noch gemeinsam auf das Vorschiff gehen und den Kopfschlag richtig herum auf die Klampe legen. Diese Kleinigkeit läßt sich von jedem in drei Minuten erlernen. Und wer keinen Palstek kann oder in der Eile unsicher ist, der macht eben zwei halbe Schläge. Lieber mal ein Schiff etwas weniger perfekt anbinden und dafür gemeinsam an Bord lachen können, als die Crew von oben herab schulmeisterlich zu behandeln.

## Was tun bei Streit an Bord?

Stellt sich trotz einer sorgfältigen Auswahl der Mitsegler, trotz klarer Absprachen, im Laufe des Törns heraus, daß die Crew nicht harmoniert, so sollte sie im Laufe eines Hafentages oder Landausfluges ruhig einmal „Urlaub" voneinander nehmen.

Immer wieder erlebe ich, daß die meisten Crews den alten seglertypischen Fehler machen und zu viel Zeit dicht beieinander verbringen. Eine Crew, die einmal an Bord einer Yacht zusammengekommen ist, scheint unter der geradezu zwanghaften Vorstellung zu leben, stets alles gemeinsam erleben und erledigen zu müssen.

Warum aber nicht einmal für einige Stunden oder einen Tag ganz vom Schiff weggehen – zu einer Exkursion ins Landes- oder Inselinnere, zu einer inspirierenden Wanderung entlang der Küste, durch die nächstgelegene Hafenstadt oder das unweit gelegene Dorf? Man kommt auf andere Gedanken, löst sich innerlich von den Unstimmigkeiten an Bord, gewinnt eine andere Sichtweise der Dinge und den dringend nötigen Überblick über die Situation. Man trennt sich leichter von den eigenen Antipathien und kehrt nach einem schönen Essen kompromißbereit an Bord zurück – derweil ein Teil der Crew einmal etwas anderes unternommen hat, sich ausruhte, gelesen hat, sich um das Schiff kümmerte, den Proviant für die nächsten Tage beschaffte oder – warum nicht? – für ein paar Stunden ausgelaufen ist, um ein wenig in der Bucht herumzuschippern.

So gewinnt man in schwierigen Situationen Abstand voneinander und tauscht im Laufe einer Wanderung oder an Bord mit seinen Begleitern über seine Erfahrungen und Sicht der Dinge aus.

Individuelle Eigenheiten, auch der Eigensinn erwachsener Menschen, brauchen manchmal Platz – Platz, den auch eine große Segelyacht kaum zu bieten vermag. Lebenskünstler unter den Seglern verschaffen sich diesen Platz und Auslauf, um entspannt wieder an Bord zurückzukehren.

## Die Wacheinteilung

Der bequeme Segelurlaub mit mehr oder minder kurzen Tagestörns erfordert keine Wacheinteilung. Sie findet sich entweder von selbst oder man verabredet kurzerhand zwischen Niedergang und Plicht, wer wie lange wozu am meisten Lust hat. An Bord schneller, gut segelnder Yachten wird man sich ohnehin eher um das Steuern streiten, als darüber diskutieren müssen, wer wie lange an Deck bleiben muß. Wird es auf See jedoch unwirtlich oder startet man zu einer oder gar mehreren zu durchsegelnden Nächten, sollten alle an Bord sich frühzeitig auf einen Wachrhythmus einigen. Es gibt zwei bewährte Wacheinteilungen. Das normale, bei uns beliebte „englische System" (tagsüber sechs

**Sollte es einmal Streit an Bord geben, so nutzen Sie die erstbeste Ankerbucht zu einer Wanderung – machen Sie „Urlaub" vom Schiff und voneinander. So klärt sich vieles.**

Stunden, nachts drei) und das „schwedische System" mit nachts vier Stunden und tagsüber sechs.

Das schwedische hat den Vorteil, daß man nicht immer zur gleichen Zeit dran kommt, sondern im Laufe eines längeren Törns durch die Tages- und Nachtzeiten „wandert".

Startet man gegen Mittag und segelt in die erste Nacht hinein, beginnt die erste Wache um 18 oder 19 Uhr. Man richtet eine Backbord- und eine Steuerbordwache ein, die nach Möglichkeit mit wenigstens zwei Personen besetzt ist. Geht die Reise durch den Englischen Kanal oder steht eine harte Nacht mit Am-Wind-Kursen bei ruppiger See bevor, die den Steuermann schon nach ein, zwei Stunden durch den Fahrtwind und die überkommende Gischt auszehren, ihn fahrig und unkonzentriert werden lassen, wird die Wache auf zwei Stunden verkürzt. In ruhigen Gewässern, wo der Kurs keine Schiffahrtslinien oder Fischergründe durchquert, spricht nichts dagegen, den Steuermann alleine an Deck zu lassen. Aber nur, wenn folgende Vereinbarung strikt eingehalten wird: Er verläßt unter keinen Umständen die Plicht. Sollte er mal an Deck gehen müssen, ein Manöver fahren oder die Toilette benutzen wollen, weckt er jemanden und bittet um Aufsicht. Es wird bei mir an Bord strikt verboten, daß der Rudergänger/Wachhabende an der Reling irgendwelchen großen oder kleinen Geschäften nachgeht. Errichten Sie möglichst wenige Dogmen an Bord, aber sorgen Sie dafür, daß diese eingehalten werden. Denn wie viele Segler sind schon nachts mit halb oder ganz heruntergelassener Hose unbemerkt über Bord gegangen! Die Statistik zeigt, daß die meisten Fahrtensegler in solch mißlicher Lage über Bord gingen und unbemerkt ertranken – derweil die Yacht weitersegelte. Wenn jemand an Bord im Laufe seiner Nachtwache mal austreten muß, dann soll er jemanden wecken und es sich im Toilettenraum bequem machen. Denn die Gefahr, daß der Wachhabende von den schlafenden Seglern unbemerkt über Bord fällt, ist zu groß.

Habe ich im Laufe eines Törns den Eindruck, daß einer der Mitsegler sich nicht strikt an diese Vereinbarung halten wird, verzichte ich auf dieses bequeme Wachsystem, welches allen an Bord mehr Schlaf gönnt, und verlange, daß auch bei ganz leichtem Wind, in wenig befahrenen Gewässern, wo der zweite Mann in der Plicht im Grunde entbehrlich ist, jemand dem Rudergänger Gesellschaft leistet.

Der Nachteil eines zweistündigen Wachrhythmus ist, daß er sehr ermüdend ist. Zwar spricht bei hartem Wetter und regem Schiffsverkehr viel für eine halbierte Wachzeit, doch wird die Freiwache unter Deck dabei kaum richtig Schlaf finden, bis sie wieder an Deck muß. Schließlich dauert es etwa 20 Minuten, bis man sich aus dem Ölzeug gepellt hat, der Folgewache einen Kaffee oder eine Suppe gekocht hat und schließlich in der Koje einnickt.

Dauert der Törn nur über eine oder zwei Nächte, ist es natürlich besonders edel, wenn jemand an Bord seine eigene Wache für eine Weile freiwillig verlängert, damit die anderen unter Deck schlafen können und besser ausgeruht sind. Geht die Reise jedoch länger, wird sich diese – im Grunde gut gemeinte – Störung des Wachrhythmus bitter rächen: Denn wichtiger als die Menge an Schlaf ist die Regelmäßigkeit, mit der man ihn bekommt. Deshalb: lieber sich gleich auf einen für alle praktikablen Wachrhythmus einigen, der dann auch von allen konsequent eingehalten wird.

Die langweiligsten und unangenehmsten Stunden sind die in der Dunkelphase zwischen ein und vier Uhr morgens. Die angenehmste Wache ist jene vor Mitternacht, wo man in die Dunkelheit hineinsegelt, mit allen an Bord noch schön zu Abend ißt und für eine Weile steuert – mit der Aussicht, bald in die Koje zu kommen. Diese Wache ist die beste für Segeleinsteiger und all jene, die mit dem Nachtsegeln noch keine Erfahrungen haben, sich daran zu gewöhnen.

Wer das erste Mal in die Nacht hineinsegelt, sollte einen (nacht-)erfahrenen Segler zur Begleitung mit an Deck haben. Er wird Tips geben, wie die Lichter anderer Schiffe zu interpretieren sind und zeigen, wie man im Dunkeln segelt, ohne mit einer unbeabsichtigten Wende oder Halse die Freiwache unter Deck zu stören. Wer sich die sichere Einschätzung der Positionslichter fremder Schiffe, von Leuchttonnen und Leuchtfeuern noch nicht zutraut, sollte frühzeitig einen erfahrenen Segler unter Deck wecken und um Hilfe bitten. Dies vereinbare ich stets mit meinen Mitseglern, wenn in einem wenig befahrenen Gewässer die nachterfahrenen Steuerleute schlafen möchten oder müssen.

Wer mit einer kleinen Crew, etwa zu dritt, nachts in einem viel Aufmerksamkeit verlangenden Revier segelt, dem möchte ich einen zweistündigen Nacht-rhythmus empfehlen, wobei sich die Wachen um eine Stunde derart überlappen, daß stets zwei Leute an Deck sind.

### Alle in einem Boot

Abgesehen von einer sicheren, vertrauenerweckenden Schiffsführung erscheint es mir besonders wichtig, daß alle Spaß am Segeln haben – gerade heute, wo ein Großteil der Törns auf Charteryachten mit vielen Kojen stattfinden, und alle für ihren Urlaub auf See viel Geld ausgeben. Aber nur ganz selten sitzen alle an Bord auch wirklich in einem Boot.

Wie bekommt man nun alle in das sprichwörtliche „eine Boot"?

Die Antwort mag in ihrer Schlichtheit banal oder provozierend erscheinen. Doch bestätigt sich das simple Erfolgsrezept jedes Jahr neu, wenn ich zum Beispiel mit Menschen an Bord den Hafen verlasse, die sich kaum richtig kennen.

Ganz einfach: indem man miteinander segeln geht, und zwar mit möglichst wenig Motorhilfe. Ein gemeinsames Ablegemanöver unter Segeln, Einbinden oder Ausschütten eines Reffs, die Ansteuerung eines Ankerplatzes nur unter Segeln begeistert alle und läßt den hektischen Alltag des Landlebens schon nach Stunden vergessen. Wenn alle an Bord etwas zu tun haben, wenn alle nach Kräften dazu beitragen, daß die Yacht läuft und sicher zum nächsten Ankerplatz unter Land aufkreuzt, beginnt die Erholung. Wie deprimierend dagegen ist der Griff zum Zündschlüssel, um mit 2.500 Touren unter Land zu dieseln!

Vor einigen Jahren hatte ich einmal eine Crew, die nahezu komplett aus eingefleischten Nichtseglern bestand. Sie hatte zwar schon manche Bergwanderung hinter sich, aber noch nie eine Yacht betreten.

Nach drei Tagen kreuzte diese Crew bei frischem Wind einen schmalen Sund mit unzähligen Wenden hinauf. Ich war im Grunde entbehrlich an Deck geworden und gab lediglich mit genauem Blick auf die Seekarte Hinweise, wann spätestens gewendet werden mußte, und bediente das Backstag.

Das Beispiel zeigt stellvertretend für alle Törns, ob allein, mit Familie, mit Freunden oder Chartergästen: Man sollte sich an Bord nur genügend Zeit lassen für die Hauptsache, die alle zusammengeführt hat: das Segeln auf See!

Was gibt es Schöneres, als mit einer seegehenden Yacht in die Weite des Meeres hinauszusegeln.

# PRAXIS DER SEEMANNSCHAFT

Michael Bohmann

# VERHALTEN IN SCHWEREM WETTER

Die Meinungen über die beste Methode, schweres Wetter sicher abzureiten, sind so unterschiedlich wie die Segler, die sie vertreten:
Kein Sturm gleicht dem anderen. Jedes Schiff verhält sich anders. Deshalb steht der Skipper jedesmal neu vor der Entscheidung, mit welchen Maßnahmen er Crew und Schiff sicher durch brechende See und heulende Böen bringt.

**Keine Patentrezepte**

Patentrezepte gegen schlechtes Wetter kann es also nicht geben. Aber man kann sich vorbereiten, indem man aus den Erfahrungen anderer lernt. Aus der Art und Weise, wie sie auf ähnlichen Schiffen mit schwerem Wetter fertig geworden sind, und aus den Fehlern, die sie gemacht haben. Und: Je besser man die Segeleigenschaften und das Seeverhalten seines Schiffes kennt, desto sicherer wird man handeln und sich auf die jeweiligen Wetterverhältnisse einstellen können.
Auch die innere Einstellung, nämlich die zu den Elementen, muß stimmen. Wer meint, er müsse die Natur bezwingen, wie die zahlreichen „Kap-Hoorn-, Ozean-, Pol- oder Berg-Bezwinger", hat, so meine ich, nichts

von ihrem Wesen begriffen. Mit dieser Einstellung wird die Natur zum Gegner, den es zu unterwerfen gilt, damit man bestehen und seinen „Ego-Trip" durchführen kann. Die Elemente sind Mittel zum Zweck. Wer so denkt, muß irgendwann scheitern. Er wird nie in der Lage sein, ihre „Signale" zu verstehen, sie richtig zu deuten und einzuschätzen – sondern sich überschätzen, was letztendlich zum gleichen Ergebnis führt.
Die See wird uns nur dann tolerieren, wenn wir lernen, uns ihren Bedingungen anzupassen. Oder: Je besser es uns gelingt, mit ihr im Einklang zu sein, desto sicherer werden wir unser Ziel erreichen.
Üblicherweise werden in den Lehrbüchern die fünf „klassischen", aus der Berufsschiffahrt unter Segeln stammenden Methoden oder Taktiken, schweres Wetter sicher abzureiten, beschrieben. Diese sind: das Beidrehen, Treiben vor Topp und Takel, Liegen vor Treibanker, Ablaufen vor dem Sturm ohne Segel mit oder ohne nachgeschleppte Leinen.
Jede dieser Maßnahmen hat sich für einen bestimmten Schiffstyp unter gewissen Wetterbedingungen bewährt. Der Fehler, der nun häufig gemacht wird, ist, diese Empfehlungen ungeprüft wie ein Dogma zu übernehmen und als eine Art Verhaltensschema anzuwenden, ohne dabei die See- und Segeleigenschaften der Yacht zu berücksichtigen. Das fördert fatales Schubladendenken: Windstärke 8? Schublade auf:

**Mit zwei Reffs im Groß und weggerollter Genua durch den Starkwind kurz vor dem Einlaufen. Der kleine Kurzkieler ist optimal getrimmt und leicht zu handhaben.**

**Schwere Sturmsee in den Roaring Forties des Südpazifiks. Diese Aufnahme machte Wilfried Erdmann während seiner Nonstop-Weltumseglung in der Kap-Hoorn-Region (oben).**

**Segeln im Passat des warmen Südatlantiks auf der „Barfußroute" nach Barbados. Windstärken über Beaufort sechs, harte Regenböen und steiler, durcheinanderlaufender Seegang sind hier häufiger als in den Handbüchern angegeben.**

Beidrehen. Windstärke 10: Ablaufen mit nachgeschleppten Leinen.

Geradezu gefährlich kann es werden, wenn Segler moderner, leicht gebauter Yachten mit kurzem Kiel diese Methoden vorbehaltlos übernehmen. Mag das Ablaufen vor Topp und Takel mit nachgeschleppten Leinen als Sturmtaktik für traditionelle Fahrtenyachten in vielen Fällen funktioniert haben, so wirkt es sich auf einer modernen Yacht meist fatal aus.

„18 Uhr, voller Sturm, messe über Beaufort 9, steile Kreuzseen – Wellenhöhe teilweise über 6 Meter – Wellen brechen – Gischt verbläst – kämpfe ums Überleben..." schrieb ich kaum lesbar in mein Tagebuch. Ich erlebte auf einer Atlantik-Überquerung mit meinem rund 7,90 Meter langen Kurzkieler (Typ „Freedom 25", mit drehbarem Tragflächenmast aus Kunststoff) im Gebiet des Golfstromes einen schweren Sturm. Durch häufigen Richtungswechsel des Stromes kann sich hier in kurzer Zeit ein enorm steiler, durcheinanderlaufender Seegang entwickeln.

Anfangs war ich noch ganz froh über den einsetzenden Starkwind, denn seinetwegen war ich ja eigentlich unterwegs: Ich wollte beweisen, daß ein solches Boot, wenn es richtig gesegelt wird, mindestens genauso seetüchtig ist wie eine traditionell gebaute, „stäbige" Fahrtenyacht. Die Meinung der Fachwelt war damals (1983) genau gegenteilig.

Doch dann wurde es ernst. Wind und Seegang nahmen dramatisch zu. Die Wellen waren plötzlich über fünf Meter hoch und brachen sich. Vergessen waren alle vorher gemachten Erfahrungen, vergessen das angelesene Wissen. Die Angst saß mir im Nacken, als ich den Brechern das Heck zeigte und ablief.

Noch ganz unter dem Eindruck des Erlebten sprach ich auf Tonband:

„... und die Wellen! Innerhalb von wenigen Minuten erreichten sie die doppelte Höhe und Steilheit, und ich wußte nicht mehr, was ich tun sollte. Also Treibanker und solche Scherze sind völlig sinnlos, weil man wegen des Winddruckes schon gar nicht mehr aufs Vorschiff kommt, man wird einfach weggeweht...

Die gefährlichen Brecher sind besonders steil. Und plötzlich kippt dann oben die ganze Seite weg, und da ist unglaublich viel Power drin."

Vor Topp und Takel laufend (eigentlich müßte es in meinem Fall „segelnd" heißen, denn die ca. vier Quadratmeter meines Tragflächenmastes bilden ein sehr wirkungsvolles Sturmsegel, das im Gegensatz zu einem Segel aus Tuch bis zum Masttopp reicht, auch in Wellentälern zieht und nicht schlagen kann), wurde ich bald mehrfach von steilen, bis zu 20 Knoten schnellen Wellen eingeholt und mitgerissen. Dabei kam das Boot ins Surfen und erreichte Geschwindigkeiten von über zehn Knoten.

Die Windgeschwindigkeit nahm ständig weiter zu. Das Boot kam immer häufiger ins Surfen und war kaum mehr zu halten. Nur durch äußerste Ruderlage konnte ich das Querschlagen verhindern.

Was sollte ich tun? Beidrehen ohne Segel und nur mit dem „Sturmsegel-Mast" ging nicht. Mit gelaschter Pinne treibenlassen und sich damit diesem Seegang hilflos auszuliefern, verwarf ich sofort wieder.

Da wurde mir die Entscheidung von selbst abgenommen: Eine Welle erfaßte das Boot und schleuderte es mit unglaublicher Geschwindigkeit vorwärts. Das breite, füllige Heck riß herum und holte weit und ruckartig über. Die Bewegungen waren so heftig, daß ich für einen Moment in den beiden kurzen Sicherheitsleinen hing. Bevor ich wieder zur Pinne greifen konnte, machte das Boot erneut Fahrt, frontal auf die nächste Wasserwalze zu: mitten hinein ins vermeintliche Verderben.

Doch wir wurden weder überrollt noch zerschlagen: Plötzlich war das Boot auf dem Brecher, rüttelte dort

Am Morgen nach dem schweren Sturm im Golfstrom, der mit dem Profilmast als Sturmsegel sicher und ohne „Bruch" abgeritten wurde. Nur das Spritzverdeck verlor alle Befestigungsknöpfe.

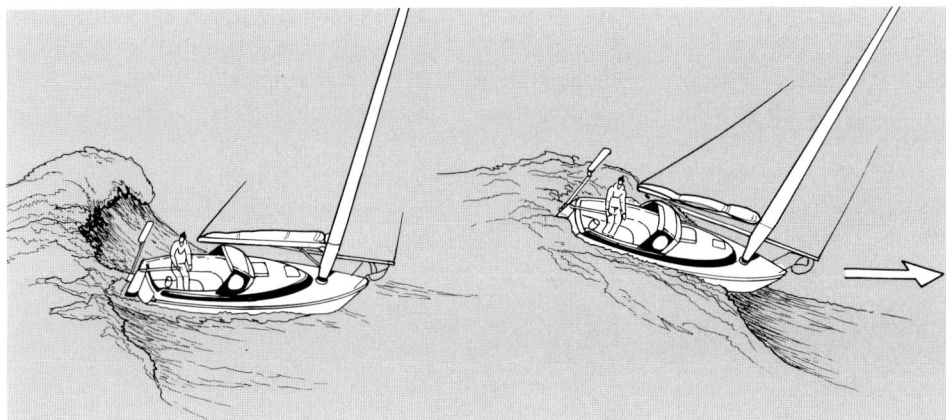

Anfangs konnte noch vor den Seen abgelaufen werden. Doch dann wurden die Wellen extrem steil und rissen das Boot mit so hoher Geschwindigkeit fort, daß es nicht mehr auf das Ruder reagierte.

wie ein Sportwagen auf Kopfsteinpflaster, um gleich darauf sanft ins Tal hinabzugleiten.

Das war die Taktik! Den Wellen den Bug, den stärksten Teil des Bootes, zeigen. Mit dem Auftrieb meines Leichtbauschiffes, nach dem Prinzip des Korkens, auf der Gischt der Brecher reiten.

Allerdings konnte das nur bis zu einem gewissen Grad gelten: Das Boot mußte steuerfähig bleiben, um die Brecher mit dem Bug nehmen zu können. Und im Gegensatz zum Korken durfte es mir natürlich nicht egal sein, was hinterher oben oder unten war. Deshalb mußte das Boot unter allen Umständen in Fahrt bleiben!

„Ich habe dann versucht, das Boot in die See zu steuern, immer in die Brecher hinein. Und das hat mit dem Tragflächenmast als Sturmsegel sehr gut funktioniert. Dazu braucht man aber Nerven! Man möchte ja weg von den Brechern und ihnen das Heck zeigen. Aber das geht nicht. Man kann das Boot überhaupt nicht vor dem Wind halten. Die Brecher schleudern es vorwärts, das Boot wird dann sofort herumgedreht, quer zu den Wellen. Und dann geht man kopfüber!

Ich habe also immer gegen diese Brecher gesteuert, damit sie mich nicht seitlich erwischten. Und wenn dann zwei, drei solcher Wellen durch waren, habe ich in dem anschließend ruhigen Wasser versucht, Fahrt aufzunehmen, um dann wieder Ruder in das Schiff zu bekommen und gegenansteuern zu können...

Das Boot fuhr die Wellenberge richtig hoch und dann oben durch den Kamm. Wenn ich auf dem Kamm war oder auf dem Roller saß, drehte ich das Boot um 90 Grad und segelte auf dem Brecher weiter. Dies geht natürlich nur mit so einem Kurzkieler..."

Ich versuchte deshalb, nun möglichst lange quer zur See zu „segeln", riß unmittelbar vor den Brechern die Pinne herum und ging mit einem Winkel von etwa 30 Grad zur Bewegungsrichtung der Welle durch.

So habe ich also diese Taktik angewendet. Das war schon ein komisches Gefühl: In dem gurgelnden Schaum des Brechers zu segeln und dabei seitlich von der Welle fortgetragen zu werden. Auch wenn mich mal so ein Brecher seitlich erwischte, wurde ich zwar auf die Seite geschleudert, aber das Boot glitschte dann nach Lee weg und wurde nicht umgerissen.

Diese Taktik ist dann möglich, wenn ein richtig geschnittenes und ausgerüstetes Sturmsegel an Bord vorhanden ist: aus extra schwerem Tuch, mit mehrfach verstärkten Augen, stark dimensionierten Schäkeln statt der üblichen Stagreiter und leichter Profilierung, damit das eng geschotete Segel nicht schlägt. Also keine reffbare Genua 3: Die fliegt spätestens ab Beaufort 10 aus den Lieken.

Das Segeln durch die Brecher hat zwei Vorteile: Quer zum Wind segelnd nimmt das Boot schnell Fahrt auf, und eine sich nähernde, brechende See kann besser im Auge behalten werden. Je länger der Brecher läuft, desto höher ist der Verlust seiner zerstörerischen Energie – um so ungefährlicher wird er.

Aber allein mit dem Durch-die-Welle-Gehen ist es nicht getan. Es gehört noch dazu, innerhalb des Brechers oder auf der rollenden See reitend Ruder zu legen, um nicht über den Kamm hinwegzuschießen. Ich bin dabei anfangs noch in tiefe Löcher gefallen und mit solcher Wucht aufgeschlagen, daß ich dachte, das Boot fällt auseinander.

„Ich saß also oben und segelte in der Gischt weiter, denn wenn ich den Wellenberg durchbrach – wie ich es am Anfang gemacht hatte –, fiel ich auf der anderen Seite runter, und dies war sehr beängstigend. Teilweise hatte ich den Eindruck, über zwei und mehr Meter hinabzufallen und krachend aufzuschlagen..."

Besonders gefährlich waren in diesem Sturm die Kreuzseen. Einmal stießen drei Wellen zusammen und schleuderten das Wasser hoch in die Luft. Nur mit genügend Geschwindigkeit kann man solcher Gefahr entgehen. Deshalb fiel ich zwischendurch immer wieder kurz ab.

„Es war unglaublich! Ich habe so etwas in meinem Leben noch nicht gesehen, solche tiefen Täler. Wenn ich oben ritt, sah ich plötzlich in einen Abgrund hinab. Ich dachte, Mensch, das kann doch nicht gutgehen. Wie willst du da jemals wieder rauskommen? Aber es ging. Es war einfach ein großartiges Erlebnis – allerdings ein haarsträubendes."

Viel Schwung ist auch notwendig, um durch die steileren Wasserwalzen zu kommen, die sich unmittelbar nach dem Brechen der Welle bilden. Man läuft nämlich Gefahr, in der Gischt steckenzubleiben und rückwärtsgerissen zu werden. Ein Bruch des Ruders wäre die unweigerliche Folge.

Die Nacht wurde noch einmal zum Alptraum. Der Wind nahm erneut zu. Die Brecher waren erst im letzten Augenblick, wenn es fürs Ruderlegen fast schon zu spät war, auszumachen. Mehrfach wurde das Boot von steilen Seen getroffen und seitlich mitgerissen.

Auch in solchen Situationen muß man versuchen, durch Ruderlegen das Schiff gegen den Wind zu drehen. Diese Aktion wird durch das flache Unterwasserschiff und die schmale Kielflosse unterstützt, wobei sich das große Auftriebsvolumen des leichten Bootes positiv auswirkt.

Australische Regattasegler, die als Sturmexperten

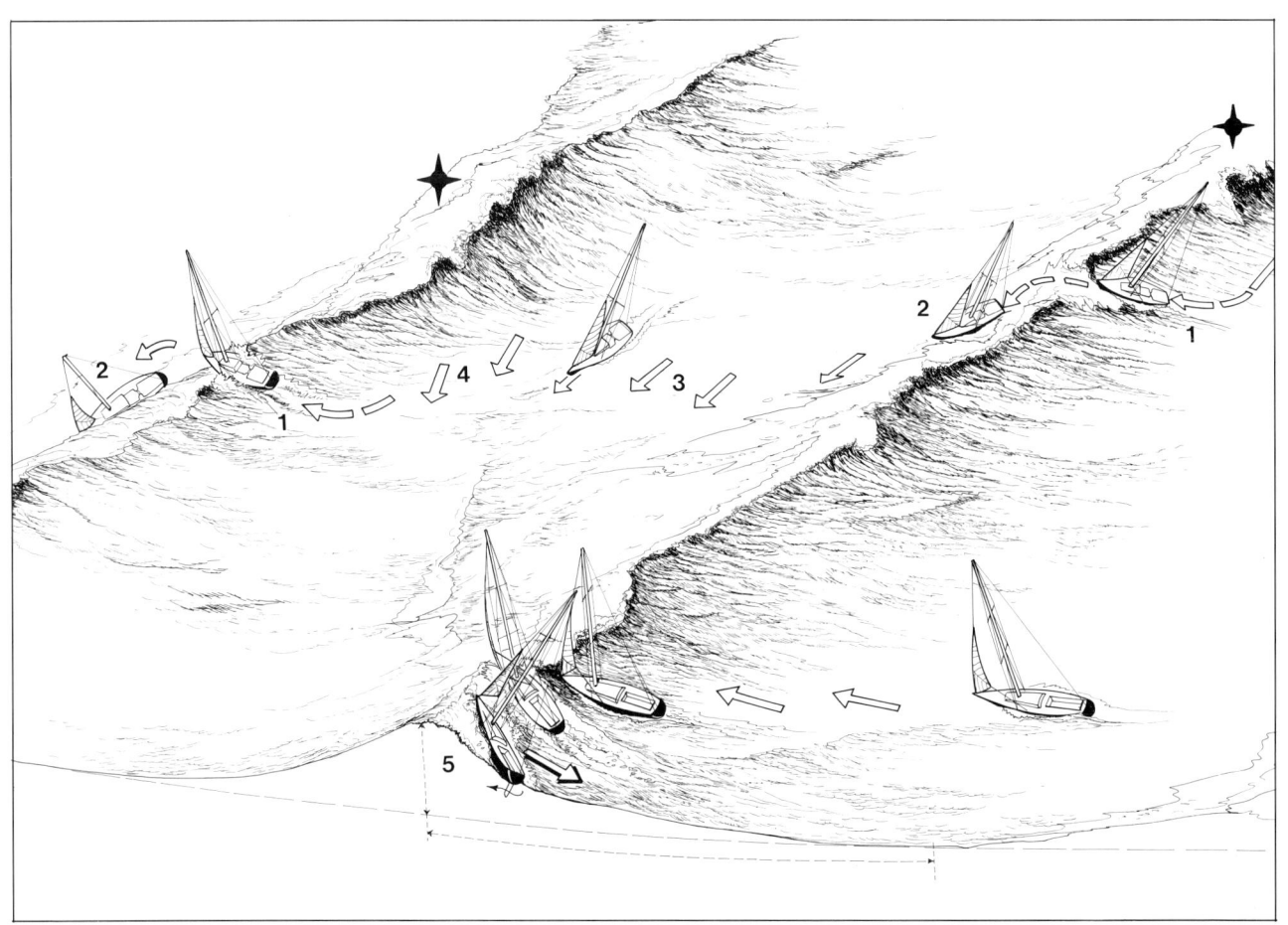

weltweiten Ruf genießen, empfehlen das Wechselspiel „Gegen-die-Welle-Segeln und Ausweichen" nicht nur für die extrem leichten Rennyachten, sondern auch für das moderne Fahrtenschiff („Cruiser-Racer") mit kurzem Kiel. Die traditionellen passiven Taktiken wie Beidrehen, Treibenlassen (mit gelaschtem Ruder) oder Ablaufen vor Topp und Takel sind auch nach australischer Ansicht überholt. Die Yachten von heute müssen anders gesegelt werden.

Wilfried Erdmann schrieb über die Sturm-Erfahrungen seiner Nonstop-Weltumseglung mit dem 10,50 Meter langen Kurzkieler „Kathena nui". Er machte mit dem „Segeln durch die Brecher" schlechte Erfahrungen und bestätigt damit, daß diese Taktik nicht für jedes moderne Schiff richtig ist. Daß er aktives Segeln dennoch den passiven Taktiken vorzieht, stützt meine These, daß moderne Kurzkieler bei Sturm gesegelt werden wollen.

„In der Kap-Region probierte ich bei schwerem Wetter eine neue Technik aus: mit Sturmsegeln gegen Wind und Wellen. Das Schiff machte gute Fahrt, vibrierte aber wahnsinnig und hämmerte heftig mit dem Bug in die See. Das Material war fast zu sehr beansprucht – und ich auch. Ich hatte von dieser Methode gelesen, merkte aber, daß gerade bezüglich Sturmtaktik viel Blödsinn verbreitet wird. Wer einmal einen Ozean überquert hat, sollte sich eigentlich nicht hinreißen lassen, jahrzehntelange Ansichten einfach als überholt hinzustellen – und seine zu preisen. Ich gab das Gegenansegeln – also die Brecher mit dem Bug zu nehmen – recht schnell auf. Letztlich stellte ich fest: Egal, wie hoch und lang die Seen laufen, mein Boot verhält sich am besten, wenn es mit raumem Wind unter Segel abläuft...

Das blieb meine Sturmtaktik: Rumpfgeschwindigkeit fahren, kleine, verteilte Segelfläche führen. Das Boot

Die Taktik des „Durch-die-Welle-Segelns": ① Die Yacht passiert den Wellenkamm und fällt gleich danach ab. ②, ③ und ④ Sie segelt nun quer zum Wind, um möglichst viel Fahrt durchs Wasser zu machen. Damit ist man in der Lage,

gefährlich steilen Wellen (siehe Stern-Markierungen) auszuweichen.
Wichtig ist, daß man erst im letzten Moment, kurz bevor die Wasserwalze die Yacht erreicht hat, das Ruder legt, um nicht, wie bei ⑤ gezeigt wird, mit zu wenig Fahrt

in der Welle steckenzubleiben (links).

Erdmanns „Kathena nui" mit ausgebaumter, reffbarer Sturmfock. Er hält das Ablaufen schräg vor den Seen mit Rumpfgeschwindigkeit für die sicherste Methode.

blieb dabei steuerfähig. Es hob in den heranrauschenden Wellen schön das Heck, und der Bug tauchte nie gefährlich weg. Beides hatte ich vor Erreichen der Brüllenden Vierziger fast leergeräumt, um diesen Sektionen des Schiffes mehr Auftrieb zu geben. Durch das leichte Gesamtgewicht des Bootes nahm ‚Kathena nui' schnell Fahrt auf und somit den Brechern die Kraft."

Erdmann bestätigt außerdem, daß man auch auf modernen Yachten alle Sturmtaktiken kennen und anwenden können sollte. In den „Roaring Forties" nimmt er entgegen seinem Vorsatz alle Segel weg, denn auch die Psyche spielt für die Sturmtaktik eine Rolle. Er bestätigt damit außerdem die anfangs von mir gemachten Bemerkungen gegen das Schubladendenken im Sturm, wenn er berichtet:

„Vorgenommen hatte ich mir beim Aufbruch zu diesem Extremtörn, die Stürme unter Segel, wenn auch Minifetzen, abzuwettern. Also Fahrt um jeden Preis zu machen, mit den Wellen zu kämpfen und nicht passiv zu verharren, die Elemente um mich herum gewähren zu lassen. Doch der Auszug aus meinen täglich gemachten Tonbandaufzeichnungen verdeutlicht: Angesichts eines richtigen Sturmes mit Brechern waren alle Vorsätze schnell dahin. Müdigkeit, Hunger, Nässe und das Gedröhne in der Takelage ließen Zweifel an allen Entscheidungen aufkommen. Schließlich war kein Quadratmeter Segel gesetzt. Der Wind dort unten hatte andere Töne. Der Ausdruck ‚Roaring Forties' ist kein Seemannsgarn, ich höre tatsächlich

ein langgezogenes Brüllen. Typisch für diese Breiten und anders als in allen Ecken der Erde, wo ich gewesen bin. Hinzu kam: Das Gebiet weit südlich des Kaps der Guten Hoffnung ist besonders gefürchtet. Hier passieren die meisten Havarien, weil das Meer unberechenbar bleibt. Ein warmer äquatorialer Meeresstrom prallt auf den kalten antarktischen und läßt dadurch die Wetterbedingungen entstehen, die dramatischer sind als in den Tropen innerhalb eines ganzen Jahres. Rasch aufeinanderfolgende Stürme aus verschiedenen Windrichtungen bauen eine steile, chaotische See auf. Kreuzseen, in denen kein Segler sein Schiff allein mit theoretischen Kenntnissen manövrieren oder sich auf eine vorgeplante Taktik stützen sollte. Windstärke 8 heißt hier schon: brechende Wellen mit tief abfallenden Schaumstreifen und Wellenhöhen um acht Meter. Daher Augen auf, beobachten, abwägen, sich auf die Situation einstellen! Erfahrung ist sicher nützlich, doch jeder Schiffstyp wird sich anders verhalten, eine andere Taktik erfordern."

Conny van Rietschoten, Skipper und Eigner der berühmten Rennyacht „Flyer", mit der er zweimal das „Whitbread-Round-The-World-Race" gewann, sammelte seine Hochsee-Erfahrungen auf den unterschiedlichsten Yacht-Typen und in den stürmischsten Breiten. Er ist einer der ersten Segler, die über die Handhabung moderner Yachten im Sturm ausführlich berichteten und der sie auf Grund seiner Erfahrungen für seetüchtiger hält als das traditionelle Fahrtenschiff. Er schreibt unter anderem:

Racer während des „Whitbread-Round-The-World-Race". Diese Riesenjollen werden durch jedes Wetter ständig an der Grenze ihrer Belastbarkeit gesegelt.

„Leinen schleppen oder beigedreht liegen, um sich der Gnade der Elemente auszuliefern, sind die schlimmsten Dinge, die eine Crew machen kann. Diese Maßnahmen mögen vielleicht für schwere Langkieler zutreffen, die nur träge auf das Ruder reagieren. Der größte Vorteil der leichten, modernen Yachten – Racer oder Fahrtenschiff – ist ihre Manövrierfähigkeit, die sie auch unter schlimmsten Wetterbedingungen noch zu behalten vermögen."

Van Rietschoten veröffentlichte eine Reihe von Artikeln, in denen er stets darauf hinwies, daß Yachten im Sturm gesegelt werden müssen, um ihre optimale Manövrierfähigkeit zu behalten. So setzte man auf der „Flyer" sogar noch in Windstärke 10 einen kleinen Spinnaker. Obwohl das Schiff danach häufig ins Surfen kam, lag es völlig sicher auf dem Ruder.

## Auf kurzem Kiel: Sicher segeln im Sturm

Meine These, daß moderne Yachtkonstruktionen im Sturm nicht passiv, sondern aktiv gesegelt werden sollten, werden auch durch die Erfahrungen aus Hoch-

Regattasegeln in den Roaring Forties: mit 20, 25 Knoten die Wellen runter, Ablösung am Ruder alle Viertelstunde.

seerennen gestützt. Heutige Fahrtenyachten orientieren sich immer mehr an Regattayachten. Auf den Bootsausstellungen dominieren heute leichtgebaute Yachten, deren Unterwasserschiff im wesentlichen aus der Kielflosse und dem mehr oder weniger frei stehenden Ruderblatt besteht. Auch das leistungsstarke 7/8-Rigg hat sich weitgehend durchgesetzt. Gegen diese Boote wirken die typischen „stäbigen" Fahrtenschiffe mit ihren traditionellen Linien und dem „Drahtverhau", den sie als Rigg brauchen, geradezu als Exoten. Auch die große Gruppe der unter den verschwommenen Begriff „modifizierter Langkieler oder Kurzkieler" fallenden Yachten ist nun in der Minderzahl.

Und noch etwas wird deutlich: Der Unterschied zwischen Rennziege und Fahrtenschiff wird immer geringer. Die moderne Yacht, der „Cruiser-Racer", unterscheidet sich von ihrer Regattaversion meist nur noch durch die einfachere Handhabung der Segeltrimm-Vorrichtungen (z. B. keine laufenden Backstage) und die etwas komfortablere Inneneinrichtung.

Werden die überlegenen Segeleigenschaften moderner Yachten im Sturm richtig eingesetzt, erreichen diese Boote eine Seetüchtigkeit, die meinen Erfahrungen nach der einer traditionellen Yacht (z. B. „Colin Archer") weit überlegen ist. Diese Behauptung wird aber von den „Traditionalisten" immer noch stark bezweifelt. Argumente liefern ihnen immer wieder zu leichte und nicht fest genug gebaute Fehlkonstruktionen, die durch spektakuläre Havarien auffielen.

Nach dem Fastnet-Rennen 1979, während dem im Orkan fünfzehn Segler ihr Leben lassen mußten, wurde geradezu eine Kampagne gegen die leicht gebaute Rennyacht mit kurzem Lateralplan gestartet. Das allgemeine Urteil war schnell gefällt: „Diese extremen Rennziegen sind nicht seetüchtig" und: „Regattasegler haben keine Ahnung von Seemannschaft" – ein Vorurteil, das anscheinend nicht auszurotten ist.

Diese Schuldzuweisungen erwiesen sich als falsch. Und was die Bezeichnung „extrem" angeht, die immer gern dann angewandt wird, wenn neue Technologien den Yachtbau verändern, so ist sie ebenfalls fehl am Platz: Es kann nur richtig oder falsch gebaute Boote geben.

Die sorgfältig durchgeführten Untersuchungen nach dem Rennen ergaben, daß der tragische Ausgang hauptsächlich auf das Fehlverhalten der Crews zurückzuführen war und nicht etwa auf das Versagen des Materials oder auf Konstruktionsfehler.

Die meisten Segler verhielten sich nämlich so, wie sie es gelernt hatten, indem sie diese Boote wie traditionell gebaute Yachten segelten. Sie verhielten sich passiv und versuchten beizudrehen, sich treiben zu lassen oder setzten die Manövrierfähigkeit durch das Ablaufen vor den Brechern mit oder ohne ausgebrachten Leinen zu stark herab.

Der Grund für die panikartigen Kurzschlußhandlungen mit ihren tragischen Folgen war der, daß die Segler offensichtlich auf herkömmliche Weise nicht mehr mit dem Sturm fertig wurden, weil sie sich und ihr Boot dem verheerenden Seegang passiv auslieferten.

„Unser Fehler war, daß wir zu wenig Fahrt machten", so der Steuermann Jim Robson Scott von dem australischen Cupper „Police Car". Und: „Erst als wir durch höhere Geschwindigkeit die Manövrierfähigkeit der Yacht wiederherstellten, hatte der Steuermann das Schiff sicher im Griff."

Seine Erfahrungen wurden durch die Ergebnisse der Untersuchungen bestätigt: Die Yachten, deren Crews Segel gesetzt ließen, kamen am besten durch den Orkan. Am schlimmsten erging es denjenigen, die ihre Schiffe dem Seegang mehr oder weniger passiv auslieferten: Sie erlitten die meisten Kenterungen. Diejenigen Yachten, die bereits ihr Rigg verloren hatten, kenterten gleich mehrfach hintereinander.

Eine ähnlich gründliche Untersuchung wurde am anderen Ende der Welt nach dem Auckland-Suva-Race 1983 (von Neuseeland zu den Fidji-Inseln) durchgeführt: Während des Rennens gerieten die Teilnehmer in einen orkanartigen Sturm mit extremen Seegangsverhältnissen.

Dabei kamen acht Segler ums Leben, zwei Boote sanken. Fast alle Yachten waren sehr leicht gebaute Flossenkieler. Die Unfallursachen wurden auf das Fehlverhalten der Besatzungen und auf die Tatsache zurückgeführt, daß keine genügende Sturmbesegelung an Bord vorhanden war. So berichtete die Crew der 9,35 Meter langen „Chicane", daß sie in 55 Knoten Wind (Beaufort 10) mit fünfzehn bis achtzehn Knoten die Wellen hinuntersurften und der Steuermann dabei das Boot absolut sicher in der Hand hatte. Erst als die Segel davonflogen, wurde das Boot mehrfach flach auf die Seite geworfen und verlor dabei den Mast.

Der Skipper der fast gleich großen „Yoriko" berichtete nach dem Sturm: „Wir versuchten alle möglichen Taktiken, wie sie uns immer in den Lehrbüchern empfohlen werden. Aber sie funktionierten nicht. Sie brachten uns sogar in Gefahr. Da erinnerte ich mich an den Fastnet-Orkan. Es hatte sich ja herausgestellt, daß alle Yachten überlebten, die Segel gesetzt ließen. Ohne Segel oder genügend Segelfläche läßt sich das Boot nicht mehr handhaben, und wir werden zum Spielball der Wellen. Unter Segel hingegen zeigt es keine Tendenz mehr, querzuschlagen oder umgeworfen zu werden – nicht einmal von Brechern mit fünfzehn Meter Höhe! Die Yacht tat alles, was man von ihr verlangte. Sie verzieh sogar kleinere Fehler des Steuermannes."

Zieht man aus den hier zitierten Erfahrungen der Hochseesegler ein Resümee, so werden drei Voraussetzungen deutlich, die entscheidend für die sichere Handhabung eines modernen Leichtgewichtes im Sturm sind:

- Ein guter Steuermann, der genau die Segeleigenschaften seines Bootes kennt.
- Richtig, entsprechend dem Seegang und der Windstärke ausgewählte Segelgrößen.
- Eine Sturmbesegelung, deren Tuch, Nähte und Beschläge jeder Belastung gewachsen ist.

Ist eine dieser Voraussetzungen nicht gegeben oder werden aus anderen Gründen die Manövriereigenschaften der Yacht eingeschränkt (z. B. durch Landnähe, Untiefen etc.), ist die Crew in Gefahr.

Und: Die Geschwindigkeit muß immer ausreichend sein, um durch die Brecher segeln zu können. Das

Boot darf nicht steckenbleiben und rückwärtsgerissen werden. Die Folge wäre der Verlust des Ruders.
Segelt man mit oder quer zu den Seen, muß das Boot schnell genug sein, damit Brechern ausgewichen werden kann.

## Sturmtaktik für Langkieler: Segeln vor der Welle

Beidrehen und Lenzen vor Topp und Takel zählen zu den „klassischen" Sturmtaktiken, die für das traditionelle Fahrtenschiff bis heute empfohlen werden.
Kaum in Erwägung gezogen wird aber eine wirkungsvollere Methode, die der berühmte Einhandsegler Vito Dumas bereits vor über 50 Jahren mit Erfolg durchführte: das Ablaufen unter Segeln.

„Unaufhörlich brechen die Seen und begraben das Boot unter sich. Ich segle vor Besan und Fock. Der Westwind weht mit Orkanstärke.
Die unablässig heranrollenden Seen sind jetzt etwa 16 Meter hoch und schleudern mich von ihren Gipfeln in die Tiefe des Abgrundes", schreibt der berühmte argentinische Einhandsegler Vito Dumas.

Dumas segelte als erster Mensch einhand in den stürmischen Breiten der „Roaring Forties" um die Welt (1942–1943). Sein Schiff, die hölzerne Spitzgattketsch „Legh II" (Typ Colin Archer), zeigte sich als ein außerordentlich seetüchtiges Fahrtenschiff, das zum Vorbild für zahlreiche Neubauten wurde.
Dumas segelte im Sturm. Er lief den Seen davon oder ritt auf den Brechern. Sein Großsegel hatte nicht einmal eine Reffvorrichtung. Als das Schiff zu hart am Ruder lag und zu stark gepreßt wurde, barg er das Groß und segelte mit Besan und Fock weiter. Dabei nahm er die Seen schräg von achtern.
Es ist belegt, daß Dumas wirklich auch in schweren Stürmen Segel setzen ließ, und daß er sein Schiff ohne Havarien in den hohen südlichen Breiten um die Welt segelte. Seine Taktik blieb zwar in keiner Diskussion über das richtige Verhalten in schwerem Wetter unerwähnt, wird aber meist mit einem ungläubigen Kopfschütteln beiseitegeschoben. Dumas steht mit dem Ablaufen unter Segeln nämlich im krassen Gegensatz zu den bis heute in Lehrbüchern empfohlenen (passiven) Maßnahmen über das Abreiten eines Sturmes: Beidrehen, Ablaufen vor Topp und Takel mit oder ohne Leinen und Treibenlassen mit oder ohne Treibanker.
Diese Techniken sollen die Fahrt des Schiffes möglichst stark herabsetzen oder das Abreiten der Wellen durch Treiben ermöglichen. Eine traditionelle Yacht mit ihrem großen Unterwasserschiff, ihrer großen Verdrängung und dem wenig leistungsfähigen Rigg kann nicht durch Brecher segeln, wie das moderne Flossenkieler vermögen. Sie ist zu langsam und stampft sich mit dem fülligen Vorschiff fest. Daraus resultiert die gängige, am häufigsten propagierte Sturmtaktik für Langkieler, den Wellen das Heck zu zeigen. Während des Ablaufens vor den Brechern besteht aber die Gefahr, daß eine steile See das Schiff mit hoher Geschwindigkeit mitreißt. Während der Brecher unter dem Rumpf durchläuft, wird das Ruder nicht mehr von vorn angeströmt. Für Sekunden ist das Schiff manövrierunfähig: Die unterschiedlichen Strömungsrichtungen der Wasserteilchen an Heck und Bug dre-

**Der berühmte argentinische Einhandsegler Vito Dumas ließ auf seiner traditionellen Spitzgattketsch auch in schweren Stürmen immer Segel gesetzt. Er war der erste, der das aktive Ablaufen mit hoher Geschwindigkeit erfolgreich anwandte.**

hen den Rumpf quer zur nächsten See. Die Yacht wird seitlich überrollt.

Hält man dagegen durch ausgebrachte Leinen das Heck während des Durchlaufens einer See fest, kann die Yacht nicht ausbrechen oder querschlagen.

Es gibt zahlreiche Berichte, in denen das Ablaufen mit nachgeschleppten Leinen (und Gewichten) erfolgreich angewandt wurde. Adlard Coles zum Beispiel hielt einst diese Taktik für die wirkungsvollste Methode. Sein Segel-Klassiker und Bestseller „Schwerwettersegeln" ist allerdings vor fast 30 Jahren zum erstenmal erschienen (inzwischen gibt es das Buch in 9., überarbeiteter und erweiterter Auflage). Seit damals freilich hat sich die Konstruktion von Fahrtenyachten grundlegend geändert: Der Vorfuß wurde stark beschnitten, der Freibord erhöht, Kiel und Ruder wurden getrennt und die Schiffe erheblich leichter gebaut. Der Langkieler von heute änderte sich dadurch auch wesentlich im Seeverhalten und in den Segeleigenschaften: Moderne Schiffe neigen beim Ablaufen (durch den weiter achtern sitzenden Lateralschwerpunkt) nicht mehr so stark zum Unterschneiden, und sie reagieren durch die strömungsgünstigere Form des Ruders viel

schneller. Außerdem behalten sie auch bei hoher Fahrt weitgehend ihre Kursstabilität.

Dumas' traditioneller Doppelender hatte im Bereich des Bugs eine Menge Reserveauftrieb. Anders läßt es sich nicht erklären, daß seine „Legh II" nie derart unterschnitt, wie es ähnlichen Schiffen (zum Beispiel dem Colin Archer „Sandefjord" und dem Doppelender „Tzu Hang", die sich sogar längsschiffs überschlugen) erging. Dazu mag auch seine Maßnahme beigetragen haben, Anker und Kette von vorn nach mittschiffs zu stauen. An Sturmtagen brachte er die „Legh II" mehrfach mit über fünfzehn Knoten ins Surfen und erreichte Etmale von 170 Seemeilen.

„Wenn man genauso schnell läuft wie die See, ist sie nicht mehr gefährlich", schreibt er dazu. Und an einer anderen Stelle: „In den Büchern anderer Segler setzt mich die Anzahl der Havarien, die sie erlitten, in Erstaunen. Wahrscheinlich sind sie auf die kleinen Etmale zurückzuführen."

Wie wirkungsvoll die Taktik des (schräg) „Vor-den-Wellen-Ablaufens" ist, bestätigt der berühmte Einhandsegler und mehrfach ausgezeichnete Schriftsteller Bernard Moitessier in seinem Buch „Kap Hoorn, der

**Die häufig gegebene Empfehlung, bremsende Leinen zu schleppen, ist gefährlich: Die Manövrierfähigkeit wird stark eingeschränkt, der Auftrieb des Hecks herabgesetzt und der verwundbarste Bereich der Yacht, das Achterschiff, der vollen Wucht der Brecher ausgesetzt.**

logische Weg". Auf der Reise von der Südsee über das „Kap der Stürme" geriet er im südlichen Pazifik in einen schweren Sturm, der sechs Tage tobte.

Seine zwölf Meter lange „Joshua", eine aus Stahl gebaute Bermuda-Spitzgattketsch, lief vor gewaltigen Seen unter Topp und Takel ab. Um die Fahrt zu bremsen, hatte er fünf mit Eisenteilen beschwerte Trossen sowie ein großes Netz aus Stahldraht ausgebracht. Trotzdem wurde das Schiff von den über fünfzehn Meter hohen Wellen samt der Schleppe mit hoher Geschwindigkeit unkontrollierbar vorwärtsgerissen. Als schließlich eine besonders steile See das Heck hochriß und mit dem Vorwärtslaufen den Bug bis zum Großmast unter Wasser drückte, fehlte nur noch wenig zum Überschlagen à la „Sandefjord".

So konnte es nicht weitergehen. Moitessier erinnerte sich an die ungewöhnliche Taktik Vito Dumas' und befreite das Schiff von seinen Fesseln: Er kappte die Leinen. Die Wirkung war erstaunlich:

„„Joshua" ist nicht wiederzuerkennen. Jetzt läuft sie frei vor Topp und Takel, krängt, wenn die See unter einem Winkel von fünfzehn bis zwanzig Grad anläuft, nimmt wie im Wellenreiten Fahrt auf, die Leebacke gegen den Abhang der See gelegt, und reagiert ohne weiteres auf das Ruder, wenn ich sie wieder vor den Wind lege. Die schweren Brecher, die aussehen, als wollten sie alles zerschlagen – unerheblich, solange man sie schräg von achtern nimmt."

Das Ablaufen schräg zu den Seen bewährte sich für Moitessier auch in den nachfolgenden, schweren Stürmen. Der Bug schnitt nicht mehr unter. Durch die größere Geschwindigkeit blieb das Schiff manövrierfähig. Für Moitessier gab es keinen Zweifel: Die Erinnerung an Vito Dumas' Technik hatte ihm das Leben gerettet.

Bei anderer Gelegenheit, Moitessier wollte schweres Wetter durch Beidrehen mit der acht Quadratmeter großen Sturmfock abreiten, stellte er zu seiner Überraschung fest, daß das Schiff mit etwa fünf Knoten Fahrt und starker Krängung die Seen problemlos nahm. „Joshua" wurde mehrfach von brechenden Seen getroffen, ohne daß sich die Krängung des Schiffes erhöhte und sich seine Geschwindigkeit wesentlich verringerte.

Moitessier erklärte sich dieses Verhalten aus der stabileren Lage und aus der Krängung: Die Krängung vermindert den Tiefgang und damit die Angriffsfläche für die auf und ab schwingenden Wasserteilchen innerhalb der Welle. Die Wucht des Brechers wird über den gekrängten, nach Lee geneigten Rumpf schräg hinweggeleitet.

Auch diesen Vorgang hatte Vito Dumas schon damals als richtige Taktik erkannt. Sie gilt heute besonders für das moderne Fahrtenschiff mit seinen besseren See- und Segeleigenschaften.

In dieser Hinsicht entspricht das „aktive" Ablaufen der Sturmtaktik für den Kurzkieler: das Boot durch möglichst viel Fahrt durchs Wasser manövrierfähig und die Crew handlungsfähig halten.

Moitessier lief meist schräg zur See ohne Segel ab. Gute Erfahrungen hat er auch mit der Sturmfock gemacht. Nicht nur, weil Fahrt und Manövrierfähig-

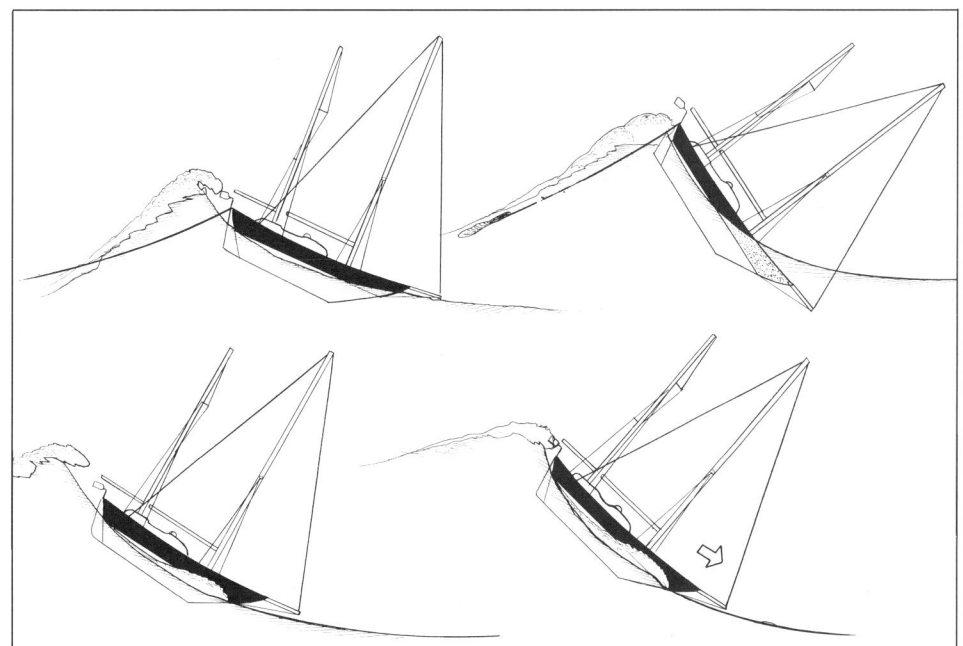

**An die bremsende Leinenschleppe gefesselt, wurde „Joshua" mehrfach bis zum Mast unter Wasser gedrückt. Erst als Moitessier die Leinen kappte und dem Schiff die volle Manövrierfähigkeit zurückgab, konnte er schräg vor den Brechern mit Rumpfgeschwindigkeit den Sturm sicher ablaufen.**

keit erhöht werden: Durch den weiter nach vorn verlegten Segelschwerpunkt verbessert sich die Kursstabilität: Die Gefahr des Querschlagens wird vermindert.

### Konstruktion und Charakter einer Yacht bestimmen die richtige Taktik im Sturm

„Im Inneren des Schiffes halte ich es nicht mehr aus. Raus aus diesem Sarg. Mach doch etwas!" ... schreibt Reiner Bussek während eines schweren Sturmes nördlich der Bermudas in sein Tagebuch.

Er erlebte eine furchtbare Nacht mit Böen bis zu 80 Knoten (64 Knoten entsprechen bereits Windstärke 12).

Der Einhandsegler läßt das Schiff – eine bewährte, aus Stahl gebaute Fahrtenyacht vom Typ Skorpion II – quer zur See treiben. Brecher krachen über das Deck. Die Selbststeueranlage geht zu Bruch, der Großbaum bricht in drei Teile. Alles, was nicht niet- und nagelfest ist, wird über Bord gerissen. Mehrfach schleudern Brecher die zwölf Meter lange Stahlyacht in Wellentäler, wo sie krachend aufschlägt. Dem Einhandsegler gelingt es schließlich, die kleinste Sturmfock (drei Quadratmeter) zu setzen.

„Jetzt wird mir klar, daß ich diesen Ungeheuern ausweichen muß." Es gelingt ihm, wieder Ruder ins Schiff zu bekommen und den Wellen das Heck zuzudrehen.

„Es funktioniert sehr gut. ‚Muli' reitet die Buckelpiste mit acht Knoten ab."

Den Rest der Nacht verbringt er an der Pinne und steuert das Schiff vor dem Seegang.

„Die Angst ist gewichen – ich tue etwas."

Daß Bussek so glimpflich im Höhepunkt des Sturmes davongekommen ist, verdankt er der wiedererlangten Kontrolle – und natürlich auch der enorm festen Konstruktion des Schiffes. Daß während des Ablaufens mehrfach Brecher über das Heck einsteigen, ist auf das zu tief im Wasser liegende Heck zurückzuführen. Bussek hat einen großen Teil seines Proviants und seiner umfangreichen Ausrüstung hier verstaut. Deshalb wird „Muli" für die nächste Reise um etwa drei Tonnen abgespeckt.

Der bekannte englische Segler und Journalist Mike Sounders beschreibt einen ähnlich schweren Sturm in der Biskaya. Sounders segelte einen typischen Cruiser-Racer („Oyster 37") mit flachem Boden, Flossenkiel und freistehendem Ruder ohne Skeg. Einen Schiffstyp also, dem immer noch mangelnde Seetüchtigkeit nachgesagt wird.

Zu Anfang des Sturmes mit Windstärke 8 ließ sich das Boot ganz gut unter stark gerefftem Groß und kleinster Fock mit etwa vier Knoten über die steilen Seen steuern. Als der Wind aber plötzlich auf Orkanstärke zunahm, krängte es sehr stark weg und trieb quer zur See, ohne auf das Ruder zu reagieren. Um die Krängung herabzusetzen und die Yacht damit wieder manövrierfähig zu machen, versuchte Sounders, das Groß zu bergen. Der enorme Winddruck, die starke Lage und die dauernd über Deck brechenden Seen vereitelten jedoch sein Vorhaben. Er mußte das Schiff mit gleicher Besegelung weiterfahren.

Moderne Hochseerennyachten können gefährlichen Seen einfach davonlaufen. Dann besteht allerdings die Gefahr, daß die nächste Welle eingeholt wird, der Bug unterschneidet, der Racer aus dem Ruder läuft und seitlich kentert.

Im Höhepunkt des Sturmes (mit 80 Knoten Windgeschwindigkeit) wurde es mehrfach von Brechern seitlich mitgerissen und kam dabei sogar ins Surfen, ohne durchzukentern.

Die Yacht überstand mit erheblichen Schäden unter Deck den Sturm. Sounders konnte sie ohne fremde Hilfe sicher in den nächsten Hafen segeln.

Eine besonders interessante, weil passive Sturmtaktik beschreiben die bekannten Fachbuchautoren und Journalisten Lin und Larry Pardey, die mit ihrem nur 24 Fuß großen und aus Holz gebauten Kutter „Seraffyn" auf allen Weltmeeren zu Hause sind. Sie drehen mit stark gerefftem Groß bei und bringen seitlich einen Fallschirm-Treibanker aus. Über einen Klappläufer, der mit einem Block auf der Trosse des Treibankers gefahren und zur Schotwinsch geleitet wird, trimmen sie das Boot etwa 50 Grad zu den Wellen. Auf diese Weise bieten sie ihnen die festesten Bereiche des Aufbaues an: die Ecken.

Beigedreht und vor Treibanker reiten die Pardeys einen schweren Sturm westlich von Irland ab, der über 30 Stunden lang anhält.

„Unmittelbar neben dem Seitenkielwasser brachen sich die Wellen – wobei nur das Vorschiff vom Spritzwasser naß wurde."

Die Erfahrungen, die ich mit meinem vierzehn Meter langen, hölzernen Spitzgatter (18 t, Typ Colin Archer) machte, sind weniger dramatisch, aber dennoch lehrreich.

Die höchste Windgeschwindigkeit erlebte ich 500 Seemeilen südwestlich von England mit 45 bis 50 Knoten (Beaufort 10). Die Wellen erreichten dabei eine Höhe von ungefähr acht Metern. Der Seegang sah zwar erschreckend aus, war aber erstaunlich harmlos. Das Schiff lief vor Topp und Takel mit fünf bis sechs Knoten und reagierte dabei gut aufs Ruder, auch wenn es durch eine steilere See sekundenlang mit über 8 Knoten mitgerissen wurde. Die Windsee rauschte sanft unter dem Rumpf durch. Obwohl ich lange Leinen zum Nachschleppen bereitgelegt hatte, war es nicht notwendig, sie auszubringen.

Nach etwa zwölf Stunden war der Sturm schlagartig vorüber. Mit einer Winddrehung von rund 80 Grad ging die Windstärke auf weniger als die Hälfte zurück.

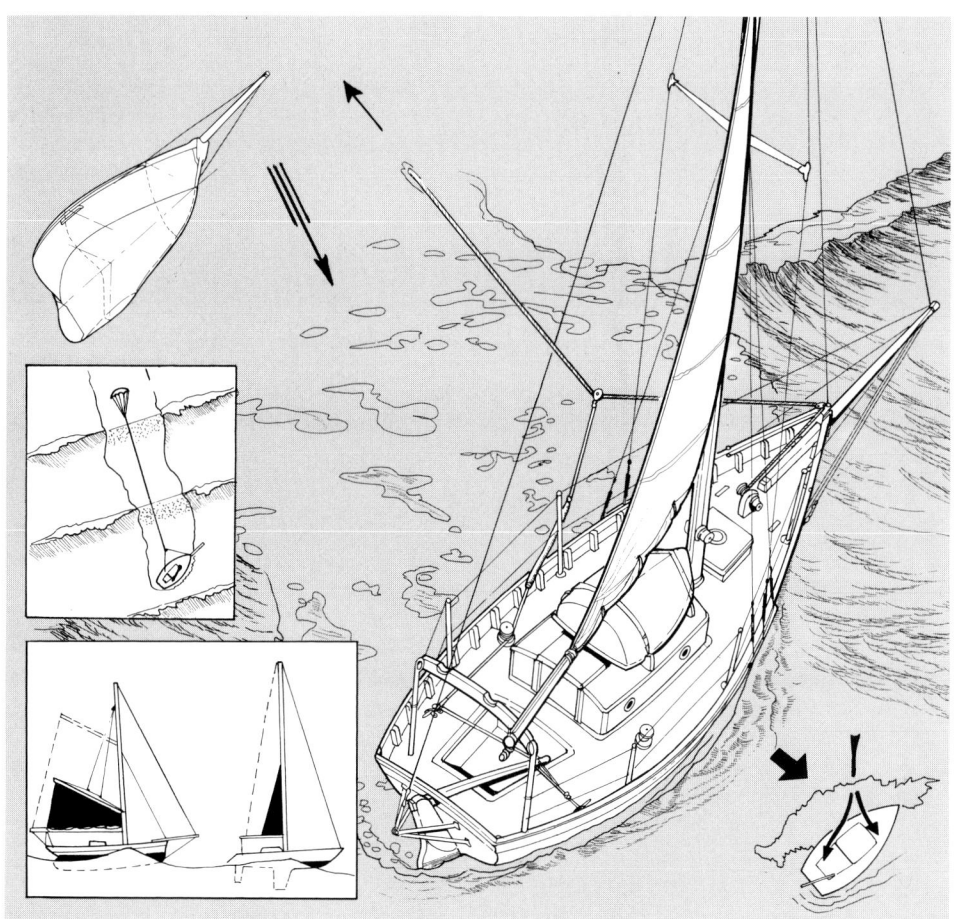

Die kaum 7,50 Meter lange, traditionell gebaute „Seraffyn" der Pardeys wetterte schwere Stürme erfolgreich vor Treibanker ab. Das Boot wurde mit einem Klappläufer schräg zu den Wellen getrimmt. Langkieler mit Gaffelsegel (links unten) können gerefft ruhiger beigedreht liegen als moderne Yachten.

Was nun folgte, war schlimm: Die noch hohe Dünung lief jetzt gegen eine neu entstehende Windsee an und erzeugte einen wilden, durcheinanderlaufenden Seegang. Das schwere Schiff taumelte heftig schlingernd und steckte von allen Seiten donnernde Schläge ein. Grünes Wasser füllte ständig das Cockpit.

Zum ersten Mal hatte ich Angst um die Verbände des Rumpfes und daß die Nähte und Luken diesen Belastungen nicht gewachsen sein könnten. Erst als es möglich war, wieder Segel zu setzen, änderte sich unsere Lage. Den gröbsten Seen konnte ausgewichen und die Schlingerei weitgehend gedämpft werden.

Alle Stürme (über Beaufort 8) auf See habe ich mit kleiner Fock oder Klüver vor dem Wind abgelaufen. Dabei gab es auch bei höheren Geschwindigkeiten keinerlei Probleme, daß das Schiff aus dem Ruder lief. Beidrehen hat sich als eine gute Methode erwiesen, um unangenehmen Seegang abzureiten, bequemer zu kochen oder sich das Hantieren mit dem Sextanten zu erleichtern. Ich würde diese Maßnahme aber niemals in schwerem Wetter ergreifen. Die Gefahr, rückwärtsgerissen zu werden und dabei das Ruder zu verlieren, ist mir zu groß.

Genau das wäre mir nämlich um ein Haar mitten auf dem Atlantik passiert: Zur Reparatur der Dirk hatte ich mit gerefftem Groß und backgesetzter Fock beigedreht, als das Schiff plötzlich von einer steilen See rückwärtsgeschoben wurde. Mit einem lauten Knall brach glücklicherweise nur das fünf Millimeter starke Steuerseil.

Um eine solche Havarie zu verhindern, ist es wichtig, daß das Schiff immer etwas Fahrt voraus macht. Dies wird durch das Beidrehen gewöhnlich auch erreicht. Wird die Yacht allerdings zu schnell, würde das bedeuten, daß sie im schweren Wetter aus dem Schutz ihres Seitenkielwassers fährt, was dessen Wirkung zunichte machen würde.

Fazit: So unterschiedlich die See- und Segeleigenschaften einer Yacht auch sein mögen, eines wird, so meine ich, ganz deutlich: Der Fahrtensegler muß sich auf Stürme vorbereiten, indem er die für sein Schiff, sein Segelrevier und sein Nervenkostüm richtige Sturmtaktik ausprobiert. Dazu ist es notwendig, alle Taktiken zu kennen und sich damit auseinanderzusetzen. Aus den Erfahrungen sturmerprobter Segler und aus meinen eigenen läßt sich jedoch ableiten, daß passives Verhalten, ob auf traditionell gebautem Langkieler oder modernem Cruiser-Racer, heute mehr denn je fragwürdig geworden ist.

# SICHER DURCH DEN STURM

Für die Vorbereitungen auf schweres Wetter sollte man die Schwachpunkte seiner Yacht, insbesondere des Rumpfes, Riggs und unter Deck kennen, um geeignete Maßnahmen treffen zu können. Auch das Verhalten des Skippers seiner Crew gegenüber spielt eine entscheidende Rolle, um einen Sturm sicher zu überstehen.

### Vorbereitungen für schweres Wetter

„Auf Südost drehend 8 bis 9, mit der Gefahr heftiger Sturmböen", meldet der Sprecher mit sonorer Stimme für das Seegebiet „Fisher".

Fisher?! Meine morgendliche Müdigkeit ist weggeblasen. Das bin ja ich, verdammt, das darf doch wohl nicht wahr sein, schießt es mir durch den Kopf. Das nahezu festliegende Tief über Nordirland ist nun doch plötzlich losmarschiert! Den Wind bekomme ich genau auf den Kopf – was auch sein Gutes hat, denn die Gefahr Nummer eins: auf Legerwall zu geraten, besteht nicht. Achteraus ist jede Menge Seeraum vorhanden. Ich bin also auf der sicheren Seite. Noch weht der Wind aus südwestlicher Richtung. Kurs Skagen liegt an.

Also runter an die Karte: Nach dem Eintragen des Standortes vom Decca-Navigator stecke ich 80 Seemeilen bis Hanstholm ab, den großen Fischerhafen an der Westküste Jütlands. Das kann ich bis Mitternacht schaffen.

**Gefährlicher, durch Untiefen und Tidenstrom erzeugter, brandungsartiger Seegang in Küstennähe. Wer hier auf Legerwall gerät, ist verloren.**

Hoffentlich dreht der Wind nicht wie angekündigt. Ich gehe so hart wie möglich an den Wind und kann sogar noch fünfzehn bis zwanzig Grad über meinen Zielkurs hinaus vorhalten. Das entspricht in etwa der maximalen Abdrift meines Kurzkielers unter diesen Wetterbedingungen. Kurs Hanstholm ist also bisher kein Problem.

Egal wie schlimm die Stampferei auch ist: Jetzt zählt jeder Grad, der nach Luv gutgemacht wird. Schaffe ich den Hafen nicht, so liegt weiter in Lee noch Hirtshals. Zumindest muß ich versuchen, ganz nah unter die Küste, in den Schutz der hohen Dünen zu gelangen. Dort ist es so tief, daß man auf Steinwurfweite zum Strand segeln kann.

Unter Deck lege ich die passenden Seekarten zurecht und gleich in der richtigen Reihenfolge untereinander. Alles, was nicht niet- und nagelfest ist, wird systematisch weggestaut und mit Zeisern gelascht. Dann zwänge ich mich in meine Schwerwetter-Montur: Faserpelz, Trockenanzug, Neoprenstiefel, Südwester, und lege den Sicherheitsgurt an. Schnell noch heißes Wasser für die Thermoskanne aufgesetzt, Teebeutel, Nüsse und Schokolade griffbereit gestaut, und schon fühle ich mich ein bißchen besser.

Das Schlimmste ist eigentlich immer das Warten auf kommendes Unwetter. Die Ungewißheit, wie schlimm wird es dieses Mal? Ist das Unwetter schließlich da, kennt man seinen Gegner. Man kann endlich handeln, hat wieder die Initiative, und alles ist nur noch Routine.

Ich schaffte es gerade noch rechtzeitig und lief morgens gegen zwei Uhr mit bereits ablandig drehendem Wind in den Hafen von Hanstholm ein. Das Unwetter kam dann am Abend und tobte mit bis zu elf Windstärken drei Tage lang. Ich hatte mal wieder Glück gehabt!

Dieses Mal wurde mir die Entscheidung, in finsterer Nacht, heftigen Gewitterböen und ohne genaue Karte einzulaufen – was immer ein Risiko ist –, leichtgemacht. Ich hatte es nicht mit Untiefen oder Passagen zwischen Inseln zu tun, sonst hätte ich vorher beidrehen müssen, um das Tageslicht abzuwarten. Es ist nie die Windstärke, die Gefahr bedeutet, sondern immer der Seegang. Und der kann gerade in der Nähe von Kaps, Passagen oder Untiefen besonders gefährlich werden – vor allem, wenn auch noch Strom mit im Spiele ist.

Auf hoher See, also in tiefem Wasser und weitab vom Land, sieht alles ganz anders aus. Dort hat man es nicht mit der Gefahr Nummer eins: auf Legerwall zu geraten, zu tun. Außerdem geschieht die Wetterentwicklung mehr wie im Lehrbuch beschrieben, d. h.: Schweres Wetter kündigt sich in der Regel rechtzeitig an, so daß fast immer genügend Zeit bleibt, sich vorzubereiten.

Die Anzeichen sind meist eindeutig: Das Barometer

fällt mehr oder weniger stark. Hohe, faserförmig verblasene Zirren mit kleinen Häkchen am Ende sind weitere, typische Vorboten. Und wenn dann eine niedrige, geschlossene Wolkendecke aufzieht und noch Dünung quer zur Windsee einsetzt, kann man sich mit Sicherheit auf etwas gefaßt machen.

Dann wird es höchste Zeit, sofort mit den Vorbereitungen zu beginnen – und nicht erst, wenn bereits die ersten harten Böen einfallen. Jedes Mitglied der Crew bekommt nun seinen Bereich an oder unter Deck zugeteilt, den es sturmsicher zu machen gilt. Das ist auch eine psychologisch wichtige Maßnahme: Hat jeder etwas zu tun, wird er besser mit dem flauen Gefühl im Magen, mit aufkommender Angst fertig.

Nun ist der Skipper besonders gefordert. Als „Befahrenster" werden alle seine Reaktionen von den Mitseglern genau registriert. Strahlt er Ruhe und Zuversicht aus, überträgt sich das auch auf die Crew. Mit ruhiger Stimme und ohne Hektik erklärt er die zu erwartenden Wetterbedingungen und gibt entsprechende Anweisungen. Sein Verhalten und seine Übersicht sind nun im entscheidenden Maße dafür verantwortlich, wie man über die Runden kommt.

Die Position des Schiffsführers ist nicht einfach, denn die ganze Last der Verantwortung für Crew und Schiff ruht auf seinen Schultern. Es hängt nun alles von seinen Erfahrungen ab, wie gravierend er das kommende Wetter einschätzt und wie umfangreich er die Vorbereitungen durchführen läßt: Sollte er lieber jetzt schon die Sturmfock setzen oder die Schlagblenden vor die Fenster schrauben lassen und blamiert sich dann anschließend womöglich als überängstlich? Hinterher ist man immer schlauer, und eines ist ganz sicher: Mit 45 Grad Lage im heulenden Wind Segel zu wechseln ist ein unnötiges Risiko, schlechte Seemannschaft und nicht zu entschuldigen.

Die erste Sorge des Skippers hat der Crew zu gelten. Selbstaufgabe und menschliches Versagen der Besatzung sind häufig Folgen eines unsicheren Schiffsführers und seiner Fehleinschätzung der Situation. Das Schiff erweist sich dann häufig genug als der Stärkere: Während der Fastnet-Katastrophe 1979 haben sogar erfahrene Crews in Panik ihre Yachten aufgegeben und sind in der Rettungsinsel ums Leben gekommen. Ihre Boote dagegen überlebten den Orkan.

Vor allem muß jedem Mitsegler eindringlich klargemacht werden, daß der Sturz über Bord den sicheren Tod bedeutet. Deshalb ist das Anlegen des Sicherheitsgurtes die erste und wichtigste Maßnahme. Jeder sollte einen eigenen, vorher auf seine Körpergröße eingestellten und mit Namen gekennzeichneten Gurt haben. Rettungswesten sind ein anderes „Paar Schuhe": Sie schränken nach meiner Erfahrung gerade in kritischen Situationen wie beim Anbordholen der Verunglückten die so wichtige Bewegungsfreiheit ein und können dabei zu einem ernsten Handicap werden. Denn wer denkt in Augenblicken der Rettung noch daran, die Preßluft wieder abzulassen.

Außerdem habe ich etwas gegen diese den Vorschriften entsprechenden und DIN-Norm-gemäß „ohnmachtssicheren" (sicher gegen Ohnmacht?) Rettungsmittel – diesen zur unantastbaren „heiligen Kuh" gewordenen Bestsellern in Sachen Sicherheit. Es ist nun mal eine traurige Tatsache: Wer im Seegang und bei bereits mäßiger Brise über Bord geht, hat auch mit Weste kaum bessere Chancen auf Rettung.

Vor allem dürfen Rettungswesten kein falsches Sicherheitsgefühl suggerieren: Den Mitseglern muß deutlich gemacht werden, daß Ertrinken nicht das Problem ist, wie meist fälschlich angenommen wird. Es ist die Unterkühlung, die den Mann-über-Bord das Leben kostet. Dann hilft auch die DIN-genormte „Ohnmachtssicherheit" herzlich wenig: Wer bereits so stark unterkühlt ist, daß er ohnmächtig wird, hat sowieso kaum Überlebenschancen. Mehr Sicherheit vermag die Rettungsweste nur in den seltenen Fällen zu geben, wo Nichtschwimmer an Bord sind oder ein Crewmitglied bereits ohnmächtig über Bord fällt, weil zum Beispiel der Baum ihn am Kopf getroffen hat.

Um nicht falsch verstanden zu werden: Auch ich halte eine Weste für ein unverzichtbares Rettungsmittel. Aber nur deshalb, weil sie für zusätzlichen Auftrieb sorgt, den Körper höher aus dem Wasser bringt und Unterkühlung verursachende Schwimmbewegungen erspart.

Deshalb bevorzuge ich eine Weste ohne behindernden Kragen, wie sie von Regattaseglern als Auftriebs- und Schwimmhilfe getragen wird. Zumal sie auch noch den Brustbereich sehr gut vor Kälte schützt. Sie erlaubt es, eher als die Rettungsweste, aktiv bei der Rettung mitzuhelfen oder in eine Rettungsinsel zu steigen.

Oberstes Gebot ist es, alle nur denkbaren Maßnahmen zu treffen, damit der Fall über Bord nicht passieren kann. Das bedeutet natürlich nicht, daß ein wirkungsvolles „Mann-über-Bord-Manöver" nicht im Schlaf beherrscht werden muß. Doch das Pferd würde am Schwanze aufgezäumt, wenn die Vorbereitungen überwiegend auf das Hinterher abzielten.

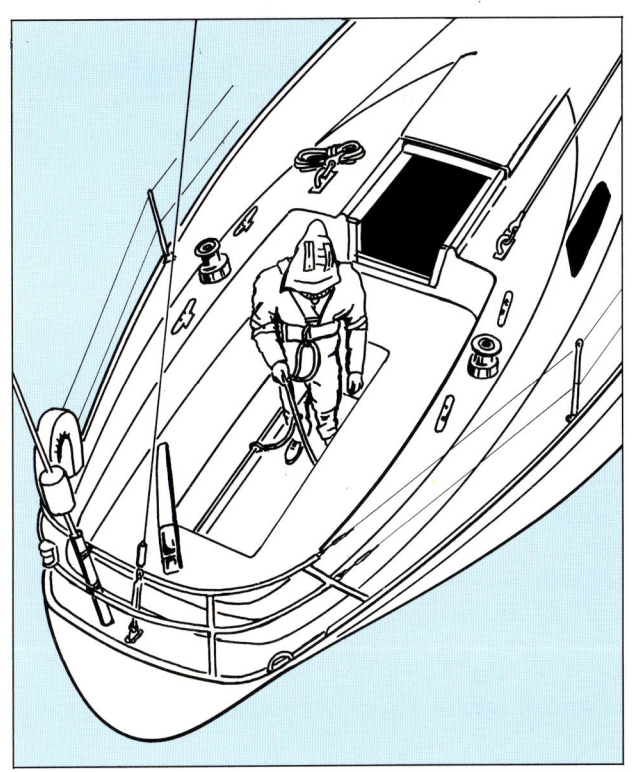

Um den Fall über Bord zu verhindern, ist die Verlegung der Strecktaue eine weitere wichtige Maßnahme. Sie müssen so verlaufen, daß man sich überall an Deck lückenlos gesichert bewegen kann. Am besten werden sie auf der Kajüte verlegt, denn dort befestigt, ist die Crew am weitesten von der Bordwand entfernt. Auch Strecktaue, die nicht fest angebracht sind, sollten aus Fallendraht (mindestens sechs Millimeter stark) sein, weil sie sich hinterher wieder eng zusammenrollen lassen. Schoten ab zwölf Millimeter sind ebenfalls gut geeignet.

Im Cockpit sollte mindestens im vorderen und achteren Bereich ein durchgebolztes Auge zum Einpicken der Sicherheitsleinen vorhanden sein. Kommt es richtig „dicke", haben sich auch quer über das Cockpit gespannte Reserveschoten als zusätzlicher Halt bewährt. Rettungsringe mit Elektronenblitz-Bojen gehören heute zum Standard. Lebensrettend kann auch eine am Heckkorb montierte Rolle mit etwa 200 Metern reflektierender Schwimmleine sein, die mit dem Rettungsring verbunden bei Sturm hinterhergeschleppt wird. So hat der Verunglückte die große Chance, über die Leine den Rettungsring zu erreichen – insbesondere, wenn sein Fall rechtzeitig bemerkt und ein Aufschießer gefahren wird oder man die Segel sofort auffiert.

Als weitere Maßnahme muß alles unter Deck gestaut

**Ideale Sicherung für schweres Wetter: Die doppelten, auf Rohren laufenden Sicherheitsleinen sind an Rutschern befestigt (oben).**

**Strecktaue sollten so weit wie möglich von der Reling entfernt, am besten also auf dem Aufbau verlaufen.**

werden, was auch dorthin gehört. Die restlichen Ausrüstungsgegenstände wie Anker, Beiboot, Rettungsinsel, Wasserkanister, Container für die Notausrüstung etc. werden durch zusätzliche Zeisinge gesichert. Die Ankerkette schäkelt man aus, damit der Kettenkoker (das an Deck reichende Rohrstück, durch das die Kette nach unten läuft) sich wasserdicht abdecken läßt. Wer das vergißt, wird sich bald wundern, welche Wassermengen durch diese relativ kleine Öffnung nach unten gelangen können. Moderne Yachten, in denen zu Gunsten der Stehhöhe nur noch geringer Raum für die Bilge übriggeblieben ist, bekommen diesen Mangel zu spüren: Nur wenige Liter Wasser reichen aus, um Kojen und Schapps zu durchnässen.

Auf seetüchtigen Yachten sollte man sich eigentlich auf die Festigkeit der Fenster verlassen können. Trotzdem empfiehlt es sich, sogenannte Schlagblenden, Bretter aus starkem Sperrholz, die man vor die Scheiben schraubt oder schiebt, bereitzuhalten. In besonders steilem Seegang kann die Gefahr bestehen, daß das Schiff auf die Seite geworfen wird und die Fenster in Lee eingedrückt werden.

Ist die Rettungsinsel durch Gurte in ihrer Halterung befestigt, gehört ein scharfes Messer in ihre Nähe, das z. B. mit Tape auf einem der Gurte befestigt wird. Ein weiteres Messer sollte einen festen Platz im Cockpit haben. Schließlich ist für die Nacht ein handlicher Suchscheinwerfer (am besten in einer Halterung am Niedergang) bereitzulegen, sowie drei wasserdichte Taschenlampen: jeweils eine im Cockpit, am Kartentisch und im Vorschiff.

Zur unverzichtbaren Sicherheitsausrüstung für schweres Wetter zählt insbesondere die Sturmfock. Auch wenn sie wahrscheinlich nicht gesetzt werden muß, sollte sie zumindest so bereitliegen, daß sie schnell erreichbar ist.

Eine Sturmfock ist ein speziell für Windstärken ab Beaufort 10 gedachtes Segel. Sie ist also keine reffbare Genua 3 aus besonders starkem Tuch, wie häufig fälschlich angenommen wird. Dieses Segel kann zwar auch gute Dienste leisten, ist aber für solche Windstärken nicht geeignet. Die Sturmfock hat enormen Bela-

stungen standzuhalten. Ist sie denen nicht gewachsen und reißt, verliert das Schiff seine Manövrierfähigkeit und wird zum Spielball der Wellen. Deshalb muß das Segel aus extrem starkem, möglichst leuchtend orangefarbenem Tuch bestehen, damit es auch in steilem Seegang von weitem auszumachen ist. Schothorn, Hals und Kopf sollten dazu noch großflächige Verstärkungen haben, und die drei eingestanzten Ösen müssen durch Gurtband gegen Herausziehen gesichert sein. Außerdem empfiehlt es sich, statt Stagreitern stark dimensionierte Schäkel zu verwenden. Und schließlich sollte das Segel im Gegensatz zur Meinung vieler Lehrbücher ein leichtes Profil bekommen, damit es nicht schlägt.

Noch ein Tip zum Thema Zeisinge, auch Zeiser, Laschings oder Bändsel genannt: Es sind simple Enden aus billiger Schot oder Gurtband, etwa 1,80 Meter lang mit einem Auge (Palstek) am Ende. (Auf keinen Fall „Patentzeisinge" aus Gummiband mit Kugeln oder Haken am Ende verwenden: Die passen nie richtig, aber dafür rutschen sie einem mit regelmäßiger Tücke durch die nassen Finger und ... Zack! hat man das dicke Ende an der Backe.) Zeisinge scheinen Flügel zu haben: Ständig ist man auf der Suche

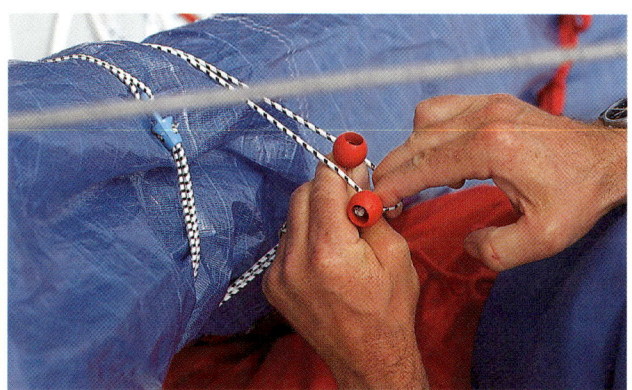

**Typischer Gummistropp: Wehe, wenn die Kugel aus der Hand rutscht, dann hat man sie an der Backe (oben)!**

**Zwei praktische Zeiser mit Palstek aus einer billigen Schot: Das glatte Geflecht der Seele (oben) dient zum Sichern von Ausrüstung; der flauschige, flache Schlauch des Mantels eignet sich ideal zum Laschen der Segel.**

nach ihnen, und nie sind genug vorhanden. Am besten, man hängt einige von ihnen griffbereit an die Reling des Vorschiffs sowie mittelschiffs an die gegenüberliegende Reling und mindestens ein Dutzend an verschiedene Stellen ins Cockpit. Dazu sollten unter Deck (z. B. über einem Ring im Toilettenraum) an einem festen Platz noch mindestens zwei Dutzend aufbewahrt werden.

Ein weiterer Tip: Zeisinge lassen sich am besten aus den billigsten Schoten (8fach geflochten, mit flauschigem Mantel aus Stapelfasern) herstellen: Man umwickelt die vorgesehene Schnittstelle mit Tape und schneidet sie in der Mitte durch. Dann wird die Seele, das innere Geflecht, herausgezogen, und anschließend versiegelt man die Tampen über einer Kerzenflamme. Auf diese Weise erhält man zwei Zeiser: einen Schlauch aus dem griffig-flauschigen Mantel, der sich flach um das Segeltuch legt und sich gut knoten (Slipstek) läßt. Das rutschig glatte und sehr lose Geflecht der Seele eignet sich besser zum Laschen von Ausrüstung, die besonders fest sitzen oder nur selten losgenommen werden muß. Solches Tauwerk bekommt man sehr preisgünstig als Restposten im Laden oder in der „Grabbelkiste" auf Messen.

Häufig wird die sorgfältige Sicherung aller Gegenstände, die nicht niet- und nagelfest sind, vernachlässigt. Schon eine in irgendeiner Backskiste hin und her rollende Flasche kann dringend benötigten Schlaf kosten und die Nerven unnötig strapazieren.

Besonders kritisch wird die Lage jedoch, wenn nach starkem Überholen und Wassereinbruch die nicht gesicherten Ausrüstungsteile chaotische Zustände an Bord verursachen, keine Pumpe mehr funktioniert, der Strom ausgefallen ist und Taschenlampen und Werkzeug für dringende Reparaturen im Durcheinander nicht zu finden sind. Vor allen Dingen kann der Schock, den die Crew erlebt, wenn sich die vertraute Umwelt in ein vollkommenes Durcheinander verwandelt, zu Fehlverhalten und zur Panik führen.

Kleine Ursachen haben dann oft große Wirkung. Wie beispielsweise zu schwache oder fehlende Verriegelungen an den Schranktüren, Schapps, Schubladen oder Backskisten. Fingerschnäpper (Innenverriegelungen, die man von außen über ein Loch erreicht), wie man sie heute an den meisten Schranktüren findet, sind sehr praktisch und unter normalen Verhältnissen auch zweckmäßig. Aber bei stärkerer Krängung, wenn der Inhalt des Schrankes gegen den Riegel fallen kann, öffnen sie sich. Ähnlich verhält es sich mit Schlössern. Die Schließzungen halten schlagartigen Belastungen nicht stand und springen heraus. Deshalb sollten vor allen Stauräumen zusätzliche Verriegelungen (z. B. Vorreiber und Bolzenriegel) angebracht sein.

Wie sich nach vielen Havarien herausstellte, zogen sich Besatzungsmitglieder besonders dann schwere Verletzungen zu, wenn sie aufgrund fehlender Handläufe durch die Kajüte geschleudert oder von der losgerissenen Batterie getroffen wurden. Die üblichen Laschings aus Gurtband sind eine ungenügende Sicherung, da sie sich unter Belastung dehnen. Batterien müssen mit Bügeln aus Bandstahl in ihren Kästen gesichert oder durch Halterungen mit den Verbänden des Schiffes verbolzt sein. Losgerissene Batterien, die im ölig-glitschigen Bilgenwasser in der Kajüte hin und her sausen, sind nur mit großen Schwierigkeiten einzufangen. Besondere Gefahr besteht, wenn durch Risse im Gehäuse die stark ätzende Schwefelsäure austritt, sich mit dem Seewasser vermischt und giftiges Chlorgas erzeugt.

Auch Bodenbretter werden oft unzureichend gesichert, oder man vergißt, die gußeisernen Herdplatten, Topfuntersätze oder den Kocher wegzustauen. Durch die heftigen Bewegungen des ruckartig wegkrängenden Schiffes können die Achsen der kardanischen Aufhängung brechen – was besonders häufig bei Herden mit Backofen der Fall zu sein scheint. Deshalb sollte sich der Schwingmechanismus durch stark dimensionierte Bolzenriegel feststellen lassen.

Schließlich darf nicht vergessen werden, alle Bücher und Karten sicher zu stauen. Im Bilgenwasser lösen sie sich nach kurzer Zeit auf und verstopfen als Pappmaché die Pumpen.

Sind die Vorbereitungen beendet, überzeugt sich der Skipper über und unter Deck von der „Sturmtüchtig-

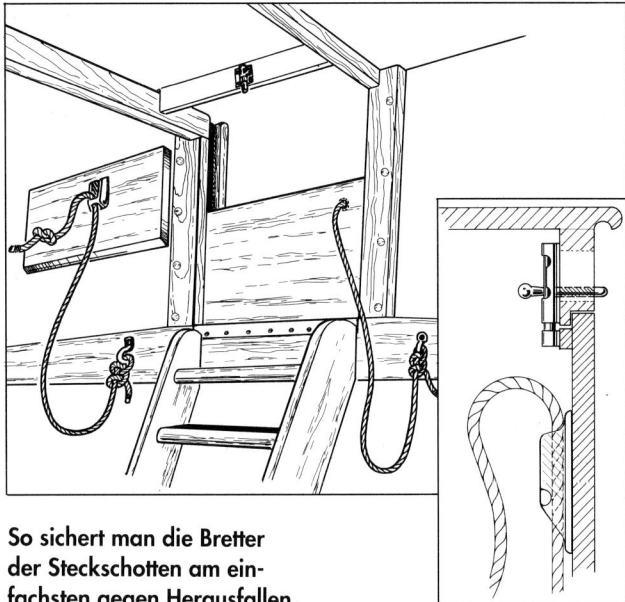

**So sichert man die Bretter der Steckschotten am einfachsten gegen Herausfallen.**

keit" des Schiffes und prüft, ob wichtiges Werkzeug wie Bolzenschneider, Stahlsäge (mit High-Speed-Blättern) und die Seenotausrüstung jederzeit schnell erreichbar ist. Kojensegel riggen, Seeventile schließen, Heißwasser aufsetzen und in Thermosgefäße füllen, Mittel gegen Seekrankheit nehmen und Wäsche zum Wechseln bereitlegen sind weitere, selbstverständliche Maßnahmen. Auch sollte dafür gesorgt werden, daß jeder soviel Schlaf wie möglich „auf Vorrat" bekommt.

Wenn es dann so richtig „kachelt", hat der Skipper für die „moralische Aufrüstung" der Crew zu sorgen. Aufmunterungen wie: „Na, das hätte auch schlimmer kommen können" oder „Beeindruckend, dieser Seegang, fantastisch, wie das Schiff mit den Wellen fertig wird!" und dabei den mit allen Wassern gewaschenen Salzbuckel spielen, wirken ungemein aufbauend. Gerade während der ersten Stunden nach Einsetzen des Sturmes ist solches Verhalten wichtig. Die Crew gewinnt so schnell Vertrauen zur Fähigkeit des Skippers und zur Seetüchtigkeit des Schiffes und wird mit der Angst schneller fertig.

## Mann über Bord

Ebenso wie man sich auf Sturmsituationen auf See gewissenhaft vorbereitet, gehört es zur guten Seemannschaft, ständig auf Mann-über-Bord vorbereitet zu sein. Dieser Unfall bedeutet die weitaus schwerwiegendste Situation, mit der die Crew fertig werden muß. Das Rettungsmanöver und die Art und Weise seiner Durchführung sollten deshalb vorher genauestens abgesprochen und geübt werden.

Mit dem Ruf „Mann über Bord" legt der Rudergänger sofort hart Ruder und schießt in den Wind. Gleichzeitig wirft man den Rettungsring mit der Markierungsboje und dem Nachtrettungslicht über Bord, denn meist dauert es nur wenige Sekunden, bis der Verunglückte außer Sicht gerät: je höher der Seegang, um so schneller.

Ist genügend Crew an Bord, bekommt einer die Aufgabe, den Verunglückten von einer hohen, aber sicheren Stelle aus (Kajütdach) ständig zu beobachten und die Richtung mit ausgestrecktem Arm anzuzeigen. Nun beginnt ein Wettlauf mit der Zeit. Vor allem in Wassertemperaturen unter 16 Grad, wie sie während der Saison in Nord- und Ostsee üblich sind, kann die Dauer des Manövers über Leben und Tod entscheiden.

Es gibt klassische Mann-über-Bord-Manöver, die in den meisten Lehrbüchern enthalten sind und hinreichend bekannt sein dürften. Das wichtigste ist, daß das Manöver zu den See-Eigenschaften der Yacht, zur Ausrüstung, zur Crewstärke, zum Seerevier und zu den herrschenden Wind- und Seegangsbedingungen paßt. Ein Skipper tut gut daran, die verschiedenen Manöver zu probieren, das für seine Verhältnisse beste auszuwählen und anschließend zu üben. Darüber hinaus sollen hier andere Varianten beschrieben werden.

Man kann zum Beispiel das Segelmanöver mit der Maschine, die sofort gestartet wird, unterstützen. Das hilft vor allem beim Nahezu-Aufschießer, um Korrekturen bei Fahrt und Kurs vorzunehmen.

Eine meiner Ansicht nach wirkungsvolle Methode ist außerdem, bei bestimmten Seebedingungen sofort die Segel zu bergen und sie so zu laschen, daß der Rudergänger freie Sicht hat. Gleichzeitig startet er den Motor und läuft mit Vollgas zum Unfallort.

Auf Yachten mit schwachem Motor oder Außenborder sollte man das Großsegel stehenlassen, um schneller voranzukommen, zumal es auch das Schlingern des Bootes stark herabsetzt. Ist genügend erfahrene Crew vorhanden, kann auch zumindest anfangs das Vorsegel gesetzt bleiben, vorausgesetzt, man kann Gegenkurs anliegen und es sind keine Kreuzschläge notwendig. Dann muß aber ein Mann an den Fallen bereitstehen, um blitzschnell die Segel zu bergen und zu laschen.

Der Rudergänger steuert währenddessen das Schiff in Lee oder Luv zum Verunglückten. Ich halte Lee für besser, da sonst die große Gefahr besteht, daß er durch den schneller treibenden Rumpf unter Wasser gedrückt wird oder unter das stampfende Heck gelangt. Gleichzeitig wirft man ihm eine Leine mit einer großen Bucht (Palstek) zum Überstreifen zu. Ist der Verunglückte bereits zu schwach, um sich selbst zu sichern, muß man durch vorsichtiges Manövrieren versuchen, ihn von Bord aus zu erreichen. Das ist leichter gesagt als getan, denn im Seegang erfordert dies vom Rudergänger sehr viel Fingerspitzengefühl.

Ich kann mich nicht der allgemeinen Meinung anschließen, keinesfalls über Bord zu springen, um dem erschöpften Havaristen zu helfen, wenn das obenbeschriebene Manöver nicht gelingt – um zu erleben, wie er immer weiter unterkühlt. Es kommt dann allerdings nur jemand in Frage, der körperlich fit ist. Er wird mit einer Leine gesichert und sollte möglichst einen Trockenanzug tragen.

Eine andere Möglichkeit, die immer versucht werden kann, ist der Einsatz der Rettungsinsel. Sie wird in die Nähe des Verunglückten geschleppt. Ist er nicht mehr in der Lage, sie zu entern, muß jemand an Bord der Insel sein und helfen.

Selbst wenn man den stark unterkühlten Verunglückten schließlich am Haken hat und ihn an Deck hievt, kann diese Maßnahme tödliche Folgen haben (das Blut strömt schlagartig nach unten, der Kreislauf bricht zusammen). Es gibt aber keine Alternative, denn alle anderen Maßnahmen, z. B. den Verunglück-

ten in horizontaler Lage mit Hilfe der Fock zu bergen, haben sich nur in Lehrbüchern bewährt.

Damit der Unterkühlte möglichst schnell in eine horizontale Lage kommt und leichter geborgen werden kann, müssen vorher die Relingsdrähte durchtrennt werden, wenn man nicht schon im Winterlager Schnellverschlüsse angebracht hat. Dann wird er erst einmal an Deck gelegt, in warme Decken eingehüllt und auf Hilfe gewartet. Keinesfalls darf er aus den schon erwähnten Gründen nach unten getragen werden. Ist in absehbarer Zeit nicht mit ärztlicher Hilfe zu rechnen, muß der Verunglückte so lange ruhig liegen bleiben, bis er sich etwas erholt hat, wieder in der Lage ist, Fragen zu beantworten und normal zu reagieren. Erst dann kann man ihn vorsichtig in die Koje bringen und ihm etwas heißen Tee oder Brühe einflößen.

Auch Verunglückte, die sich an ihrer Rettung aktiv beteiligen konnten, müssen wie Schwerkranke behandelt werden und gehören sofort in die Koje. Erst wenn sie sich einigermaßen erholt haben, darf die Wäsche gewechselt und warmes Essen eingenommen werden.

Nachts, in hohem Seegang oder wenn das Fehlen des Besatzungsmitgliedes erst nach einiger Zeit entdeckt wurde, ist die Aussicht auf Rettung äußerst gering. Gerade dann kommt es auf jede Sekunde an und darauf, wie genau der Navigator koppeln und die Lage des Unfallortes bestimmen kann. Gleichzeitig muß alles versucht werden, um über Funk Hilfe zu bekommen. Auch sollte überlegt werden, ob Seenotsignale in dieser Situation sinnvoll eingesetzt werden können. Auch der Verunglückte kann durch richtiges Verhalten seine Überlebenschancen erhöhen.

Die wichtigsten Regeln sind:
- Nach dem Sturz den Körper aus dem Wind nach Lee drehen und Klett- oder Reißverschlüsse der Bekleidung so eng wie möglich schließen, um den Austausch des vom Körper aufgewärmten Wassers zu verhindern.
- Keine Kleidung auszuziehen (auch nicht die Gummistiefel!).

● „Embryo-Haltung" einnehmen: die Arme möglichst nahe an den Körper legen und Knie leicht anziehen. Nicht schwimmen oder Wassertreten, sondern sich möglichst bewegungslos treiben lassen.

● Jede Bewegung sorgt für den Austausch des vom Körper erwärmten Wassers und beschleunigt vorzeitige Unterkühlung, deshalb: Erst im letzten Moment die Rettung unterstützen.

● Das Schiff erst dann aufgeben, wenn man absolut sicher ist, daß es nicht mehr gerettet werden kann – es also praktisch unter den Füßen wegsackt.

● Rettungsinsel aktivieren, längsseits holen und versuchen, möglichst trocken nach innen zu gelangen.

● Crewmitglieder mit der besten körperlichen Leistungsfähigkeit bleiben so lange wie möglich an Bord, um zum Überleben notwendige Ausrüstung zu bergen, wie: Notcontainer mit Proviant, Raketen, Angelzeug, Mittel gegen Seekrankheit, Verbandszeug, Messer, Taschenlampe, Batterien, Trinkwasser in Kunststoff-Kanistern (auf Ozeanüberquerungen für jede Person mindestens 10 Liter). Die Kanister sollten nur zu ca. vier Fünftel gefüllt sein, damit sie höher aufschwimmen und besser geborgen werden können.

### Verlassen des sinkenden Schiffes

Es gibt zahlreiche Gründe, warum eine Yacht Wasser machen kann und zu sinken droht. Die Erfahrung hat jedoch gezeigt, daß die meisten Schiffe in Panik zu früh verlassen werden. Während die Yacht oft Tage später immer noch schwimmend von anderen Schiffen auf den Haken genommen wird, hat die Crew die sichere Yacht aufgegeben und sich auf die trügerische Sicherheit der Rettungsinsel eingelassen. Die Insel wird zum Spielball von Wind und Strömung, und nicht selten wird ihre Besatzung mehr durch Zufall halb verdurstet oder erfroren entdeckt.

Die wichtigsten Verhaltens-Regeln zum Verlassen des sinkenden Schiffes:

Weiterhin: UKW-Handfunkgerät (in wasserdichter Tasche) oder Notsender, das Beiboot, warme Kleidung, Decken etc.

Alle Gegenstände, die sich nicht direkt in die Insel reichen lassen, sollten mit einer langen Leine gegen Abtreiben gesichert und mit der Insel verbunden werden. Außerdem sollte man versuchen, auch Blitzbojen oder Schwimmkörper an ihr zu befestigen. Sie sind besonders nachts für die im Wasser treibende Crew eine große Orientierungshilfe.

Vom Wal gerammt: Der Eigner fotografierte kaltblütig den Untergang seines Bootes im Südpazifik von der Rettungsinsel aus.

**Empfehlungen zum Verhalten in der Insel**

- Messer zum Kappen der Leinenverbindung zum sinkenden Schiff bereithalten.
- Wasser aus der Insel entfernen.
- Nasse Kleidung ausziehen, auswringen und wenn möglich gegen trockene wechseln.
- Mittel gegen Seekrankheit einnehmen.
- Alle spitzen und scharfen Gegenstände sorgfältig umwickeln und sicher verstauen.
- Ausguck besetzen und stündlich ablösen.
- Notproviant und Wasservorrat (einen halben Liter pro Kopf) einteilen, Notsignale bereitlegen und sich mit ihrer Handhabung vertraut machen.
- Regenwasser erst dann auffangen, wenn es vollkommen salzfrei schmeckt. Niemals Seewasser trinken.
- Haut vor Sonne schützen.
- Sich möglichst wenig und langsam bewegen, viel ruhen.
- Bei niedrigen Temperaturen eng zusammenkauern, um Wärmeverluste möglichst gering zu halten.

Trotz ihrer grell orange-roten Leuchtfarbe sind Rettungsinseln von der Berufsschiffahrt schwer zu orten. Deshalb muß ständig der Ausguck besetzt sein, damit man sich mit den Notsignalen bemerkbar machen kann.

# FESTMACHEN OHNE STRESS

Beim Studium der einschlägigen Fachliteratur in Sachen Seemannschaft kann man schnell den Eindruck gewinnen, daß es sich hier um eine schwierige und schwer erlernbare Wissenschaft handelt. Seitenlang und an zahlreichen Beispielen wird erklärt, was unter allen nur denkbaren Wind- und Stromverhältnissen jeweils zu tun ist. Das ist sicher alles schön und gut – doch wer soll sich diese zahlreichen Regeln merken? Zumal in dem Wust an Informationen, die jeder Situation gerecht werden sollen, meist das Wesentliche untergeht.

Seemannschaft läßt sich, so mcinc ich, nicht schematisieren, wie beispielsweise die astronomische Navigation. Jedes Schiff reagiert anders auf Schraube und Ruder. Zu unterschiedlich sind die Strom-, Wind- und Liegeplatzverhältnisse, auf die sich Crew und Skipper immer wieder aufs neue einstellen müssen.

Meiner Erfahrung nach sind es nur wenige, prinzipielle Regeln, die man sich einprägen sollte. Ich meine damit Verhaltensmaßnahmen in bestimmten Situationen, die genauso für leichte Kurzkieler wie für schwere Fahrtenyachten mit traditionellen Linien gelten, ob man allein oder mit einer vielköpfigen Crew segelt.

Herrschen einigermaßen ruhige Wetterbedingungen, sollt man das Boot bereits vor der Hafeneinfahrt auf den Anleger vorbereiten, also die Segel auftuchen, Leinen und Fender bereitlegen. Nun hat der Mann am Ruder ein aufgeklartes Deck mit freier Sicht und kann sich ganz und in Ruhe auf das Suchen eines Liegeplatzes konzentrieren.

Ganz wichtig ist es, daß der Skipper der Crew mitteilt, wie er das Manöver zu fahren gedenkt, und daß er jeden für eine bestimmte Aufgabe einteilt. Eigentlich eine Selbstverständlichkeit – doch die Praxis sieht anders aus, wie man oft genug beobachten kann.

Seine Anweisungen und Informationen können beispielsweise so lauten:

„Steuerbordseite wird Landseite. Wir haben etwas Strom gegenan, deshalb muß zuerst die Achterspring fest sein. A, hänge die Fender höher. B, du nimmst die Achterspring und belegst sie so schnell wie möglich auf dem Poller da vorn. Hole gleich die Lose durch, damit wir nicht zu weit zurücksacken, wenn ich auskuppel. Dann belegst du auf dem gleichen Poller die Vorleine – lasse aber genügend Lose, damit ich das Heck ranbekomme. A, du achtest auf die Fender und nimmst mir dann die Achterleine ab."

Nachdem die Crew auf diese Weise informiert ist, geschieht das Manöver weitgehend ohne Kommandos oder etwa Gebrüll. Von Land her sollte man Rufen und Gestikulieren Außenstehender grundsätzlich nicht zur Kenntnis nehmen. Eine Ausnahme sind beispielsweise vorher abgesprochene Meldungen über den Abstand vorn, die mit den Händen signalisiert werden, oder die hochgestreckte, geballte Faust, wenn die Leine belegt ist.

Sollte das Manöver einmal nicht so klappen wie geplant, zum Beispiel, wenn der Bug bereits fest und das Heck durch starken Strom oder ablandigen Wind zu weit abgetrieben ist und die Achterleine bereits im „Bach" schwimmt, dann ist dies noch kein Anlaß zur Hektik – oder um mit dem Motor „Hauruck-Manöver" zu fahren. Besser, man bringt dann in Ruhe über das Vorschiff eine lange Schot an Land aus und holt anschließend das Heck mit Hilfe der Winsch heran.

Treibt dagegen der Vorsteven zu schnell ab und die Leinenverbindung würde nicht ohne „Gemurkse" zustande kommen, ist es besser, das Manöver abzubrechen und es nach einer „Ehrenrunde" nochmals zu versuchen. Das ist keine Schande – sie ist es nur dann, wenn man am Rumpf des Nachbarn Spuren hinterläßt. Den Abbruch des Manövers signalisiert man am besten auch durch ein vorher abgesprochenes Hand- oder Armzeichen.

Es scheint heute üblich zu sein, mit steiler Bugwelle quer durch den Hafen zum nächst freien Liegeplatz zu brausen. Zwar ist die Crew noch dabei, die „Leinenwuling" zu klarieren und die Fender aus der Backskiste zu zerren – aber das stört den Herrn über Ruder und Gashebel offensichtlich nicht. Hauptsache, man hat den Platz. Entsprechend fallen denn auch die

Manöver aus. Läßt man sich dagegen Zeit und bereitet das Manöver gut vor, kann eigentlich nichts schiefgehen.

Mit meinem 14 Meter langen, 18 Tonnen schweren Oldtimer mit zwei Meter langem Klüverbaum („Katastrophenspargel") und meiner Frau als einziger „Deckshand" komme ich gar nicht in Versuchung, mich an dem Wettrennen um Liegeplätze zu beteiligen. Zumal der 30 PS starke Diesel und die kleine, zweiflüglige Schraube sowieso keine Kraftakte zulassen. Wozu auch: Je weiter außen ich liege, desto weniger Menschen trampeln über das Teakdeck.

Für Hafenmanöver, ob mit einer traditionellen Fahrtenyacht oder einem modernen, drehfreudigen Kurzkieler – für beide gilt das gleiche Prinzip: „So wenig Fahrt wie möglich – und immer mit der Ruhe".

Das sieht dann so aus: Nach einer (oder mehreren) „Ehrenrunden", wenn an Deck alles klar und der günstigste Liegeplatz „ausgeguckt" ist, steuert man ihn mit langsamer Fahrt durchs Wasser an. Dabei ist genügend Gelegenheit, die Stärke des Einflusses von Strom und Wind kennenzulernen und für das Manöver entsprechend zu berücksichtigen. Hochbordige, leicht gebaute Kurzkieler treiben „naturgemäß" schneller ab als schwerere Yachten mit langem Lateralplan. Sie müssen deshalb mehr Fahrt machen, um ausreichend manövrierfähig zu bleiben.

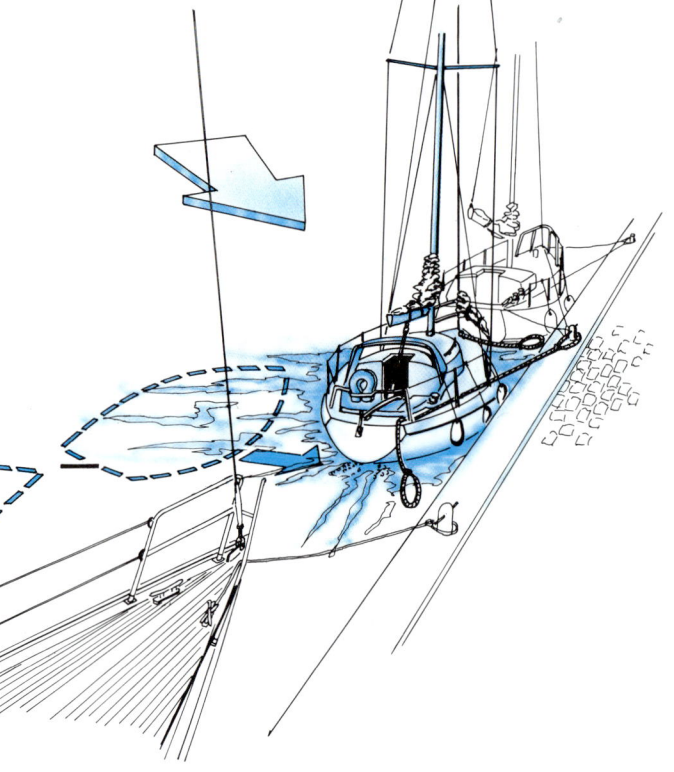

**Bei auflandigem, vorlichem Wind wird zuerst die Achterspring festgemacht.**

Sich langsam einem Liegeplatz nähern hat weitere Vorteile: Das Schiff läßt sich schneller aufstoppen oder das Manöver rechtzeitig abbrechen. Man kann die Wetterbedingungen besser berücksichtigen, und bei verpatzten Manövern ist meist noch genügend Zeit, um zusätzlich Fender auszubringen und das Schiff abzuhalten.

Während des Ansteuerns achtet man hauptsächlich darauf, daß der Vorsteven nicht abtreibt. Das läßt sich durch kurze, stärkere Gasschübe mit Hartruder verhindern. Sowie der Steven andreht, wird mittschiffs gelegt und wieder auf kleine Fahrt gegangen. Auf diese Art und Weise kommt man problemlos, auch unter ungünstigen Strom- und Windverhältnissen, in engste „Löcher".

Wenn möglich, sollte mit der „Schokoladenseite" angelegt werden. Mit rechtsgängiger Schraube ist sie backbord: Die auf Rückwärts linksdrehende Schraube bewirkt, daß das Heck nach Backbord schwingt und während des Aufstoppens längsseits klappt. Leider kann man sich aber die Landseite nicht immer aussuchen, denn Strom und Wind sollten zum Anlegen möglichst nicht von achtern kommen. Das gilt vor allem für den Strom, der bei weitem den stärksten Einfluß hat.

Kommt der Wind von vorn, läßt er sich fast immer zum Anlegen (und Ablegen) nutzen – ohne daß Kraftakte mit dem Motor oder Ruder notwendig werden.

Man dreht den Bug am besten möglichst weit an den Wind und hält ihn dort mit Hilfe des Ruders und kurzen Gasschüben. Mit ein wenig Fingerspitzengefühl läßt sich auf diese Weise die Abdrift nutzen, um sanft und elegant an einen engen Platz zu rutschen. Für den Fall, daß der Steven kurz vor dem Anlegen doch noch abtreibt und gegen die Pier gedrückt wird, muß er gut abgefendert sein.

Anlegemanöver bei ablandigem Wind sind meist schwieriger. Vor allem dann, wenn nur wenig Raum zum Manövrieren zur Verfügung steht, läßt sich das Abtreiben des Vorstevens nur schwer verhindern. Leichte, hochbordige Kurzkieler brauchen in solcher Situation natürlich mehr Fahrt, um genügend Druck auf dem Ruder zu behalten und nicht auf Drift zu gehen. Dafür reagieren sie schneller und haben einen vergleichsweise viel engeren Drehkreis als traditionell gebaute Fahrtenyachten.

Hat man starken ablandigen Wind und wenig Platz, setzt man am besten jemand vom Vorsteven aus etwa in der Mitte des Liegeplatzes ab und bringt sofort eine lange Vorspring (mindestens eine Schiffslänge) aus. Mit Hartruder und kurzen Gasschüben voraus wird dann das Heck zum Steg gedreht und die Achterleine festgemacht. Anschließend belegt man die Vor- und Achterleine und danach die Achterspring.

Im großen und ganzen sind für streßfreie Anleger nur drei Dinge wichtig, die man sich merken sollte:

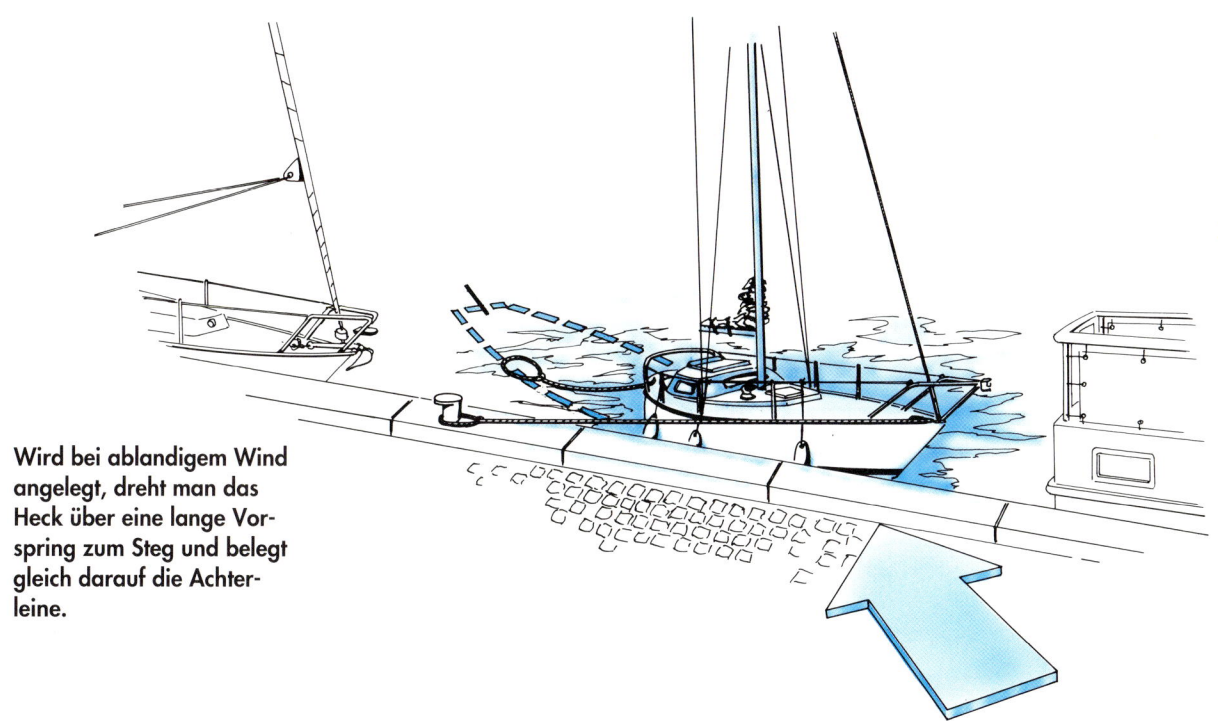

Wird bei ablandigem Wind angelegt, dreht man das Heck über eine lange Vorspring zum Steg und belegt gleich darauf die Achterleine.

1. Die Crew ist möglichst genau über den Ablauf der Manöver zu informieren und jeder für eine bestimmte Aufgabe einzuteilen.
2. Beide Springleinen müssen lang genug (mindestens 1,5mal die Länge des Bootes) ausgebracht werden und sollten aus leicht zu handhabendem Geflecht sein. Die Springs sind die wichtigsten Leinen: Sie halten das Schiff und damit auch die Fender auf der Stelle und ermöglichen das Drehen des Vor- oder Achterstevens mit Hilfe des Motors zum Steg, ohne den Nachbarn zu gefährden.
3. Während des Anlegens sollte man so wenig wie möglich Motor und Getriebe „quälen" – also möglichst wenig Fahrt machen.

Noch einige Tips zum streßfreien Festmachen:
Ich benutze nur während wirklich problemloser Anleger (oder Ableger) die eigentlichen Festmacher. Meist machen wir erst einmal „provisorisch" mit besonders leicht und angenehm zu handhabenden „Hilfsleinen" fest. Dafür eignen sich alte Schoten oder dünnes, geflochtenes Tauwerk (Stärke 14–16 mm). Solche Leinen sind immer dann besonders zweckmäßig, wenn das Manöver schnellgehen und gleich der erste Anlauf klappen soll: Sie kinken nicht, lassen sich leicht belegen und sogar gegen Wind ausreichend weit werfen.

Schießen Sie die Leinen in großen Buchten sorgfältig an Deck auf. Führen Sie dann das Ende über die Reling, den Bug- oder Heckkorb und von außen durch die Lippe zur Klampe, um es dort zu belegen.

Bringen Sie die Leinen grundsätzlich so lang wie möglich aus – vor allem die Springs.

Vor- und Achterleinen setzt man am besten auf „Slip", indem sie durch den Ring oder um den Poller herumgenommen und wieder an Bord belegt werden. Zum Loswerfen braucht dann niemand an Land.

Auf Slip gesetzte Festmacher sollten leicht durchhängen (sie verhindern nur das zu weite Abklappen von Bug und Heck) und brauchen nicht so lang wie die Springs zu sein. Die Springs müssen immer gut durchgesetzt werden.

Lange, durchhängende Festmacher sind wichtig in Tidenhäfen, dämpfen auch in wenig geschützten Marinas mit Schwell das schädliche Einrucken des Rumpfes und schonen Tauwerk, Beschläge und Nerven.

Bei ablandigem Wind wird das Boot an langen Leinen meist weit vom Steg abgedrückt, deshalb bringt man zum Landgang eine Querleine aus.

Das Anlegen in einer „Box", einem Liegeplatz, in dem man achtern an zwei Pfählen und vorn am Schwimmsteg festmacht, kann bei stärkerem Seitenwind oder quer setzendem Strom zur regelrechten „Angstpartie" werden. Vor allem der Mann am Ruder und Gashebel ist dann gefordert, denn von seinem Augenmaß und Reaktionsvermögen hängt es ab, ob das Manöver gelingt oder nicht. Mit zu wenig Fahrt durchs Wasser hat man nicht genug Ruder im Schiff und treibt ab. Bei zu hoher Geschwindigkeit besteht die Gefahr, daß der Steg gerammt wird. Stoppt man dagegen mit dem Motor zu stark auf, bricht der Achtersteven seitlich aus – man verfehlt den Luv-Pfahl oder die Crew kommt nicht rechtzeitig an Land. Und bereits in der Box ist der Rückzug nach einem verpatzten Anleger kaum mehr möglich.

Als die meiner Meinung nach beste Methode – vor allem, wenn mit kleiner Crew gesegelt wird – hat sich folgende erwiesen:

Von der Leeseite bringt man um das Heck herum und weiter nach vorn zur breitesten Stelle des Bootes (aber noch außen an den Wanten vorbei) eine Hilfsleine mit Auge (Palstek) nach Luv aus.

Dann steuert man in einem möglichst spitzen Winkel zum Wind zuerst den Luv-Pfahl so nah an, daß die Crew problemlos die „Hilfsleine" mit dem großen Palstek überhaken kann. Zeigt es sich, daß der Abstand zum Pfahl zu weit wird, dient der Bootshaken als verlängerter Arm. Danach holt der Mann am Ruder zügig die Lose durch und steuert dabei den Steg möglichst weit in Luv an. Kann die Crew zum Belegen der Vorleine an Land springen, wird dies durch ein vorher abgesprochenes Handzeichen signalisiert. Dann stoppt der Rudergänger sofort kräftig auf, setzt gleichzeitig

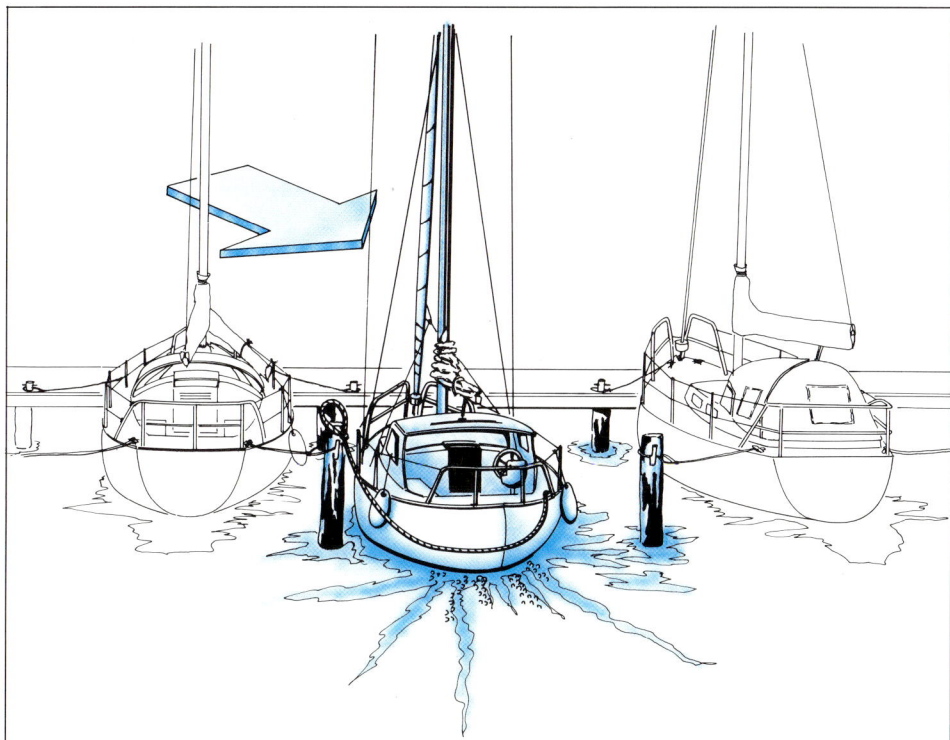

**Die Achterleine wird um das Heck herum zum luvseitigen Pfahl geführt und mit einem Palstek übergehängt.**

die Leine durch und belegt sie. Zum Überhaken der zweiten Achterleine in Lee werden die bereits belegten Leinen entsprechend gefiert und am Schluß auch die zweite Vorleine festgemacht.

Unter schwierigen Strom- und Windverhältnissen und mit kleiner Crew wird sicher niemand etwas dagegen haben, wenn man auf Nummer Sicher geht und sich zuerst an einen Nachbarn treiben läßt, um dann von hier aus in Ruhe die Leinen an Land zu bringen. Das klappt immer und ist jedenfalls bessere Seemannschaft als das hektische und gefährliche Manövrieren mit Vollgas, wie man es häufig beobachten kann.

### Tips zum Auslaufen

Für das Ablegen gelten im Prinzip die gleichen Regeln wie beim Anlegen:

So wenig Fahrt wie möglich durchs Wasser machen.

Wenn nötig, Bug mit Hartruder und kurzen Vorausschüben andrehen, um das Abtreiben zu verhindern.

Manöver rechtzeitig abbrechen, wenn man beispielsweise nicht aufgepaßt hat und der Vorsteven zur Pier hin weggedrückt wird. Dann ist es besser, mit „Rückwärts" das Drehen zu unterstützen, um sicher über das Heck den Platz zu verlassen, als etwa mit Gewalt (Hartruder und voll voraus) gegenanzugehen.

Nehmen wir als Beispiel wieder die schwierigste Situation: auflandiger Wind, großes Schiff, kleine Crew, enger Liegeplatz und Steuerbord als Landseite (die rückwärts linksdrehende Schraube zieht das Heck vom Steg weg). Zuerst wechselt man die Vorleine gegen eine handlichere Hilfsleine aus und setzt sie auf Slip. Achterleine und Springs werden losgeworfen und das Schiff so weit mit dem Motor voraus verholt, bis die Vorleine in etwa quer zeigt.

Danach holt man mit der Vorleine den Vorsteven zur

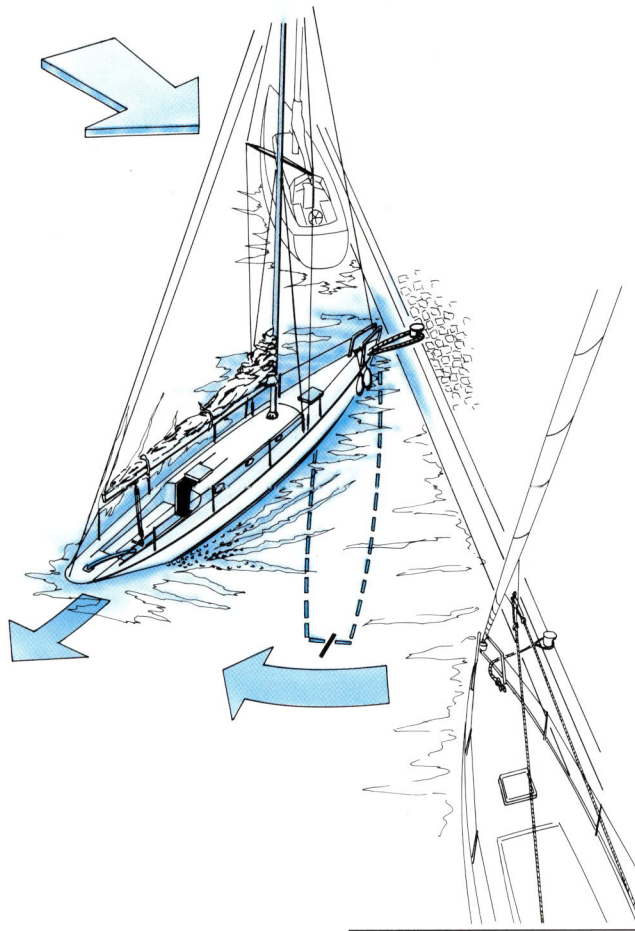

Pier, während der Rudergänger zuerst die Drehung durch Abdrücken des Hecks unterstützt und dann mit kurzem Voll Zurück versucht, es weiter nach Luv zu bringen. Dabei hilft der Winddruck mit, weil er den Bug schneller nach Lee drückt als das Heck.

Yachten mit starkem Motor können auch in die Vorspring „eindampfen", um auf diese Weise zu versuchen, das Heck nach Luv zu drehen. Meiner Erfahrung nach bringt dies in starkem auflandigem Wind zu wenig.

Reichen diese Maßnahmen noch nicht aus, um vom Nachbarn klarzukommen, dreht man mit hart Steuerbord-Ruder und kräftigem Voraus das Heck weiter nach Luv und gibt sofort wieder Zurück (und hart Backbord), sobald das Schiff Fahrt durchs Wasser zu machen beginnt. Auf diese Weise, also über das Heck, kann auch aus engsten „Löchern" problemlos ausgelaufen werden.

Liegt man jedoch mit der Backbordseite längsseits, dann schwingt mit rückwärts drehender Schraube das Heck zum Steg. Aus diesem Grunde wird nun die Achterspring zur „Arbeitsleine": Nachdem alle anderen Leinen geborgen sind, gibt man kurz Zurück, um den Bug so weit wie möglich nach Luv zu drehen. Mit hart Steuerbord und kurzem Voraus kann man dabei die Drehung unterstützen. Sobald das Schiff Fahrt durchs Wasser macht und voraus alles klar ist, wird die Spring eingeholt.

**Zum Auslaufen bei auflandigem Wind und einem engen Liegeplatz holt man mit der auf Slip belegten Vorleine den Vorsteven an den Steg, während der Rudergänger gleichzeitig das Heck abdrückt und Zurück gibt.**

**Bei auflandigem Wind kann man versuchen, das Heck über eine lange Vorspring herauszudrehen.**

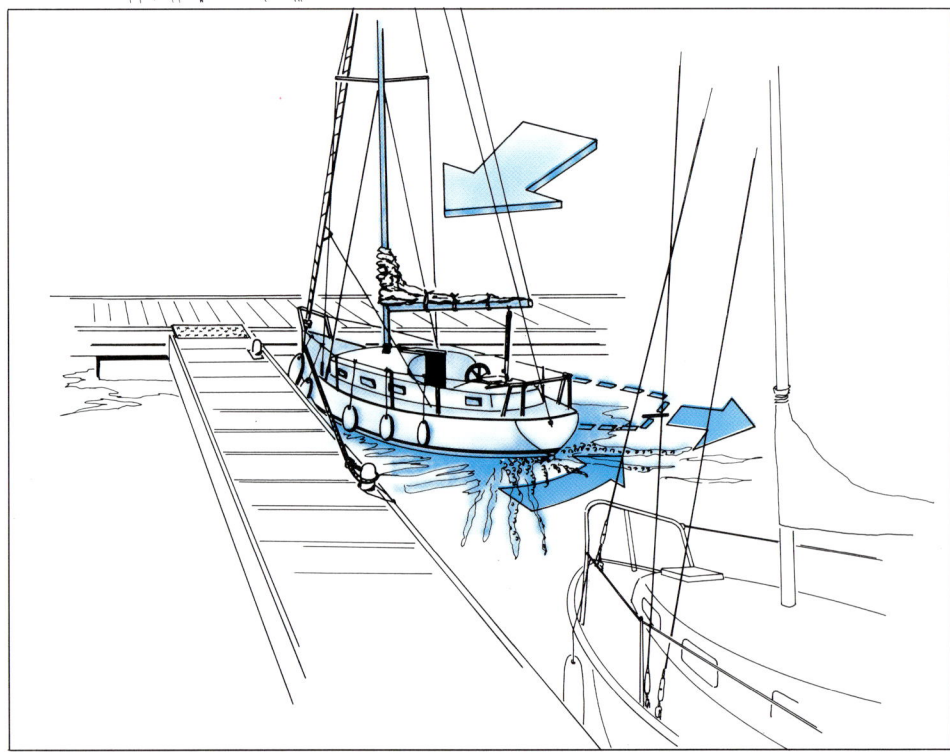

Kommt man auf diese Weise noch nicht frei, wird nochmals Zurück gegeben und gleichzeitig, wenn möglich, mit der Spring das Heck weiter an den Steg geholt. Dann gibt man erneut mit hart Backbord kurz Voraus, versucht dabei mit dem Bootshaken als verlängertem Arm den Steven abzudrücken und läuft, wenn der Steven frei ist, aus.

Ist aber der Winddruck zu stark, der Liegeplatz zu eng oder die Leistungen von Motor und Schraube zu schwach, heißt es sofort Fahrt aus dem Schiff zu nehmen (und eventuell weitere Fender auszubringen) und den Vorsteven vom Nachbarn kräftig abzudrücken.

Diese Manöver sind meiner Ansicht nach die einzigen, die kurzzeitiges Vollgas erforderlich machen können – ohne jedoch dem Prinzip: „Möglichst wenig Fahrt durchs Wasser" untreu zu werden.

Einfach ist es dagegen, wenn der Wind von vorn kommt oder ablandig weht: Dann läßt sich das Schiff bequem über die Achterspring (auf Slip belegt) nach außen drehen. Drückt der Wind den Bug zum Steg, schiebt man ihn kräftig ab und gibt dabei zur Unterstützung kurz Rückwärts (Schraubeneffekt).

In achterlichem Wind und einem engen Liegeplatz wird am besten über die Vorspring das Heck vom Steg abgedrückt, um rückwärts auszulaufen. Mit Hartruder und kurzem Voraus läßt sich das Ausschwingen des Hecks weiter unterstützen.

Das Auslaufen aus einer engen Box bei starkem Seitenwind ist mit langen, auf Slip gesetzten Hilfsleinen kein Problem. Sie werden gegen die luvseitige Vor- und Achterleine ausgewechselt und die beiden anderen Leinen eingeholt. Dann zieht man das Boot an den Luv-Pfahl und verhindert durch Mitfieren der langen Vorleine das Abtreiben des Bugs. Um in starkem Wind oder Strom die durch Leinen vor dem Abtreiben gesicherte Yacht noch weiter aus der Box zu verholen, belegt man das eine Ende der Achterleine auf dem Vorschiff und holt das Heck weiter achteraus. Dadurch kommt der nach dem Loswerfen abtreibende Vorsteven vom leeseitigen Pfahl oder Nachbarn frei.

Damit das Manöver klappt, ist es sehr wichtig, daß die Vorleine nach dem Kommando: „Vorleine los!" schnell und reibungslos eingeholt wird.

Dann legt man das Ruder hart nach Lee, gibt Rückwärts und holt die als Spring wirkende Achterleine ein.

## Alles über Festmacher:
## Material, Eigenschaften und Tips für den Einkauf

Festmacher versagen aus zwei Gründen: Wenn sie nicht elastisch genug sind und dadurch die extremen Ruckbelastungen des im Schwell oder Seegang schlingernden Rumpfes voll einstecken müssen, und wenn sie sich durchscheuern können. Aber nicht nur der zu geringe Reck fast aller heute verkaufter Leinen, auch die zu engen Boxen moderner Marinas, in denen nicht lang genug festgemacht werden kann, tragen dazu bei. Sind dann auch noch die Vorleinen doppelt auf Slip ausgebracht, ist praktisch keine Federwirkung mehr möglich. Zwar helfen Ruckdämpfer aus Gummi oder Stahlfedern, aber unter solchen extremen Bedingungen sind sie schnell „zu blocks", zumal solche Elemente schon aus optischen Gründen meist unterdimensioniert werden. Außerdem schamfilen die üblicherweise übergeschobenen Schlauchstücke aus Weich-PVC unter Höchstbelastung schnell durch.

Hat man dann noch am falschen Ende gespart und eine Leine minderwertiger Qualität mit geringer Reiß- und

Um das frühzeitige Abtreiben des Hecks zu verhindern, bringt man eine Leine vom Vorschiff um den Luvpfahl nach achtern aus.

Schoten zum Festmachen sind zwar sehr handlich, aber ungeeignet, weil sie nicht genügend Elastizität haben.

Abriebfestigkeit gewählt, dann addieren sich die Schwachpunkte und beschleunigen entsprechend das Ende der Leinenverbindung.

Aber nicht nur Festmacher billiger, minderwertiger Qualität können die Katastrophe beschleunigen. Im Gegenteil: Gerade die Verwendung teurer Schoten ist ein weiterer, häufig gemachter Fehler. Sie sind deshalb so beliebt, weil sich ihre weichen Geflechte besonders bequem handhaben lassen, nicht kinken und eine sehr hohe Reißfestigkeit haben. Aber die Elastizität von Schoten ist viel zu gering (ca. 6 % Bruchdehnung). Sie eignen sich also nur für Gewässer, die immer so ruhig wie ein Ententeich sind.

Ein Beispiel: Schoten einfacher Qualität mit einem Durchmesser von nur 16 Millimeter haben bereits eine Reißfestigkeit von mindestens vier Tonnen, sind also in dieser Hinsicht für den Rumpf einer drei Tonnen schweren Yacht mehr als ausreichend dimensioniert. Wenn aber Schwell im Hafen steht und das Boot aus nur einem Meter Höhe in die Leine fällt, kommt

schlagartig eine Belastung von über dem Fünffachen des Bootsgewichtes auf Leine und Beschläge zum Tragen. So ist es leicht erklärlich, daß solche Festmacher regelrecht auseinanderfetzen und scheinbar solide verankerte Klampen glatt aus dem Deck reißen. Für traditionell beplankte Holzschiffe besteht zudem noch die Gefahr, daß sich unter den enormen Belastungen die Verbände losarbeiten und das Schiff plötzlich große Mengen Wasser zieht.

Die Faustregel, daß die Bruchlast eines Festmachers in etwa dem 1,3fachen der Yachtlänge entsprechen sollte, trifft also nur auf Leinen mit genügender Elastizität zu. Ihre Reißfestigkeit spielt demnach nur eine untergeordnete Rolle. Wichtiger noch ist, daß sie sich bequem handhaben lassen und eine genügend hohe Widerstandsfähigkeit gegen Schamfilen haben.

Wie erreicht man diese Eigenschaften? Im wesentlichen durch zwei Dinge: das verwendete Material und die Konstruktion der Leine und die Art und Weise, wie sie geschlagen oder geflochten wurde.

Dehnungsarme oder zu kurze Leinen müssen mit einem Ruckdämpfer und Scheuerschutz ausgerüstet sein (links).
Herkömmlicher Festmacher aus unhandlich hartem Material. Solche Leinen sollten am Steg bleiben (rechts).

Heute sind zur Herstellung von Yachttauwerk drei Arten synthetischer Fasern üblich: *Polyamid* abgekürzt *PA* (Firmenbezeichnung z. B. Nylon, Perlon), *Polyester, PES* (Diolen, Dacron) und Polypropylen *PP* (Betelon, Enkalon). Wer ihre unterschiedlichen Qualitäten kennt, hat es leichter, die richtige Wahl zu treffen. Denn außer nichtssagenden Werbesprüchen und der wenig hilfreichen Angabe über die Bruchlast sind selten weitere Daten über die wirklichen Eigenschaften einer Leine aus Prospekten oder Katalogen zu erfahren.

Noch vor wenigen Jahren wurden Festmacher fast ausschließlich aus Polyamid (Nylon) hergestellt, denn dieses Material ist äußerst elastisch, sehr reiß- und scheuerfest. Aber Nylon hat einen gravierenden Nachteil: Es schrumpft, wenn es feucht wird, und ist meist schon nach einer Saison hart und steif. Vor allem geschlagene Leinen werden zu Spiralfedern und lassen sich kaum noch handhaben. Deshalb ist Tauwerk aus diesem Material – mit einer Ausnahme, auf die wir später noch zu sprechen kommen – kaum mehr zu bekommen.

Für den Wassersport stellten deshalb die meisten Hersteller auf das dehnungsarme, aber schrumpfbeständige (ebenfalls sehr scheuer- und reißfeste) Polyester (Diolen) um. Dieses Material hat jedoch eine Bruchdehnung von kaum fünfzehn Prozent, während Polyamid über das Dreifache erreichen kann. Die mangelhafte Elastizität dieses Tauwerks versucht man nun über die Konstruktionsdehnung (Art des Geflechtes) zu verbessern.

Die wirkungsvollste und auch teuerste Flechtart wird als „Square" bezeichnet: Sie besteht aus acht starken und in einem bestimmten Verhältnis zueinander gedrehten Kardeelen, die der Leine eine quadratische Form geben. Dieses lockere, nicht kinkende, aber trotzdem in sich feste Geflecht läßt sich optimal handhaben. In unruhigen Häfen mit Schwell reicht aber die Elastizität, auch wenn die Leine weit ausgebracht wird, nicht aus. Dann sollten noch zusätzlich Ruckdämpfer verwendet und das weiche Geflecht sorgfältig vor Schamfilen geschützt werden.

Als preisgünstige Alternative zu Polyester werden Leinen aus Polypropylen, PP (Betelon, Enkalon) angeboten. Sie sind zwar etwas elastischer, aber sehr empfindlich gegen Schamfilen und erreichen nur etwa die Hälfte der Bruchbelastung von Polyester-Leinen. Polypropylen-Tauwerk wird in zwei Ausführungen angeboten: Als „monofile", meist geschlagene Konstruktion, oder „multifiles" Geflecht unterschiedlicher Machart. Monofile Leinen bestehen aus drahtartigen, relativ dicken Garnen, die ihnen eine harte, glatte Oberfläche geben. Solche Festmacher sind sehr steif, lassen sich schlecht spleißen und kaum knoten. Vom Kauf kann man nur abraten, auch wenn das Tauwerk sehr billig ist.

Wesentlich besser ist die modernere, multifile Ausführung: Diese aus zahlreichen sehr feinen Fasern bestehenden Leinen lassen sich sehr gut handhaben und sind äußerlich von anderem Tauwerk – bis auf das deutlich leichtere Gewicht – nicht zu unterscheiden. Polypropylen nimmt im Gegensatz zu den anderen Kunststoff-Fasern kein Wasser auf und ist schwimmfähig. Deshalb eignet es sich gut als Schleppleine (mit Ruckdämpfer und mindestens fünfmal die Schiffslänge ausgebracht) oder für Markierungsbojen, Rettungsringe und als Tripleine für die Ankerboje.

Wenig elastische, aber sehr handliche Leine zum Festmachen und Ankern aus Polyester-Geflecht (oben).

Im Sonnenlicht zerfallen: Billigleine aus rotem Polypropylen (unten).

Polyesterleine aus dem modernen, hochelastischen und kinkfreien Quadrat-Geflecht „Square" (oben). UV-stabilisierte Festmacher aus PP erkennt man meist an der blauen, weißen oder schwarzen Einfärbung (unten).

Schließlich sei noch eine vielversprechende Neuheit der Firma Liros erwähnt, die nun nach längerem Bewitterungs-Test angeboten werden soll: Der als „Handy-Elastic" bezeichnete Festmacher (Schleppleine) sieht auf den ersten Blick wie eine Schot aus und hat ein ähnlich abriebfestes Mantelgeflecht. Er besteht aber aus neu entwickeltem, besonders gegen Schrumpf beständigem Nylon (Polyamid) und einer hochelastischen Flechtart, wie sie in ähnlicher Weise für Bergseile verwendet wird. Dadurch erreicht der Hersteller eine Elastizität von über dem Doppelten guter Polyester-Leinen, so daß diese Leine auch unter extremen Bedingungen ohne Ruckdämpfer auskommen kann. Gegenüber dem weichen Square-Geflecht ist die Handy-Elastic jedoch durch ihr abriebfestes Geflecht etwas steifer, nicht so handlich und neigt eher zur Kinkenbildung.

Die Auswahl des optimalen Festmachers heißt also immer Kompromisse machen. Die perfekte Leine für alle Liegeplatzverhältnisse gibt es nicht. Aber man kann ihre Eigenschaften weitgehend den jeweiligen Anforderungen anpassen: Für enge Boxen in unruhigen Häfen ist eine hohe Elastizität unabdingbar. Hier sollte man spezielle Stegleinen mit eingespleißten

Kauschen verwenden und sie an stark dimensionierte Ruckdämpfer schäkeln. Dazu eignen sich am besten Leinen aus geschlagenem, also leicht zu spleißendem Polyamid, weil es für diesen Zweck nicht auf Handlichkeit ankommt. Festmacher aus Polyester oder Polypropylen müssen so lang wie möglich ausgebracht werden, damit über die Länge des Geflechtes die mangelnde Elastizität verbessert werden kann. Zum Schutz gegen Schamfilen eignen sich besonders Stücke aus hartem Gewebeschlauch. Sie werden durchbohrt und mit dünnen Leinen an der Reling gesichert.

Wie stark sollten Festmacher sein? So stark, daß sie gut in der Hand liegen. Mit zu dünnen Leinen einen schweren Langkieler gegen den Wind längsseits zu holen ist wesentlich mühseliger als mit einer dickeren und damit griffigeren Leine. Außerdem ist sie wesentlich widerstandsfähiger gegen Schamfilen. Überdimensionierte Festmacher bringen aber auch keine Vorteile: Sie werden zu unhandlich, sind zu schwer aufzuschießen und verlieren an wichtiger Elastizität.

Um eine Orientierung für den Einkauf zu geben: Für Kielyachten bis zu einer Länge von etwa 10,5 Metern reicht ein Leinendurchmesser von vierzehn bis sechzehn Millimetern, von 10,5 Meter bis 16 Meter Schiffslänge sechzehn bis zwanzig Millimeter, für Schiffslängen von etwa 16 Metern und darüber zwanzig bis zweiundzwanzig Millimeter. Auf besonders schwer gebauten Langkielern ab sechzehn Meter sollte man gleich 22 Millimeter wählen. Leinen aus Polypropylen müssen grundsätzlich eine Nummer (also mindestens zwei Millimeter) dicker sein.

Welche Längen sollten Festmacher haben? Früher galt die Faustregel: mindestens eine Schiffslänge. Aber damit waren noch elastische Nylonleinen gemeint. Heute gilt als Mindestlänge das Eineinhalbfache für die Springs und das Doppelte für Vor- und Achterleinen. Außerdem sollte man noch eine etwa 40 Meter lange und 16 Millimeter starke Leine in Reserve haben, die zum Sichern des Päckchens, als Schleppleine (mit Ruckdämpfer) oder als Verlängerung der Ankerleine dienen kann.

Zu kurz ausgebrachte Festmacher an einem unruhigen

**Letzter Stand der Technik: hochelastische Leine „Liros Handy-Elastic" aus einem speziellen Geflecht und Material (oben).**

**Schlauchstücke aus hartem, armiertem Kunststoff sind ein idealer Schutz gegen Schamfilen.**

**Schot mit richtig dimensioniertem Ruckdämpfer als Stegleine.**

Liegeplatz machen sich sofort und deutlich durch hartes Einrucken bemerkbar. Dann ist Gefahr im Verzuge, und man sollte sofort handeln. Entweder verlängert man die Leinen, um ihnen mehr Elastizität und eine günstigere Zugrichtung zu geben, und/oder bringt Ruckdämpfer aus.

Abschließend noch einen Tip für den Einkauf: Da man selten im Laden über die wichtigen Eigenschaften wie Elastizität und Abriebfestigkeit einer Leine aufgeklärt wird, achte man auf den seitlichen Aufdruck auf der Rolle: Hier muß neben der Artikelnummer auch die Art des verwendeten Materials angegeben sein, zum Beispiel: PES (Polyester) Diolen, PA (Polyamid) Nylon oder Betelon PP. Schwarz eingefärbte Leinen sind besonders UV-stabilisiert und deshalb zum Festmachen im Mittelmeer zu empfehlen.

Fazit: Je stärker die Leinenverbindung beansprucht wird, desto besser muß die Qualität der Festmacher sein.

## ANLEGEN UNTER SEGELN

Segeln in den engen, unübersichtlichen und dicht belegten Marinas ist heute nicht mehr zu empfehlen. Das Risiko, mit einer anderen, auf engem Raum manövrierenden Yacht zu kollidieren, ist einfach zu hoch. Trotzdem gibt es auch ohne streikenden Motor Situationen, die zumindest das Einlaufen unter Segeln rechtfertigen. Dann sollte man auch in der Lage sein, das Boot sicher an den Liegeplatz zu bringen.

Vor allem auf kleineren, schnell auf das Ruder reagierenden Kurzkielern ist das Bergen der Segel vor der Einfahrt im kabbeligen, unangenehm durcheinanderlaufenden Seegang und mit heulendem Außenborder wirklich kein Vergnügen. Das macht man besser im Schutz des Vorhafens oder vor dem Liegeplatz, vorausgesetzt, es ist genügend Raum vorhanden.

Nur Sturm oder Starkwind rechtfertigen das Einlaufen in enge Marinas mit größeren Yachten. Unter Segel kommt man sicherer durch den vor der Einfahrt meist steilen und konfusen Seegang – und es muß während dieser Bedingungen nicht damit gerechnet werden, daß jemand ausläuft.

Eine Ausnahme sind die Häfen mit Berufsschiffahrt: Sie haben meist ein ausreichend großes Wendebecken, so daß hier gegen das Einlaufen unter Segeln mit jeder Yachtgröße nichts einzuwenden ist.

Läuft man bei schwerem Wetter nur mit dem Motor ein, besteht zudem die Gefahr, daß durch heftige Schlingerei der Bodensatz des Treibstofftanks gründlich aufgewirbelt wird und in kurzer Zeit Filter und Einspritzdüsen verstopfen: Der Motor bleibt plötzlich stehen, und bis die Segel wieder gesetzt sind, damit man sich von Legerwall freikreuzen kann, ist es meist schon zu spät.

Schließlich versteht es sich von selbst, daß sich der Skipper vor dem Anlaufen eines unbekannten Hafens mit Hilfe des Handbuches und Hafenplanes ein genaues Bild von den Gegebenheiten macht: den Tiefenverhältnissen, möglichen Wende- und Anlegeplätzen, eventuell setzendem Strom und wo man am besten den Aufschießer fahren sollte. Außerdem wird ein Crewmitglied ständig das Glas griffbereit halten, um rechtzeitig auslaufende Schiffe melden zu können.

Alle geplanten Manöver sollten vorher genau abgesprochen werden, so daß jeder einzelne weiß, was er zu tun hat. Die Einteilung der Crew könnte dann so aussehen:

A bleibt am Großfall, um während des Aufschießers das Groß sofort zu bergen.

B hilft beim Bergen und Auftuchen der Segel.

C nimmt die Fock weg und wartet auf das Kommando: „Fallen Anker!"

Klar liegen müssen vorn und achtern jeweils eine lange, handliche „Hilfsleine" (z. B. Reserveschoten) und an beiden Seiten Fender. Für die Ausführung des Hafenmanövers unter Segeln gilt ganz besonders die Devise: Immer auf Nummer Sicher gehen und keine Bravour-Manöver versuchen. Geht etwas schief, sind die Folgen besonders schwerwiegend und blamabel.

Bei Starkwind und in engen Häfen heißt es dann erst einmal: Fallen Anker! Danach werden in Ruhe die nächsten Maßnahmen besprochen.

Ist genügend Raum zum Manövrieren vorhanden, hat der Steuermann darauf zu achten, daß das Boot ständig genügend Fahrt durchs Wasser macht. Genügend heißt: Es muß immer soviel Ruder im Schiff bleiben, daß es problemlos durch den Wind dreht. Ist die Yacht zu langsam geworden und wendet nicht, bestimmen Strom und Wind, wo es langgeht.

Wenn ausreichend Raum vorhanden ist, bringt man das Schiff dann schnell zum Abfallen, um wieder genügend Fahrt durchs Wasser zu machen und die Manövrierfähigkeit zurückzuerhalten. Ist das nicht der Fall, hilft nur noch der Anker als Notbremse.

Während des Hafenmanövers muß darauf geachtet werden, daß der Rudergänger freie Sicht hat, sie ihm also nicht durch die Crew oder Segel verstellt wird. Weiterhin muß immer genügend Raum zum Drehen oder Wenden vorhanden sein, damit man sich nicht plötzlich in eine Sackgasse manövriert, aus der es kein Zurück gibt.

Die „Bremse" des segelnden Bootes ist der Aufschießer, und wenn für ihn nicht genug Raum vorhanden ist, bleibt nur noch der Heckanker.

Der Gashebel der Windmaschine Segel sind die Schoten. Schnelles, ruckartiges Auffieren und dabei den Baum so weit mit den Händen rausdrücken, bis das Groß killt, vermindert schlagartig die Fahrt. Durchholen, bis das Segel wieder optimal steht, erhöht sie dagegen und damit den Ruderdruck: Die Yacht reagiert schneller und dreht schneller an.

Zum Durchführen von Hafenmanövern unter Segeln gehört viel Aufmerksamkeit, Konzentration, Fingerspitzengefühl, Wissen über die Manövriereigenschaften des Bootes (wie Drehkreis und Stoppstrecke) und eine eingespielte Mannschaft.

Welche Segel sollten zum Manövrieren im Hafen gesetzt bleiben? Das hängt im wesentlichen vom Typ des Bootes, von der Windstärke, den Platzverhältnissen im Hafen und der Größe der Crew ab.

Leicht gebaute, moderne Boote mit kurzem Kiel lassen sich allein mit der Genua, dem Segel, das jederzeit schnell und problemlos geborgen werden kann, ausreichend sicher manövrieren. In böigem Wetter sollte man jedoch die „Arbeitsfock" (z. B. Genua II) verwenden: Ihre kleinere Segelfläche läßt das Schiff schneller auf das Ruder reagieren und ermöglicht eine bessere Sicht voraus.

Muß man allerdings hart am Wind einlaufen, sollte auch das Groß bis zum Aufschießer im Hafen gesetzt bleiben.

Langkieler lassen sich besser mit dem Großsegel manövrieren, mit dem weiteren Vorteil, daß auch die Sicht voraus ungestörter ist. Bei weniger Wind und eingespielter Crew sollten die optimalen Manövriereigenschaften beider Segel genutzt werden. Das gilt vor allem auch für schwerfälliger drehende Schiffe traditioneller Bauart, die mit back gesetzter Fock (oder Klüver) schneller wenden und mit beiden Segeln schneller wieder Fahrt aufnehmen.

**Das sicherste Manöver, um ohne Motorhilfe festzumachen: Anker fallen lassen und sich an den Liegeplatz treiben lassen.**

Abschließend einige praktische Beispiele, wie sich Hafenmanöver unter Segel durchführen lassen. Gehen wir von ungünstigen Bedingungen aus: starker Wind, kleine Crew und großes Schiff mit langem Kiel.

Vor dem Einlaufen schießt man vorn und achtern lange Hilfsleinen auf, legt Fender griffbereit und macht den Heckanker klar zum Fallen. Es empfiehlt sich in diesem Fall, statt Kette eine lange, handliche Leine zu verwenden.

Geht man auf „Nummer Sicher" oder ist der Hafen sehr eng, wird das Schiff in Luv vor den Liegeplätzen in den Wind gedreht – wenn dies möglich ist. Dabei wirft man, solange das Schiff noch Fahrt durchs Wasser macht, alle Schoten los und läßt das Groß an Deck rauschen. Danach fällt der Buganker und die Fock. Durch Fieren der langen Ankerleine kann man die Yacht zum Liegeplatz treiben lassen. Ist dies nicht möglich, bringt man mit dem Beiboot eine lange Leine zum Steg aus und verholt sich mit ihrer Hilfe.

Nach dem Festmachen, längsseits, im Päckchen oder vor den Pfählen (Hauptsache man ist erst einmal fest), wird die Ankerleine an einer Boje (Fender oder Wasserkanister) befestigt, geslipt und später vom Beiboot aus geborgen.

Weht nur ein moderates Lüftchen, fährt man wiederum in Luv des Liegeplatzes einen Aufschießer, um das Groß zu bergen, und nimmt dann mit der Arbeitsfock wieder Fahrt auf. Dieses Manöver ist vor allem dann zu empfehlen, wenn Strom setzt und genügend Fahrt durchs Wasser gemacht werden muß, um nicht zu stark versetzt zu werden. Vor dem Liegeplatz fällt zuerst der Heckanker, dann (oder gleichzeitig) wird die Fock geborgen und mit der durch die Ankerleine kontrollierten Restfahrt angelegt.

Mit kleinen, leichten Kurzkielern läßt sich auch ohne Segel durch Wriggen mit dem Ruder oder Aufschaukeln (das Boot zum Rollen bringen) Fahrt durchs Wasser machen. Wird das Boot durch achterlichen Wind zu schnell, kann man mit wechselseitigem und ruckartigem Hartruderlegen oder nachgeschleppten Pützen die Fahrt vermindern.

Besteht die Möglichkeit, an einem Steg oder einer größeren Yacht längsseits zu gehen, birgt man kurz vorher die Segel und setzt jemanden während des Andrehens mit der Vorspring zum Abstoppen ab. Ihre Länge richtet sich nach dem Liegeplatz. Anschließend wird zuerst die Achterleine und dann die Vorleine belegt.

# ANKER UND ANKERMANÖVER

Es ist so gegen 17.00 Uhr vor einer der vielen beliebten deutschen oder dänischen Marinas: Wie die Perlen an der Schnur gleichmäßig hintereinander strebt Yacht hinter Yacht dem Hafen zu. Die Segel sind bereits ordentlich aufgetucht, und blaue Wölkchen am Heck

**Während des Aufschießers wird zuerst das Groß geborgen. Dann nimmt man mit der Fock Fahrt auf, läßt den Heckanker fallen, birgt das Segel und steuert mit der Restfahrt den Liegeplatz an.**

zeigen, daß die „Jockel" sich anstrengen müssen. Man hat es eilig, denn es gilt, ein noch möglichst günstiges, zum nächsten Restaurant nicht zu weit entferntes Plätzchen zu besetzen.

Ein Anblick, der sich während der Saison täglich wiederholt.

Nicht weit von dem abendlichen „Auftrieb" liegen oft die schönsten Ankerplätze. Doch nur wenige Yachten finden sich dort ein, wo Ruhe, Einsamkeit und jede Menge Natur vorhanden ist.

Sicher, am Ankerplatz muß man zum Landgang erst das Beiboot klarmachen... Und naß kann es auch werden, wenn es zu regnen oder zu wehen anfängt, und es schaukelt dann auch...

Aber warum bewegen wir uns eigentlich auf dem Wasser und nicht in einem komfortablen Wohnwagen von einem zum nächsten Campingplatz? Doch sicherlich, weil wir Naturverbundenheit suchen, als Alternative zur täglichen Umgebung, und nicht die Campingatmosphäre einer überfüllten Marina, als Sechster im Päckchen und in der morgendlichen Warteschlange vorm Klo.

Also: Ankern Sie mal wieder! Und damit Ihnen das möglichst leicht gemacht wird, ein paar Tips zur Auswahl des Grundgeschirrs und zu den wichtigsten Manövern.

Die beiden „klassischen" Yacht-Anker: der Pflugschar- (z. B. „CQR") und Plattenanker (z. B. „Danforth" oder „Baas") haben sich seit nunmehr einem halben Jahrhundert bewährt. Auch ich habe mit ihnen nur die besten Erfahrungen gemacht und sehe keine Veranlassung, zu irgendeinem anderen „Patent-Anker" zu wechseln.

**Eigner kleinerer Boote liegen häufig an kurzen Leinen zu weit unter Land. Wehe, wenn der Wind dreht und plötzlich zunimmt (oben)!**

**Einsamkeit, Ruhe und jede Menge Natur: Vor Anker ist man außerhalb des Campingbetriebes überfüllter Marinas (unten).**

**Optimales Grundgeschirr für leichte Yachten: Plattenanker Typ Baas, langer Kettenvorläufer und handliche Leine aus modernem Square-Geflecht (rechts).**

Mein Pflugschar-Anker (CQR) hat ein Gewicht von rund 27 Kilogramm und wird am Bug mit 50 Meter langer, zehn Millimeter starker Kette gefahren. Am Heck verwende ich einen Plattenanker vom Typ „Baas": Er hat Kugeln an den Enden der Kreuz-Stange, die für ein schnelleres Eingraben sorgen sollen. Der Anker wiegt 25 Kilogramm und wird an einen zehn Meter langen Kettenvorläufer mit 60 Meter langer, 18 Millimeter starker Trosse geschäkelt. Dieses Grundgeschirr hat sich auf meiner traditionell gebauten, vierzehn Meter langen und 18 Tonnen schweren Fahrtenyacht sehr gut bewährt und mich nie im Stich gelassen.

Im Prinzip unterscheidet man zwei Anker-Typen unterschiedlicher Wirkungsweise: „Yacht- oder Patentanker", die durch Formgebung und Größe der Flunken ihre Haltekraft beziehen, und „Gewichtanker", die hauptsächlich durch ihr hohes Gewicht halten. Zu ihnen zählt vor allem der traditionelle Stockanker, mit dem sich auch heute noch zahlreiche Fahrtensegler abmühen. Für dieses unhandliche „Erbe" spricht nur eine Eigenschaft: Seine schmalen, spitzen Flunken können auch auf „schlechtem" Grund, wie Steinen oder Gras, fassen, wo die breiten Schaufeln von Pflugschar- und Plattenanker darüber hinwegrutschen.

Sonst hat der Stockanker nur Nachteile: Er bringt lediglich eine Flunke in den Grund und muß deshalb mit viel Gewicht seine geringe Haltefläche wettmachen. Er ist sehr unhandlich, schlecht zu stauen und läßt sich nicht klar zum Fallen in einer Bugrolle haltern. Und: Beim Schwojen der Yacht können sich Kette oder Trosse um die aus dem Grund ragende Flunke vertörnen und den Anker ausbrechen.

Yachtanker bringen dagegen die gesamte Fläche ihrer großen Flunken in den Grund und damit ein Vielfaches von der des Stockankers. Dadurch erreichen sie eine enorm hohe Haltekraft, wenn sie gefaßt haben, und das kann auf ungünstigem Boden lange dauern.

Meiner Erfahrung nach halten CQR-Pflugschar- und Baas-Plattenanker gleich gut. Der CQR braucht allerdings etwas länger, bevor er festkommt. Hält der Anker während des Einfahrens nicht, was meist auf hartem Grund mit Seegras vorkommt, dann wiederhole ich das Manöver an einer anderen Stelle – oder verlasse den Ankerplatz, um kein Risiko einzugehen. Aber das ist bisher die sehr seltene Ausnahme gewesen. Verglichen mit dem Plattenanker sollte der CQR meiner Erfahrung nach mindestens eine Gewichtsklasse schwerer sein. Dieser Ankertyp braucht ein Minimum an Gewicht (unter etwa 9,5 Kilogramm zeigt er kaum Wirkung), damit der anfangs auf der Seite liegende Pflug genügend Grund aufschieben und durch den so erzeugten Widerstand seine Spitze hineindrehen kann. Auf hartem Boden ist das oft nicht möglich. Aber der Pflug kommt dann fast immer in einer Vertiefung oder Unebenheit fest, vorausgesetzt, Kette oder Vorläufer sind schwer genug, um den Schaft in horizontaler Zugrichtung zu halten.

Während des Schwojens sollte man jedoch auf der Hut sein: Der Anker bricht dann leicht aus und rutscht eventuell eine längere Strecke über den Grund, bis er wieder Halt findet. Deshalb ist das Einfahren bei Pflugschar-Ankern besonders wichtig.

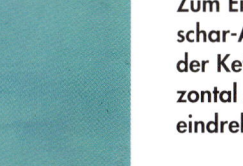

Zum Einfahren des Pflug-schar-Ankers muß der Zug der Kette oder Leine horizontal sein, damit er sich eindrehen kann (links).

Der besonders auf größeren Yachten bewährte Pflug-schar-Anker vom Typ „CQR". Er läßt sich besonders einfach in der Bugrolle haltern.

Ein Plattenanker gräbt sich meist schneller ein. Auch bei ihm muß zum Einfahren viel Kette gesteckt werden, damit sein Schaft horizontal über den Grund gezogen wird.

Beide Anker haben die Tendenz, auf Tiefe zu gehen. In den weichen Sandgründen der Karibik mußten wir zum Beispiel nach einer Liegezeit von drei Wochen den CQR aus einer Tiefe von etwa 1,5 Metern regelrecht ausgraben.

Dort haben sich Ankerboje und Tripleine als unentbehrlich erwiesen: Die etwa vierzehn Millimeter starke Leine (aus schwimmfähigem PP) wird am Kreuz des Ankers in der Mitte zwischen den Flunken angeschlagen und an einer Boje (oder Fender) befestigt. Außerdem markiert sie den Liegeplatz des Eisens. Das ist besonders für einlaufende Yachten hilfreich, damit sie ihren Anker nicht über die Kette oder Trosse fallen lassen und den ungefähren Schwojkreis des Nachbarn durch den Abstand Boje zum Boot einschätzen können.

## Ketten und Trossen

Kette oder Trosse? Am besten beides. Ich habe im Bug 50 Meter zehn Millimeter starke Kette und in der Backskiste 60 Meter geflochtene Polyester-Leine mit zehn Meter langem Kettenvorläufer. Wilfried Erdmann zum Beispiel machte auf seiner sechs Tonnen schweren Yacht ebenfalls sehr gute Erfahrungen mit einem 23 Pound (15,8 kg) schweren CQR-Anker mit 33 Meter zehn Millimeter starker Kette, an die er, wenn es stark wehte, noch eine lange Nylon-Trosse schäkelte.

An langer Kette liegt man am ruhigsten und sichersten. Durch ihr hohes Gewicht bildet sie eine Bucht, an der das Schiff auch im Seegang weich federt, und vor allem: Der Zug auf den Schaft des Ankers bleibt horizontal zum Grund.

Damit die Kette nicht am Wasserstag des Klüverbaumes oder am Bugbeschlag schamfilt (unter Deck macht das einen Höllenlärm), schlage ich auf der Kette in Höhe der Wasserlinie eine dünne, elastische Leine aus Nylon an und hole sie außen an der breitesten Stelle des Rumpfes entlang. Die Leine wird dann achtern auf einer Klampe belegt: je länger die Leine, desto größer ihre Feder-Wirkung. Sie hält die Kette vom Stag frei und dämpft im Schwell das Einrucken des Rumpfes.

Im Kettenkasten ist die Kette mit ihrem langen Endglied an einem starken Auge eingebändselt, damit ich sie – wenn es wirklich einmal hart werden sollte – noch an eine lange Trosse schäkeln kann. Das ist aber bisher noch nicht notwendig geworden.

Eine 50 Meter lange und 10 Millimeter starke Kette wiegt fast 120 Kilogramm – zuviel Ballast für den Bug einer modernen, leicht gebauten Fahrtenyacht. Das Boot würde auf den Kopf getrimmt werden und nicht mehr laufen. Auf solchen Yachten habe ich gute Erfahrungen mit einer sogenannten „Bleileine" (zum Beispiel „Liros-Handy-Anchor") gemacht: Sie hat in den ersten zehn Metern statt Polyester Blei als Seele und soll den Kettenvorläufer ersetzen können.

Besser ist es jedoch, trotzdem einen kurzen Kettenvor-

Das Anker- oder Reitgewicht wird mit Hilfe eines Schäkels und einer dünnen Leine gefiert (oben).

Unter Wasser hält dieses zehn Kilogramm schwere, mit Kunststoff ummantelte Gewicht die Zugrichtung der Leine in einem spitzen Winkel zum Grund und verhindert schädliches Einrucken (links).

Neuartige Ankerleine mit Blei-Einlage und praktischen Lot-Markierungen (Liros) (rechts).

läufer zu verwenden und für den Fall, daß der Bug im Seegang einruckt, ein Ankergewicht bereitzuhalten. Vorteil der beschwerten Leine: Sie ist sehr handlich, kann in der Backskiste gestaut werden und leistet auch als langer Festmacher (zum Beispiel beim Sichern eines Päckchens) gute Dienste.

Aufpassen muß man jedoch, daß die Leine nicht an den Kanten von Lippen oder Klampen schamfilen kann. Der beste Schutz dagegen ist ein Stück harter, mit ringförmiger Armierung versehener Kunststoffschlauch, wie er beispielsweise für Toiletten oder Lenzpumpen verwendet wird. Damit er nicht verrutscht, wird er mit Bändseln, die durch entsprechende Bohrungen gezogen werden, an der Reling oder am Bugkorb befestigt.

Zum Ankergeschirr gehört auch ein zweckmäßiges Beiboot – und zwar mit Außenborder: Dieser Antrieb ist kein Luxus, sondern hat für mich den gleichen Stellenwert wie die Ankerwinsch.

Wenn ich von einem zweckmäßigen Beiboot spreche, meine ich, daß es die ganze Crew, auch im Seegang, sicher transportieren können sollte. Mit ihm muß sich der Zweitanker gegen Wind und Strom ausfahren lassen und müssen Reparaturarbeiten am Rumpf bequem durchgeführt werden können. Außerdem sollte es an Bord problemlos zu stauen sein.

Mit Hilfe eines Außenborders kann das Beiboot voll beladen werden, und noch wichtiger: Er macht den Segler in der Wahl des Ankerplatzes unabhängig. Denn mit Motor lassen sich mühelos und schnell auch größere Distanzen gegen Strom und Wind bewältigen. Der Ankerplatz kann weiter weg von Land in sicherer Entfernung vom Ufer gewählt werden, und man kann soviel Kette stecken wie man für richtig hält, ohne Rücksicht auf Nachbarn nehmen zu müssen.

### Empfehlungen zum Ansteuern des Ankerplatzes

Vor dem Anlaufen des Ankerplatzes sollte man sich ein möglichst genaues Bild von der Bodenbeschaffenheit und der zu erwartenden Wassertiefe machen.

Ein funktionelles Beiboot mit Außenborder macht die Crew unabhängig in der Wahl des Ankerplatzes (oben).

Vor der Gewitterbö: Der umsichtige Skipper steckt weiter Leine aus.

Außerdem sollte der Liegeplatz gegen die vorherrschenden oder zu erwartenden Windrichtungen ausreichend Schutz bieten. Zu berücksichtigen sind auch eventuelle Winddreher, mit denen zum Beispiel beim Anrollen einer Gewitterfront oder bei labiler Wetterlage gerechnet werden muß. Ein Blick zum Himmel, auf das Barometer und den Seegang genügt meist schon, um sich ein Bild von ihrer Entwicklung zu machen. Aus der Seekarte lassen sich dann alle wichtigen Informationen über Bodenbeschaffenheit, Wassertiefen und Lage des Küstenabschnittes oder der Bucht entnehmen.

Steht der Ankerplatz in etwa fest, fährt man diesen Küstenbereich mit laufendem Echolot so lange ab, bis sicher ist, daß Tiefe und Landschutz richtig gewählt sind und daß der Abstand zum Nachbarn weit genug ist.

Wie schon gesagt, stecke ich grundsätzlich etwa das Fünffache der Wassertiefe Kette. Ist die Wetterlage unsicher, bringe ich gleich den zweiten Anker aus, damit diese Arbeit nicht erst im Starkwind und ruppigen Seegang gemacht werden muß.

Ist man doch einmal gezwungen, einen dicht besetzten Ankerplatz anzulaufen, darf keinesfalls ein in der Nähe ankernder Nachbar behindert oder gefährdet werden, indem man ihm beim Schwojen zu nahe kommt. Unter diesem Gesichtspunkt ist die richtige Wahl des Liegeplatzes schwieriger und erfordert meist vorher mehrere „Ehrenrunden".

Fällt der Anker, muß während des Steckens der Kette der zu erwartende Schwojkreis berücksichtigt werden.

Durch Rückwärtsgeben, wenn dann die Kette steifkommt, läßt er sich ungefähr einschätzen.

Je nach Unterwasserschiff, Rumpfform, Größe und Verdrängung verhalten sich Yachten vor Anker unter Winddruck oder Stromeinfluß sehr unterschiedlich: Während schwere Boote mit längerem Kiel sich meist quer zum Wind legen und kaum bewegen, fahren leichte Kurzkieler hin und her. Liegt man zu eng, kann es deshalb zur Kollision kommen.

Ausgesprochen „schlechte Karten" hat man, wenn schlechtes Wetter aufzieht und nicht genügend Kette oder Trosse gesteckt werden konnte. Gerät das Boot dann ins Treiben, hängt man entweder im Grundgeschirr des Nachbarn fest, bringt ihn und andere in Gefahr oder driftet auf den nächsten Sand, weil sich in der Hektik außerdem die Leine des Beibootes in der Schraube vertört hat. Meist spielt sich das Ganze dann auch noch in dunkler Nacht und bei heulendem Wind ab.

### Tips zum Ankermanöver

Das Kommando: „Fallen Anker!" darf nur dann gegeben werden, wenn das Schiff keine Fahrt mehr durchs Wasser macht. Dann legt man den Gashebel auf Zurück und, wenn das Boot Fahrt aufnimmt, steckt die Crew auf dem Vorschiff gleichmäßig Kette oder Trosse. Wichtig ist dabei, daß man nach dem Fallen des Ankers nicht gleich die gesamte Kette auf einen Haufen ausrauschen läßt, sondern nur soviel steckt, wie sich das Schiff holt.

**Wer so dicht gedrängt vor Anker geht, muß sich nicht wundern, wenn er Ärger mit seinen Nachbarn bekommt.**

Ist etwa die Hälfte der Kettenlänge ausgesteckt, kann durch Anziehen der Bremse am Spill (oder einen Törn der Trosse auf der Klampe) probiert werden, ob der Anker faßt. Wird der Bug des meist schräg zur Ablaufrichtung der Kette achteraus Fahrt machenden Schiffes in Richtung Anker gezogen und kommt dabei die Kette steif, sitzt der Anker fest. Ist genügend Kette oder Trosse gesteckt, wird die Bremse fest angezogen und Zurück gegeben, um den Anker „in den Grund zu fahren". Durch Auflegen der Hand auf Kette oder Trosse läßt sich „erfühlen", ob er noch über den Grund rutscht. Wird es zur Sicherheit notwendig, den zweiten Anker auszufahren, mache ich dies anschließend mit dem Beiboot. Er fällt dann etwa 30 Grad zum ersten Anker und rund 20 Meter weiter voraus. Als Orientierungshilfe dient dabei die Ankerboje des ersten Ankers. Im Starkwind wird der Zug der Trosse des zweiten Ankers dem der Kette angepaßt. Ganz wichtig: Die Trosse muß gegen Schamfilen durch das schon erwähnte Rohrstück geschützt sein.

Ich bin nicht der Meinung vieler Segler, die nur einen, richtig dimensionierten Anker in jedem Wetter für ausreichend halten, wenn nur genügend Kette und/oder Trosse gesteckt sind. Meiner Erfahrung nach hält doppelt besser. Sicher, man kann die Haltekraft beider Anker nicht einfach addieren, aber der ausgebrachte zweite Anker unterschiedlichen Typs hat einen Riesenvorteil: Hält einer der beiden durch den für ihn nicht so geeigneten Grund nicht, dann hat man immer noch den zweiten zur Verfügung. Und: Während des Durchganges schwerer Böen kann man deutlich beobachten, wie der hin und her pendelnde Bug den Druck auf beide Anker verteilt. Auf diese Weise haben wir einmal einen schweren Sturm im Hafen von Santa Cruz de La Palma abgewettert. Er entwurzelte mehrere sehr alte Palmen und deckte viele Häuser ab. Alle anderen acht Yachten und sogar die meisten Fischerboote gingen auf Drift. Seitdem ist das Vertrauen zu meinem Grundgeschirr (nahezu) unbegrenzt.

Es ist übrigens nicht der Winddruck allein, der Gefahr bedeutet, sondern besonders der durch ihn erzeugte Seegang oder Schwell. Ruckt der stampfende Vorsteven in die steif gekommene Kette ein, ist höchste Alarmstufe. Dann muß sofort weiter Kette gesteckt – und, wenn das nichts bringt – die Kette mit einer Trosse verlängert werden. Liegt man auf Legerwall und das Ufer kommt zu nahe, hilft nur noch eines: Auslaufen. Deshalb nochmals der Rat: immer genügend Abstand zum Ufer halten.

Von dem sogenannten Verkatten (ein zweiter Anker wird auf dieselbe Kette gesteckt) halte ich aus selbstgemachten, schlechten Erfahrungen gar nichts. Das Ausbringen der Anker und spätere Hieven ist mühselig und häufig genug mit einem „Anker- und Ketten-Wuling" verbunden. Aus dem gleichen Grunde halte ich auch nichts vom „Vermooren" – ebenfalls eine Technik, deren ausführliche Beschreibung in jedem Lehrbuch zu finden ist und die ich mir deshalb ersparen will.

### Ankermanöver unter Segel

Ist genügend Raum vorhanden, ohne anderen Ankerliegern zu nahe zu kommen oder sie zu gefährden, ist gegen ein Manöver unter Segel nichts einzuwenden. Zumal es viel Spaß macht, leise an den Liegeplatz zu gleiten, ohne die romantische Abendstimmung durch Motorengeröhre und laute Kommandos zu stören.

Ein ausreichender Schwojkreis ist eine der wichtigsten Voraussetzungen bei der Suche nach dem richtigen Ankerplatz (oben).

Häufig zu beobachten: Hier wird eine wenig abrieb- und reißfeste Leine aus billigstem Material (PP) verwendet und ohne Kettenvorläufer ausgebracht. Der Ärger ist vorprogrammiert (unten).

Vorbereitung und Durchführung des Ankermanövers entsprechen im Prinzip dem mit Motor beschriebenen, doch müssen nun die je nach Bootstyp unterschiedlichen Segeleigenschaften berücksichtigt werden: Beim Ansteuern nähert man sich dem Liegeplatz mit mäßiger Fahrt durchs Wasser, das heißt: Es muß immer genug Ruder im Schiff bleiben, um schnell und sicher Wenden fahren zu können. Macht man zuviel Fahrt, werden die Schoten gefiert, um den Druck aus den Segeln zu nehmen. Auf den letzten hundert Metern geht man hoch an den Wind, nimmt die Genua weg, lascht sie an die Reling und macht das Grundgeschirr klar. Mit „Höhe kneifen" und immer weniger Fahrt wird nun der Liegeplatz angelaufen. Kurz vor dem Erreichen schießt der Mann am Ruder langsam in den Wind und wirft die Großschot los. Mit einem Blick ins Wasser kontrolliert er, ob das Schiff steht, und gibt dann das Kommando: „Fallen Anker!"

Während nun mit killendem Groß das Boot nach Lee abtreibt, fiert man auf dem Vorschiff gleichmäßig Kette oder Leine mit. Ist etwa die Hälfte der Gesamtlänge ausgesteckt, wird langsam belegt und beobachtet, ob der Steven „eintörnt", also in den Wind schwingt. Macht er dies nicht, sitzt der Anker noch nicht fest, und es muß weiter Kette gesteckt werden.

Da man unter Segel den Anker nicht einfahren kann, ist es sehr wichtig, in zunehmendem Wind und Seegang das Eintörnen des Ankers regelmäßig zu kontrollieren. Legt sich das Boot beispielsweise während des Durchganges einer Bö quer zum Wind und bleibt dort, ist dies ein sicheres Zeichen, daß der Anker rutscht: Dann heißt es weiter Kette stecken oder ein Ankergewicht auszubringen, und wenn das auch nichts nützt: den Ankerplatz verlassen.

Zum Auslaufen holt man Hand über Hand oder mit der Winsch das Schiff zum Anker. Gleichzeitig wird das Groß gesetzt und die Schot aufgefiert. Kommt die Kette kurzstag, beginnt also auf und nieder zu zeigen, muß man damit rechnen, daß der Anker ausbricht. Ist der Ankerplatz dicht besetzt und kann zum Beispiel nur nach Steuerbord abgefallen werden, wird in dem Moment, wo der Anker frei ist, das Großsegel back

gehalten (Baum an die Wanten drücken). Beginnt das Boot Fahrt über den Achtersteven zu machen, legt man das Ruder nach Backbord, während der Mann auf dem Vorschiff, so schnell er kann, den Anker aufholt und wartet, bis der Vorsteven nach Steuerbord geschwungen ist. Dann wird die Schot so weit durchgeholt, bis das Groß zu ziehen anfängt, und Steuerborruder gelegt.

Manchmal, meist nach längerer Liegezeit, läßt sich der Anker nicht gleich ausbrechen. Dann segelt man gegen die Kette oder Leine, fiert die Schot sofort wieder auf und setzt die Kette genau in dem Moment, wo die Kette auf und nieder zeigt, so hart wie möglich durch. Nun braucht man nur noch darauf zu warten, bis der Rumpf mit Hilfe des Schwells den Anker ausbricht. Auf kleineren, leicht gebauten Yachten reicht meist schon die Verlagerung des Gewichtes der Crew vom Bugkorb zum Heckkorb aus, um ihn „loszuschaukeln".

# SEGELGARDEROBE UND SEGELREPARATUREN

Gerade in den letzten Jahren hat man auf dem Gebiet der Segeltuch-Herstellung enorme Fortschritte gemacht. Leistungsstarke Segel, wie sie früher nur Regattasegler kannten, sind nun auch für Fahrtensegler erschwinglich. Sie halten ihr vorgegebenes Profil länger und sind gegen rauhe Behandlung weitgehend unempfindlich geworden. Auch Fahrtensegler sollten auf ein gut stehendes und damit leistungsstarkes Segel Wert legen: Die im Vergleich zu leicht gebauten Kurzkielern langsameren Rümpfe „stäbiger" Fahrtenschiffe brauchen einen starken Segelantrieb (und nicht etwa mehr Pferdestärken), um bei schwachen Winden ins Laufen zu kommen. Während des Einfallens starker Böen sollte das Gewebe möglichst wenig nachgeben, damit der „Bauch" nicht nach hinten wandert, das Achterliek schließt und das Segel nur noch Krängung produziert. Bleibt das Profil erhalten, wird die erhöhte Windgeschwindigkeit weitgehend in Fahrt umgesetzt. Jeder gute Segelmacher verfügt heute über solche Tuche und kann mit ihnen umgehen. Der deutlich höhere Preis zahlt sich zumindest für denjenigen aus, der Spaß am Segeln hat und nicht nur von A nach B „schippern" will.

Wer längere Seetörns plant, sollte sich bei der Bestellung der Segelgarderobe viel Zeit lassen und seine Wünsche möglichst genau vortragen. Einen guten Segelmacher erkennt man übrigens daran, daß er viele detaillierte Fragen über den Bootstyp, seine Abmessungen, das Seeverhalten und das Segelrevier stellt. Aus eigenen, leidvollen Erfahrungen will ich auf die wichtigsten Schwachpunkte des Großsegels hinweisen, damit ihre Berücksichtigung nicht vergessen wird: Der Tod jedes Tuches und vor allem der Nähte ist Schamfilen. Deshalb haben Segelaufspießer wie gepfeilte (stark nach achtern zeigende) Salinge auf Fahrtenyachten nichts zu suchen.

Überall dort, wo das Tuch mit den Wanten oder Salings in Berührung kommen kann, müssen Verstärkungen aus starkem, selbstklebendem Gewebe aufgebracht werden (kein Segelreparaturband verwenden, das hält nicht und wenn, nur auf Spinnakertuch). Dieses Material bekommt man nur vom Segelmacher, und es sollte in ausreichender Menge an Bord vorhanden sein.

Alle Bahnen sollten dreifach vernäht sein und die Nähte aus UV-beständigem, scheuerfest präpariertem Garn bestehen.

Das hochbelastete Achterliek muß mit Extra-Verstärkungen aus Gurtband vor dem Ausrecken geschützt werden und darf nicht mit der Dirk in Berührung kommen. Das gilt auch für die Lattentaschen.

Großsegel mit durchgehenden Latten haben ihre überlegene Leistung schon seit langem auf Mehrrumpfbooten bewiesen.

Start zur BOC-Einhand-regatta (links): Die beiden Yachten sind mit High-Tech-Lattensegeln aus den Super-fasern Spectra (blau) und Kevlar (gelb) ausgerüstet.

Auf den Fotos oben und rechts tragen die Fahr-tenyachten konventionelle Segel im typischen Parallel-schnitt. Der Trend geht aber eindeutig zu den neuen last-orientierten Schnitten, die auch eine wesentlich länge-re Lebensdauer besitzen.

Die Reffaugen am Vor- und Achterliek müssen genauso dimensionierte Verstärkungen wie das Schothorn haben. Bewährt hat es sich, die Reffleinen durch Ringe zu scheren, die rechts und links vom Segel an Gurtbändern befestigt sind und durch die Reffaugen laufen. Fahrtensegel sollten mindestens drei Reffreihen haben, damit das Groß auch im Starkwind verwendet werden kann. Hierauf muß der Segelmacher besonders hingewiesen werden.

Das bedeutet aber nicht, daß nun das Trysegel entbehrlich geworden ist: Es gehört genauso wie die Sturmfock zur Standard-Ausrüstung einer Hochseeyacht.

Da moderne Bindereffs auch von kleiner Crew einfach zu handhaben sind und das gereffte Segel immer optimal steht, sehe ich keinen Grund für den Einbau der komplizierten und kostspieligen Mechanik eines Roll-Groß. Zumal solche Segel sehr flach geschnitten sein müssen und vor allem in schwachen Winden kaum Vortrieb erzeugen.

Das Geld investiert man sicher besser in ein nach dem letzten Stand der Technik hergestelltes Lattengroßsegel: Es läßt sich leichter handhaben als das Normal-Groß, zieht auch noch in schwachen Winden und hält etwa doppelt so lang. Einziger Nachteil: Es kostet durch die erheblich teureren Beschläge mindestens 40 Prozent mehr. Preisgünstigere Angebote mancher Segelmacher (gespart wird meist an den Latten und an der Tuchqualität) „verwässern" die Vorteile des Segels und sind deshalb nicht zu empfehlen.

Ich habe mittlerweile über acht Jahre Erfahrungen mit vier verschiedenen Lattensegeln gemacht und halte es für eine wirklich bahnbrechende Neuheit. Sie kann das Fahrtensegeln entscheidend verbessern – vorausgesetzt, daß Schnitt und Material des Segels stimmen. Aus diesem Grunde sollen die wichtigsten Argumente, die für und gegen das Segel sprechen, aufgeführt werden.

*„Lattensegel sind teurer"*

Die häufig gestellte Frage, ob sich die hohe Mehrausgabe wirklich lohne, muß im Grunde jeder selbst beantworten, denn sie hängt von der Einstellung ab, die man zum Segeln hat. Wem es beispielsweise

genügt, ein dreieckiges Tuch aus dem Mast oder Baum zu rollen und wer auch sonst keinen besonderen Wert auf den Stand des Segels legt, dem kann man von der Anschaffung nur abraten. Wer allerdings Spaß daran hat, auch in alter Dünung und flauen Winden zu segeln und noch ein gut stehendes Segel zur Verfügung zu haben, statt gleich den „Krachmaninow" anzuwerfen – für den gibt es eigentlich keine andere Wahl.

*„Lattensegel sind schwerer"*

Das ist richtig, denn sie haben eine schwerere Ausrüstung. Ein schweres Segel erfordert auch mehr Kraft beim Setzen. Das kann die Anschaffung einer Zweigang-Winsch bedeuten, während vorher eine kleinere noch ausreichend war.

Aber mit Hilfe besonderer Schnitte, neuartiger Latten und Beschläge lassen sich diese Segel auf das Gewicht eines konventionellen Groß bringen. Solche „High-Tech-Schnitte" werden in verschiedensten Variationen und unter unterschiedlichsten Bezeichnungen angeboten. Sie haben jedoch eines gemeinsam: Die Verlegung der Tuchbahnen und ihrer Nähte orientiert sich weitge-

Moderne Fahrtenyacht mit durchgelattetem Großsegel im Parallelschnitt und „Lazy Jacks" (Tuchfängern).

hend an den Lastlinien, den Richtungen der Belastung im Segel. Dadurch hat man die Möglichkeit, unterschiedlich schwere Tuche zu verwenden: im wenig belasteten Bereich des Vorlieks sehr leichtes Tuch mit breiten Bahnen, in der Mitte schweres und im letzten Viertel, am hoch belasteten Achterliek, das schwerste Tuch in schmalen Bahnen (z. B. Tri-Radial-Schnitt).

Die Qualität der Latten, die „Korsettstangen" des Segels, spielt ebenfalls eine wichtige Rolle. Allerdings können gute Latten einen schlechten Schnitt nicht verbessern oder korrigieren. Ihre Aufgabe ist es vielmehr, das Profil zu stützen und auch in leichten Winden aufrecht zu erhalten. Gute, das heißt leicht gebaute, bruchfeste und zum Schnitt passende Latten unterschiedlicher Weichheitsgrade können den Preis des Groß enorm in die Höhe treiben. Die preisgünstigsten und schwersten Latten sind aus massivem Polyester, die teuersten sind hohl und haben einen hohen Anteil an Kohlefasern.

Unabhängig von der Preisklasse müssen sich alle durchgehenden Latten zum Vorliek hin verjüngen. Nur

so können sie das Profil des Segels (es sollte in der vorderen Hälfte, gleich vor der Segelmitte, die größte Wölbungstiefe haben und nach hinten zum Achterliek auslaufen) wirkungsvoll unterstützen. Besser als massive Polyesterlatten eignen sich diejenigen mit einem Schaumstoffkern, wie sie als HP-Latten bekannt geworden sind. Sie sind nicht nur leichter, sondern mit ihnen läßt sich die aerodynamisch günstige Form des Segels wirkungsvoller aufrechterhalten – vor allem dann, wenn sie in dem Bereich, wo sie sich möglichst wenig durchbiegen sollen, mit Kohlefasern verstärkt sind.

*„Lattensegel lassen sich schwerer setzen und bergen"*
Der durch die vorgespannten Latten auf das Vorliek ausgeübte Druck verkeilt die Rutscher. Dieses Problem macht sich je nach Art der Vorliekführung, der an den Latten verwendeten Rutschern und Größe des Segels mehr oder weniger unangenehm bemerkbar.

Abhilfe schaffen hier neu entwickelte Rutscher (Rutgerson). Sie haben an der Seite Rollen, die den Druck der Latte auf die Achterkante des Mastes übertragen. Der Rutscher kann nur noch geringfügig verkanten, und die Reibung wird durch die Rollen stark verringert.

Für Großsegel ab etwa 30 Quadratmeter Fläche (Vorlieklänge ca. 12 Meter) hat sich der Einsatz kugelgelagerter, Traveller-artig gebauter Rutscher von Harken sehr gut bewährt, wie sie schon seit vielen Jahren von Hochsee-Mehrrumpf-Racern verwendet werden. Sie können mit größten Belastungen fertig werden, und das Setzen und Bergen wird zum Kinderspiel – auch dann noch, wenn der Wind nicht genau von vorn kommt. Aber dieser Komfort muß teuer bezahlt werden. Außer dem hohen Preis haben diese Rutscher noch einen anderen Nachteil: Sie stapeln das Vorliek am Mast so hoch, daß man den Kopf des Segels nur noch über Maststufen erreichen kann.

Das Hochstauen des Tuches im Bereich des Vorlieks, selbst bei Verwendung von Rutschern, die ein Gelenk zum flachen Aufeinanderlegen der Latten haben, bleibt ein Nachteil des Segels. Aus diesem Grunde lasse ich das Groß meines Oldtimers zum Bergen an Deck rauschen. Anschließend wird es dann, Latte auf

**Das katgetakelte Boot des Autors mit drehbarem Tragflächenmast. Der moderne Triradial-Schnitt, das extrem dünne und reißfeste Tuch aus Spectra und die starken, mit Kohlefasern verstärkten Latten (HP) machen das Segel sehr leicht und leistungsstark.**

Latte sauber und faltenlos flach auf den Baum gelegt und durch einen einfachen Sack als Baumkleid geschützt.

Ein großer Vorteil für das Bergen des Segels ist die Verwendung sogenannter „Lazy Jacks": Das sind seitlich vom Baum zum Mast laufende Leinen, die das Abrutschen von Tuch und Latten verhindern. Während des Bergens faltet sich das Großsegel von selbst und durch die Latten glattgezogen sauber auf den Baum. Eine praktische Einrichtung, zumal wenn man es mit größeren Segelflächen (ab 25 m²) zu tun hat und mit kleiner Crew oder einhand segelt. Diese Fangleinen haben aber auch ihre Nachteile: Beim Heißen des Segels verhaken sich mit regelmäßiger Tücke die ersten beiden Lattenenden in ihnen und müssen mit der Hand klariert werden.

*„Lattensegel halten viel länger als konventionelle"*
Diese Aussage hat sich mittlerweile als richtig erwiesen und ist leicht zu erklären: Durchgehende Latten „beruhigen" das Tuch. Das verschleißende Schlagen des Materials im Wind oder, wenn durch Auffieren der Schot eine Bö abgeritten wird, gehört der Vergangenheit an. Auch ältere (nunmehr über vier Jahre alte) Segel bilden keine Kralle im Achterliek oder zeigen die Tendenz, nach Lee wegzuklappen. Voraussetzungen sind allerdings drei Maßnahmen des Segelmachers: Das Achterliek muß extra verstärkt sein, es darf niemals mit dem Achterstag in Berührung kommen, und die Lattentaschen sollten an den Bereichen, wo sie raumschots an den Wanten scheuern, durch starke Dopplungen verstärkt sein.

*„Lattensegel bringen deutlich mehr Vortrieb"*
Das hat schon 1922 das Schweizer Segel-Genie Manfred Curry nach Versuchen im Windkanal von Junkers herausgefunden. Nur standen damals noch nicht die Materialien zur Verfügung, um haltbare Lattensegel für Fahrtensegler zu verwirklichen. Außerdem läßt sich eindeutig belegen, daß das Lattengroß in schwachen Winden dem konventionellen Fahrtensegel überlegen ist: Die vorgespannten Latten halten auch dann noch das Profil aufrecht, wenn ein Normalgroß im Parallelschnitt bereits wie ein Sack in den „Seilen"

hängt. Aber allein die Tatsache, daß alle Hochsee-Rennyachten, ob Ein- oder Mehrrumpfboote, Lattensegel fahren und daß diese Segel für IOR-Regatten verboten und nach IMS bestraft werden, zeigt doch, daß sie eindeutig besser ziehen müssen.

**Segelreparaturen selbst gemacht**

Mit dem richtigen Handwerkszeug und ein bißchen Übung lassen sich Beschädigungen der Segel auch an Bord beheben.

Meist sind es nur wenige Zentimeter durchgescheuertes Garn am Achterliek, Schothorn, an den Lattentaschen oder Nähten, zum Beispiel im Bereich der Salinge oder Wanten: kleine Schäden, die leicht zu übersehen sind, dann aber für großen Ärger sorgen und aufwendige Reparaturen zur Folge haben. Ausgerissene Reffaugen oder aus den Lieken geflogene Segel sind fast immer auf solche „Kleinigkeiten" zurückzuführen. Moderne Kunststofftuche sind zwar enorm reißfest, aber gegen Schamfilen ist immer noch kein Kraut gewachsen. Deshalb gilt die Devise „Wehret den Anfängen", das heißt, kleine Schäden sofort beheben und nicht auf die lange Bank schieben. Dazu gehört ein wenig handwerkliches Geschick, meist sind nur ein paar Nadelstiche notwendig.

Aber auch größere Reparaturen lassen sich an Bord problemlos durchführen, wenn man den einfachen Umgang mit Segelmacherhandschuh, Dreikantnadel und Segelgarn beherrscht und genügend selbstklebendes Reparatursegeltuch vorhanden ist.

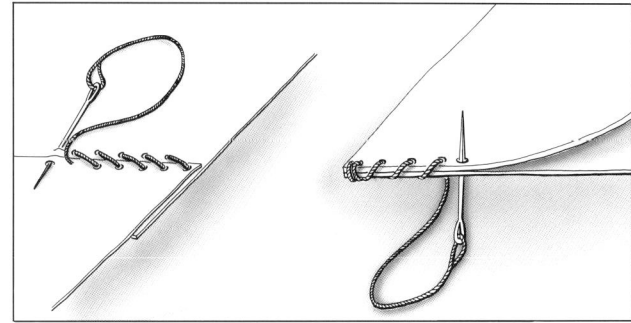

Mit der Flachnaht verbindet man Tuchbahnen. Daumenregel: sieben Stiche pro Nadellänge (oben).

Wichtig ist, daß der Segelmacherhandschuh gut anliegt, denn mit seiner Hilfe kann man mühelos durch starkes Gewebe mit Dopplungen nähen. Er besteht aus einem breiten, steifen Lederband mit Daumenloch, das im Bereich des Daumenballens durch eine stark profilierte Metallplatte verstärkt ist. Hierauf setzt man die mit Daumen und Zeigefinger gehaltene Nadel und kann nun mit der Kraft des ganzen Armes auch durch mehrlagige Tuchschichten stechen. Die Riffelung der Platte verhindert, daß die Nadel abrutscht. Zum Durchstechen besonders dicker Verstärkungen mit Gurtband leistet eine Kombizange gute Dienste: Mit ihrer Hilfe läßt sich die Nadel von der anderen Seite durchziehen.

Zum Nachnähen aufgescheuerter Nähte genügt die kleinste Nadelgröße. Für Verstärkungen mit Gurtband oder Leder sollte man sie ein bis zwei Nummern stärker wählen.

Segelnadeln haben eine dreikantige Verdickung im ersten Drittel ihrer Länge. Diese Form verhindert, daß das harte Gewebe beschädigt wird. Das große Durchstichloch erleichtert das Durchziehen des doppelt genommenen Fadens. Segelgarn läßt sich am besten verarbeiten, wenn es vorher mit Bienenwachs „lehniger" gemacht wird. Bereits vorgewachstes Garn ist im Fachhandel erhältlich.

Aufgeriebene Zickzack-Nähte erneuert man mit doppeltem Faden bis zur gesunden Naht. Die Enden werden mit einem Knoten verbunden, damit sie nicht durchrutschen. Offene Randnähte, wie beispielsweise an den Lattentaschen-Eingängen, lassen sich einfach durch eine Rundnaht mit eng gesetzten Stichen reparieren. Der Stopperknoten wird zwischen den Tuchlagen versteckt.

Der vordere Teil der Lattentaschen ist ebenfalls ein Schwachpunkt, der regelmäßig kontrolliert werden sollte. Zeigt das Garn hier Abnutzungserscheinungen, sollte man es sofort mit ein paar Stichen verstärken.

Risse im Tuch, wie sie beispielsweise offene Splinte oder aufgebogene Beschläge an den Salings verursachen, repariert man je nach Tuchstärke und Material auf unterschiedliche Art und Weise: Spi-Tücher lassen sich am schnellsten durch das hier empfohlene und überall im Fachhandel erhältliche Reparaturband provisorisch verkleben. Dies muß von beiden Seiten so geschehen, daß die Klebeflächen beider Bänder im Riß Kontakt miteinander haben. Das Segeltuch sollte trocken und möglichst salzfrei sein. Es hat sich aber gezeigt, daß solche Bänder nicht auf allen Tuchoberflächen haften. Der Grund sind die unterschiedlichen Mittel (zum Beispiel Silikon), mit denen die Geweboberflächen „veredelt" wurden. Außerdem sind diese Bänder zu schmal, die Breite sollte mindestens 20 Zentimeter betragen.

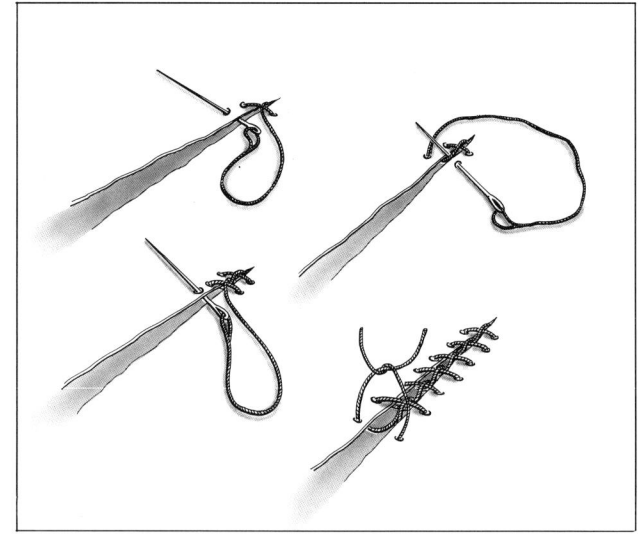

Einen Riß repariert man am besten mit einer Bootsmannsnaht (oben).

Die Enden der Lattentaschen sind besonders empfindlich: Beschädigtes Garn muß sofort ersetzt werden (links).

Aufgeriebene Zickzack-Nähte werden mit doppelt gelegtem Garn nachgenäht (ganz links).

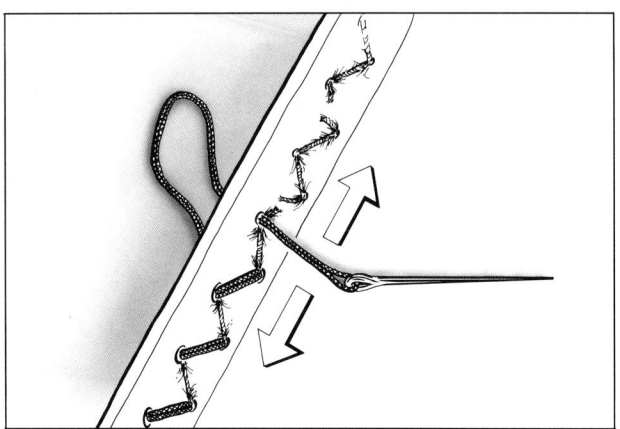

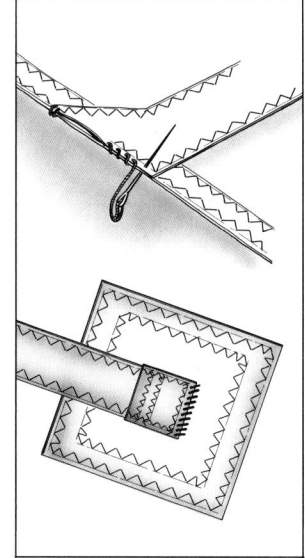

Mein Tip: Besorgen Sie sich vom Segelmacher „Nummern-Klebetuch". Das klebt „wie Gift" und überall.

Für die stärkeren Gewebe der Genuas und Großsegel gibt es ebenfalls sehr gut klebende Gewebe in verschiedenen Stärken als Meterware. Man bezieht es am besten auch vom Segelmacher. Selbstklebende Tuche sind optimal geeignet, um das Tuch des Großsegels vor Schamfilen an den Salings und Wanten zu schützen. Schon aus diesem Grunde sollte immer ein genügend großer Vorrat an Bord vorhanden sein.

Große Risse im Tuch näht man zuerst mit der sogenannten Bootsmannsnaht zusammen, weil sie die größte Festigkeit bietet. Als Faustregel gilt: sieben Stiche pro Nadellänge. Dann wird die Reparaturstelle großflächig von beiden Seiten mit Reparaturband verstärkt und dadurch das Garn gleichzeitig vor Abrieb geschützt.

Dreiangel und größere Risse im Großsegel oder in den für höhere Windgeschwindigkeiten ausgelegten Genuas sollte man durch Aufsetzen eines Flickens dauerhaft reparieren, zumal oft auch noch das Tuch um den Riß herum durch Schamfilen geschwächt worden ist.

Zuerst breitet man das Segel glatt und flach aus, drückt die Kanten des Risses gegeneinander und hält sie mit Klebeband zusammen. Danach wird der Flicken ausgeschnitten. Er sollte etwa die gleiche Tuchstärke haben und den gesamten beschädigten

Bereich mindestens 20 Zentimeter überlappen. Für den Saum rechnet man eine Breite von etwa zehn Millimeter. Nun werden die Kanten mit Hilfe eines Messerrückens kräftig umgefalzt und der Flicken auf den Riß gelegt. Dabei ist zu beachten, daß die Richtung des Gewebes (Kette und Schuß) beider Tücher übereinstimmt. Anschließend werden die Umrisse des Flickens mit Bleistift auf das Segel gezeichnet. Als nächstes schneidet man den beschädigten Bereich viereckig und parallel zu den Kanten des Flickens aus, befestigt ihn mit Nadeln an den Ecken und näht seine äußeren Kanten mit einer einfachen Flachnaht fest (ca. zehn Stiche pro Nadellänge). Danach wird das Segel umgedreht und die Ecken des Ausschnittes etwa zehn Millimeter tief eingeschnitten, damit ein genauso breiter Saum entsteht. Man schlägt die Kanten des Flickens unter, falzt sie und vernäht das Ganze wie die Außennaht. Während des Nähens darf das Garn nicht festgezogen werden, weil der Flicken sonst zu stramm sitzt und häßliche Falten verursacht.

Nach Beendigung der Arbeit reibt man mit einem Hammerstiel das Garn der Nähte flach, damit es gut und spannungsfrei auf dem Tuch anliegt, und schützt die Reparaturstelle mit beidseitig aufgeklebtem Gewebe.

Ausgerissene Reffaugen gehören ebenfalls zu den Schäden, die sich mit Bordmitteln beheben lassen. Da selten Ösenstanzer und Ösen (sie müssen eine Num-

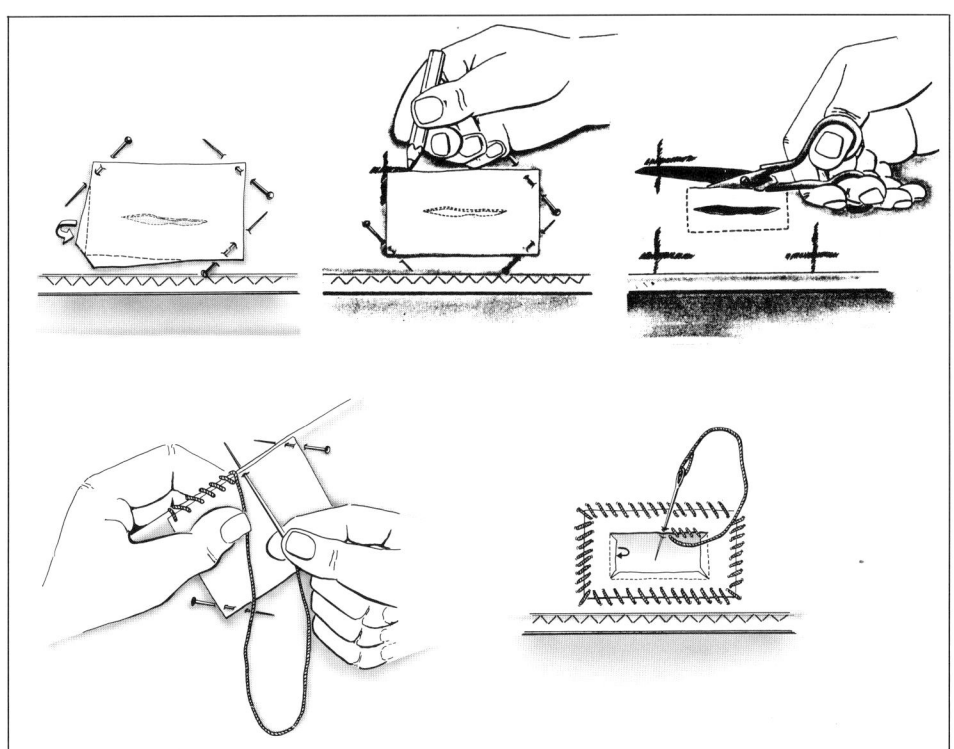

**So wird ein Flicken dauerhaft und fachmännisch mit zwei Rundnähten aufgesetzt.**

mer größer als die herausgefallenen sein) an Bord vorhanden sind, ersetzt man sie durch einen Tauring. Hierfür eignet sich am besten ein Stück Trimmleine (fünf Millimeter stark) oder anderes geflochtenes Tauwerk, essen Enden über einer Kerzenflamme zusammengeschweißt werden. Der Durchmesser des Ringes muß etwas größer als das Loch des ausgerissenen Gatchens sein. Er wird mit eng aneinanderliegenden Stichen so auf das Loch genäht, daß die Nadel an der Außenseite des Ringes nach unten und dann durch das Loch wieder nach oben geführt wird. Diese Reparatur hält zwar eine Weile, sollte aber später vom Fachmann durch eine Metallöse mit Tuchverstärkungen erneuert werden.

Auch das gebrochene Achterliek des Großsegels muß nicht das Ende des Urlaubstörns bedeuten. Dieser Bereich ist der am stärksten belastete, denn er wird nicht wie Vor- und Unterliek durch den Mast oder Baum gestützt. Hinzu kommt, daß bei den für das Fahrtensegeln üblichen Parallel-Schnitten hier die meisten Nähte zusammenlaufen und sie das Liek schon aus diesem Grunde schwächen. Deshalb muß es durch breites Gurtband durchgehend verstärkt werden, und jedes Reffauge im Achterliek sollte genauso reißfest verarbeitet sein wie das Schothorn.

Trotzdem kann es zum Bruch des Achterlieks kommen, wenn es beispielsweise auf längeren Seetörns durch den dünnen Draht der Dirk aufgescheuert, durch eine zu große Segelfläche in harten Böen oder eine Patenthalse überlastet wird.

Nach dem Bruch schießt man sofort in den Wind, um Druck aus dem Segel zu nehmen. Dann fiert man es an Deck, schert eine Leine durch die beiden am nächsten liegenden Reffaugen, Schothorn und Kopfbrett, und zieht mit ihr den Riß zusammen. Anschließend werden beide Seiten des Risses mit Nummerntuch, wie schon

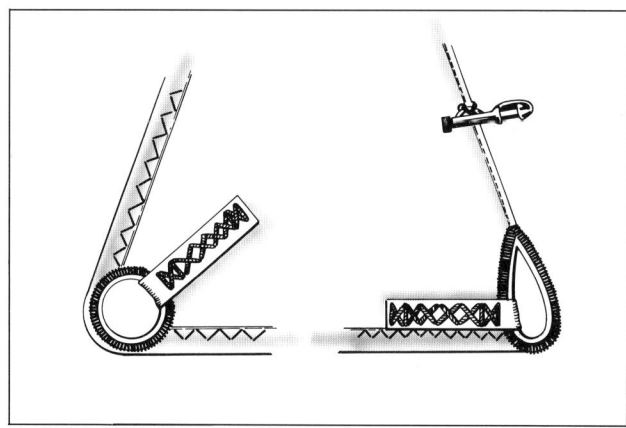

Lose Kauschen im Segel sichert man mit reißfestem Gurtband (oben).

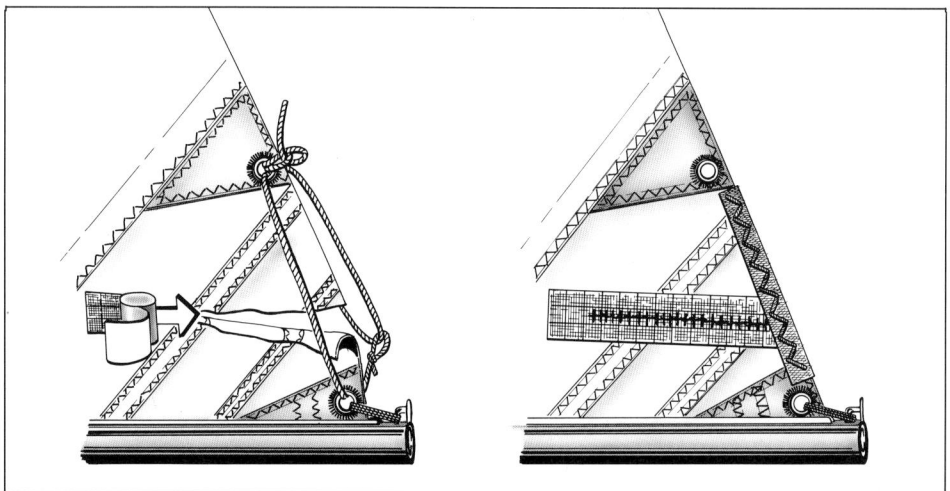

Auch ein gerissenes Achterliek läßt sich mit Klebeband und Bootsmannsnaht – bis zum nächsten Segelmacher – reparieren.

Ein aufgenähter Ring aus Tauwerk (Grummet) ersetzt das herausgefallene Gatje des Reffauges.

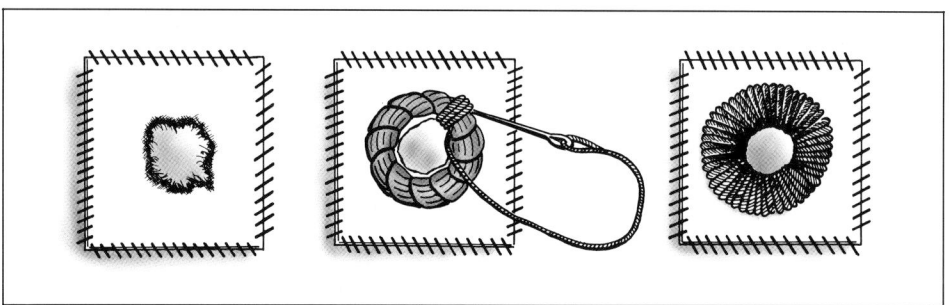

beschrieben, verklebt. Diese Reparatur hält bis zum nächsten Liegeplatz. Dann sollte man den Riß mit einer Bootsmannsnaht und das Achterliek beidseitig mit Gurtband und doppeltem Zickzack-Stich verstärken.

Gewebe- oder Gurtband hat eine sehr hohe Reißfestigkeit und eignet sich deshalb hervorragend zum Aufnähen von Verstärkungen. Für Segelreparaturen sollte es aber nicht dicker als 1,5 Millimeter sein, da man sonst nicht mehr mit der Nadel durchkommt. Mit ihm lassen sich beispielsweise eingerissene Reffaugen, Cunningham oder Hals- und Schothorn an den Vorsegeln wirkungsvoll verstärken und vor dem Ausreißen bewahren. Das Gurtband wird durch das Auge genommen und die beiden, mindestens 30 Zentimeter langen Enden mit doppelten Zickzack-Stichen miteinander vernäht. Dabei ist es sehr wichtig, daß das Gurtband so stramm wie möglich an der Innenseite des Auges und in Zugrichtung der Schot liegt. Sorgfältig ausgeführt, können solche Notreparaturen einige hundert Seemeilen halten. Sie sind aber ein Provisorium und ersparen nicht den Weg zum nächst erreichbaren Segelmacher.

# WINDFAHNENSTEUERUNGEN

Früher waren „Tausendfüßler" in den Wanten und der „Adam" am Heck die typischen Attribute eines Blauwasserseglers. Heute gehört der eiserne Rudergänger zur Standard-Ausrüstung einer Fahrtenyacht, ob die Reise nun in die pazifische oder nur in die dänische Südsee geht. Entsprechend groß und in der Typenvielfalt verwirrend ist auch das Angebot dieser Vorrichtungen geworden. Um kostspielige Fehlinvestitionen zu vermeiden, sollte man über die unterschiedlichen Funktionsweisen der Anlagen informiert sein und deren technische Qualität beurteilen können: Nicht die teuerste Anlage ist auch die beste, sondern die zum Schiffstyp genau passende.

Windsteueranlagen bestehen im wesentlichen aus drei Komponenten: der Windfahne, dem Getriebe und einem oder zwei Ruderblättern, Riemen oder Schwertern. Das „Drumherum" dieser Bauteile, das sie trägt und miteinander zu einer Einheit verbindet, kann – je nach System und Modell – sehr unterschiedlich aussehen: Filigrane, kompliziert wirkende Rohrgestänge mit offen liegenden Kegelrädern, Verstellmechanismen, kreuz und quer über Blöcke laufende Leinen, bis hin zu eleganten, stromlinienförmigen Vorrichtungen aus massiven Bronze- oder Aluminium-Guß-Bauteilen,

Typische Fahrtenyacht
mit Passatsegeln und dem
„Adam" am Heck.

die den Mast der Windfahne tragen und in dem die Ruderblätter gelagert sind.

Von ihrer Funktion her jedoch arbeiten alle Modelle nach nur zwei Prinzipien: Solche, die Kursabweichungen mit einem eigenen Hilfsruder direkt korrigieren (das Hauptruder wird belegt). Zu ihnen gehört auch die Variante mit Doppelruder (ohne Leinenverbindung zur Pinne), die ebenfalls unabhängig vom Ruder des Bootes arbeitet. Außerdem solche Anlagen, die nach dem sogenannten „Pendulum-Prinzip" indirekt funktionieren: Durch die Pendelbewegung eines Hilfsruders, das über Leinen mit der Pinne verbunden ist.

Das Pendulum ist unbestreitbar allen anderen Systemen weit überlegen – auch wenn es Eigner gibt, die auf eine Hilfsruder-Anlage ohne Pendel schwören. Eine Beurteilung, die sehr subjektiv ausfallen muß, da man selten auch mit anderen Anlagen Erfahrungen sammeln konnte. Außerdem ist sie stark vom Schiffstyp und von den Ansprüchen des Seglers an die Leistungen seiner Yacht abhängig.

Jedes einigermaßen richtig konstruierte und getrimmte Boot wird sich am Wind relativ problemlos zum Selbststeuern bringen lassen. Aber raumschots wird es schwierig: Wenn man beispielsweise mit ausgebaumten Segeln im hohen Seegang des Passats rollt und der scheinbare Wind so schwach ist, daß nur noch ein Hauch die Fahne erreicht. Dann zeigt sich, was eine Anlage zu leisten vermag.

Damit Windsteueranlagen, egal welchen Typs oder welcher Bauart sie auch sind, ähnlich genau wie von Hand gesteuert Kurs halten können, muß sich das Schiff mit Hilfe der Segel und ihrer Trimmvorrichtungen ausbalancieren lassen, das heißt: Der Winkel des Gegenruders zur erwünschten geringen Luvgierigkeit sollte nicht mehr als fünf Grad betragen. Mit gut konstruierten Rümpfen und einem effektiven Rigg ist der Trimm relativ einfach zu erreichen. Auf traditionellen Langkielern dagegen haben es Windfahnensteuerungen meist erheblich schwerer. Auf Grund ihres großen Unterwasserschiffes verharren solche Schiffe viel länger auf dem einmal eingeschlagenen Kurs. Eine Eigenschaft, die „Traditionalisten" mit Kursstabilität

**Moderne Pendulum-Selbststeueranlage „Monitor" mit Seilübertragung auf die Pinne (oben).**

**Die leichte, aus Aluminium gebaute „Pacific" mit Leinenübertragung steuert sogar diesen großen Oldtimer.**

verwechseln und immer noch als einen Hauptvorteil ihres „stäbigen Seeschiffes" preisen. Für Selbststeueranlagen jedenfalls hat diese Eigenschaft nur Nachteile: Wird das Schiff beispielsweise durch eine größere achterliche Welle aus dem Kurs geschoben, hat der „Eiserne" große Mühe, die nun unerwünschte Kursstabilität zu überwinden und muß viel Kraft und Gegenruder aufwenden, um es wieder auf Kurs zu bringen.

Die Leistungsfähigkeit aller mechanischen Anlagen hängt entscheidend von der Konstruktion der Windfahne, dem Übertragungsmechanismus und der Formgebung des Ruderblattes ab. Je feinfühliger ein System reagieren kann und je reibungsloser die Übertragung geschieht, desto genauer kann es Kurs halten.

Windfahnen werden entweder über horizontale oder vertikale Achsen dreh- oder schwenkbar gelagert. Die horizontal gelagerten, also seitlich wegkippenden, reagieren wesentlich sensibler als Fahnen, die über eine vertikale Achse drehen. Außerdem brauchen sie eine viel kleinere Fläche und schaukeln sich deshalb im Schwachwind und am rollenden Schiff nicht so leicht auf. Voraussetzung ist allerdings, daß Kipp-Fahnen ein möglichst strömungsgünstiges Profil haben und leicht gebaut sind, damit sie sofort auch auf kleinste Änderungen der Windrichtung reagieren können.

Mechanische Selbststeueranlagen funktionieren zwar alle nach dem Prinzip des Impulsgebers Windfahne, aber in der Art und Weise, wie sie die Kurskorrekturen mit ihrem Ruderblatt oder Riemen ausführen, gibt es große Unterschiede.

Allen gemeinsam ist, daß das Schiff zuerst auf einen bestimmten Kurs sorgfältig eingetrimmt werden muß. Die Windfahne wird nun über eine Vorrichtung so lan-

ge gedreht, bis die Vorkante ihres Profils genau in den Wind zeigt, und dann wird das Getriebe eingekuppelt. Läuft das Boot aus dem Ruder, strömt der Wind das Profil der senkrecht stehenden Fahne nicht mehr genau von vorn an und kippt sie zur Seite. Dieses Wegkippen setzt das Getriebe in eine Drehbewegung um und überträgt sie auf das genau im Fahrtstrom hängende Ruder- oder Riemenblatt.

Bei Anlagen mit Direktsteuerungen wird nun das Hilfsruder direkt gelegt und dadurch das Schiff auf Kurs gebracht, oder genauer: bis die Fahne wieder genau senkrecht im Wind steht.

Eine „Pendulum"-Anlage dagegen funktioniert auf indirektem Wege: Ihr schwertartiges, schmales Ruderblatt ist seitlich schwenkbar unter dem Getriebe aufgehängt. Wird es durch den Impuls der Fahne angedreht, schwenkt es – je nach Stärke der Kursänderung – entsprechend weit aus. Am Schaft oder an einem oberhalb des Getriebes sitzenden Hebel befestigte Leinen

Der „Schwingpilot" läßt sich in kurzer Zeit am Heckkorb montieren (links).

Die Pinnensteueranlage „Pacific" (oben): Das Pendelruder läßt sich unter Zuhilfenahme einer Leine mit einem Handgriff hochklappen, um es im Hafen oder bei schwerer See vor Beschädigung zu schützen.

übertragen diese Bewegung auf die Pinne: Sie wird solange gelegt, bis das Schiff wieder auf Kurs ist und die Fahne senkrecht steht.

Die Überlegenheit und das geradezu Geniale dieses Prinzips gegenüber den Direktsteuerungen ist die enorme Kraft, die schon in schwachen Winden und bei geringer Fahrt durchs Wasser wirksam wird. Jeder, der schon einmal während des Ruderns mit dem Riemen unterschnitten, also das Blatt verkantet hat, kennt diese Kräfte: Sie können einen glatt von der Ducht hebeln.

Anlagen mit Direktübertragung auf das Hilfsruder stehen jedoch nur die sehr begrenzten, durch die Neigung der Windfahne erzeugten Impulse zur Verfügung. Sie haben allein das Drehen des vergleichsweise großen Ruderblattes zu übernehmen. Deshalb sind die Windfahnen solcher Steuerungen auch so groß wie möglich ausgelegt. Das hat aber in schwachen Winden zur Folge, daß sie sich im Seegang aufschaukeln können. Um

diesen Effekt zu verhindern, müssen sie mit Kontergewichten sorgfältig einjustiert werden. Schließlich bleibt auch die Größe des Ruders ein Kompromiß und kann nie optimal sein: Ist es zu groß, reichen die Kräfte in schwachen Winden nicht aus, um es zu drehen. Ist es zu klein, hat es nicht genug Wirkung, um dem Anluven in harten Böen gegenzuwirken.

Verlassen wir also dieses System und seine Varianten und nehmen die Pendulum-Anlagen genauer unter die Lupe:

Diese Systeme beziehen enorme Kräfte aus dem langen Hebelarm (Schaft) des seitlich aus dem Kielwasser gedrückten Pendelblattes. Mit Hilfe guter Profilierung im Unterwasserbereich wird zum Anstellen des Blattes gegen den Strom nur ein sehr geringes Moment benötigt. Deswegen ist es möglich, daß solche, an den breiten Hecks 18 Meter langer Hochseeracer lächerlich klein wirkenden Mechaniken, diese extremen Flossenkieler problemlos auf Kurs halten können.

Der größte Vorteil des Pendulum-Systems sind seine hervorragenden Steuerleistungen vor dem Wind: Beginnt das Heck seitlich auszubrechen, bewegt es sich in Gegenrichtung des Pendelblattes, das sofortiges Gegenruder bewirkt. Auf diese Weise wird die „nervige Geigerei" vor dem Wind schon im Ansatz unterbunden. Bewährte Anlagen wie „Windpilot-Pazifik", „Monitor" oder der weit verbreitete „Aries" (wird nicht mehr gebaut) können deshalb vor dem Wind laufende Yachten noch bis zu etwa zwei Knoten Fahrt problemlos steuern.

Entscheidende Bedeutung kommt dabei dem sogenannten Gierdämpfungs-Getriebe zu. Mit ihm muß

**Die am breiten Heck eines 18 Meter langen Racers zierlich wirkende „Pacific" demonstriert die unglaubliche Leistungsfähigkeit solcher Anlagen (oben).**

**Pendulum-Anlage „Pacific Plus" mit Doppelruder: Sie steuert das Schiff ohne Leinenübertragung.**

jede Pendelanlage ausgerüstet sein, da sie das Übersteuern verhindert. Sie funktioniert so: Kippt die Fahne zur Seite weg, wird das Pendelruder zuerst in einem bestimmten, relativ großen Winkel angestellt, damit es schnell ausschwingt und sofort Zug auf die Pinne ausübt. Dieser Winkel muß aber während des Ausschwingens in einem genau definierten Verhältnis vermindert werden, um die seitliche Bewegung des Schaftes zu verlangsamen (dämpfen) und schließlich ganz zu stoppen: Er würde sonst mit viel zu viel Schwung die Pinne erst zu weit zur einen Seite reißen und, wenn das Boot zurückdreht und die Fahne auf die andere Seite kippt, gleich wieder mit Hartruder gegensteuern. Das Ergebnis wäre eine wilde Schlangenlinienfahrt mit bremsenden Ruderausschlägen, schlimmer noch als jemand, der zum ersten Mal eine Pinne in der Hand hält. Erstaunlich, daß es immer noch eine Reihe von Anlagen gibt, die das Übersteuern überhaupt nicht oder nur mangelhaft beherrschen.

Eine Variante des beschriebenen Pendel-Systems ist beispielsweise die nach dem Doppelruder-Prinzip funktionierende „Stayer" (die frühere „Sailomat"), mit der ich auf verschiedenen Hochseetörns und Yachten unterschiedlichster Bauart und Größe sehr gute Erfahrungen gemacht habe. Diese Anlage führt die Kurskorrekturen mit ihrem hervorragend profilierten Hilfsruder durch, bekommt aber die Kraft dazu von dem sehr schmalen, ebenfalls genau profilierten Pendelblatt: Es wird wie üblich durch das Kippen der Windfahne angestellt, schwingt seitlich aus und wandelt diese Bewegung mit Hilfe des in einem wasserdichten Gehäuse sitzenden Getriebes zum Drehen des Hilfsruders um. Durch die besonders ausgeklügelte, nahezu reibungslose Übertragung geringster Impulse zum Pendelblatt reagiert die Anlage schneller und genauer, als dies ein Rudergänger vermag.

Das unabhängig vom Ruder des Schiffes arbeitende System hat gegenüber dem Pendelblatt mit Seilübertragung Vor- und Nachteile: Durch Belegen des Hauptruders läßt sich das Schiff optimal eintrimmen. Meiner Erfahrung nach reagiert diese Anlage gegenüber der Übertragung Pendelarm – Seil – Pinne direkter

und damit schneller, was vor allem leicht gebauten, flinken Kurzkielern zugute kommt. Der Grund aber, warum ich mich für diese Anlage und nicht für den damals (1983) kaum ein Viertel so teuren und allgemein hochgelobten „Aries" entschied, war ihre unabhängige Funktion vom Hauptruder des Schiffes und die Tatsache, gleichzeitig ein gut funktionierendes Notruder zu haben. Außerdem ist mein vierzehn Meter langer Langkieler mit Radsteuerung ausgerüstet. Es sitzt so weit achtern, daß ich nur eine sehr kurze Notpinne aufsetzen kann – und von der Übertragung mit einer auf das Rad geschraubten Trommel halte ich zumindest für „kursstabile" Langkieler überhaupt

**Die besonders sensibel reagierende Doppelruderanlage „Sailomat" (heute „Stayer") des Autors, mit der er sehr gute Erfahrungen gemacht hat (oben).**

**„Pacific Plus": Über den Drehimpuls der Windfahne schwingt das Vorruder seitlich aus und überträgt diese Bewegung auf das Hauptruder der Anlage.**

nichts. Weitere Vorteile: Man kann mit Hilfe des Hauptruders das Schiff optimal eintrimmen und hat mit so einer selbsttätig am Heck steuernden Anlage ein freies Cockpit.

Der Nachteil der „Stayer" (ex „Sailomat") ist die hohe Belastung beider Ruderblätter auf die Verbände des Schiffes: In steilem Seegang und achterlichem Wind dämpfen die Flächen der sich querstellenden Ruderblätter zwar gut das Ausbrechen des Hecks – aber die dann von den breitseitig mit hoher Geschwindigkeit durchs Wasser pflügenden Blättern auf Spiegel und Halterung übertragenden Kräfte sind enorm. Deshalb ist es wichtig, vor der Montage einer solchen Anlage den Spiegelbereich großflächig zu verstärken.

Nach diesen Ausführungen stellt sich nun die Frage: Welches Pendel-System – Doppel- oder Einzelruder – ist das beste, zumal die Preisunterschiede ganz erheblich sind? Richtig konstruierte Yachten mit Pinnensteuerung müßten sich bis zu einer Größe von etwa 60 Fuß problemlos mit Pendel und Seilübertragung auf Kurs halten lassen, wenn sie sensibel genug auf das Ruderlegen reagieren. Für schwer gebaute Langkieler mit Radsteuerung oder Schiffe, die sich schwerer eintrimmen lassen, empfiehlt sich der Einbau einer unabhängig arbeitenden Doppelruderanlage, da man den zusätzlichen Trimm durch das Hauptruder nutzen kann.

Weil das Prinzip des Pendelruders so genial einfach ist, haben sich schon viele Fahrtensegler mit dem Bau einer Windfahnensteuerung beschäftigt. Aber nur ganz wenige brachten ein akzeptables Resultat zustande. Zur Konstruktion und richtigen Ausführung einer solchen Anlage gehören nämlich weit mehr technisches Wissen und Erfahrung, als man auf den ersten Blick vermuten möchte. Wer eine solche Anlage baut, muß bedenken, daß sie oft wochenlang Tag und Nacht und bei jedem Wetter Dienst zu tun hat, ständig den zerstörerischen Einflüssen von Salzwasser und UV-Strahlung ausgesetzt. Es genügt auch nicht, einfach alles überzudimensionieren. Die Anlage würde dann nicht nur zu schwer, sondern auch ihre einzelnen Komponenten würden sehr schwierig zu lagern oder aufeinander abzustimmen sein: Die Windfahne wäre zu träge, um auf Schwachwind reagieren zu können, und ihr Steuerimpuls würde nicht zum Ruderblatt weitergeleitet werden können.

Gute Anlagen zeichnen sich deshalb vor allem durch ihr leichtes Gewicht und die optimale Lagerung aller beweglichen Teile aus. Sie müssen weitgehend wartungsfrei sein und sollten sich nach einer Havarie mit Bordmitteln reparieren lassen.

Sorgfältig profilierte Ruderblätter und Windfahnen tragen ebenfalls erheblich zur Leistungssteigerung bei. Alle tragenden Elemente wie Verstrebungen, Halterungen, Gehäuse und Getriebeteile sollten aus nicht korrodierenden Materialien bestehen. Werden beispielsweise Elemente aus Aluminium eingesetzt, dürfen sie nur aus dem absolut korrosionsbeständigen „AlMg 5" gefertigt sein. Wie wichtig die richtige Wahl der Materialien ist, läßt sich an der berühmten und etwa achttausendmal gebauten „Aries" beweisen: Sie brachte mit ihren ewigen Korrosionsproblemen zahlreiche Eigner zur Verzweiflung. Deshalb ist gerade die Frage nach der Art des verwendeten Materials oder der Qualität der Lager ganz entscheidend zur Beurteilung einer Anlage.

Abschließend noch einige weitere wichtige Fragen, die man sich während der Prüfung einer Windfahnensteuerung beantworten lassen sollte:

**Die immer noch mit Abstand unter Hochseeseglern verbreitetste „Aries"-Pendulum-Anlage aus Aluminium wird nicht mehr gebaut.**

- Wie ist das Problem des Übersteuerns gelöst? (Am besten sind einfache Getriebe mit zwei unterschiedlich großen Kegelrädern aus Marine-bronze oder rostfreiem Stahl.)
- Aus welchem Material bestehen die Lager? (Kugeln aus Delrin oder Gleitlager aus Teflon haben sich am besten bewährt!) Wie leicht lassen sie sich von Salz und Staub säubern oder aus-wechseln?
- Wie einfach ist die Montage, paßt die Halterung für alle Heckformen oder treten beim Einbau zusätzliche Kosten auf?
- Kann die Selbststeueranlage auch als Notruder verwendet werden?
- Hat das Pendelblatt eine Sollbruchstelle, und wie ist es gegen Verlust gesichert? Wie einfach läßt es sich auf See reparieren bzw. auswechseln?
- Wie leicht kann das Pendelblatt für Hafen-manöver oder im Sturm demontiert oder hochge-holt werden?

## Marktübersicht über die bei uns gebauten oder vertretenen Anlagen

Alle hier vorgestellten Windfahnensteuerungen haben ihre Leistungsfähigkeit und Zuverlässigkeit bereits seit vielen Jahren und auf Yachten unterschiedlichster Bau-art unter Beweis gestellt. Sie unterscheiden sich jedoch zum Teil erheblich in ihrer Handhabung, der hand-werklichen Ausführung und den Preisen. Deshalb lohnt es sich, die Technik der einzelnen Vorrichtungen genauer unter die Lupe zu nehmen, um Plus und Minus besser abwägen zu können: Denn die in allen Anlagen vorhandenen Schwachpunkte wird man kaum während des Verkaufsgespräches in Erfahrung bringen können.

**Material:** Konstruktionen aus Edelstahl sind korrosi-onsbeständig, sehr robust und leicht zu warten, weil sie sich auch nach längerer Einwirkung von Seewasser problemlos demontieren lassen. Rostfreier Stahl ist aber im Vergleich zu Aluminium erheblich schwerer. Deshalb muß der Hersteller die unterschiedlich bela-steten Bereiche seiner Anlage genau berechnen, um

sie richtig dimensionieren zu können. Mit seewasser-beständigem Aluminium (AlMg 3 reicht nicht, es muß AlMg 5 sein) lassen sich leichte Anlagen mit weniger Aufwand bauen. Jedoch müssen hier alle anderen ver-wendeten Metalle, wie Bronze oder Edelstahl, sorgfäl-tig mit Buchsen oder Scheiben aus Kunststoff von dem Aluminium isoliert werden.

Das Gewicht einer Anlage spielt vor allem für leicht gebaute, moderne Yachten eine Rolle, da die weit außen hängende Masse das Boot vertrimmen (Spiegel saugt) kann. Zumal die meist sehr geräumigen Backs-kisten der kastenförmigen Hecks zum Überladen ver-führen.

**Windfahne:** Keine Frage, sie sollte aus den schon erwähnten Gründen eine horizontale Achse haben (also seitlich kippen). Profilierte, leichte Fahnen aus Kunststoff-Schaum reagieren sensibler als solche aus Sperrholz. Sie sind aber teuer und müssen als Ersatz-teil mitgenommen werden. Sperrholzfahnen dagegen lassen sich problemlos mit Bordmitteln anfertigen.

**Lagerung:** Die Lager sollten wartungsfrei sein. Einfa-che Gleitlager erfüllen diese Forderung zwar weitge-hend, sind aber nicht so leichtgängig wie moderne Kugel- oder Nadellager aus Kunststoff. Diese müssen aber wiederum regelmäßig von Salz und Staub befreit werden und deshalb leicht zugänglich sein.

**Ruderblätter:** Ruderblätter haben gleich mehrere Anforderungen zu erfüllen: Sie müssen strömungsgün-stig profiliert sein, um auch bei geringster Fahrt durchs Wasser sofort wirken zu können. Sie sollten ausgewogen vorbalanciert (zu stark balancierte Ruder-blätter schlagen zu hart seitlich aus und überbeanspru-chen die gesamte Konstruktion) und leicht gebaut sein, mit möglichst viel Auftrieb, um die Lagerreibung zu verringern.

**Befestigung:** Sie sollte sich möglichst problemlos und ohne aufwendige Beschläge auf jede Heckform ein-stellen lassen.

**An- und Abbau der Ruderblätter:** Da Windfahnen-steuerungen heute überwiegend auch für Tagestörns aktiviert werden, sollten sich alle über das Heck hin-ausragenden Teile für Hafenmanöver so leicht wie möglich demontieren lassen. Hier sind Anlagen, deren Ruderblätter einfach über eine Leine hochgeklappt werden, von großem Vorteil.

Noch eine notwendige, persönliche Anmerkung: Die folgende Beurteilung der Windfahnensteuerungen ist zum Teil subjektiv ausgefallen, da für mich vor allem die Steuereigenschaften in Schwachwinden vor dem Wind zählen und nicht beispielsweise geringere Wartung. Wenn ich also Gleitlager oder Windfahnen aus Sperrholz als Minus ansehe, so nur deshalb, weil sie gegenüber dem Kugellager und einer ausgeschäumten, profilierten Windfahne nicht so leichtgängig bzw. sensibel reagieren können. Dafür sind diese einfachen Bauteile robuster, wartungsfrei oder leichter zu ersetzen. Die Anschaffung einer Anlage ist also immer ein Kompromiß.

**Stayer** (ex Sailomat)
Funktionsprinzip: Doppelruder (Pendel- und Hilfsruder)
Material: Aluminium, Kardangelenke des Getriebes aus Bronze, profilierte Windfahne aus Kunststoffschaum, Ruderblätter profiliert, je nach Größe aus massivem Kunststoff oder Aluminium
Gewicht: je nach Ausführung zwischen 35 und 45 Kilogramm
Preis: ca. 11000 DM

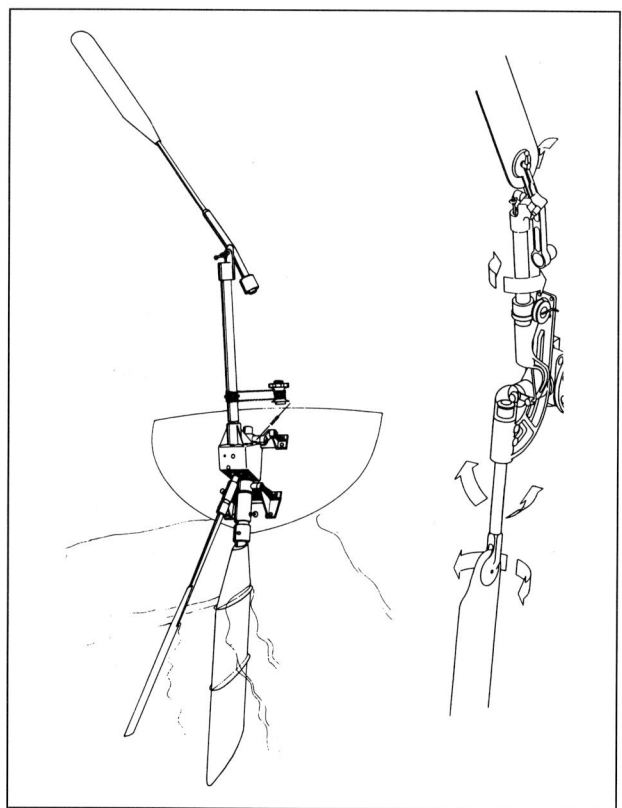

Plus: hochwertige, wirkungsvoll profilierte und sauber ausgeführte Windfahne und Ruderblätter, deshalb sehr sensible Funktion auch in schwachem Wind, excellente Lager, einfach zu warten, optimales Notruder, sehr kompakte Bauweise
Minus: mühseliger An- und Abbau der schweren Ruderblätter, hohe Belastung während der Gierdämpfung durch Querstellen der Ruder
Vertrieb: Herman Brinks GmbH, Box 143, 1500 EC Zaandam, Holland

**Windpilot Pacific Plus**
Funktionsprinzip: Doppelrudersystem (Pendel- und Hilfsruder)
Material: Aluminium, Windfahne ohne Profil aus Sperrholz, Pendelruder Mahagoni Epoxi verleimt, PU-Lack beschichtet, Hilfsruder: GFK mit Hartschaumkern
Gewicht: je nach Ausführung 32 bis 41 Kilogramm
Plus: Gierdämpfung durch Getriebe (Kegelrad aus Edelstahl), dadurch geringe Belastung auf Heck und Anlage, Pendelruder mit Leine hochschwenkbar, Anlage durch Lösen von zwei Bolzen abnehmbar, gut profilierte, vorbalancierte und leicht gebaute Ruderblätter, Anlage weitgehend wartungsfrei, sehr robuste Konstruktion, gute Notruder-Anlage, gut durchdachte Halterung passend für jedes Heck
Minus: einfache Sperrholzfahne ohne Profil, einfache Gleitlager
Preis: ca. 7400 DM
Vertrieb: Windpilot, Bandwirkerstraße 39–41, 22041 Hamburg

**Monitor**
Funktionsprinzip: Pendelruder
Material: Edelstahl, Windfahne: ohne Profil aus Sperrholz, Pendelblatt: Edelstahl ausgeschäumt
Gewicht: 23 Kilogramm
Preis: ca. 6000 DM
Plus: leichte, sauber verarbeitete und robuste Edelstahl-Konstruktion, sehr gute Kunststoff-Kugellager, einfach zu warten, leicht gebautes Pendelruder mit

**Doppelruderanlage „Sailomat":** Läuft das Schiff aus dem Ruder, kippt die Fahne. Das Vorruder wird angedreht, schwingt seitlich aus, und das Getriebe setzt diese Bewegung zum Legen des Hauptruders der Anlage um (links).

**Pendulum-Anlage „Pacific":** Hier wird das Ausschwingen des Pendelruders mit Leinen auf die Pinne übertragen (rechts).

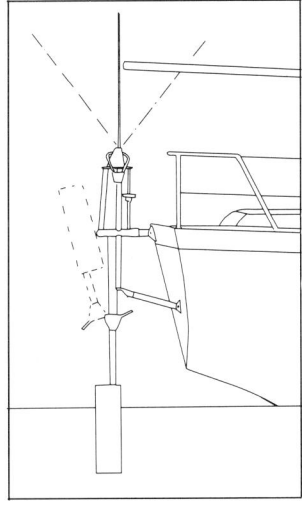

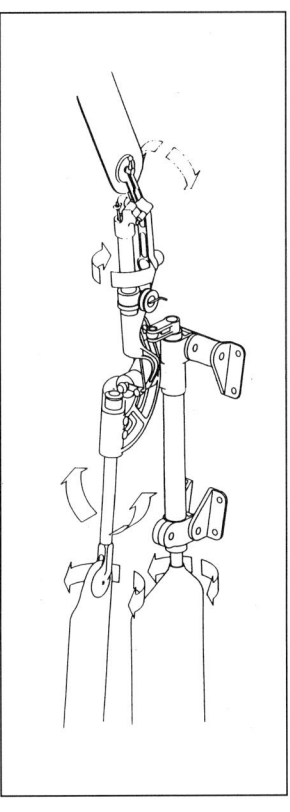

**Pluspunkt der „Pacific": Ihr Pendelblatt läßt sich im Hafen oder wenn mit der Hand gesteuert werden muß, mit einem Handgriff hochklappen.
Auch das Pendelruder der „Pacific Plus" kann hochgeschwenkt werden.**

Auftrieb und ausgewogener Vorbalancierung, hochklappbar, wartungsarm und leicht, ausgeklügelte Halterung für jede Heckform passend
Minus: einfache Sperrholzfahne, langer Weg mit zehnfacher Umlenkung der Leine über Rollen und Blöcke vom Schaft des Pendelruders zur Pinne, hochgeklapptes Ruderblatt steht achteraus
Vertrieb: Blue Water GmbH, Speditionsstraße 17, 40221 Düsseldorf

## Windpilot Pacific

Funktionsprinzip: Pendelruder
Material: Aluminium, Windfahne ohne Profil aus Sperrholz, Pendelblatt aus Mahagoni Epoxi verleimt, PU-Lack beschichtet
Gewicht: 21 Kilogramm

Preis: ca. 4400 DM
Plus: wirkungsvoll profiliertes und vorbalanciertes Pendelblatt, läßt sich über Leine einfach seitlich hochschwenken, nur zweimal umgelenkte, sehr kurze Übertragungsleine zur Pinne, sehr gut auf die Spiegelform einstellbare Halterung, einfache Selbstmontage, Anlage mit nur einem Bolzen demontierbar, wartungsfrei
Minus: einfache Sperrholzfahne, Gleitlager
Vertrieb: Windpilot, Bandwirkerstraße 39–41, 22041 Hamburg

## Schwingpilot

Funktionsprinzip: Pendelruder mit horizontalem Hebelarm, um Anlage hoch am Heckkorb montieren zu können
Material: Aluminium, Fahne: aus GFK mit Profil, Ruderblatt: Aluminium-Guß, massiv
Gewicht: 26 Kilogramm
Preis: ca. 4600 DM + MWSt

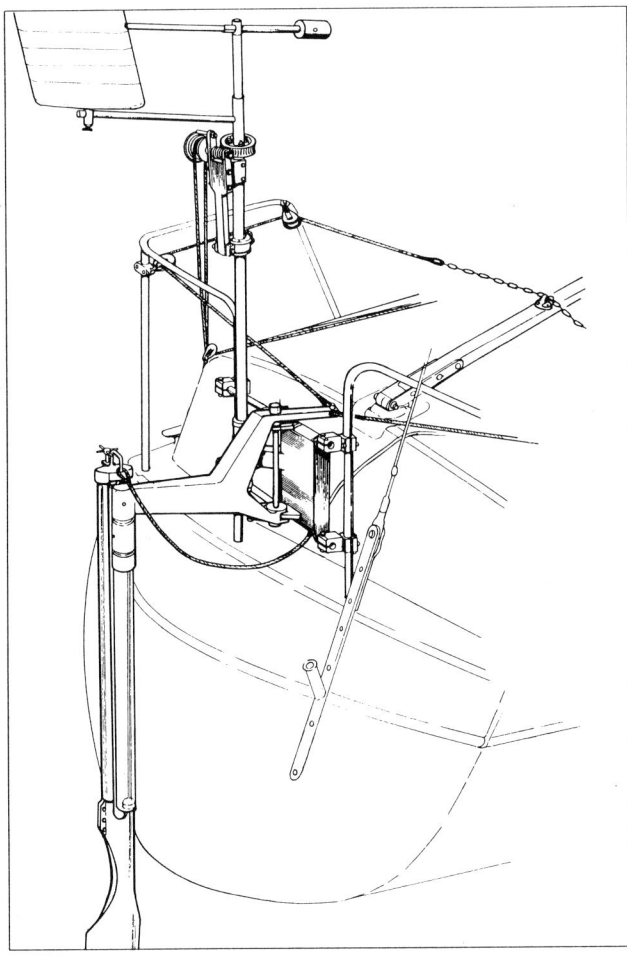

**Der seit langem gebaute „Schwingpilot" funktioniert mit einer weniger leistungsfähigen Fahne.**

Plus: profilierte Windfahne, einfache Montage am Heckkorb: Er muß allerdings besonders fest gebaut und verankert sein, da sonst starke Vibrationen auftreten können

Minus: Fahne dreht um vertikale Achse, kurzer, horizontaler Pendelarm setzt die Kraftübertragung herab, bei Schiffen mit großer Freibordhöhe können starke Vibrationen auftreten, einfache Gleitlager, relativ hohes Gewicht, Anbau-Probleme bei negativen Heckformen, Pendelblatt muß mit Bolzen demontiert werden

Vertrieb: Schwing Hydraulik Elektronik GmbH & Co., Dorstener Staße 424, 44653 Herne

Abschließend noch einige Worte zu den elektronischen Steuerautomaten: Sie halten den Kurs, der auf der Skala ihres eingebauten Kompaß eingestellt wurde. Und den halten sie dann auch stur – egal wohin der Wind dreht. Das kann man als Vorteil ansehen. Mir ist es jedenfalls lieber, wenn mein Boot den Winkel zum scheinbaren Wind einhält, für den ich es getrimmt habe. Vor allem dann, wenn ich möglichst viel Höhe gewinnen will: Dann steuert meine Windfahnensteuerung wesentlich besser, als ich es mit der Hand kann, weil sie die Dreher schneller und genauer berücksichtigt. Trotzdem haben elektronische Autopiloten, vor allem die handlichen Schubstangen-Anlagen, gegenüber den Windfahnensteuerungen einige unbestreitbare Vorteile: Sie steuern unter Motorfahrt in der Flaute, sind mit einem Handgriff montiert, leicht unter Deck zu verstauen, behindern nicht bei Hafenmanövern und belasten das Heck nicht durch ihr Gewicht. Außerdem sind die Schubstangen-Steuerungen führender Firmen, wie beispielsweise Autohelm, sehr weit ausgereift: Sie verbrauchen nur noch wenig Strom, arbeiten jahrelang zuverlässig, sind nahezu wartungsfrei und vergleichsweise preisgünstig. Außerdem verfügen die meisten Hersteller heute über ein gut ausgebautes Service-Netz.

Für Fahrtensegler, die auf großen Schiffen mit kleinen Crews oder häufig einhand unterwegs sind, noch ein Tip: Die Vorteile beider Systeme (Elektronik und Mechanik) lassen sich in idealer Weise miteinander kombinieren, indem man eine Schubstangen-Steuerung mit der Windfahne verbindet. „Windpilot" bietet hierfür einen Umrüstsatz an und „Stayer" eine Elektronik-Einheit, die statt der Windfahne aufgeschraubt wird. Außer dem Motoren in der Flaute kann die Elektronik auch dann die Steuerung des Pendel- oder Hilfsruders übernehmen, wenn beispielsweise vor dem Wind unter Spinnaker der scheinbare Wind zu schwach wird, um die Windfahne aufrecht zu halten.

# DAS WETTER

WILFRIED ERDMANN

# EINLEITUNG

Mein Beitrag zu diesem Buch beschreibt ein physikalisches Phänomen, über das allenthalben so intensiv wie kenntnislos geredet wird: maritime Wetterkunde.

Das Wetter zählt für Seefahrer zu den mächtigsten Kräften. Während im Landleben eine Kaltfront, die mit 40 Knoten Wind und Regen durchzieht, hinter einer gut isolierten Fensterscheibe kaum wahrgenommen wird, muß man auf See mit den Auswirkungen dieses Wetters ungemein kämpfen. Derselbe Wind, der uns an Land lediglich zum Regenmantel greifen läßt, verursacht auf der offenen See gefährliche Wellen oder türmt gar mit Hilfe von Strömungen hohe Brecher auf. Selbst leichte Wetterveränderungen machen sich unmittelbar bemerkbar: Das Schiff krängt, alle Arbeiten an Bord sind aufwendiger, die Suppe schwappt aus der Schüssel. Ja, sogar das Erreichen einer Windstill-Zone hat Folgen: Das Schiff schaukelt in einer alten oder neuen Dünung, die Segel hängen schlaff am Mast und schlagen beim Dümpeln erbärmlich. Je kleiner das Schiff ist, desto empfindlicher reagiert es auf das Wetter. Zum Glück kann ich mich nicht an alle unangenehmen, zum Teil qualvollen Wetternuancen während meiner Segeljahre erinnern. Ich will es auch nicht.

Nun bin ich weder ein Segler, dessen Hobby die Geheimnisse der Wetterwissenschaft sind, noch ein Meteorologe, der auch segelt. Ich bin ein ganz solider Wind-Normalverbraucher, der sich seine Kenntnisse über Jahre hinweg aus Büchern und Fachartikeln geholt hat. Für dieses Thema habe ich nun reichlich Fachliteratur auf meinem Schreibtisch gestapelt.

Je tiefer ich in das Thema einsteige, desto mehr zeigt sich, welche Fülle von Überraschungen es birgt: Es soll zum Beispiel Fallwinde in der dänischen Südsee geben, und im Monat Dezember fegen immer Hurrikane über die Karibik.

Am Ende meines „Studiums" wundere ich mich, daß ich nach all den dort beschriebenen Wetterdesastern überhaupt lebend und zudem ohne Schiffshavarien aus meinen zahlreichen Unternehmungen herausgekommen bin. Weiter erfahre ich: „Eigentlich kann segeln, wer will, also auch jeder, der keinen Segelschein hat, keine Navigationskenntnisse besitzt, aber auf keinen Fall ohne meteorologisches Wissen." Und daß die Wettervorhersage in der Tageszeitung der am meisten gelesene Beitrag ist: „Segelwetter, Badewetter, Hafenwetter, Schauerwetter, Regenwetter. Alle wollen wissen, wie es wird – das Wetter. Die Folge: Leute, die den Wetterbericht nur „konsumieren", sind der Meinung, daß Wettervorhersagen nur selten stimmen. Fehlinformation. Paradoxerweise treffen Wettervorhersagen in unseren Breiten in neun von zehn Fällen zu. Früher, ganz früher und jahrhundertelang hielt man Wettererscheinungen für Göttersache. Dennoch ist die „Wissenschaft" der Vorhersage eine der ältesten Bemühungen des Menschen. Es waren griechische Gelehrte, die vermuteten, daß das Wetter natürliche Ursachen hat. Aristoteles hat dann auch das Wort Meteorologie geprägt, das soviel bedeutet wie „Gespräch über das Wetter". Doch seit den Tagen der bloßen Spekulation und Sprüchen wie „Abendrot, Gutwetterbot" haben die Dinge sich enorm weiterentwickelt. Auch die Zeiten, die in Joseph Conrads Roman-Orkanen beschrieben werden, sind vorbei: als sich Sturmfronten aus dem Hinterhalt auf die Schiffe stürzten wie die Katze auf die Maus.

Inzwischen ist nämlich die meteorologische Wissenschaft ein gutes Stück vorangekommen. Dies aber erst, nachdem die ersten Meßinstrumente entwickelt wurden. Meteorologie beruht vor allem auf Messungen – der Temperatur, der Windrichtung und -stärke, des Luftdrucks sowie der Dichte und Feuchte der Atmosphäre, die die Erde umgibt. Auftreten und Abläufe der Fronten, Wirbelstürme, Fallwinde und andere Wettergeschehen sind über lange Zeit registriert und erforscht worden, und man hat herausgefunden, daß sich alles in bestimmten Regionen und zu genauen Zeiten ähnelt und wiederholt. Jeder Seemann und Seesegler weiß inzwischen oder kann sich anhand von Büchern und Karten informieren, wo und zu welchen Jahreszeiten Orkane auftreten, und er kann so in den

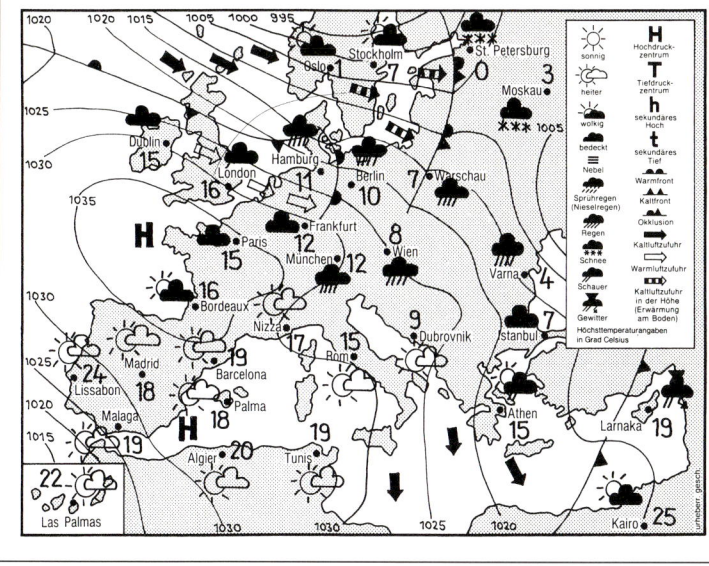

**Deutscher Wetterdienst Vorhersagekarte für 1. April 1995 12 Uhr (UTC)**

**Lage:** Zwischen einem Nordmeertief und einem Hoch über Südwesteuropa werden Tiefausläufer über den Norden und Osten Deutschlands geführt. Dabei setzt sich mildere Meeresluft durch.

**Vorhersage:** In fast ganz Deutschland stark bewölkt, am Oberrhein einzelne Auflockerungen und im Norden und Osten zeitweise leichter Regen. Am Sonntag nordöstlich der Elbe Übergang zu wechselnder Bewölkung mit Schauern. Am Wochenende zwischen 7 Grad im Nordosten und 14 Grad im Südwesten. Nachts 4 bis 9 Grad, in der Nacht zum Montag im Nordosten bis null Grad absinkend.

**Aussichten:** Im Norden und Osten Deutschlands wechselnd bewölkt mit einzelnen Regen- oder Graupelschauern und kalt, im übrigen Deutschland stark bewölkt, etwas Regen und mild.

Steter Wechsel zwischen Sonne und Regen ist typisch für den Nordatlantik. Etwas später entpuppt sich dieses Schauerwetter als Ausläufer eines Karibikhurrikans, der schwere Sturmseen aufpeitscht.

Die Wettervorhersage: der am meisten gelesene Beitrag in den Tageszeitungen. Man kann sich damit beschäftigen und Routine erwerben.

meisten Fällen überhaupt vermeiden, dahinein zu geraten. Geschieht das doch, so gibt es weitere Regeln, nach denen mit Hilfe des Luftdrucks, der veränderten Windrichtung und wissenschaftlichen Erkenntnissen ein anderer Kurs abzusetzen ist.

Und trotzdem werden Schiffe von Orkanen erwischt. Weil sie die Gefahr zu spät bemerken und wegen zu geringer Fahrt nicht rechtzeitig ausweichen können, oder gar aus Leichtsinn.

Nach Einführung von Funk und Fax kommt das jedoch immer seltener vor, auch wenn Ausnahmen die Regel bestätigen. Denn wenn jetzt häßliche Fronten unterwegs sind, hängen sich alle Wetterberichte daran. Der Meteorologe kann jede Bewegung, jede Veränderung in Stärke und Richtung analysieren und über die Seewetterberichte absetzen.

Kurzum: Das Aufkommen von Wetterschreibern, Wettersatelliten, Funk und von Computern errechneten Daten hat die Heftigkeit in der Konfrontation mit den Elementen reduziert.

Das Grundwissen der Wettervorhersage unter Berücksichtigung von Bewölkung, Luftdruck und Wind kann sich jeder normale Segler mit gesundem Menschenverstand und etwas technischer Hilfe einprägen. Regattasegler erkennen schnell den Wert der Vorhersage oder finden sich am Ende des Feldes wieder. Für Fahrtensegler ist sie ebenso wichtig – nur aus einem anderen Grund. Sie dient der Sicherheit, Bequemlichkeit und der Freude. Für uns Seesegler, wie für alle anderen, hängt eine zutreffende Vorhersage von zwei Voraussetzungen ab: von der richtigen Auslegung des Wetterberichtes und von der Fähigkeit, anhand persönlicher Beobachtungen Schlußfolgerungen für das Wetter im betreffenden Segelrevier zu ziehen.

Meine Ausführungen sind selbstverständlich nichts weiter als ein praxisorientierter Ausblick auf ein weites Feld.

# ATMOSPHÄRE

Als einziger Planet unseres Sonnensystems hat die Erde eine Atmosphäre ausgebildet, die ein lebensfreundliches Klima zuläßt. Diese riesige Gashülle, die sich in extremer Verdünnung bis 1000 Kilometer weit in den Weltraum erstreckt, wird durch die Erdanziehung zusammengehalten.

Uns interessiert aber nur der bodennahe Abschnitt der Atmosphäre, in der alle Wettererscheinungen ablaufen und die von den Meteorologen Troposphäre genannt wird. Diese Luftschicht umspannt als dünne Hülle die Erde – 17 Kilometer dick über dem Äquator, 10 Kilometer in den mittleren Breiten und nur 7 bis 8 Kilometer über den Polen. Die Troposphäre macht zwar nur ein Hundertstel der gesamten Erdatmosphäre aus, doch sie enthält 75 % aller Luft. Und man kann sich nur schwer vorstellen, daß in dieser dünnen Schicht so bedeutsame Prozesse wie Tiefs, Hochs, Fronten und so weiter produziert werden. Denn ein kleines Luftpaket ist dünn, flüchtig, unsichtbar und besitzt keine Farbe, keinen Geruch, und diese kleinen Mengen lassen sich leicht verschieben. Aber als Ganzes ist Luft schwerfällig, und nur wenn sie in Bewegung gerät, spüren wir auf der Haut, daß uns mehr umgibt als Leere.

Rund um den Erdball tobt in der Troposphäre ein unablässiger Luftkampf. Wenn Wetter Häfen und Schiffe zerstört, wird uns bewußt, mit welcher Gewalt und Unausweichlichkeit die Vorgänge in der Erdatmosphäre ablaufen. Diese erdnächste Luftschicht ist gleichsam eine „Maschine" zum Energietransport. Eine Maschine völlig aus Luft. Fürwahr, ein seltsames

**Zirkulation der Atmosphäre: Aufsteigende Luft aus den Mallungen sinkt im Hochdruckgürtel nieder. Dabei lösen sich die Wolken auf, die Luft strömt zu den Mallungen zurück. Auf der Nordhalbkugel als Nordostpassat, auf der Südhalbkugel als Südostpassat. In unseren Breiten treiben Tiefs und Hochs von Westen nach Osten.**

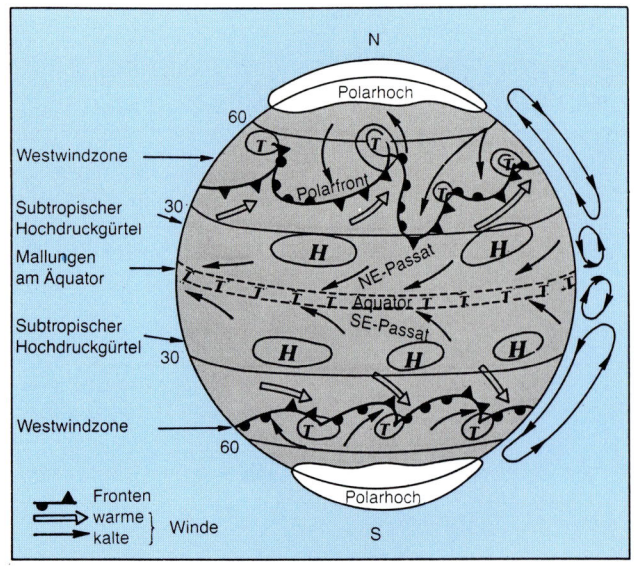

Monstrum, diese Wettermaschine, die Ozeane in Wallung bringt, Schiffe fortbewegt, Bäume knickt und zudem immer bemüht ist, die Temperatur auf dem Globus „gerecht" zu verteilen.

Obgleich Luft nicht mehr als ein Nichts zu sein scheint, hat sie ihr Gewicht. Der Erdboden ist also dem Druck der Atmosphäre ausgesetzt. Der atmosphärische Druck an einem gegebenen Ort auf dem Erdball ist gleich dem Gewicht der „wandelbaren" Luftsäule, die zu dieser Zeit auf diesem Ort steht. So ist Wetter dann auch der Zustand der Lufthülle unserer Erde in einem bestimmten Augenblick: Lufttemperatur, Luftdruck, Wind, Feuchte, Niederschlag, Wolken, Gewitter als Ganzes gesehen.

Angetrieben wird die ungeheure Masse Luft von der Sonnenenergie, die von der Erde in Wärme umgewandelt und dabei von der Luft ausgleichend über den Erdball verteilt wird. Stünde die Erde still, wäre ihre Oberfläche eben, und herrschte überall die gleiche Temperatur, würde auch der atmosphärische Druck an der Oberfläche der gleiche sein – und es gäbe beispielsweise keinen Wind. Die primäre Ursache der Entstehung des Windes liegt in den Temperaturunterschieden, die wiederum den Anlaß für Druckunterschiede bilden.

Weil jedoch die Erdachse geneigt ist, wird bei der Umrundung der Sonne mal die nördliche, mal die südliche Halbkugel stärker erwärmt: Die Jahreszeiten ent-

**Alle Wolken sind im bodennahen Abschnitt der Atmosphäre, von Meteorologen Troposphäre genannt, enthalten. In dieser Luftschicht laufen alle Wettererscheinungen ab.**

stehen. Und weil die Erde sich dreht, während sie von der Sonne beschienen wird, kann die Luft an die Pole gelangen. Genauer: Der äquatoriale Bereich empfängt stets mehr Sonne als die polaren Breiten, deshalb heizt sich die Atmosphäre in den Tropen stärker auf, wodurch ein Gürtel niedrigen Luftdrucks entsteht. Das Druckgefälle zu den Polkappen ist daher deutlich ausgebildet. Angetrieben vom Druckunterschied zwischen den Polen und dem Äquator, kreisen Luftmassen unentwegt um die Erde. Eine direkte Folge dieser atmosphärischen Zirkulation sind die Klimazonen.

Für Komplikationen sorgt die unregelmäßige Verteilung von Kontinenten und Meeren auf der Erde. Kein Wunder also, daß die Menschen in vorwissenschaftlicher Zeit das schwer durchschaubare Wettergeschehen den Launen der Götter zuschrieben. Nach dem Donner ist der altgermanische Gott Thor, dessen im Zorn geschleuderter Hammer wie ein Bumerang in seine Hand zurückkehrte, benannt. Von Poseidon, dem Meeresgott der Griechen, wußte Homer in der Odyssee zu berichten, daß er „die Wolken versammelte und die tiefen Gewässer rührte... und er erregte Stürme aller Art und bedeckte das Land und das Meer mit Wolken".

## LUFTDRUCK

Des Seglers größter Freund und Feind ist der atmosphärische Druck – wir erinnern uns: das Gewicht von vielen Kilometern Luft, das auf der Erde lastet. Und dieser Druck bestimmt die täglichen Veränderungen von Wind und Wetter und ermöglicht die eigene Wettervorhersage. Der Luftdruck wird mit einem Barometer gemessen, das mit abnehmendem Luftdruck fällt, mit zunehmendem steigt. Man kann sagen, das Barometer ist das wichtigste Instrument für die eigene spezifische Vorhersage an Bord.

Es war dann auch auf all meinen Fahrten, selbst auf einem ausgiebigen Jollentörn rund Mecklenburg, an Bord – wenn auch gelegentlich als Angstmacher. Erfunden hat dieses Gerät der italienische Physiker

Sonnenuntergänge sind immer faszinierend. Und nicht nur das – sie sind neben Luftdruck und Wolken die zuverlässigsten Anzeichen fürs Wetter.

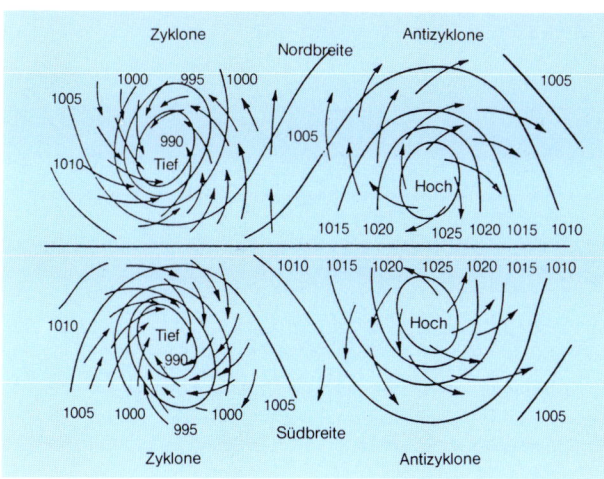

Evangelista Torricelli im Jahre 1643. Die international gültige Einheit für den Luftdruck ist Hektopascal (hPa). Ein Hektopascal entspricht einem Millibar oder 0,76 Millimeter Quecksilbersäule (mm Hg).

Die Bedeutung des Luftdrucks und dessen Auswertung liegt darin, daß er uns Aufschlüsse gibt über die Zustände in der ganzen Atmosphäre über uns, frei von örtlichen Einflüssen – und deshalb hängen auch die Änderungen des Luftdrucks mit jenen des Windes zusammen. Der Druck der Luft hängt ja bekanntlich von der Schwere der darüberstehenden Luftmassen ab. Der Standarddruck auf Meereshöhe beträgt 1013 Hektopascal, und er nimmt mit der Erhebung über dem Meeresspiegel ab, weil eben die Gewichtsmasse der darüberstehenden Luft abnimmt. Der Luftdruck

**Eine Böenwalze zieht, begleitet von stürmischem Wind, bei ruhigem Wetter im südlichen Hochdruckgürtel auf. Kein Luftdruckfall kündigt sie an.**

**Zyklone und Antizyklone sind andere Bezeichnungen für Tief- und Hochdruckgebiete. Auf der Nordhalbkugel drehen die Hochs im Uhrzeigersinn, die Tiefs entgegengesetzt, auf der Südhalbkugel drehen Hochs und Tiefs jeweils andersherum.**

schwankt innerhalb von 24 Stunden ganz regelmäßig, und zwar in den Tropen um zwei bis vier Hektopascal, in unseren Breiten um weniger als ein Hektopascal. In den Tropen ist der Druck am höchsten um 10.00 Uhr und um 22.00 Uhr, am geringsten um 04.00 Uhr und um 16.00 Uhr. Jede Änderung dieses Rhythmus bedeutet eine Änderung des Wetters.

Mit Hilfe des Luftdrucks sind also Hoch- und Tiefdruckgebiete auszumachen. Angenommen, bei einem Tief liegen die Isobaren, die Linien gleichen Drucks, eng beieinander, dann besteht ein großer Druckunterschied von einem Ort zum nächsten. Wenn sich solch ein Tief nähert, erfolgt ein rascher Druckabfall, wenn es abzieht, ein rascher Druckanstieg. Nochmals: Die Veränderung des Druckes ist also ein gutes Signal für Wetteränderung. Dabei kommt es nicht auf den absoluten Wert des Druckes an, sondern lediglich auf dessen Veränderung. So bedeutet rascher Druckabfall starken Wind und meist auch Niederschlag. Wenn der Druck in unseren Breiten um mehr als ein Hektopascal pro Stunde fällt, gibt es Sturm. Ein zügiger Druckanstieg spricht für schnelle, aber meist nur kurzfristige Wetterbesserung. Beobachten wir einen langsamen Druckabfall, nachdem vorher längere Zeit schönes Wetter geherrscht hat, so ist das ein sicheres Zeichen für das Ende der Schönwetterperiode. Das kommt nicht über Nacht. Man kann sich darauf einstellen. Wenn das Wetter aber vorher schon veränderlich war, bedeutet es im allgemeinen keine besondere Änderung des Wettergeschehens. Dagegen bedeutet langsamer, über 24 Stunden oder länger anhaltender Druckanstieg eine langfristige Wetterbesserung.

Wer Nutzen vom Barometer haben will, sollte erstens in ein bordtaugliches Gerät investieren. Es muß robust gebaut sein, sich von harten Bordbedingungen überhaupt nicht „beeindrucken" lassen und dabei doch empfindlich sein, das heißt, den Luftdruck mit größter Präzision messen. Zweitens: Nicht nur gelegentlich darauf klopfen, sondern mindestens alle zwei Stunden ablesen und die Werte notieren, bei dramatischen Wetterlagen stündlich. Denn schnelle Luftdruckänderung bedeutet viel Wind.

Wie bei allen Regeln gibt es auch bei den geschilderten Zusammenhängen zwischen Druckabfall und Wind Ausnahmen. Als ein Beispiel mag ein persönliches Erlebnis östlich Südafrikas stehen. Obwohl das Barometer über Stunden stark fiel, wehte fast kein Wind. Es herrschte zeitweise sogar totale Windstille, bis eine riesige Wolkenbank den Zenit erreicht hatte. Erst dann brach der Sturm mit einer furchtbaren Gewalt los.

Wer den Luftdruck besser auswerten möchte, sollte sich einen Luftdruckschreiber (Barograph) anschaffen. Es ist ein ideales Gerät, mit dem man sich zu jeder Zeit einen wesentlich besseren Überblick der Druckveränderungen machen kann. Es zeichnet nämlich den Luftdruck auf eine Papiertrommel. Dadurch entgehen einem keinerlei Änderungen, wie es beim Barometer schon mal vorkommen kann. Will man einen bordtauglichen Barographen, muß man auch hier ordentlich investieren. Empfehlenswert wäre ein Gerät, das eine Papierrolle für 365 Tage vorsieht, bei dem der Druckverlauf der vergangenen zwei Tage voll im Blickfeld ist und dessen Materialien absolut seewasserfest sind.

Um die Wetterregeln voll ausschöpfen zu können, müßte man einen Barographen besitzen.

# WOLKEN

Unendlich scheint die Vielfalt der Wolken und der Vorgänge, die zu ihrem Entstehen und Vergehen führen. Und es ist manchmal ziemlich schwierig, sich in der Welt der Wolken mit ihren tausend Nuancen zurechtzufinden. Wer sich mit Wolken auskennen will, braucht Zeit, Geduld und jene Beobachtungsgabe, die manche abfällig als Träumerei bezeichnen. „Sinnbild des Wanderns" nannte Hermann Hesse die Wolken.

Die wissenschaftliche Definition klingt nüchterner: Wolken sind eine Ansammlung winziger, in der Luft schwebender Wassertröpfchen oder Eiskristalle. Sie streuen das Licht gleichmäßig diffus und erscheinen deswegen weiß. Wolken beeinflussen entscheidend die Strahlenbilanz der Erde.

**Der Barograph ist ein ideales Gerät, um die Druckveränderungen zu verfolgen.**

Ci **Cirrus,** zarte, hohe weiße Wolken, „Windwolken", „Katzenhaare", oft in Form von Eisblumen

Cc **Cirrocumulus,** dicht gedrängte Cirruswolken, feine hohe Schäfchenwolken

Cs **Cirrostratus,** feiner hoher Schleier, weißlichfaserige Schicht, für Sonne und Mond durchlässig, manchmal nur Ring um Sonne und Mond

} O b e r e Wolken

Mindesthöhe 6000 m

Ac **Altocumulus,** grobe Schäfchenwolken zu Schichten von weißen Ballen oder Walzen zusammengefügt, oft Schollenform

As **Altostratus,** Himmel wie mit Milchglas überzogen, Sonne und Mond oft erkennbar, mindestens an hellem Schein

} M i t t l e r e Wolken

Höhe 6000–2000 m

Sc **Stratocumulus,** graue Wolkendecke mit Struktur

St **Stratus,** gleichmäßige formlose Schicht, Himmel grau in grau

Cu **Cumulus,** Haufenwolke, unten meist glatt, oben wie ein Blumenkohl, scharfe Ränder

Ni **Nimbus,** Regenfetzenwolke, Regenschwaden

} U n t e r e Wolken

unter 2000 m

Cb **Cumulonimbus,** große Haufenwolke, aus der es regnen kann, oft in großen Höhen hochgetürmt, Gewitterwolke, Schauerwolke, Böenwolke.

Nimbus = Regenwolke, Cumulus = Quellwolke Haufenwolke, Stratus = flache Schichtwolke, Cirrus = hohe Eiskristallwolke.

Von jeher dienen die wechselhaften Gebilde Seeleuten und Bauern als Hilfe bei Wetterprognosen. Mit Übung kann es jeder zur kurzfristigen Vorhersage bringen. Dabei reicht es völlig aus, die wesentlichen Strukturen zu durchschauen.

Es gibt zwei Hauptgruppen von Wolken:

Typ 1: Cumulus (Quell- oder Haufenwolken). Sie bilden sich durch Konvektion: Erhitzte Luft steigt vom Erdboden auf und reißt immer größere Luftmassen in die Höhe. Dabei kühlt die Luft ab, und der unsichtbare Wasserdampf kondensiert zu kleinen Tropfen. So können niedrige Schönwetterwolken entstehen. Man kann oft beobachten, wie sie während der wärmsten Stunden des Tages am Himmel aufsteigen. Manchmal stehen sie auch in gerader Linie über der Küste und geben genau das Küstenprofil wieder. Sie deuten auf Strömungen hin, die über dem erwärmten Festland aufsteigen. Auf offener See gelten sie als Hinweis auf entfernte Inseln.

In gleicher Weise bilden sich auch blumenkohlartige Quellwolken, aus denen es gelegentlich leicht regnet, und schließlich die riesigen Gewitterwolken (Cumulonimbus) – der König der Wolken. Dies ist ein übermäßig aufquellender Cumulus, der auf das Vorhandensein von Turbulenzen zwischen verschiedenen Luftmassen hinweist. Seine oberen Teile bestehen aus Eiskristallen und breiten sich amboßförmig bis an die Grenze der Stratosphäre aus. Heraus prasseln heftige Schauer und auch Hagel. Unter einer solchen Wolke weht der Wind stürmisch aus unvorhersehbaren Richtungen.

Da Cumuluswolken vor allem bei starker Erwärmung des Landes oder der See auftreten, sind sie bei uns im Sommer besonders häufig.

Typ 2: Stratus (Schichtwolken). Sie entwickeln sich vor allem durch Aufgleitvorgänge bei stabiler Schichtung, wenn etwa die Warmfront eines Tiefs sich langsam über kalte Luft schiebt. Federförmige Eiswolken (Cirren) sind die ersten Vorboten einer Front. Bald folgen dünne Schichtwolken, die noch schwach die Sonne durchscheinen lassen. Schließlich ziehen graue Regenwolken auf. Sie können sich großflächig aus-

**Wolkenbezeichnungen. Einige Wolkengattungen erstrecken sich durch alle drei „Stockwerke" (oben).**

**Altocumulus – Haufen-Schichtwolken in Banden.**

**Cirrocumulus – hohe Schäfchenwolken. Knäckebrothimmel nenne ich das (ganz rechts).**

In sechs bis zehn Kilometern Höhe schweben feine faserige Cirruswolken. Sie bestehen nur aus Eiskristallen. Wenn sie in Massen den Himmel überziehen, ist dies ein sicheres Zeichen, daß es einen Tag später Regen und Wind geben wird.

breiten und sind der Grund für langanhaltenden Regen.

Neben Konvektion und Aufgleiten gibt es noch andere Vorgänge, die zur Wolkenbildung führen. Wenn die Erde oder das Meer in klaren Nächten Wärme abstrahlt, dann sinkt die Temperatur in der darüberliegenden Luft, und es entsteht Nebel. Nebel ist nichts anderes als eine anfliegende Wolke. Wenn die Sicht weniger als 1000 Meter beträgt, sprechen die Meteorologen von Nebel.

Es kommt auch vor, daß verschiedene Wolkenarten vereint auftreten.

Dafür haben die Meteorologen ein klares Ordnungssystem entwickelt, bei dem man mit drei „Stockwerken" auskommt. Meist bestimmt eine Wolkengattung aus einem „Stockwerk" das Aussehen des Himmels. Gewitter entwickeln sich jedoch in allen drei „Stockwerken" gleichzeitig. Das nennen die Meteos dann einen „chaotischen Himmel".

Der Name einer Wolke gibt sowohl Struktur als auch das „Stockwerk" an: Cirrus, Cirrocumulus und Cirrostratus sind die im oberen „Stockwerk" angesiedelten Wolken. Sie treten in unseren Breiten in einer Höhe zwischen 6 und 13 Kilometern auf und bestehen aus Eiskristallen.

Altocumulus und Altostratus sind die Wolken des mittleren „Stockwerks" – zwischen zwei und sechs Kilometern Höhe. Sie bestehen im wesentlichen aus Wassertröpfchen.

Stratocumulus und Stratus sind die Wolken des unteren „Stockwerkes" zwischen Erdboden und zwei Kilometern Höhe.

In dieser Klassifikation sind drei Wolkengattungen nicht enthalten. Es sind Wolken von großer Mächtigkeit, die nämlich gleichzeitig über mehrere „Stockwerke" reichen können: Nimbostratus, Cumulus und vor allem der riesige Cumulonimbus.

Für die Beurteilung der Wetterlage sind die Wolken herauszufiltern, die eindeutige Aussagen über das künftige Wetter gestatten. Sie zeigen die horizontalen und vertikalen Luftbewegungen, geben einen Anhalt für die Art und die Temperaturen der Luftmassen und lassen die Fronten erkennen. Die horizontnahe Bewölkung sollte man wegen der Kulissenwirkung nur bedingt berücksichtigen.

# WIND

Wind ist Luftbewegung aus Hochdruckgebieten in Tiefdruckgebiete. Wettermacher berechnen seinen Lauf aus der Dichte und Dünne der Luft. So einfach ist es mit der Kraftquelle fürs Segelboot. Es ist aber – leider – nicht die ganze Wahrheit. Der Wind weht nicht direkt vom höheren Druck zum tieferen. Durch die Erdrotation wird das verhindert.

Was den Wind ablenkt, ist die Corioliskraft – eine Kraft, der jede Luftströmung auf der Erde unterliegt. Es ist das Gesetz der ablenkenden Wirkung der Erdrotation auf den Wind. Dadurch wird der Wind um etwa 45 Grad bis 60 Grad abgelenkt – auf der nördlichen Halbkugel nach rechts, auf der südlichen nach links.

Die Windrichtung hängt mit der Richtung der Isobaren zusammen. Links herum, gegen den Uhrzeigersinn, dreht der Wind ins Tief, und rechts herum, mit dem Uhrzeigersinn, aus dem Hoch heraus. Aus diesem „Gesetz" ergibt sich folgende praktische Feststellung:

1. Ein dem Wind zugewandter Beobachter hat auf der Nordhalbkugel, abgesehen von örtlichen Ablenkungen, den Tiefdruck zu seiner Rechten und den Hochdruck zu seiner Linken.

2. Für die südliche Hemisphäre gilt das genau umgekehrt.

3. In unmittelbarer Nähe des Äquators weht der Wind entweder direkt aus der Gegend mit höherem Druck zu derjenigen mit niederem Druck, oder er zeigt jene Ablenkung, die für die Hemisphäre gilt, aus welcher er kommt.

Das in diesen drei Sätzen ausgesprochene „Gesetz" bestimmt die Richtung des Windes, sowohl in den Passatregionen, in den periodischen Monsunen, in den Gebieten veränderlicher Winde, in den Orkanen als auch in den täglichen Land- und Seebrisen.

**Wind ist fließende Luft und somit genau die Antriebskraft unseres Segelbootes.**

Beispiel: Zieht ein Tief nördlich von unserem Standort von West nach Ost, so bedeutet das folgende Windrichtungen: erst Südwind, dann Südwest, dann West und schließlich Nordwest und Nordwind. Zieht ein Tief südlich vorbei, weht der Wind erst aus Süd, dann Südost und dreht über Ost und Nordost auf Nord. Beim Hoch ist es genau umgekehrt. So ergibt sich an unserer Nord- und Ostseeküste, wo, nur vom Durchzug eines kleinen Zwischenhochs südlich von uns unterbrochen, ein Tief nach dem anderen vom Atlantik heranzieht, meist folgende typische Wind- und Wetterlage:

Süd, Südwest, West, Nordwest, Nordwind = Tief.
Nord, Nordwest, West, Südwest, Südwind = Zwischenhoch.
Süd, Südwest, West, Nordwest, Nordwind = Tief.

Mit dieser Faustregel läßt sich von der Veränderung der Windrichtung auf das Wetter schließen. Ein Beob-

**Wind gehört zu den wenigen Dingen auf der Erde, die es noch umsonst gibt.**

achter, der südlich der Zugbahnen des Tiefs bleibt, wird bei meist südlichen Winden zunächst sehen, wie von Westen Wolken aufziehen, aus denen bald Niederschlag fallen wird. Wenn der Wind dann auf Südwest gedreht hat, die Warmfront also vorbei ist, wird es aufhören zu regnen, und es wird wärmer. Dann kommt ein neues, schmaleres Niederschlagsgebiet, die Kaltfront, häufig mit kräftigen Schauerniederschlägen. Dabei kühlt es deutlich ab. Der Wind dreht auf West, wird böig und stärker. Dann reißt der Himmel auf, und während die Schauer seltener werden, dreht der Wind auf Nordwest bis Nord und läßt langsam nach.

Einen ganz anderen Wetterverlauf wird ein Segler nördlich der Zugbahnen eines Tiefs erleben. Zunächst wird auch er die bei südlichen Winden von Westen aufziehenden Wolken sehen, Niederschlag erleben und, während der Wind gleichmäßig über Ost auf nördliche Richtungen dreht, in den Bereich von Schauern gelangen. Währenddessen strömt von allen Seiten spiralig Luft in den inneren Bereich eines Tiefs hinein mit der Folge: Es gibt im Zentrum dicke Wolken und viel Niederschlag.

Umgekehrt ist es beim Hoch: Die Luft strömt aus dem Zentrum heraus, und in der Mitte sackt Luft aus der Höhe nach, um den Verlust auszugleichen. Durch das Absinken lösen sich die Wolken auf. Also herrscht im Zentrum eines Sonnenhochs meist wolkenfreies Wetter.

Die Windstärke ist vom Druckgefälle zwischen Hoch und Tief abhängig. Je größer der Luftdruckunterschied, desto mehr brist es. Drängen sich die Isobaren, also die Linien gleichen Luftdrucks, mit geringem Abstand um ein Tief zusammen, ist mit Starkwind zu rechnen. In unseren Breiten entspricht ein Isobarenabstand von 5 hPa auf 100 Kilometer einer Windgeschwindigkeit von zirka 100 Stundenkilometern. Dabei kann man feststellen, daß die Isobaren in den Antizyklonen (= Hoch) im allgemeinen weit auseinander liegen. Dort sind die Winde schwach. Schließlich sei noch angemerkt, daß infolge der Reibung der Winde in Erdbodennähe die Windstärke wesentlich schwächer ist als in der Höhe. Ein Unterschied ist schon über wenige Meter feststellbar. Von einer am Masttopp einer Hochseeyacht montierten Windmeßanlage kann man getrost zehn Prozent des Wertes abziehen, um die wahre Windstärke an Deck zu erhalten.

Die Windgeschwindigkeit wird meist in Knoten (kn) oder Meter/Sekunde (m/s) angegeben, die Windstärke in Beaufort (Bft). Geschaffen hat die Windstärkenskala vor rund 180 Jahren der britische Seemann Francis Beaufort. Die zwölfstufige Skala ist die gängige Windstärkenskala, obwohl es noch viel höhere Windgeschwindigkeiten gibt, beispielsweise in tropischen Wirbelstürmen und Tornados.

# WINDSYSTEME

Die durchschnittliche Druckverteilung auf der Erde – und zwar auf beiden Hemisphären – bestimmt im allgemeinen die Windsysteme:
– Tiefdruck am Äquator
– Hochdruck in den Subtropen
– Tiefdruck in den gemäßigten Breiten
– Hochdruck an den Polen

**Wegen des Schwungs der Erddrehung weht der Wind nicht direkt vom höheren zum tiefen Druck, sondern immer etwas schräg im Uhrzeigersinn aus dem Hoch heraus und gegen den Uhrzeigersinn in das Tiefdruckgebiet hinein (Nordhalbkugel).**

Daraus ergibt sich, daß
– in den tropischen Regionen Ostwinde,
– in den gemäßigten Regionen Westwinde,
– in den Polarregionen Ostwinde vorherrschen.
Außerdem gibt es zwei Kalmenzonen, und zwar am
Äquator und in den Tropen (ruhige und sehr sonnige
Hochdruckgebiete).
Die Erforschung der Windsysteme hat mit der Passat-
zone angefangen. Der englische Meteorologe Hadley
hat sich um 1735 Gedanken gemacht, warum die Passatwinde das ganze Jahr über mit erstaunlicher Gleichmäßigkeit beiderseits des Äquators wehen. Damit
gewann er Einblick in die weltweiten Windsysteme.
Ausgangspunkt von Hadleys Überlegungen war der
Äquator, wo die meiste Sonnenenergie eingestrahlt

wird. Dort erwärmt sich die Luft am stärksten, steigt
in die Höhe und fließt polwärts, bis sie etwa in Höhe
des 30. Breitengrads niedersinkt und an der Oberfläche wieder zum Äquator zurückströmt. Dieser
Kreislauf erklärt die Entstehung der Passate. Nicht
ganz ausreichend, denn die Winde kommen ja nicht
genau aus Norden oder Süden. Natürlich hat Hadley
berücksichtigt, und das war seine Leistung, daß die
Erde sich in östlicher Richtung dreht. Folglich werden
die Luftmassen auf der nördlichen Halbkugel in
Bewegungsrichtung nach rechts, auf der südlichen
nach links abgelenkt. Somit wehen die Passatwinde
auf der Nordhalbkugel von Nordost nach Südwest, auf
der Südhalbkugel von Südost nach Nordwest.
Normalerweise wehen die Passatwinde mit fünf Wind-

**Die hauptsächlichen Wind-
systeme für die Monate
Januar bis März. Vorherr-
schender Wind im südlichen
Teil des Roten Meeres: SSE**

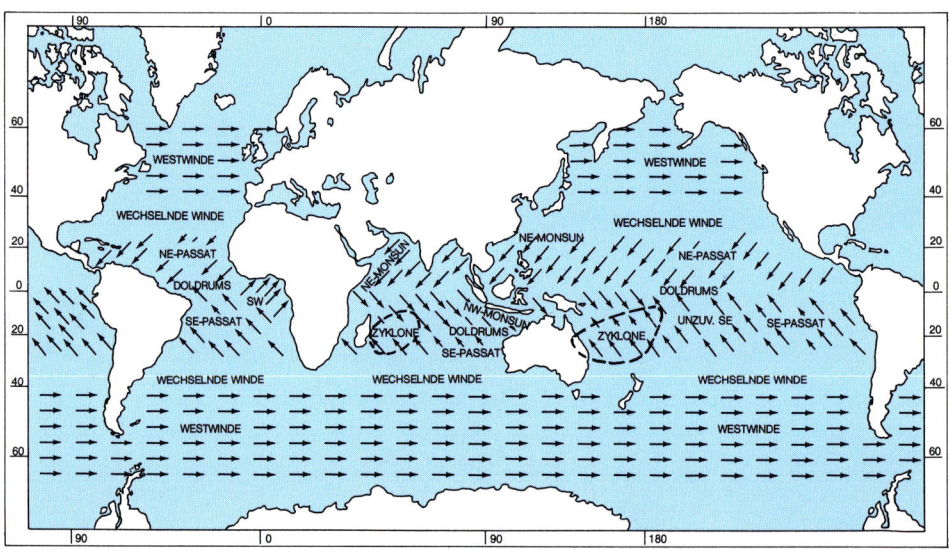

**Die hauptsächlichen Wind-
systeme für die Monate
April bis Juni. Sturm- und
Regenzeit im westlichen
Südpazifik endet im April.**

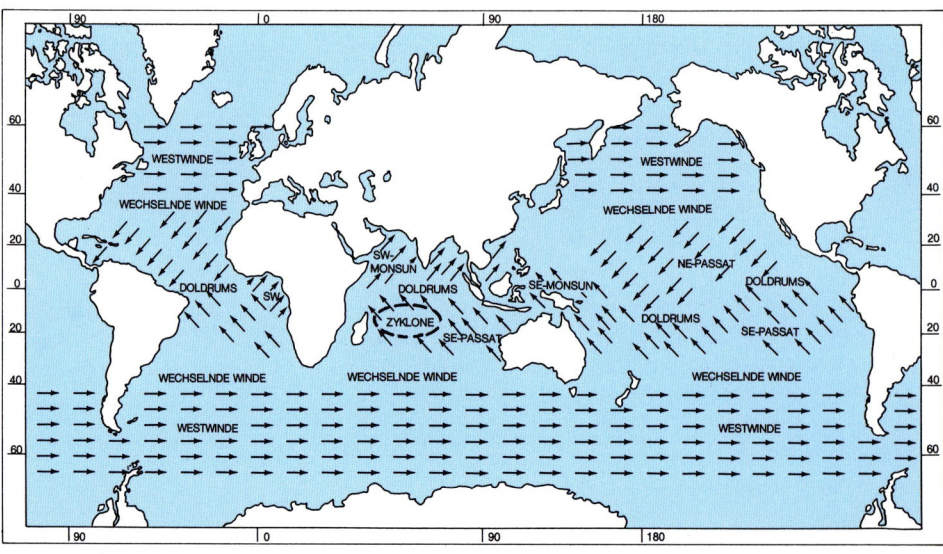

stärken, und das Wetter in ihrem Einflußbereich ist meist schön, klar und von angenehmer Temperatur. Der Luftdruck steht fest, mit Ausnahme des täglichen Steigens und Fallens, das auf die sich alle zwölf Stunden wiederholenden atmosphärischen Druckveränderungen zurückzuführen ist. Hört dieses rhythmische Steigen und Fallen auf oder zeigt das Barometer eine ungewöhnliche Tendenz nach oben oder unten, so ist mit einer tropischen Störung zu rechnen. Die Folgen sind: Flaute, Gegenwind, umlaufender Wind, Regen. Aber das ist nicht häufig. Im allgemeinen erlebt man in diesen Zonen beständigen Wind und paradiesisches Segeln. Super-Etmale mit wenig Aufwand, das heißt Faulenzen. Selbst Am-Wind-Kurse beim Durchqueren der Passatgürtel sind ein Genuß: Tag für Tag gute

Etmale. Gischt bis in die Salinge. Und ein Himmel mit langgezogenen Altocumuli, die schönes Wetter garantieren.

Die Südost-Passate der Südhalbkugel sind nicht so konstant, speziell im Pazifik existiert ein breiter, diagonaler Gürtel, in welchem der Wind nur mit wechselnder Stärke und Richtung weht und oft von Windstillen unterbrochen wird. Der Passatgürtel beider Hemisphären und damit auch die zwischen ihnen gelegenen Zonen der Doldrums verlagern sich mit den Jahreszeiten nord- und südwärts.

Die Doldrums sind als Gebiete der Kalmen, das heißt wechselnder, leichter Winde, Gewitter mit kurzen, heftigen Regenfällen und großer Hitze bekannt. Der in der Nähe des Äquators gelegene Streifen ist 200 bis

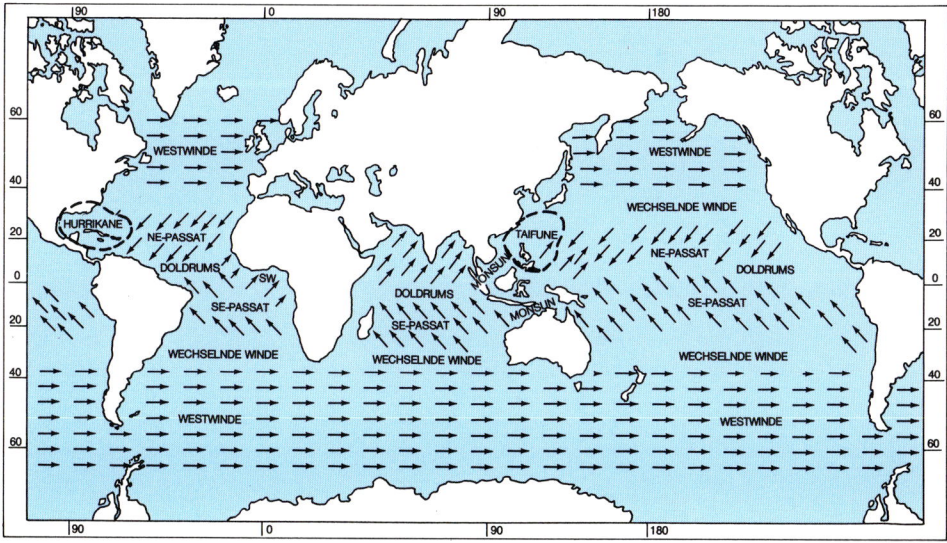

Die hauptsächlichen Windsysteme für die Monate Juli bis September. Vorherrschender Wind im Roten Meer: NNW

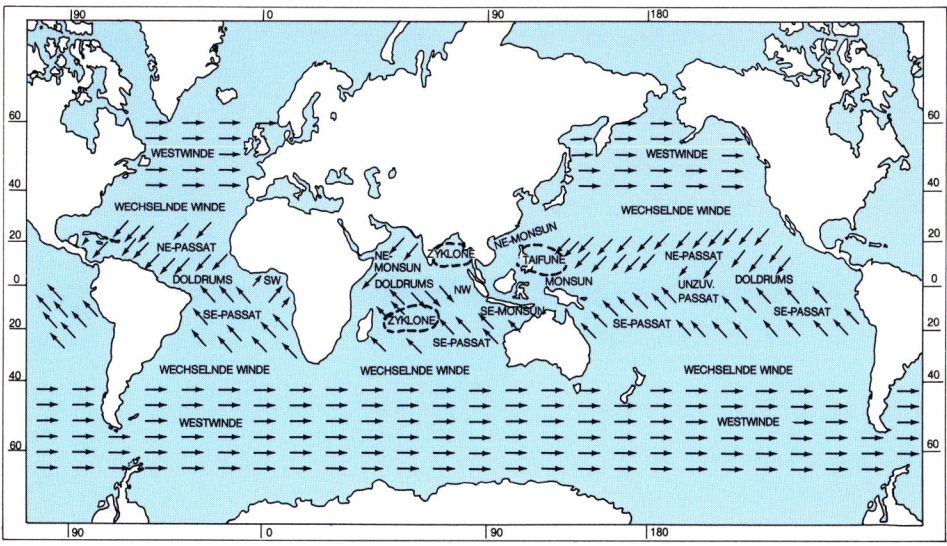

Die hauptsächlichen Windsysteme für die Monate Oktober bis Dezember. Hurrikane in der Karibik können noch im Oktober auftreten.

Gefangen in den Kalmen der „Roßbreiten". In dieser sonnigen Flautenzone zwischen den Azoren und den Bermudas kann es passieren, daß ein Segler wochenlang kaum vorankommt.

300 Seemeilen breit. Diesen Gürtel zu durchqueren hat schon manchen Segler zum Fluchen gebracht. Mein Negativ-„Rekord" durch die äquatorialen Kalmen des Atlantiks liegt bei 17 Tagen. Das war 1985 mit meiner 10,5 m langen „Kathena nui". Das stumpfsinnige Segeln war noch verbunden mit Schweiß, denn meine schlecht isolierte Kajüte heizte sich auf 40° Celsius auf, und viel Arbeit, weil ich mit meinem motorlosen Boot jeden Windhauch ausnutzen wollte. Die andere Seite: In den Regengüssen konnte ich mich erfrischen, Wäsche waschen und mein Trinkwasser in den Tanks ergänzen. Heute bereiten die Kalmen Seglern mit modernen Schiffen nicht mehr die früheren Schwierigkeiten: Die Boote sind wesentlich leichter gebaut und segeln demzufolge bei flauen Winden besser, und zudem sind die Dieseltanks heutzutage größer.

Polwärts der Passate liegen die Gebiete der veränderlichen Winde, von leicht bis stark. Diese Zonen erstrecken sich etwa vom 25. bis 35. Breitengrad (Nord und Süd). Sie sind bekannt als Roßbreiten, weil die dort wochenlang bekalmten Windjammercrews gezwungen waren, ihren Viehbestand (Pferde für die Neue Welt) über Bord zu werfen, um ihren Vorrat an Frischwasser zu erhalten.

Weiter polwärts des 35. Breitengrades beider Hemisphären, je höher die Breite wird, setzt sich die westliche Windrichtung durch. Um den 40. Breitengrad Süd beginnen die westlichen Winde wochenlang mit Sturmstärke zu blasen, dazu aus der gleichen Richtung. Sie sind als die „Roaring Forties" bekannt – die „Brüllenden Vierziger". Noch weiter südlich stürmen die „Schreienden Fünfziger" über eine graue See, die selten still und eisfrei ist. Eigentlich das stürmische Gegenstück zu unseren mittleren Breiten, nur daß die Westwinde hier doch nicht so ausdauernd und in ihrer Richtung so beständig sind. Dies erklärt sich durch das Vorhandensein großer Landmassen bei uns. Das sind die hauptsächlichen Windsysteme.

Dann gibt es noch jahreszeitlich bedingte Winde, Monsune beispielsweise. Ein Wort, das aus dem Arabischen abgeleitet ist und soviel wie „Jahreszeit" bedeutet. Der Monsun weht mal von Land und mal

Im Frühsommer liegen die Ostseeküsten häufig im Nebel. Ursache ist der warme Wind aus südlichen Breiten über dem noch kalten Ostseewasser.

vom Meer her. Aber er folgt nicht wie andere See- und Landwinde dem Rhythmus von Tag und Nacht, sondern ändert halbjährlich seine Richtung. Das erklärt sich daraus, daß der Temperaturunterschied zwischen Land und Meer bis zu 25 Grad Celsius betragen kann. Infolgedessen saugt das Hitzetief über dem indischen Kontinent ungeheure Luftmassen vom Ozean an, und es weht ein Seewind aus Südwest von gigantischem Ausmaß: der Sommermonsun (von Mai bis September) mit Mittelwerten von 6 bis 8 Beaufort. In den Monaten Oktober bis November bricht der Monsun zusammen. Flautenperioden bestimmen den Indischen Ozean, bis im Winterhalbjahr der Monsun aus entgegengesetzter Richtung weht. Ursache ist die deutliche Abkühlung des Kontinents gegenüber der fast unveränderten Ozeantemperatur. Beständig weht jetzt ein Nordost um 4 Windstärken bis in den März hinein. Darauf folgt wieder die „Kenterung" mit leichten und launischen Winden.

Nochmals: Diese Winde stellen sich als Südwest- und Nordost-Monsun dar und treten verstärkt im Arabischen Meer, Bengalischen Golf und Chinesischen Meer auf. Monsune kommen auch in indonesischen und australischen Gewässern vor und erstrecken sich als schmaler Streifen westwärts von diesem Gebiet über den Indischen Ozean – nördlich des Äquators.

In der gesamten Ausdehnung des Roten Meeres ist Nordnordwest der vorherrschende Wind von Juli bis September. Von Oktober bis April herrscht im südlichen Teil ein Südsüdost-Wind, während im nördlichen Teil der Nordnordwest-Wind unverändert weiterweht (s. Abbildungen S. 180/181). Dazwischen liegt ein Kalmengürtel.

Abschließend seien noch weitere regionale Windsysteme erwähnt. An der brasilianischen Küste weht im südlichen Sommer ein Nordost, im Winter dagegen sind es Südwest- bis Südost-Winde. Heftige Südweststürme, die sogenannten Pamperos, treten zwischen Juli und September in der Nähe der La-Plata-Mündung auf. Im Golf von Guinea an der Westküste Afrikas herrschen das ganze Jahr leichte Süd- und Südwest-Winde vor.

Bei der Umrundung des Kaps der Guten Hoffnung muß mit Südost im Sommer und mit westlichen Winden im Winter gerechnet werden.

Und nun zu den tropischen Wirbelstürmen. Von ihnen mit einer Yacht auf See überrascht zu werden, kann zum Verhängnis führen. In einem Wirbelsturm vermag der Wind Geschwindigkeiten von 150 Knoten und mehr zu erreichen und riesige Wellen aufzuwerfen. Die Stürme entstehen über den aufgeheizten Wassermassen der tropischen Ozeane – in Asien werden sie Taifune genannt, vor Indiens Ostküste Zyklone, in der Karibik Hurrikane.

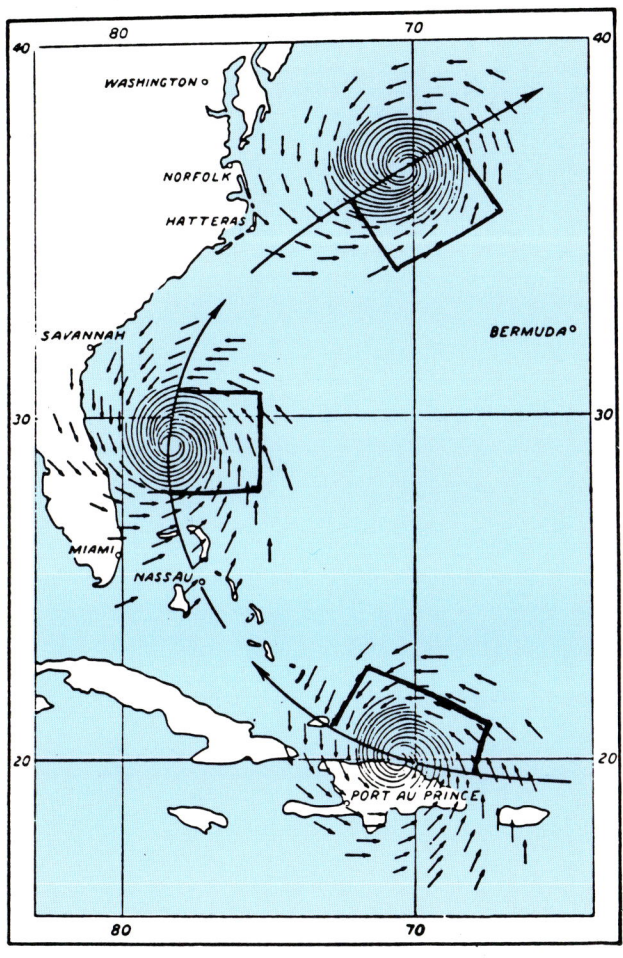

**Die typische Bahn und das Windsystem eines Hurrikans; die durchgehenden Linien zeigen das gefährliche Zentrum.**

Seine Energie bezieht ein Hurrikan aus dem Wasser. Jene, die die Karibik heimsuchen, entstehen folgendermaßen: Die Luft über einer warmen Stelle des Meeres südlich der Kanarischen Inseln oder, genauer, an der afrikanischen Küste erwärmt sich. Sie steigt auf und wird durch die kältere und daher schwerere Luft ringsum ersetzt. Sie hebt sich also in einem einzigen Block wie ein riesiger Ballon, eingeschlossen in die Hülle ihrer eigenen Trägheit. Infolgedessen strömt die kalte Luft von unten nicht als leichter Zug, sondern als ein großer Sturm in die Lücke nach. Die Luft strömt von allen Seiten auf den Mittelpunkt zu, in dem wiederum Luft nach oben steigt. So beginnt es. Dann geschieht zweierlei: 1. Die Drehung der Erde bringt auch dieses System zum Kreisen, zunächst nur langsam. 2. Dann kühlt sich die aufsteigende, feuchte Meeresluft ab. Durch das Abkühlen in der Höhe nimmt die Luftfeuchtigkeit weiter zu, bis Regen fällt. Dabei wird Energie frei. Millionen Pferdekräfte werden dort oben ausgelöst. Wie bei einem Motor wird diese Energie in Bewegung umgesetzt. Noch höher steigt der Ballon, noch schneller dreht sich der Wirbel.

So kurbelt die Drehung der Erde nur die Bewegung an. Der Hurrikan selbst wirkt schließlich als riesiger Motor, den die Energien, die durch die Verdichtung des Wassers in der steigenden Luft entstehen, auf volle Touren bringen und tagelang versorgen.

Und dann ist da noch eines zu bedenken: Jeder Gegenstand, sofern er sich schnell genug dreht, flieht den Mittelpunkt. Ebenso dreht sich der Wind sehr bald so schnell um den Mittelpunkt des Hurrikans, daß er nicht mehr ins Zentrum gelangen kann, wie leer dies auch sein mag. Die Rotation erzeugt eine hohle Röhre, die so undurchdringlich ist, als wäre sie aus festem Material. Und das ist der Grund, weswegen es im Zentrum eines Hurrikans oft vollkommen windstill ist. Der Wind kann einfach nicht hinein. So wandert dieser merkwürdige Motor aus „erhärteter" Luft mit einem Durchmesser von zirka 50 Meilen mit der Windrichtung nach Westen über den Atlantik. Oft wochenlang. Seine riesige, durch Sonne und Regen erzeugte Kraft wächst in der Bewegung. Erst wenn der Hurrikan end-

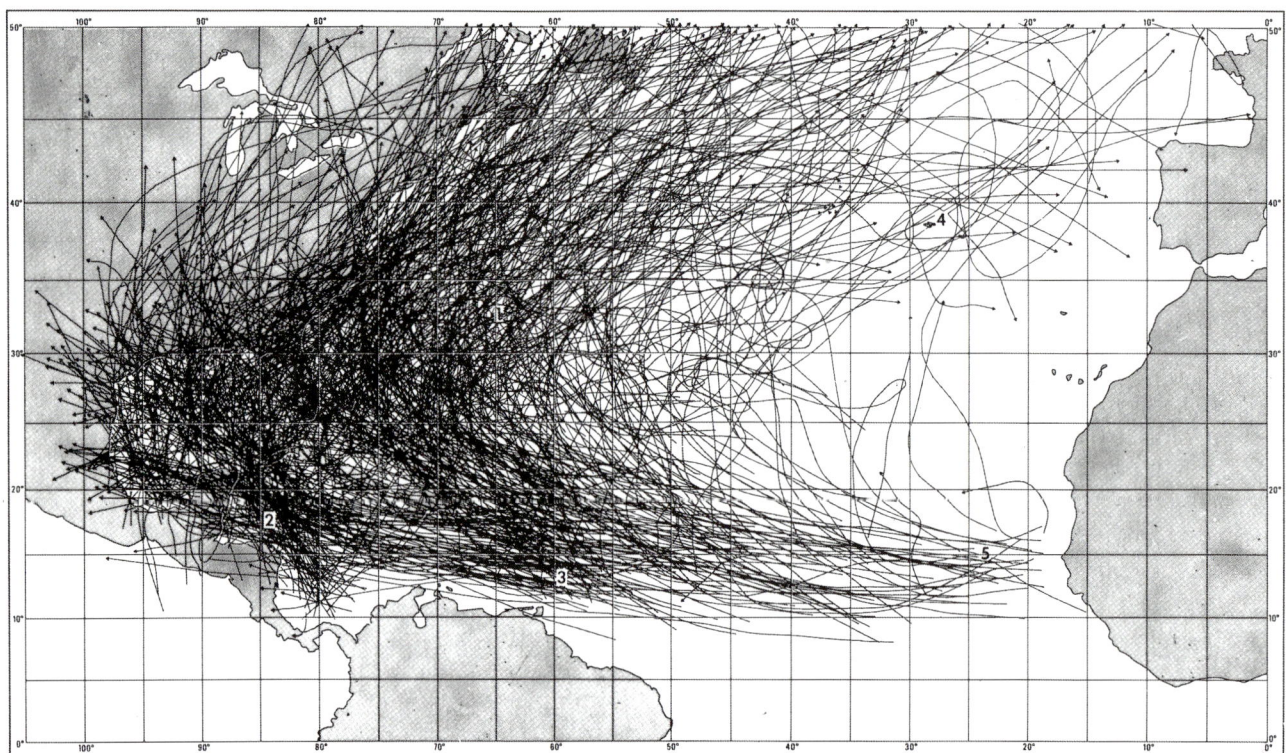

Die Computerkarte zeigt
die Zugbahnen von 680
registrierten Atlantik-Hurri-
kanen von 1886 bis 1969.

Tropische Wirbelstürme
kommen im Zentrum der
Tropen gar nicht vor. Erst
zwischen dem 6. und 20.
Breitengrad entwickeln sich
„tropische Störungen". Aber
längst nicht jede wird zur
tödlichen Gefahr. Neun
Zehntel von ihnen lösen sich
auf, ohne größere Schäden
anzurichten.

lich auf trockenes Land oder auf sehr kalte Luft trifft, schließt sich die Zufuhr. Kalte Luft kann nun nicht mehr hineingesogen werden. In ein paar Tagen, allenfalls einer Woche, zerfällt der Hurrikan und stirbt.

Manchmal beginnt der „Prozeß" Hurrikan, löst sich jedoch wieder auf, fällt in sich zusammen, und es kommt lediglich eine Depression zustande. Grundsätzlich verlieren Hurrikane an Intensität, je mehr sie sich von den Tropen entfernen. Sie gewinnen dabei aber an Ausdehnung und Zuggeschwindigkeit und können dann bis in den Nordatlantik vorstoßen.

Die meisten tropischen Wirbelstürme bilden sich im späten Sommer oder frühen Herbst ihrer Erdhalbkugel auf den Westseiten der Ozeane.

Westlicher Nordatlantik und Karibik: Hurrikan-Gefahr von Juni bis November, häufigstes Auftreten im August, September, Oktober.

Westlicher Nordpazifik: Taifune entstehen von Juli bis Oktober. Für die Philippinen und das Südchinesische Meer ist Oktober der gefährlichste Monat.

Westlicher Südpazifik: Zyklone können sich von Dezember bis April bilden, entstehen aber häufig während der Monate Januar bis März.

Golf von Bengalen: Zyklonengefahr von Mai bis Dezember.

Madagaskar und Ostküste Afrika: Zyklone können von Dezember bis April entstehen.

Ein Trost mag sein, daß tropische Wirbelstürme im Zentrum der Tropen nicht vorkommen. Erst zwischen dem 5. und 10. Breitengrad entwickeln sie sich.

Noch ein paar Worte zu den regionalen Windsystemen in unseren Hausrevieren:

In Nord- und Ostsee bestimmen zyklonale Kaltfronten das Wetter. Als Folge der ständigen Neubildung von Depressionen im Bereich des Golfstromes und über dem amerikanischen Kontinent entstehen im Seegebiet bei Island immer wieder Tiefdruckgebiete, die allmählich ostwärts ziehen. Ein durchschnittliches Tief lebt etwa sechs Tage. Gelegentlich auch länger. Im dänischen und deutschen Ostseegebiet gibt es aufgrund der durchziehenden Tiefs im Sommer manchmal wochenlang Südwest-Windlagen. Besondere Aufmerksamkeit ist erforderlich, wenn eine Kaltfront durchgeht. Der Wind kann dann sehr böig sein und eine Gefahr schon deshalb heraufbeschwören, weil er plötzlich um 45 Grad recht dreht.

Im Frühjahr und Herbst tritt in Ost- und Nordsee häufig ein antizyklonaler Sturm (Hochdruck) auf. Er weht zuweilen recht ausdauernd in Richtung und Stärke (mit bis zu acht Windstärken aus Ost). Begleitet von

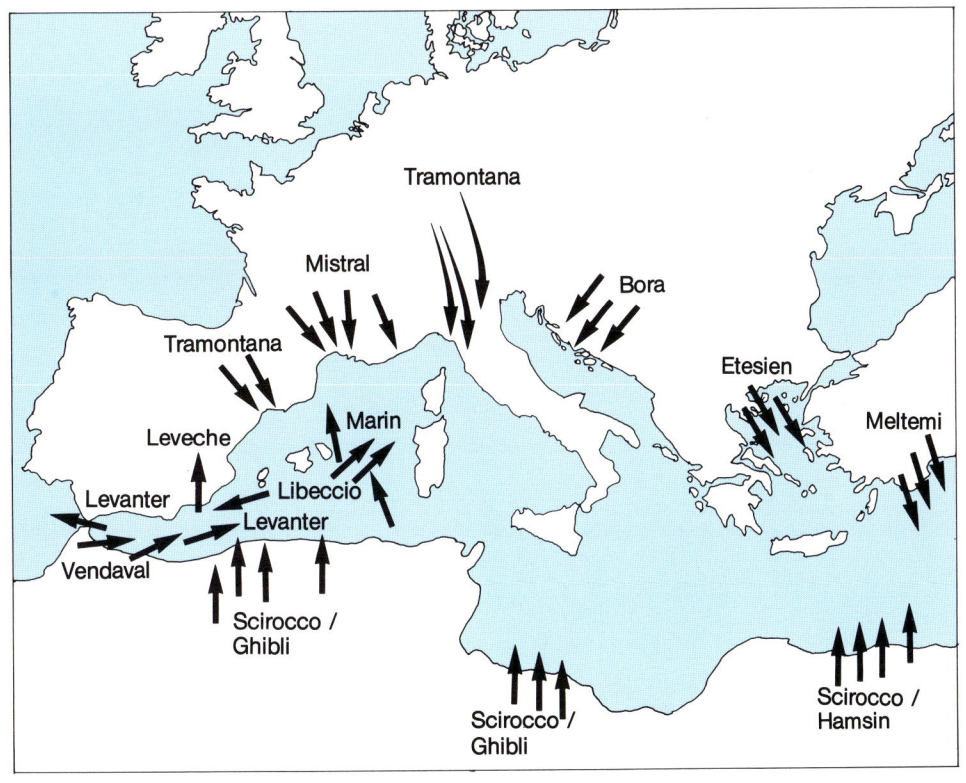

**Die verschiedenen Winde im Mittelmeerraum und ihre Hauptrichtungen. Zu den bekanntesten und gefährlichsten Winden gehören Mistral und Bora.**

Sonnenschein und guter Sicht, verführt er zum Segeln. Das Mittelmeer hat rundum eine ganze Reihe von wohlbekannten Fall- und Wüstenwinden. Sie wehen weit hinaus auf See, sind dann aber keine Fallwinde mehr. Alles, was als heiße Luft aus der Sahara weht, trägt als Oberbegriff den Namen „Scirocco". Es sind durch Kaltlufteinbrüche in Nordafrika entstandene Tiefs, die nach Norden ziehen. Sie sind um so kräftiger, je größer die Differenz zwischen Kaltluft und heißer Wüstenluft ist. Starker Scirocco trägt Wüstensand bis weit nach Norden. Er weht manchmal nur Stunden, kann aber auch zwei bis drei Tage durchhalten. In Südost-Spanien heißt der Scirocco „Leveche".

Zu den bekanntesten und gefährlichsten Fallwinden des Mittelmeeres gehören „Mistral" und „Bora". Sie erreichen häufig Sturmstärke und setzen überraschend schnell ein. Beide Winde können im Sommer wie im Winter zuschlagen.

Zunächst zum Mistral. Die kalte, trockene Windströmung wird zwischen Cevennen und Alpen wie durch eine Düse verstärkt, zwängt sich durch den Korridor des Rhônetals und fegt durch die Provence aufs Meer. Der Mistral tritt auf der Rückseite ostwärts ziehender Tiefdruckgebiete auf. Urplötzlich, am häufigsten im Frühjahr und Herbst, bricht er hinter einer Kaltfront herein. Selbst im Sommer kann er zum wütenden Sturm mit kurzen, steilen Seen werden. Er ist kalt und trocken, an der Küste sowie auf See herrscht sehr gute Sicht, es gibt kaum Wolken. Daher wird er häufig von Seglern, die mit nordischem und Atlantik-Wetter vertraut sind, unterschätzt, und sie fühlen sich im Golf von Lion bei ganz plötzlich einsetzendem stürmischem Wind „verraten und verkauft".

Die Bora weht vom Golf von Triest bis Albanien von den dalmatinischen und albanischen Küstengebirgen auf die Adria. Auch sie stürmt unter glasklarem, sonnigem Himmel los und weht kalt und hart. Urplötzlich tritt sie auf und lähmt alles Leben in Häfen und Buchten. Die Bora hat als auslösendes Moment einen kalten Hochkeil, der aus Osteuropa vordringt und sich die gebirgigen Nordostküsten der Adria hinunterstürzt. Bedingt durch die geographischen Gegebenheiten weht die Bora zur gleichen Zeit in benachbarten Abschnitten in verschiedener Stärke und aus verschiedenen Richtungen (Nord bis Ost). Auf dem Meer wirft die Bora hohe Wellen auf und zerbläst deren Kämme in der warmen Meeresluft zu Nebel. Im Sommer stürmt die Bora selten länger als zwei Tage.

Einer der „großen Winde" des Mittelmeeres ist noch der „Meltemi". Das türkische „Meltemia" bedeutet „jährlich wiederkehrender Wind". Und in der Tat, Jahr für Jahr weht der klassische Sommerwind in der Ägäis aus Nord bis Nordwest – in der nördlichen Ägäis aus Nordost. Er geht über die normalen vier bis fünf Windstärken auch mal hinaus bis auf sechs und erreicht des öfteren acht. Alles bei blauem, wolkenlosem Himmel.

Land- und Seewinde sind Winde mit täglicher Periode, die annähernd senkrecht zur Küste wehen. Sie entstehen durch die wiederholte, im Laufe eines Tages wechselnde Erhitzung und Abkühlung des Landes. Am Erdboden erhitzt sich die Luft, steigt auf und fließt in der Höhe nach See ab, so daß über dem Land ein Tief entsteht. In dieses Tief strömt Luft von See herein. So kommt es, daß wir am Tage eine Seebrise haben. Die Seebrise setzt zuerst auf See ein und dringt dann langsam gegen die Küste vor. Sie ist nachmittags am stärksten. In der Nacht kühlt sich das Land stark ab. Indem die Luft sich am kalten Boden abkühlt, sinkt sie zusammen, in der Höhe strömt Luft hinzu, und es bildet sich über Land ein Hoch. Die aus dem Hoch zum Meer abfließende Luft bildet den Landwind. Er weht in den Morgenstunden vor Sonnenaufgang am stärksten. Die Seebrise ist fast immer kräftiger als der Landwind.

Nach diesem Überblick über die Windsysteme können Sie mit der Törnplanung beginnen, für mich immer der schönste Teil einer Reise. Man steckt Kurse zu entfernten Inseln der Erde ab. Dabei steuert das Schiff in der Phantasie nach einer rauhen Segelfahrt durch eine enge, quirlige Riffpassage, um ein einsames Palmenparadies zu erreichen. Kurzum: Man träumt über Büchern und Seekarten und ist noch nicht mit Moskitos und schlechtem Ankergrund konfrontiert.

# ROUTENPLANUNG

Der Nordost-Passat trieb Columbus nach Amerika. Der Entdecker hatte auf seiner ersten Reise in die neue Welt besonderes Glück. Die Passatwinde hatten sich 1492 ungewöhnlich weit nach Norden verlagert. Nach wenigen Tagen in der Flautenzone der Roßbreiten nahmen die Schiffe zügig Fahrt auf, immer den Wind von achtern.

Magellans Schiff „Victoria" wäre wahrscheinlich nie die erste Weltumseglung gelungen (1519–1522), gäbe es da nicht den Passatgürtel beiderseits des Äquators. Die plump gebaute Karavelle konnte nur sehr schlecht bei unhandigem Wetter vorankommen. Womöglich wäre sie ohne Hilfe der Passate auf halbem Weg verfault und von Würmern zerfressen worden.

Der stetigen und beständigen Hilfe der Passate haben sich auch die späteren Frachtensegler bedient. Aus dieser Zeit, die Meere waren voller Windjammer, stammt auch der englische Name „trade winds" (Handelswinde). Selbstverständlich haben diese Schiffe die Passatrouten gewählt, auch wenn sie dabei große Umwege in Kauf nehmen mußten – eben weil die Reisen trotzdem schneller und außerdem materialschonender waren.

Dieser ganzjährige und mit erstaunlicher Gleichmäßigkeit wehende Wind wurde und wird ebenso von den ersten wie von den heutigen Seglern benutzt, die innerhalb der Tropen in Ost-West-Richtung Ozeane überqueren oder die Welt umsegeln. Auch ich habe vom Passat mehrfach profitiert, wochenlang das Segeln genossen, unter blauem Himmel, in sternenklaren Nächten, Pinne und Schoten kaum berührt, weil sich Windrichtung und -stärke nur unwesentlich änderten. Für mich ist das Wort Passat eines der schönsten der deutschen Sprache (es stammt jedoch aus dem Niederländischen).

Bei der Routenplanung eines längeren Törns ist es also ratsam, diesen Wind nach Möglichkeit zu nutzen. Selbst dann, wenn es die Distanzen unter Umständen ganz wesentlich verlängert. Wer einen Törn plant, sollte neben den Passaten auch die anderen günstigen Winde und Strömungen berücksichtigen und dabei, wenn es geht, Schlechtwettergebieten aus dem Wege gehen. Gemeint sind hier Gebiete mit Stürmen, die als Hurrikan, Zyklon oder Taifun bezeichnet werden. Diese Gefahrenzonen, in denen solche tropischen Wirbel-

Ausschnitt aus einer englischen Routeing Chart, die es als Einzelblätter für jeden Monat für Nord- und Südatlantik, Indischen Ozean sowie für Nord- und Südpazifik gibt. Als erstes sind bei einer Törnplanung diese Monatskarten für das betreffende Seegebiet zu erarbeiten – auch wenn es nur durch die Biskaya oder rund England gehen soll.

stürme auftreten, sind jedoch gut bekannt. Und: Wirbelstürme, die selbst seetüchtigste Yachten in Schwierigkeiten bringen können, gibt es nur wenige Monate des Jahres in dem betreffenden Gebiet, so daß immer Ausweichkurse möglich sind. Das ist dann kräftesparender und kann für einen erfolgreichen Verlauf der Reise sorgen.

Diejenigen, die sich auf einen Segeltörn begeben, ohne an feste Zeiten der Rückkehr gebunden zu sein, müssen ihre Routenpläne besonders sorgfältig ausarbeiten, wenn die Reise durch tropische Gebiete führt. Auf Seite 180/181 habe ich die Windsysteme zum besseren Überblick in grafischen Darstellungen wiedergegeben. Darin sind auch – und für das ideale Konzept zur Routenplanung notwendig – die jahreszeitlich bedingten Schwankungen enthalten.

Allerdings muß ich anmerken: Das ideale Konzept gibt es für mich genaugenommen nicht. Wir haben uns nämlich immer ablenken lassen von mündlichen Routenempfehlungen.

Man trifft Segler, Fischer und Einheimische unterwegs, am Steg, in Clubs. Jeder gibt seine Wettererfahrung zum besten, empfiehlt wunderschöne Buchten und Häfen oder schwärmt von den freundlichen Bewohnern einer Region. So erhielten wir unterwegs immer wieder Informationen, die uns verführten, den Kurs zu ändern und von der zu Hause aufgezeichneten Route abzuweichen. Diese Anregungen waren wertvoll, weil sie mit seemännischen Augen erfaßt und in keinen offiziellen Unterlagen zu finden waren. Nur durch diese Gespräche und Bekanntschaften haben wir einige traumhafte Inseln für uns entdeckt: Vanikoro, Kokos, Nukumanu, Fulanga, Ninigo.

Also: Abstecher müssen möglich sein und auch zeitlich eingeplant werden. Sie geben einer Langfahrt die Würze. Unwiederbringliche Augenblicke – diese Spontankurse mal eben tausend Seemeilen zu einem entlegenen Atoll!

Trotzdem, legen wir zunächst einmal mit Sachkenntnissen der Wind- und Wettergebiete und mit nautischen Unterlagen der vorgesehenen Segelgebiete ausgerüstet ab. Bei einer mehrjährigen Fahrt empfehle ich

Seekarten und Seehandbücher nur in begrenztem Umfang mitzunehmen: Überseglerkarten für die gesamte Fahrt und Detailkarten von den Gebieten, die man ansteuern will, bei einer Erdumseglung beispielsweise für Karibik, Panama, Galapagos, Französisch-Polynesien und so fort. Es ist heute möglich, an vielen Orten unterwegs Seekarten nachzukaufen. Ist dies nicht möglich, gilt als Ausweg, sie sich von einer Seekartenstelle nachschicken zu lassen. Behelfen kann man sich gelegentlich auch mit „Pergamentseekarten", abgezeichnet von Kollegen, Fischern oder in Hafenämtern. Wer sucht, der findet auch Wege.

Das Buch „Ocean Passages for the World" von der britischen Admiralität gibt eine klare, verständliche Beschreibung der Winde, Strömungen und Wetterverhältnisse auf allen Meeren. Auf Faltkarten werden Vorschläge für Segelrouten und Schiffahrtswege aufgezeigt. Das Buch, häufig empfohlen, ist jedoch teuer. Man kann als Sportsegler eigentlich darauf verzichten.

Ich habe mich statt dessen von Anfang an für die amerikanischen „Pilot Charts" entschieden. Diese Monatskarten sind wirklich für Planung und Fahrt unentbehrlich. Darin ist alles enthalten, was ein Ozeansegler in dem betreffenden Seegebiet zum Thema Wetterbedingungen wissen muß. In farblich abgestimmten Zeichen geben die Karten Mittelwerte für Windrichtungen,

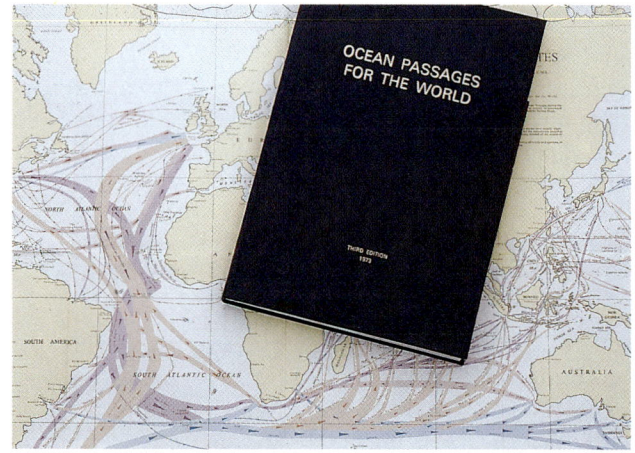

**Das Buch „Ocean Passages for the World" von der britischen Admiralität gibt eine verständliche Beschreibung der Winde, Strömungen und Wetterverhältnisse auf allen Meeren.**

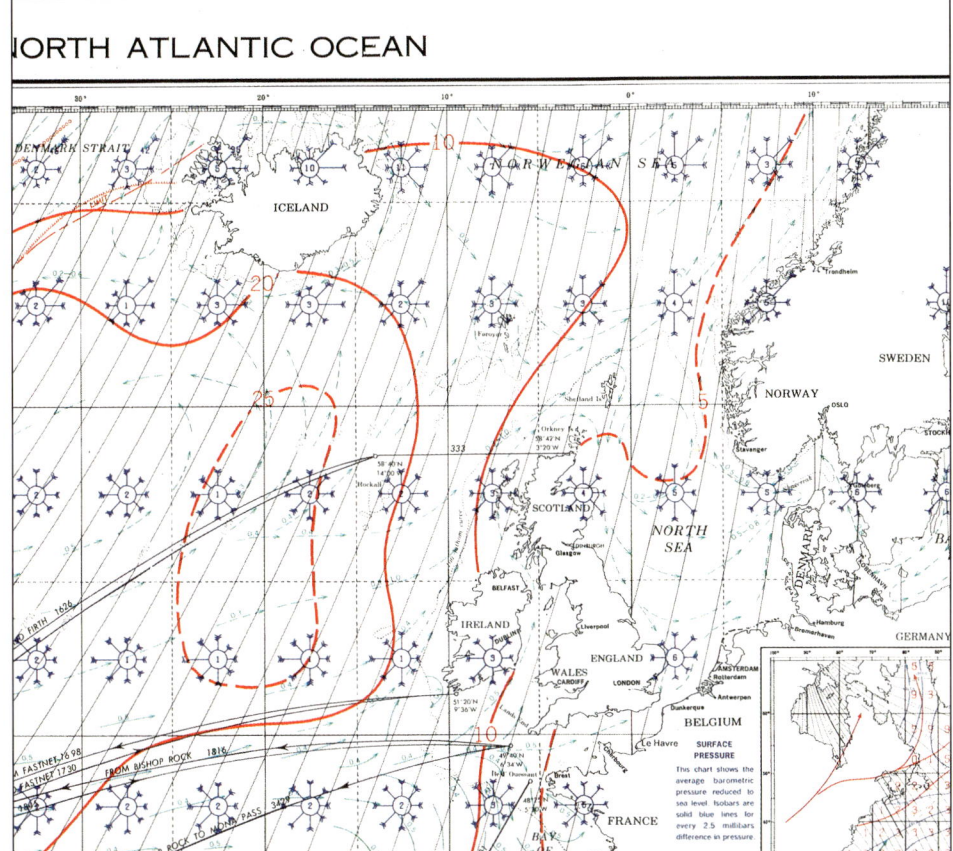

Die amerikanischen Pilot Charts gibt es ebenfalls für sämtliche Ozeane. Obwohl Monatskarten recht genau sind, können sie natürlich nur Durchschnittswerte zum Thema Wetterbedingungen geben.

Windstärken, -stillen und Stürme; sie zeigen den Verlauf der Zentren der Tiefdruckgebiete, die zu starken Stürmen geführt haben, durchschnittliche Lufttemperaturen, die Richtung der allgemeinen Strömungen und deren Geschwindigkeit in Knoten; Verlauf der magnetischen Mißweisungslinien; Großkreisrouten für die Schiffahrt. Die Lage der Schiffahrtsrouten zu wissen, erscheint mir wichtig. Das heißt dann, besonders aufmerksam Wache zu gehen oder von vornherein Kollisionskursen aus dem Wege zu segeln. Schließlich sind die „Pilot Charts" auch noch nützlich, um Entfernungen grob auszuzirkeln.

Diese farbigen Monatskarten gibt es für sämtliche Ozeane der Erde. Sie enthalten für einige Ozeane einen monatlichen, für andere einen vierteljährlichen Überblick, und sie wurden über ein Jahrhundert hinweg anhand Tausender Schiffsbeobachtungen erarbeitet. Obwohl sie recht genau sind, können solche Karten natürlich nur Durchschnittswerte angeben. Ich habe schon manches Mal furchtbar geflucht, weil die Angaben in „meinem" Karree überhaupt nicht zutrafen. Abweichungen kommen in der Natur nun mal gelegentlich vor.

Wenn heutzutage Segler meinen, daß weltweite Schädigungen der Umwelt, das Ozonloch oder umweltursächliche Naturkatastrophen das globale Wettersystem durcheinandergebracht haben, so sollten sie einmal 40 und mehr Jahre alte maritime Bücher

lesen. Auch darin kämpften Reisende auf See mit
einem Wetter, das in „ihrem Karree" eigentlich nicht
stattfinden sollte.

Wie bereits erwähnt: Seehandbücher von dem jeweiligen Segelgebiet gehören an Bord. Sie werden von den
Hydrographischen Instituten verschiedener Länder
herausgegeben. Es gibt an die 100 Bände, die sämtliche Küsten und Inseln der Erde abhandeln. Neben
Informationen über Bevölkerung, Währung, Provian-
tierungsmöglichkeiten, gesetzliche Bestimmungen,
Strömungen, Meteorologie enthält der Hauptteil des
Buches genaue Beschreibungen der Küsten, Häfen
und Gewässer. Darin wird aber auch jeder der Seefahrt
gefährlich werdende Stein notiert. Für die Planung
sind diese Bücher allemal sinnvoll, weil sie einfach
alles umreißen, und man kann sich schon zu Hause ein
gutes Bild von seinem Ziel machen, inklusive Flora
und Fauna. Im Notfall ist es sogar möglich, sich unterwegs anhand dieser Anweisungen eine Seekarte von
dem jeweiligen Gebiet (Bucht, Hafen, Küste) selbst zu
zeichnen.

Hat man bei der Planung Wind und Wetter bedacht,
muß ein weiterer Punkt in Betracht gezogen werden:
Einige Länder verlangen ein Einreisevisum. Für das
interessante Indonesien ist z. B. eine Segelerlaubnis
für Boot und Crew erforderlich, umständlich ist aber
auch die Einreise nach Polynesien, Mikronesien, Galapagos und in einige Inselstaaten der Karibik. Außerdem darf während der Wirbelsturm-Saison nicht um
Vanuatu und in Französisch-Polynesien gesegelt werden.

Schließlich und endlich muß inzwischen bei der Routenplanung immer mehr auf Piraten geachtet werden.
Auch wenn die nächsten Zeilen nichts direkt mit dem
Wetter zu tun haben, muß man wettermäßig Umwege
einplanen. Schnell geschossen wird heute innerhalb
der südphilippinischen Inseln, im Roten Meer, an der
äthiopischen Küste, vor Sokotra, der West-Sahara,
Thailand und Kolumbien. Wegen der Raubüberfälle
segeln Yachten in einigen Seestrichen gelegentlich im
Konvoi. An der berüchtigten kolumbianischen Küste
haben sich 1985 beinahe zwei deutsche Yachten selbst

**Dieses Foto für diejenigen,
die bei einer Routenplanung
die unbändige „Sehnsucht
Südsee" in sich tragen. Hat
man bei einer Planung
Wind und Wetter bedacht,
kommt ein sich ausbreiten-
der Aspekt hinzu – Piraten-
gebiete.**

versenkt, weil sie aus Sicherheitsgründen ohne Lichterführung entlang der Piratenküste segelten und dabei in der Dunkelheit miteinander kollidierten.

Offenbar sind auch schon auf der Pazifikseite des Panamakanals, im Golf von Panama, die Piraten los. Die deutsche Seglerfamilie Wagner erlebte dort 1986 mit ihrer „Yang hi" folgendes: „Im Golf von Panama hatten wir nachts eine unangenehme Begegnung. Wir sind von einem Fischkutter oder ähnlichem eine halbe Stunde verfolgt worden. Wir haben mehrmals den Kurs geändert, zuletzt fuhren wir mit Segel und Motor gut neun Knoten. Losgeworden sind wir die ‚Klette' erst, als ich drei weiße Leuchtraketen abgeschossen hatte."

Mit „Kathena faa" erlebten wir am 28. Februar 1978 an der Nordküste Borneos selbst einen Piratenüberfall. Nachdem uns lange Zeit ein Fischerboot verfolgte, klatschten ganz plötzlich Kugeln dicht neben unserem Boot ins Wasser. Die schießen auf uns! Wir konnten es nicht glauben, schließlich hatten sie doch ein Netz im Schlepp. Das sind doch Fischer – oder? Wieder Einschläge um uns herum. Ich zögerte keine Sekunde, startete den Motor, und mit voller Leistung – Segel plus Schraube – rauschten wir ab. Doch eine Stunde später hatten sie uns eingeholt. Es waren, kein Zweifel, Piraten. Salven flogen uns um die Ohren. Ich barg in Eile alle Segel, stellte den Diesel ab. Die „Kathena faa" wurde von dem unbeschreiblich dreckigen Fischerkahn in Schlepp genommen, und ab ging es mit Volldampf. Der Name des Schiffes war an Bug und Heck mit Tüchern verhangen. Nur Manila als Heimathafen war zu erkennen. Nach einer Stunde Schleppfahrt in Richtung Philippinen sprang der Kapitän hastig aufs Deckshaus und schaute immer wieder durchs Fernglas. Offenbar war ein Patrouillenboot in der Nähe. Dann ging alles sehr schnell. Die Leine zur „Kathena" wurde einfach gekappt. Und das war es dann. Der Pirat dampfte „full speed" davon. Wir auch, in entgegengesetzter Richtung. Benommen hockten wir dann im Cockpit. War wirklich alles vorüber?

Will man umständlichen Behörden oder Gelegenheitspiraten aus dem Wege gehen, bleibt nur noch die Fahrt um die drei großen südlichen Kaps – Kap der Guten Hoffnung, Kap Leeuwin, Kap Hoorn. Eine Fahrt, wenn auch mit Unterbrechungen in Häfen, die noch lange jungfräulich bleiben wird, weil sie großes Durchhaltevermögen erfordert.

Einer der Gründe, warum „Kathena nui" und mir die Nonstopfahrt ohne seemännische Schwierigkeiten gelungen ist, war das genaue Timing nach den Jahreszeiten. Der südliche Sommer geht von Mitte November bis Mitte Februar. Zu dieser Zeit sollte man die berüchtigten Kaps runden. Stürme treten dann weniger häufig auf, dafür allerdings manchmal heftiger als im Winter.

Als ich zur Reise um die drei Kaps aufbrach, konnte ich mir bereits ausrechnen, daß ich das Kap der Guten Hoffnung zur richtigen Zeit, Ende November, und Kap Hoorn im März zu spät erwischen würde. Aber das war mir lieb, weil mir die Gewässer um und das Wetter an der Südspitze Afrikas gefährlicher erschienen. Ein weiterer Aspekt war, daß ich auf der Rückfahrt wegen der vernichtenden atlantischen Winterstürme nicht zu früh in Nordeuropa ankommen wollte.

Ja, der Nonstoptörn war, weil er von Kiel aus gestartet wurde, eine Route durch alle Wind- und Wettersysteme dieser Erde. Zunächst war es schon Herbst, nachdem ich die Ostsee verlassen hatte. Ich mußte etwa bis zum 35. Breitengrad gegen einen wechselnden und stürmischen Wind ansegeln. Dann kam das Gebiet der leichten, wechselnden Winde, die sogenannten „Roßbreiten". Etwa vom 28. Breitengrad an ging es zügig voran. Der Nordost-Passat trieb mich bis in die Doldrums, wo eine Zone mit ganz leichten, ständig umlaufenden Winden und vielen Regenschauern zu durchqueren war. Am Äquator setzte erneut der Passat ein, diesmal aus Südost. Auf eine weitere Flautenzone, die „Roßbreiten" des Südens, folgte um den 40. Breitengrad die Westwindzone, das Gegenstück zu unseren Breiten. Nur, daß im Nordatlantik und auch im Nordpazifik die Westwinde leichter und veränderlicher sind und nicht so lange andauern. Dies erklärt sich, wie gesagt, durch das Vorhandensein großer Landmassen, die auf der südlichen Halbkugel völlig fehlen. Wer einen Blick in den Atlas wirft, wird das sofort erkennen. Hier entstehen auch die sogenannten Monster-seen, die Schiffe zerstören können. Da die See durch kein Land unterbrochen wird, türmen sich die Wellen zu schieren Ungeheuern auf.

Die Windjammerkapitäne bezeichneten diese Breiten denn auch zutreffend mit „Roaring Forties", die „Brüllenden Vierziger", und „Screaming Fifties", die „Schreienden Fünfziger". Diese Route, ganz gleich, mit was für einem Schiff, wird immer mühsam und gefährlich bleiben.

Die Weltumsegelung über die klassische Passatwindroute – nämlich über Panama und nördlich an Australien vorbei – ist bei weitem nicht so ein Kraftakt. Nur, sie hat an Reiz eingebüßt. Viele Segler bewegen sich auf dieser sogenannten Barfuß-Route. Wer sich auf-

macht, sollte mindestens zwei bis drei Jahre Zeit für die Inselarchipele des Südpazifiks haben. Die Inseln dort sind noch immer von besonderer Schönheit, und das Leben ist von einzigartigem Reiz.

Das Ehepaar Feuchtner hat sich mit seiner Yacht „Samonique II" zwölf Jahre auf einer Weltumsegelung getummelt und davon die meisten Jahre kreuz und quer in der Südsee zugebracht, wie zum Beispiel: Philippinen, Guam, Australien mehrfach, Louisiaden, Palau, Papua-Neuginea und Fidschi.

Für diejenigen, die eine unbändige „Sehnsucht Südsee" in sich tragen – und das sind nicht wenige –, schlage ich vor, sich in einen Flieger nach Neuseeland zu setzen, um sich dort ein Segelschiff zu besorgen. Sie sind dort beträchtlich günstiger zu bekommen und

Auf allen Routen muß mit Sturm gerechnet werden. Dieser erwischte mich im Skagerrak. Hatte ich doch Stunden zuvor erst Skagen mit einem Seewetterbericht verlassen, der nichts dergleichen ankündigte.

auszurüsten als hierzulande, und man ist im Handumdrehen innerhalb der Fidschi-, Tonga- oder Tuvalu-Inseln. Wir haben das 1976 so gemacht und es zu keinem Zeitpunkt bereut.

Der Ozean, der mit Abstand am häufigsten überquert wird, ist der Atlantik. Und dies nicht nur via Passatroute, sondern auch über den sturmgefährdeten Norden des Ozeans. Ein sehr beliebter Atlantikrundtörn führt von Europa aus zu den Kanarischen Inseln, mit dem Nordost-Passat in die Karibik und von dort über die Inseln des Nordatlantiks, Bermudas und Azoren, zurück nach Europa. Nach den vorherrschenden Win-

den geplant, kann diese Reise leicht innerhalb von 12 Monaten absolviert werden, mit eingerechnet viel Zeit für Landaufenthalte.

Wichtigster Planungspunkt ist die Hurrikan-Saison, die in der Karibik von Juni bis Oktober geht. Der Start von Europa sollte daher rechtzeitig vor Beginn der hiesigen Herbststürme erfolgen. Die beste Zeit, die Kanaren zu verlassen, ist Mitte bis Ende November. Dann hat man, nach etwa 30 Tagen Überfahrt, die karibischen Inseln von Weihnachten bis Ostern. Spätestens Ende Mai sollte man die karibischen Gewässer Richtung Norden verlassen haben. Abstecher nach Florida und zu den Ber-

**Motiv einer Planung ist häufig der Traum von Flucht und Ferne. Wobei die „Ferne" schon gleich ums nächste Kap liegen kann: Dänemark, Schweden. Oder wie hier die Insel St. Kilda/ Schottland.**

mudas sind sinnvoll – und vor allem reizvoll. Auf der Rückfahrt, von den Bermudas nach Europa via Azoren, sind südwestliche Winde zu erwarten. Wenn die Tiefs dann allerdings nicht gleichmäßig den Atlantik überqueren, kommt es zu langanhaltenden Flauten oder böigen Winden, die sehr schnell, jedoch nur kurzfristig Sturmstärke erreichen können.

Und die klassische Nordatlantikroute vom Englischen Kanal nach New York zum Beispiel und zurück über Neufundland und Schottland? Eine anspruchsvolle Reise, denn der Nordatlantik ist der stürmischste aller Ozeane. Von den Azoren segelt man gegen einen teils schwachwindigen, teils stürmischen Südwest zwischen dem 37. bis 40. Breitengrad gen West. Zu berücksichtigen sind auf der Rückfahrt die häufigen Nebelbänke südlich von Neufundland und zwischen 50 und 60 Grad Nord schwere achterliche Winde und Seegang, der schnell sechs Meter und mehr erreicht. Die Gesamtreise kann man in einem Sommer, Mai bis September, abwickeln, und man wird am Ende einen seglerischen und seemännischen Leckerbissen im Logbuch haben.

Oder wie wäre es mit einer „heißen" Winterreise? Dieser Tip gilt für Mittelmeersegler: Man verläßt zum Beispiel im Oktober die Adria mit Kurs Suezkanal und befährt das Rote Meer, seine Inseln und Riffe von Mitte Dezember bis Anfang April. Mit einem gut segelnden Boot kann man während dieser Zeit sogar bis zu den Zubair-Inseln im Süden des Roten Meeres vorstoßen und trotzdem rechtzeitig Mitte April wieder im Suez und einen Monat später in seinem Ausgangshafen sein. Nordkurs zu segeln im nördlichen Roten Meer bedeutet dann allerdings Kreuzkurs.

Abschließend sei noch einmal hervorgehoben: Wer das Meer befahren will, ist vom Wetter abhängig. Und wer eine längere Reise plant, sollte dies nicht ohne genaues Studium von Seehandbüchern, „Pilot Charts" oder gegebenenfalls „Ocean Passages for the World" tun. Man sollte möglichst nicht zur falschen Zeit in Gegenden segeln, in denen mit tropischen Wirbelstürmen zu rechnen ist. Das wichtigste Ziel bei einer normalen Reise muß sein, das schlechte Wetter zu meiden.

# SEEGANG

Das Charakteristische am Meer ist seine ewige Unruhe. Wirft man einen Stein ins Meer, bilden sich ringförmige Wellen. Die See bewegt sich, wobei sich aber die bewegten Teile nur wenig vom Ort entfernen.

Der Wind hat die gleiche Wirkung auf das Wasser. Er schiebt Wasser zu Wellen übereinander und erzeugt Wellenzüge, die sich fortbewegen. Es sind aber nicht die Wassermassen, die sich vorwärtsbewegen, sondern Wasserteilchen, die beim Passieren einer Welle ein Auf und Ab vollführen. Die horizontale Fortbewegung des Wassers, die das Auge wahrzunehmen glaubt, ist eine optische Täuschung.

Wellen werden nach Höhe und Länge definiert. Die Wellenlänge ist die Entfernung zwischen zwei Wellentälern oder Wellenbergen. Die Wellenhöhe wird gemessen von Berg zu Tal. Eine Welle ist immer viel länger als hoch. Die Länge der Welle schwankt zwischen dem Fünfzehn- und Dreißigfachen ihrer Wellenhöhe. Übrigens: Auch die Höhe des Seegangs hat man in eine Beaufort-Skala „gepackt". Die Seegangsstufe sechs zum Beispiel bezeichnet eine sehr grobe See von vier bis sechs Metern Höhe.

Kritischer als ihre Höhe ist jedoch die Steilheit einer Welle. Steigt sie nämlich in einem Sturm immer weiter an, überschlägt sie sich und wird zu einem Brecher. Dann kommt es tatsächlich zu einer Fortbewegung des Wassers in horizontaler Richtung. Aufgetürmte Wellen bereiten einem Segelboot in der Regel ausgesprochene Probleme und können die Besatzung ängstigen. Völlig gleichgültig, ob das Schiff dann gut ausgerüstet ist oder nicht – die brechenden Seen können zeitweise furchterregend sein. Denn dann ist nicht nur der Wind, der Sturm oder Orkan, sondern mehr noch die See das Wagnis – die Gefahr.

Ich werde immer wieder nach den höchsten Wellen gefragt, die ich erlebt habe. Auf all meinen Fahrten konnte ich sie nur schätzen. Meine Schiffe waren zu klein, um Wellen wirklich messen zu können. Anderen Seglern ergeht es ähnlich. Der Amerikaner Hal Roth

Beaufortskala von Wind und Seegang: Windgeschwindigkeiten über 64 Knoten lassen sich differenziert nicht mehr beschreiben. Wellenhöhen von mehr als 6 Metern sind vom Deck eines Segelbootes aus sehr schwer zu „messen".

Sturmseen in den „Schreienden Fünfzigern": Orkanseen auf dem offenen Meer sind erst dann wirklich gefährlich, wenn die Schaumstreifen ihrer Kämme zwei Meter Höhe erreichen und schroff wie Felskanten abfallen. Das war auch die Sorte, die ich am wenigsten schätzte.

| Windstärke nach Beaufort | Bezeichnung der Windstärke (nach Beaufort) | Windgeschwindigkeit min/max | | Auswirkungen des Windes auf die See (nach Petersen) | Seegang (Windsee) nach Petersen | Bezeichnung des Seegangs (Windsee) | Wellenhöhe (m) | | Wellenlänge (m) Tiefsee (Atlantik) | |
|---|---|---|---|---|---|---|---|---|---|---|
| | | m/s | Knoten | | | | Tiefsee (Atlantik) | Flachsee (Ost- und Nordsee) | nach Schumacher | nach Schubart |
| 0 | Stille | 0,0–0,2 | 1 | spiegelglatte See | 0 | voll ruhige, glatte See | – | – | – | |
| 1 | leiser Zug | 0,3–1,5 | 1–3 | kleine, schuppenförmig aussehende Kräuselwellen ohne Schaumköpfe | 1 | ruhige, gekräuselte See | 0,0–0,2 | 0,05 | bis 10 | bis 5 |
| 2 | leichte Brise | 1,6–3,3 | 4–6 | kleine Wellen, noch kurz, aber ausgeprägte Kämme sehen glasig aus und brechen sich nicht | 2 | schwach bewegte See | 0,5–0,75 | 0,6 | 10–17,5 | 15–25 |
| 3 | schwache Brise | 3,4–5,4 | 7–10 | Kämme beginnen sich zu brechen, Schaum überwiegend glasig, ganz vereinzelt können kleine weiße Schaumköpfe auftreten | | | | | | |
| 4 | mäßige Brise | 5,5–7,9 | 11–15 | Wellen noch klein, werden aber länger. Weiße Schaumköpfe treten schon ziemlich verbreitet auf. | 3 | leicht bewegte See | 0,8–1,2 | 1,0 | 17,5–25 | bis 50 |
| 5 | frische Brise | 8,0–10,7 | 16-21 | Mäßige Wellen, die eine ausgeprägtere lange Form annehmen. Überall weiße Schaumkämme. Ganz vereinzelt kann schon Gischt vorkommen. | 4 | mäßig bewegte See | 1,2–2,0 | 1,5 | 25–45 | bis 75 |
| 6 | starker Wind | 10,8–13,8 | 22–27 | Bildung großer Wellen beginnt. Kämme brechen und hinterlassen größere weiße Schaumflächen. Etwas Gischt. | 5 | grobe See | 2,0–3,5 | 2,3 | 45–80 | bis 100 |
| 7 | steifer Wind | 13,9–17,1 | 28–33 | See türmt sich. Der beim Brechen entstehende weiße Schaum beginnt sich in Streifen in die Windrichtung zu legen. | 6 | sehr grobe See | 3,5–6,0 | 3,0 | 80–125 | bis 135 |
| 8 | stürmischer Wind | 17,2–20,7 | 34–40 | Mäßig hohe Wellenberge mit Kämmen von beträchtlicher Länge. Von den Kanten der Kämme beginnt Gischt abzuwehen. Schaum legt sich in gut ausgeprägten Streifen in die Windrichtung. | 7 | hohe See | mehr als als 6,0 | 4,0 | über 125 | 150–200 |
| 9 | Sturm | 20,8–24,4 | 41–47 | Hohe Wellenberge, dichte Schaumstreifen in Windrichtung. „Rollen" der See beginnt. Kleine weiße Schaumgischt kann die Sicht schon beeinträchtigen. | | | | | | |
| 10 | schwerer Sturm | 24,5–28,4 | 48–55 | Sehr hohe Wellenberge mit langen überbrechenden Kämmen. See weiß durch Schaum. Schweres stoßartiges „Rollen" der See. Sicht durch Gischt beeinträchtigt. | 8 | sehr hohe See | bis 20 | 5,5 | über 150 | bis 250 |
| 11 | orkanartiger Sturm | 28,5–32,6 | 56–63 | Außergewöhnliche hohe Wellenberge. Die Kanten der Wellenlänge werden überall zu Gischt verblasen. Sicht herabgesetzt. | 9 | außergewöhnlich schwere See | bis 20 | – | über 175 | bis 300 |
| 12 | Orkan | 32,7–36,9 | über 64 | Luft mit Schaum und Gischt angefüllt. See vollständig weiß. Sicht sehr stark herabgesetzt. Jede Fernsicht hört auf. | | | | | | |

schreibt zum Beispiel: „Wenn ‚American Flag‘ im Wellental lag, waren wir von grauen, feindlichen Wasserbergen umgeben, die steil auf jeder Seite anstiegen. Dann, nach ein paar Sekunden, waren wir auf dem Gipfel, und ich konnte meilenweit bis zur Kimm sehen." Das liest sich nicht nur, das ist gefährlich.

Vom Deck einer Yacht aus ist es unmöglich, die Höhe der Wellen aufgrund des Winkels, unter dem ihr Kamm vom Wellental aus zu sehen ist, und des fehlenden Horizonts einzuschätzen. Dabei muß man zwischen gemessenen und geschätzten Angaben streng unterscheiden. Verbürgt sind als Höchstwerte in den stürmischen Regionen zwischen Neuseeland, Kap Hoorn und Antarktis 25 Meter und im nordöstlichen Atlantik südwestlich von Irland 18 Meter Wellenhöhe. Für möglich hält man 35 Meter, jedoch ist dafür kein anerkannter Beweis erbracht worden, denn nur wenige

Seeleute erleben und überleben jemals auch nur Kaventsmänner von 15 Metern Höhe.

Einander folgende Wellen haben in der Tat nicht alle die gleiche Höhe. Unterschiedliche Geschwindigkeiten und Perioden verursachen dies. Anhand aufwendiger Beobachtungen ist festgestellt worden, daß es in jedem Sturm einige Wellen gibt, die eindeutig höher sind als die anderen.

Mit „Kathena nui" erlebte ich meine höchsten Seen zwischen Neuseeland und Kap Hoorn mit etwa zwölf, womöglich 15 Metern; einen ganzen Monat lang hatte ich Wellen über sechs Meter. Die Mehrzahl aller Wellen überschreitet aber 3,5 Meter nicht.

Selbst die im Orkan hochgepeitschten Wassermassen sind zum Glück im Wachstum begrenzt. Um eine bestimmte Wellenhöhe zu erreichen, benötigt der Wind eine Strecke, auf der er aus etwa gleicher

Richtung auf die Wasseroberfläche einwirken kann, sowie eine entsprechende Wirkzeit. Schließlich ergibt aber auch eine Vergrößerung beider Faktoren – Wirkstrecke und Wirkzeit – keine Erhöhung der Wellen mehr. Man spricht dann von „ausgereiftem" Seegang.

Wie schlimm aber ein solcher Seegang sein kann, hat die Crew des englischen Containerschiffes „Act 2" erlebt. Ich traf das Schiff am 6. März 1985 nach Passieren von Kap Hoorn. Über das Handsprechfunkgerät unterhielt ich mich mit dem Kapitän. Er erzählte mir ziemlich engagiert von dem fürchterlichsten Sturm seiner 30 Seefahrerjahre, den er drei Tage zuvor erlebt hatte: 75 Knoten Wind und 20 Meter hohe Seen. Vor allem die hohen Wellen hatten ihn erschreckt. Dieses starke Erleben faszinierte den Kapitän noch Tage danach, das konnte ich unschwer heraushören.

Das Gebiet südlich des Kaps der Guten Hoffnung ist besonders gefürchtet. Hier haben Yachtsegler die meisten Havarien, weil das Meer dort unberechenbar bleibt. Am Kap prallt ein warmer äquatorialer Meeresstrom auf einen kalten antarktischen und läßt dadurch Wetterbedingungen entstehen, die innerhalb weniger Tage dramatischer sein können als in den Tropen innerhalb eines ganzen Jahres. Rasch aufeinanderfolgende Stürme aus wechselnden Richtungen bauen eine steile, chaotische See auf. Deutlich gesagt: eine hackige See, kurz und unberechenbar. Es entstehen Kreuzseen, in denen kein Segler mit theoretischen Kenntnissen allein manövrieren kann oder sich auf eine vorgeplante Taktik stützen sollte. Wind von acht Beaufort bedeutet hier schon brechende Wellen mit abfallenden Schaumstreifen und Wellenhöhen um acht Meter.

Noch dies: Sturmseen sind erst wirklich gefährlich, wenn die Schaumstreifen ihrer Kämme zwei Meter Höhe erreichen und schroff wie Felskanten abfallen. Das war auch die Sorte, die ich am wenigsten schätzte.

# MEERESSTRÖMUNGEN

Nur von den gewaltigen Meeresströmungen in den drei Ozeanen soll hier kurz berichtet werden. Die Karte auf der nächsten Seite zeigt den Verlauf der Strömungen viel plastischer, als man es beschreiben kann. Hauptursache für die Bewegungen der Meere ist die Sonne. Sie erwärmt nicht alle Teile des Planeten in gleichem Maße. Damit jedoch alles etwas gleichmäßiger verteilt wird, machen sich Wassermassen „auf den Weg"; die einen wandern vom Äquator zu den Polen, die anderen von den Polen zum Äquator. Zudem ist bekannt, daß die Meeres- und Luftzirkulation wegen des Prinzips der Erddrehung viele Ähnlichkeiten aufweisen. Zusammengefaßt: Strömung wird verursacht durch Schwankungen der Temperatur, den Salzgehalt im Meer und durch den Wind. Wenn der Wind über das Wasser weht, entsteht Reibung, und diese Reibung

**Eine solche Welle ist für mich immer furchterregend. Der Schaumstreifen hat mit Sicherheit um 5 Meter Höhe.**

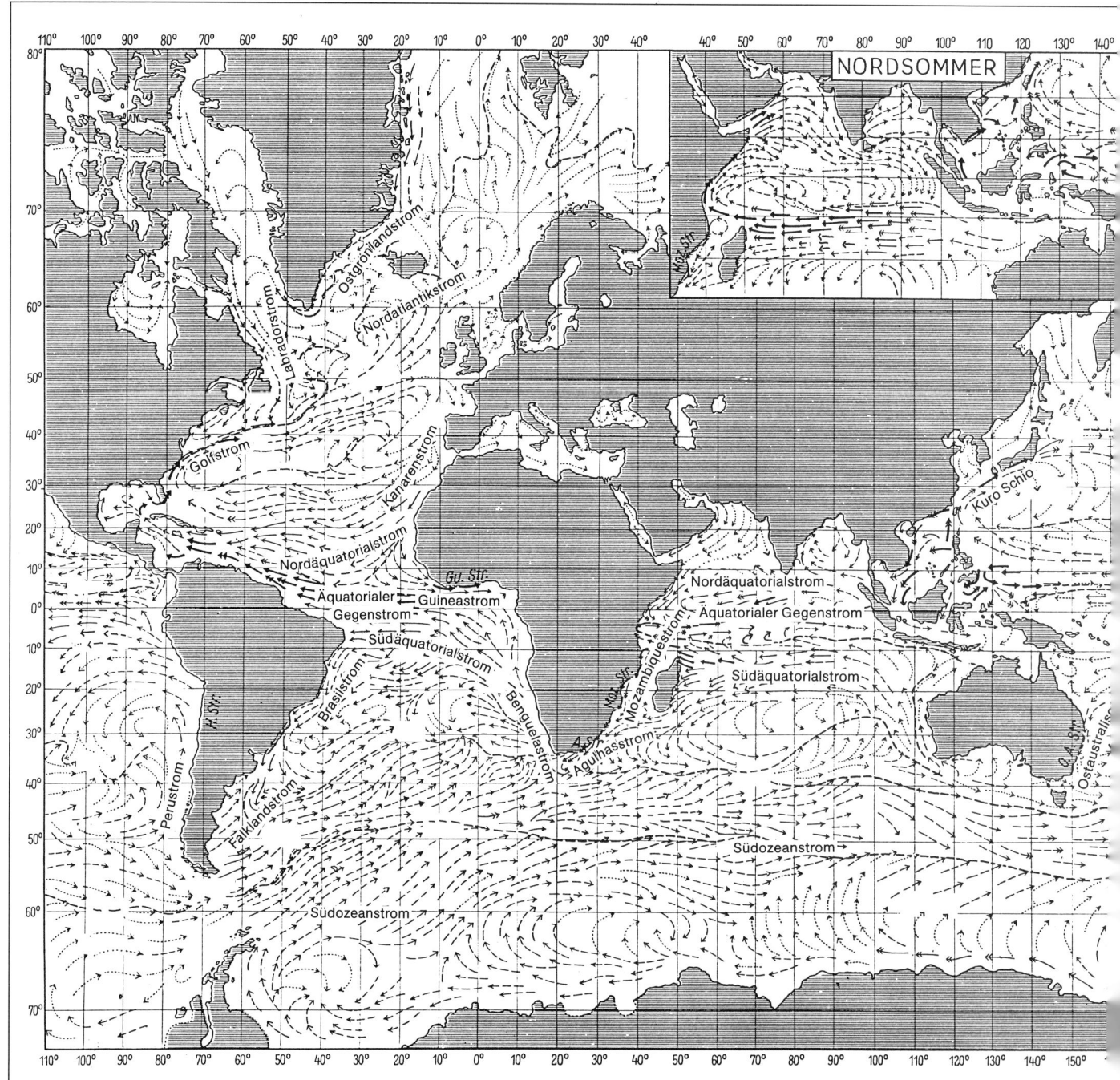

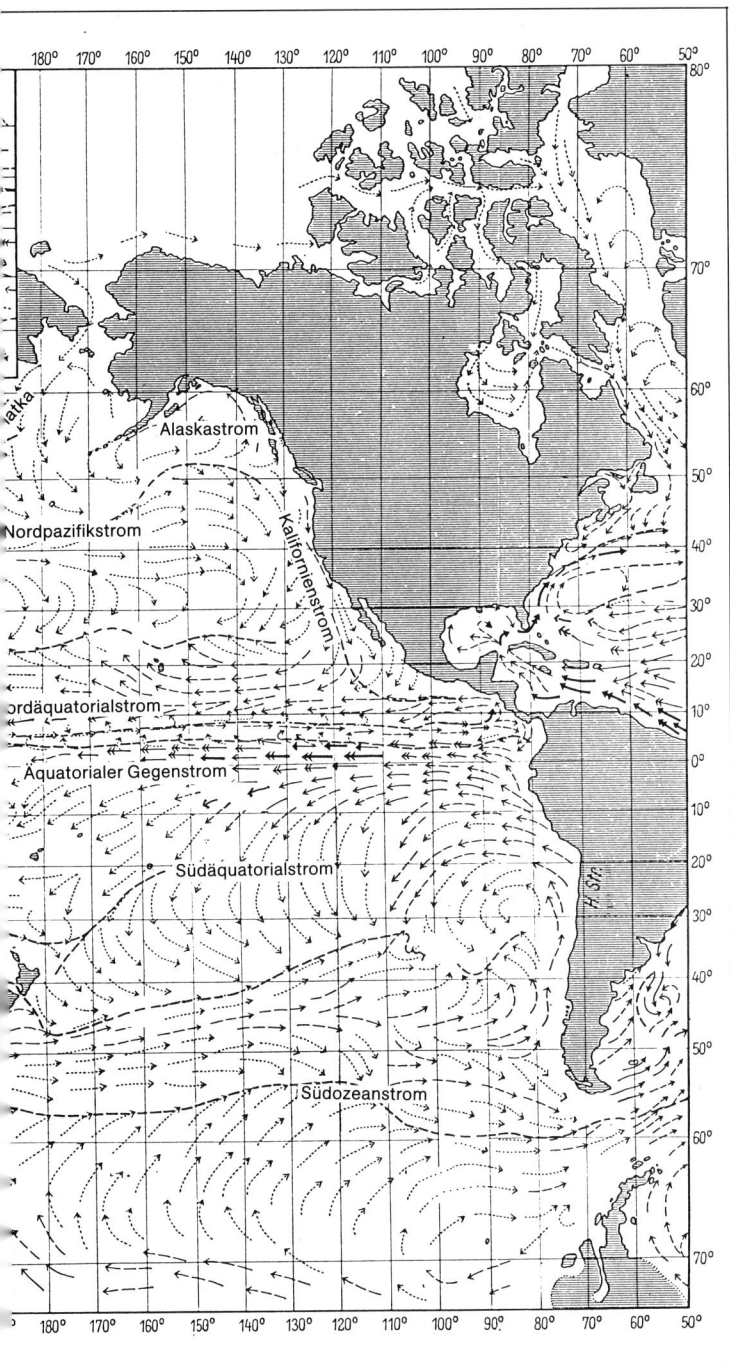

Oberflächenströmungen des Meeres: beständige oder teilbeständige Bewegung von Wasser, die nicht mit den Gezeiten verwechselt werden darf.

bewirkt, daß die Wasserteilchen an der Oberfläche beginnen, sich in die Richtung des Windes fortzubewegen. Diese großräumigen Strömungen verlaufen parallel zu den vorherrschenden Windrichtungen, jeweils kreisförmig in ihren Meeren, mit Ausnahme des nördlichen Indischen Ozeans, wo die Strömungen durch den Monsun zu periodischen Wechseln gezwungen werden. So ist in den Ozeanen mehr oder weniger deutlich: Nördlich vom Äquator ist ein im Uhrzeigersinn umlaufender, auf der Südhalbkugel ein gegen den Uhrzeigersinn umlaufender Hauptstromring erkennbar. Im Nordatlantik ist es der Golfstrom, der mit einem halben Knoten Geschwindigkeit in seiner Mitte fließt. Er führt sein warmes Wasser entlang der amerikanischen Küste nach Norden, dann schwenkt er nach Nordost, wird vom Atlantikstrom abgelöst, von dem ein Arm nach rechts abbiegt und entlang der Küste Afrikas nach Süden gelangt. Dort gerät er in den Bereich der Passatwinde und wird hier zum großen Nordäquatorialstrom. Auf diesem Kreis bewegen sich inzwischen ganze Flotten von Weltumseglern.

Auf der Karte der Meeresströmungen ist sichtbar, daß am Westrand der Kontinente beiderseits des Äquators kalte Strömungen verlaufen. Ursache dafür sind erstens Nordost-Passate und Südost-Passate, die an der Westseite der Landmassen zum größten Teil polwärts ausweichen und der Küste folgen, bis sie in das Gebiet der vorherrschenden Westwinde kommen und als Westwinddrift den Ozean in Richtung Ost erneut überqueren, sowie zweitens sogenannte Auftriebwasser. Das sind aus großen Tiefen auftauchende Kaltwasser. Das ist die Erklärung für den großen, kalten Kanarenstrom, den Australstrom, den Peru- beziehungsweise Humboldtstrom.

Für die Segelei ist die Kenntnis der großen Meeresströmungen von grundlegender Bedeutung. Auch wenn wir uns in Europa, wo die Strömungen meist verhältnismäßig schwach sind, kaum davon betroffen fühlen, so ist das an der Südspitze Afrikas schon anders, denn hier muß der Agulhasstrom mit zwei bis drei Knoten berücksichtigt werden. Das gilt auch für den Seebereich vor den Küsten Floridas, wo die

Geschwindigkeit des Golfstromes zwischen drei und fünf Knoten liegt, und für die Nordostküste von Amerika, wo sich dieser Golfstrom und der kalte Labradorstrom nebeneinander, aber in entgegengesetzter Richtung dahinwälzen. Wo immer kalte auf warme Strömungen prallen, ist ein Thermometer ein interessantes „Navigationsinstrument". Damit habe ich häufig einen Unterschied von 10–15 Grad Celsius in den Wasser- und Lufttemperaturen gemessen. Es ist klar, daß in solchen Regionen die Häufigkeit und Stärke von Stürmen teilweise diesen Temperaturschwankungen zuzuschreiben ist.

# LOGBUCH

Ein Logbuch ist ein Schiffstagebuch. Wer es mit der Seemannschaft ernst nimmt, für den ist es ratsam, das Logbuch auf See regelmäßig zu führen. Neben sachlicher Knappheit und Sinn für das Praktische sollten die Eintragungen auch persönliche Empfindungen enthalten. Zweckmäßig und auch nach Jahren noch sehr aufschlußreich sind vor allem die meteorologischen Spalten in der Tabellierung. Falls nicht ausreichend Platz für die Wetteraufzeichnungen im Logbuch vorhanden ist, sollte man ihn am besten selbst erweitern und

möglichst die Eintragungen alle vier Stunden, bei „Desaster"-Wetter alle zwei Stunden vornehmen.

Die meteorologischen Beobachtungen an Bord eines Segelbootes bestehen zu einem Teil aus Augenbeobachtungen, zum Beispiel über Art, Höhe, Zugrichtung und Geschwindigkeit der Wolken, den Grad der Himmelsbedeckung, die Sichtweite auf See, die Himmelsfarbe, besondere optische Erscheinungen, Sonnenringe, Mondkreise, Seegang usw., zum anderen Teil aus Messungen von Luft- und Wassertemperatur, Luftdruck, Luftfeuchte, Windrichtung und -stärke. Aus diesen Einzelelementen ergibt sich die Beschreibung des Wetters zur Zeit der Beobachtung oder für den Zeitraum seit der letzten Eintragung.

Zur gewissenhaften Logbuchführung gehört, daß in der Rubrik „Bemerkungen" besondere Wettererscheinungen wie Böen, Gewitter, Luftspiegelungen, Meeresleuchten, Nordlicht, Wasserhosen, Stromkabbelungen notiert werden. Natürlich alles im Zusammenhang mit Ortsangabe, Uhrzeit und Datum. Kleine Skizzen ergänzen gelegentlich die Situation.

Durch einfaches oder doppeltes Unterstreichen der Eintragungen wird die Stärke der Wettererscheinung verdeutlicht. Außerdem empfehle ich, mit den von Beaufort eingeführten Abkürzungen zu arbeiten.

In der Handelsschiffahrt aller Seefahrernationen war es früher üblich, die Wetterinformationen freiwillig in

| Buchstabe | Abkürzung für | bedeutet |
|---|---|---|
| b | blue sky | wolkenloser, blauer Himmel |
| c | clouds | teilweise bewölkt, einzelne Wolken |
| d | drizzling | Sprühregen |
| f | foggy | Nebel |
| g | gloomy | stürmisch aussehendes, trüb. Wetter |
| h | hail | Hagel |
| l | lightning | Blitze, Wetterleuchten |
| m | misty | stark diesig |
| o | overcast | bedeckter Himmel |
| p | passing showers | Schauerwetter |
| q | squally | Böenwetter |
| r | rain | Regen |
| s | snow | Schnee |
| t | thunder | Gewitter |
| u | ugly | drohende Luft |
| v | visible | sehr sichtig |
| w | wet, dew | feucht, Tau |
| z | hazy | häsiges Wetter |

**Buchstabenbezeichnungen für Wetter nach Beaufort werden noch heute benutzt.**

**Es ist ratsam, ein Logbuch zu führen und gewissenhaft die meteorologischen Beobachtungen einzutragen.**

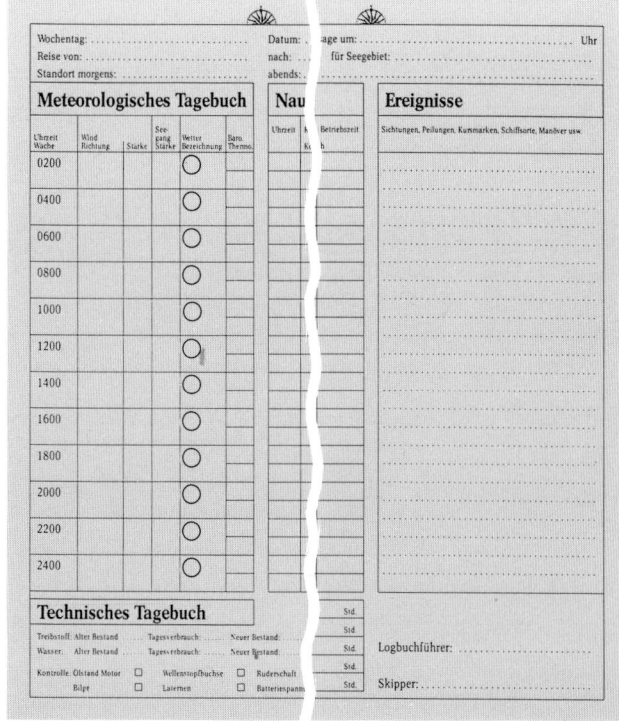

meteorologische Tagebücher zu notieren. Diese Beobachtung bildeten die Grundlage unserer Kenntnisse der maritimen Meteorologie und der Meeresströmungen. Beispielsweise basieren Monatskarten und Seehandbücher, die alles enthalten, was für Ozeansegelei notwendig ist, auf den Auswertungen dieser Wetteraufzeichnungen.

# WETTERKARTE

Eine Wetterkarte zeigt den Wetterzustand eines großen Gebietes zu einem gegebenen Zeitpunkt. Damit sie zutreffend ist, ist es notwendig, eine große Zahl möglichst genauer Einzelinformationen in kürzester Zeit zusammenzutragen und in den Karten zu verarbeiten. Also, die Wetterkarte basiert auf Wetterbeobachtungen. Eine normale Beobachtung enthält Angaben über: Luftdruck in Hektopascal (hPa), Temperatur, gemessen nach der Celsius-Skala (°C); Taupunkt; Art, Höhe und Masse der vorhandenen Wolken; Horizontalsicht in Kilometern (km); Wettererscheinungen zum Zeitpunkt der Beobachtung und während der letzten Stun-

de sowie Witterungsverlauf der letzten sechs Stunden. Von einem der wichtigsten Elemente überhaupt, dem Wind, wird Richtung und Stärke angegeben.

Eine aus diesen Einzelbeobachtungen (Stationsmeldungen) erstellte Wetterkarte mit ihren Symbolen ist die Basis für jede Vorhersage. Jede Vorhersage des künftigen Wetters erfordert eine möglichst genaue Kenntnis des augenblicklichen Wetters. Um einen anschaulichen klaren Überblick über das momentane Wetter zu bekommen, zeichnet man Wetterkarten. Sicher keine leichte Aufgabe auf einem Segelboot bei Seegang und mit kleiner Crew. Es gehört viel Übung und Erfahrung dazu. Außerdem ist es nicht immer leicht, einen empfangenen Wetterbericht richtig auszuwerten, denn man bekommt ihn manchmal nur unvollständig oder undeutlich mit.

Ich habe an Bord viel Zeit und vor allem Mühe aufgewendet, um aus Stationsmeldungen Wetterkarten zu zeichnen und daraus mein Wetter von morgen zu interpretieren. Das Resultat war häufig enttäuschend und stimmte meist mit dem heraufziehenden Wettergeschehen nicht überein.

Also: In passende Vordrucke, die bei den Seekarten-Vertriebsstellen erhältlich sind, werden zunächst alle

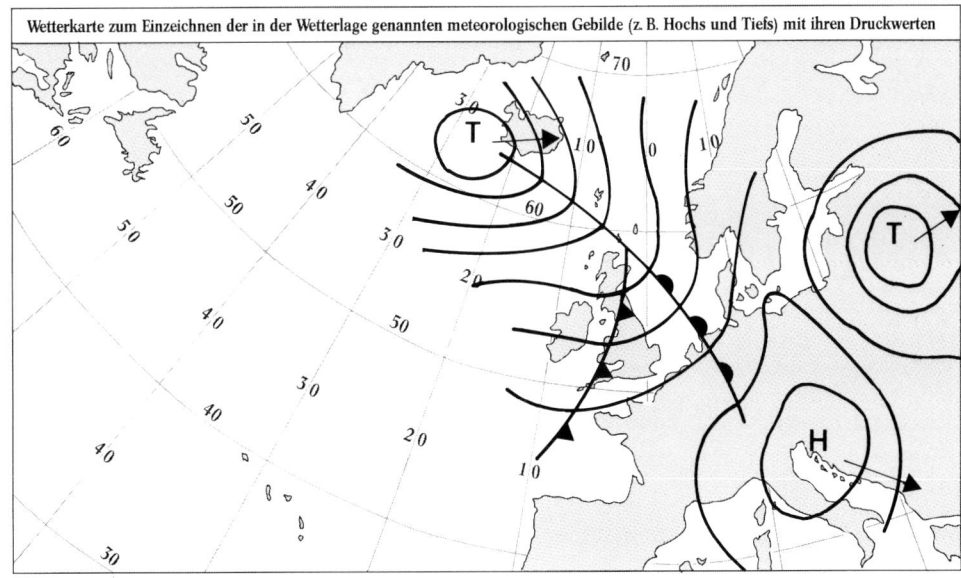

Wetterkarte zum Einzeichnen der in der Wetterlage genannten meteorologischen Gebilde (z. B. Hochs und Tiefs) mit ihren Druckwerten

**Kaltfront hat aufgesetzte Zacken, Warmfront Rundbögen. Die Zacken werden in Richtung der Bewegung der Fronten angebracht. Isobaren sind im Abstand von 5 hPa eingezeichnet.**

Wettermeldungen, die vorliegen (aus Funk oder Radio) eingetragen. Wegen eventueller Nässe an Bord arbeitet man besser mit dem Bleistift. In diesen Vordrucken sind die festen Stationen durch kleine Kreise markiert. An den Stationskreis zeichnet man zunächst die Windrichtung in Form eines Windpfeils und die Beaufortgrade der Windstärke in Federchen – immer an der Seite des tieferen Drucks. Jede ganze Feder bedeutet zwei Windstärken. Der Stationskreis wird nach dem Grad der Himmelsbedeckung ausgefüllt. Angaben über Lufttemperatur, Luftdruck, Sicht und Wetter zur Zeit der Beobachtung werden um den Stationskreis angeordnet. Bei den Eintragungen ist sorgfältig darauf zu achten, daß man die einzelnen Wettersymbole immer an derselben Stelle einträgt. In jedem Fall zunächst Hoch- und Tiefdruckgebiete (abgekürzt) eintragen und den Luftdruck daneben notieren. Fronten gehören immer zu einem Tief und dürfen nicht iso-

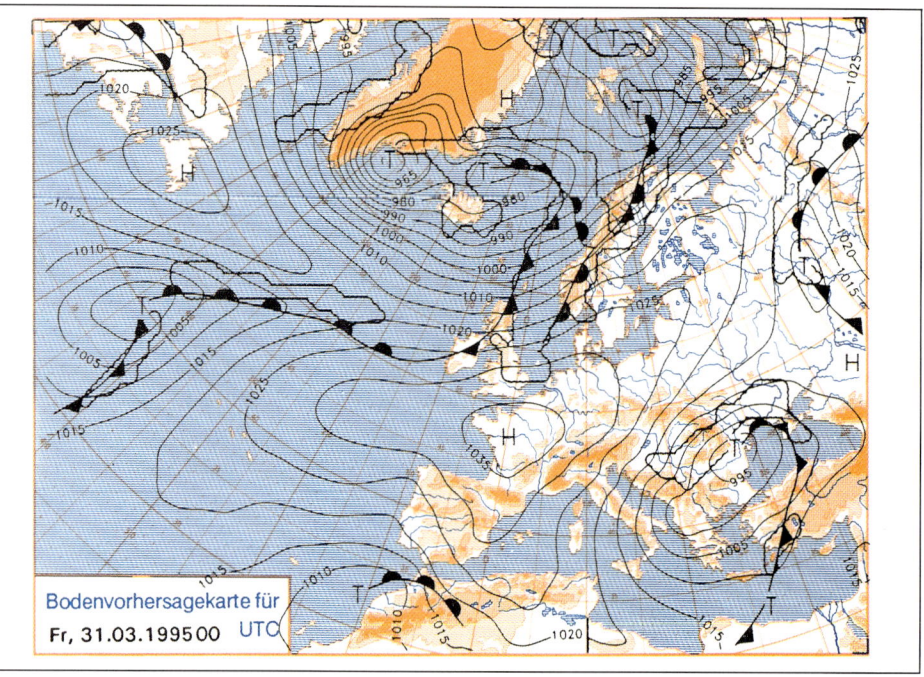

Bodenvorhersagekarte für Fr, 31.03.1995 00 UTC. Sie ist Bestandteil der Wetterkarte vom 29. März. Außerdem enthält die vierseitige Wetterkarte des Deutschen Wetterdienstes (DWD), die täglich herausgegeben wird: Bodenwetterkarte und 500-hPa-Karte vom Erscheinungstag, Bodenvorhersagekarte für den 3. Tag nach Erscheinungsdatum, Wettermeldungen von Stationen in Deutschland.

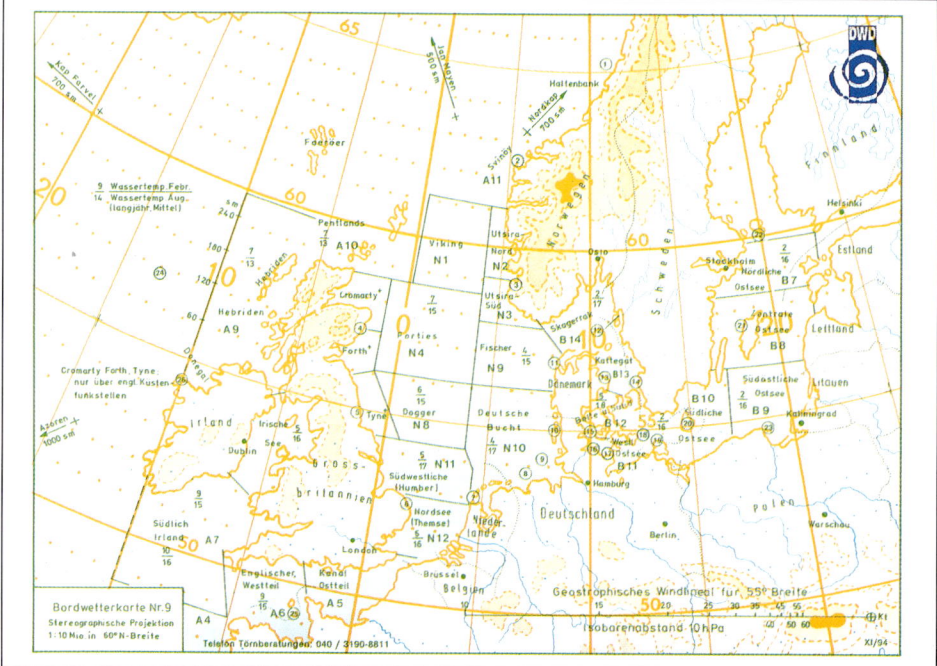

Vordruck Bordwetterkarte Nr. 9 (Nord- und Ostsee) für den Seewetterbericht von Deutschlandfunk, NDR, Deutschlandradio und Radio Bremen, herausgegeben vom Deutschen Wetterdienst (DWD). Für den Sportskipper auch noch interessant: die Bordwetterkarte Nr. 11: Mittelmeer (Deutsche Welle und Österreichischer Rundfunk).

liert irgendwo auf der Karte erscheinen. Zu den im Wetterbericht genannten Positionen, durch die eine Front verläuft, sind die Werte des Luftdrucks zu notieren. Der Kaltfront werden Zacken aufgesetzt, Warmfronten bekommen Rundbögen. Sie werden in Bewegungsrichtung der Fronten angebracht. Fronten sind die Grenzlinien, an denen die kalten und warmen Luftmassen aufeinanderstoßen. Es sind nie geschlossene Linien, sie können keinen Knick haben, sind immer zyklonal gekrümmt (im Sinne der Wirbelbewegung der Zyklone) und enden im Tiefdruckkern.

Die größte Schwierigkeit verursacht zu Anfang das Zeichnen der Isobaren. Sie werden in Abständen von fünf Hektopascal gezeichnet und dürfen sich weder schneiden noch berühren. Man muß in der Karte immer denselben Isobarenabstand einhalten. Die einzelnen Isobaren sollten in sich geschlossen sein, falls sie nicht am Rand der Wetterkarte beginnen oder enden.

Folgende Punkte sind zu beachten:

– Isobaren verlaufen meistens in gleichen Abständen. Unregelmäßige Abstände sind unwahrscheinlich. Zum Kern des Tiefs werden die Isobaren dichter. Die Isobarendichte ist ein Maßstab für die Windstärke.

– Isobaren laufen fast parallel zur Windrichtung. Über dem Ozean beträgt der Winkel zwischen Isobaren und Wind etwa 15 Grad, über Land etwa 30 Grad.

Das Tief liegt auf Nordbreite – in Windrichtung gesehen – links von der Isobare, der höhere Luftdruck rechts.

Jede gezeichnete Karte stellt die Wetterlage dar, die sich aus der Wetterlage des vorangegangenen Berichtes logisch entwickelt haben wird. Daher ist es wichtig, kontinuierlich zu arbeiten und die Karte des Vortages zu Rate zu ziehen.

Neben vielen anderen Anleitungen und Hinweisen findet man im „Nautischen Funkdienst", Band III: Wetterfunk, des BSH (Bundesamt für Seeschiffahrt und Hydrographie) ein ganzes Kapitel zu diesem Thema. Ich meine, durch all diese Informationen kann sich der meteorologisch interessierte Segler ein recht gutes Bild vom Wetter machen.

Um das Verständnis zum Wettergeschehen zu verbessern oder zu erhalten, sollte man selbst gelegentlich Wetterkarten zeichnen. Neben der Törnberatung an Land ist natürlich die Wetterkarte die beste Hilfe überhaupt für das Segelrevier.

Die eleganteste Lösung ist selbstverständlich, sich einen Wetterkartenschreiber an Bord installieren zu lassen. Das ist ein Gerät aus der „Welt des Fax" – Weatherfax heißt das Ding auf englisch – ein Produkt der Mikroprozessor-Technologie. Wie wir inzwischen alle wissen, erlaubt Satelliten-Navigation genaue und schnelle Positionsbestimmungen – fast genauso akkurat liefert uns so ein Bordwetterkartenschreiber aktuelle meteorologische und ozeanografische Informationen, kombiniert mit nautischen Warnungen.

Die Geräte können entweder an den vorhandenen Funkempfänger angeschlossen werden, oder sie besitzen einen integrierten Empfänger. Notwendig ist eine simple, 2,5 m lange Wippantenne. Mit Hilfe dieser Faksimileempfänger kann man direkt an Bord hochaufgelöste und kontrastreiche Wetterkarten für das Wetter der nächsten 3, 6, 12, 48 und 72 Stunden empfangen und erhält zusätzlich Höhenwetterkarten, Temperaturkarten und Satellitenfotos. Die Bilder werden von über 50 Landstationen weltweit verbreitet.

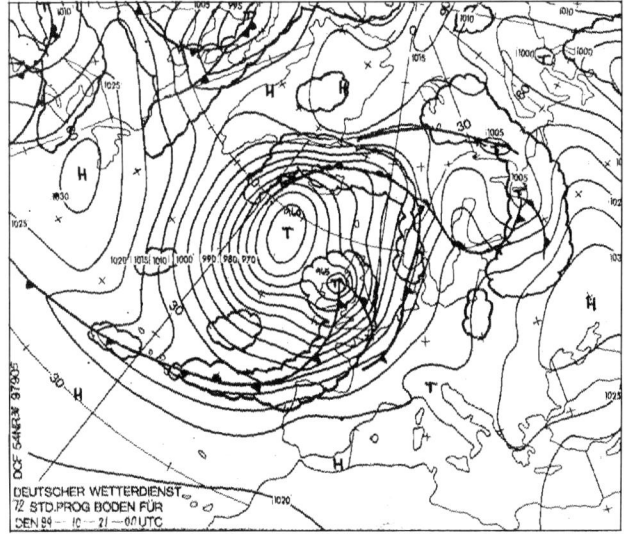

Ausdruck eines Wetterkartenschreibers.
Typisches Europawetter: Islandtief und Hoch über Rußland.

Die Vorhersagen sind natürlich von erfahrenen Meteorologen mit Hilfe von Computertechnologie erstellt und ohne Sprachprobleme zu empfangen. Informationen gehen nicht verloren, man hat dazu die Möglichkeit, Wettersituationen nachzuvollziehen, kann damit auch meteorologische Navigation üben. Das Gerät paßt in jede Navigationsecke, der Platzbedarf ist nämlich gering. Der Stromverbrauch bewegt sich in einer Größenordnung von 1 bis 2 Ampere. Und was kostet es? Hierzulande werden verschiedene Produkte angeboten – für 6000 bis 10 000 DM erhält man ein wirklich brauchbares Gerät. Wetterfaxgeräte sind daher für Langfahrtsegler sehr nützlich – mit einer Einschränkung: In den fernen Gegenden der Südozeane wird der öffentliche Wetterdienst immer dürftiger, zweifellos mangels Nachfrage.

In der Hochseeregatta-Szene sind Faxgeräte unentbehrlich geworden – allerdings auch hier mit Einschränkung. Der Einhandsegler Hal Roth schrieb anläßlich eines BOC-Race: „Ich rechnete damit, daß die öffentlichen Wetterberichte – aus dem Weatherfax – so gut wären wie die privaten, aber das war grundfalsch. Der Skipper mit dem meisten Geld konnte den besten Wetterdienst kaufen." Tatsache ist, daß sich heutzutage zahlreiche Regattasegler die Wettermeldungen von Taktikern an Land, die laufend die Positionen der Yachten plotten, auswerten und übermitteln lassen.

Für den normalen Küstensegler, der jederzeit aktuelle Wettermeldungen via Rundfunkempfänger empfangen kann, ist der Aufwand für ein Wetterfax zu groß und deshalb auch unnötig.

# WETTERVORHERSAGE

Wetterberichte und wichtige nautische Meldungen werden im wesentlichen von Küstenfunkstellen und Rundfunksendern verbreitet. Das ist in Dänemark, Schweden, England, Amerika und auch bei uns so. Dazu benötigt man ein modernes Transistorradio, das nicht nur für Lang-, Mittel- und Kurzwelle ausgerüstet ist, sondern auch Grenzwelle empfangen kann.

Segler, die sich von unseren Küsten entfernen, müssen in der Lage sein, Wetterberichte und -vorhersagen in englischer Sprache zu verstehen. Die meisten europäischen Länder strahlen den Wetterbericht außer in der Landessprache auch in Englisch aus.

In Deutschland haben wir über Rundfunksender und Küstenfunkstellen hinaus weitere Möglichkeiten, uns einen Seewetterbericht zu beschaffen:
– über den Postinformationsdienst (PID)
– über Telefax und Bildschirmtext (Btx)
– auf Ersuchen bei den Küstenfunkstellen Norddeich und Rügen

Sender, Frequenzen und Sendezeiten entnimmt man dem Faltblatt „Wetter und Warnfunk" oder auch dem „Jachtfunkdienst Nord- und Ostsee" bzw. dem „Jachtfunkdienst Mittelmeer" (erscheinen alle drei jährlich und werden vom Bundesamt für Seeschiffahrt und Hydrographie, BSH, herausgegeben).

Der Seewetterbericht für Nord- und Ostsee gliedert sich gewöhnlich folgendermaßen:
– Wetterlage
– Vorhersage für 12 Stunden
– Aussichten für weitere 12 Stunden
– Stationsmeldungen

Diese Informationen geben dem Segler ein Bild, was sich kurzfristig im jeweiligen Segelrevier ereignen könnte. Man sollte jedoch die genauen Grenzen der betreffenden Zonen kennen.

Die eigene Wetterbeobachtung ermöglicht den Vergleich zwischen der lokalen Wetterlage und den Angaben zur Gesamtwetterlage, wobei Luftdruck, Aussehen des Himmels und der Zustand der See dazu beitragen, festzustellen, ob Übereinstimmung besteht und ob das Wetter zu einer Veränderung neigt. Die persönliche Beurteilung spielt bei kurzen Törns in Küstennähe jedoch eine bescheidene Rolle. Nur wenn man lange ununterbrochen und ohne Wetterinformationen auf dem Meer segelt, nimmt sie an Bedeutung zu. Man benötigt schon einige Jahre Praxis, bevor man ein sehr guter Beobachter wird. Das ist auch der Grund dafür, weshalb ich in Sachen Wettervorhersage nur sehr wenig Ratschläge zu geben habe. Das Wichtigste ist, daß man Wetterberichte und Wettergeschehen richtig versteht, um gefährliche Lagen frühzeitig erkennen zu können. Nochmals: Das beste Mittel für die Wetterprognose ist systematisches, tägliches Studium der Wetterberichte, Beobachtungen des Himmels und speziell des Luftdrucks (Barometer).

Beobachtet man die Gezeiten an der Küste regelmäßig, stellt man in größeren zeitlichen Abständen wiederkehrende Besonderheiten fest. Zweimal im Verlaufe eines Monats (eines Mondzyklus) beobachten wir besonders hohe Hochwasser (Springtide) und zweimal auffällig niedrige Hochwasser (Nipptide). Beide Ereignisse fallen mit auffälligen Konstellationen des Mondes und der Sonne zusammen. Stehen Sonne

# GEZEITEN

Zu den stärksten Eindrücken an der Nordseeküste gehören die Gezeiten. Das periodische Steigen (Flut) und Fallen (Ebbe) des Wassers, auch Tide genannt, und die damit einhergehenden Strömungen stehen im Einklang mit den Bewegungen, die der Mond um die Erde ausführt. Mit der gleichen Zeitdifferenz, mit der sich der Mondaufgang täglich verspätet, machen sich auch Flut und Ebbe an unseren Küsten bemerkbar. Im Durchschnitt haben wir innerhalb von 24 Stunden und 50 Minuten zwei Tiden.

Das Prinzip ist: Die Anziehungskraft des Mondes auf die Wassermassen eines bestimmten Ortes ist am größten, wenn der Mond darüber im Zenit steht. An dem diesem Ort genau gegenüberliegenden Punkt des Erdballs ist sie zum gleichen Zeitpunkt am schwächsten. Auf der mondzugewandten Seite steigen die Wassermassen, weil sie vom Mond angezogen werden, auf der anderen Seite steigen sie ebenfalls, weil die Zentrifugalkraft des Systems Erde/Mond, das sich um einen gemeinsamen Mittelpunkt dreht, die Wassermassen an diesem Ort zusammenzieht. Auf beiden Seiten der Erde gibt es also zum gleichen Zeitpunkt Hochwasser, wohingegen an allen Orten, von denen aus man das Gestirn am Horizont erblickt, Niedrigwasser herrscht.

Berücksichtigt werden muß noch die Trägheit des Wassers, d. h., Flut- und Ebbstrom können nach dem Ende ihrer jeweiligen Phase noch anhalten. Wenn der Strom zur Ruhe kommt, ist Stillwasser. Man nennt dies auch Kentern des Stroms.

Zu den ganz starken Eindrücken in der Bretagne gehören die Gezeiten mit bis zu acht Metern Tidenhub. Die periodisch auftretenden Gezeitenströme machen sich vor allem in Küstennähe gefährlich bemerkbar.

und Mond „in einer Linie", bei Voll- und Neumond, dann addieren sich die Anziehungskräfte und erreichen ihren Höhepunkt. Es kommt zu Springtiden. Stehen dagegen während des ersten und letzten Viertels Sonne und Mond rechtwinklig zur Erde, wirken ihre Anziehungskräfte gegeneinander, und es kommt zu Nipptiden.

Von den Hydrographischen Instituten zahlreicher Länder werden jährlich Gezeitentafeln herausgegeben. Darin sind die Gezeiten vorausberechnet. Die Gezeitentafeln enthalten für jeden Tag für ausgewählte Orte, sogenannte Bezugsorte, die Eintrittszeiten sowie die Höhen der Hoch- und Niedrigwasser. Die Daten

der Bezugsorte bilden die Grundlage für die Berechnung der Tide anderer Küstenorte und zahlreicher Buchten, die als Anschlußorte bezeichnet werden. Diese Berechnung ist jedoch nur möglich, wenn in den Tafeln ein Verzeichnis der Anschlußorte mit den Angaben des Gezeitenunterschiedes zum Bezugsort vorhanden ist. Bringt man diesen Gezeitenunterschied an die Werte der Bezugsorte an, erhält man die Gezeitenwerte für die Anschlußorte.

Die durch Gezeiten bedingten, periodisch auftretenden Gezeitenströme können erheblich sein, in der Elbmündung z. B. vier Knoten, im Englischen Kanal noch wesentlich mehr. Den stärksten Gezeitenstrom erlebte

**Wetter am Strand von Sylt. Wegen der Gezeiten wird die deutsche Nordsee von Seglern eher gemieden, man weicht statt dessen zur tidenlosen Ostsee aus.**

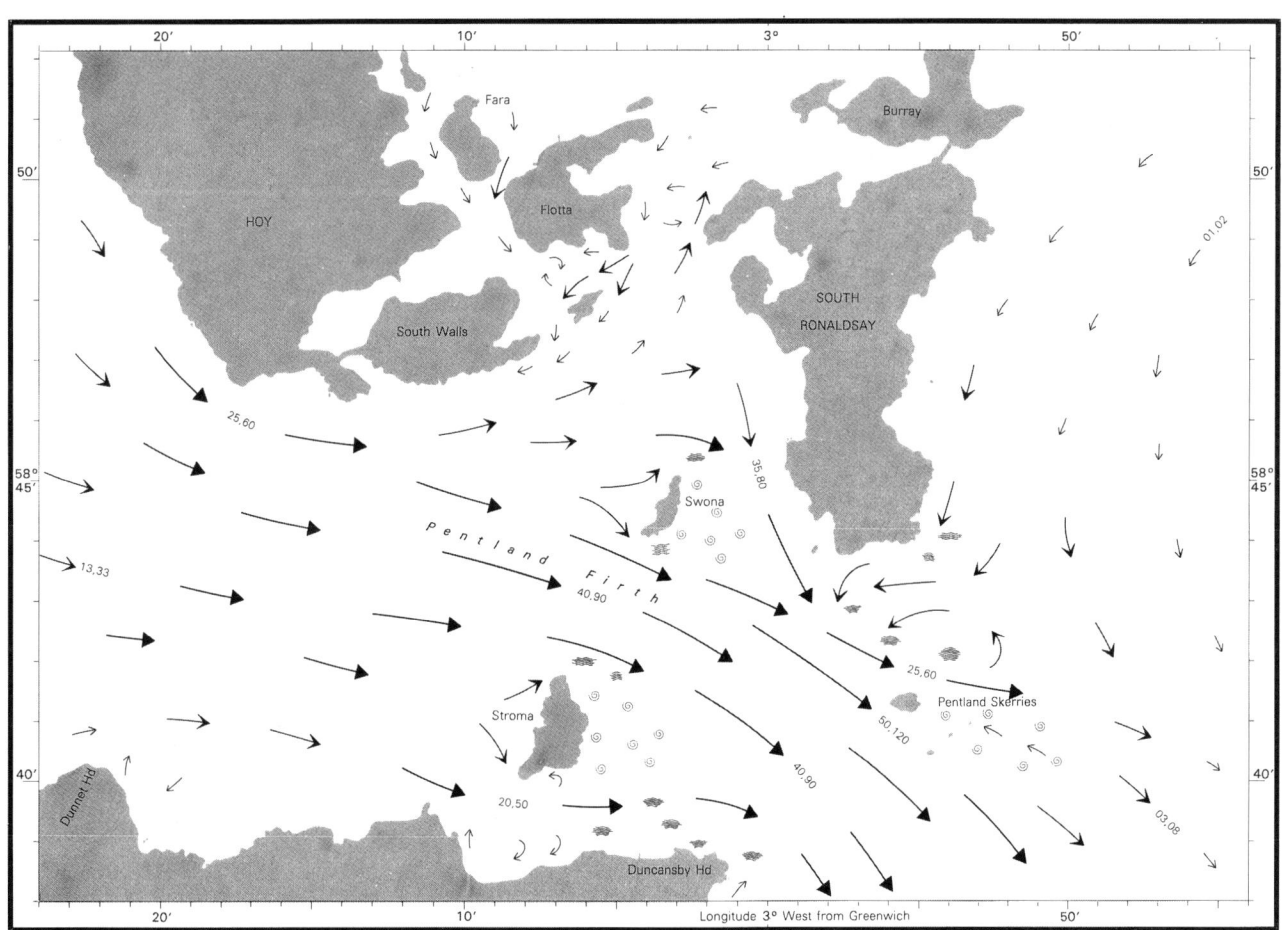

**DOVER**       N.P.164

Times of High Water (HW) and Mean Range of the tide (MR) for each day of the year.

TIME ZONE: UT (GMT)       YEAR 1992

| | JANUARY | FEBRUARY | MARCH | APRIL | MAY | JUNE | JULY | AUGUST | SEPTEMBER | OCTOBER | NOVEMBER | DECEMBER | |
|---|---|---|---|---|---|---|---|---|---|---|---|---|---|
| | MR HW | MR HW | MR HW | MR HW | MR HW | MR HW | MR HW | MR HW | MR HW | MR HW | MR HW | MR HW | |
| | m. Time | m. Time | m. Time | m. Time | m. Time | m. Time | m. Time | m. Time | m. Time | m. Time | m. Time | m. Time | |
| **1** | We 0813 | Sa 0952 | Su 0934 | We 1004 | Fr 0953 | Mo 1042 | We 1120 | Sa 0015 | Tu 0117 | Th 0131 | Su 0240 | Tu 0300 | **1** |
| | 3.8 2051 | 4.2 2212 | 4.1 2148 | 4.9 2216 | 5.1 2209 | 5.5 2259 | 5.8 2339 | 6.3 1241 | 6.0 1338 | 5.1 1352 | 3.8 1508 | 3.7 1528 | |
| **2** | Th 0912 | Su 1033 | Mo 1012 | Th 1031 | Sa 1027 | Tu 1127 | Th 1211 | Su 0102 | We 0159 | Fr 0216 | Mo 0334 | We 0349 | **2** |
| | 4.1 2142 | 4.6 2247 | 4.6 2221 | 5.3 2247 | 5.4 2244 | 5.6 2346 | 5.9 -- | 6.2 1326 | 5.3 1422 | 4.4 1440 | 3.1 1614 | 3.2 1627 | |
| **3** | Fr 1002 | Mo 1106 | Tu 1041 | Fr 1101 | Su 1104 | We 1217 | Fr 0031 | Mo 0147 | Th 0246 | Sa 0307 | Tu 0441 | Th 0449 | **3** |
| | 4.5 2226 | 4.9 2319 | 5.0 2252 | 5.5 2316 | 5.6 2319 | 5.7 -- | 6.0 1300 | 5.9 1409 | 4.6 1510 | 3.6 1538 | 2.8 1742 | 2.9 1736 | |
| **4** | Sa 1045 | Tu 1137 | We 1108 | Sa 1130 | Mo 1140 | Th 0035 | Sa 0123 | Tu 0232 | Fr 0338 | Su 0409 | We 0604 | Fr 0557 | **4** |
| | 4.7 2304 | 5.2 2350 | 5.3 2320 | 5.7 2346 | 5.7 2356 | 5.6 1310 | 5.9 1349 | 5.4 1454 | 3.7 1607 | 2.9 1657 | 2.8 1900 | 3.0 1842 | |
| **5** | Su 1123 | We 1204 | Th 1134 | Su 1203 | Tu 1221 | Fr 0130 | Su 0213 | We 0319 | Sa 0444 | Mo 0534 | Th 0716 | Sa 0700 | **5** |
| | 5.0 2340 | 5.3 -- | 5.5 2350 | 5.7 -- | 5.7 -- | 5.5 1404 | 5.7 1437 | 4.7 1543 | 3.0 1727 | 2.6 1839 | 3.1 1957 | 3.3 1937 | |
| **6** | Mo 1157 | Th 0019 | Fr 1201 | Mo 0017 | We 0038 | Sa 0227 | Mo 0304 | Th 0414 | Su 0617 | Tu 0707 | Fr 0808 | Su 0754 | **6** |
| | 5.1 -- | 5.4 1232 | 5.6 -- | 5.6 1235 | 5.5 1307 | 5.2 1456 | 5.3 1525 | 4.1 1641 | 2.8 1909 | 2.9 1954 | 3.7 2037 | 3.6 2023 | |

**Bezugsort für die Gezeiten-berechnung des Pentland Firth ist Dover.**

**Der Tidenstrom im Pentland Firth 2 h vor Hochwasser Dover. Die Karte gibt eine Strömung von maximal 50,120 an. Die Bezeichnung 50,120 bedeutet 5,0 Knoten bei Nipptide, 12,0 Knoten bei Springtide.**

ich im Pentland Firth, hoch oben in Schottland, mit acht Knoten. Begleitet von heftigen Strudeln und Wirbeln, die höchst unangenehm waren.

Fahrtensegler, die die Strömung nicht berücksichtigen, sind dann manchmal gezwungen, „auf der Stelle zu treten". Bei richtiger Auswertung der Tafeln und des Gezeitenatlas ist es aber auch möglich, diese Strömungen geschickt auszunutzen. Demzufolge ist für Cuxhavener und andere Segler aus Tidengebieten die Tidenströmung kein Gegner. Sie machen sie zu ihrem Verbündeten, lassen sie für sich arbeiten und nutzen die Strömung sozusagen als „Förderband". Die optimale Ausnutzung von Strömungen und Gegenströmungen in Buchten und Flußmündungen ist ein aufregendes Unterfangen und gelingt in der Regel nur ortsansässigen und tidenerfahrenen Seglern.

Ein bequemer, unwissender Fahrtensegler wird über Gezeitenströme stöhnen, weil sie seine Zeitberechnungen und die Navigation in erheblichem Maße komplizieren und ihn unter Umständen mit schwierigen Seegangsbedingungen konfrontieren.

Zahlreiche Ozeansegler nutzen die Tide aus, um über Barren hinweg in Flußmündungen und andere Gewässer zu gelangen, die sonst nicht zu befahren wären. Man findet dort notfalls Schutz vor schwerem Wetter oder (und) erschließt sich ein seglerisches Paradies. Auf einer Weltumseglung, aber auch sonst kann man sein Schiff in Tidengewässern häufig trockenfallen lassen und somit Reparaturen durchführen. Besonders Langfahrtsegler mit einer knappen Bordkasse sind froh, daß sie dann ihr Unterwasserschiff säubern und malen können.

In einigen Ecken unserer Erde spielen die Gezeiten eine dominierende Rolle. Sie bestimmen mit ihrem Rhythmus das gesamte Leben und die gesamte Schiffahrt an ihrem Küstenstrich.

Ein Beispiel für die Faszination der Tide: Als 1989 die Mauer in der DDR fiel, zog es sofort ungewöhnlich viele Bewohner vom Osten an die Nordseeküste und sogar auf die Halligen Nordfrieslands, um das mannigfaltige Wechselspiel kosmischer Kräfte und irdischer Einflüsse zu beobachten.

Großflächige Cirrocumulus ziehen von Westen auf. Diese hohen Schäfchenwolken kündigen keine Wetterverschlechterung an. In der Tat blieb es danach auf dem Nordatlantik noch tagelang „windbeständig".

# WETTERREGELN

„Eis am Himmel": Im oberen „Stockwerk" schweben feine, faserige Cirrus- oder Federwolken. Sie bestehen aus Eiskristallen. Wenn sie in Massen den Himmel überziehen, ist dies ein sicheres Zeichen, daß es innerhalb von 24 Stunden Niederschlag und ordentlich Wind geben wird.

„Ziehen die Wolken dem Wind entgegen, gibt's an den Tagen Regen." Diese Erscheinung ist ein typisches Vorzeichen für ein herannahendes Tief.

„Ein Ring oder Hof um Sonne oder Mond, bald Regen und Wind uns nicht verschont." Dieser sogenannte Halo-Effekt signalisiert, daß die Warmfront eines Tiefs aufzieht. Es werden sich ordentlich Wind und Regen einstellen.

Stimmt die alte Regel „Abendrot – Morgenrot – Wetter tot"? Zum Teil. Färben die letzten Sonnenstrahlen des Tages den hohen, klaren Himmel rot, wird der nächste Tag sicher so schön sein, wie der vergangene es war. Reflektieren dagegen die Wolken am Osthimmel den roten Schein, so verheißt das Wind und Regen.

Ein roter Sonnenuntergang – über den ganzen Himmel gemalt. Wunderbar! Nur das Wetter wird miserabel. Regen mit viel Wind. Ein Absinken des Luftdrucks um zwei bis drei Hektopascal innerhalb von drei Stunden ist ein Anlaß, sich auf Wetterverschlechterung einzurichten. Sinkt das Barometer in dieser Zeit um drei bis fünf Hektopascal, kündigt sich eine starke Störung an. Und sinkt es gar um mehr als sechs Hektopascal, bereitet sich etwas Ungewöhnliches vor, es muß mit starkem Sturm gerechnet werden.

Hochdrucklage über West-Europa bringt Wind vorherrschend aus östlicher Richtung, die Stärke schwankt zwischen drei und fünf. Sie kann uns wochenlanges Traumwetter bescheren.

„Morgentau macht den Himmel blau." Es wird ein guter Tag mit beständigem Wetter.

Gleichbleibender Luftdruck bedeutet gleichbleibendes Wetter. Bei weißen bis schwefelgelben Sonnenuntergängen reffen wir die Segel besser.

Dreht der Wind, nachdem er tagelang aus gleicher Richtung geweht hat, so ist Wetterverschlechterung zu erwarten.

Hohe Dünung kündigt Stürme aus den Meeresteilen an, aus denen die Dünung kommt.

In mittleren Breitengraden bewegt sich das Wetter von West nach Ost – Westwindwetterlage.

Ein Tief zieht im Durchschnitt mit 20 Knoten im Sommer und 30 Knoten im Winter. Ein Hochdruckgebiet bewegt sich im Winter wie im Sommer mit 20 Knoten.

Regelmäßiges Auftreten von Land- und Seewinden an der Küste bedeutet gutes Wetter. Störung dieser Erscheinung deutet auf Wetteränderung hin.

Morgennebel, die durch die steigende Sonne verschluckt werden, bedeuten gutes Wetter. Wenn der Nebel nicht weicht, ist windiges, regnerisches Wetter zu erwarten.

Wetterregel aus der medizinischen Meteorologie: Wo das Wetter wirklich wechselhaft ist, also die meisten Tiefdruckgebiete durchziehen, entfalten die Menschen die meiste Aktivität.

In den tropischen Seegebieten und auch in den Passatregionen gelten diese Wetterregeln nur mit Einschränkungen. Dort gibt es Wolkenformationen, die in ihrem Aussehen dramatischer sind als der Himmel bei uns im ganzen Jahr. Doch kommt es dabei selten zu stürmischen Winden. Grundsätzlich gilt: Bei Wetterveränderungen im Passat und äquatorialen Breiten speziell auf den Luftdruck achten.

Der große Reiz von Wind und Wetter liegt in ihrer Unbeständigkeit. Wer damit Probleme hat, soll zum Mond „segeln", denn dort gibt es kein Wetter: Dem Mond fehlt eine Atmosphäre und somit der Wind.

# NAVIGATION

ERIK V. KRAUSE

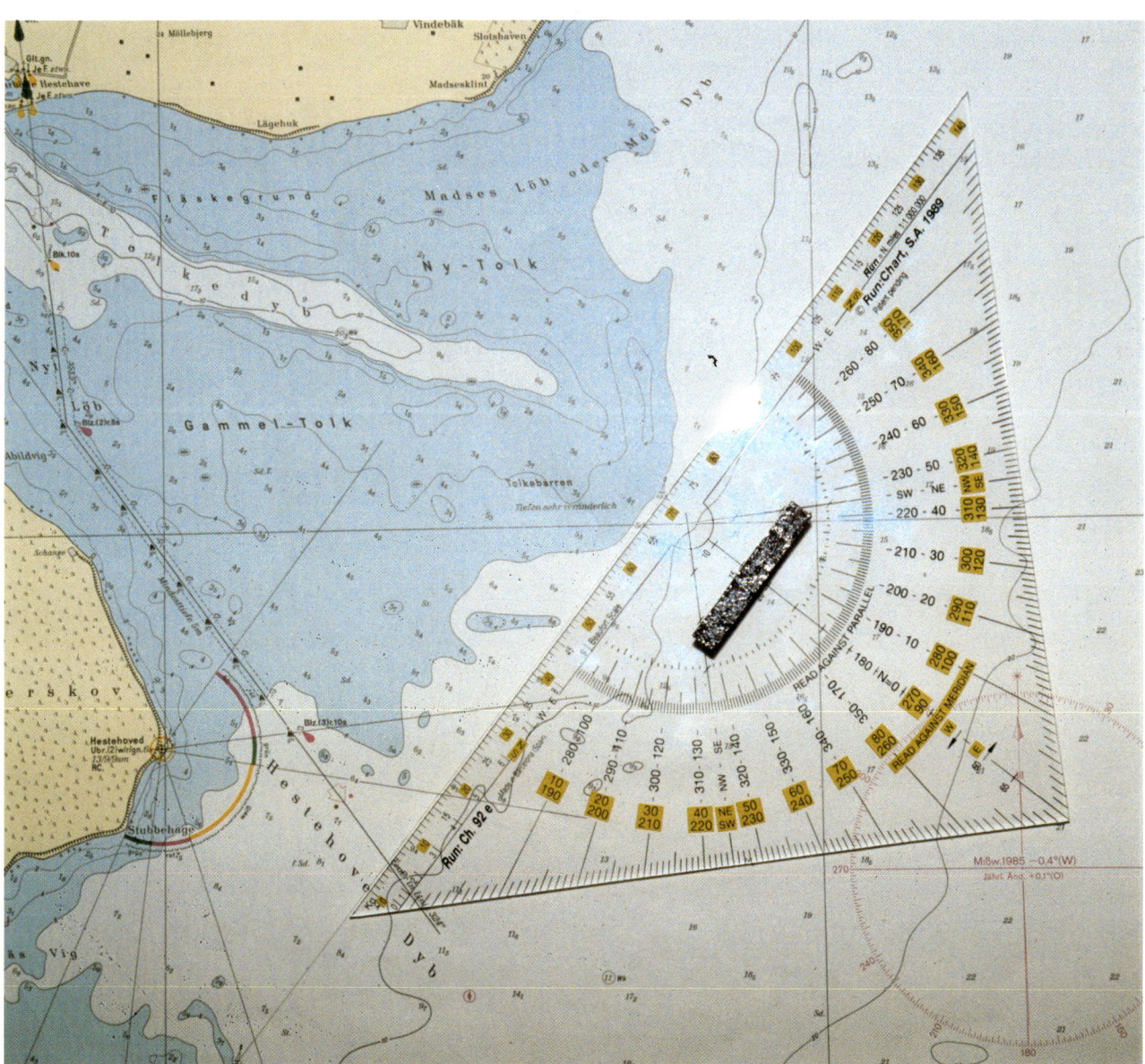

# EINFÜHRUNG

Die Navigation ist nichts anderes als die Kunst, ein Wasserfahrzeug schnell und sicher von einem Punkt zu einem anderen zu bringen. Der Begriff stammt aus dem Lateinischen, abgeleitet von dem Verb *navigere*. Dieses Verb ist zusammengesetzt aus *navis* (= Schiff) und *agere* (= bewegen, lenken).

Die Navigation an Bord eines Sportfahrzeuges ist eine sehr verantwortungsvolle Aufgabe, vielleicht sogar die wichtigste überhaupt, denn sie kann lebenswichtig sein. Ein Schaden am Rumpf oder am Rigg kann vielfach mit Bordmitteln repariert oder es kann über Funk Hilfe gerufen werden. Ein eklatanter Navigationsfehler aber kann schnell zu einer schweren, folgenreichen Havarie führen.

Für die meisten Fahrtensegler spielt die Zeit nicht die wichtigste Rolle. Deshalb können schlechte oder ungünstige Wetterbedingungen oft abgewartet, gefährliche Untiefen weiträumig umsegelt werden. Für den Navigator einer Rennyacht aber spielen völlig andere Kriterien eine Rolle. Er arbeitet fast immer allein, unkontrolliert und hat die Aufgabe, den kürzesten oder schnellsten Weg zum Ziel zu berechnen, wobei der kürzeste nicht immer auch der schnellste sein muß. Die gesamte Mannschaft muß sich auf seine Angaben verlassen und arbeitet mit großer Ausdauer und mit vollem Eifer daran, die Yacht immer möglichst optimal zu segeln. Jeder Meter, der zuviel gesegelt wird, stellt einen möglichen Sieg in Frage. Häufig muß der Regattanavigator deshalb an die Grenzen der Sicherheit gehen, oft auch bei unsichtigem und schlechtem Wetter. Allerdings bedeutet eine genaue Navigation auch für den Fahrtensegler meist eine schnelle Reise; Zeitersparnis und die Möglichkeit, schlechtem Wetter entgehen zu können, sind für alle Segler wichtige Sicherheitsaspekte.

Trotzdem bleibt der Grundsatz bestehen, nach dem sich die Navigatoren aller Yachten richten sollten: *Die Sicherheit von Schiff und Mannschaft geht in jedem Falle vor!*

# HILFSMITTEL DER NAVIGATION

### Der Kompaß

Der Kompaß ist neben einer guten Seekarte das wichtigste Hilfsmittel der Navigation. Die Tatsache, daß sich ein Stück magnetisiertes Metall nach den magnetischen Feldern der Erde ausrichtet und halbwegs genau nach Norden zeigt, ist seit Jahrtausenden bekannt. Ein moderner Magnetkompaß enthält als wichtigste Komponente einen Permanentmagneten aus einer Eisen-Nickel-Kobalt-Legierung, die auch Spuren von Aluminium und Kupfer enthalten kann. Platin- oder Silberlegierungen sind noch bessere Magneten, aber für den Bordgebrauch zu teuer.

Das Magnetfeld der Erde ist Schwankungen in Richtung und Stärke unterworfen, die auf allen Seekarten als Mißweisung angegeben sind. Während in unseren nordeuropäischen Breiten die Mißweisung im Grunde vernachlässigt werden kann – sie beträgt in Nord- und Ostsee weniger als zwei Grad –, gibt es zum Beispiel vor der Küste Südafrikas eine Mißweisung von fast 25 Grad und auf dem Nordatlantik Werte von bis zu 20 Grad. Wer in diesen Seegebieten segelt, muß bei jeder Kursberechnung aufpassen, denn ein falsch angebrachtes Vorzeichen ergibt Kursfehler von 40 bis 50 Grad!

Ein beleuchtbarer Kompaß mit großen Zahlen für den Einbau in eine Steuersäule. Über die senkrechte Nadel kann bei freier Rundumsicht auch eine Kompaßpeilung durchgeführt werden.

## Aufstellung des Kompasses

Wenn ein guter Steuerkompaß an Bord einer Segelyacht aufgestellt werden soll, müssen einige wichtige Grundsätze beachtet werden. Es ist logisch, daß die unmittelbare Nähe von Eisenteilen einen direkten Einfluß auf die Anzeigegenauigkeit des Kompasses bewirkt. Alle Hersteller guter Kompasse beschreiben genau, wie groß die Mindestabstände etwa zu einem Motor sein müssen. Kaum Schwierigkeiten gibt es auf Kunststoff-Yachten mit einer Radsteuerung. Auf einer Kompaßsäule aus meist rostfreiem, nicht magnetischem Stahl wird der Kompaß außerhalb störender Einflüsse montiert. Es ist aber darauf zu achten, daß keine magnetischen oder magnetisierbaren Eisenteile für den Antrieb des Ruders innerhalb der Säule verwendet werden.

Schwieriger ist der Einbau an Bord eines Stahlschiffes und bei einer Pinnensteuerung, wenn der Kompaß in den Cockpitboden oder ins Brückendeck eingelassen werden soll. Seit einiger Zeit gibt es große, ausgezeichnet ablesbare Kompasse für den Schotteinbau. Dadurch kann fast immer der notwendige Mindestabstand zu größeren Eisenteilen eingehalten werden.

Sehr wichtig ist natürlich die genaue Ausrichtung des Kompasses auf die Schiffslängsachse. Am einfachsten geht dies mit Hilfe einer dünnen, genau über dem Mittelpunkt des Kompasses straff gespannten Leine, die entweder die Mittelachse der Yacht repräsentiert oder eine Parallele dazu. Ist der Kompaß einmal korrekt

eingebaut worden, sollte diese Stellung dauerhaft markiert werden, damit sie jederzeit ohne langwieriges Nachmessen wiedergefunden werden kann.

Neben der bereits genannten Mißweisung ist der schiffseigene Magnetismus ein wichtiger, bei jeder Kursberechnung zu berücksichtigender Faktor. Dieser schiffsbedingte Magnetismus wird Ablenkung genannt. Während die Mißweisung ortsgebunden ist und dann mit immer dem gleichen Wert in die Kursberechnungen eingebracht wird, ist die Ablenkung eine kursabhängige Größe. Die Aufstellung einer Ablenkungstabelle ist für jeden fest eingebauten Kompaß notwendig; man sollte das von einem professionellen Kompensierer machen lassen.

Die Erstellung einer solchen Tabelle ist nicht weiter schwierig, ein Kompensierer aber wird durch Anbringung von Magneten in der Nähe eines Kompasses versuchen, die schiffseigene Ablenkung weitestgehend zu eliminieren. Diese kleinen Magneten sollten auf keinen Fall entfernt oder an andere Stellen bewegt werden. Die dann aufzustellende Ablenkungstabelle sollte Werte von höchstens zwei bis fünf Grad aufweisen.

## Aufstellung einer Ablenkungstabelle

In jedem größeren Hafen gibt es einen oder mehrere sogenannter Deviationsdalben, die meist auch in den Hafenplänen verzeichnet sind. Dort sind auch die rechtweisenden Peilungen auf markante, möglichst weit entfernte Punkte an Land verzeichnet, etwa zu einem Kirchturm. Der Kompensierer stellt im Cockpit oder an Deck, jedenfalls möglichst außerhalb des schiffseigenen Magnetfeldes, einen eigenen Magnetkompaß auf einem Dreibein auf und justiert diesen auf die Schiffslängsachse. Da die örtliche Mißweisung beide Kompasse gleichermaßen beeinflußt, werden die Peilungen des Referenzkompasses mit denen des zu kompensierenden verglichen und notiert. Vorgedruckte Ablenkungstabellen sind fast immer mit einer Zehn-Grad-Teilung versehen, bei Ablenkungswerten bis zu zwei oder drei Grad genügt aber auch eine 45-Grad-

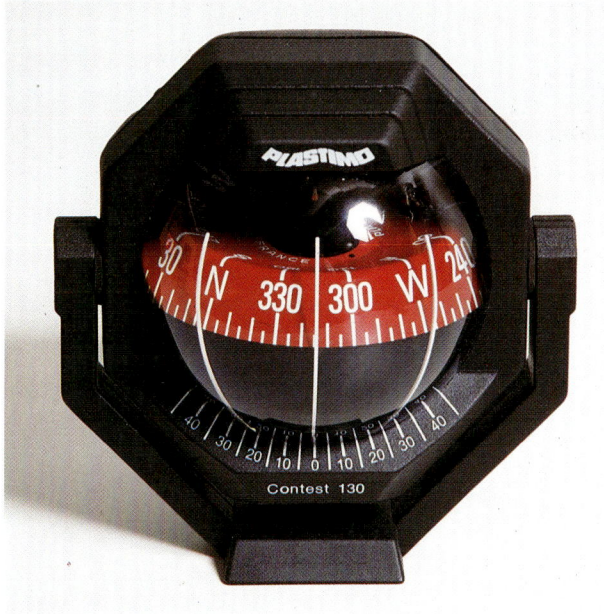

**Ein Kompaß für die Montage in einem senkrechten Schott, zum Beispiel neben dem Niedergang. Große Zahlen sind wichtig, da der Abstand zum Rudergänger meist sehr groß ist. Dieses Modell zeigt auch die Krängung der Yacht an.**

Für jeden fest eingebauten Magnetkompaß an Bord sollte eine Steuertafel aufgestellt werden. Bei einem gut kompensierten Kompaß wird es nur geringe Ablenkungswerte geben.

## Steuertafel (Deviationstabelle)

Aufgestellt am: ................... in .................... von ..................

| Kompaß-kurs | Deviation | mißweisender Kurs | Kompaß-kurs | Deviation | mißweisender Kurs |
|---|---|---|---|---|---|
| 0° | | | 190° | | |
| 10° | | | 200° | | |
| 20° | | | 210° | | |
| 30° | | | 220° | | |
| 40° | | | 230° | | |
| 50° | | | 240° | | |
| 60° | | | 250° | | |
| 70° | | | 260° | | |

Teilung. Wenn man einem Kompensierer einmal über die Schulter gesehen und einen guten Kompaß als Referenzgerät zur Verfügung hat, kann man eine Ablenkungstabelle auch selbst aufstellen. Und ist der Steuerkompaß richtig kompensiert worden, können alle weiteren, die man an Bord einbauen will, mit dessen Hilfe berichtigt werden.

Die so oft beschriebenen Methoden der Ablenkungsbestimmung durch Peilung eines Gestirnazimutes oder durch terrestrische Peilungen sind in den meisten Fällen zu ungenau und deshalb nicht empfehlenswert.

### Die Logge

Für die praktische Navigation ist neben dem Kompaß eine gute Logge mit einem Meilenzähler ein wichtiges Instrument. Neben dem leicht antiquierten, aber meist gut funktionierenden, rein mechanisch arbeitenden Sumlog bietet der Markt eine Fülle elektronischer Fahrtmeßgeber an, die alle nach dem gleichen Prinzip arbeiten: Durch die Umdrehungen eines Propellers oder eines Schaufelrades werden direkt am Geber Impulse erzeugt und über ein Kabel an die Elektronik geleitet.

Die Impulse werden gezählt und zu einer digitalen oder analogen Geschwindigkeitsanzeige umgesetzt.

Es gibt nur ein System, das mit der Laufzeitmessung von Ultraschallwellen zwischen zwei Gebern vor dem Kiel arbeitet. Es ist sehr teuer, aber auch sehr genau. Moderne, leichtgebaute Kurzkieler wie die meisten Regattaschiffe aber haben mit diesem System wegen schneller Stampfbewegungen bei Seegang Probleme, da die vertikale Bewegung des Wassers an der Kielvorderkante zu Meßungenauigkeiten führt.

Die Impulse schalten einen oder zwei Zähler, einen nicht rücksetzbaren Gesamtmeilenzähler und einen Tagesmeilenzähler, der jederzeit auf Null gesetzt werden kann.

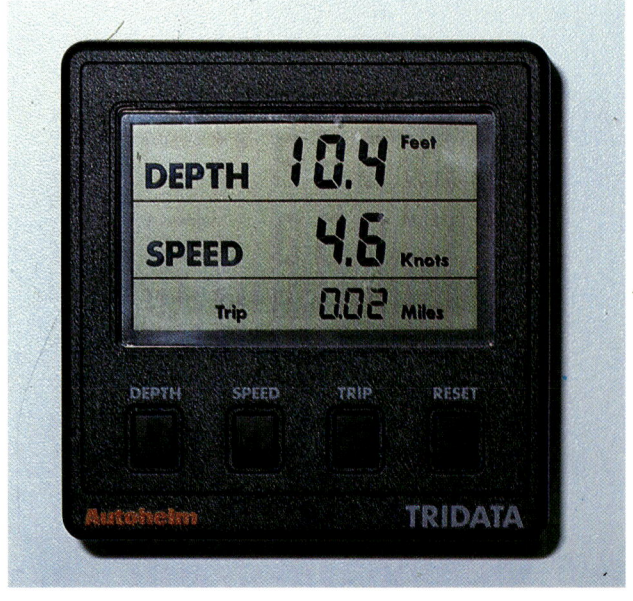

Moderne Instrumente zeigen die Meßwerte digital an. Wichtig ist eine individuell einstellbare Dämpfung, da veränderte Werte möglicherweise zu schnell angezeigt werden und dann nur schlecht abzulesen sind.

Damit eine möglichst hohe Genauigkeit der Logge und vor allem der Meilenzähler erreicht werden kann, sind die Geräte zu eichen. Wie dies im Detail zu machen ist, muß den jeweiligen Herstellerangaben entnommen werden. Im Prinzip aber ist immer eine genau abgemessene Distanz abzufahren und mit der gemessenen Strecke des rücksetzbaren Tagesmeilenzählers zu vergleichen. Daraus ergibt sich ein prozentualer Fehler, der entweder direkt am Gerät justiert wird oder als Korrekturfaktor in jede Koppelrechnung eingehen muß. Vor allem ältere Sumlogs lassen sich oft nicht direkt am Gerät eichen.

## Integrierte Bordmeßsysteme

Kompaß, Logge und Meilenzähler sind die Grundbestandteile integrierter Bordmeßsysteme, von denen der Markt mehr als ein Dutzend anbietet. Die Grundidee ist, ein kleines, zentrales Computersystem an Bord zu installieren, an das alle möglichen Geber angeschlossen werden können. Über eine Datenleitung können beliebig viele Anzeigeinstrumente angeschlossen werden. Vielfach bieten die Anzeigeeinheiten die Möglichkeit, jeden beliebigen Meß- oder Rechenwert des Systems anzeigen zu können, der Benutzer wählt einfach den entsprechenden Kanal. Neuere Instrumente können bis zu vier Werte gleichzeitig darstellen. Fast alle dieser integrierten Systeme sind modular zu erweitern, so daß man eine Grundanlage aus Logge und Kompaß im Laufe der Jahre zu einem Komplettsystem mit Windmeßgerät, Echolot, Navigationsemp-

fänger, Krängungsgeber und Computer-Schnittstelle hochrüsten kann.

Integrierte Bordsysteme bieten gegenüber Einzelmeßgeräten eine Reihe von Vorteilen, aber auch Nachteile. Der wichtigste Nachteil ist, daß der Ausfall des Zentralcomputers die gesamte Anlage lahmlegt, während bei einer Sammlung von Einzelgeräten in der Regel höchstens eines ausfällt. Vorteile sind zum Beispiel, daß der Einbau eines integrierten Systems denkbar einfach ist. Ein einziger Stromanschluß sichert die elektrische Versorgung des gesamten Systems, die Verbindung der einzelnen Komponenten untereinander wird mit fertig konfektionierten Kabeln vorgenommen. Die modernsten Fabrikate verwenden einfache Koaxialkabel, über die gleichzeitig die Stromversorgung und der Datenfluß läuft.

Der Kompaß, der zu einem integrierten System gehört, kann natürlich kein Magnetkompaß im herkömmlichen Sinne sein, da der anliegende Kurs in digitaler Form zur Verfügung stehen muß. Man verwendet deshalb sogenannte Fluxgate-Kompasse, die mit Hilfe einer oder mehrerer Spulen die Richtung des Magnetfeldes der Erde messen. Diese Messungen werden elektronisch gesteuert, so daß das Resultat, nämlich die mißweisende Nordrichtung, als digitales Ergebnis vorliegt. Der jeweils anliegende Kompaßkurs kann beliebig digital oder analog angezeigt werden. Als die ersten elektronischen Kompaßsysteme mit digitalen Anzeigen auf den Markt kamen, hatten viele Steuerleute große Schwierigkeiten, danach richtig und gut zu steuern. Deshalb sind sehr schnell auch kompaßähnliche Analoganzeigen entwickelt worden.

Der Trend geht zu moderneren, digitalen Systemen, für die es auch analoge Anzeigegeräte gibt. Viele Segler kommen mit Zeigerinstrumenten besser klar als mit rein digitalen Anzeigen.

Moderne Fluxgate-Kompasse sind selbstregulierend. Sie können in einen Kalibrierungsmodus versetzt werden und bestimmen die schiffseigene Ablenkung während einer einzigen 360-Grad-Drehung der Yacht selbst. Alle Kurse müssen dann nur noch um die örtliche Mißweisung korrigiert werden.

Mit einer Logge und einem Kompaß allein macht ein integriertes Bordsystem noch keinen großen Sinn. Wenn aber eine Windmeßeinheit dazukommt, die im Masttopp montiert wird und sowohl den scheinbaren Windeinfallswinkel als auch die scheinbare Windgeschwindigkeit mißt, kann die Computereinheit aus allen Meßgrößen eine Vielzahl interessanter Werte berechnen:

den wahren Windeinfallswinkel,
die wahre Windgeschwindigkeit,
die mißweisende Windrichtung,
die Geschwindigkeit direkt nach Luv,
die Geschwindigkeit direkt nach Lee,
den Kurs auf dem anderen Bug.

Sicher, einige dieser Werte sind für Fahrtensegler uninteressant und ursprünglich in erster Linie für Regattasegler gedacht. Größen wie die Geschwindigkeiten direkt nach Luv oder Lee zum Beispiel sind nur dann wichtig, wenn man wirklich so schnell wie unter den gerade herrschenden Bedingungen möglich kreuzen oder vor dem Wind segeln will. Es hat sich aber herausgestellt, daß die Entwicklung preiswerter integrierter Systeme auch viele Nichtregattasegler, in denen ja doch immer irgendwo der Ehrgeiz steckt, schneller als der Stegnachbar zu sein, dazu verführt, die Leistung der eigenen Yacht mit Hilfe besserer und genauerer Kontrolle zu optimieren. Und genau diese Möglichkeiten bieten integrierte Bordsysteme.

Um eine optimale Funktionalität eines Bordmeßsystems zu gewährleisten, müssen alle Meßinstrumente geeicht werden. Bei einem selbstkompensierenden Fluxgate-Kompaß ist das kein Problem. Wie eine Logge geeicht wird, ist bereits angesprochen worden, das größte Problem aber stellen immer die Windgeber im Masttopp dar. Zum einen muß der Geber auf die Mittelstellung kalibriert werden, damit die gemesse-

nen Windeinfallswinkel auf beiden Bugen an der Kreuz möglichst gleich sind, und zum anderen müssen die wahren, berechneten Windgeschwindigkeiten an der Kreuz und vor dem Wind ebenfalls möglichst identisch sein. Wie dies im einzelnen gemacht wird, muß den Angaben des Herstellers entnommen werden, für die Genauigkeit der gesamten Anlage aber sind gerade diese Werte von entscheidender Bedeutung.

Im Gegensatz zu einem integrierten Bordsystem aus einer Hand sieht eine Vielzahl von Einzelinstrumenten weder am Kartentisch noch im Cockpit gut aus, so daß der Trend zur gediegeneren Ausrüstung oft zum Kauf eines Komplettsystems führt. Da fast immer auch ein Echolot und ein Navigationsgerät (Decca, Loran-C, GPS) anschließbar sind und die Werte im Cockpit abgelesen werden können, führen integrierte Bordmeßsysteme zu einem optisch ansprechenden und einheitlichen Eindruck.

Viele dieser Systeme verfügen über einen Computeranschluß und können Daten sowohl senden als auch empfangen und anzeigen. Darüber aber mehr im Kapitel „Elektronische Datenverarbeitung an Bord".

## Das Echolot

Welches Echolot man auch immer an Bord einbaut, es gehört ebenfalls zur Kategorie der wichtigen navigatorischen Hilfsmittel. Die Zeit der Lotleinen mit Lotgewicht und Talgfüllung zur Bestimmung der Grundbeschaffenheit gehört der Vergangenheit an. Moderne Echolote basieren auf der Laufzeitmessung von Schall im Wasser. Sender und Empfänger sind bis auf wenige Ausnahmen in einer Einheit zusammengefaßt, die entweder im Schiffsboden eingelassen wird oder, bei Kunststoffrümpfen ohne Sandwichmaterial, auch innerhalb des Rumpfes montiert werden kann.

Die Geschwindigkeit von Schall unter Wasser ist nicht immer gleich, sondern hängt von der Dichte, dem Salzgehalt und der Temperatur ab. Da die Hersteller von Echoloten davon ausgehen, daß Yachteigner hauptsächlich an geringen Wassertiefen interessiert sind und nur möglichst kleine Geber einbauen wollen, hat sich ein optimaler Frequenzbereich um 150 kHz herauskristallisiert. Niedrigere Frequenzen sind für große Wassertiefen besser, benötigen aber auch größere Sender und Empfänger.

Ein weiteres wichtiges Kriterium für die Qualität eines Echolotes ist der Abstrahlwinkel. Ein Gerät für den normalen Yachteinsatz sollte einen Abstrahlwinkel von etwa 50 Grad haben, damit auch bei Krängung noch akzeptable Meßergebnisse erreicht werden. Allerdings wird durch die relativ hohe Sendefrequenz und den breiten Abstrahlwinkel eine gewisse Mindestsendeleistung erforderlich. Ein vernünftiges Echolot sollte schon eine Sendeleistung von mindestens 30 Watt erzeugen können, je mehr, desto besser.

Für welche Art Echolot man sich entscheidet, ist im Grunde gleichgültig. Praktisch sind Geräte mit einstellbarer Kieltiefe, so daß der angezeigte Wert der Wassertiefe unterhalb des Kiels oder unterhalb der Wasseroberfläche entspricht. Ohne diese Einstellmöglichkeit würde das Echolot immer nur die Wassertiefe unterhalb des Schwingers anzeigen. Gut sind auch einstellbare Alarmbereiche für Minimum und Maximum, allerdings ist nur ein Flachwasseralarm wirklich wichtig. Muß man zum Beispiel in einer engen Passage kreuzen, ist immer bei Auslösung des Alarms zu wenden. Ob man sich letztlich für ein (preiswertes) Diodenecholot entscheidet, für ein digitales, für eines mit Sprachausgabe, für einen Echographen, der die Wassertiefe für einen bestimmten Zeitraum auf einem kleinen Bildschirm mitplottet, oder für einen richtigen

Echographen, der die Tiefe fortlaufend auf Papier mitzeichnet, bleibt dem individuellen Geschmack überlassen. Entscheidend ist letztlich nur die möglichst korrekte Anzeige im Flachwasserbereich. In Küstenbereichen mit besonders markanten Tiefenlinien kann das Echolot auch mit zur Standlinienbestimmung herangezogen werden.

### Der Kartentisch

Der Kartentisch ist der Arbeitsbereich des Navigators und sollte deshalb soweit wie möglich den persönlichen Anforderungen genügen. Optimal ist die Anordnung des Navigationsplatzes in der Nähe des Niederganges, aber trotzdem geschützt vor Regen- und Spritzwasser. Wenn der Navigator mit Sicht nach vorne an seinem Tisch sitzt und arbeitet, kann er deutlich leichter seine optischen Eindrücke verarbeiten, als wenn er mit dem Gesicht zur Bordwand oder gar nach achtern sitzt.

In der Navigationsecke sollten alle notwendigen Utensilien ihren festen Platz haben. Wer sich angewöhnt, alles nach Gebrauch immer wieder an seinen angestammten Platz zurückzulegen, der wird weder etwas verlegen noch gar verlieren. Besonders wichtig ist, daß die übrige Crew den Kartentisch nicht als bequeme Ablagefläche benutzt. Sonnenbrillen, Portemonnaies und Schlüsselbunde sind Gegenstände, die besonders gerne deponiert werden. Erstens behindern

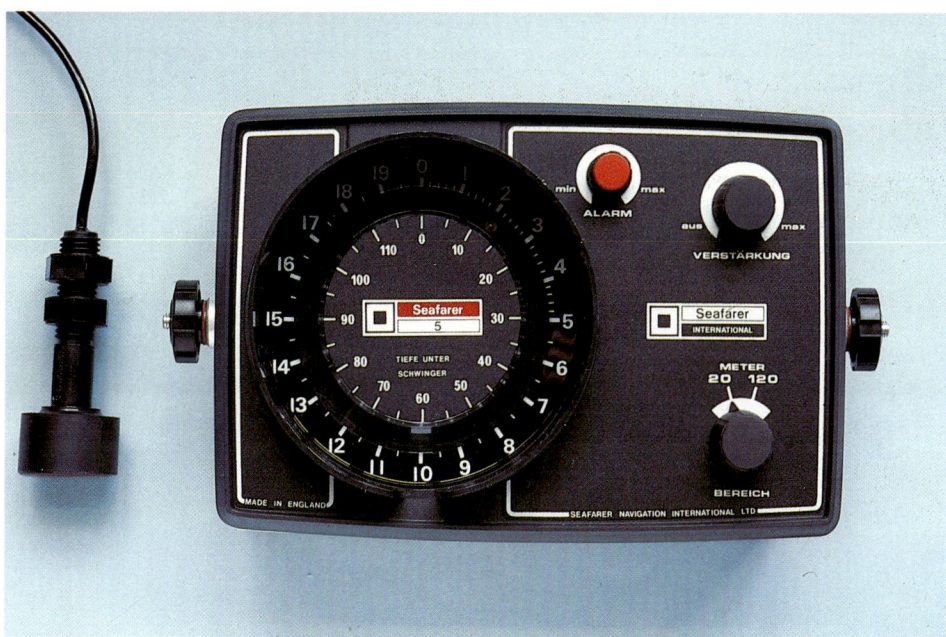

Schon fast klassische Echolote sind Diodengeräte mit einstellbarem Alarm. Sie sind für den wichtigen Flachwasserbereich vollkommen ausreichend und gut ablesbar.

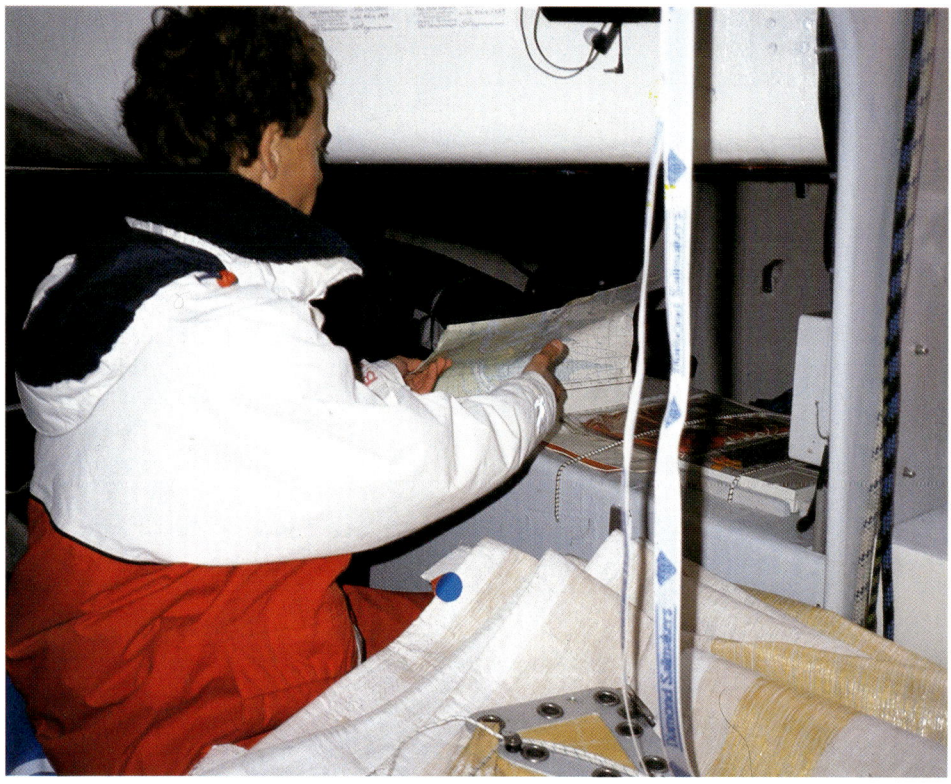

Die Navigationsecke auf einem Admiral´s Cupper (hier die der „Rubin") ist klein, aber äußerst zweckmäßig eingerichtet. Jeder Yachteigner kann sich seinen Navigationsplatz individuell einrichten und ausstatten.

sie die Arbeit des Navigators, und zweitens rutschen sie schon bei geringer Lage auf den Boden unterhalb des Niederganges und verschwinden dann in irgendwelchen Ritzen oder Ecken.

In der Kartenecke sollte genug Platz für die Elektronik, die Seekarten und alle anderen notwendigen Unterlagen vorhanden sein. Besonders beliebt, aber äußerst unpraktisch sind längs eingebaute Bücherschapps mit Schnappverschlüssen im Inneren. Die Fingerhebel werden nämlich schon bei geringer Krängung der Yacht von dem Druck der zum Teil schweren Bücher geöffnet, und schon fällt der gesamte Inhalt des Schapps durch die Kajüte nach Lee. Und wenn dort gerade der Eintopf auf dem Feuer steht...

Kleinere Yachten sind häufig nicht mit einem eigenen Kartentisch ausgerüstet. Für die tägliche Arbeit reicht eine ausreichend große, auf der Unterseite mit dünnem Filz beklebte Holzplatte mit Gummibändern, unter die eine gefaltete Seekarte geklemmt werden kann. Sind dann die Kursdreiecke und Bleistifte an einem Schott griffbereit montiert, läßt sich auch mit dem Brett auf dem Salontisch oder auf den Knien navigieren.

## Seekarten

Ohne Seekarten wäre ein Navigator völlig hilflos. Gute, fortlaufend berichtigte Karten sind der größte Schatz und sollten sorgsam gehütet und gepflegt werden. Es gibt nichts Schlimmeres, als wenn einer aus der Crew mit einem harten, ungespitzten Bleistift dicke Striche in eine Karte drückt, die nicht mehr vollständig wegradiert werden können.

Seekarten sind recht teuer geworden, halten aber bei

Seekarten für jeden Zweck gibt es in verschiedenen Maßstäben. Deutsche Karten sind meist farbig angelegt (rechts). Aus den Informationen in den wöchentlich erscheinenden Nachrichten für Seefahrer (NfS) können sie selbst berichtigt werden.

guter Pflege einige Jahre. Sie müssen allerdings auch regelmäßig berichtigt werden. Wer die Nachrichten für Seefahrer (NfS) abonniert hat, erhält in wöchentlichen Abständen alle zur Berichtigung wichtigen Daten und oft auch farbig gedruckte Seekarten-Ausschnitte, die in ältere Karten eingeklebt werden müssen. Wichtig ist eine gewisse Regelmäßigkeit, mit der die Seekarten zu berichtigen sind. Nur dann nämlich hält sich der zeitliche Aufwand in Grenzen.

Seekarten gibt es für verschiedene Zwecke in den jeweils günstigsten Maßstäben. Ozeankarten (Maßstab 1:5 000 000) zeigen die Weltmeere mit den angrenzenden Küstenlinien, Übersegler (1:1 600 000 bis 1:5 000 000) sind für die großräumige Törnplanung wichtig, enthalten jedoch keine Details. Küstenkarten (1:30 000 bis 1:300 000) sind für die praktische Navigation geeignet, sie zeigen in größerem Maßstab (1:30 000 und größer) oft Details oder Hafenpläne in gesonderten Kästen am Rand.

Grundsätzlich kann man davon ausgehen, daß Seekarten von den Hydrographischen Instituten der Länder nach bestem Wissen und Gewissen hergestellt werden. Die Institute tauschen ihre Daten untereinander aus, so daß Karten von britischen Gewässern zum Beispiel, die vom Bundesamt für Seeschiffahrt und Hydrographie (BSH) herausgegeben werden, denen der britischen Admiralität entsprechen, auch

wenn sie etwas anders aufgemacht sind. Wer die farbig angelegten Karten des BSH gewohnt ist, muß sich mit den oft schwarzweiß gedruckten Karten anderer Hydrographischer Institute erst vertraut machen. Wenn möglich, ist aber die Verwendung gewohnter Seekarten anzuraten, da man sonst die anderssprachigen Abkürzungen in ausländischen Karten lernen muß.

Seit einigen Jahren erscheinen jedoch neben den nationalen auch internationale Karten (INT) mit englischen Abkürzungen. Sie sind der vom BSH herausgegebenen *Karte 1* (INT 1) mit den Zeichen, Abkürzungen und Begriffen in Seekarten zu entnehmen.

In den letzten Jahren hat die Veröffentlichung spezieller *Sportbootkarten* immer mehr zugenommen. Allein das BSH gibt für die deutsche Nord- und Ostseeküste zwölf Kartenserien für die Sportschiffahrt heraus. Hinzu kommen Sportbootkarten von privaten Anbietern.

Karten für die Sportschiffahrt gibt es aber auch für skandinavische, niederländische, französische und englische Gewässer.

Ein Nachteil der Sportbootkarten: Sie werden nicht berichtigt und statt dessen etwa jährlich neu herausgegeben.

Ein Regattanavigator sollte, wenn es die finanzielle Lage des Eigners erlaubt, deutsche und lokale Seekarten kaufen, wenn er im Ausland navigieren muß. Ab

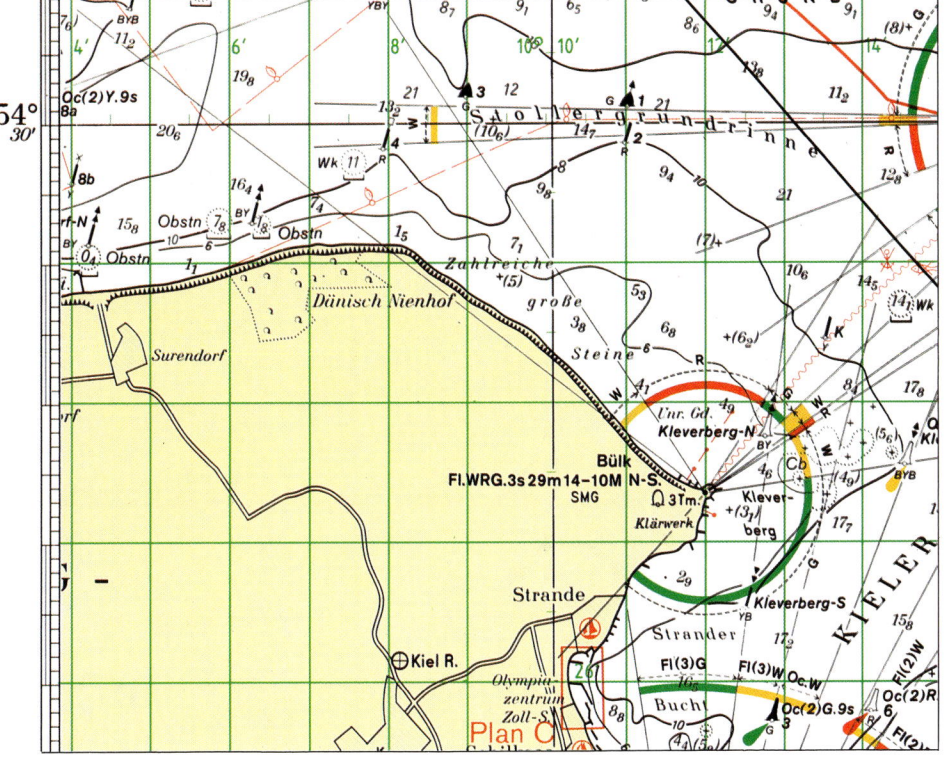

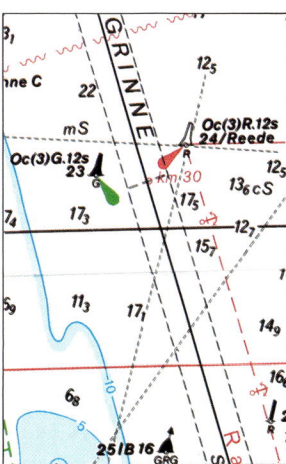

So sehen die neuen, internationalen Leuchtfeuerbeschreibungen in deutschen Seekarten aus. Der Navigator wird sich an die englischen Abkürzungen gewöhnen müssen.

und zu gibt es in unmittelbarer Küstennähe bestimmte wichtige Details, die nicht in allen Seekarten des gleichen Gebietes dargestellt sind, so daß sich ein genauer Vergleich lohnen kann. Vor allem, wenn es um die möglichst enge Umrundung einer Insel oder eines Kaps geht, traue ich nie allein den Karten, sondern stütze meine Entscheidungen auch auf rein optische Eindrücke. Allerdings bleibt oft nichts anderes übrig, als daß man sich blind auf die vorhandenen Karten verlassen muß. Ein etwas ungutes Gefühl wird sich dabei manchmal allerdings nicht vermeiden lassen.

Ein wichtiges Utensil für die Kartenarbeit sind Radiergummis, von denen man nicht genug haben kann. Wenn man sich daran gewöhnt, nach jedem Törn alle Bleistiftmarkierungen aus der oder den Seekarten wegzuradieren, vorausgesetzt natürlich, die Karten sind trocken, wird man sein Kartenmaterial über lange Zeit hinweg benutzen können. Um später einen Törn nachvollziehen zu können, benutzt man das sorgfältig geführte Logbuch, in dem alle dazu notwendigen Eintragungen enthalten sein sollten.

## Nautische Veröffentlichungen

Seekarten und die bereits angesprochenen „Nachrichten für Seefahrer" (NfS) gehören zu den Nautischen Veröffentlichungen. Es gibt allerdings noch eine Fülle von wichtigen navigatorischen Unterlagen, von denen man mindestens einen Teil für das jeweilige Fahrtgebiet an Bord haben sollte.

Alle Veröffentlichungen des BSH in Hamburg zum Beispiel einschließlich aller verfügbaren Seekarten sind in einem Katalog zusammengestellt, der in jeder Seekartenvertriebsstelle erhältlich ist. Vergleichbare Kataloge geben auch die entsprechenden Institute anderer Länder heraus.

Das Wichtigste ist das Leuchtfeuerverzeichnis, in dem jede beleuchtete Tonne und jedes Leuchtfeuer eingetragen und beschrieben ist. Ein deutsches „Leuchtfeuerverzeichnis" wird seit Beginn des Jahres 1995 nur noch für die östliche Nordsee und die Ostsee herausgegeben (insgesamt fünf Teile). Für den übrigen Bereich des Atlantischen Ozeans und seiner Neben-

| 66 | Deutschland — Helgoland | | | | |
|---|---|---|---|---|---|
| Nummer Int. Nr. | Name Feuerträger (Höhe über Erdboden) Breite / Länge | Kennung/Wiederk. Zeitmaße | Nenn-Tw. Sektoren | Höhe Bemerkungen | |
| 06300 B 1312 | Helgoland r-br., viereckiger Turm (34 m), w. Turmkopf und Antennen 54° 11′ N    7° 53′ E | Fl. 5 s 0,1+(4,9) s  F. R, Warn-F., an Funkmasten 1 kbl SSO- bzw. 4 kbl NNW-lich | 28 (23) M | 82 m | |
| 06350 B 1326 | Düne, U-F. r-w. wgr. gestreifter Mast (14 m) mit △ und Plattform 54° 11′ N    7° 55′ E | Iso. 4 s  Lichtstark in der Rcht-F-L. 20° Gleichgängig Führt Ö-lich frei von Hog Stean auf die S-Reede | 8 M | 11 m | |
| 06351 B 1326.1 | — Oberfeuer r-w. wgr. gestreifter, runder Turm (15 m), 120 m vom U-F. 54° 11′ N    7° 55′ E | Iso. WRG. 4 s G 106°−125, W −130, R −144°, G 10°−18,5, W −21, R −30° | 11/10/10 M | 17 m | |
| 06380 B 1318 | Vorhafen: — O-Mole, Knie gn. Mast (2 m) 54° 10′ N    7° 54′ E | Oc. WG. 6 s (1)+5 s W 203°−250, G −109°  N-F. | 6/3 M | 5 m | |

Ausschnitt aus dem Leuchtfeuerverzeichnis Teil III: Östliche Nordsee. Ein deutsches Leuchtfeuerverzeichnis wird, in fünf Teilen, für die Ostsee und die östliche Nordsee herausgegeben.

| | | N/E | metres miles | | | |
|---|---|---|---|---|---|---|
| | PUERTO DE ARENYS DE MAR | | | | | |
| 0446 | - Dique del Calvario. Head | 41 34·6 2 33·5 | 9    4 | Red tower 3 | fl 1, ec 1·5, fl 1, ec 6·5. F R (T) 1991 | |
| 0446·2 | - Dique de Levante. Elbow | 41 34·6 2 33·6 | 5    2 | Green tower 3 | Fl G 4s | |
| 0446·3 | - Contradique de Poniente. Head | 41 34·5 2 33·5 | 9    4 | Red truncated pyramidal tower | Fl(2)R 10s  fl 1, ec 1·5, fl 1, ec 6·5 | |
| 0446·5 | - Dique de Portifiol. Head | 41 34·4 2 33·4 | 14   5 | Green truncated pyramidal tower | Fl(3)G 12s | |
| 0448 | Calella. Cerro de la Torreta | 41 36·4 2 38·7 | 50   18 | White tower on dwelling, glass cupola 10 | Fl(3+2)W 20s  Aeromarine fl 0·5, ec 1·4, fl 0·4, fl 0·3, ec 7·1, fl 0·3, ec 1·4, fl 0·3, ec 7·2 | |
| 0452 | Puerto de Blanes. Dique de Abrigo. Head | 41 40·3 2 47·8 | 10   6 | White masonry tower, green top 3 | Fl G 3s  fl 1 | |
| 0452·08 | -- Spur. Head | 41 40·3 2 47·8 | 7    3 | White masonry tower, green top 3 | Fl(2) 6s  fl 0·5, ec 1, fl 0·5, ec 4 | |
| 0452·2 | - Contradique. Head | 41 40·3 2 47·8 | 6    3 | White masonry tower, red top 4 | Fl(2)R 6s  fl 0·5, ec 1, fl 0·5, ec 4 | |
| 0452·7 | Puerto Deportivo Cala Cañelles. Dique de Abrigo. Head | 41 42·3 2 52·9 | 7    3 | White tower 3 | F G | |
| 0453 | Cabo Tossa | 41 42·9 2 56·0 | 60   21 | White tower on white square building with grey bands 5 | Fl(3+1)W 20s  fl 0·2, ec 2·3, fl 0·2, ec 2·3, fl 0·2, ec 7·3, fl 0·2, ec 7·3. Vis 229·7°−064·2°(194·5°) | |
| | PUERTO DE SAN FELIÚ DE GUÍXOLS | | | | | |
| 0456 | - Dique rompeolas. Head | 41 46·5 3 01·9 | 10   5 | White tower, green band 5 | Fl G 4s  fl 1 | |
| 0458 | - Anchorage Ldg Lts 343°. Front | 41 46·7 3 01·8 | 7    4 | ◊ on white mast, black bands 5 | F R | |
| 0458·1 | -- Rear. 52 m from front | 41 46·7 3 01·8 | 14   4 | ◊ on white mast, black bands 12 | F R | |
| 0459 | Playa de Aro. Espigón. Head | 41 48·0 3 03·8 | 6    5 | Green metal column 3 | Fl(3)G 10s  fl 0·5, ec 1·5, fl 0·5, ec 5·5 | |
| 0460 | Bajo Pereira. La Llosa de Palamós | 41 50·1 3 07·2 | 10   5 | Red column 3 | Fl(2)W 7s  fl 0·5, ec 1·5, fl 0·5, ec 4·5 | |
| | PUERTO DE PALAMÓS | | | | | |
| 0462 | - Punta del Molino | 41 50·4 3 07·7 | 22   14 | White stone tower, round top, lower part 6-sided, grey cupola 8 | Oc(1+4)W 18s  ec 1, lt 4·4, ec 1, lt 4·4, ec 1, lt 4·4, ec 1, lt 4·4 | |

Ausschnitt aus der britischen List of Lights Vol. E: Mediterranean, Black and Red Seas. Die sieben Teile der List of Lights zur Ergänzung des deutschen Leuchtfeuerverzeichnisses erscheinen jährlich.

meere (dazu gehört u. a. auch das Mittelmeer) sowie das Rote Meer muß man auf die entsprechenden Bände der britischen „List of Lights" zurückgreifen. Sowohl „Leuchtfeuerverzeichnis" als auch „List of Lights" werden in den „Nachrichten für Seefahrer" (NfS) berichtigt.

Die Hydrographischen Institute geben für alle Seegebiete der Welt Seehandbücher heraus, die allerdings vorwiegend für die Belange der Berufsschiffahrt erstellt werden.

Besser sind spezielle Sportbootführer, die es inzwischen für alle interessanten Fahrtgebiete gibt. Man spart nicht nur Geld, sondern auch eine Menge Zeit, weil man sich die Informationen nicht aus einer Fülle von meist teuren Unterlagen mühsam zusammensuchen muß.

Zu den Nautischen Veröffentlichungen gehört auch das „Nautische Jahrbuch" (NJ), in dem alle für die astronomische Navigation wichtigen Daten für jeden Tag des Jahres enthalten sind.

Der „Nautische Funkdienst" erscheint in fünf Bänden (Funkverkehr, Funkortung, Wetterfunk, Revierfunk europaweit, Revierfunk außerhalb Europas). Der „Sprechfunk für Küstenschiffahrt" ist ein Auszug aus den Bänden I bis III für Europa und das Mittelmeer. Auch die „Jachtfunkdienste" sind Auszüge aus Bänden des „Nautischen Funkdienstes". Es gibt sie für Nord- und Ostsee sowie für das Mittelmeer.

Zu nennen wären außerdem noch der „Atlas der Gezeitenströme für die Nordsee, den Kanal und die britischen Gewässer", der „Atlas der Gezeitenströme in der Deutschen Bucht", ferner die jährlich erscheinenden „Gezeitentafeln" und der regionale Tidenkalender.

## Arbeitsgeräte

Die wohl wichtigsten Arbeitsgeräte für die praktische Navigationsarbeit sind wie seit Jahrhunderten Bleistifte und Kursdreiecke. Die Bleistifte sollten auf keinen Fall zu den härteren Sorten gehören, die bei zu starkem Zeichendruck bleibende Eindrücke in den kostbaren Seekarten hinterlassen. Sehr gut sind Drehbleistifte mit dünnen Minen geeignet, die eine bleibende Strichstärke ohne einen Anspitzer garantieren.

Der Markt bietet eine Fülle verschiedener Kurs- und Parallel-Lineale an, die alle für die praktische Navigation geeignet sind. Ich persönlich bevorzuge Kurs- und Anlegedreieck, auch wenn die Verschiebearbeit in der Seekarte manchmal etwas umständlich ist. Mit Kursli-

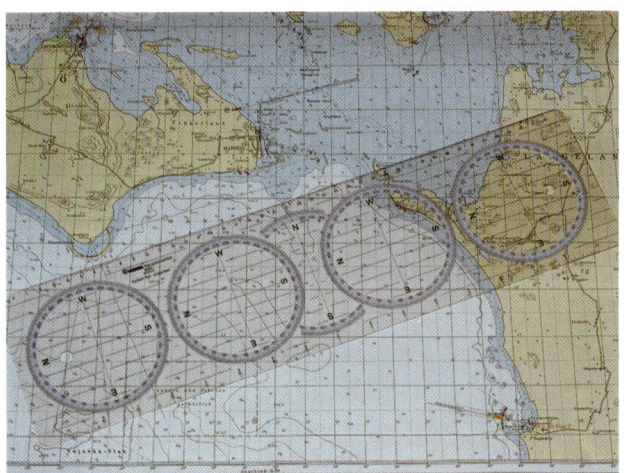

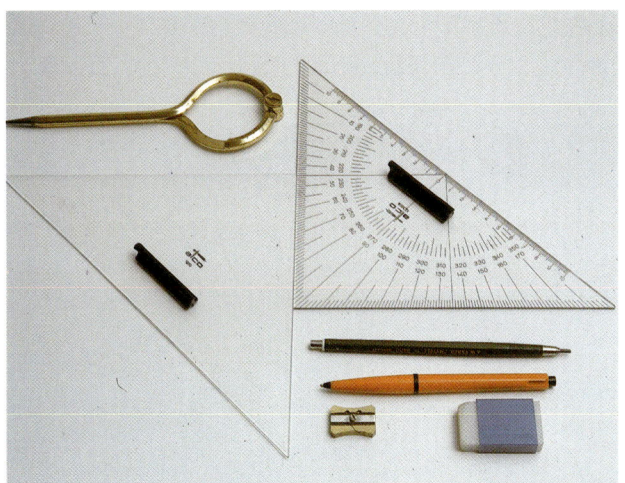

Mit diesem sogenannten Jürgensen-Lineal kann jeder beliebige Kurs ohne Parallelverschiebung in eine Seekarte eingezeichnet werden (oben).

Das Set für die klassische Seekartennavigation: Kurs- und Anlegedreieck, Kartenzirkel mit stumpfen Enden, weicher Bleistift, Anspitzer und Radiergummi.

nealen, an denen man zum Beispiel die örtliche Mißweisung fest einstellen kann, habe ich persönlich
schlechte Erfahrungen gemacht, zum einen, weil ich
die komplette Kursumwandlung gewohnt bin, und zum
anderen, weil sich leicht dauerhafte Fehler durch die
Einstellung eines falschen Vorzeichens einschleichen.
Ein neuartiges, nur leicht, aber sehr effektiv verbesser-
tes Kursdreieck, das ein zusätzliches Verschiebedrei-
eck überflüssig macht, gefällt mir sehr gut, da man
damit auch auf den Knien im Cockpit ausreichend
genau arbeiten kann.

Selbstverständlich hat der Kartenzirkel nach wie vor
eine wichtige Bedeutung. Mit seiner Hilfe werden Entfernungen gemessen oder angetragen, Positionen aus
der Karte herausgemessen oder in sie eingetragen. Ich
finde die Einhandzirkel mit den im oberen Teil gebogenen Schenkeln am besten, aber auch in diesem Fall
ist die Auswahl eine Frage der Gewohnheit. Zusätzlich
sollte ein handelsüblicher Stechzirkel vorhanden sein,
dessen spitze Nadel etwas abgefeilt werden sollte, da
Löcher in die Karte gedrückt werden können.

Sehr wichtig ist ein guter Handpeilkompaß, am besten
einer von der schwimmfähigen Sorte, die man sich um
den Hals hängen kann. Für Regattanavigatoren sind
elektronische Handpeiler interessant, die auf Knopfdruck bis zu zehn Werte eines eingebauten kleinen
Fluxgate-Kompasses speichern können. Allerdings
kann man während des Peilvorganges die Kom-
paßwerte meist nicht sehen, und manche dieser Geräte
sind nicht hundertprozentig wasserdicht. Ich persönlich bevorzuge die kleinen runden Magnetpeiler mit
dem schwimmfähigen Gummirand.

Besonderes Augenmerk sollte man auf die Auswahl
eines guten Marine-Fernglases richten. Gute Gläser
sind teuer, manche sind sehr teuer, aber selbst der Laie
merkt die Qualitätsunterschiede. Eine neue technische
Entwicklung ist ein Fernglas, bei dem die gesamte
Optik im Inneren auf Knopfdruck schwingungsge-
dämpft wird und nicht mit den Händen oder den
Schiffsbewegungen mitzittert. Das Ergebnis ist ein
überraschend ruhiges Bild vor allem bei der Beobachtung von kleinen Objekten in großen Entfernungen.
Sobald man den Knopf losläßt, wird die Optik wieder
arretiert.

Einige Ferngläser werden mit aufgesetztem und teilweise mit beleuchtetem Peilkompaß angeboten. Die
Gradzahlen werden in die Beobachtungsoptik einge-
spiegelt. Neben Ferngläsern mit Magnetkompassen
gibt es auch solche mit Fluxgate-Aufsatz. Ferngläser
überdauern viele Jahre unbeschadet, vorausgesetzt, sie
werden gut behandelt und gepflegt. Harte Stöße vertragen sie auf die Dauer nicht, und Salzablagerungen
müssen mit Süßwasser abgespült werden. Wer die
Möglichkeit hat, sollte ein spezielles, gepolstertes
Fernglas-Schapp in Reichweite des Niederganges
anbringen.

**Der Sextant**

Das wichtigste Instrument für die astronomische Navigation ist ein Sextant, der nichts anderes als ein hoch-
präzises Winkelmeßgerät ist. Gute Sextanten aus
Metall sind teure Instrumente, weil sie nur in geringen
Stückzahlen und teilweise von Hand hergestellt werden. Die Meßgenauigkeit moderner Sextanten liegt
unter zehn Bogensekunden, also bei etwa 300 Metern.
Da jeder Meßfehler direkt in die Standortgenauigkeit
eingeht, bedeutet zum Beispiel ein Meßfehler von
einer Bogenminute einen Fehler von einer Seemeile.
Gemessen wird der Winkel zwischen einem Gestirn
und dem sichtbaren Horizont; bei Sonne und Mond
nimmt man in der Regel den Unterrand, kann aber
auch den Winkel zwischen Oberrand und der Kimm

**Ein gutes Marinefernglas
mit eingebautem Peilkom-
paß eignet sich ebenso gut
wie ein kleiner Handpeil-
kompaß für beliebige Kom-
paßpeilungen. Zu beachten
ist, daß die Ablenkung nicht
erfaßbar ist.**

messen. Dann allerdings ist der jeweilige Gestirnsdurchmesser zu subtrahieren.

Es gibt auch Kunststoffsextanten, die aber nicht die gewünschte Präzision liefern können, weil sich das Material abhängig von der Temperatur verändert. Außerdem sind Kunststoffsextanten sehr leicht. Ein gewisses Gewicht aber ist erforderlich, um während der Messungen die Schiffsbewegungen ausgleichen zu können. Aus diesen Gründen sollten Kunststoffsextanten allenfalls zum Üben benutzt werden, niemals aber für die Navigation.

Moderne Sextanten sind aus Aluminium oder Messing gefertigt. Durch ein Fernrohr mit vier- bis sechsfacher Vergrößerung wird das Gestirn angepeilt und das gespiegelte Bild langsam auf die Kimm gesetzt. Sehr gut bewährt haben sich die sogenannten Vollsicht-Sextanten, bei denen die eine Hälfte des Spiegels halbwegs durchsichtig ist. Damit wird der Meßvorgang wesentlich erleichtert. Sextanten sind immer mit einem Satz verschieden stark getönter Schattengläser ausgerüstet, die sowohl vor die Kimm als auch vor das Gestirn geschwenkt werden können. Mit ihrer Hilfe lassen sich das direkte und das gespiegelte Bild so weit abblenden, daß man Kimm und Gestirn optimal erkennen kann. Fast alle modernen Instrumente sind mit einer Beleuchtung ausgestattet, so daß sich auch nachts die gemessenen Winkel ablesen lassen. Die dazu erforderliche Batterie steckt im Handgriff. Gebraucht wird die Beleuchtung allerdings nur während der Dämmerung für die Messung von Fixsternen und Planeten.

Nun ist die genaue Messung des Kimmabstandes aber nicht ganz einfach, denn der Horizont ist kein Punkt, sondern eine waagerechte Linie. Um aber eine möglichst hohe Standortgenauigkeit zu erreichen, muß der Winkel zwischen dem Gestirn und einem genau senkrecht darunterliegenden Punkt auf der Kimm gemessen werden. Da dieser Punkt aber nicht in irgendeiner Form gekennzeichnet werden kann, ist der Sextant während der Messung um die Fernrohr-Achse zu schwenken, so daß das gespiegelte Bild des Gestirns gerade eben den Horizont berührt.

Ein guter Trommelsextant aus Messing oder Aluminium ist ein teures Instrument, das bei guter Pflege ewig hält. Er ist nichts anderes als ein hochpräziser Winkelmesser und kann sowohl in der astronomischen als auch in der terrestrischen Navigation eingesetzt werden.

Das Schwierigste an der astronomischen Navigation ist eine möglichst genaue Winkelmessung an Bord einer sich mehr oder weniger stark bewegenden Yacht. Deshalb sollte die praktische Messung ausführlich und möglichst unter fachkundiger Anleitung geübt werden, denn, wie schon gesagt, jeder Meßfehler geht voll in die Standliniengenauigkeit ein!

Trotz hochpräziser Fertigungsmethoden weist jeder Sextant einen sogenannten Indexfehler auf, der an jedem Gerät unterschiedlich groß ist. Der Indexfehler wird festgestellt, indem der Sextant auf null Grad null Minuten eingestellt und dann zum Beispiel die Sonne oder der Horizont beobachtet wird. Im Idealfall müßten sich das direkte und das gespiegelte Bild hundertprozentig decken. Das wird aber nur in Ausnahmen der Fall sein. Dieser sogenannte Indexfehler bedeutet, daß die beiden Spiegel des Sextanten nicht genau parallel zueinander stehen. Durch Drehen an der Mikrometerschraube sind dann beide Bilder zur Deckung zu bringen; der Indexfehler, um den jede Messung korrigiert werden muß, kann dann an der Trommel abgelesen werden. Auf gar keinen Fall sollte man mit dem mitgelieferten Inbusschlüssel an einem der Spiegel herumschrauben! Liegt der Indexfehler rechts von Null, also im negativen Bereich, so ist er zu jeder Messung zu addieren, liegt er links im positiven Bereich, ist er zu subtrahieren.

Einige Sextanten verfügen über eine Indexschraube, an der der Fehler korrigiert werden kann. Dann sind die abgelesenen Winkel korrekt und müssen nicht mehr verbessert werden. Ein Indexfehler verändert sich über lange Zeit hinweg nicht oder kaum. Trotz-

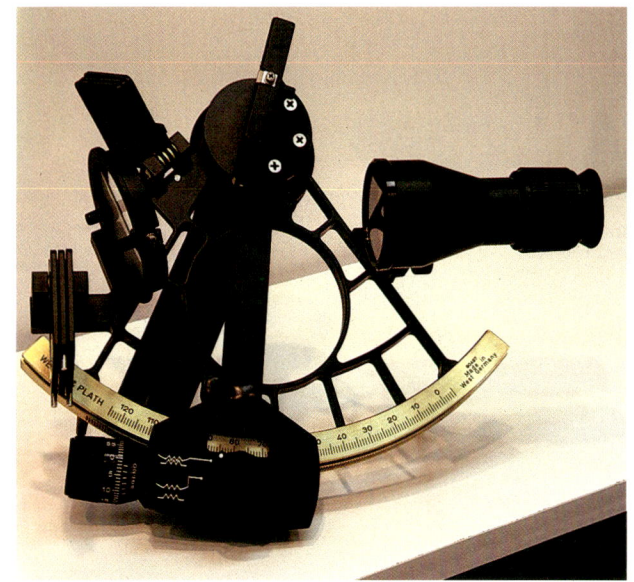

dem sollte er ab und zu überprüft und gegebenenfalls justiert werden. Wichtig ist aber, daß der Sextant immer mit äußerster Vorsicht behandelt und nach jedem Gebrauch sofort wieder richtig in seinen Kasten gelegt wird. Man sollte mit ihm nach Möglichkeit weder gegen ein Schott schlagen noch ihn gar fallen lassen!

# TERRESTRISCHE NAVIGATION

### Koordinaten, Distanzen, Mißweisung

Das Einzeichnen und Entnehmen einer bestimmten Position in oder aus einer Seekarte gehört zu den täglichen Arbeiten eines Navigators. Normale Seekarten sind am rechten und linken Rand mit einer Breitenteilung, am oberen und unteren mit einer Längenteilung versehen. Distanzen werden rechts oder links immer in Höhe der Position entnommen, da die Breitenteilung auf Karten nach der üblichen Mercator-Projektion vor allem auf Überseglern und Ozeankarten unterschiedlich ist. Durch diese Verzerrung der Breiten wird die gewünschte Flächentreue erreicht.

Üblicherweise sind in den Breiten- und Längenteilungen die Minuten eingezeichnet, die Unterteilung der Minuten aber sind nicht etwa Sekunden, sondern Zehntel- oder Hundertstelminuten. Eingeklinkte Hafen- oder Detailpläne aber werden an den Rändern mit Minuten- und Sekundenteilungen versehen! Man muß also aufpassen, daß man nicht durcheinanderkommt. Alle modernen Navigationsempfänger geben eine Position nach Graden, Minuten und Hundertstelminuten an, zum Beispiel 54°27,87' N. Die Eintragung dieser Breite in eine normale Seekarte bedeutet kein Problem, da dort die Breitenteilung gleich ist. Will man aber diese Breite in einen Hafenplan einzeichnen, sind die Hundertstelminuten zunächst in Sekunden umzurechnen. Dazu werden die Minutenbruchteile mit sechs multipliziert und dann durch zehn dividiert: $87 \times 6 = 522/10 = 52,2$ Sekunden.

Will man umgekehrt eine Position aus einem Hafenplan für die Eingabe in den Wegpunktspeicher eines Navigationsempfängers umrechnen, sind die Sekunden mit zehn zu multiplizieren und dann durch sechs zu dividieren.

**Kurse werden grundsätzlich an einem Längengrad angetragen, das Kursdreieck wird mit Hilfe des Anlegedreiecks verschoben. Distanzen werden am rechten oder linken Kartenrand abgegriffen. Eine Bogenminute entspricht einer Seemeile.**

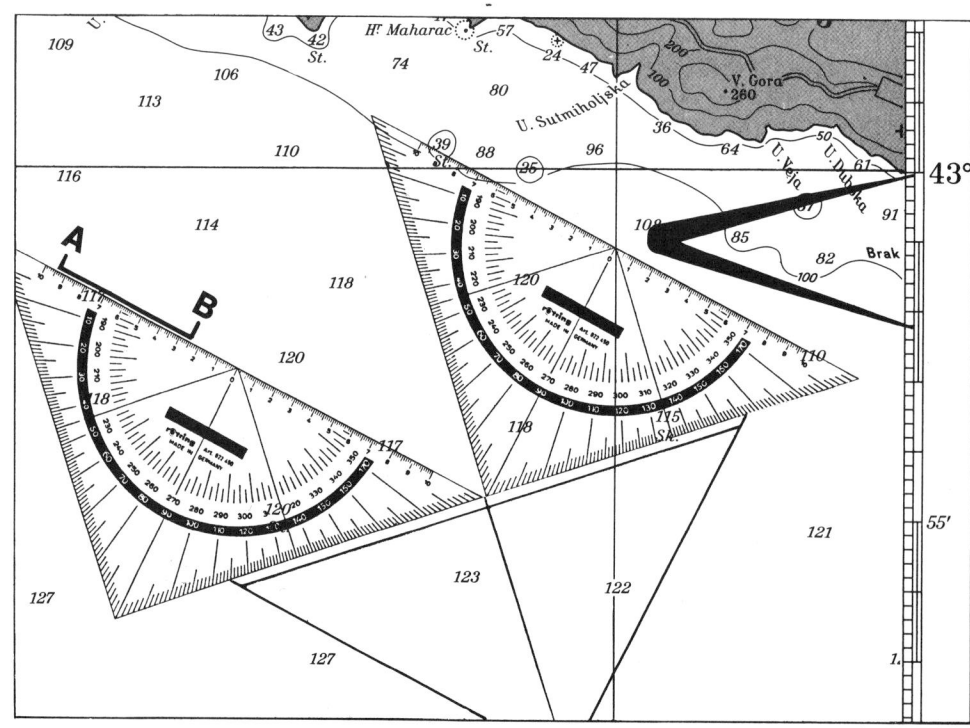

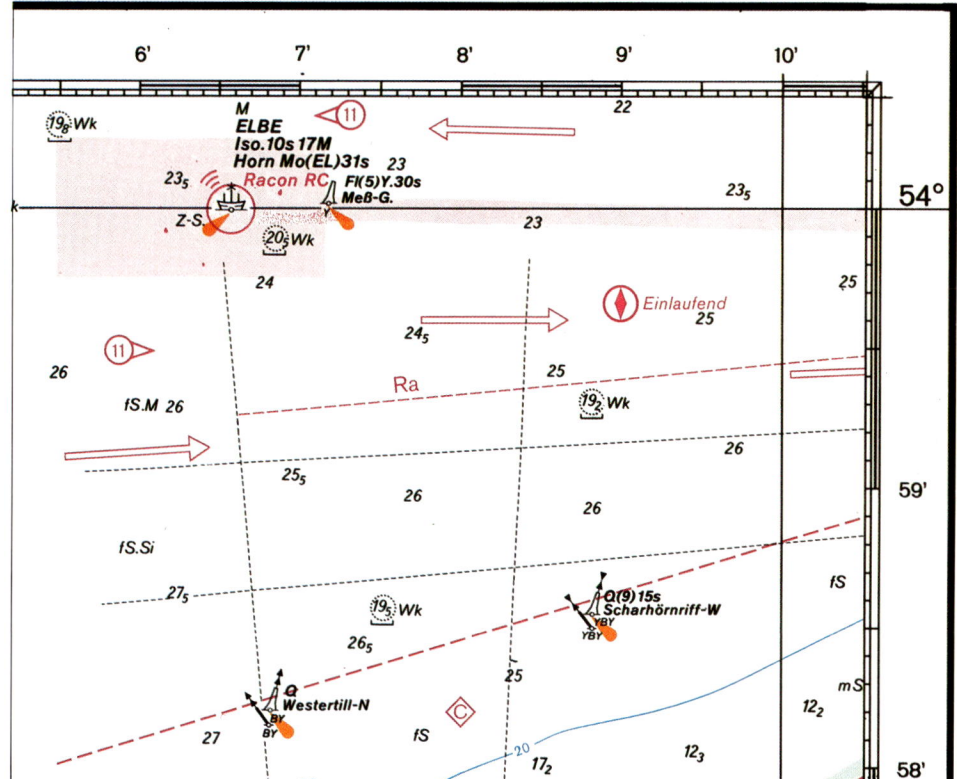

Aus den Längen- und Breiteneinteilungen am oberen und unteren beziehungsweise rechten oder linken Kartenrand lassen sich die Koordinaten einer beliebigen Position auf einer Seekarte exakt bestimmen.

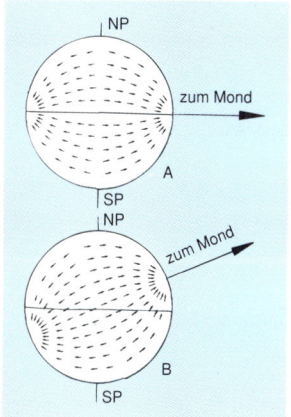

## Stromnavigation

### Grundlagen

Grundsätzlich ist zwischen Oberflächenströmungen, hervorgerufen durch Wind, und Meeresströmungen aufgrund von Gezeiten zu differenzieren. In der Ostsee zum Beispiel kann der Wasserstand in bestimmten Gebieten um bis zu drei Meter schwanken, die Oberflächenströmung bis zu vier Knoten erreichen. Die Gezeiten spielen in der Ostsee aber nahezu keine Rolle. Informationen über lokal begrenzte Strömungsverhältnisse findet man in den jeweiligen Seehandbüchern.

Überall auf der Welt enstehen durch die Anziehungskräfte des Mondes und der Sonne mehr oder weniger

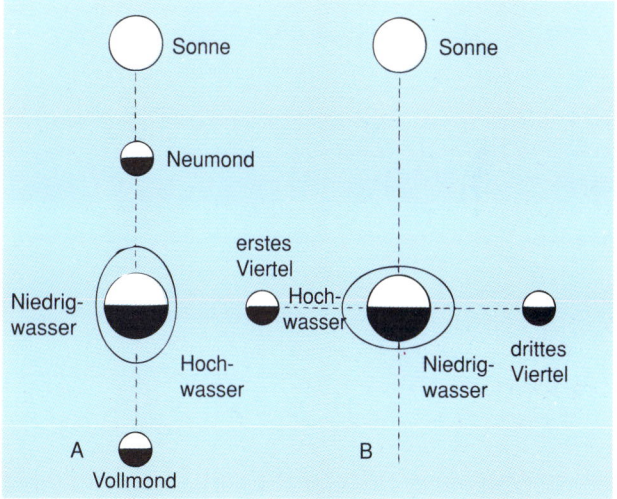

In freien Gewässern werden die Gezeitenströme grundsätzlich durch die Stellung des Mondes zur Erde bestimmt (oben rechts).

Springverhältnisse mit hohen Hoch- und niedrigen Niedrigwassern entstehen

bei Neu- und Vollmond, wenn sich die Anziehungskräfte von Mond und Sonne addieren (A). Steht der Mond im ersten oder dritten Viertel, entstehen Nipptiden mit geringen Wasserstandsunterschieden (B) (unten).

regelmäßige Gezeiten. Überall dort, wo große Wassermassen ungehindert zu- und abfließen können, sind die Gezeitenunterschiede sehr groß.

Die nahe Masse des Mondes wirkt stärker als die der Sonne, obwohl sie erheblich kleiner ist. Die Anziehungskräfte bewirken einen Wasserberg auf der Seite des oder der Gestirne und, wegen der erhöhten Zentrifugalkraft, auch auf der gegenüberliegenden Seite der Erdkugel. Durch die Trägheit der gewaltigen Wassermassen an der Erdoberfläche treten die Hoch- und Niedrigwasser nicht exakt zur Zeit des Monddurchganges auf, sondern verspäten sich regional unterschiedlich. Dieses Phänomen bezeichnet man als Springverspätung.

Stehen Erde, Mond und Sonne in einer Linie, sind die Anziehungskräfte am größten. Dann entstehen die höchsten Hoch- und die niedrigsten Niedrigwasser. Diese Zeit heißt Springzeit. Andererseits sind die Anziehungskräfte nur gering, wenn Mond, Sonne und Erde einen rechten Winkel zueinander bilden. Dann sind die Gezeitenunterschiede gering, es herrscht Nippzeit. Diese Verhältnisse dauern jeweils vier Tage. Die Zeiträume zwischen Spring- und Nipptide nennt man Mittzeit (drei Tage). Da sich die Mondphasen in einem Rhythmus von 14 Tagen wiederholen, teilt sich ein Tidenzyklus wie folgt auf:

| | |
|---|---:|
| Springzeit | 4 Tage |
| Mittzeit | 3 Tage |
| Nippzeit | 4 Tage |
| Mittzeit | 3 Tage |
| | 14 Tage |

Die sich hin und her bewegenden Wassermassen werden durch natürliche Gegebenheiten wie Küsten, ver-

schiedene Tiefen und so weiter beeinflußt. Mancherorts kommt es durch Reflexionen zu extremen Gezeitenunterschieden, wie zum Beispiel an der französischen Kanalküste mit mehr als zehn Metern.

Durch die sich im Jahresverlauf verändernden Entfernungen zwischen Erde und Mond sowie zwischen Erde und Sonne entspricht der Gezeitenverlauf keiner gleichförmigen Kurve. Und da die Erde etwas mehr als 24 Stunden benötigt, um sich unter dem Mond einmal um sich selbst zu drehen, die Sonne aber nach ziemlich genau 24 Stunden wieder über derselben Länge auf der Erdoberfläche steht und viele andere Einflüsse auf die großräumigen Wasserbewegungen einwirken, lassen sich die Gezeiten nicht exakt vorausberechnen. Die Gezeitentafeln basieren deshalb auf langjährigen Beobachtungen, aus denen mit Hilfe von Computerprogrammen Jahresprognosen erstellt werden.

In den Gezeitentafeln sind in Teil I für eine Reihe von sogenannten Bezugsorten die Hoch- und Niedrigwasserzeiten nebst den dazugehörigen Hoch- und Niedrigwasserhöhen für ein Jahr abgedruckt. Diese Wasserhöhen beziehen sich in Deutschland (Nordseeküste) auf das mittlere Springniedrigwasser, das dem Kartennull der meisten Seekarten entspricht. Es gibt aber auch Länder, in denen das niedrigstmögliche Springniedrigwasser Kartennull bedeutet, zum Beispiel in Spanien und in Frankreich. Bei der Berechnung von zu erwartenden Wassertiefen ist deshalb darauf zu achten, auf welchen Werten das Kartennull der Seekarte basiert.

Im zweiten Teil der Gezeitentafeln sind eine Menge sogenannter Anschlußorte verzeichnet, die immer zu einem Bezugsort gehören. Neben der Position sind die Zeit- und Höhenunterschiede des Hoch- und Niedrigwassers zu ihrem Bezugsort aufgeführt, so daß sich

**Die Gezeitentafeln enthalten in Teil I für bestimmte Bezugsorte die Hoch- und Niedrigwasserzeiten sowie die Hoch- und Niedrigwasserhöhen für jeden Tag des Jahres.**

### Cuxhaven 1995
Breite: 53° 52′ N, Länge: 8° 43′ E
Zeiten und Höhen der Hoch- und Niedrigwasser

| Mai | | | | Juni | | | | Juli | | | | August | | | |
|---|---|---|---|---|---|---|---|---|---|---|---|---|---|---|---|
| Zeit | Höhe m | Zeit | Höhe m | Zeit | Höhe m | Zeit | Höhe m | Zeit | Höhe m | Zeit | Höhe m | Zeit | Höhe m | Zeit | Höhe m |
| **1** 0154<br>0840<br>Mo 1410<br>2100 | 3,3<br>0,0<br>3,3<br>0,0 | **16** 0134<br>0826<br>Di 1354<br>2053 | 3,4<br>–0,1<br>3,4<br>–0,2 | **1** 0242<br>0920<br>Do 1451<br>2143 | 3,2<br>0,0<br>3,3<br>0,0 | **16** 0305<br>0951<br>Fr 1519<br>2224 | 3,2<br>–0,1<br>3,5<br>–0,2 | **1** 0259<br>0937<br>Sa 1510<br>2203 | 3,1<br>0,1<br>3,4<br>0,0 | **16** 0344<br>1026<br>So 1554<br>2258 | 3,2<br>0,0<br>3,6<br>–0,1 | **1** 0345<br>1025<br>Di 1558<br>2252 | 3,1<br>0,0<br>3,3<br>0,0 | **16** 0438<br>1115<br>Mi 1652<br>2341 | 3,2<br>0,2<br>3,5<br>0,3 |
| **2** 0229<br>0911<br>Di 1440<br>2130 | 3,2<br>0,0<br>3,3<br>0,0 | **17** 0223<br>0914<br>Mi 1441<br>2142 | 3,4<br>–0,2<br>3,4<br>–0,3 | **2** 0315<br>0951<br>Fr 1525<br>2216 | 3,1<br>0,0<br>3,3<br>0,0 | **17** 0357<br>1039<br>Sa 1609<br>2312 | 3,2<br>–0,1<br>3,5<br>–0,2 | **2** 0332<br>1007<br>So 1543<br>2235 | 3,1<br>0,1<br>3,4<br>0,1 | **17** 0428<br>1105<br>Mo 1638<br>2338 | 3,1<br>0,1<br>2,6<br>0,1 | **2** 0425<br>1105<br>Mi 1641<br>2332 | 3,1<br>0,0<br>3,2<br>0,0 | **17** 0514<br>1148<br>Do 1731 | 3,2<br>0,3<br>3,3 |
| **3** 0301<br>0941<br>Mi 1511<br>2201 | 3,2<br>0,0<br>3,3<br>0,0 | **18** 0313<br>1002<br>Do 1530<br>2232 | 3,3<br>–0,2<br>3,5<br>–0,3 | **3** 0349<br>1022<br>Sa 1600<br>2249 | 3,1<br>0,1<br>3,3<br>0,1 | **18** 0446<br>1122<br>So 1657<br>2358 | 3,1<br>0,0<br>3,5<br>0,0 | **3** 0406<br>1041<br>Mo 1618<br>2310 | 3,1<br>0,1<br>3,4<br>0,0 | **18** 0510<br>1143<br>Di 1722 | 3,1<br>0,2<br>3,5 | **3** 0509<br>1146<br>Do 1724 | 3,0<br>0,0<br>3,2 | **18** 0012<br>0550<br>Fr 1222<br>1811 | 0,4<br>3,1<br>0,4<br>3,1 |
| **4** 0334<br>1011<br>Do | 3,1<br>0,1 | **19** 0404<br>1049<br> | 3,2<br>–0,1 | **4** 0424<br>1055<br>So 1634 | 3,0<br>0,1<br>3,2 | **19** 0534<br>1206<br>18 | 3,1<br>0,2<br>3,4 | **4** 0445<br>1120<br> | 3,0<br>0,1 | **19** 0016<br>0552<br>Mi 1222 | 0,2<br>3,1<br>0,2 | **4** 0011<br>0552<br>Fr 1224 | 0,0<br>3,0<br>0,1 | **19** 0044<br>0631<br>Sa 12 | 0,5<br>3,0 |

Für jeden Bezugsort in Teil I der Gezeitentafeln sind in Teil II die jeweiligen Anschlußorte aufgeführt mit den Gezeitenunterschieden gegen den Bezugsort.

| Nr. | Ort | Geogr. Lage: Breite | Länge | HW h min | NW h min | Mittlere Höhen des Bezugsortes SpHW m | NpHW m | SpNW m | NpNW m |
|---|---|---|---|---|---|---|---|---|---|
| | | ° ' | ° ' | | | | | | |
| 506 | **Bezugsort:** **Cuxhaven (Seite 23–25)** | 53 52 | 8 43 | | | SpHW 3,3 | NpHW 2,9 | SpNW 0,0 | NpNW 0,4 |
| | | | | Zeitunterschiede | | Höhenunterschiede | | | |
| | UTC + 1 h 00min | N | E | | | | | | |
| | Elbegebiet | | | | | | | | |
| 676A | Großer Vogelsand, Leuchtturm . . . . | 54 00 | 8 29 | − 0 47 | − 1 01 | 0,0 | 0,0 | 0,0 | + 0,1 |
| 676 | Zehnerloch . . . . . . . . . . . . | 53 57 | 8 40 | − 0 22 | − 0 26 | 0,0 | 0,0 | 0,0 | 0,0 |
| 677 | Scharhörn . . . . . . . . . . . . | 53 58 | 8 28 | − 0 48 | − 1 01 | 0,0 | 0,0 | 0,0 | 0,0 |
| 678W | Neuwerk . . . . . . . . . . . . | 53 55 | 8 29 | − 0 35 | * | 0,0 | 0,0 | * | * |
| 681 | Otterndorf . . . . . . . . . . . | 53 50 | 8 52 | + 0 27 | + 0 28 | 0,0 | 0,0 | + 0,1 | 0,0 |
| 682 | Osteriff . . . . . . . . . . . . | 53 51 | 9 02 | + 0 44 | + 0 56 | − 0,1 | − 0,1 | + 0,1 | − 0,1 |
| | Oste | | | | | | | | |
| 683 | Belum . . . . . . . . . . | 53 49 | 9 02 | + 0 54 | + 1 14 | * | * | * | * |
| 684 | Osten . . . . . . . . . | 53 42 | 9 11 | + 1 58 | + 2 51 | * | * | * | * |
| 685 | Hechthausen . . . . . . . . | 53 38 | 9 15 | + 2 48 | + 3 56 | * | * | * | * |
| 686 | Niederochtenhausen . . . . . . . | 53 33 | 9 10 | + 4 14 | + 5 25 | * | * | * | * |
| 687 | Bremervörde . . . . . . . | 53 29 | 9 09 | + 4 49 | + 6 20 | * | * | * | * |
| 688 | Brokdorf . . . . . . . . . . | 53 52 | 9 19 | + 1 33 | + 1 44 | − 0,3 | − 0,2 | + 0,1 | − 0,1 |
| | Stör | | | | | | | | |
| 690R | Stör − Sperrwerk Binnenpegel . . . | 53 50 | 9 24 | + 2 04 | + 2 12 | − 0,3 | − 0,2 | + 0,1 | − 0,1 |
| 691 | Beidenfleth . . . . . . . . . | 53 53 | 9 25 | + 2 24 | + 2 51 | * | * | * | * |
| 691R | Kasenort . . . . . . . . . | 53 55 | 9 25 | + 2 37 | + 3 18 | − 0,2 | − 0,1 | + 0,5 | + 0,2 |
| 692 | Itzehoe . . . . . . . . . | 53 55 | 9 30 | + 3 07 | | | | | |

In Tafel 1a der Gezeitentafeln mit den Gezeitengrundwerten sind die jeweilige Springverspätung, Steig- und Falldauer und Gezeitenhöhen nach Spring- und Nippzeit aller Bezugsorte aufgelistet.

## Gezeitengrundwerte europäischer Bezugsorte mit halbtägiger Gezeitenform. 1995

| Seite | Bezugsort | Spring- ver- spätung d h | Mittlere Steig- dauer h min | Mittlere Fall- dauer h min | MSpHW m | MNpHW m | MSpNW m | MNpNW m | Art der Voraus- berechn. | Voraus- berechn. durch |
|---|---|---|---|---|---|---|---|---|---|---|
| 2 | Ekaterininskaja . . . . . | 1 10 | 06 05 | 06 20 | 3,65 | 2,98 | 0,56 | 1,33 | H.V. | DE |
| 6 | Narvik . . . . . . . . . | 1 03 | 06 02 | 06 23 | 3,27 | 2,50 | 0,52 | 1,21 | H.V. | NO |
| 9 | Bergen . . . . . . . . | 1 00 | 06 21 | 06 04 | 1,48 | 1,15 | 0,22 | 0,57 | H.V. | NO |
| 13 | Helgoland . . . . . . . | 1 09 | 05 41 | 06 44 | 2,71 | 2,33 | 0,01 | 0,38 | H.U. | DE |
| 16 | Husum . . . . . . . . | 1 09 | 05 55 | 06 30 | 3,87 | 3,41 | 0,02 | 0,45 | H.U. | DE |
| 20 | Büsum . . . . . . . . | 1 09 | 06 18 | 06 07 | 3,64 | 3,17 | 0,02 | 0,46 | H.U. | DE |
| 23 | Cuxhaven . . . . . . . | 1 10 | 05 38 | 06 47 | 3,34 | 2,88 | 0,02 | 0,40 | H.U. | DE |
| 27 | Brunsbüttel . . . . . . | 1 09 | 05 23 | 07 02 | 3,14 | 2,69 | 0,02 | 0,26 | H.U. | DE |
| 30 | Hamburg . . . . . . . | 1 12 | 05 10 | 07 15 | 3,59 | 3,20 | −0,08 | 0,01 | H.U. | DE |
| 34 | Bremerhaven . . . . . . | 1 09 | 06 06 | 06 19 | 4,04 | 3,58 | 0,02 | 0,46 | H.U. | DE |
| 37 | Bremen . . . . . . . . | 1 12 | 05 18 | 07 07 | 4,10 | 3,58 | −0,24 | −0,04 | H.U. | DE |
| 41 | Wilhelmshaven . . . . . | 1 09 | 06 17 | 06 08 | 4,25 | 3,74 | 0,02 | 0,56 | H.U. | DE |

Aus den mit Datum und Uhrzeit aufgelisteten Mondphasen in Tafel 2 der Gezeitentafeln lassen sich zu jeder beliebigen Zeit die Gezeitenverhältnisse für jeden Bezugs- und jeden Anschlußort berechnen.

## Mondphasen. 1995. UTC

| | Neumond Tag | Zeit | Erstes Viertel Tag | Zeit | Vollmond Tag | Zeit | Letztes Viertel Tag | Zeit | Neumond Tag | Zeit | Erstes Viertel Tag | Zeit |
|---|---|---|---|---|---|---|---|---|---|---|---|---|
| Januar | 1 | 10.56 | 8 | 15.46 | 16 | 20.26 | 24 | 4.58 | 30 | 22.48 | | |
| Februar | | | 7 | 12.54 | 15 | 12.15 | 22 | 13.04 | | | | |
| März | 1 | 11.48 | 9 | 10.14 | 17 | 1.26 | 23 | 20.10 | 31 | 2.09 | | |
| April | | | 8 | 5.35 | 15 | 12.08 | 22 | 3.18 | 29 | 17.36 | | |
| Mai | | | 7 | 21.44 | 14 | 20.48 | 21 | 11.36 | 29 | 9.27 | | |
| Juni | | | 6 | 10.26 | 13 | 4.03 | 19 | 22.01 | 28 | 0.50 | | |
| Juli | | | 5 | 20.02 | 12 | 10.49 | 19 | 11.10 | 27 | 15.13 | | |
| August | | | 4 | 3.16 | 10 | 18.15 | 18 | 3.04 | 26 | 4.31 | | |
| September | | | 2 | 9.03 | 9 | 3.37 | 16 | 21.09 | 24 | 16.55 | | |

auch für die Anschlußorte genaue Berechnungen anstellen lassen.

Aus den Gezeitentafeln lassen sich also Zeit und Höhe einer Tide berechnen, sie sagen aber nichts über Richtung und Geschwindigkeit der Gezeitenströme aus. In allen Ländern, an deren Küsten Tidenströme vorkommen, gibt es deshalb Stromatlanten oder -karten. An einem bestimmten Bezugsort sind für jede Stunde vor und nach Hochwasser Richtungen und Geschwindigkeiten der Gezeitenströme zu Spring- und Nippzeiten grafisch dargestellt. Im Stromatlas des BSH findet man diese Werte auch in Tabellenform; in britischen Seekarten sind ebenfalls Angaben über die Strömungen enthalten.

### Bestimmung der Tidenart

Um die Gezeitenströme für einen bestimmten Tag ermitteln zu können, muß zunächst berechnet werden, ob es sich um Spring-, Mitt- oder Nippzeit handelt. Dazu wird der Tafel 2 der Gezeitentafeln die Mondphase vor dem gewünschten Datum entnommen. Datum und Uhrzeit der Mondphase müssen dann um die Springverspätung korrigiert werden, die aus der Tafel 1a mit den Gezeitengrundwerten abgelesen werden kann.

An der deutschen Nordseeküste rechnet man mit drei Tagen. Bei Neu- und Vollmond beginnt die Springzeit zwei Tage vor dem so berechneten Termin und endet zwei Tage danach. Handelt es sich um das erste oder das letzte Viertel, beginnt und endet die Nippzeit entsprechend. Für die dazwischenliegenden Zeiträume rechnet man mit Mittzeit. Da in den Stromatlanten fast

immer nur die Stromgeschwindigkeiten für Spring- und Nippzeit angegeben sind, nimmt man für den Zeitraum der Mittzeit das arithmetische Mittel.

### Berechnung der Gezeitenhöhen

In den Gezeitentafeln sind in Teil I vor oder hinter den Seiten mit den täglichen Hoch- und Niedrigwasserzeiten die Tidenkurven zur Spring- und Nippzeit (durchgezogene beziehungsweise gestrichelte Kurve) abgebildet. Hat man also festgestellt, wann genau an dem gewünschten Tag Hoch- oder Niedrigwasser mit welcher Wasserhöhe eintritt, muß zunächst berechnet werden, ob es sich um Spring-, Nipp- oder Mittzeit handelt (vergleiche Bestimmung der Tidenart). Man stellt nun fest, wieviel Stunden man vor oder nach Eintritt des Hochwassers segeln will. Dann geht man in die entsprechende Zeitspalte am unteren Rand der Tidenkurven nach rechts oder links und liest vom Schnittpunkt mit der richtigen Kurve (oder bei Mittzeit dazwischen) die entsprechende Wassertiefe ab, zu der dann noch die Kartentiefe an der gewünschten Stelle zu addieren ist.

Immer dann, wenn die Tidenkurven der Bezugsorte einen annähernd sinusförmigen Verlauf aufweisen, kann man auch nach der sogenannten Zwölftelregel rechnen:

1.+ 6. Stunde nach HW fällt das Wasser um 1/12
2.+ 5. Stunde nach HW fällt das Wasser um 2/12
3.+ 4. Stunde nach HW fällt das Wasser um 3/12

Entsprechend steigt das Wasser in den sechs Stunden nach Niedrigwasser.

**Aus den in den Gezeiten-tafeln für jeden Bezugsort angegebenen Tidenkurven lassen sich die Gezeiten-höhen zu beliebigen Zeiten vor und nach Hochwasser ablesen.**

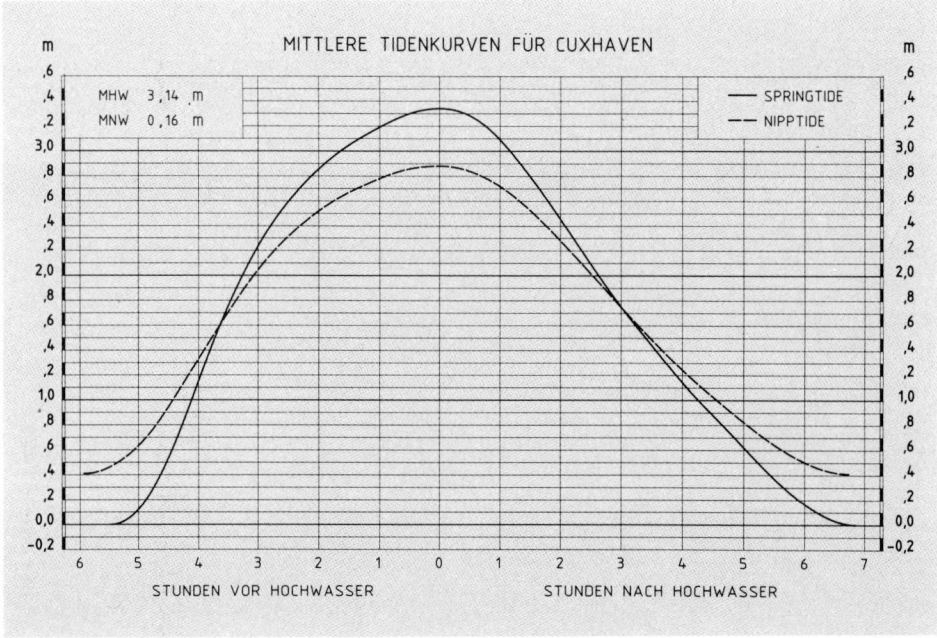

Will man eine Barre oder ähnliches mit möglichst geringem Abstand zwischen Kielunterkante und Meeresboden überqueren, muß man schon genau rechnen und seine Ergebnisse mit Hilfe des Echolotes überprüfen. Dabei ist allerdings auch zu beachten, daß die berechneten Gezeitenhöhen durch Windeinflüsse deutlich über oder unter den ermittelten Höhen liegen können. Tagelanger West- oder Nordweststurm zum Beispiel läßt das Wasser an der deutschen Nordseeküste deutlich höher steigen, als in den Gezeitentafeln angegeben ist. Umgekehrt gibt es bei Oststurm erheblich niedrigere Wasserstände. Auch beeinflussen starke Winde die Oberflächenströmung, so daß bei tagelangem Starkwind völlig andere Verhältnisse herrschen können, als in den Stromatlanten angegeben sind.

## Kursumwandlungen

Zur täglichen Arbeit eines jeden Navigators gehört die Bestimmung eines Kurses zwischen zwei Punkten auf der Seekarte und dessen Umwandlung in einen Kurs, der vom Rudergänger mit Hilfe des Kompasses gesteuert werden kann.

Umgekehrt müssen am Kompaß gesteuerte Kurse in solche umgerechnet werden, die in die Seekarte eingetragen werden können. Das nach wie vor beste und einprägsamste Hilfsmittel, das wohl jeder Navigator im Laufe seines Lebens ungezählte Male vor sich hinmurmelt, ist der Satz:

*Vom richtigen Kurs zum falschen mit falschem Vorzeichen, vom falschen Kurs zum richtigen mit richtigem Vorzeichen.*

Dazu muß man sich nur merken, daß alle Mißweisungs- und Ablenkungswerte, die mit **W** wie West gekennzeichnet sind, ein richtiges negatives Vorzeichen haben, also **W** wie weniger als Null.
Alle mit **O** oder **E** wie Ost bezeichneten Werte haben ein positives richtiges Vorzeichen.
Die Kursumwandlung ist jetzt ganz einfach. Der richtige Kurs, also der rechtweisende aus der Seekarte, wird zu einem falschen, also einem Magnetkompaßkurs umgerechnet, indem Mißweisung und Ablenkung mit jeweils falschem Vorzeichen addiert beziehungsweise subtrahiert werden. Dazu ein Beispiel:
Die örtliche Mißweisung wird mit –1,2° W entnommen, der rechtweisende Kurs beträgt 225° und die Ablenkung für den mißweisenden Kurs +2°. Gesucht ist der Magnetkompaßkurs.
Die Rechnung sieht dann so aus:

| | |
|---|---|
| rechtweisender Kurs (rwK) | 225,0° |
| Mißweisung (Mw) | + 1,2° |
| mißweisender Kurs (mwK) | 226,2° |
| Ablenkung (Abl) | – 2,0° |
| Magnetkompaßkurs (MgK) | 224,2° |

Wird die Rechnung umgekehrt, vom Kompaßkurs zum rechtweisenden Kurs durchgeführt, wird zunächst die Ablenkung und anschließend die Ortsmißweisung jeweils mit dem richtigen Vorzeichen addiert beziehungsweise subtrahiert:

| | |
|---|---|
| MgK | 224,2° |
| Abl | + 2,0° |
| mwK | 226,2° |
| Mw | – 1,2° |
| rwK | 225,0° |

Bei der Umrechnung vom rechtweisenden zum Magnetkompaßkurs wird der dem mißweisenden Kurs entsprechende Ablenkungswert aus der Tabelle entnommen, im umgekehrten Falle muß der dem Kompaßkurs entsprechende Wert eingesetzt werden. Bei Ablenkungswerten über zehn Grad werden deshalb Tabellen mit zwei Eingangsspalten aufgestellt: In die eine geht man mit dem Magnetkompaßkurs ein, in die andere mit dem mißweisenden Kurs.
In beiden Beispielen haben wir mit einer Stelle hinter dem Komma gerechnet. In der Praxis ist dies aber total übertrieben, denn niemand kann auf ein zehntel Grad

genau steuern oder einen Kurs derart exakt in eine Seekarte einzeichnen. Deshalb werden alle berechneten Kurswerte auf- beziehungsweise abgerundet.

### Kursumwandlung mit Abdrift

Bevor ein rechtweisender Kurs in die Seekarte eingezeichnet werden kann, muß noch die Abdrift (Beschickung für Wind, abgekürzt BW) berücksichtigt werden. Es hat bislang viele Bemühungen gegeben, die Abdrift zu messen, und es gibt inzwischen auch einige elektronische Lösungen. Allerdings gibt es bisher kein praxisgerechtes Abdriftmeßgerät zu einem akzeptablen Preis zu kaufen. Die so oft vorgeschlagene Methode der Messung des Winkels zwischen Kielwasser und Schiffslängsachse mit einem Peilkompaß ist zwar recht ungenau, aber besser als nichts. Nach kurzer Zeit wird jeder Schiffseigner die Abdrift seiner Yacht unter verschiedenen Bedingungen gut einschätzen können.

Seitdem die Konstrukteure von Regattayachten aufwendige Computerprogramme zur Berechnung von Geschwindigkeitsprognosen allein aus den Rumpflinien zur Optimierung ihrer Entwürfe einsetzen, gibt es auch – jedenfalls theoretische – Angaben über die Abdriftwinkel für verschiedene Windgeschwindigkeiten. Der Einfluß von Seegang kann allerdings bisher nicht berücksichtigt werden.

Für Kreuzkurse muß man je nach Unterwasserschiff, Seegang und Windstärke zwischen fünf und 15 Grad ansetzen, bei halbem Wind etwa die Hälfte, und raumschots oder vor dem Wind läßt man die Abdrift außer acht. In der Ostsee, im Mittelmeer oder in anderen, weitgehend strömungsfreien Gewässern wird die geschätzte Abdrift bei Kursumrechnungen in beide Richtungen direkt vor oder hinter dem rechtweisenden Kurs gerechnet. Dabei ist zu beachten, daß die Abdrift immer nach Lee anzubringen ist. Das Vorzeichen der Beschickung für Wind ist auf Backbordbug grundsätzlich negativ, auf Steuerbordbug positiv, die Vorzeichenregel ist auch in diesem Falle anzuwenden:

| | |
|---|---|
| MgK | 224,2° |
| Abl | + 2,0° |
| mwK | 226,2° |
| Mw | – 1,2° |
| rwK | 225,0° |
| BW | – 5,0° (Yacht segelt auf Backbordbug) |
| KdW | 220,0° |

### Kursumwandlung mit Strömung

In der terrestrischen Navigation kennen wir drei Stromprobleme, die allesamt sowohl rechnerisch als auch zeichnerisch gelöst werden können. Es handelt sich bei allen Stromaufgaben um simple Vektorrechnungen. Für rechnerische Lösungen bieten sich programmierbare Rechner an. Wenn sich Richtung und Geschwindigkeit einer Meeresströmung schnell ändern, sollte man für jede Stunde ein Stromdreieck zeichnen. Ob man direkt in die Karte zeichnet oder auf ein Stück Papier, bleibt dem Navigator überlassen. Jedenfalls muß in der Karte grundsätzlich über Grund gekoppelt werden, so daß Berechnungen auf einem Stück Papier in die Karte zu übertragen sind.

1. Stromaufgabe

Bekannt sind Kurs und Fahrt durchs Wasser sowie Richtung und Geschwindigkeit des Stromes. Gesucht werden Kurs und Fahrt über Grund.

Zeichnerische Lösung:

Vom Ausgangspunkt A aus zeichnet man den Weg durchs Wasser ein. Die Länge des Vektors entspricht der Fahrt durchs Wasser. Am Endpunkt B beginnend, zeichnet man den Stromvektor mit dem Endpunkt C nach Richtung und Geschwindigkeit. Die resultierende AC repräsentiert Kurs und Fahrt über Grund.

**Mit der ersten Stromaufgabe wird zeichnerisch ermittelt, wie eine Strömung Kurs und Geschwindigkeit einer Yacht durchs Wasser beeinflußt. Das Ergebnis sind Kurs und Geschwindigkeit über Grund.**

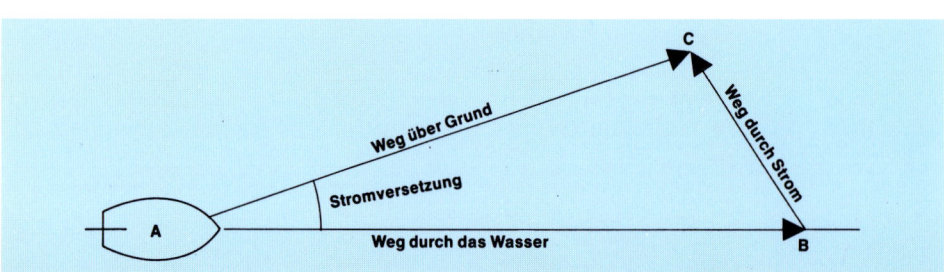

## 2. Stromaufgabe

Bekannt sind Richtung und Geschwindigkeit des Stromes, der gewünschte Kurs über Grund sowie die Fahrt der Yacht durchs Wasser. Gesucht werden Kurs durchs Wasser und Fahrt über Grund.

Zeichnerische Lösung:

Vom Punkt A wird der gewünschte Kurs über Grund zum Punkt X und der Strom nach Richtung und Stärke zum Punkt D gezeichnet. Um D wird ein Kreis mit dem Radius Fahrt durchs Wasser gezeichnet, der den Kurs über Grund in C schneidet. Die Richtung DC entspricht dem Kurs durchs Wasser, die Strecke AC der Fahrt über Grund.

## 3. Stromaufgabe

Bekannt sind Kurs und Fahrt sowohl über Grund als auch durchs Wasser. Gesucht werden Richtung und Geschwindigkeit des Stromes.

Zeichnerische Lösung:

Vom Punkt A aus zeichnet man wie in der Abbildung auf Seite 234 die Vektoren durchs Wasser (mit Endpunkt B) und über Grund (mit Endpunkt C). Der Vektor BC entspricht dem Strom nach Richtung und Stärke und wird auch als Besteckversetzung bezeichnet.
Nimmt man für die zeichnerischen Lösungen aus Gründen der Übersichtlichkeit oder der Genauigkeit das Vielfache einer Geschwindigkeit, so müssen alle anderen Geschwindigkeiten mit dem gleichen Faktor multipliziert werden. Die ermittelte Geschwindigkeit ist dann wieder entsprechend zu dividieren, um Fahrt oder Stromgeschwindigkeit in Knoten angeben zu können.

## Koppeln

Das Koppeln in der Seekarte, also das fortlaufende und möglichst genaue Mitzeichnen der zurückgelegten Kurse und Distanzen, ist trotz aller Elektronik mit die wichtigste navigatorische Praxis überhaupt. Denn selbst wenn alle elektrischen und elektronischen Geräte an Bord ausfallen, kann durch das Koppeln jederzeit ein halbwegs genauer Standort bestimmt werden. Schwierig ist dann nur die Bestimmung der durchschnittlichen Geschwindigkeit, aber dafür entwickelt man mit der Zeit ein gutes Gefühl, und außerdem bleibt ja noch das Relingslog.
Besondere Vorsicht ist angebracht, wenn der Rudergänger angibt, er habe während der letzten Stunde einen bestimmten Kurs gesteuert. Selbst bei glattem Wasser und leichter Brise sollte man einen Spielraum von fünf Grad, bei Welle und Wind von mindestens zehn Grad einkalkulieren.
Eine unschätzbare Hilfe für das möglichst genaue Zeichnen eines Kompaßkurses in die Seekarte bieten die bereits angesprochenen integrierten Bordsysteme, die fast alle eine rücksetzbare Koppelfunktion enthalten. Der in der Computereinheit integrierte Speicher registriert jede noch so kleine Kursschwankung des Fluxgate-Kompasses und addiert alle paar Sekunden Kurs und zurückgelegte Distanz vektoriell. Das Ergebnis ist ein resultierender Vektor seit der letzten Rücksetzung auf Null nach Richtung und Distanz durchs Wasser. Den so ermittelten Kurs bezeichnet man auch als „Koppelkurs". Diese Werte enthalten aber natürlich weder die Abdrift noch Strömungseinflüsse. Trotzdem aber ist die automatische Koppelfunktion, die oft auch mit dem englischen Begriff *dead reckoning* bezeichnet wird, erheblich genauer als die meist eher vage Angabe eines Rudergängers. Wer oft mit der gleichen Mannschaft unterwegs ist, wird mit der Zeit ein Gefühl für die Qualität der Kurse verschiedener Rudergänger entwickeln.
Der zu koppelnde Kurs wird einmal pro Stunde in die Seekarte eingezeichnet, jeweils versehen mit einem Querstrich, der Uhrzeit und dem Loggestand. Beim

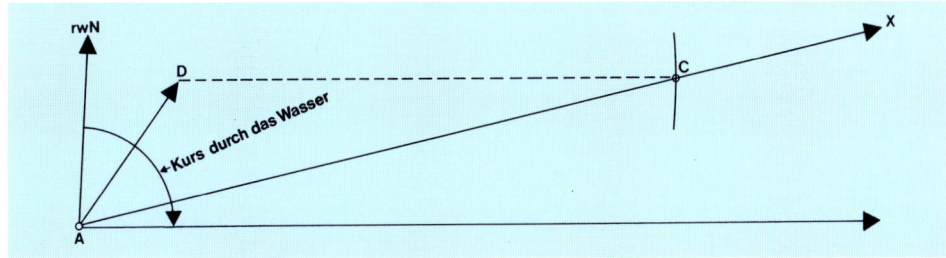

Mit der zweiten Stromaufgabe wird ebenfalls zeichnerisch das Problem gelöst, wie stark eine Yacht vorhalten muß, um eine Strömung kompensieren und auf einem gewünschten Kurs über Grund segeln zu können.

Kreuzen muß natürlich jede Wende berücksichtigt werden, und Kursänderungen aus anderen Gründen sind ebenfalls sofort einzutragen. Ein integriertes Bordmeßsystem spart viel Rechen- und Zeichenarbeit, wenn man die automatische Koppelfunktion in sinnvollen Abständen auf Null zurücksetzt. Dann nämlich muß nicht jeder Kreuzschlag einzeln eingetragen werden, weil ja die Koppelfunktion jede Kursänderung vektoriell addiert.

## Peilungen

Zur Standortbestimmung und zur Kontrolle des Koppelns oder auch nur zur Abstandbestimmung innerhalb der terrestrischen Navigation führt man Kompaßpeilungen von markanten Punkten an Land oder von festen Seezeichen wie Leuchttürmen und Baken durch. Auch Ölplattformen sind geeignet. Die früher so beliebten Seitenpeilungen mit Hilfe einer Peilscheibe werden kaum noch praktiziert, aber früher gab es eben die kleinen und sehr genauen Handpeilkompasse noch nicht.

Wenn ein Objekt gepeilt werden soll, ist es äußerst wichtig, daß das Objekt in der Seekarte verzeichnet ist und auch eindeutig identifiziert werden kann. Bei allein stehenden Kirchtürmen, Schornsteinen oder Funkmasten ist das normalerweise kein Problem. Eine Bergspitze aber oder eine Huk kann nicht immer unbedingt eindeutig erkannt werden, und die Peilung eines ungenau erkannten oder falschen Objektes führt unweigerlich zu mehr oder weniger großen Fehlern.

Die besten und sichersten Peilergebnisse liefern kurz hintereinander durchgeführte Peilungen mindestens zweier Objekte an Land. Während dieser Kreuzpeilung sollte man sich gut gesichert so hoch wie möglich stellen, setzen oder knien, um mit dem kleinen Handpeiler aus dem schiffseigenen Magnetfeld herauszukommen. Denn eine Ablenkungstabelle läßt sich für einen Handpeilkompaß nicht aufstellen, da sein Vorteil ja gerade im ortsungebundenen Einsatz liegt.

Man peilt also zuerst das eine und sofort anschließend das zweite Objekt, merkt sich die Werte und notiert sie unter Deck auf dem Rand der Seekarte oder auf einem Schmierzettel (Magnetkompaßpeilung wird abgekürzt mit MgP). Die Peilwerte werden lediglich um die Ortsmißweisung (Vorzeichen beachten!) korrigiert und als rechtweisende Peilung (rwP) sofort in die Seekarte eingetragen. Die Peillinien zeichnet man durch die jeweiligen Objekte, der sich daraus ergebende Schnittpunkt definiert eindeutig die Schiffsposition zum Zeitpunkt der Peilungen. Im Gegensatz zu einem Koppelort ($O_k$), der lediglich durch einen Querstrich markiert wird, ist dieser durch Peilungen ermittelte beobachtete Ort ($O_b$) mit einem kleinen Kreis zu kennzeichnen und mit der Uhrzeit zu versehen.

Mit einer genauen Logge und einem guten Mann am Rohr führen auch Versegelungspeilungen zu einem ausreichend genauen beobachteten Schiffsort. Dabei ist es völlig gleichgültig, ob man zweimal das gleiche oder zwei verschiedene Objekte peilt. Die zeichnerische Auswertung ist immer gleich:

Die erste Magnetkompaßpeilung wird korrigiert und als rwP, versehen mit Uhrzeit und Loggestand, in die Karte eingezeichnet. Genauso geht man nach einiger Zeit mit der zweiten Peilung um. Dann wird die erste Peilung um die inzwischen versegelte Distanz (deshalb die Bezeichnung „Versegelungspeilung") in Richtung des zwischenzeitlich gesteuerten Kurses parallel verschoben. Der Schnittpunkt der versegelten ersten mit der zweiten Peilung ergibt den Schiffsort. Wichtig sind die Genauigkeiten der zwischen den Peilungen abgelaufenen Distanz und des gesteuerten Kurses. Auch in diesem Falle hilft die Koppelfunktion eines integrierten Bordsystems.

**Steht nur ein Peilobjekt zur Verfügung, kann eine Versegelungspeilung durchgeführt werden. Die erste Peilung wird um die seit der ersten abgesegelten Distanz parallel zum Kurs verschoben.**

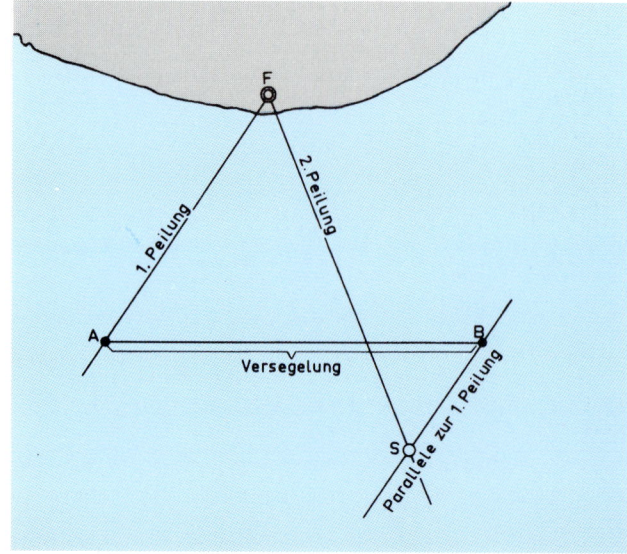

Sonderarten der Versegelungspeilung wie zum Beispiel die Vierstrichpeilung stammen aus den Zeiten der Peilscheibe und werden schon aus Gründen der Bequemlichkeit kaum noch praktiziert.

Ich habe in meiner gesamten navigatorischen Praxis nie andere als Kreuz- oder Versegelungspeilungen durchgeführt und bin damit bestens gefahren.

## Höhenwinkelmessung

Höhenwinkel werden mit einem Sextanten gemessen. Die Vorgehensweise entspricht genau der, die bei der Beobachtung von Gestirnen angewandt wird, und ist im Kapitel „Astronomische Navigation" beschrieben. Standlinien aus Höhenwinkeln sind Kreise, die mit dem zu berechnenden Radius um das Objekt geschlagen werden. Zur Standortbestimmung ist also eine zweite, wie auch immer geartete Standlinie notwendig. Steht das Objekt mit dem Fußpunkt vor der Kimm, ist der Winkel zwischen Fuß und Spitze zu messen, nicht etwa zwischen Kimm und Spitze! Die Berechnung der Distanz ist einfach und wird nach der Formel

$$\text{Distanz} = \frac{13}{7} \times \frac{\text{Objekthöhe in Metern}}{\text{Winkel in Bogenminuten}}$$

durchgeführt. Die Distanz wird in Seemeilen berechnet. Es ist unbedingt darauf zu achten, daß
1. der Fußpunkt des Objektes zu sehen ist und
2. die tatsächliche Gesamthöhe des Objektes (zum Beispiel aus dem Leuchtfeuerverzeichnis) bekannt ist.

Steht ein Objekt mit dem Fußpunkt hinter der Kimm, wird die Entfernung nach der folgenden Formel bestimmt:

$$D = \sqrt{3{,}71\,(H{-}Ah){+}(n{-}1{,}8\,\sqrt{Ah})2{-}(n{-}1{,}8\sqrt{Ah})}$$

Dabei sind

| | |
|---|---|
| H | = Objekthöhe in Metern |
| Ah | = Augeshöhe in Metern |
| n | = Höhenwinkel in Bogenminuten |
| $1{,}8\sqrt{Ah}$ | = mittlere Kimmtiefe in Bogenminuten |

## Horizontalwinkelmessung

Eine sehr genaue Methode zur Standortbestimmung in der terrestrischen Navigation ist die Horizontalwinkelmessung. Dazu benötigt man drei eindeutig identifizierte Peilobjekte. Zunächst wird mit einem Sextanten der Winkel zwischen zwei Objekten und sofort anschließend der Winkel zwischen dem zweiten und dem dritten gemessen. Zur einfachsten Möglichkeit der Auswertung in der Seekarte werden die drei Peillinien mit den beiden dazwischenliegenden Winkeln auf ein Stück Pauspapier gezeichnet und so lange auf der Karte verschoben, bis alle drei Linien durch die drei Objekte laufen. Der Schnittpunkt der Linien ist der beobachtete Schiffsort.

Allerdings läßt sich der Ort auch regelrecht, wenn auch etwas kompliziert, konstruieren:

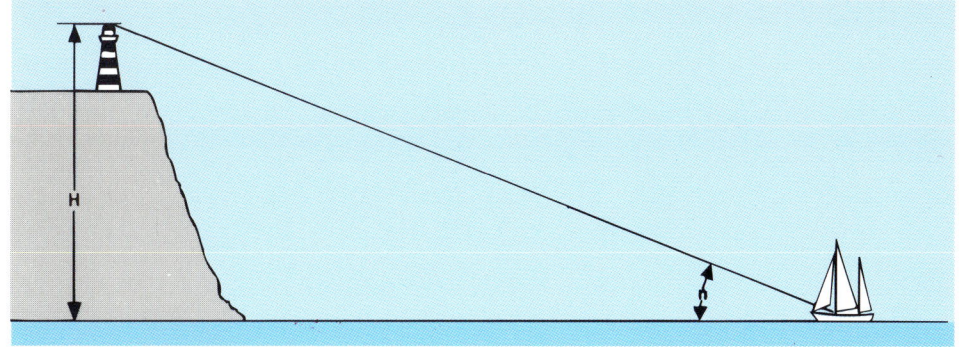

**Mit Hilfe eines Sextanten kann durch den Höhenwinkel n eine Standlinie ermittelt werden – der Abstand zum Objekt. Mit einer komplexeren Formel kann der Abstand auch berechnet werden, wenn der Fußpunkt hinter der Kimm liegt.**

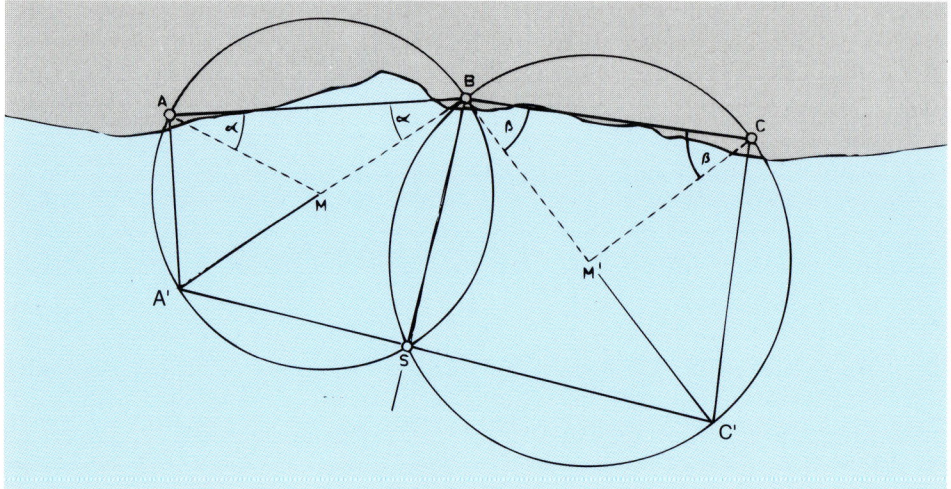

Ebenfalls mit Hilfe eines Sextanten lassen sich horizontale Winkel messen. Stehen gleichzeitig drei Peilobjekte zur Verfügung, läßt sich der genaue Standort zeichnerisch berechnen.

Angenommen, zwischen den Objekten A und B wurde ein Horizontalwinkel von 40 Grad, zwischen den Objekten B und C einer von 50 Grad gemessen. Man verbindet in der Seekarte oder, besser, auf einem darübergelegten Stück Pauspapier die Punkte A und B sowie B und C miteinander. An der Linie AB in B wird der Komplementärwinkel der ersten Messung zu 90 Grad (also 90°– 40° = 50 Grad) seewärts angetragen, an der Linie BC in B der Komplementärwinkel zu 90 Grad der zweiten Messung (also 90°–50° = 40 Grad). Dann sind in A die Senkrechte auf der Linie AB und in C die Senkrechte auf BC zu errichten. Die Schnittpunkte der Senkrechten mit den Komplementärwinkeln, nennen wir sie A' und C', werden miteinander verbunden. Von der Linie A'C' wird das Lot auf den Punkt B gefällt. Dieser Punkt auf der Linie A'C' ist die Schiffsposition S zum Zeitpunkt der Horizontalwinkelmessungen.

# FUNKPEILUNG

Die Zeiten, in denen Funkpeiler die einzigen elektronischen Hilfsmittel zur Standortbestimmung waren, sind seit der Entwicklung moderner und leistungsfähiger Navigationsempfänger vorbei. Trotzdem aber haben vor allem Handfunkpeiler ihre Daseinsberechtigung und funktionieren auch bei einem Ausfall des Bordnetzes, weil sie aus Batterien gespeist werden. Ein guter Handfunkpeiler mit vollen Batterien an Bord beruhigt ungemein.

Entlang mancher Küsten gibt es noch ausreichend Funkfeuer, um ausschließlich mit einem Handfunkpeiler navigieren zu können. Die Geräte sind mit einer richtungsabhängigen Ferritantenne ausgestattet. Zeigt die Antenne in Richtung Funkfeuer, wird das ausgesandte Signal mit größter Stärke empfangen (Maximum). Steht der Antennenstab dagegen im rechten Winkel dazu, wird ein nur geringes oder gar kein Signal empfangen (Minimum). Um ein gutes Peilergebnis zu erhalten, muß der Bediener versuchen, die Minimumstellung des Funkpeilers möglichst genau zu finden. Da der Minimumbereich zwar klein ist, aber meist immer noch einen gewissen Winkel umfaßt, muß das Gerät langsam hin und her geschwenkt werden, bis die Mittelstellung eindeutig identifiziert werden kann. Optische und/oder akustische Anzeigen helfen bei der Suche des Minimums.

Das Peilergebnis ist meist eine Magnetkompaßpeilung und muß mindestens um die Ortsmißweisung korrigiert werden. Natürlich wird der eingebaute Kompaß von eisernen Gegenständen beeinflußt. Man sollte deshalb während des Peilens eine Position wählen, die möglichst außerhalb des schiffseigenen Magnetfeldes liegt.

Funkpeilungen unterliegen noch anderen Einflüssen, die fehlerhafte Ergebnisse verursachen können. Steht ein Funkfeuer an Land, werden die Signale an der Küstenlinie leicht aus der Richtung gelenkt. Während der Dämmerungsphasen ist es schwierig, das Minimum zu erkennen, weil es nicht in einer Richtung stehenbleibt, sondern schwankt. Ein weiterer, korrigierbarer Fehler ergibt sich, wenn ein Funkfeuer aus großen Entfernungen ab 50 Seemeilen gepeilt wird. Radiosignale breiten sich nämlich auf Großkreisen aus, so daß die Peilergebnisse nicht ohne weiteres in eine Mercator-Seekarte eingezeichnet werden können. In den meisten Fällen ist dieser Fehler wohl vernachlässigbar klein, gegebenenfalls können Korrekturwerte dem „Nautischen Funkdienst" entnommen werden.

# ELEKTRONISCHE NAVIGATIONSVERFAHREN

### Einführung

Vollautomatisch arbeitende elektronische Navigationsempfänger sind aus der Sportschiffahrt nicht mehr wegzudenken. Als 1981 die ersten Decca-Empfänger für die Sportschiffahrt auftauchten, ahnten weder die Hersteller noch die Konsumenten, daß sich diese Geräte derart schnell und umfassend etablieren würden. Die ersten Decca-Empfänger waren noch sehr teuer, hatten aber bereits eine Menge zu bieten. Neben der permanenten Positionsbestimmung konnten schon damals Wegpunkte gespeichert und zu ganzen Törnrouten zusammengestellt werden.

Im Laufe weniger Jahre entwickelten verschiedene Elektronikproduzenten Decca-Empfänger, die immer kleiner, leistungsfähiger und preiswerter wurden.

Das Decca-System funktioniert in nur wenigen, aber stark befahrenen Seegebieten, zum Beispiel in Nord- und Ostsee, an der europäischen Atlantikküste, in Südafrika und in Japan. Andere Gebiete liegen im Empfangsbereich von Loran-C-Sendern, die mit einem ähnlichen Prinzip wie die Decca-Sender arbeiten, aber eine bedeutend größere Reichweite haben.

Mit Loran-C-Empfängern kann man im Mittelmeer segeln, rund um die USA, in einigen Gebieten des Pazifik, im Nordatlantik und auch teilweise in Nordeuropa und in der Ostsee.

Decca und Loran C sind Hyperbelnavigationsverfahren mit einigen systembedingten Fehlermöglichkeiten. Laufen Signale über Land, werden sie abgelenkt. Zu den Dämmerungszeiten können ebenfalls fehlerhafte Signale empfangen werden.

Bereits Anfang der 60er Jahre begann das Zeitalter der Satellitennavigation. Wie so oft waren zuerst die Militärs Nutznießer der vom amerikanischen Verteidigungsministerium ins All geschossenen Navigationssatelliten; später kam die Berufsschiffahrt dazu und zuletzt die Sportschiffahrt. Das als Transit bezeichnete Verfahren hatte allerdings einen entscheidenden Nachteil: Bis zu vier Stunden konnten im ungünstigsten Fall zwischen einem Satellitenfix und dem nächsten vergehen.

In den siebziger Jahren begann deshalb die Entwicklung eines neuen Satelliten-Navigationssystems, das heute als GPS bekannt ist und seit einiger Zeit auch tadellos arbeitet. GPS ist die Abkürzung für Global Positioning System. Die volle Funktionsfähigkeit des zunächst mit 18 Satelliten arbeitenden Verfahrens war für Mitte der 80er Jahre angekündigt worden, verzögert aber wurde die Installation der Satelliten vor allem durch das tragische Shuttle-Unglück im Frühjahr 1987.

GPS arbeitet ohne nennenswerte systembedingte Fehlermöglichkeiten.

### Decca

Das in Großbritannien entwickelte Decca-System basiert, wie die meisten anderen landgestützten Navigationssysteme, auf Funkwellen. Gemessen werden die Phasendifferenzen der von zwei Sendern gleichzeitig ausgesendeten Funkwellen, was hyperbelförmige Standlinien ergibt. Zu einer typischen Decca-Senderkette gehören ein Haupt- und drei Nebensender. Die Anordnung der vier Sender ist immer ähnlich: Der Hauptsender steht in der Mitte, die Nebensender sind sternförmig in Abständen zwischen 70 und 170 Kilometer vom Hauptsender aufgestellt. Die typische Reichweite beträgt etwa 240 Seemeilen bei Nacht und ungefähr die Hälfte am Tag. Gesendet wird im Frequenzbereich zwischen 70 und 130 kHz, wobei die Frequenzen der Sender einer Kette harmonisch variiert werden, so daß der Empfänger durch eine simple Multiplikation der Frequenzen die Ausstrahlung der Signale einer Kette auf der gleichen Frequenz simuliert. Jeder Sender einer Kette sendet zu Beginn einer 20 Sekunden dauernden Sequenz ein etwa 0,5 Sekunden langes Identifizierungssignal. Alle Decca-Empfänger geben an, wie groß die systembedingte Ungenauigkeit sein kann – man darf also nicht blind der Positionsanzeige vertrauen. Möglich sind bei gutem Empfang Abweichungen bis zu 500 Meter, sonst bis zu 3000 Meter.

Moderne Decca-Empfänger suchen nach dem ersten Einschalten automatisch ihre Position, speichern Hunderte von Wegpunkt-Koordinaten, steuern Autopiloten und können an externe Computer angeschlossen werden. Besonders kleine und stromsparende Geräte sind selbst für kleinste Yachten geeignet. Viele Decca-Empfänger bieten die Anschlußmöglichkeiten für eine Mann-über-Bord-Taste, die im Cockpit angebracht werden kann. Wird sie betätigt, speichert das Gerät die aktuelle Position und zeigt ständig an, wie man zu ihr zurückfindet.

### Loran C

Das in den USA entwickelte Loran-C-Verfahren hat eine deutlich höhere Reichweite als das Decca-Verfahren und kommt deshalb mit erheblich weniger Sendern

Der derzeit kleinste und einfachste Decca-Empfänger ist der APN-Basic (links). Er zeigt die Position sowie Kurs und Distanz zu einem gespeicherten Wegpunkt an.

Loran-C-Empfänger arbeiten nach einem ähnlichen Prinzip wie Decca-Empfänger (oben). Entsprechende Sender gibt es zum Beispiel in Nordeuropa, im Mittelmeer und an den Küsten der USA.

aus. So reicht für die Abdeckung fast des gesamten Mittelmeeres eine Kette mit vier Sendern, lediglich im östlichsten Teil muß mit der arabischen Kette gearbeitet werden.

Loran-C-Ketten senden weltweit auf der gleichen Frequenz von 100 kHz. Dadurch ist es möglich, daß ein Empfänger zum Beispiel den Hauptsender der einen und einen Nebensender einer anderen Kette benutzt. Die Identifikation der Ketten wird durch unterschiedliche Wiederholungsintervalle der einzelnen Radioimpulse gewährleistet. Moderne Empfänger rechnen im Automatikbetrieb immer mit der dritten Schwingung eines Impulses.

Ab und zu aber kommt es zu Überlagerungen der normalerweise verwendeten Boden- durch die Raumwelle, was fehlerhafte Positionsberechnungen zur Folge haben kann. Viele Loran-C-Empfänger können manuell nachjustiert werden, um diese Fehler zu eliminieren.

Auch moderne Loran-C-Geräte verfügen über sehr große Wegpunkt-Speicher sowie über Anschlüsse für Autopiloten und andere externe Geräte.

Loran C ist wie Decca ein Hyperbel-Navigationsverfahren. Seine Standlinien ergeben sich aus der Laufzeitdifferenz der gleichzeitigen Funkaussendungen von Haupt- und Nebensender.

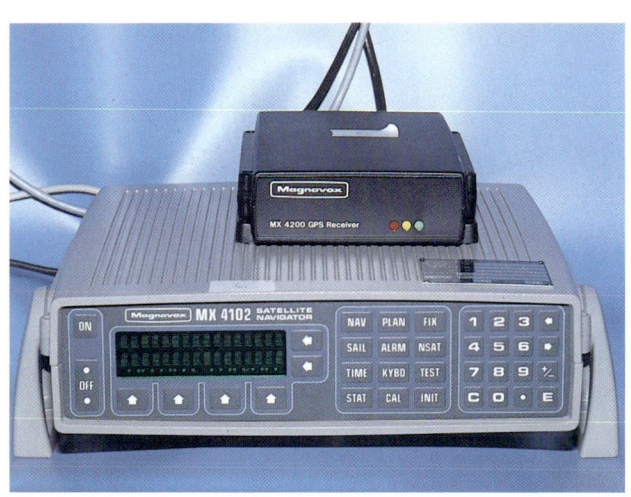

Die ersten Satelliten-Navigationsempfänger arbeiteten mit dem inzwischen veralteten Transit-Verfahren. Einige wurden mit zusätzlicher Elektronik zu GPS-Empfängern aufgerüstet.

## Transit

Das erste satellitengestützte Navigationsverfahren, das unter der Bezeichnung Transit bekannt wurde, nutzt den Doppler-Effekt zur Bestimmung der Empfängerposition. Der nach dem österreichischen Mathematiker und Physiker Christian Doppler benannte Effekt beschreibt die Frequenzveränderung, wenn sich ein Sender einem Empfänger nähert oder sich von ihm entfernt.

Solange sich einer der in einer Höhe von rund 1100 Kilometern kreisenden Satelliten einem Transit-Empfänger an Bord eines Schiffes nähert, wird eine höhere Frequenz als die gesendete empfangen. Sobald die Entfernung wieder zunimmt, wird die Frequenz dagegen niedriger. Jeder Satellit sendet über einen Zeitraum von zwei Minuten ein digitalisiertes Datenpaket, in dem die Satellitenbahn, seine Nummer und die genaue Uhrzeit enthalten sind. Dann werden Bahndaten und Uhrzeit aktualisiert und erneut ein Datenpaket gesendet. Dieser Vorgang wiederholt sich ununterbrochen. Der Empfänger an Bord ermittelt nun aus den empfangenen Daten und der gemessenen Frequenzverschiebung den eigenen Standort mit einer Genauigkeit von plus/minus 180 Metern.

Das Transit-Verfahren hat für die Sportschiffahrt keine Bedeutung mehr.

## GPS

Das Global Positioning System (GPS) besteht heute aus 21 aktiven und 3 Reservesatelliten, die auf sechs Bahnen in rund 20000 Kilometern Höhe um die Erde kreisen. Etwa zwölf Stunden dauert der Umlauf eines Satelliten. Das Prinzip basiert auf der Laufzeitmessung der kodierten Signale, die ständig von den Trabanten gesendet werden.

Radiowellen breiten sich mit Lichtgeschwindigkeit, also mit 300000 km/s aus. Multipliziert man diese Geschwindigkeit mit der Zeit, die ein Signal vom Sender bis zum Empfänger benötigt, hat man die Entfernung.

Grundvoraussetzung für eine möglichst genaue Zeitmessung aber sind hochpräzise Uhren. Die Satelliten sind mit einer oder mehreren Atomuhren ausgerüstet, die sich die enorm hohe Schwingungsfrequenz der Atome zur Zeitmessung zunutze machen. Die Laufzeiten sind extrem kurz. Wenn zum Beispiel ein Satellit direkt über einem Empfänger steht, beträgt sie gerade sechs hundertstel Sekunden!

Die Empfänger müssen jetzt nur noch erkennen können, wann genau das Radiosignal den Satelliten verläßt. Dazu sind alle GPS-Satelliten mit den Empfängern synchron geschaltet, Sender und Empfänger erzeugen zur exakt gleichen Zeit ein bestimmtes Signal mit digitalem Code. Dann mißt der Empfänger die Zeit, bis das Satellitensignal eintrifft – die Laufzeit.

Im Grunde müßten wegen der hohen geforderten Genauigkeit auch die Empfänger mit Atomuhren ausgerüstet sein, denn ein Synchronisationsfehler von nur einer hundertstel Sekunde würde zu einem Standortfehler von fast zwei Seemeilen führen. Atomuhren aber sind teuer, so daß für die Empfänger ein Trick herhalten muß, um sie preiswert und in großen Stückzahlen verkaufbar zu machen: Der Empfänger mißt die Signale eines dritten Satelliten, die er im Grunde nicht braucht, denn zur Standortbestimmung genügen zwei Signale. Mit dreien aber ergibt sich ein Fehlerdreieck, dessen Größe sich aus der Ungenauigkeit der eingebauten Quarzuhr ergibt. Und daraus wird dann wiederum die Empfängeruhr neu synchronisiert.

Das fertig installierte System garantiert den Empfang der Signale von immer mindestens vier Satelliten gleichzeitig, so daß die Positionsberechnung ständig erfolgen kann. Dadurch ist GPS dem älteren Transit-Verfahren weit überlegen.

Aber auch die Flugzeug-Navigation wird durch GPS

**Das Global Positioning System (GPS) arbeitet mit 21 aktiven und drei Reserve-Satelliten. Mindestens drei Satelliten sind auf eine der sechs Umlaufbahnen verteilt. Von jedem Punkt der Erde aus sind immer ausreichend Satelliten gleichzeitig „sichtbar", so daß deren Daten zur Positionsberechnung herangezogen werden können.**

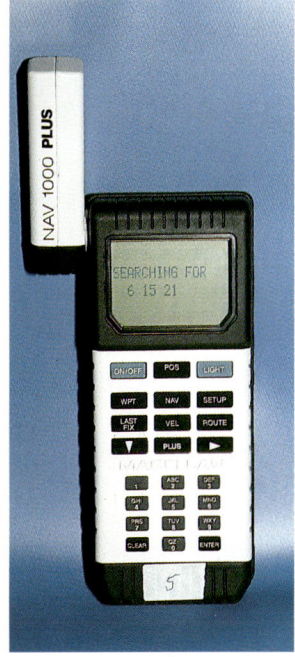

Moderne GPS-Empfänger sind klein, leistungsfähig und erschwinglich geworden. Da sie weltweit mit großer Genauigkeit arbeiten, sind sie die idealen Navigationsgeräte für die Küsten- und Langfahrt (links außen).

Tragbare GPS-Empfänger können auch auf kleinen Booten mitgeführt werden. Es genügt vollkommen, das Gerät nur dann einzuschalten, wenn Informationen über die eigene Position beziehungsweise über Kurs und Distanz zum nächsten Wegpunkt gewünscht werden.

einfacher und preiswerter. Werden nämlich die Signale von vier oder mehr Satelliten gleichzeitig empfangen, läßt sich auch die genaue Höhe des Empfängers über einem theoretischen Erdmodell bestimmen. Demgegenüber sind die in Langstreckenmaschinen verwendeten Trägheits-Navigationssysteme sehr komplizierte und wahnwitzig teure Geräte.

Weil auch Atomuhren minimal falschgehen können und außerdem jeder Satellit ständig die eigenen, genauen Bahndaten senden muß, werden die GPS-Satelliten laufend von mehreren Bodenstationen überwacht und mit neuen Informationen gefüttert. Zu diesen Daten gehört auch ein Almanach, der die Daten aller Satelliten enthält, so daß jeder Empfänger ständig weiß, wo sich die einzelnen Trabanten befinden. Auch können die Satelliten in bestimmten Grenzen gesteuert werden. Das ist zum Beispiel während des Golfkrieges geschehen, damit die höchstmögliche Genauigkeit der dort eingesetzten Empfänger garantiert werden konnte.

Die GPS-Satelliten senden zwei verschiedene Trägerfrequenzen aus: Die eine beträgt 1,575, die andere 1,227 Gigahertz. Auch diese sehr hochfrequenten Radiowellen sind atmosphärischen Einflüssen unterworfen, die in der Summe allerdings nur Fehler von unter einem Meter verursachen und deshalb für die Navigation unerheblich sind. Die Satelliten senden zwei unterschiedliche Codes, den sogenannten C/A-Code für zivile Empfänger und den P-Code für militärische. Der zivile Code kann künstlich ungenauer eingestellt werden als der militärische. Man muß für die Sportschiffahrt mit einer Ungenauigkeit von etwa 100 Metern rechnen.

Während des Golfkrieges war die Genauigkeit erheblich besser, da das amerikanische Verteidigungsministerium auch zivile Empfänger einsetzen mußte, weil es nicht genug militärische gab. Das führte dazu, daß die in Deutschland stationierten US-Truppen, die an den Golf verlegt werden sollten, GPS-Empfänger für die Sportschiffahrt en masse aufgekauft haben.

Das wichtigste Unterscheidungsmerkmal für GPS-Empfänger ist die Anzahl der Kanäle. Besonders preiswerte Geräte besitzen nur einen Kanal und können damit immer nur die Signale eines Satelliten empfangen. Das dauert relativ lange, so daß die Standortgenauigkeit leidet. Sind Einkanal-Empfänger mit einem Multiplexer ausgerüstet, der auf dem einen Kanal ständig zwischen mehreren Satelliten hin und her schaltet, werden die Ergebnisse schon deutlich besser. Optimal sind Mehrkanal-Empfänger, die ständig die Signale aller verfügbaren Satelliten simultan empfangen können.

Man kann die Genauigkeit des zivilen Codes mit zusätzlichen, landgestützten Sendern deutlich verbessern. Dazu wurden Referenzempfänger an bestimmten Orten aufgestellt, deren Positionen genau bekannt sind. Diese Geräte berechnen den Unterschied zwischen gesendeter und tatsächlicher Position. Entsprechende Korrekturwerte werden ausgestrahlt und können von geeigneten Empfängern umgesetzt werden. Da diese Abweichungen innerhalb eines Radius von etwa 500 Kilometern annähernd gleich sind, genügen wenige stationäre Sender, um die Genauigkeit deutlich zu erhöhen. Dieses System nennt man *Differential-GPS* (DGPS). Für die Nordsee sorgt ein Sender auf Helgoland, für die Ostsee einer in Wustrow auf Rügen für die höhere Genauigkeit. Fehler von 2 bis 5 Metern sind dann erreichbar.

Selbstverständlich verfügen GPS-Empfänger für die Sportschiffahrt auch über Wegpunktspeicher und Anschlußmöglichkeiten für diverse externe Geräte.

### Radar

Ein Radargerät ist das einzige autarke Navigationssystem, das es für Schiffe gibt. Es benötigt weder land-noch satellitengestützte Sender. Radar kann die eigene Position anzeigen, eine genaue Karte der umliegenden Küste zeichnen, Seezeichen und vor allem andere Wasserfahrzeuge abbilden.

Das hört sich alles zu schön an, um wahr zu sein, und das ist es auch. Radar zeigt nicht unbedingt alles an, was auf dem Wasser unterwegs ist, und es zeigt vor allem keine unter Wasser liegenden Hindernisse an. Schlechtes Wetter und starker Seegang beeinflussen das Radarbild, unter Umständen bis zur Unkenntlichkeit. Radar vermittelt bei schlechter Sicht und Nebel eine trügerische Sicherheit, wie die zahlreichen Kollisionen in der Berufsschiffahrt beweisen. Dabei verfügen moderne Frachtschiffe über Radargeräte, von denen die Sportschiffahrt nur träumen kann.

Auf Segelyachten ist Radar allerdings relativ selten anzutreffen – Problem sind der hohe Stromverbrauch und die großen Drehantennen. Ein Radargerät kann eine unschätzbare Hilfe sein, wenn man es richtig bedient. Es ist deshalb wichtig, die Prinzipien und Grenzen von Radargeräten zu kennen und den Umgang so oft wie möglich zu üben, am besten bei schönem Wetter, wenn man seine Interpretationen auch kontrollieren kann. Denn alle Bewegungen, die man auf dem Radarbild sieht, sind verfälscht: Das eigene Schiff scheint zu stehen, während sich zum Beispiel Tonnen scheinbar bewegen. Kollisionskurse sind nicht ohne weiteres zu erkennen, sondern nur

Eine Radarantenne an Bord einer Segelyacht sollte, wenn irgend möglich, halbkardanisch eingebaut werden. Nur dann arbeitet das Gerät auch bei Krängung einwandfrei.

Radargeräte sind zum Teil kompliziert in ihrer richtigen Bedienung, die Abbildungen auch oft schwer zu interpretieren. Zu einem sicheren Betrieb gehört viel Übung.

durch wiederholtes Peilen. Das Radar zeigt also ein abstraktes Bild, das nur bei guter Ausbildung und ständiger Praxis richtig interpretiert werden kann. Ist dies gegeben, kann Radar Navigationshilfe und Kollisionsschutz zugleich sein.

Die Leistungsfähigkeit eines Radargerätes hängt von einigen wichtigen Faktoren ab. Da ist zunächst die Impulslänge, die Dauer also, während der ein Signal gesendet wird. Je kürzer der Impuls, desto besser kann ein Radargerät zwei dicht *hintereinander* liegende Ziele unterscheiden (radiale Auflösung). Ein anderes Kriterium ist die Spannweite der Antenne. Je größer sie ist, desto besser die Bündelung des umlaufenden Radarstrahls, desto besser kann das Radar zwei *nebeneinander* liegende Ziele auseinanderhalten (horizontale Auflösung). Ein Yachtradar ist deshalb oftmals blind.

Ein weiterer Nachteil: Die oft hohen Krängungslagen von Segelyachten führen dazu, daß die Signale in die Luft oder ins Wasser gehen, was entweder zu überhaupt keinen Echos führt oder zu Reflexionen nur durch Wellen. An Bord großer Rennyachten werden die Radarantennen an der Kreuz zum Teil von durch Krängungsgeber gesteuerten Motoren für Flugzeug-Landeklappen waagerecht gehalten, für Fahrtensegler dürfte eine derart aufwendige Elektronik nicht geeignet sein.

Ein großes Problem stellt vor allem bei viel Wind die Seegangsenttrübung dar. Wird sie stark zurückgedreht, können auch andere Echos unterdrückt werden. Andererseits können die Seegangsreflexionen richtige Objekte wie etwa ein Schiff auf Kollisionskurs verschlucken. Moderne Radargeräte zum Beispiel bilden ein Echo erst dann ab, wenn es nach zwei oder drei Antennenumdrehungen immer noch an der Stelle zu sehen ist.

Yachtradargeräte können weitgehend automatisch arbeiten. Der Empfänger wird abhängig von der Güte der empfangenen Signale gesteuert, und auch die Seegangsenttrübung arbeitet zum Teil selbständig, so daß nur wenige manuelle Kontrollen bedient werden müssen. Ein variabler Meßring und mindestens ein verschiebbares Peillineal gehören zum Standard.

Die meisten Radargeräte bilden das Bild so ab, daß die Vorausrichtung oben ist. Das ist eine logische Abbildung, die Interpretationen erleichtert. Es gibt aber auch Geräte, die an einen Fluxgate-Kompaß angeschlossen werden können und das Bild nordorientiert abbilden wie jede Seekarte. Mit dem elektronischen Lineal genommene Radarpeilungen können dann direkt in eine Karte übertragen werden; andernfalls handelt es sich um eine Seitenpeilung, die um den Kompaßkurs korrigiert werden muß.

Wie Farbradargeräte gibt es für Yachten auch das *True Motion Radar*. Dabei bewegt sich die eigene Yacht auf dem Bildschirm, während die Küstenlinien stehenbleiben und Fremdfahrzeuge mit ihrem tatsächlichen Kurs abgebildet werden. Mögliche Kollisionen können so eindeutiger und früher erkannt werden.

# ASTRONOMISCHE  NAVIGATION

### Einführung

Viele Segler und noch mehr Nichtsegler halten die astronomische Navigation für ein Relikt aus längst vergangenen Zeiten. Im Zeitalter der hochgenauen Satellitennavigation mag das theoretisch sogar stim-

**Das Farbradar ist auch für Yachten klar auf dem Vormarsch. Mit variablem Meßring und Peillineal läßt sich wie auf der Seekarte navigieren. Auch True Motion wird für größere Yachtgeräte angeboten.**

men, aber überholt ist die Praxis des Navigierens nach Gestirnen keinesfalls. Denn selbst wenn alle elektrischen und elektronischen Geräte an Bord ausfallen sollten, die Astronavigation funktioniert immer. Für Langfahrtsegler stellt die Astronavigation zusätzlich einen nützlichen Zeitvertreib dar, und wer während einer Atlantikreise die täglichen Gestirnsbeobachtungen ausgewertet hat, der wird das Prinzip auch nie wieder vergessen.

Obwohl die Astronavigation keine geheime Kunst ist, werden die Könner immer noch bewundert, als könnten sie aus Stroh Gold machen. Wer mit einem lackierten Mahagoniköfferchen (darin steckt meist ein Sextant) an Bord klettert, ist vielfach schon ein halber Guru. Als ich während des Fastnet-Rennens 1981 zur Bestimmung einer zweiten Standlinie den Sextanten an Deck holte, empfing mich ungläubiges Staunen. Durch die Peilung eines Funkfeuers hinter dem Fastnet Rock hatte ich zwar die Richtung zu dem berühmten Felsen bestimmen können, mir fehlte aber noch eine zweite Standlinie für den Abstand. Decca-Empfänger für Yachten waren seinerzeit neu und an Bord von Rennyachten noch nicht erlaubt. Und da die Sonne günstig stand, nahm ich einfach eine Sonnenstand-

linie, die quer zu unserem Kurs verlief. Nach fünf Minuten hatte ich unseren exakten Standort bestimmt. Es gibt also immer wieder Fälle, in denen man sich mit einem Sextanten weiterhelfen kann, nicht nur in der astronomischen, sondern auch, wie bereits beschrieben, in der terrestrischen Navigation.

Wir können in diesem Buch nur die Grundzüge der astronomischen Navigation behandeln, mit denen man aber problemlos und sicher um die Welt segeln kann. Es gibt neben den hier beschriebenen grundlegenden Lösungsmöglichkeiten zahlreiche Sonderverfahren und Spezialmethoden, deren detaillierte Beschreibung zu weit führen würde. Der Delius Verlag Klasing bietet eine Reihe von interessanten Titeln zur astronomischen Navigation an.

## Die Gesamtbeschickung

Alle Gestirnsbeobachtungen müssen um die sogenannte Gesamtbeschickung korrigiert werden, die von der Augeshöhe, dem gemessenen Winkel und von der Jahreszeit abhängt. Die entsprechenden Werte sind dem Nautischen Jahrbuch zu entnehmen.

Die Gesamtbeschickung berücksichtigt vor allem die unterschiedlich starke Strahlenbrechung in der Atmosphäre, denn in Wirklichkeit steht kein Gestirn genau da, wo wir es von der Erde aus sehen. Dieses Phänomen wird als Horizontalparallaxe (HP) bezeichnet. Da aber in den weitaus meisten Fällen die Sonne beobachtet wird und das auf einer bestimmten Yacht immer aus derselben Höhe, macht man sich am besten einen kleinen Zettel mit den Gesamtbeschickungswerten für verschieden große Winkel. Sonnenhöhen unter 20 Grad sollte man gar nicht erst messen. Den rosa Seiten des Nautischen Jahrbuches entnimmt man die folgenden, gerundeten Werte, zum Beispiel für eine Augeshöhe von zwei Metern:

ab 20 Grad = 11 Minuten
ab 25 Grad = 12 Minuten
ab 45 Grad = 13 Minuten

ISSN 0077-6211    Nr. 2175

# Nautisches Jahrbuch

oder

# Ephemeriden und Tafeln

für das Jahr

# 1995

zur Bestimmung der Zeit, Länge und Breite auf See
nach astronomischen Beobachtungen

Herausgegeben vom
**Bundesamt für Seeschiffahrt und Hydrographie**

Einhundertvierundvierzigster Jahrgang
Hamburg 1994

**Das Nautische Jahrbuch (NJ) wird immer für ein Kalenderjahr erstellt und enthält alle Daten über Sonne, Mond, Planeten und Fixsterne, die die Grundlage für die Berechnung astronomischer Standlinien bilden.**

Die Gesamtbeschickung der Sonne ist grundsätzlich positiv, also zu dem beobachteten Winkel zu addieren. Die Zusatzbeschickungen für den Beobachtungsmonat sind so klein, daß sie vernachlässigt werden können. Nur wenn der Sonnenoberrand gemessen wird, weil der Unterrand vielleicht verdeckt ist, muß ein Mittelwert von 32 Minuten subtrahiert werden, der dem Durchmesser der Sonne entspricht.

Die Gesamtbeschickung für Fixsterne und Planeten ist deutlich kleiner und, ebenfalls abhängig von der Augeshöhe, auf den rosa Seiten abgedruckt. Etwas komplizierter setzt sich die Gesamtbeschickung bei der Beobachtung des Mondes zusammen, weil durch dessen Nähe zur Erde ein relativ großer Parallaxenfehler entsteht. Die Größe der Horizontalparallaxe ändert sich täglich so schnell, daß in den täglichen Koordinaten des Bildpunktes (der Bildpunkt liegt genau an der Stelle, an der eine gedachte Linie zwischen Erdmittelpunkt und Gestirn die Erdoberfläche durchstößt) drei HP-Werte für unterschiedliche Uhrzeiten stehen. Mit HP geht man in die Seite der Gesamtbeschickung für den Kimmabstand des Mondunterrandes ein und erhält einen immer positiven Korrekturwert, der irgendwo zwischen 47 und 65 Minuten liegt. Zusätzlich ist der darunter abgedruckten Tabelle noch eine Korrektur für die Augeshöhe zu entnehmen. Bei der Beobachtung des Mondoberrandes muß ebenfalls der scheinbare Durchmesser subtrahiert werden, der zwischen 29 und 33 Minuten betragen kann.

### Die Zeit

Noch bis vor gar nicht langer Zeit war eine genaugehende Uhr an Bord das größte Problem. Große Schwankungen von Temperatur und Feuchtigkeit haben selbst aufwendige und deshalb teure mechanische Werke zu Gangungenauigkeiten gebracht, die für die astronomische Navigation nicht akzeptabel waren. Erst die Massenproduktion preiswerter Quarzuhren hat das Zeitproblem weitgehend gelöst, aber auch diese Zeitmesser müssen ab und zu überprüft und korrigiert werden. Mit einem guten Radioempfänger an Bord läßt sich die Genauigkeit einer Uhr jederzeit nachprüfen. Wird eine beliebige Quarzuhr möglichst mit Digitalanzeige direkt am Kartentisch befestigt, die immer auf die gültige Weltzeit eins (Universal Time One = UT 1), nach der sich die Astronavigation ausschließlich richtet, eingestellt bleibt, wird es niemals zu Problemen kommen können.

### Gedrucktes

Neben dem bereits vorgestellten Nautischen Jahrbuch (NJ), das für jedes Jahr neu herausgegeben wird, benötigt man zur astronomischen Navigation eines der Tafelwerke, die vom amerikanischen Hydrographischen Institut herausgegeben werden. Ideal sind die „Sight Reduction Tables for Air Navigation" Pub.No. 249, die aus drei Bänden bestehen. Band 1 „Selected Stars" erscheint ca. alle zehn Jahre neu (zuletzt 1995), Band 2 (0° – 39° Breite) und Band 3 (39° – 89° Breite) sind zeitlos.

Dieses Tafelwerk war, wie der Name schon sagt, eigentlich für die astronomische Navigation in der

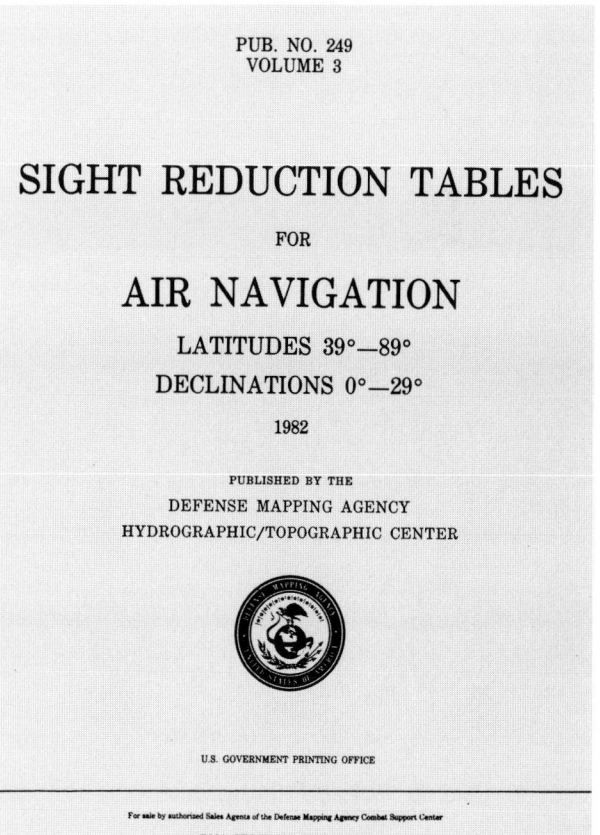

Das computerberechnete Tafelwerk Pub. No. 249 aus den USA enthält Azimut und Höhe der Gestirne für volle Breitengrade und beliebige Längen.

Luftfahrt gedacht, wird heute jedoch vorwiegend in der Seefahrt eingesetzt.

Die „Sight Reduction Tables for Marine Navigation" Pub.Nr. 229 bestehen aus sechs Bänden, die immer gültig bleiben. Sie sind von 15 zu 15° Breite gegliedert, so daß man nicht alle Bände kaufen muß.

## Rechnungen

Alle komplizierten Berechnungen der Astronavigation werden von Computern oder den angesprochenen Tafelwerken übernommen. Was bleibt, sind simple Additionen und Subtraktionen. Allerdings muß man etwas aufpassen, denn es handelt sich um Winkel oder Zeiten, und die entsprechen nicht dem gewohnten Dezimalsystem. Aus diesem Grunde sind auch nur die wenigsten Taschenrechner zur Addition und Subtraktion von Winkeln oder Zeiten geeignet.

Für die Praxis muß man sich nur immer wieder klarmachen, daß Grade in 60 Bogenminuten, Stunden in 60 Minuten und Minuten in 60 Sekunden unterteilt sind. Am Beispiel einer Mittagsbreiten-Berechnung läßt sich am besten verdeutlichen, wie die Rechnungen durchgeführt werden:

$$
\begin{array}{r}
89°60' \text{ (entspricht 90 Grad)} \\
-52°34' \\
\hline
37°26' \\
+19°56' \\
\hline
56°82' \text{ oder korrekt } 57°22'
\end{array}
$$

Sind die Minuten des Winkels, von dem ein anderer Winkel subtrahiert werden soll, kleiner als die des abzuziehenden Winkels, kann man oben einfach 60 Minuten addieren und dafür ein Grad abziehen. Ergeben sich aus einer Addition mehr als 60 Minuten, werden 60 subtrahiert, dafür wird ein Grad addiert. Wenn bei einer Winkeladdition mehr als 360 Grad herauskommt, sind 360 abzuziehen, und wenn, umgekehrt, ein Winkel kleiner als Null wird, sind 360 Grad zu addieren.

Nach dem gleichen Prinzip funktionieren Additionen und Subtraktionen von Zeiten. Trotz dieser Eselsbrücken werden die häufigsten Fehler in der Astronavigation bei diesen Rechnungen gemacht. Sollte also eine Standlinie völlig daneben liegen, sind zuerst die manuellen Additionen und Subtraktionen zu überprüfen.

## Gestirnskoordinaten

Wer das Koordinatensystem der Erde intus hat und ohne Mühe Positionen nach Breite und Länge in eine Seekarte eintragen oder aus ihr entnehmen kann, für den sind Gestirnskoordinaten kein Problem. Und ob man es glaubt oder nicht: Diese Koordinaten sind der halbe Weg zu einer astronomischen Standlinie! Das jährlich erscheinende Nautische Jahrbuch enthält alle wichtigen Daten für die astronomische Navigation, darunter die Bildpunktkoordinaten von Sonne und Mond. Denkt man sich eine Linie zwischen Gestirn und Erdmittelpunkt, schneidet diese Linie an einer bestimmten Stelle, dem *Bildpunkt*, die Erdoberfläche.

Ähnlich wie eine normale Position, die durch eine Breite und eine Länge eindeutig definiert ist, heißt die Breite eines Bildpunktes *Deklination* (im NJ mit δ bezeichnet) und die Länge *Greenwicher Stundenwinkel*. Während die Deklination wie jede andere Breite behandelt wird, zählt der Greenwicher Stundenwinkel (abgekürzt GHA von Greenwich Hour Angle, in deutschsprachigen Jahrbüchern als „Grt" bezeichnet) vom Nullmeridian aus nach Westen vollkreisig um die Erde herum. Ein Grt von 350 Grad entspricht also einer Länge von 10 Grad Ost.

Während sich die Sonne scheinbar (!) einmal täglich um die Erde dreht (in Wirklichkeit dreht sich natürlich die Erde um sich selbst), verändert sich ihre Deklination nur langsam. Am 21. Dezember eines jeden Jahres, dem Winteranfang auf der nördlichen Halbkugel, erreicht die Deklination der Sonne ihren südlichsten Punkt, der auf etwas mehr als 23 Grad Süd liegt. Dieses Breitenparallel heißt auch *Wendekreis des Steinbocks*. Am 21. März überquert der Bildpunkt der Son-

## 1995 OKTOBER 27 Freitag

| FIXSTERNE | | | 300 | SONNE r 16,1' | | | MOND | Alter | 2,8 d | | | FRÜHLP. |
|---|---|---|---|---|---|---|---|---|---|---|---|---|
| Nr | β | δ | UT 1 | Grt | δ | | Grt | Unt | δ | | Unt | Grt |
| | ° ' | ° ' | | ° ' | ° ' | | ° ' | ' | ° ' | | ' | ° ' |
| 43 | 173 24,7 | 63 04,4 S | 0 | 184 00,5 | 12 32,6 S | | 144 54,5 | 5,0 | 18 25,1 S | | 2,6 | 34 53,2 |
| 44 | 172 16,2 | 57 05,2 S | 1 | 199 00,6 | 12 33,4 | | 159 18,5 | 5,0 | 18 27,7 | | 2,4 | 49 55,6 |
| 46 | 166 33,0 | 55 58,9 N | 2 | 214 00,6 | 12 34,3 | | 173 42,5 | 5,0 | 18 30,1 | | 2,3 | 64 58,1 |
| 49 | 158 45,6 | 11 08,3 S | 3 | 229 00,7 | 12 35,1 | | 188 06,5 | 5,0 | 18 32,4 | | 2,1 | 80 00,5 |
| 50 | 153 09,9 | 49 20,1 N | 4 | 244 00,7 | 12 36,0 | | 202 30,5 | 5,0 | 18 34,5 | | 2,0 | 95 03,0 |
| 51 | 149 07,4 | 60 21,1 S | 5 | 259 00,8 | 12 36,8 S | | 216 54,5 | 4,9 | 18 36,5 S | | 1,9 | 110 05,5 |
| 53 | 146 08,2 | 19 12,4 N | 6 | 274 00,9 | 12 37,7 | | 231 18,4 | 5,0 | 18 38,4 | | 1,8 | 125 07,9 |
| 54 | 140 10,5 | 60 48,9 S | 7 | 289 00,9 | 12 38,5 | | 245 42,4 | 4,9 | 18 40,2 | | 1,6 | 140 10,4 |
| 56 | 137 20,5 | 16 01,3 S | 8 | 304 01,0 | 12 39,4 | | 260 06,3 | 5,0 | 18 41,8 | | 1,5 | 155 12,9 |
| 57 | 137 20,9 | 74 10,5 N | 9 | 319 01,0 | 12 40,2 | | 274 30,3 | 4,9 | 18 43,3 | | 1,3 | 170 15,3 |
| 59 | 126 22,7 | 26 43,9 N | 10 | 334 01,1 | 12 41,1 S | | 288 54,2 | 4,9 | 18 44,6 S | | 1,3 | 185 17,8 |
| 61 | 112 42,9 | 26 25,2 S | 11 | 349 01,2 | 12 41,9 | | 303 18,1 | 5,0 | 18 45,9 | | 1,1 | 200 20,3 |
| 62 | 107 57,0 | 69 01,2 S | 12 | 4 01,2 | 12 42,8 | | 317 42,1 | 4,9 | 18 47,0 | | 0,9 | 215 22,7 |
| 64 | 96 40,3 | 37 06,0 S | 13 | 19 01,3 | 12 43,6 | | 332 06,0 | 5,0 | 18 47,9 | | 0,9 | 230 25,2 |
| 65 | 96 19,0 | 12 34,1 N | 14 | 34 01,3 | 12 44,5 | | 346 30,0 | 4,9 | 18 48,8 | | 0,7 | 245 27,6 |
| 67 | 90 52,7 | 51 29,8 N | 15 | 49 01,4 | 12 45,3 S | | 0 53,9 | 5,0 | 18 49,5 S | | 0,5 | 260 30,1 |
| 68 | 84 01,6 | 34 23,1 S | 16 | 64 01,4 | 12 46,2 | | 15 17,9 | 4,9 | 18 50,0 | | 0,5 | 275 32,6 |
| 69 | 80 48,2 | 38 47,2 N | 17 | 79 01,5 | 12 47,0 | | 29 41,8 | 5,0 | 18 50,5 | | 0,3 | 290 35,0 |
| 71 | 62 21,3 | 8 51,7 N | 18 | 94 01,6 | 12 47,9 | | 44 05,8 | 5,0 | 18 50,8 | | 0,1 | 305 37,5 |

Das Nautische Jahrbuch enthält die Bildpunktkoordinaten der Gestirne für jede volle Stunde. In unserem Beispiel sind es die der Sonne für 1600 UT1.

ne auf seinem Weg nach Norden den Äquator, dann ist bei uns Frühlingsbeginn. Die Sommersonnenwende findet am 21. Juni statt, wenn der Bildpunkt den nördlichen *Wendekreis des Krebses* auf knapp über 23 Grad Nord erreicht. An diesem Tag beginnt im Norden der Sommer. Schließlich überquert der Bildpunkt am 21. September, dem Tag des Herbstbeginns, auf seinem Weg nach Süden wieder den Äquator.

Im Gegensatz zur Deklination ändert sich der Grt sehr schnell. Da sich die Erde innerhalb von 24 Stunden einmal um sich selbst dreht, wandert der Bildpunkt der Sonne mit einer Geschwindigkeit von 900 Knoten von Ost nach West über die Erdoberfläche. Um die Bildpunktlänge, also den Grt, möglichst genau berechnen zu können, ist wegen der rasend schnellen Änderung eine genaugehende Uhr unbedingt notwendig.

Nun gibt das Nautische Jahrbuch die Bildpunktkoordinaten der Sonne nur für jede volle Stunde eines jeden Tages an. Mit Hilfe der grünen Schalttafeln am Ende des Jahrbuches lassen sich Grt und Deklination um die verbleibenden Minuten und Sekunden verbessern.

Dazu ein Beispiel:

Wir wollen die Bildpunktkoordinaten der Sonne für den 27. Oktober 1995 um 16-12-48 UT1 ermitteln. Auf der Seite für den 27. Oktober 1995 des Nautischen Jahrbuches finden wir in der Reihe für 16-00-00 UT1 einen Grt von 64°01,4' und eine Deklination von 12°46,2' S. Zur Korrektur der Deklination ist der Wert „Unt" (Unterschied) wichtig, der am unteren Ende der Deklinations-Spalte vermerkt ist, in diesem Falle Unt 08'. Dieser Wert bedeutet nichts anderes, als daß die Deklination an diesem Tage durchschnittlich um 0,8 Minuten pro Stunde steigt und die entsprechende Korrektur mit positivem Vorzeichen anzubringen ist. Nimmt die Deklination ab, muß die Korrektur subtrahiert werden. Jetzt schlagen wir die grüne Zwölf-Minuten-Schalttafel im NJ auf, und dann wird der Grt um den Wert korrigiert, der bei 48 Sekunden steht:

| Grt | 16-00-00 | 64°01,4' |
|---|---|---|
| Zuwachs | 00-12-48 | + 3°12,0' |
| Grt | 16-12-48 | 67°13,4' |

Damit steht also die Länge des Sonnenbildpunktes bereits fest. Rechts neben der Spalte „Zuwachs Grt" in der grünen Schalttafel gibt es zwei Spalten, die mit „Unt" (Unterschied) und Vb (Verbesserung) überschrieben sind. Da ein Unterschied von 0,8' nicht eingetragen ist, nehmen wir einfach den nächstliegenden, nämlich 0,9'. Rechts daneben steht die Verbesserung, 0,2'. Die Korrektur der Deklination sieht dann wie folgt aus:

Deklination 16-00-00  12°46,2' S
Vb (Unt 0,8')               + 0,2'
Deklination 16-12-48  12°46,4' S

Jetzt wissen wir also auch, auf welcher Breite sich der Bildpunkt der Sonne um 16-12-48 UT1 befindet.

**Die Mittagsbreite**

Nach der Mittagsbreite wird seit Jahrhunderten navigiert. Um sie berechnen zu können, sind weder eine Uhr noch Tafeln erforderlich, neben einem Sextanten wird nur das Nautische Jahrbuch gebraucht. Wie sich die Deklination, also die Breite des Sonnenbildpunktes, im Laufe eines Jahres verändert, ist bekannt. Angenommen, ein Schiff befindet sich am 21. Juni auf einer Breite von 23°26,5' Nord, und die Sonne wird genau zu dem Zeitpunkt gemessen, an dem sie am höchsten steht. Diesen Zeitpunkt nennt man auch *Ortsmittag*. Theoretisch würde der Navigator einen Winkel von genau 90° messen, allerdings ist in der Praxis eine genaue Messung aber so gut wie unmöglich, da die Sonne genau über ihm stehen wird. Steht die Yacht nur einen Breitengrad weiter nördlich, mißt er einen Winkel von 89 Grad und so weiter. Daraus ergibt sich die einfache Rechnung 90 Grad minus berichtigter Höhenwinkel + Deklination = Schiffsbreite!

Insgesamt gibt es sechs Formeln für die Mittagsbreite, die, je nachdem, wie der Bildpunkt der Sonne zum Äquator steht und ob der Navigator die Sonne mittags im Norden oder im Süden sieht, entsprechend anzuwenden sind:

*Für Schiffspositionen auf der Nordhalbkugel*

1. Wenn die Deklination der Sonne eine nördliche ist und die Sonne mittags im Süden steht, gilt:

Schiffsbreite = 90° – berichtigter Höhenwinkel + Deklination

2. Wenn die Deklination der Sonne eine südliche ist, gilt:

Schiffsbreite = 90° – berichtigter Höhenwinkel – Deklination

3. Wenn die Deklination der Sonne eine nördliche ist und die Sonne mittags im Norden steht, gilt:

Schiffsbreite = berichtigter Höhenwinkel + Deklination – 90°

*Für Schiffspositionen auf der Südhalbkugel*

4. Wenn die Deklination der Sonne eine südliche ist und die Sonne mittags im Norden steht, gilt:

Schiffsbreite = 90° – berichtigter Höhenwinkel + Deklination

5. Wenn die Deklination der Sonne eine nördliche ist, gilt:

Schiffsbreite = 90° – berichtigter Höhenwinkel – Deklination

6. Wenn die Deklination der Sonne eine südliche ist und mittags im Süden steht, gilt:

Schiffsbreite = berichtigter Höhenwinkel + Deklination – 90°

Wann aber ist Ortsmittag? Man könnte sich mit dem Sextanten an Deck setzen, alle paar Minuten die Sonne schießen und warten, bis sie ihren höchsten Stand erreicht hat. Aber selbst wenn man viel Zeit hat, ist das eine äußerst unpraktische Methode. Ortsmittag kann man ungefähr vorausberechnen, wenn man davon ausgeht, daß die ungefähre Länge des Schiffsortes bekannt ist. Der Bildpunkt der Sonne legt bekanntlich 15 Längengrade pro Stunde zurück. Man muß also nur berechnen, wie lange die Sonne vom Nullmeridian bis zur Länge der Yacht unterwegs sein wird.

Auch genügt die Annahme, daß der Bildpunkt den Nullmeridian um 1200 UT1 überquert.

Zurück zur Mittagsbreite. Angenommen, eine Yacht befindet sich auf dem Weg von der Karibik zu den Azoren und steht am 17. April 1995 etwa auf der Länge 38 Grad West. Bei einer Bildpunktgeschwindigkeit von 15 Längengraden pro Stunde ist der Ortsmittag ungefähr zwei Stunden und 24 Minuten später als auf dem Nullmeridian (38 : 15 = 2,4 Stunden). Wenn der Navigator also gegen 1400 UT1 mit seinem Sextanten an Deck geht, hat er bis zum höchsten Sonnenstand ausreichend Zeit. Etwa einmal pro Minute nimmt er nun das Gerät zur Hand und justiert den Winkel nur mit Hilfe der Mikrometerschraube nach, aber nur, solange die Sonne steigt. Irgendwann bleibt der Winkel für einige Minuten gleich, bevor er langsam wieder kleiner wird. Das dürfte, wenn die angenommene Schiffslänge in etwa stimmt, so gegen 1430 UT1 der Fall sein. Der größte gemessene Winkel beträgt in unserem Beispiel 64°39'.

Die Rechnung ist jetzt unter Anwendung der richtigen Formel einfach:

Zunächst ist der gemessene Winkel um die Gesamtbeschickung zu korrigieren:

$$\begin{array}{r} 64°39' \\ +\ \ \ \ 13' \\ \hline 64°52' \end{array}$$

Als nächstes muß die Deklination aus dem Nautischen Jahrbuch herausgesucht werden. Um 1400 UT1 beträgt sie am 17. April 1995 10°26,3' N, eine Stunde später 10°27,1' N. Da die Meßgenauigkeit höchstens

eine Seemeile beträgt, können wir auch die Deklination für 1430 UT1 im Kopf auf volle Minuten interpolieren und einen Wert von 10°27' N heranziehen. Nach der ersten Breitenformel (die Sonne stand mittags im Süden) sieht die Rechnung dann so aus:

$$\begin{array}{r} 90°00' \\ -\ 64°52' \\ \hline 25°08' \\ +\ 10°27' \\ \hline 35°35' \end{array}$$

Oder einfacher:

$$\begin{array}{r} 89°60' \\ -\ 54°27' \\ \hline 35°35' \end{array}$$

Die Yacht steht demnach auf einer Breite von 35°35' Nord.

## Die Mittagslänge

Da der Navigator aus Sicherheitsgründen zur Messung der Mittagsbreite einige Zeit vor Ortsmittag an Deck geht, kann er auch gleich die Länge bestimmen. Dazu allerdings ist eine genaue Uhr erforderlich. Nun ist es aber nicht möglich, einfach den genauen Zeitpunkt des höchsten Sonnenstandes zu messen, da die Sonne (scheinbar) für einige Minuten auf diesem Punkt stillzustehen scheint. In vier Minuten legt der Bildpunkt ja schon einen Längengrad zurück, was bezogen auf den Äquator 60 Seemeilen wären! Deshalb wird zur genauen Bestimmung des Ortsmittags ein anderes Verfahren benutzt, das aber genauso einfach ist wie die Mittagsbreite. Der Navigator nimmt die Sonnenhöhe etwa eine halbe Stunde vor dem ungefähren Ortsmittag und notiert Winkel und genaue Uhrzeit. Dann widmet er sich ausschließlich der Mittagsbreite. Anschließend stellt er den gleichen Winkel am Sextanten ein, den er zuerst gemessen hat, und wartet, bis er den Unterrand des gespiegelten Sonnenbildes auf die

Kimm setzen kann. Auch diese Uhrzeit muß genau notiert werden. Da die Sonne vor und nach Ortsmittag eine gleichförmige Kurve beschreibt (jedenfalls für langsame Segelyachten), hat sie ihren höchsten Stand genau zwischen beiden Zeiten erreicht! Angenommen, die erste Höhe wurde um 13-53-50 UT1 genommen, die zweite mit dem gleichen Winkel um 14-54-48 UT1. Um den genauen Zeitpunktes des Ortsmittags zu berechnen, müssen beide Zeiten addiert und anschließend durch zwei dividiert werden:

$$
\begin{array}{r}
13 - 53 - 50 \\
+\ 14 - 54 - 48 \\
\hline
27 - 107 - 98
\end{array}
$$

Oder einfacher ausgedrückt:

$$28 - 48 - 38 : 2 = 14 - 24 - 19$$

Genau um 14-24-19 UT1 also hatte die Sonne ihren höchsten Stand erreicht. Aus dem Nautischen Jahrbuch entnehmen wir die Länge des Bildpunktes der Sonne um 1400 UT1 mit 30°05,2'. Die noch fehlende Distanz, die der Bildpunkt in 24 Minuten und 19 Sekunden zurücklegt, entnehmen wir den grünen Schalttafeln am Ende des Jahrbuches mit 6°04,8'. Dann werden beide Werte addiert:

| Grt Sonne | 14-00-00 | 30°05,2' |
|---|---|---|
| Zuwachs Grt | 00-24-19 | 6°04,8' |
| Grt Sonne | 14-24-19 | 36°10,0' |

Die Yacht befand sich also am 17. April 1995 um 14-24-19 UT1 auf der Position 35°35' Nord und 36°10' West.

Befindet sich eine Yacht auf einer östlichen Länge, wird bei der Berechnung der Mittagslänge ein Grt von über 180 Grad herauskommen, da der Greenwicher Stundenwinkel bekanntlich vollkreisig angegeben wird. Dann wird einfach das Rechenergebnis von 360 Grad subtrahiert, und man erhält die korrekte östliche Länge.

Mit Hilfe von Mittagsbreite und -länge kann man problemlos und ausreichend genau navigieren. Es gibt allerdings viele Kritiker, die die Mittagslänge als „Teufelsblendwerk" verdammen, denn erstens segelt die Yacht zwischen den Messungen weiter, und zweitens könnte sich ja ausgerechnet zum Zeitpunkt der zweiten Beobachtung eine Wolke vor die Sonne schieben. Diese Argumente sind bedingt richtig, aber zum einen ist eine extreme Genauigkeit gar nicht gefragt, und zweitens kann sich schließlich auch genau zum Ortsmittag eine Wolke vor die Sonne legen, das Verfahren der Mittagsbreite aber wird nie angezweifelt! Und wenn viele Wolken am Himmel ziehen, nimmt man für die Mittagslänge einfach vor dem Ortsmittag mehrere Höhen, so daß man für die zweite Messung die freie Auswahl hat!

Die beschriebene einfache Methode zur Bestimmung der Länge kann auch mit einem defekten Sextanten durchgeführt werden, da es ja nur darauf ankommt, zweimal den gleichen Winkel zu messen. Die Qualität der Höhenwinkel spielt dabei keine Rolle, sie müssen auch nicht mit der Gesamtberichtigung beschickt werden.

## Die Standlinie

Aus der terrestrischen Navigation wissen wir, daß eine Standlinie auch ein Kreis sein kann, zum Beispiel wenn wir aus dem Höhenwinkel eines Feuers die Entfernung des eigenen Schiffes errechnen. Das funktioniert nicht nur, wenn der Leuchtturm mit seinem Fußpunkt vor der Kimm liegt. Mit einer etwas komplizierteren Formel gelingt das auch, wenn der Winkel zwischen Feuerträger und Kimm gemessen wird. Lediglich die Höhe des Feuers muß bekannt sein.

Nichts anderes ist im Prinzip eine astronomische Standlinie. Wir wissen bereits, wie wir zu jeder beliebigen Sekunde eines Jahres den Bildpunkt eines Gestirnes berechnen können. Damit ist der „Fußpunkt" bekannt. Die Höhe der Gestirne über der Kimm läßt sich ebenfalls bestimmen – wegen der rie-

Eine astronomische Standlinie ist grundsätzlich ein Kreis um den Bildpunkt eines Gestirns (rechts). Den vollen Kreis bezeichnet man auch als Höhengleiche, er kann normalerweise nur auf einer Gesamtdarstellung der Erdkugel dargestellt werden.

sigen Entfernungen nehmen wir sie einfach als unendlich groß an. Während es bei einer Leuchtturm-Standlinie einfach ist, sie zu zeichnen, indem einfach mit einem Zirkel ein Kreis mit der berechneten Distanz geschlagen wird, ist dies in der Astronavigation normalerweise nicht möglich. Der Bildpunkt ist in den allermeisten Fällen ganz einfach viel zu weit entfernt. Aber diesen Kreis gibt es, auch wenn es nur ein imaginärer ist. Von allen Punkten, die sich auf diesem Kreis befinden, ist dann die beobachtete Höhe des Gestirnes gleich, deshalb wird er auch als Höhengleiche bezeichnet.

Nun ist es mathematisch kein Problem, Richtung und Entfernung zwischen den Bildpunktkoordinaten und einem angenommenen (gegißten) Schiffsort zu berechnen, allerdings auch wieder nicht so einfach wie die Berechnung der Distanz zwischen Schiff und Leuchtturm. Um die aufwendigen und deshalb fehlerträchtigen Rechnungen zu vereinfachen, sind die bereits beschriebenen Tafelwerke (Pub. No. 249 oder 229) entwickelt worden.

Ausgangspunkt aller Überlegungen, die zur Entwicklung der Tafeln geführt haben, ist die Tatsache, daß Bildpunkt- und ungefähre Schiffskoordinaten bekannt sind. Daraus sind Entfernung und Distanz zwischen beiden Koordinaten berechenbar und auch der Winkel, unter dem das Gestirn von der gekoppelten Position aus beobachtet werden müßte. Durch den Koppelort wird also zunächst eine Linie gezogen, die in Richtung des Gestirns verläuft. Diese Richtung nennt man *Azi-*

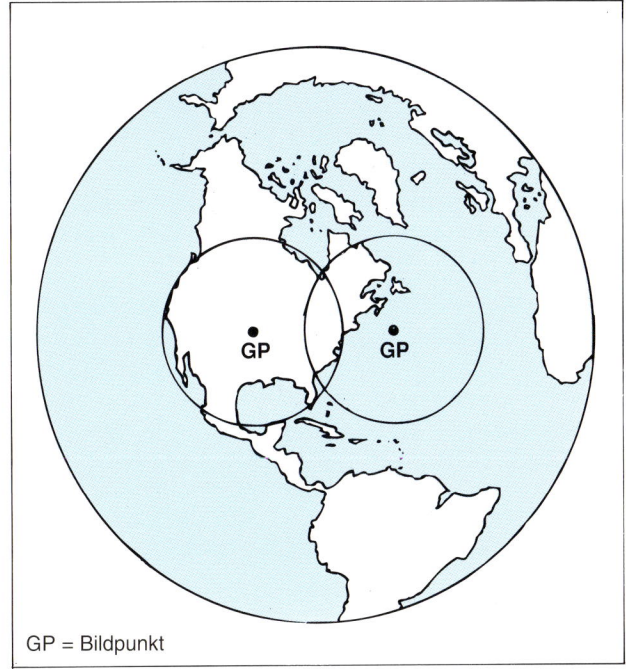

GP = Bildpunkt

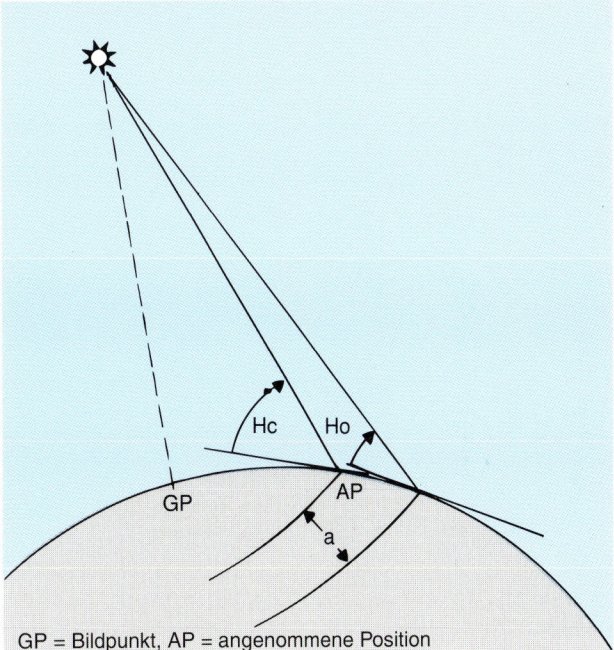

GP = Bildpunkt, AP = angenommene Position

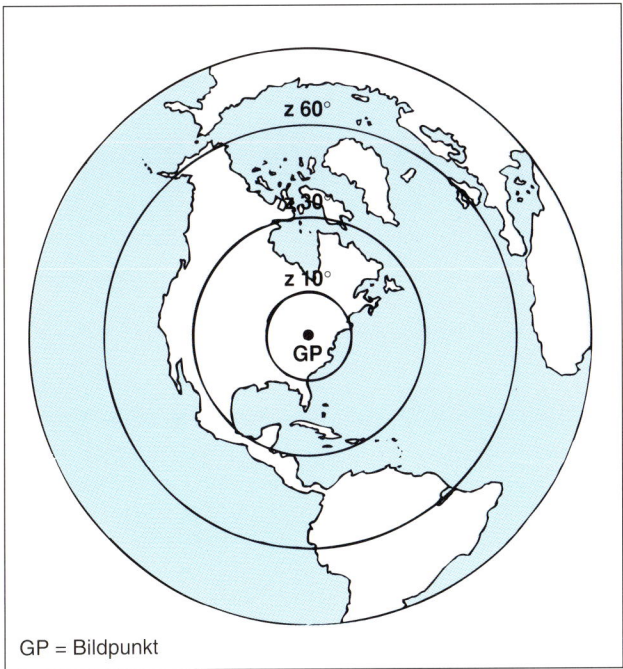

GP = Bildpunkt

Da sich der Bildpunkt zum Beispiel der Sonne rasend schnell über die Erdoberfläche bewegt, kann ihre Höhe etwa im Abstand von mindestens drei Stunden erneut gemessen werden. Es ergeben sich zwei Standlinien, von deren beiden Schnittpunkten nur einer der Schiffsort sein kann (oben). Aus der Differenz a zwischen der berechneten (computed) Höhe Hc der HO-Tafeln und der beobachteten Höhe Ho (observed altitude) ergibt sich die korrekte Standlinie (unten).

*mut.* Da die Entfernung zum Bildpunkt meist einige tausend Seemeilen beträgt, muß die Standlinie nicht als ein riesiger Kreis gezeichnet, sondern kann, senkrecht auf dem Azimut stehend, als Gerade dargestellt werden. Wenn jetzt der berechnete und der beobachtete Winkel gleich groß sind, muß die Standlinie wie das Azimut durch den Koppelort gezeichnet werden. Da sich das Schiff aber in der Praxis nur äußerst selten an dem gekoppelten Ort befinden wird, gibt es zwischen beiden Winkeln einen Unterschied, der meist nur wenige Bogenminuten betragen wird. Und jetzt kommt der Clou: Ist der beobachtete Winkel kleiner als der für den Koppelort berechnete, muß das Schiff um genau diesen Unterschied weiter weg vom Bildpunkt sein als berechnet! Und umgekehrt, ist der beobachtete Winkel größer, steht das Schiff näher zum Bildpunkt! Die durch den Koppelort verlaufende Standlinie muß dann nur noch um den Differenzbetrag zum Bildpunkt hin oder von ihm weg parallelverschoben werden, und die Standlinie ist fertig. Wird dann einige Stunden später, wenn sich der Bildpunkt der Sonne deutlich weiterbewegt hat, eine zweite Standlinie errechnet und die erste um die inzwischen versegelte Distanz in der gesegelten Richtung parallelverschoben, erhalten wir aus dem Schnittpunkt beider Standlinien einen beobachteten Schiffsort, einen Astro-Fix!

### Der Umgang mit Tafeln

Nachdem das Prinzip klar ist, kommen zwangsläufig die Einschränkungen. Wollte man Tafelwerke drucken, die für jeden beliebigen Koppelort gültig sind, gäbe es nicht genug Papier, um sie drucken zu können. Neben der Deklination, also der Breite des Bildpunktes, und der dem Koppelort am nächsten liegenden vollen Breite ist die dritte Eingangsgröße in die Tafeln der sogenannte *Ortsstundenwinkel,* in englisch Local Hour Angle, abgekürzt LHA. Dieser Winkel bezeichnet die Differenz zwischen den Längen von Schiffsort und Bildpunkt. Er wird grundsätzlich vollkreisig nach Westen angegeben und kann deshalb irgendwo zwi-

schen null und 360 Grad liegen. Der LHA aber muß immer ein runder, vollgradiger Wert sein. Wie aber kommt man dazu?

Dazu sehen wir uns den Ablauf einer Standlinienberechnung an:

1. Die beobachtete Höhe wird um die Gesamtberichtigung korrigiert.

2. Mit Hilfe des Nautischen Jahrbuches werden die genauen Bildpunktkoordinaten, also Greenwicher Stundenwinkel (Grt oder englisch GHA) und die Deklination, exakt zum Zeitpunkt der Gestirnsbeobachtung berechnet.

3. Aus dem Grt und der ungefähren Schiffslänge wird ein LHA errechnet, der vollgradig sein muß. Es ist nur logisch, daß dazu der Grt unter keinen Umständen manipuliert werden darf, sondern nur die Koppellänge, denn die ist ja im Gegensatz zur Bildpunktlänge eh nicht genau.

Steht eine Yacht auf einer westlichen Länge, wird der LHA berechnet, indem die Koppellänge vom Grt subtrahiert wird. Umgekehrt muß sie addiert werden, wenn das Schiff sich auf einer östlichen Länge befindet. Die Koppellänge ist so zu manipulieren, daß der durch Addition oder Subtraktion zu berechnende LHA vollgradig wird. Allein die durch diese Manipulation erhaltene Koppellänge wird dann zur sogenannten Rechenlänge und bildet mit der nächsten vollen Breite den Rechenort. Dieser Rechenort, mit dem wir in die HO-Tafeln einsteigen, ist der unserem Koppelort am nächsten gelegene Punkt, für den die Tafeln Werte im voraus berechnet haben. Auf keinen Fall darf der tatsächliche Koppelort zum Zeichnen einer Standlinie verwendet werden, denn alle Werte, die wir mit den jetzt bekannten Eingangsgrößen aus den Tafeln erhalten, beziehen sich einzig und allein auf den Rechenort!

Dazu ein Beispiel:
Eine Yacht steht am 17. April 1995 um 11-52-33 UT1

**Durch den Rechenort wird das Azimut des Gestirns gezeichnet und mit einem kleinen Pfeil gekennzeichnet. In unserem Beispiel ist der beobachtete Winkel 17 Minuten kleiner als der computergerechnete. Die Stand-** **linie ist deshalb um 17 Seemeilen vom Gestirn weg senkrecht zum Azimut einzuzeichnen (oben).**

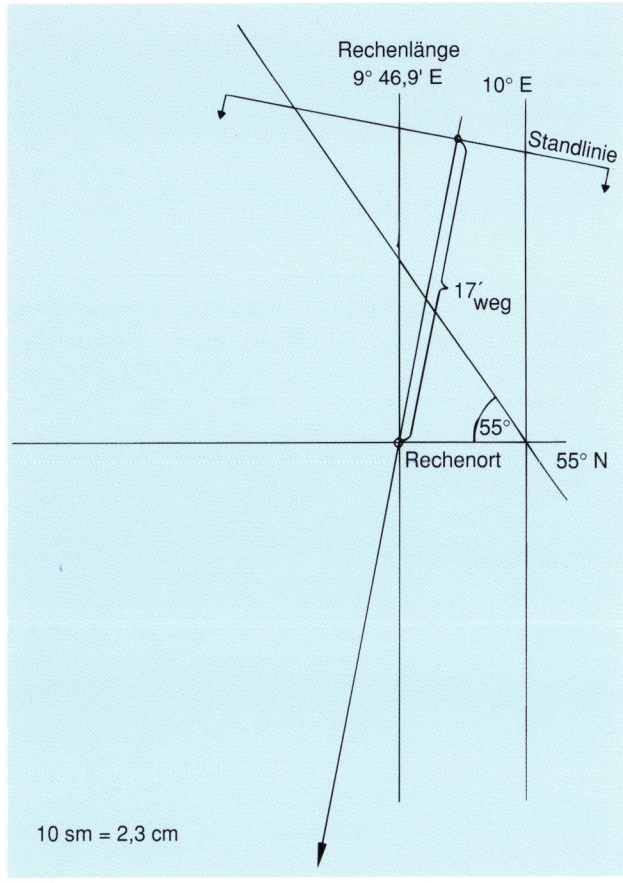

Rechenlänge
9° 46,9' E          10° E

Standlinie

17'
weg

55°
Rechenort          55° N

10 sm = 2,3 cm

auf einem Koppelort von 55°23' Nord und 9°51' Ost. Wie groß ist der LHA, und wie sind die Koordinaten des Rechenortes?

1. Berechnung der Bildpunktkoordinaten der Sonne:

| Grt Sonne | 11-00-00 | 345°04,8' |
|---|---|---|
| Zuwachs Grt | 00-52-33 + | 13°08,3' |
| Grt Sonne | 11-52-33 | 358°13,1' |

| Deklination Sonne | 11-00-00 | 10°23,6' N |
|---|---|---|
| Vb (Unt 0,9') | 00-52-33 + | 0,8' |
| Deklination Sonne | 11-52-33 | 10°24,4' N |

2. Berechnung des LIIA:

| Grt Sonne | 11-52-33 | 358°13,1' |
|---|---|---|
| + Rechenlänge (Ost-Länge!) | | 9°46,9' |
| LHA | 11-52-33 | 8°00,0' |

Der LHA beträgt also 8 Grad, die Rechenlänge 9°46,9' Ost, damit die Addition einen vollgradigen LHA ergibt. Die Rechenbreite wird auf 55 Grad Nord abgerundet. Mit ganzgradigem LHA, ganzgradiger Breite und den vollen Graden der Deklination gehen wir dann in die Tafeln.
Angenommen, die Yacht stünde am gleichen Tag um die gleiche Uhrzeit auf der gleichen Koppelbreite, aber auf 9°51' westlicher Länge. Dann sieht die Berechnung des vollgradigen LHA so aus:

| Grt Sonne | 11-52-33 | 358°13,1' |
|---|---|---|
| – Rechenlänge (West-Länge!) | | 10°13,1' |
| LHA | 11-52-33 | 348°00,0' |

Man sieht, daß die nächste „passende" Rechenlänge, nämlich 10°13,1' West, sehr viel leichter zu finden ist, als wenn sich die Yacht östlich des Nullmeridians befindet. Der LHA beträgt in diesem Falle 348 Grad, der Rechenort ist 55 Grad Nord und 10°13,1' West.
Bevor wir in die Tafeln gehen, markiert man den Rechenort – nicht den Koppelort! – in der Seekarte.

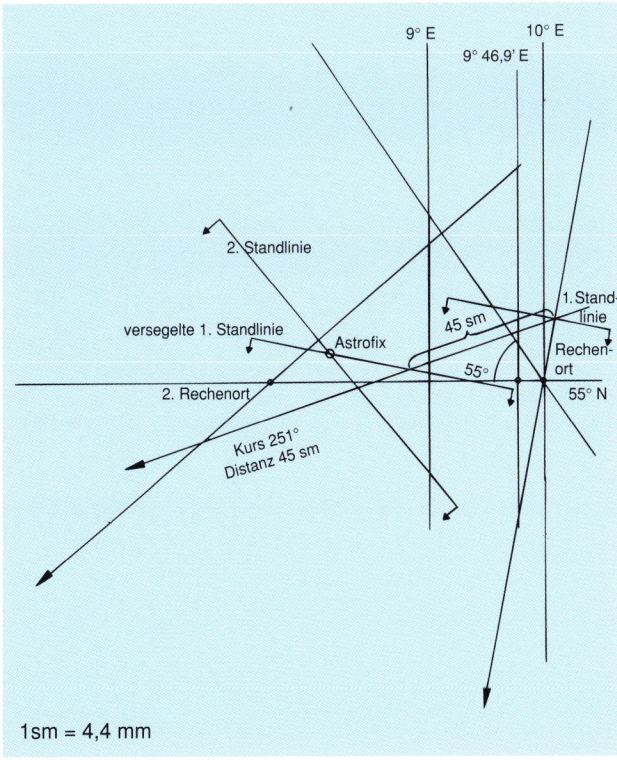

9° E          10° E
9° 46,9' E

2. Standlinie

versegelte 1. Standlinie          1. Stand-
                    linie
45 sm          Astrofix          Rechen-
                    ort
2. Rechenort          55°
                    55° N
Kurs 251°
Distanz 45 sm

1 sm = 4,4 mm

**Hier sind die zweite sowie die um Kurs und Distanz verschobene erste Standlinie in einem anderen Maßstab eingezeichnet. Der Schnittpunkt beider Standlinien ergibt ein Astrofix zum Zeitpunkt der zweiten Gestirnsbeobachtung (unten).**

Aus den Tafeln erhalten wir letztlich zwei Werte: das Azimut, also die rechtweisende Peilung des Gestirns vom Rechenort aus, und eine computerberechnete Höhe, unter der man das Gestirn vom Rechenort aus beobachten müßte. Zunächst wird das Azimut vom Rechenort aus eingezeichnet. Die Standlinie steht grundsätzlich senkrecht auf dem Azimut, sie ist der winzige Teil eines meist riesigen Kreises um den Bildpunkt. Die Standlinie aber verläuft nur sehr selten genau durch den Rechenort, dann nämlich, wenn die beobachtete Höhe mit der aus den Tafeln exakt übereinstimmt. Meist aber ist die beobachtete Höhe größer oder kleiner als die gerechnete.

Nehmen wir an, die beobachtete Höhe beträgt 64°52', die aus den Tafeln aber 65°09'. Da der beobachtete Winkel kleiner ist, muß die Yacht zum Zeitpunkt der Beobachtung weiter vom Bildpunkt des Gestirns entfernt gewesen sein als der Rechenort, und zwar genau um die Differenz beider Winkel in Seemeilen. Es ist folgende Rechnung aufzustellen:

$$\begin{array}{r} 65°09' \\ -\ 64°52' \\ \hline 17' = 17\ \text{Seemeilen} \end{array}$$

Auf dem Azimutstrahl in der Seekarte werden nun 17 Seemeilen vom Rechenort aus weg von dem Gestirn abgetragen und senkrecht zu dem Azimut die Standlinie gezeichnet.

Sollte der beobachtete Winkel größer als der gerechnete sein, steht die Yacht näher am Gestirn als der Rechenort, die Standlinie ist also um die Differenz in Seemeilen näher in Richtung Gestirn einzuzeichnen.

Gehen wir mit unserem Beispiel in die Tafeln:
Eine Yacht steht am 17. April 1995 um 11-52-33 UT1 auf einem Koppelort von 55°23' Nord und 9°51' Ost. Wie berechnet, beträgt der LHA 8 Grad, die Rechenlänge 9°46,9' Ost, die Rechenbreite 55 Grad Nord und die Deklination der Sonne 10°24,4' N:

Der erste Eingangswert in die Tafeln ist grundsätzlich die vollgradige Rechenbreite, in unserem Beispiel also 55 Grad. Ob Nord oder Süd spielt dabei keine Rolle.

Am rechten und linken Rand ist jeweils der LHA aufgeführt, am oberen und unteren Rand die vollgradige Deklination. Da Breite und Deklination beide nördlich sind, muß darauf geachtet werden, daß wir die richtige Seite erwischen. Es gibt immer die Möglichkeit, daß Breite und Deklination gleiche und unterschiedliche Vorzeichen haben. Für unser Beispiel müssen wir also die Seite heraussuchen,
1. die mit 55 Grad bezeichnet ist,
2. auf der die Deklination zwischen 0 und 14 Grad beträgt,
3. auf der Deklination und Breite das gleiche Vorzeichen haben,
4. auf der der LHA 8 Grad auftaucht.

Über und unter den vollgradigen Werten der Deklination steht in den Tafeln immer entweder

DECLINATION (0°–14°) SAME NAME AS LATITUDE

oder

DECLINATION (0°–14°) CONTRARY NAME AS LATITUDE

Im ersten Falle sind die Deklination und die Breite beide nördlich oder südlich, im zweiten Falle ist ein Wert nördlich, der andere südlich. Wir müssen also die Seite heraussuchen, die mit SAME NAME bezeichnet ist. In der Spalte 10 Grad Deklination suchen wir uns rechts oder links den LHA 8 Grad und finden drei Werte:

Hc 44°33'   d +60   Z 169°

Hc bedeutet hight computed (computergerechnete Höhe), d ist ein Wert für die noch fehlenden Minuten der Deklination und Z ein Grundwert für das Azimut. Oben oder unten links auf jeder Seite der Tafeln ist die Umrechnung des Wertes Z in das Azimut angegeben, in unserem Beispiel

| N. Lat. LHA greater than 180°...Zn=Z / LHA less than 180°...Zn=360-Z | DECLINATION (0°-14°) SAME NAME AS LATITUDE | | | | | | | | | | | | | | | | | | | | | | | | | | | | | | | |
|---|---|---|---|---|---|---|---|---|---|---|---|---|---|---|---|---|---|---|---|---|---|---|---|---|---|---|---|---|---|---|---|---|---|
| | 0° | | | 1° | | | 2° | | | 3° | | | 4° | | | 5° | | | 6° | | | 7° | | | 8° | | | 9° | | | 10° | | |
| LHA | Hc | d | Z | Hc | d | Z | Hc | d | Z | Hc | d | Z | Hc | d | Z | Hc | d | Z | Hc | d | Z | Hc | d | Z | Hc | d | Z | Hc | d | Z | Hc | d | Z |
| 0 | 35 00 | +60 | 180 | 36 00 | +60 | 180 | 37 00 | +60 | 180 | 38 00 | +60 | 180 | 39 00 | +60 | 179 | 40 00 | +60 | 179 | 41 00 | +60 | 179 | 42 00 | +60 | 179 | 43 00 | +60 | 179 | 44 00 | +60 | 180 | 45 00 | +60 | 180 |
| 1 | 35 00 | 60 | 179 | 36 00 | 60 | 179 | 37 00 | 60 | 179 | 38 00 | 60 | 179 | 39 00 | 60 | 179 | 40 00 | 60 | 179 | 41 00 | 60 | 179 | 41 58 | 60 | 177 | 43 58 | 60 | 177 | 44 58 | 60 | 177 | 45 58 | 60 | 179 |
| 2 | 34 59 | 60 | 178 | 35 59 | 60 | 178 | 36 59 | 60 | 178 | 37 57 | 60 | 176 | 38 59 | 59 | 177 | 39 58 | 60 | 177 | 40 58 | 59 | 177 | 41 56 | 60 | 176 | 42 56 | 60 | 176 | 43 56 | 60 | 176 | 44 56 | 60 | 175 |
| 3 | 34 57 | 60 | 176 | 35 57 | 60 | 176 | 36 57 | 60 | 176 | 38 57 | 60 | 176 | 39 57 | 59 | 175 | 40 56 | 60 | 176 | 41 56 | 60 | 176 | 42 56 | 60 | 176 | 43 56 | 60 | 176 | 44 56 | 60 | 176 | 45 56 | 60 | 176 |
| 4 | 34 54 | 60 | 175 | 35 54 | 60 | 175 | 36 54 | 60 | 175 | 37 54 | 59 | 174 | 39 54 | 60 | 175 | 39 54 | 60 | 175 | 40 54 | 60 | 175 | 42 54 | 60 | 175 | 43 53 | 60 | 175 | 44 53 | 60 | 174 | 45 53 | 60 | 174 |
| 5 | 34 51 | +60 | 174 | 35 51 | +60 | 174 | 36 51 | +60 | 174 | 37 51 | +59 | 174 | 38 50 | +60 | 174 | 39 50 | +60 | 173 | 41 50 | +60 | 173 | 42 50 | +60 | 173 | 43 50 | +60 | 173 | 44 50 | +59 | 173 | 45 4 |  |  |
| 6 | 34 47 | 60 | 173 | 35 47 | 60 | 173 | 36 47 | 60 | 172 | 37 46 | 60 | 172 | 38 46 | 60 | 172 | 39 46 | 60 | 172 | 41 46 | 59 | 172 | 42 45 | 60 | 172 | 43 45 | 60 | 172 | 44 45 | 60 | 172 | 45 4 |  |  |
| 7 | 34 42 | 60 | 172 | 35 42 | 60 | 171 | 36 42 | 59 | 171 | 37 41 | 60 | 171 | 38 41 | 60 | 171 | 39 41 | 60 | 171 | 41 40 | 60 | 171 | 42 40 | 60 | 171 | 43 40 | 60 | 170 | 44 40 | 59 | 170 | 45 3 |  |  |
| 8 | 34 37 | 59 | 170 | 35 36 | 60 | 170 | 36 36 | 60 | 170 | 37 36 | 59 | 170 | 38 35 | 60 | 170 | 39 35 | 60 | 170 | 41 35 | 59 | 169 | 42 34 | 60 | 169 | 43 34 | 59 | 169 | 44 33 | 60 | 169 | 45 3 |  |  |
| 9 | 34 31 | 59 | 169 | 35 30 | 60 | 169 | 36 30 | 59 | 169 | 37 29 | 60 | 169 | 38 29 | 60 | 169 | 39 29 | 60 | 168 | 41 28 | 60 | 168 | 42 27 | 59 | 168 | 43 27 | 59 | 168 | 44 26 | 60 | 168 | 45 2 |  |  |
| 10 | 34 24 | +60 | 168 | 35 23 | +60 | 168 | 36 23 | +59 | 168 | 37 22 | +60 | 167 | 38 22 | +59 | 167 | 39 21 | +60 | 167 | 41 20 | +60 | 167 | 42 19 | +60 | 167 | 43 18 | +59 | 167 | 44 19 | +59 | 166 | 45 0 |  |  |
| 11 | 34 16 | 60 | 167 | 35 15 | 60 | 167 | 36 14 | 60 | 166 | 37 14 | 59 | 166 | 38 14 | 59 | 166 | 39 13 | 59 | 166 | 40 13 | 59 | 166 | 42 11 | 60 | 165 | 43 11 | 60 | 165 | 44 10 | 60 | 165 | 45 0 |  |  |
| 12 | 34 08 | 60 | 166 | 35 07 | 60 | 165 | 36 06 | 60 | 165 | 37 06 | 59 | 165 | 38 05 | 60 | 165 | 39 04 | 60 | 165 | 41 03 | 60 | 164 | 42 02 | 60 | 165 | 43 01 | 60 | 165 | 44 01 | 59 | 165 | 45 0 |  |  |
| 13 | 33 59 | 60 | 164 | 34 58 | 60 | 164 | 35 58 | 59 | 164 | 37 56 | 60 | 164 | 37 56 | 59 | 164 | 39 54 | 60 | 163 | 41 53 | 60 | 163 | 42 53 | 59 | 163 | 43 52 | 60 | 162 | 44 50 | 60 | 162 | 44 3 |  |  |
| 14 | 33 49 | 60 | 163 | 34 48 | 60 | 163 | 35 47 | 60 | 163 | 36 46 | 60 | 162 | 37 46 | 59 | 162 | 39 44 | 60 | 162 | 40 43 | 60 | 162 | 41 42 | 59 | 161 | 42 41 | 59 | 161 | 43 39 | 59 | 161 | 44 3 |  |  |
| 15 | 33 39 | +59 | 162 | 34 38 | +59 | 162 | 35 37 | +59 | 161 | 36 36 | +60 | 161 | 37 35 | +59 | 161 | 38 34 | +60 | 161 | 39 32 | +59 | 161 | 41 30 | +59 | 160 | 42 29 | +59 | 160 | 43 28 | +59 | 159 | 44 2 |  |  |
| 16 | 33 28 | 59 | 161 | 34 27 | 59 | 161 | 35 25 | 60 | 160 | 36 24 | 59 | 160 | 37 23 | 60 | 160 | 38 22 | 59 | 160 | 39 21 | 59 | 159 | 40 19 | 59 | 159 | 41 18 | 59 | 159 | 42 17 | 58 | 158 | 43 1 |  |  |
| 17 | 33 16 | 59 | 160 | 34 15 | 58 | 159 | 35 13 | 59 | 159 | 36 12 | 59 | 159 | 37 11 | 58 | 159 | 38 09 | 59 | 158 | 39 08 | 59 | 158 | 40 07 | 58 | 158 | 41 05 | 59 | 158 | 42 04 | 58 | 157 | 43 0 |  |  |
| 18 | 33 04 | 58 | 158 | 34 02 | 59 | 158 | 35 01 | 58 | 158 | 35 59 | 59 | 158 | 36 58 | 58 | 157 | 37 56 | 59 | 157 | 38 55 | 57 | 157 | 39 53 | 59 | 156 | 40 52 | 58 | 156 | 41 50 | 58 | 156 | 42 4 |  |  |
| 19 | 32 51 | 58 | 157 | 33 49 | 59 | 157 | 34 48 | 58 | 157 | 35 46 | 58 | 156 | 36 44 | 59 | 156 | 37 43 | 58 | 156 | 38 41 | 58 | 156 | 39 39 | 58 | 155 | 40 37 | 58 | 155 | 41 35 | 59 | 155 | 42 3 |  |  |
| 20 | 32 37 | +59 | 156 | 33 35 | +59 | 156 | 34 34 | +58 | 156 | 35 32 | +58 | 155 | 36 30 | +58 | 155 | 37 28 | +58 | 155 | 38 26 | +58 | 154 | 39 24 | +58 | 154 | 40 22 | +58 | 154 | 41 20 | +58 | 153 | 42 1 |  |  |
| 21 | 32 23 | 58 | 155 | 33 21 | 58 | 155 | 34 19 | 58 | 154 | 35 17 | 58 | 154 | 36 15 | 58 | 154 | 37 13 | 58 | 153 | 38 11 | 58 | 153 | 39 09 | 58 | 153 | 40 07 | 57 | 153 | 41 04 | 58 | 152 | 42 0 |  |  |
| 22 | 32 08 | 58 | 153 | 33 06 | 58 | 153 | 34 04 | 58 | 153 | 35 02 | 57 | 153 | 36 00 | 57 | 153 | 37 57 | 58 | 152 | 37 55 | 58 | 152 | 38 53 | 57 | 152 | 39 50 | 58 | 151 | 40 48 | 57 | 151 | 42 4 |  |  |
| 23 | 31 52 | 58 | 153 | 32 50 | 58 | 152 | 33 48 | 58 | 152 | 34 46 | 57 | 152 | 35 43 | 58 | 151 | 36 41 | 57 | 151 | 37 39 | 57 | 151 | 38 36 | 57 | 151 | 39 33 | 58 | 150 | 40 31 | 57 | 150 | 42 4 |  |  |
| 24 | 31 36 | 58 | 151 | 32 34 | 57 | 151 | 33 31 | 58 | 151 | 34 29 | 57 | 151 | 35 26 | 58 | 150 | 36 24 | 57 | 150 | 37 21 | 58 | 149 | 38 19 | 57 | 149 | 39 16 | 57 | 149 | 40 10 | 57 | 148 | 42 0 |  |  |
| 25 | 31 19 | +58 | 150 | 32 17 | +57 | 150 | 33 14 | +58 | 150 | 34 12 | +57 | 149 | 35 09 | +57 | 149 | 36 06 | +57 | 149 | 37 03 | +58 | 148 | 38 01 | +57 | 148 | 38 58 | +57 | 147 | 39 55 | +57 | 147 | 40 5 |  |  |
| 26 | 31 02 | 57 | 149 | 31 59 | 58 | 149 | 32 57 | 57 | 149 | 33 54 | 57 | 148 | 34 51 | 57 | 148 | 35 48 | 57 | 148 | 36 45 | 57 | 147 | 37 42 | 57 | 147 | 38 39 | 57 | 146 | 39 36 | 56 | 146 | 41 2 |  |  |
| 27 | 30 44 | 57 | 148 | 31 41 | 57 | 148 | 32 38 | 57 | 147 | 33 35 | 57 | 147 | 34 32 | 57 | 147 | 35 29 | 57 | 146 | 36 26 | 57 | 146 | 37 23 | 56 | 146 | 38 19 | 57 | 146 | 39 16 | 56 | 145 | 41 0 |  |  |
| 28 | 30 26 | 57 | 147 | 31 23 | 57 | 147 | 32 20 | 57 | 146 | 33 16 | 57 | 146 | 34 13 | 57 | 146 | 35 06 | 57 | 145 | 36 06 | 57 | 145 | 37 03 | 56 | 144 | 37 59 | 56 | 144 | 38 56 | 56 | 143 | 41 0 |  |  |
| 29 | 30 07 | 57 | 146 | 31 03 | 57 | 146 | 32 00 | 57 | 145 | 32 57 | 56 | 145 | 33 53 | 57 | 144 | 34 50 | 56 | 144 | 35 46 | 57 | 144 | 36 43 | 56 | 143 | 37 39 | 56 | 143 | 38 35 | 56 | 142 | 40 2 |  |  |
| 30 | 29 47 | +57 | 145 | 30 44 | +56 | 144 | 31 40 | +57 | 144 | 32 37 | +56 | 144 |  |  | 143 | 34 20 |  | 143 | 35 26 | +56 | 142 | 36 22 | +56 | 142 | 37 18 | +56 | 142 | 38 14 | +55 |  | 40 0 |  |  |

| 50 51 | 52 53 54 | 55 56 57 | 58 59 60 | d |
|---|---|---|---|---|
| 0 0 | 0 0 0 | 0 0 0 | 0 0 0 | 0 |
| 1 1 | 1 1 1 | 1 1 1 | 1 1 1 | 1 |
| 2 2 | 2 2 2 | 2 2 2 | 2 2 2 | 2 |
| 3 3 | 3 3 3 | 3 3 3 | 3 3 3 | 3 |
| 4 4 | 4 4 4 | 5 5 5 | 5 5 5 | 4 |
| 5 5 | 5 5 5 | 6 6 6 | 6 6 6 | 5 |
| 6 6 | 6 6 6 | 6 6 7 | 7 7 7 | 6 |
| 7 7 | 7 7 7 | 7 8 8 | 8 8 8 | 7 |
| 8 8 | 8 8 8 | 8 9 9 | 9 9 9 | 8 |
| 8 9 | 9 9 9 | 9 10 10 | 10 11 11 | 9 |
| 10 10 | 10 11 11 | 11 11 11 | 11 12 12 | 10 |
| 11 11 | 11 11 12 | 12 12 12 | 13 13 13 | 11 |
| 12 12 | 12 12 13 | 13 13 13 | 13 14 14 | 12 |
| 13 13 | 13 13 14 | 14 14 14 | 14 15 15 | 13 |
| 14 14 | 15 15 15 | 16 16 16 | 16 17 17 | 14 |
| 15 15 | 16 16 16 | 17 17 17 | 18 18 18 | 15 |
| 16 16 | 16 17 17 | 17 18 18 | 18 19 19 | 16 |
| 17 17 | 17 18 18 | 18 19 19 | 19 20 20 | 17 |
| 18 18 | 18 19 19 | 19 20 20 | 20 21 21 | 18 |
| 19 19 | 19 19 20 | 20 21 21 | 21 22 22 | 19 |
| 19 20 | 20 21 21 | 21 22 22 | 22 23 23 | 20 |
| 20 20 | 21 21 22 | 22 23 23 | 23 24 24 | 21 |
| 21 21 | 22 22 22 | 23 23 24 | 24 25 25 | 25 |

N. Lat. $\begin{cases} \text{LHA greater than } 180°.......Zn = Z \\ \text{LHA less than } 180°...........Zn = 360 - Z \end{cases}$

Da wir uns auf einer nördlichen Breite befinden und der LHA kleiner als 180 Grad ist, müssen wir 360°–169° = 191° rechnen, um auf das rechtweisende Azimut der Sonne zu kommen.

Jetzt muß nur noch der Wert Hc um die bislang nicht berücksichtigten Minuten der Deklination korrigiert werden. Dazu gibt es die lose beiliegende Tafel 5. Rechts und links am Rand stehen die Minuten, die je nach Vorzeichen des Wertes d zum Wert Hc addiert beziehungsweise von Hc subtrahiert werden müssen, oben die Werte für d von 1 bis 60. Wir müssen in die Spalte 60, also ganz nach rechts gehen und dann abwärts bis 24'. Dort finden wir ebenfalls den Wert 24', der zum Wert Hc zu addieren ist:

$$\begin{array}{r} Hc\ 44°33' \\ +\quad 24' \\ \hline Hc\ 44°57' \end{array}$$

Damit haben wir alle Angaben, um die Standlinie einzeichnen zu können. Zunächst zeichnen wir durch den Rechenort 55° Nord und 9°46,9' Ost das Azimut von 191 Grad ein. Ich habe mir angewöhnt, an das Azimut mit einem kleinen Pfeil immer auch die Richtung zum Gestirn einzuzeichnen. Nehmen wir an, die tatsächlich beobachtete Höhe der Sonne beträgt korrigiert um die Gesamtbeschickung 44'39'. Auf den ersten Blick ist klar, daß die beobachtete Höhe kleiner als die gerechnete aus den Tafeln ist und die Yacht zum Zeitpunkt der Beobachtung demnach weiter weg von der Sonne gestanden haben muß als der Rechenort. Wir müssen jetzt nur noch die Differenz berechnen:

$$\begin{array}{r} Hc\ 44°57' \\ -\ Ho\ 44°39' \\ \hline 18' \end{array}$$

Vom Rechenort werden jetzt 18 Seemeilen weg von der Richtung zur Sonne abgetragen und die Senkrechte auf der Azimutlinie errichtet – fertig ist die Standlinie.

Mit nur einer Standlinie in der Seekarte ist aber noch keine Positionsbestimmung möglich, dafür benötigen wir eine zweite Standlinie. Dafür eignet sich zum Beispiel eine Mittagsbreite oder die Standlinie aus einer anderen beliebigen Gestirnsbeobachtung. Es ist aber darauf zu achten, daß sich die Standlinien mindestens

**Auf der richtigen Seite für die Breite 55° der HO-Tafeln findet man unter Deklination 10° und LHA 8° die computergerechneten Werte Hc, d und Z (links).**

**Der Wert d aus der Seite 55° dient zur Korrektur der Computerhöhe. In der lose beiliegenden Tabelle findet man unter d und den Minuten der Deklination den Korrekturwert, der je nach Vorzeichen anzubringen ist (rechts).**

unter einem Winkel von 30 Grad schneiden, um schleifende Schnitte und damit Fehler zu vermeiden. Ist eine zweite Standlinie rund drei Stunden nach der ersten in die Karte eingezeichnet worden, muß die erste lediglich um Kurs und Distanz seit der ersten Beobachtung versegelt werden. Der Schnittpunkt beider Standlinien ist die Position zum Zeitpunkt der zweiten Beobachtung.

## Wetternavigation

Die Berücksichtigung der Wetterentwicklung ist das schwierigste Kapitel in der Navigation. In erster Linie geht es darum, wie man die besten Wetterberichte am einfachsten an Bord bekommt. Da gibt es die Seewetterberichte der Küstenfunkstellen und der Rundfunksender, telefonische Wetterberichte, Wetterfaxkarten und schließlich sehr ausführliche, in Morse und Telex dekodierte Berichte.

Ich persönlich, der ich weder ein Profi- noch ein Hobby-Meteorologe bin, bevorzuge Klartextwetterberichte, die von speziellen Morse- und Telexdekodern entschlüsselt, gespeichert und ausgedruckt werden können. Entsprechende Geräte werden entweder an einen vorhandenen Empfänger angeschlossen, neuere Modelle besitzen auch eingebaute Empfänger. Da sich Dekoder über eine interne Uhr programmieren lassen, verpaßt man keinen Wetterbericht mehr.

Der große Vorteil von Morse- und Telexwettervorhersagen basiert auf der Tatsache, daß die IMO (International Maritime Organization) beschlossen hat, entsprechend ausgerüstete Berufsschiffe ohne einen ausgebildeten Funker – der einige Semester Meteorologie studiert haben muß – fahren zu lassen. Die Berichte und Vorhersagen werden von den nationalen Seewetterämtern unmittelbar nach Eingang sämtlicher verfügbarer Informationen von Spezialisten erstellt und sofort nach einem dichtgepackten Sendeplan ausgestrahlt. Man erhält auf diese Weise einen ausführlichen Bericht über die Wetterlage, die Vorhersage für 12 und 24 Stunden sowie zum Teil sogar Aussichten für die kommenden fünf Tage – erstellt von Profis und an Bord ausgedruckt.

Es entfällt das Zeichnen einer Wetterkarte nach den eher spärlichen Informationen der üblichen gesprochenen Wetterberichte und den Stationsmeldungen sowie vor allem die eigene Analyse. Mit etwas Übung sind auch eigene Erkenntnisse verwertbar. Sobald die Wetterlage aber kompliziert ist, sind auch die Ergebnisse selbsterstellter Vorhersagen ungenau und damit unter Umständen sogar gefährlich.

Wer einen Wetterfax-Empfänger an Bord hat, muß zwar die aktuelle Wetterkarte nicht selbst erstellen, das Problem ist aber wiederum eine richtige Analyse. Und wegen der Funkerbefreiung für die Berufsschiffahrt sieht es so aus, als ob die regelmäßige Ausstrahlung von Wetterfaxkarten in absehbarer Zeit entfallen wird. Den Profi-Funkern mit ihrer meteorologischen Ausbildung war eine korrekte Auswertung zuzutrauen, nicht aber Laien.

Eine komplett ausgestattete Navigationsecke mit einem Wetterfax-Empfänger. Die korrekte Interpretation einer Wetterkarte ist eine komplizierte Angelegenheit und sollte deshalb Profis überlassen bleiben, die auch über viele zusätzliche Informationen verfügen.

# ELEKTRONISCHE DATEN-VERARBEITUNG AN BORD

Die Entwicklung der Elektronischen Datenverarbeitung (EDV) an Bord begann, als es die ersten integrierten Bordsysteme und Navigationsempfänger mit Computerschnittstellen gab. Ich selbst benutzte schon vorher kleine, programmierbare Taschenrechner, für die ich verschiedene Programme geschrieben habe. Es ging seinerzeit um Stromnavigation und um die Auswertung von Regatten direkt an Bord.

Die Anschlußmöglichkeit von Computern an elektronische Bordsysteme stellte einen wesentlichen Fortschritt für die EDV dar. Problematisch waren zunächst vernünftige Programme, da sich weder die Hersteller integrierter Meßsysteme noch die Produzenten von Navigationsempfängern darum kümmerten. So blieb das Feld den Kunden oder professionellen Software-Entwicklern überlassen.

Es gibt mittlerweile drei wesentliche Arten von Computerprogrammen:

1. Lern- und Übungsprogramme, die auf Homecomputern laufen.
2. Spezialprogramme für die terrestrische und astronomische Navigation, die auf einigen kleinen, wissenschaftlichen Taschenrechnern und mittlerweile zum Teil auch auf Personal-Computern und Laptops laufen und nicht mit der Bordelektronik verbunden sind.
3. Navigations- und Segelleistungsprogramme, die in irgendeiner Form mit Geräten der Bordelektronik Daten austauschen, an Land also nicht oder nur eingeschränkt funktionieren.

Die Programme aller drei Gruppen haben ihre Daseinsberechtigung und ihre Klientel. Die Lern- und Übungsprogramme der ersten Gruppe finden großen Anklang, da sie problemlos auf fast allen Computermodellen gefahren werden können. Software dagegen, die an Bord eingesetzt werden soll, erfordert kleine, leistungsfähige Rechner mit Batteriebetrieb oder Bordnetzanschluß. Zuerst wurden verschiedene programmierbare Taschenrechner benutzt, die alle mit Batterien versorgt wurden. Inzwischen aber gibt es eine Reihe von vollwertigen tragbaren Computern, die sogenannten Laptops und die kleinen Notebooks, die auch mit einer 12-Volt-Bordnetzversorgung betrieben werden können. Der große Vorteil ist, daß diese Rechner kompatibel zu jedem Personal-Computer sind, die mittlerweile in vielen Haushalten stehen. Moderne Laptop-Computer sind mit Festplattenspeichern hoher Kapazität ausgestattet, und auch die Auflösung der Flüssigkristall-Bildschirme wird immer besser. Vereinzelt werden sogar schon Laptops mit farbigen Bildschirmen hoher Auflösung angeboten.

Programme der zweiten Kategorie wurden schon vor Jahren entwickelt. Vor allem wurde Software für die astronomische Navigation entwickelt, die in der Lage ist, sämtliche Rechenschritte schnell und fehlerlos zu erledigen. Moderne Astro-Programme haben alle notwendigen Daten bis weit über das Jahr 2000 hinaus gespeichert, so daß man außer einem Sextanten keine weiteren Unterlagen mehr benötigt. Sozusagen als Dreingabe lassen sich zum Teil auch diverse terrestrische Aufgaben lösen. Der Weltumsegler Bobby Schenk gehört zu den führenden Entwicklern von Software für die astronomische Navigation.

Der Delius Klasing Verlag bietet eine ganze Reihe von Lern-, Übungs- und Anwendungsprogrammen an, auch die von Bobby Schenk entwickelten Software-Pakete gehören dazu.

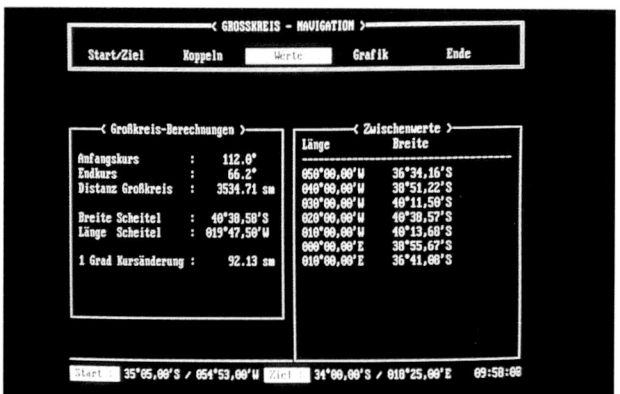

Computer und geeignete Software an Bord werden für viele Segler immer interessanter. Dieses Beispiel zeigt eine Großkreisberechnung.
Es gibt zahlreiche Programme für terrestrische und astronomische Navigation sowie zur Steuerung automatischer Navigationsempfänger und zur Optimierung von Rennyachten.

Sehr viel komplexer und schwieriger ist die Entwicklung von Programmen der dritten Gruppe. Es gibt zwar einen international anerkannten Standard, der den Datenaustausch von Marineelektronik untereinander regelt und der nach der amerikanischen National Marine Electronics Association NMEA-Standard genannt wird, aber leider halten sich viele Hersteller nicht und nicht genau daran. Der Datenaustausch funktioniert über serielle Schnittstellen, entweder als ununterbrochener Datenfluß oder aber nach dem Frage-Antwort-Verfahren. Wenn man dann ein Programm schreibt, das den NMEA-Datenfluß zum Beispiel eines Navigationsempfängers auswerten soll, dann funktioniert das mit einigen, aber längst nicht mit allen Geräten, auch wenn die Prospekte dies versprechen. In diesen Fällen müssen die Programme speziell an bestimmte Geräte angepaßt werden.

Ich habe vor einigen Jahren mit der Entwicklung eines Programmes für Regattayachten begonnen, das die Daten aus integrierten Bordmeßsystemen analysiert und mit gespeicherten Werten vergleicht. Mit diesem Programm ist es gelungen, die Leistungsfähigkeit einer Rennyacht unter allen Wind- und Seegangsbedingungen zu kontrollieren und zu erhöhen. Dieses Programm müßte ebenfalls an jedes geeignete, also mit einer Schnittstelle ausgerüstete Bordsystem angepaßt werden, da alle ohne Ausnahme unterschiedliche Datenprotokolle besitzen. Da dieses Programm die Möglichkeit voraussetzt, bestimmte Daten, zum Beispiel die Sollgeschwindigkeit der Yacht, aus dem Computer auf einer der Bordanzeigen darstellen zu können, ist die Zahl der geeigneten Bordsysteme begrenzt.

Interessante Möglichkeiten bieten die Schnittstellen vieler Navigationsempfänger. Es gibt eine Reihe von Programmen, die eine einfache Speicherung von Wegpunkten erlauben und die dann die Koordinaten in beliebiger Reihenfolge an den Empfänger übertragen können. Fehlerhafte Eingaben sind dadurch so gut wie ausgeschlossen. Diese Programme sind nach modernen, anwenderfreundlichen Gesichtspunkten geschrieben und können sowohl an Bord als auch zu Hause eingesetzt werden. Weitere Software gibt es für die einfache und schnelle Kalibrierung der Bordsysteme und andere Bereiche wie Großkreisnavigation und so weiter.

# STROM AN BORD

JOACHIM F. MUHS

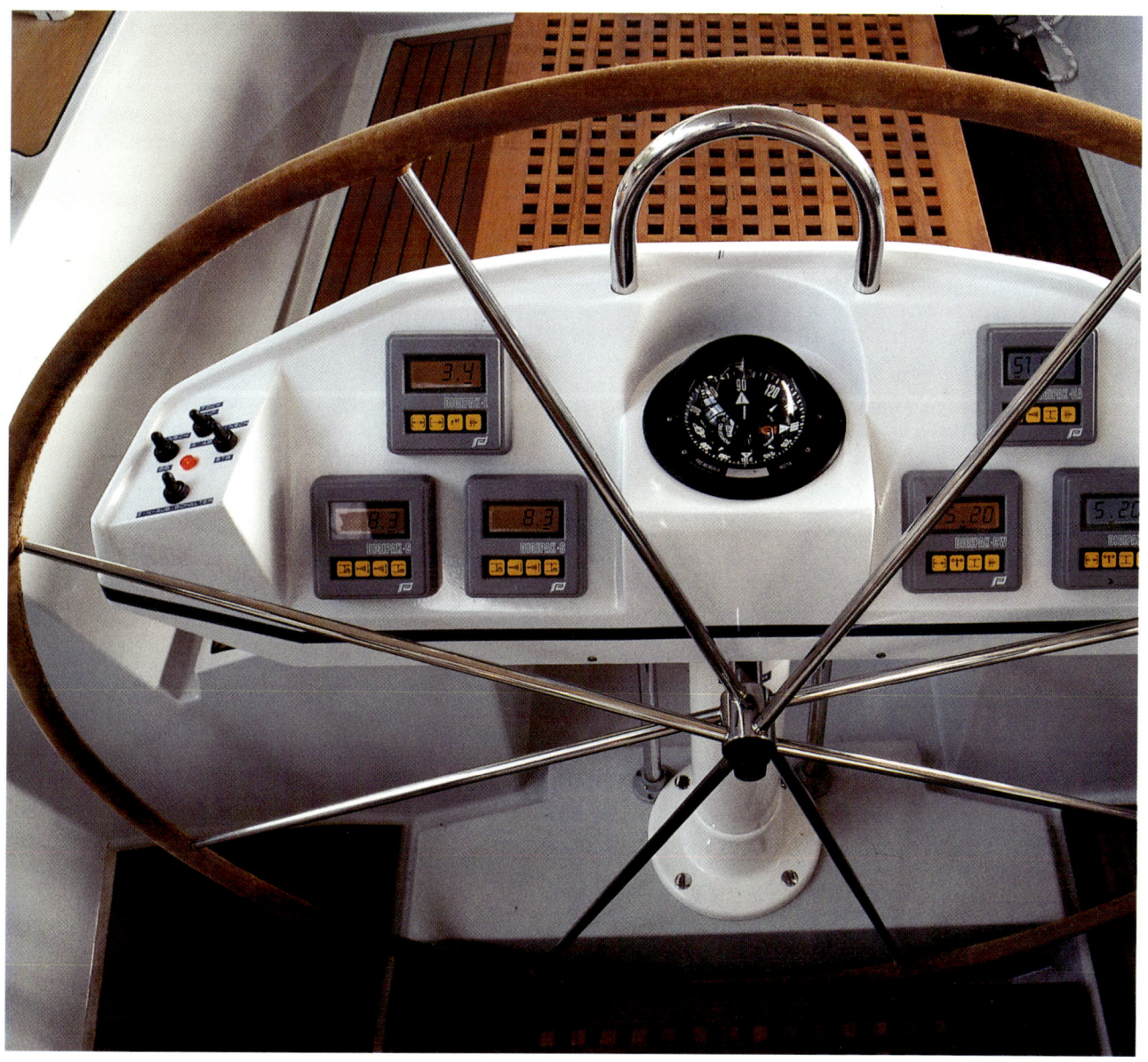

# EINLEITUNG

Fast alle mir bekannten Abhandlungen über „Strom an Bord" beginnen in schöner Gleichmäßigkeit mit: Der Leser möge keine Angst vor Ampere, Kabelsalat und Spannung haben. In meiner langjährigen Praxis ist mir aber nie ein Segler oder Motorbootfahrer begegnet, der Angst, geschweige denn einen Funken Respekt vor seiner Bordelektrik hatte. Möglich, daß die vielen Berichte (meist von Weltumseglern und selbsternannten Yachtkapitänen verfaßt) dazu beigetragen haben, wahrscheinlicher aber ist, daß mit modernem Installationsmaterial Fehler, die früher gang und gäbe waren, heute gar nicht mehr vorkommen.

So sind mehr als 80 % aller elektrischen Störungen an Bord von Segelyachten auf Probleme mit der Batterie zurückzuführen, die entweder in gutem Glauben, ihr Energievorrat sei unerschöpflich, tiefentladen oder nicht ausreichend vollgeladen wurde. Die restlichen vorkommenden Störungen resultieren aus Korrosionsproblemen an Kontakten und elektrischen Übergängen.

Elektrik, die dann immer noch nicht funktioniert, hat ihre Ursache in Gerätestörungen, die im einfachsten Fall durch Erneuern einer Gerätesicherung oder Reparatur oder Wechsel des Gerätes selbst behoben werden müssen, wobei die Reparatur mit Bordmitteln meist nicht mehr zu machen ist. Entsprechend beginnt der elektrische Teil dieses Buches, der ja für Anwender von Boot und Elektrik geschrieben ist, mit elektrischen *Verbrauchern*, präziser gesagt, mit dem Verbrauch von elektrischer Energie.

Ob Lampe, Ankerwinsch oder GPS-Empfänger, alle entnehmen der Batterie Strom in der gleichen Art und Weise – allerdings in unterschiedlichen Größen. Das Hauptanliegen jeglichen Stromverbrauchs an Bord muß sein: so wenig wie möglich, was durch kleine installierte Nennleistungen (Geräte mit geringem Stromverbrauch) und sparsames Einschalten realisiert werden kann.

Auf Segelyachten gerät der *Stromspeicher* zum zentralen Thema, wenn man von Elektrik redet; denn Stromerzeugung, zumindest in ausreichendem Maße, ist immer noch mit Geräusch verbunden (Motorgenerator) – oder aber einem Landanschlußkabel. Jeder Fahr-

Elektrischer Strom ist erst an Schalttafel und Gerät „greifbar" – hier die Navigationsecke einer 12-m-Yacht. In der Schalttafel wird Strom verteilt, gesteuert und überwacht. Radio, Tankanzeiger, Kurzwellenempfänger und Decca-Navigator bzw. GPS-Empfänger benötigen ihn für ihren Betrieb.

tensegler sollte deshalb soviel Amperevorrat wie nötig mit auf die Reise nehmen. Wieviel, das entscheidet die *E-Bilanz*, die, wenn man so will, „Wattinventur". Ist die elektrische Reise zu Ende, der Stromvorrat erschöpft, muß die Batterie wieder geladen werden (*Ladung*). Wer diesen Kreislauf beherrscht (Proviant und Wasser bunkert und ergänzt jeder Yachtskipper schließlich auch), der wird keine Probleme mit Strom an Bord haben.

Wenn trotz ausreichender Batteriespannung kein Strom am Verbraucher ankommt, dann kümmere man sich um das *Kabelnetz*. Es beginnt in der Schalttafel und führt über Sicherungsautomaten und Kabel zum Verbraucher. Die Interpretation von Instrumenten hilft Fehler aufzuspüren. Mit der *Motorelektrik* führt Yachtelektrik in Richtung Auto. Doch gibt es Unterschiede.

Damit ist das, was der Fahrtensegler von seiner Bordelektrik wissen muß, erschöpfend genug behandelt. Mehr findet er in dem Buch „Yachtelektrik" im Verlag Delius Klasing. Das elektrische Bordsystem ist denn auch nichts anderes als etwa das Frischwasser- oder das Kraftstoffsystem. Auf eine Formel gebracht: Wenn die Tanks voll sind und die Leitungen frei, funktioniert die E-Anlage. Wenn einmal nichts mehr geht, ist das ohnehin Sache einer guten Werkstatt.

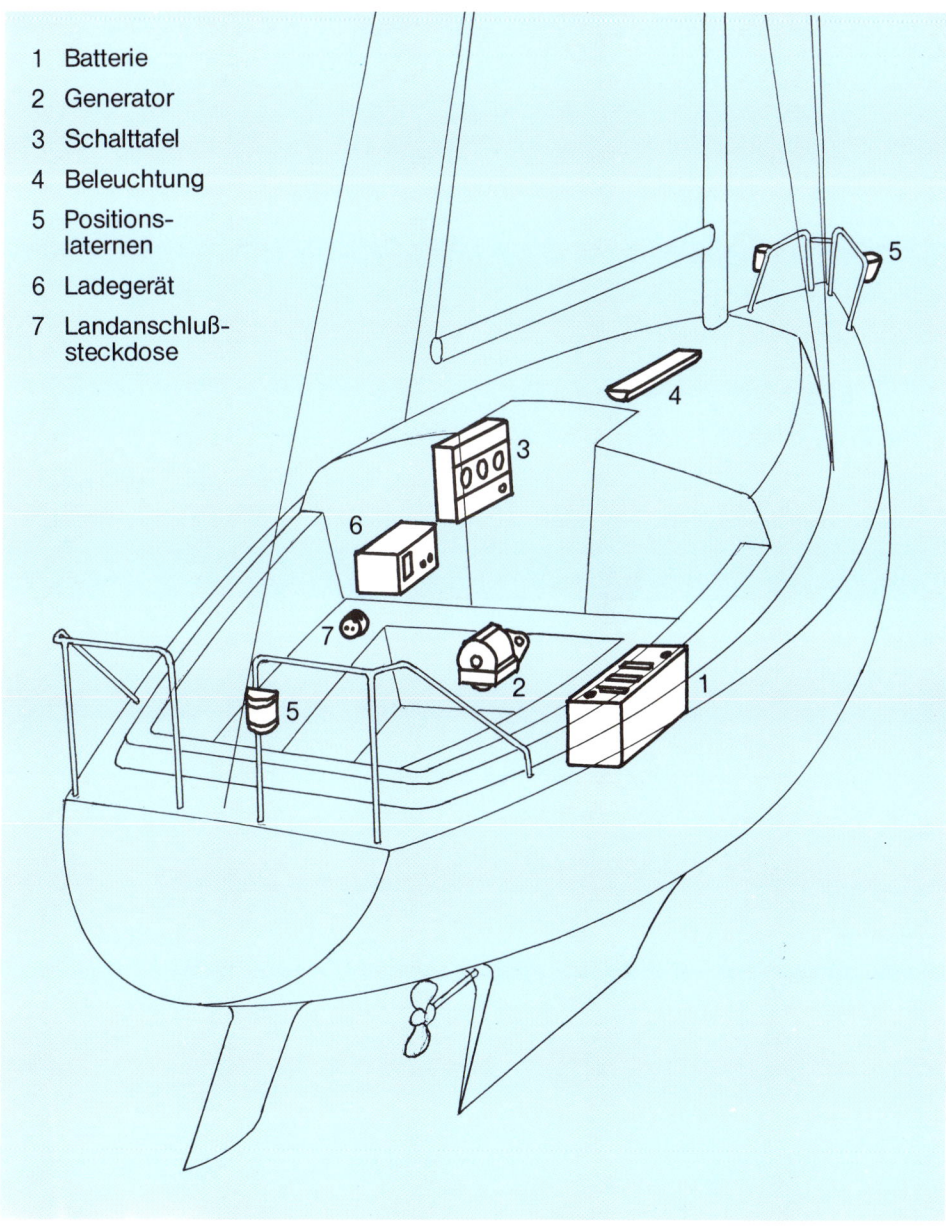

1 Batterie
2 Generator
3 Schalttafel
4 Beleuchtung
5 Positionslaternen
6 Ladegerät
7 Landanschlußsteckdose

Die Positionen 1 bis 7 machen die Hauptbausteine eines elektrischen Systems auf einer Segelyacht aus; so wird sie in der Regel von der Werft geliefert. Was an Geräten im Laufe eines Bootslebens hinzukommt, kann man als Stromverbraucher wie die Leuchte im Salon behandeln. Ebenso sieht es bei der Stromverteilung mit der Schalttafel aus. Allenfalls bei der Batterieladung und Speicherung von elektrischer Energie sind einige Dinge zu beachten.

# STROMVERBRAUCHER

Elektrische Verbraucher, das sind all die nötigen (und oft auch unnötigen) Dinge, die eine Bordbatterie belasten. Da im Gegensatz zur Steckdose an Land, mit ihrem praktisch unendlichen Energievorrat, elektrischer Strom an Bord immer knapp ist, wird es nötig, sich hier eine andere Verbrauchergewohnheit zuzulegen. Nur wer sparsam mit ihr umgeht, wird auch Spaß haben an den Möglichkeiten, die die Bordelektrik bietet. Wer gern die Nächte hindurch liest, sollte das unter Deck nur mit der Petroleumlampe tun – eine leergefahrene Batterie ist nicht so schnell wieder aufzufüllen wie ein leergefahrener Tank. Für den Nachttörn unter Segel etwa ist dann die Planung der mitzuführenden Strommenge ebenso wichtig wie die Planung der Reiseroute.

Das Thema Beleuchtung zeigt, wie man Strom sparen kann, aber auch, was zu tun ist, wenn, wie bei den Positionslaternen, Reichweite und Betriebsdauer vorgeschrieben sind. Mit den anderen elektrischen Verbrauchern ist in ähnlicher Weise zu verfahren.

**Beleuchtung**

Im ersten Moment ist der elektrische Schalter eine einfache, jedoch dann bei Licht besehen eine aufwendige Lösung einer Beleuchtung an Bord, berücksichtigt man den Aufwand, den man für die Bevorratung elektrischer Energie betreiben muß. Der Schalter verführt zur Energieverschwendung. Eine Kajütlampe von 25 Watt belastet das 12-Volt-Batterienetz mit 2,08 Ampere (Formeln dazu siehe Seite 294). Schaltet man

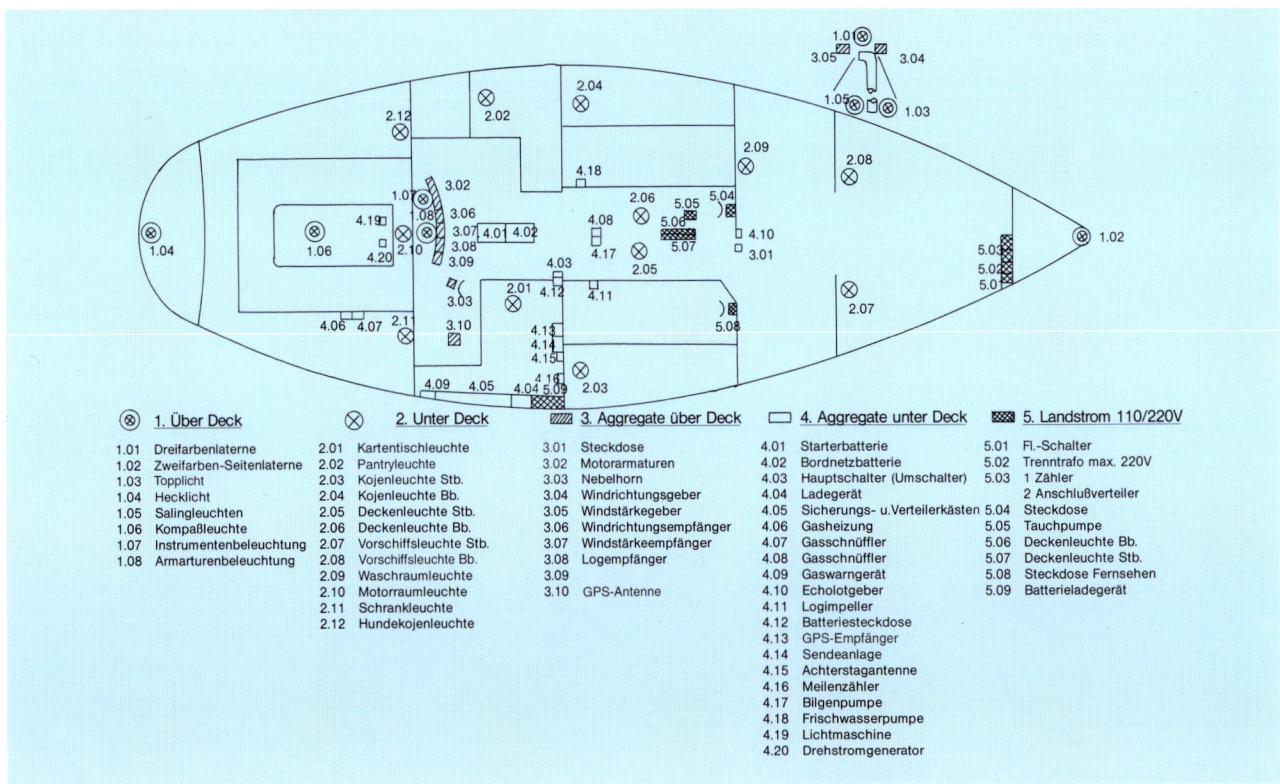

| ⊗ 1. Über Deck | | ⊗ 2. Unter Deck | | ▨ 3. Aggregate über Deck | | ☐ 4. Aggregate unter Deck | | ▦ 5. Landstrom 110/220V | |
|---|---|---|---|---|---|---|---|---|---|
| 1.01 | Dreifarbenlaterne | 2.01 | Kartentischleuchte | 3.01 | Steckdose | 4.01 | Starterbatterie | 5.01 | Fl.-Schalter |
| 1.02 | Zweifarben-Seitenlaterne | 2.02 | Pantryleuchte | 3.02 | Motorarmaturen | 4.02 | Bordnetzbatterie | 5.02 | Trenntrafo max. 220V |
| 1.03 | Topplicht | 2.03 | Kojenleuchte Stb. | 3.03 | Nebelhorn | 4.03 | Hauptschalter (Umschalter) | 5.03 | 1 Zähler |
| 1.04 | Hecklicht | 2.04 | Kojenleuchte Bb. | 3.04 | Windrichtungsgeber | 4.04 | Ladegerät | | 2 Anschlußverteiler |
| 1.05 | Salingleuchten | 2.05 | Deckenleuchte Stb. | 3.05 | Windstärkegeber | 4.05 | Sicherungs- u.Verteilerkästen | 5.04 | Steckdose |
| 1.06 | Kompaßleuchte | 2.06 | Deckenleuchte Bb. | 3.06 | Windrichtungsempfänger | 4.06 | Gasheizung | 5.05 | Tauchpumpe |
| 1.07 | Instrumentenbeleuchtung | 2.07 | Vorschiffsleuchte Stb. | 3.07 | Windstärkeempfänger | 4.07 | Gasschnüffler | 5.06 | Deckenleuchte Bb. |
| 1.08 | Armaturenbeleuchtung | 2.08 | Vorschiffsleuchte Bb. | 3.08 | Logempfänger | 4.08 | Gasschnüffler | 5.07 | Deckenleuchte Stb. |
| | | 2.09 | Waschraumleuchte | 3.09 | | 4.09 | Gaswarngerät | 5.08 | Steckdose Fernsehen |
| | | 2.10 | Motorraumleuchte | 3.10 | GPS-Antenne | 4.10 | Echolotgeber | 5.09 | Batterieladegerät |
| | | 2.11 | Schrankleuchte | | | 4.11 | Logimpeller | | |
| | | 2.12 | Hundekojenleuchte | | | 4.12 | Batteriesteckdose | | |
| | | | | | | 4.13 | GPS-Empfänger | | |
| | | | | | | 4.14 | Sendeanlage | | |
| | | | | | | 4.15 | Achterstagantenne | | |
| | | | | | | 4.16 | Meilenzähler | | |
| | | | | | | 4.17 | Bilgenpumpe | | |
| | | | | | | 4.18 | Frischwasserpumpe | | |
| | | | | | | 4.19 | Lichtmaschine | | |
| | | | | | | 4.20 | Drehstromgenerator | | |

Was man alles an elektrischem Gerät in eine Yacht einbauen kann, zeigt dieser Einbauplan. Will man über längere Zeit mit seinem Schiff autark bleiben, werden viele Dinge wichtig, die das Bordleben bequemer machen.

Viel elektrisches Gerät benötigt aber immer auch eine entsprechende Menge an Stromerzeugung und -bevorratung.

So sieht der Elektriker die E-Anlage an Bord (S. 265 links): Dargestellt ist ein so-

genannter Stromlaufplan, der das elektrische Equipment mit seinen Kabelverbindungen zeigt. An Hand dieser Zeichnungen kann man die einzelnen Leitungen und ihre Anschlüsse verfolgen und auf Fehlersuche gehen.

Das Herz dieses E-Systems sind die Batterien, die Stromspeicher. Sie sind hier aufgeteilt in Starter- und Komfortbatterie. Geladen werden sie von Generator und Ladegerät über einen Diodenverteiler, der gemeinsames Laden und getrenntes die gesamte Salonbeleuchtung ein, kommt man schnell auf 10 Ampere, so daß man leicht an zwei Hafentagen den gesamten Stromvorrat verbrauchen kann. 10 Ampere zweimal 8 Stunden lang eingeschaltet, bedeuten eine Batteriekapazität von 10 mal 16 Stunden, eben 160 Ampere-Stunden (Ah), die aber nur in den seltensten Fällen an Bord zu finden ist. Für die Unterdeckbeleuchtung gilt deshalb: zurück zu Petroleum oder Gas – oder zur Leuchtstoffleuchte, vielfach Transistorleuchte genannt. Sie ist ein gutes Beispiel für einen sparsamen Verbraucher.

Leuchtstofflampen sind sogenannte Entladungslampen, ihr Licht stammt nicht von einem bis zur Weißglut erhitzten Metalldraht wie bei der Glühlampe (wo ein großer Teil der ausnutzbaren Energie in Wärme verwandelt wird), sondern von einer durch Gasentladung angeregten Leuchtschicht. Ihre Lichtausbeute

ist daher 3- bis 6mal höher, so daß eine 8-Watt-Röhre leicht an die Lichtstärke einer 25-Watt-Glühlampe heranreicht. An Bord sollte man das nutzen. Transistorleuchten sind mit einem Spannungswandler ausgerüstet, der eine hochfrequente Spannung von zirka 100 Volt und 20 000 Hertz für die Zündung erzeugt. Man muß deshalb darauf achten, daß diese Lampen funkentstört sind.

Da erfahrungsgemäß besonders mit dem Licht nicht gerade sparsam umgegangen wird, sollte man das schon bei der Installation einkalkulieren und nur wenig elektrische Beleuchtungskörper zugunsten wichtigerer Verbraucher einbauen. Besonders batteriebelastend sind außerhalb häufiger Kontrolle liegende, selbsteinschaltende Verbraucher wie Kühlbox und Lenzpumpe. Sie sollte man nur betreiben, wenn ein Landanschlußkabel eingesteckt ist.

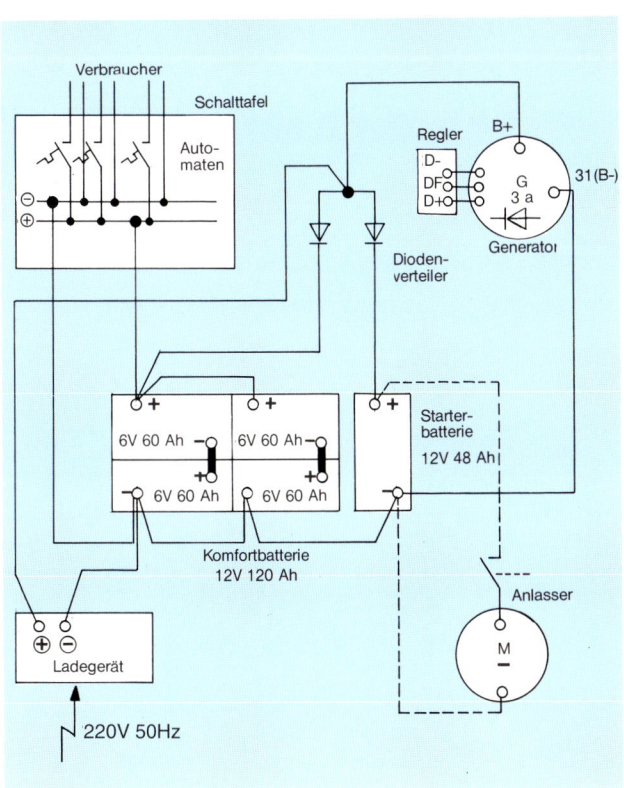

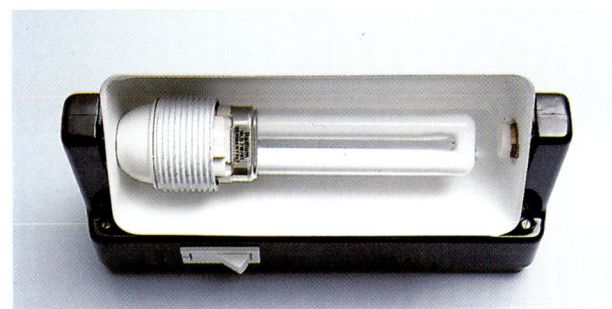

Entladen zuläßt. Während der Anlasserstrom für den Diesel direkt von der Starterbatterie abgenommen wird, führen die Kabel von der Komfortbatterie erst einmal in die Schalttafel auf Plus- und Minusstromschiene. Sie speisen die einzelnen Sicherungsautomaten, von denen es zu den Verbrauchern geht.

Ein Stromlaufplan ist einfach zu lesen, wenn man den Anschluß eines jeden Stromverbrauchers als Stromkreis sieht, der aus Stromerzeuger (Batterie, Generator), Kabelverbindung mit Sicherungsschalter in der Schalttafel und elektrischem Gerät (Leuchte, Bilgepumpe, GPS-Navigator etc.) besteht. Ist dieser Kreis geschlossen, fließt Strom, und das Gerät sollte arbeiten.

Sparlampen (rechts) sind die einzige Alternative einer elektrischen Beleuchtung an Bord. Hier Leuchtstofflampen, die mit einem Drittel und weniger Strom einer herkömmlichen Glühlampe auskommen.

Der benötigte Stromwandler ist bereits eingebaut.

Das Startsystem stellt ein separates System in der elektrischen Bordanlage dar (vorausgesetzt, man fährt seine Batterien getrennt als Starter- und Komfortbatterie). Da hier hohe Ströme fließen (bis zu 1000 Ampere), laufen die Kabel direkt von der Batterie zum Anlasser. Lediglich der Startschalter führt einen geringen Steuerstrom. Er ist in der Starttafel im Cockpit eingebaut. An den Klemmen 30 und 31 sind Batterie-Plus bzw. -Minus angeschlossen. 50 ist der Anschluß für die Steuerleitung.

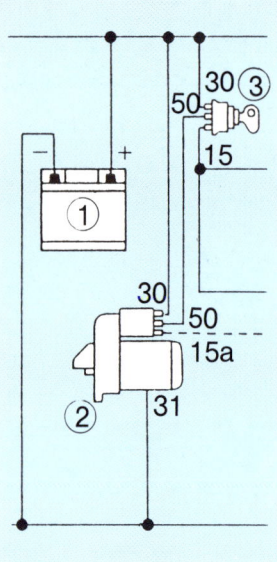

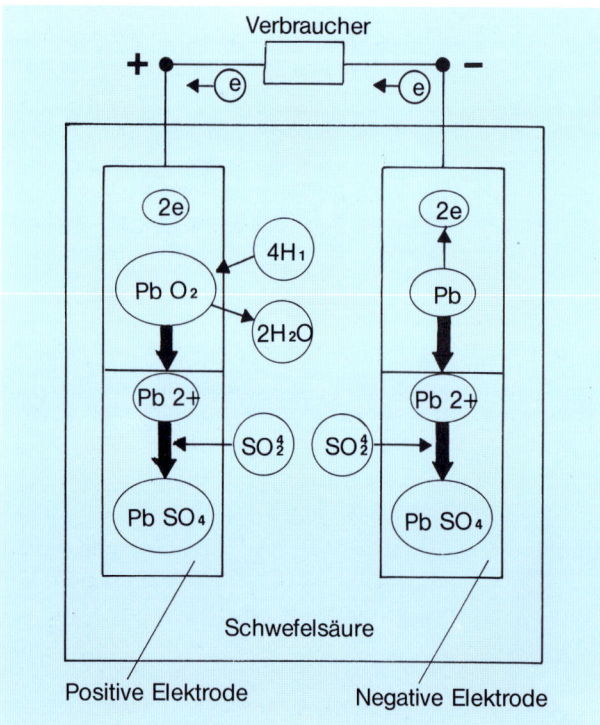

Verbraucher

Positive Elektrode

Negative Elektrode

Schwefelsäure

## Positionslaternen

Kräftige Positionslaternen indessen sind ein Sicherheitsfaktor und nach den Kollisionsverhütungsregeln Vorschrift. Es dürfen nur solche Positionslaternen verwendet werden, deren Baumuster vom Bundesamt für Seeschiffahrt und Hydrographie (BSH) zugelassen sind. Hier geht es unter anderem um die Tragweiten, denn Yachtpositionslaternen sollen bis zu einer Entfernung von mindestens 2 sm gesehen werden können. Die Tragweiten von Positionslichtern sind aber (auch) abhängig von der Batterie- beziehungsweise Klemmenspannung an den Lampen. Eine um 5 % geringere als die angegebene Nennspannung reduziert die Tragweite der Laterne bereits um 17 %. Die Topplaterne würde also nur 1,66 sm weit leuchten. Die nötige Spannung muß also immer vorrätig sein, was einmal von einer ausreichend vollgeladenen Batterie, aber auch von den Leitungsquerschnitten zu den Positionslaternen abhängt. Hier sind die Vorschriften des Germanischen Lloyd zu beachten, die eben nur Spannungsverluste von höchstens 5 % zulassen, bei einer Bordspannung von 12 Volt nur 0,6 Volt.

Eine andere Forderung stellt darüber hinaus sicher, daß während einer Segelnacht von durchschnittlich acht Stunden genügend Strom vorhanden ist. Die Bordbatterie muß also so bemessen sein, daß die Versorgung der für den sicheren Bordbetrieb wichtigen Verbraucher, also auch der Positionslaternen, für diese Zeit sichergestellt ist.

Auf einer Segelyacht von weniger als 20 Meter Länge mit Zweifarben- und Hecklaterne sind damit als Minimum 35 Watt, für eine solche mit Dreifarbenlaterne mindestens 25 Watt bereitzustellen. Das bedeutet: Wenigstens 40 Ah müssen allein für die Positionslaternen bereitgehalten werden.

Nach durchsegelter Nacht soll (bei Ein-Batterie-Systemen) die Batterie darüber hinaus noch so viel Kapazität besitzen, daß innerhalb von 30 Minuten ein achtmaliger Motorstart möglich ist.

Das zumeist schwarze Gehäuse einer Batterie birgt komplizierte Chemie, die sensibel behandelt werden will. Besonders die Ladung geht nicht so einfach und auf keinen Fall schnell vonstatten. So sind hohe Ladeströme, um die Ladung abzukürzen, eher von Nachteil. Optimal laden, mit exakt dosierten Strömen, können am besten die Lader, die in der Lage sind, auf die Batterie-Chemie einzugehen, nämlich geregelte Ladegeräte.

# STROMSPEICHER

Während des Segelns übernehmen Stromspeicher die Versorgung der elektrischen Geräte. Vorwiegend verwendet man dazu auf Yachten Bleiakkumulatoren, sogenannte Bleibatterien. Obgleich man es ihnen von außen nicht ansieht, besitzen sie ein kompliziertes (elektrochemisches) Innenleben. Das Streben sogenannter galvanischer Elemente, sich bei Anlegen einer elektrischen Spannung chemisch zu verändern und somit Energie zu speichern, ist das Prinzip dieser Stromspeicher, die in ihrer einfachsten Form aus in Säure getauchten Bleiplatten bestehen. Spezielle konstruktive Ausbildung der Platten hat zu kleinen Baugrößen und hohen Kapazitäten geführt. Zugleich ist man dadurch in der Lage, Batterien für spezielle Anwendungsbereiche zu bauen – wie zum Beispiel Starter- und Antriebsbatterie.

Durch geeignete Verschlüsse sind einige Batterietypen auch kippsicher und damit besonders für Yachten geeignet; und manche können (mit geleeartigem Elektrolyt gefüllt) sogar überkopf betrieben werden. Die Platten moderner Bleibatterien – und ein wenig über das Innenleben einer Batterie sollte man wissen, um zu verstehen, daß man sie sorgsam behandeln muß – enthalten denn auch Hartbleigitter, in denen die bei Ladung und Entladung chemisch aktive Masse sitzt.

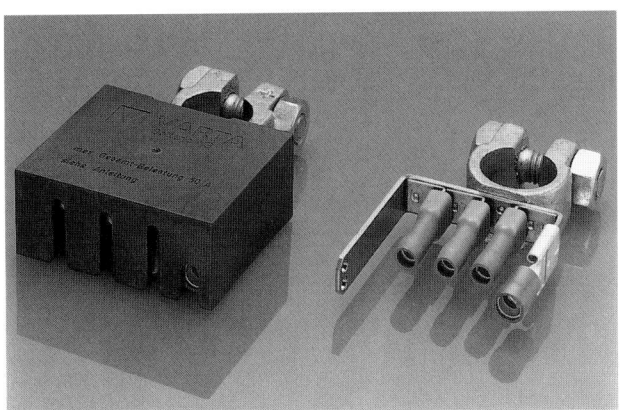

Spezial-Batterieklemme für kleine Kabelquerschnitte, links mit Abdeckung.

Sie besteht aus gemahlenem Blei und ist porös so in die Plattengitter eingelagert, daß die Säure sie durchdringen kann. Die gesamte aktive Masse wird dadurch an der chemischen Umwandlung beteiligt.

Akku-Säure als Elektrolyt ist die Mischung aus Schwefelsäure und Wasser im Verhältnis 1 : 3. Beim Laden wird Wasser der Säure in Sauerstoff und Wasserstoff gespalten, wobei sich Sauerstoff-Ionen an den Plusplatten zu Bleidioxid verbinden, während sich Wasserstoff mit dem Säurerest zu Schwefelsäure vereinigt. Die aktive Masse der negativen Platten reduziert dabei zu Blei.

Je mehr die Batterie geladen wird, desto höher wird die Dichte der Akkusäure: bei voller Batterie 1,29 kg/l. Beim Entladen dagegen wird Schwefelsäure in Wasserstoff und Säurerest zerlegt. An der Plusplatte verbinden sich Wasserstoff-Ionen mit Sauerstoff zu Wasser. Es kehrt in den Elektrolyten zurück, wobei das Bleidioxid der Plusplatte zu Blei reduziert. Mit zunehmender Entladung werden die Bleiplatten durch Verbindung mit nun freiwerdendem Säurerest in Bleisulfat umgewandelt: Die Säure wird wässriger, die Dichte nimmt ab. Eine Säuredichte von 1,12 bis 1,14 kg/l läßt daher auf eine leere Batterie schließen. Sie ist Kriteri-

Batterien, die ihre Schwefelsäure in fester Form enthalten, haben an Bord einige Vorteile: Sie sind nicht nur wartungsfrei, sie arbeiten auch noch während extremer Krängung. Dazu sind sie tiefentladungsfest, so

daß man sich auch im Winterlager nicht um sie kümmern muß. Ihre Ruhespannung liegt im entladenen Zustand oftmals jedoch unter 10 Volt. Geregelte Ladegeräte, die meist erst starten, wenn sie von der Bat-

terie eine Gegenspannung bekommen, laufen dann nicht selbsttätig an. Man muß sie von Hand starten.

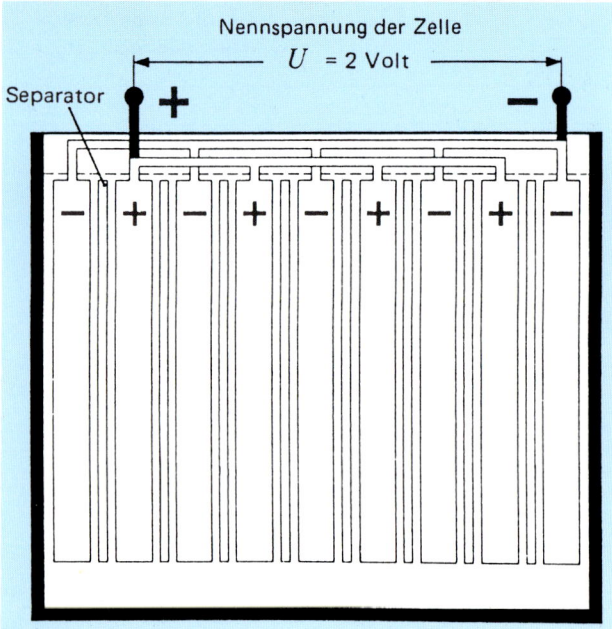

Batterien entstehen aus einzelnen Zellen, die jede für sich eine Spannung von

2 Volt vorrätig halten. Erst das Zusammenschalten ergibt den Batterieblock.

um für Zellenspannung und Ladezustand. Zur Wartung der Bordbatterie gehört daher die regelmäßige Überprüfung der Säure, sofern die Batterie noch Verschlußstopfen hat.

Kippsichere Batterien kann man nur mit einem Voltmeter prüfen. Eine Bleizelle besitzt eine Spannung ohne Stromentnahme von 2,0 Volt, während der normalen Ladung steigt sie langsam auf 2,4 Volt an, danach schneller auf zirka 2,7 Volt. Ab 2,4 Volt ist eine Batterie ungefähr zu 90 % geladen und beginnt zu gasen. Es darf jetzt nur noch mit geringem Strom weitergeladen werden.

Ein gutes Ladegerät oder der Bordgenerator regelt die Ladespannung so, daß die sogenannte Gasungsspannung von 2,4 Volt nicht überschritten und damit der Strom gegen Ende der Ladung reduziert wird. Eine Weiterladung mit dem Anfangsstrom (wie es bei ungeregelten Ladern der Fall ist) zerstört die Batterie durch starke Erwärmung und dadurch aggressiver werdende Säure und durch Knallgasbildung. Gas löst die Plattenmasse aus den Gittern, was zu einer Kapazitätsverminderung und letztlich zur Zerstörung der Batterie führt.

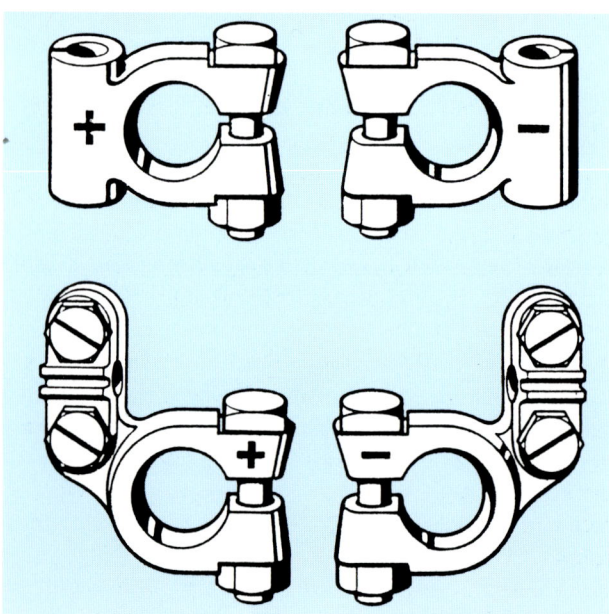

Die Pole von Bordakkumulatoren erfordern spezielle Anschlußklemmen. Die Anschlüsse für + und − sind unterschiedlich groß. Oben: Batterieanschlüsse zum Löten der Kabel, unten: zum Klemmen. Sie bestehen aus

einer säurefesten Legierung und sollten mit Polfett oder Vaseline eingestrichen werden.

Im Prinzip besitzen alle Batterien an Bord von Yachten Bleiplatten, die in verdünnte Schwefelsäure getaucht sind. Durch unterschiedlichen mechanischen Aufbau und Legierungszusätze gibt es heute jedoch für viele

Einsätze Spezialbatterien. Diese wurde speziell für die Ladung mit Solargeneratoren ausgelegt (oben).

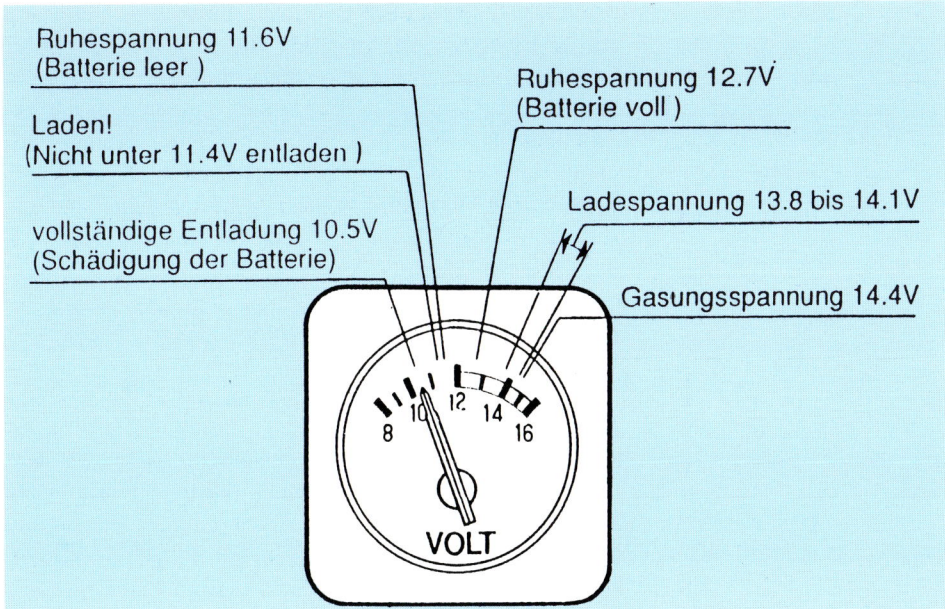

Ruhespannung 11.6V
(Batterie leer )

Laden!
(Nicht unter 11.4V entladen )

vollständige Entladung 10.5V
(Schädigung der Batterie)

Ruhespannung 12.7V
(Batterie voll )

Ladespannung 13.8 bis 14.1V

Gasungsspannung 14.4V

Der Spannungsunterschied an einer geladenen und einer entladenen Bleibatterie macht gerade 1,1 Volt aus (Ruhespannungen). Den Ladezustand mit einem normalen Voltmeter festzustellen, bereitet denn auch Schwierigkeiten. Man benutzt deshalb Geräte mit einer Skala, die nur den wichtigen Bereich einer Batterie abdeckt: 8–16 V. Darin befinden sich der Tiefentladezustand von 10,5 V ebenso wie die Gasungsspannung von 14,4 V (für eine 12-Volt-Batterie).

Kritischer sind die an Bord häufig vorkommenden Tiefentladungen. Durch dabei auftretende starke Beanspruchung der Gitter und Bleistäbe wird die Batterie schon nach kurzer Zeit unbrauchbar.

Sie sollte im Hinblick auf ihre Lebensdauer nicht regelmäßig voll ausgenutzt, sondern nur bis zu 80 % entladen werden. Eine entnommene Strommenge muß dann unter Berücksichtigung eines sogenannten Ladefaktors von 1,1 (also um 10 % mehr) wieder nachgeliefert werden. Wird nämlich beim Laden in den Batterieplatten entstandenes Bleisulfat wegen ungenügender Ladung nicht vollständig rückverwandelt, kristallisiert es und zerstört ebenfalls die Batterie. Solche sulfatierten Batterien können nur zum Teil durch dosiertes Laden und Entladen wieder aktiviert werden. Neben kippsicheren Batterien, die wartungsfrei sind und keine Füllstopfen mehr besitzen, eignen sich solche an Bord besonders gut, deren Säure in einem Gel gebunden ist: Neben einer weitgehenden Wartungsfreiheit kann man sie auch tiefentladen. Ansonsten sind sie genauso zu behandeln wie herkömmliche Bleibatterien.

# ENERGIEBILANZ

Gleich, welchen Stromspeicher man eingebaut hat, wichtig ist die Größe der mitzuführenden Strommenge. Eine längere Segelreise über See sollte deshalb mit der elektrischen Energiebilanz der an Bord vorhandenen Stromverbraucher beginnen.

Um die Strommenge, die Kapazität der Batterie also, festzulegen, trägt man alle elektrischen Geräte am besten in ein Formblatt ein, wie es der Deutsche Boots- und Schiffbauer-Verband herausgibt. Dabei ist es relativ einfach, die Leistungen von Positionslaternen, Decksbeleuchtung und Echolot zu ermitteln. Die stehen im Prospekt beziehungsweise gibt der Hersteller an. Daraus lassen sich die Ströme (in Ampere) berechnen, wenn die Leistung (in Watt) durch die Spannung (in Volt) dividiert wird.

Schwieriger ist es, die Einschaltzeiten zu bestimmen, die von Faktoren abhängen wie Fahrtgebiet und Neigung des Eigners. Dabei ist es meist noch nötig, zwischen Tag- und Nachtbetrieb zu unterscheiden. Vom Hafenbetrieb ist die E-Bilanz nur dann nicht betroffen, wenn ein genügend großer Landanschluß vorhanden ist. Bei der Bestimmung der Einschaltzeiten muß außerdem differenziert werden zwischen für den Bordbetrieb wichtigen und sogenannten „Komfortverbrauchern".

Für ein Fahrtenschiff, das auch über See geht und nicht jeden Tag einen Hafen anläuft, sollte die für die wichtigen Verbraucher für mindestens drei Tage benötigte Kapazität eingerechnet werden (72 Stunden); für die Komfortverbraucher genügt es, den Energievorrat so vorzusehen, daß die für den Schiffsbetrieb unwichtigen Verbraucher einen Tag lang versorgt werden können (24 Stunden).

Die zur Ermittlung der Batteriekapazität eines Bordnetzes einer 12-m-Segelyacht in eine Liste eingetra-

**Installationsliste für die Ermittlung der Batteriekapazität — Technisches Merkblatt E 3.3-1**

| Pos | Bereich | Installationsteil, I - gruppe | N [W] | J - [A] | x h [std] | = Ah | Bemerkung |
|---|---|---|---|---|---|---|---|
| 1 | | Beleuchtung Bb. | 150 | 6,25 | 3 | 18,75 | 6x25W |
| 2 | | Beleuchtung Stb. | 150 | 6,25 | 3 | 18,75 | 6x25W |
| 3 | | Beleuchtung Mitte | 125 | 5,21 | 4 | 20,84 | 5x25W |
| 4 | | Steckdosen (Ankerl. etc.) | 25 | 1,04 | 16 | 16,64 | |
| 5 | | Decksbeleuchtung | 25 | 1,04 | 4 | 4,16 | |
| 6 | | Klarsichtscheibe | 50 | 2,08 | 10 | 20,80 | |
| 7 | | Speedometer und Kompaß | | 0,30 | 48 | 14,40 | |
| 8 | | Radar | 110 | 4,80 | 10 | 48,00 | |
| 9 | | Grenzwellenempfänger | | 1,00 | 4 | 4,00 | |
| 10 | | Echolot | | 0,30 | 24 | 7,20 | |
| 11 | | Decca-Navigator | | 0,50 | 3 | 1,50 | |
| 12 | | Autopilot | | 1,00 | 48 | 48,00 | |
| 13 | | Heizung | | 2,00 | 4 | 8,00 | |
| 14 | | Kühlanlage | 40 | 1,67 | 24 | 40,10 | |
| 15 | | Positionslaternen | 85 | 3,54 | 16 | 56,64 | |
| 16 | | ( Fernkompaß | 40 | 1,67 | 48 | 80,16 | ) |
| 17 | | ( Druckwasserpumpe | 48 | 2,00 | 2 | 4,00 | ) |
| 18 | | | | | | | |
| 19 | | | | | | | |
| 20 | | | | | | | |

Übertrag Blatt 2, 2.1, 2.3 .......

Anlagen - Gesamtwert Σ — Gesamt Ah 411,94

Berechnungszeit Stunden h: 8 16 24 32 40 — Bordspannung

Berechnung der Batteriekapazität

$$Ah = \frac{\Sigma\,Ah}{0,6} = \frac{411,94}{0,6} = 686,57\ Ah$$

24 Volt — Blatt 1

Ermittelte Batteriegröße (handelsübl. Ah - Wert) 2x4x170** Ah

Werft: / Fahrzeug: / Auftrag: / Auftraggeber: / Dat.: / Name:

Deutscher Boots- und Schiffbauer-Verband, 2000 Hamburg 36, Jungiusstr. 18, Tel.: 040 / 344 610

---

**Installationsliste für die Ermittlung der Batteriekapazität — Technisches Merkblatt E 3.3-1**

| Pos | Bereich | Installationsteil, I - gruppe | N [W] | J - [A] | x h [std] | = Ah | Bemerkung |
|---|---|---|---|---|---|---|---|
| 1 | | Hornet: kombinierte Speedo- | | | | | |
| 2 | | meter- und Windmeßanlage | | | | | |
| 3 | | | | | | | |
| 4 | | Windgeschwindigkeit ) | | | | | |
| 5 | | Windrichtung ) | | | | | |
| 6 | | Am-Wind-Anzeige ) | | 0,5 | 72 | 30,0 | |
| 7 | | Meilen, Log ) | | | | | |
| 8 | | Echolot | | 0,2 | 24 | 4,8 | |
| 9 | | Beleuchtung (5x40 mA) | | 0,2 | 24 | 4,8 | |
| 10 | | | | | | 45,6 | |
| 11 | | Kompaßbeleuchtung (2x2W) | 4 | 0,33 | 24 | 8,0 | |
| 12 | | GPS-Navigator | | 0,14 | 72 | 10,1 | |
| 13 | | Fluxgatetochter | | 0,07 | 72 | 5,0 | |
| 14 | | Beleuchtung (2x40 mA) | | 0,08 | 24 | 1,9 | |
| 15 | | | | | | 25,0 | |
| 16 | | Positionslaternen : | | | | | |
| 17 | | Zweifarbenlaterne ) | 35 | 2,92 | 8 | 23,33 | |
| 18 | | Hecklaterne ) | | | | | |
| 19 | | oder : | | | | | |
| 20 | | Dreifarbenlaterne | 25 | 2,08 | 8 | 16,67 | |

Übertrag Blatt 2, 2.1, 2.3 .......

Anlagen - Gesamtwert Σ — Gesamt Ah 93,93

Berechnungszeit Stunden h: 8 16 24 32 40 — Bordspannung

Berechnung der Batteriekapazität

$$Ah = \frac{\Sigma\,Ah}{0,6} = \frac{93,93}{0,6} = 156,55\ Ah$$

12 Volt — Blatt 1

Ermittelte Batteriegröße (handelsübl. Ah - Wert) 160 Ah

Werft: / Fahrzeug: / Auftrag: / Auftraggeber: / Dat.: / Name:

Deutscher Boots- und Schiffbauer-Verband, 2000 Hamburg 36, Jungiusstr. 18, Tel.: 040 / 344 610

---

**Erst die Installationsliste** verschafft eine Übersicht über den an Bord benötigten Strom: Spalte 3 enthält die einzelnen Verbraucher, Spalte 4 deren Leistungen. Daraus rechnet man (Leistung durch Bordspannung) den Strom in Spalte 5.

**Die Spalte 6 enthält die Betriebsstunden,** die multipliziert mit dem Strom die Amperestunden (Ah) ergeben: Spalte 7.

**Die Berechnung wurde einmal** für eine Batteriekapazität einer Fahrtenyacht für 48 Stunden ohne Nachladung und einmal für den dreitägigen Törn einer regattamäßig ausgerüsteten Yacht durchgeführt. Wichtig ist immer der

**Divisor 0,6,** der sämtliche Verluste beinhaltet, die durch Speichern und Laden entstehen. Die benötigte Gesamtkapazität (die Bordbatterie) wird dadurch größer als die Summe der Einzelkapazitäten.

genen Werte geben ein Beispiel einer durchschnittlichen E-Bilanz für 24 Stunden. Die Kapazität einer Batterie wird in Amperestunden (Ah) gerechnet und ergibt sich aus der Multiplikation des Stromes mit der Einschaltzeit. Die Summe dieser Werte ist die Gesamtkapazität. Damit ist die Größe der Bordbatterie ohne „Wirkungsgrad" bestimmt, der sich zu 0,6 ergibt. Die Gesamtkapazität muß also noch durch diesen Wert dividiert werden, damit man eine echte Batteriekapazität erhält. Aus Batterie-Herstellerlisten ermittelt man eine handelsübliche Batteriegröße.

Der Divisor 0,6 berücksichtigt einmal den Ladefaktor einer Bleibatterie, der für die zirka 20 % an Kapazität steht, die man gegenüber der entnommenen Energie mehr in die Batterie hineinladen muß, um ihr eine bestimmte Menge entnehmen zu können, und er berücksichtigt auch, daß sie nie um mehr als zirka 80 % ihrer Kapazität entladen werden soll, um Tiefentladungen vorzubeugen.

Die Batteriegröße hat in der Regel die Werft festgelegt, und das ist meist wenig genug. Wenn zusätzliche elektrische Geräte an Bord kommen, muß auch die Batterie vergrößert werden. Die E-Bilanz gibt darüber Auskunft. Damit stellt sich auch die Frage, ob die vorhandene Batterie durch Parallelschaltung einer zweiten erweitert werden soll oder ob man ein zweites System installiert und die Verbraucher in wichtige und unwichtige aufteilt, die dann jeweils einem System zugeordnet werden.

## Bordbatterie-Erweiterung

Die Ladung von nur einer Batterie bereitet an Bord keine Schwierigkeiten: Sobald der Diesel läuft, wird Strom in die Batterie geladen – völlig automatisch. Der Motorenhersteller hat dazu bereits sämtliche nötigen Installationen am Motor vorgesehen; denn ein solches Ein-Batterien-System ist Bestandteil der Motorinstallation und die Energiequelle zum Starten des Verbrennungsmotors. Was man als Bootseigner an zusätzlichen Verbrauchern auf die Batterie schaltet, ist

nicht kalkuliert und damit oft der Anfang aller elektrischen Störungen.

Jetzt wird eine Erweiterung des Stromspeichers nötig mit einer weiterhin problemlosen Versorgung der Batterien mit Ladestrom. Für eine Verdopplung und auch Verdreifachung der vorhandenen Batteriekapazität liefert der serienmäßig angebaute Drehstrom-Generator immer noch ausreichend Ladung: Die Bordbatterie nämlich verkraftet lediglich einen Ladestrom, dessen Zahlenwert ungefähr einem Zehntel ihrer Kapazität gleichkommt. Mit einem 37-Ampere-Generator ist es also noch möglich, eine Bordbatterie mit einer Kapazität von 370 Ah ausreichend zu laden.

Schaltet man zu der vorhandenen Bordbatterie eine zweite parallel, dann hat man die Kapazität „nur" erhöht, man fährt weiterhin ein Ein-Batterien-System. Solche Anlagen besitzen keinen Komfort; Bordnetz und Starteranlage werden von derselben Batterie gespeist: Auf einen Kühlschrank und elektrische Pumpen sollte verzichtet werden zugunsten einer funktionsfähigen Startanlage und starker Positionslaternen.

Es ist immer von Vorteil, eine Erweiterung der Kapazität mit einer gleichzeitigen Trennung von Start- und Bordnetz-System zu verbinden. Eine gute und inzwischen weitverbreitete Methode ist die Separierung zweier Batterien mit einem Diodenverteiler. Dioden sind Halbleiter, die den Strom nur in einer Richtung durchlassen und, richtig in die Ladeleitung eingebaut,

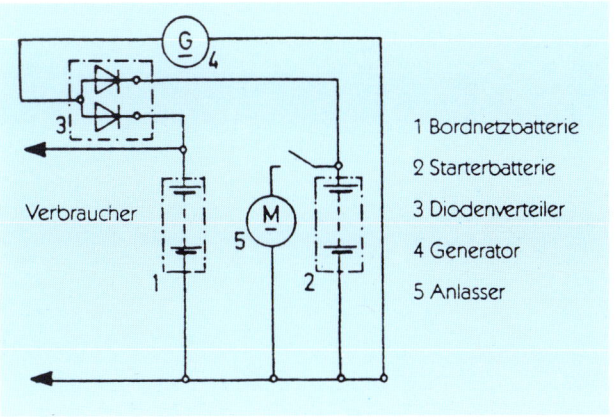

1 Bordnetzbatterie
2 Starterbatterie
3 Diodenverteiler
4 Generator
5 Anlasser

Ein Zwei-Batterien-System mit Diodenverteiler, wie man es als Standard auf jeder Yacht haben sollte. Um den Anlasser und die Starterbatterie braucht man sich dann nicht mehr zu kümmern, Ladung und Entladung laufen ab wie beim Auto. Lediglich die Verbraucher an der Bordnetzbatterie bedürfen besonderer Beachtung, wobei sie das E-System nie lahmlegen können; denn Strom, um den Generator zu starten, ist immer vorhanden (in der Starterbatterie).

eine gleichzeitige Ladung beider Batterien vom Bordgenerator bewerkstelligen. Bei der Entladung jedoch,
wenn der Strom in entgegengesetzter Richtung fließt,
trennen sie beide Batterien.

Die Nachteile von Diodenverteilern sind allerdings,
daß auch in Durchlaßrichtung an ihren Anschlüssen
ein Spannungsabfall auftritt, der eine Volladung der
Batterie verhindert. Durch geeignete Schaltungen kann
man den Spannungsabfall jedoch kompensieren, so
daß Diodenverteiler eine gute Alternative für die
Ladung eines Zwei-Batterien-Systems mit nur einem
Generator sind.

Man sollte sich dazu einen Generatorregler beschaffen, der von vornherein auf einen dem Spannungsabfall entsprechenden höheren Wert eingestellt ist. Selbst
so permanente Stromverbraucher wie der Kühlschrank
legen dann auch während längerer Ankerliegezeiten
die Spannungsversorgung nicht lahm. Ist Batterie II
leergefahren, wird der Motor mit Batterie I (Starterbatterie) angelassen, und beide Batterien werden so wieder aufgeladen. Auf eine geringe Durchlaßspannung
sollte man aber dennoch achten: Drehstromgeneratoren reagieren empfindlich auf Spannungsspitzen, so
daß man die dämpfende Wirkung der Batterie immer
benötigt. Die Dämpfung ist nicht gegeben, wenn der
Durchlaßwiderstand der Dioden zu hoch liegt.

### Batterie-Systeme

Eine Batterie entsteht aus der Zusammenschaltung
mehrerer Zellen. Durch In-Reihe-Schalten (dabei wird
der Pluspol der ersten Zelle mit dem Minuspol der
zweiten Zelle und so weiter verbunden) kommt man
auf die an Bord benötigten Spannungen. So gehören
zu einer 12-Volt-Bleibatterie sechs Zellen, deren Spannung jeweils 2,0 Volt beträgt.

Batteriehersteller schalten die Zellen zu Blöcken
zusammen, so daß man für kleine Kapazitäten schon
fertige Batterien bekommt. Bleibatterien gibt es in 6-
und 12-Volt-Einheiten, und jeder kann selbst seiner
Batterie die richtige Bauform geben, indem er bei-

**Zur Spannungserhöhung
schaltet man Batterien in
Reihe.** Auf die Bordspannung von 12 V kommt man
mit Hilfe der Reihenschaltung (Minus an Plus) zweier
6-Volt-Blöcke. Die Kapazität
von 75 Ah bleibt erhalten.
Will man die Batterie ver-
größern, schaltet man

**Blöcke parallel (Plus auf
Plus und Minus auf Minus).**
Die Kapazitäten, hier zweimal 75 Ah, addieren sich
zu 150 Ah; die Spannung
von 6 V bleibt bestehen.
Werden beide Schaltungen
kombiniert, erhöhen sich
Spannung und Kapazität:
12 V und 150 Ah.

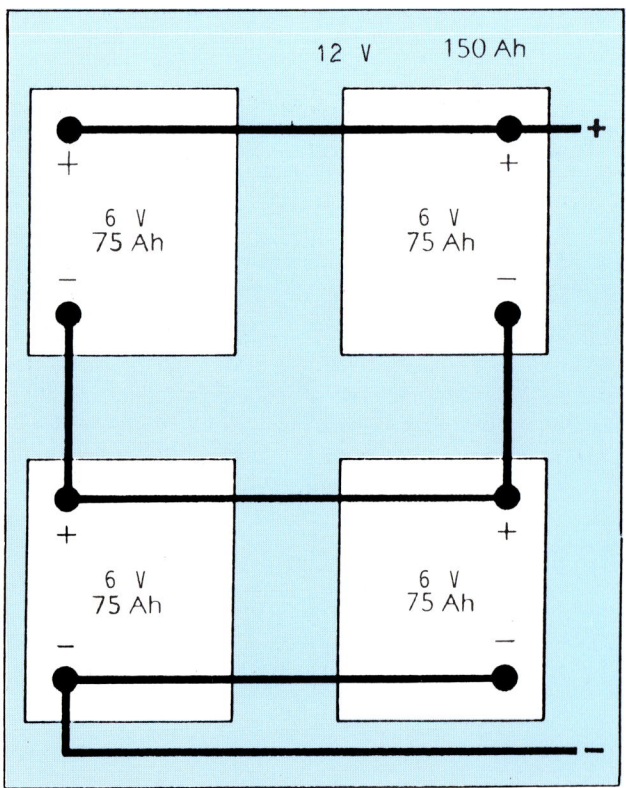

spielsweise zwei 6-Volt-Blöcke zu einer 12-Volt-Batterie zusammenschließt. Auch hier wird der Pluspol des ersten Blocks auf den Minuspol des zweiten Blocks geschaltet und die Gesamtspannung an den verbleibenden freien Polen abgenommen.

Die Stromentnahme der für die (neue) höhere Spannung ausgelegten Verbraucher verringert sich so bei gleicher Leistung um die Hälfte. Bei gleichbleibender Batteriekapazität erhöht sich damit die Betriebszeit. Für eine Reihenschaltung sollten Batterieblöcke gleicher Bauart und Kapazität sowie gleicher Säuredichte und gleichen Herstellungsdatums (am besten in vollgeladenem Zustand) verwendet werden.

Will man die Kapazität seiner Batterie erhöhen, kommt meist ein weiterer Batterieblock an Bord. Man kann die Batterie-Einheiten aber auch parallelschalten. Dazu werden Pluspol mit Pluspol und Minuspol mit Minuspol verbunden. Hier gibt es allerdings einiges zu bedenken, so daß man in der Praxis Parallelschaltungen seltener ausführt (um nicht mit großen Blöcken herumhantieren zu müssen, ist es aber praktisch): Schon geringfügig ungleiche Ladungen führen zu Ausgleichsströmen zwischen den Batterien und zu ungleicher Belastung, was für ihre Lebensdauer nicht vorteilhaft ist. Die vorhandene Kapazität wird zudem nicht optimal genutzt. Es gilt daher, nur Batterien gleicher Spannung und Säuredichte, am besten in völlig entladenem Zustand, zusammenzuschalten. Bauart und Kapazität können unterschiedlich sein, wichtig sind aber exakt bemessene Verbindungsleitungen (Brücken) hinsichtlich Länge und Querschnitt, um Spannungsdifferenzen zwischen gleichnamigen Polen auszuschalten. Ladung und Stromentnahme sollten deshalb auch diagonal vorgenommen werden.

Auf diese Weise kann man durch kombinierte Reihen- und Parallelschaltung zu seiner individuellen, den Bordgegebenheiten angepaßten Batterie kommen. Obwohl Spannungsabgriffe jetzt durch die offenliegenden Pole möglich geworden sind, etwa 6 Volt bei einer aus zwei 6-Volt-Batterien entstandenen 12-Volt-Batterie, sollte man sie aber aus den vorgenannten, bei Reihenschaltungen zu beachtenden Gründen vermeiden.

Zur Schaltung von Batterien noch die folgenden Bemerkungen: 1. Das Alter der Batterien wird meistens unterschiedlich sein. 2. Der innere Widerstand der Zellen der einzelnen Batterien wird durch unterschiedliche Sulfation, unterschiedliche Elektrolytdichte und -temperatur und durch ungleiche Entladungszustände etc. voneinander abweichen. 3. Der äußere Widerstand der Zellen wird durch unterschiedlichen Kontaktdruck und Oxidation der Zellenverbindungen sowie durch verschiedene Leitungslängen unterschiedlich sein. Dadurch verteilt sich während einer Ladung der vom Generator gelieferte Strom nach den Widerständen und Gegenspannungen der einzelnen Blöcke. Gleichzeitig steht an jeder Zelle eine aus ihrem Innenwiderstand und dem Teilstrom resultierende Spannung, die, da die Gesamt-Ladespannung aus der Summe der Teilströme bestimmt wird, nicht die sogenannte Gasungsspannung überschreitet. Man kann also bedenkenlos parallel laden.

Schaltet man diese Batterien aber in Reihe, dann ist der Ladestrom an allen Zellen konstant, abhängig von der Summe der unterschiedlichen inneren und äußeren Widerstände. Die Spannung an jeder Zelle ergibt sich aus dem Gesamtladestrom und den einzelnen Widerständen. So kann hier eine (sulfatierte) Zelle schon gasen, während eine andere (noch fast leere Zelle) die Gasungsspannung noch lange nicht erreicht hat. Von einer Ladung einzelner, hintereinanderliegender Batterien ist deshalb abzuraten.

# BATTERIELADUNG

Die komplizierte Chemie der Batterie erfordert einigen Aufwand, um sie wieder zu laden. Während man ihr auch hohe Ströme über eine längere Zeit entnehmen kann, ist eine Bleibatterie nur mit dosiertem Strom wieder betriebsklar zu machen. Eine Ladung dauert immer 8 bis 12 Stunden, eine absolute Volladung sogar bis zu 24 Stunden.

Mit der Ladung führt man der Batterie elektrische Energie zu, die sie als chemische Energie speichert.

Der Ladevorgang wird vom Generator oder Ladegerät erzwungen, das heißt, ein Spannungserzeuger saugt von den Plus-Elektroden der Batterie Elektronen ab und „pumpt" sie über einen äußeren Stromkreis zur Minus-Elektrode. Dazu werden das Pluskabel des Ladegeräts mit dem Pluspol der Batterie (+) verbunden und das Lader-Minuskabel mit dem Minuspol (−) der Batterie. Die chemischen Vorgänge innerhalb der Platten müssen in diesem Zusammenhang nicht interessieren. Was sich bei der Ladung jedoch an den Batterie-Polen an Meßbarem einstellt, sollte ein Yachteigner schon wissen. Die Nennspannung einer Bleiakkumulator-Zelle beträgt 2,0 Volt. Wichtiger aber sind Spannungswerte, die eine konkrete Aussage über den Ladezustand dieser an Bord von Yachten vorwiegend eingesetzten Zellen machen.

*Entladeschlußspannung:* Sie ist die Spannung, bis zu der eine Bleizelle entladen werden darf. Spätestens jetzt muß nachgeladen werden. Sie beträgt 1,75 Volt (bei Entladung mit dem 20stündigen Entladestrom).

*Gasungsspannung:* Oberhalb dieser Spannung beginnt der Akku deutlich zu gasen. Regler von Generatoren und geregelte Ladegeräte sind so eingestellt, daß diese

Spannung (2,40 bis 2,45 V je Zelle) nicht überschritten wird.

*Ruhespannung:* Sie ist die an den offenen Polen einer Batterie gemessene Spannung, die nach Abschalten des Lade- oder Entladestromes einen Beharrungswert erreicht. Ihre Höhe hängt ab von der Dichte des Elektrolyts, der Schwefelsäure. Über den Wert 0,84 steht die Ruhespannung in fester Relation zur Dichte. Bei einer Säuredichte von 1,28 kg/l beträgt ihr Zahlenwert (1,28 + 0,84 =) 2,12 V für eine geladene Batterie.

*Ladeschlußspannung:* Das ist die Spannung, die sich am Ende der Ladung einstellt, wenn Säuredichte und Spannung nicht mehr steigen. Sie beträgt je nach Batterietyp 2,45 bis 2,50 V je Zelle. Die Ladespannung hängt ab vom Ladezustand der Batterie, vom Ladestrom und von der Temperatur der Schwefelsäure und ist in jedem Fall höher als die Ruhespannung.

Beim Laden (und Entladen) wird die aktive Masse der Platten aber auch mechanisch beeinflußt: Der Raumbedarf des beim Entladen entstehenden Bleisulfats ist größer als der von Blei und Bleidioxid. Grundsätzlich müssen deshalb Tiefentladungen vermieden und entladene Batterien sofort wieder aufgeladen werden. Häu-

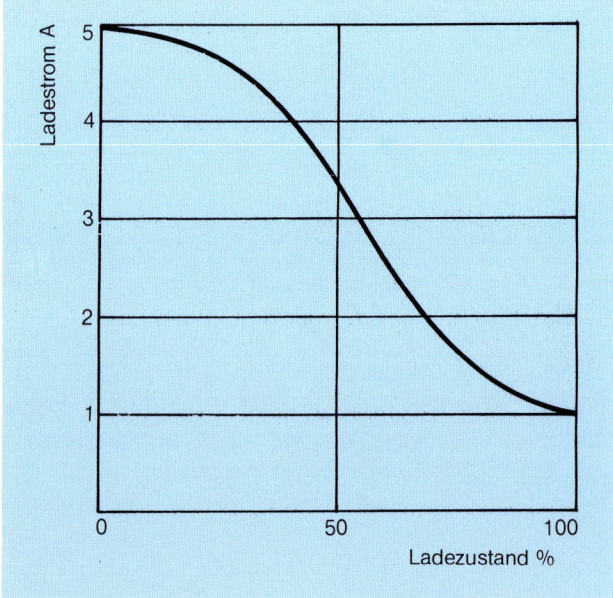

**Bordlader für die Ladung per Landstrom:** Diese Ladegeräte sollten spannungs- und stromgeregelt arbeiten und die Landspannung von der Bordspannung galvanisch trennen (Trenntransformator).

**Verlauf des Ladestroms während einer Ladung:** Die Höhe des Stroms nimmt mit dem Ladezustand der Batterie ab. Ist sie fast voll, beträgt der Strom hier nur noch ein Fünftel des Anfangsladestroms. Diese Abhängigkeit der Lademenge von der Batteriekapazität verhindert eine Schnelladung, auch wenn ein Ladegerät mit hohem Strom zur Verfügung steht.

figes Überladen hat, wegen der aggressiver werdenden Säure, eine erhöhte Korrosion der Bleigitter zur Folge. Eine unbenutzte Batterie entlädt sich durch Selbstentladung. Das ist besonders bei älteren Batterien stark ausgeprägt. Eine Bordbatterie sollte deshalb, auch wenn ihr nur wenig Strom entnommen wurde, alle vier Wochen geladen werden.

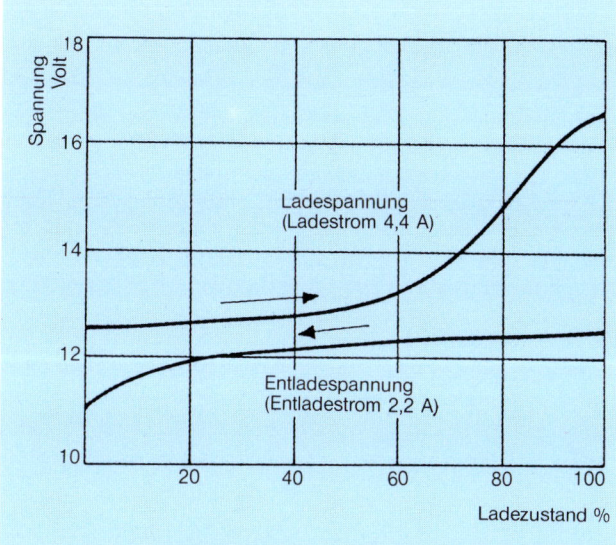

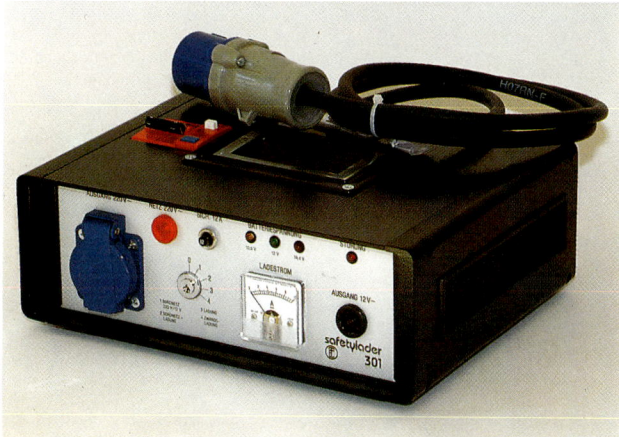

## Bordgenerator

Bootsmotoren sind mit einem Generator ausgerüstet, der nach Erreichen einer Mindestdrehzahl Strom abgibt. Drehstromgeneratoren mit einer Leistung von 490 W (Ladestrom bei 14 V bis zu 35 A) sind Standard für den Hilfsmotor von Segelyachten. Generatoren von 125 A und mehr sind jedoch auch möglich, die Grenze nach unten bilden sogenannte „Lichtspulen", wie sie Außenbordmotoren mit Leistungen von 60 W und Ladeströmen bis zu 4 A angebaut haben.

Während Generatoren durch den Regler in der Leistungsabgabe gesteuert werden, um eine Überladung der Batterie zu verhindern, sind Lichtspulen kleine Wechselstromerzeuger mit nachgeschalteter Diode für eine grobe Gleichrichtung ohne jede Regelung.

Besitzen Generatoren auch hohe Leistungen, so kommen sie selten auf die großen Ladeströme, die sie laut Typenschild erzeugen können. Der mittlere Ladestrom einer 35-Ampere-Lichtmaschine liegt abhängig von der Motordrehzahl und dem Batterieladezustand lediglich zwischen 20 und 25 A, und das auch nur zu Anfang jeder Ladung, da sich der tatsächliche Ladestrom mit der voller werdenden Batterie verringert. Die höhere Leistung stellt aber eine Art Reserve dar, wenn dem Generator parallel zur Ladung auch Strom für andere eingeschaltete Verbraucher abverlangt wird.

Während einer Ladung ändert sich auch die Spannung an der Batterie: Ist die Batterie fast voll, kann die Spannung über 16 Volt liegen. In diesem Stadium wurde die Gasungsspannung längst überschritten; nur mit extrem kleinen Ladeströmen ist es möglich, den Ladezustand einer Bleibatterie auf 100 % zu bringen. Elektrische Geräte, die während der Ladung angeschlossen bleiben, müssen für diese hohe Spannung geeignet sein.

Ladegerät mit Steckvorrichtung nach CEE-Norm, die in vielen Yachthäfen Schuko- und zweipolige Stecker verdrängt hat (unten).

Der Bordgenerator ist Teil des Einbaudiesels und ausgelegt für eine Ladung der Starterbatterie. Meist ist es aber möglich, ihn zusätzlich für die Ladung der Bordnetz- oder Komfortbatterie zu benutzen. Seine Leistung reicht aus, da die Batterien sich ohnehin gegen große Ladeströme wehren.

Das muß in jedem Fall bei der Kalkulation einer Nachladung berücksichtigt werden.

Der Ladestrom, den eine Batterie zuläßt, hängt auch von ihrer Größe ab; erinnern wir uns an die 10 % der Kapazität, die der Ladestrom als Zahlenwert groß sein darf.

Berücksichtigt werden muß bei jeder Ladung zudem die Gasungsspannung, die bei 2,4 V je Bleizelle und bei 14,4 V je 12-Volt-Block liegt. Generatoren werden deshalb spannungsgeregelt. Diese Begrenzung ist für die Batterie von Bedeutung, denn mit 14,4 V erreicht eine 12-Volt-Bordbatterie eine kritische Spannung. Es wäre sicher effektiver, die Ladespannung auf nur 13,8 Volt zu regeln, 0,1 Volt je Zelle unter der stark einsetzenden Gasung. Das jedoch würde den Ladestrom für ein schnelles Laden weiter verringern.

Bei Spannungserhöhung, etwa wenn der Regler defekt ist, steigt die Gasentwicklung sprunghaft an. Es entsteht ein Gemisch aus Wasserstoff und Sauerstoff, das in der richtigen Konstellation das hochexplosive Knallgas ergibt. Dieses Gas wird aus dem Wasser der Batterie erzeugt und verursacht somit einen entsprechenden Wasserverlust. Die Bildung von 0,001 Kubikmeter Gas aus 0,5 Gramm Wasser zeigt, wie wichtig es ist, die Batterie an gut belüfteter Stelle im Schiff einzubauen.

Um alle Gasungsprobleme zu umgehen, könnte man den Spannungsregler auf 13,3 Volt einstellen; dann aber würde die Batterie nie richtig voll werden. Selbst bei einer Spannung von 14,4 Volt hat sie, wie gesagt, erst einen Ladezustand von 85 bis 90 % erreicht. Die

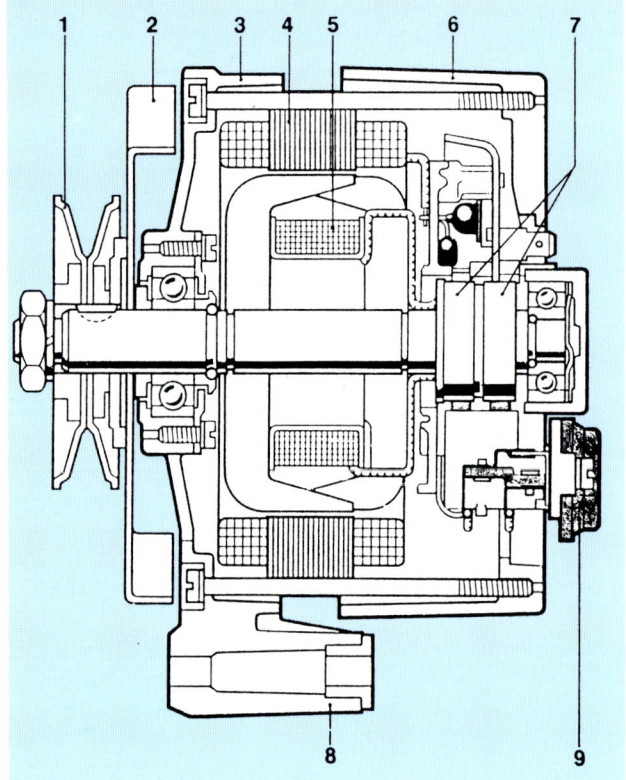

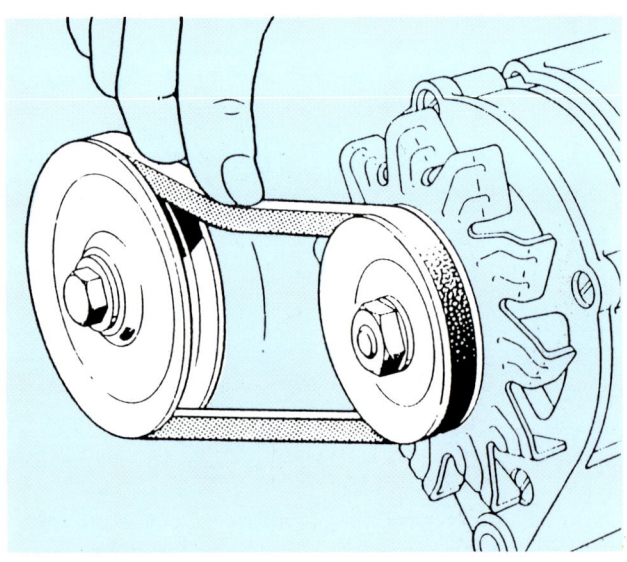

|  | System 1 | System 2 |
|---|---|---|
| Lichtmaschine | 35 A | 35 A |
| Stromverbrauch | 48 Ah | 48 Ah |
| Batteriekapazität | 80 Ah | 240 Ah |
| Ladestrom | 8 A | 24 A |
| Ladezeit | 6 h | 2 h |

Die Strommenge, die man in einer bestimmten Zeit in eine Batterie wieder hineinladen kann, hängt ab von ihrer Größe. So benötigt man für eine Nachladung von 48 Ah in eine 80 Ah-Batterie 6 Stunden, während die Ladung der gleichen Menge in eine

240-Ah-Batterie nur zwei Stunden dauert. Die kleine Batterie nämlich ist nur in der Lage, einen durchschnittlichen Ladestrom von 8 A aufzunehmen, die große aber 24 A. Die verwendete Lichtmaschine (Generator) könnte in beiden Fällen 35 A liefern.

Schnittbild eines Klauenpolgenerators: (1) Riemenscheibe, (2) Lüfterrad, (3) Lagerschild, (4) Statorwicklung, (5) Erregerwicklung, (6) Lagerschild Schleifringseite, (7) Schleifringe, (8) Halterung, (9) Regler.

Unten: Prüfen der Keilriemenspannung: eine Daumenbreite lose.

Spannungsregelung an einem Generator wird in jedem Fall so vorgenommen, daß auch in einem Motorboot, wo er permanent dreht, die Batterie nicht überladen wird. Das kann beim Laden per Landanschluß anders sein. Hier aber wird die Ladung vom Eigner eher überwacht.

### Ladegerät

Für die Ladung von Land ist ein Ladegerät nötig. Es gibt billige und teure. Einfache Ladegeräte für eine Normalladung besitzen lediglich einen dem Transformator (der die 220-Volt-Landspannung auf Bordspannung bringt) nachgeschalteten Gleichrichter. Der sorgt dann für die Gleichspannung, die für eine Ladung erforderlich ist.

Batterielader sind so ausgelegt, daß Bleibatterien in einem Zeitraum von 8 bis 12 Stunden geladen werden können. Das heißt, Ladespannung und Ladestrom stehen in einem festen Verhältnis zueinander: Je höher die Batteriespannung ansteigt, desto mehr klingt der Ladestrom ab, so daß bei Erreichen der Gasungsspannung nur noch 40 % des 5stündigen Entladestromes

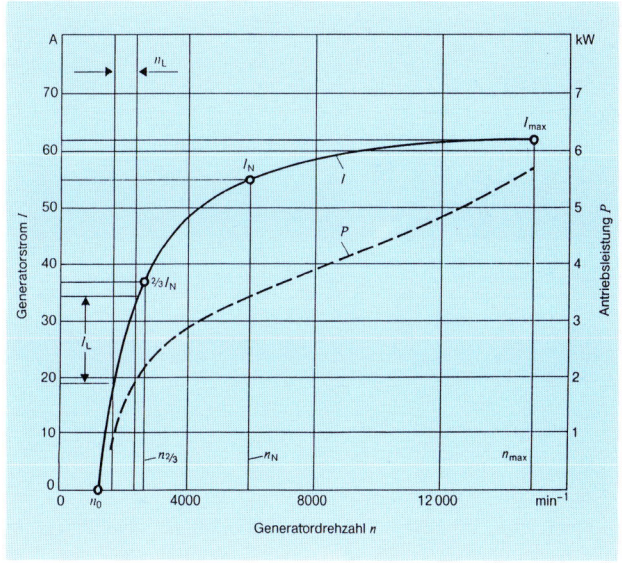

Solargeneratoren wandeln Sonnenlicht direkt in elektrische Energie um. Sie eignen sich an Deck gerade für die Erhaltungsladung der Bordbatterie, während das Boot z. B. unbenutzt am Schlengel liegt. Windgeneratoren leisten bis zu 8 A (bei 12 V) und sind damit geeignet, während eines längeren Segeltörns – ohne zusätzlichen Generator – die gesamte Stromversorgung zu übernehmen. Anschließend sollte jedoch ein kräftiger Landanschluß die Batterien wieder richtig vollladen. Auch Windgeneratoren kommen nicht gänzlich ohne Dieselgenerator oder Bordlader aus.

Ladekurve eines Drehstromgenerators: Aufgetragen sind hier Strom (linke Achse) und Leistung über der Drehzahl. Ihren Nennstrom erreicht diese Maschine schon bei 6000 U/min. Bis 12 000 Umdrehungen bleibt er relativ konstant, was den Gegebenheiten an Bord (Bereich zwischen Leerlauf und Marschfahrt) sehr entgegenkommt. Für diesen Bereich kann die Übersetzung von Motor- zu Generatordrehzahl optimal ausgelegt werden. Selbst bei ungefähr 2000 U/min gibt dieser Generator schon $2/3$ seines Nennstroms ab.

fließen und am Ende der Ladung nur noch 20 %. Solange die Gasungsspannung nicht erreicht ist, vermag die Bordbatterie diesen Strom ohne Schaden aufzunehmen. Nach Überschreiten dieser Spannung muß jedoch auch hier der Ladestrom begrenzt werden.

Höhere Ladeströme bewirken eine höhere Gegenspannung, so daß die Strommenge letztlich geringer ist als beim Laden mit von Anfang an niedrigerem Strom. Es ergibt sich eine längere Nachladezeit, die den Zeitgewinn durch den hohen Anfangsladestrom wieder in Frage stellt. Und schnell soll die Ladung am Schlengel schließlich ablaufen, will man am nächsten Tag die Reise fortsetzen.

Lange Gesamtladezeiten sind dann auch (neben der Unfähigkeit, mehrere Batterien mit unterschiedlichen Ladezuständen parallel zu laden) die Nachteile dieser Ladegeräte. Bessere Ladungsmöglichkeiten bieten

geregelte Ladegeräte. Es werden weitaus kürzere Ladezeiten erzielt, da die Batterie zu jeder Zeit mit einem optimalen Ladestrom geladen wird, ohne die Gasungsspannung zu überschreiten. Ist sie erreicht, wird die Stromstärke automatisch heruntergeregelt und die Spannung konstant an der Grenze der Gasung gehalten.

Geregelte Ladegeräte schalten nicht automatisch ab, wie es andere Geräte tun, denn durch die Regelung kann die Bordbatterie bis zu maximal 40 Stunden angeschlossen bleiben. Durch diese lange Nachladung mit geringem Strom wird eine Ausgleichsladung erreicht, die ein Batterieleben verlängert.

Die Verbindungsleitungen vom Ladegerät zur Batterie (Ladegerät-Plus an Batterie-Plus und desgleichen Minus an Minus) sollen möglichst kurz gehalten werden. Der Spannungsverlust auf dieser Leitung nämlich darf bei Nennstrom 2 % nicht überschreiten, also bei 12 Volt nicht größer als 0,24 Volt sein.

Wird ein Ladegerät fest an Bord eingebaut, sollte es immer ein geregeltes sein. Die Vorteile seiner Ladung: 1. schnelleres Laden durch höheren Anfangsladestrom, 2. schonende Ladung der Batterie, da die Gasungsspannung nicht überschritten wird, geringer Plattenverschleiß, wenig Säurenebel und Knallgas, 3. Parallelladung mehrerer Batterien gleicher Zellenzahl mit unterschiedlicher Kapazität und verschiedenem Ladezustand ist möglich (wichtig für Bordsysteme mit zwei Batterien).

Ladegeräte müssen außerdem in ihren Leistungen der Batteriekapazität angepaßt sein. Als Faustformel gilt ähnlich wie beim Generator, daß der Ladestrom ungefähr 10 bis 15 % des Zahlenwertes der Batteriekapazität betragen soll, für eine 100-Ah-Batterie also 10 bis 15 A. An Bord werden Ladegeräte in den Maschinenraum eingebaut. Wegen der Säure- beziehungsweise Laugennebel sollten sie nicht neben der Batterie installiert werden, obgleich es ihre Baugröße meistens zuläßt.

Die Batterieladung kann also nach verschiedenen Methoden erfolgen, die sich durch den Verlauf des Ladestroms, also seiner Kennlinie, unterscheiden. Die

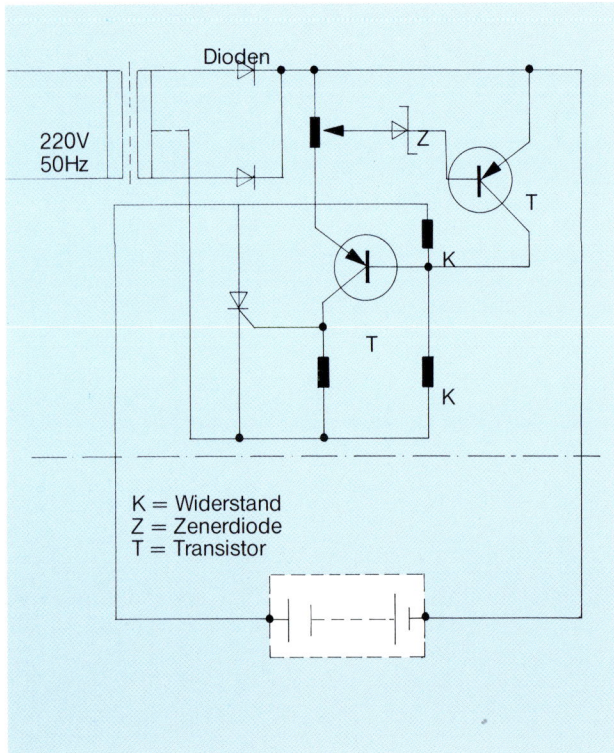

Schaltung eines automatischen Batterieladers: Die Elektronik schaltet selbsttätig ab, wenn die Gasungsspannung der Batterie erreicht ist. Wichtiges Bauteil ist hier die Zenerdiode Z, die die Ladespannung begrenzt.

beiden für eine Bordbatterie wichtigsten sind die W-Kennlinie, die für einen Normallader steht, und die IU-Kennlinie, nach der ein geregeltes Ladegerät arbeitet (wie übrigens der Drehstromgenerator auch).

W-Kennlinie (Kennlinie mit fallender Tendenz): Bei dieser einfachen Kennlinie bleibt die Spannung konstant, so daß der Ladestrom nur durch den inneren Widerstand der Batterie bestimmt wird. Besondere Regeleinrichtungen sind nicht vorhanden: Die Ladespannung der Batterie steigt während der Ladung, die Spannungsdifferenz zwischen Ladegerät und Batterie wird kleiner, und der Ladestrom nimmt ab. Es kann bis zum Erreichen der Endspannung (2,65 V je Zelle) allerdings unter heftigem Gasen noch begrenzte Zeit weitergeladen werden. Ladegeräte mit W-Kennlinie sind für schnelles (Anfangs-)Laden gedacht. Für den

Innenleben eines Laders: Den Hauptteil beansprucht der Trenntrafo, der nicht nur die Landspannung auf

die Bordspannung transformiert, sondern beide auch galvanisch voneinander trennt.

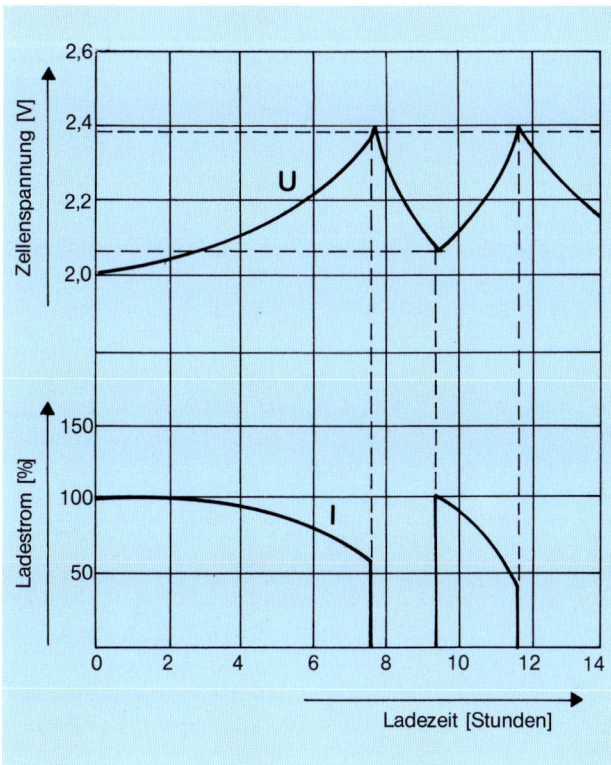

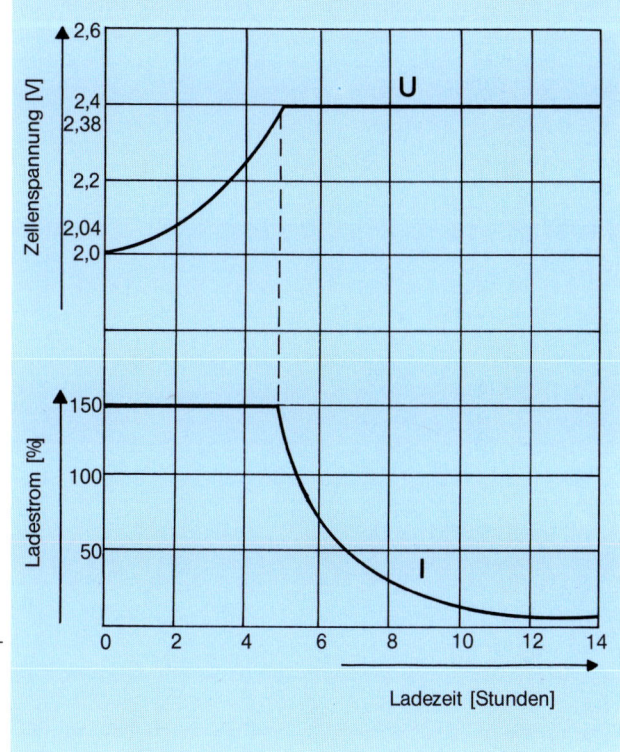

Wae-Kennlinie eines Bordladers: Spannung (oben) und Strom (unten) stellen sich nach dem Ladezustand der Batterie ein. Kurz vor Erreichen der Ladespannung (bei 2,38 V pro Zelle) schaltet das Gerät jedoch ab. Es schaltet seine Ladung erst

wieder ein, wenn die Zellenspannung auf 2,04 V gesunken ist. Lader mit Wae-Kennlinie sind einfach aufgebaut und preiswert. Sie können permanent angeschlossen bleiben.

IU-Kennlinie eines geregelten Bordladers: Spannung (oben) und Strom (unten) werden elektronisch geregelt. Mit Erreichen der Gasungsspannung wird die Ladespannung konstant gehalten, der Strom heruntergeregelt. Dadurch wird in

kurzer Zeit eine große Strommenge geladen. Die Batterie wird allerdings nie ganz voll, so daß hin und wieder ohne Regelung geladen werden sollte. Lader mit IU-Kennlinie können dauernd angeschlossen bleiben.

Einbau an Bord eignen sie sich nur, wenn sie automatisch ein- und ausschalten. Ihre Kennlinienbezeichnung W erhält dann die Indizes a und e: $W_{ae}$.

IU-Kennlinie (Konstantstrom- mit anschließender Konstantspannungs-Kennlinie): Sie signalisiert bereits das geregelte Gerät. Geregelt werden Strom (= I) und Spannung (= U). Hier wird zunächst die Spannung des Ladegerätes durch eine (elektronische) Regeleinrichtung analog zur steigenden Batteriespannung erhöht. Die Spannungsdifferenz zwischen der Ladegerätspannung und der Batterie bleibt dadurch gleich. Die Folge ist ein konstanter Ladestrom, der wesentlich höher ist als der Normalladestrom (nach der W-Kennlinie). Das verkürzt die Ladezeit. Sobald die Gasungsspannung (max. 2,4 V je Zelle) erreicht ist, wird die Spannung des Ladegerätes konstant geregelt: Der Ladestrom sinkt.

## Landstrom

Mit dem Ladegerät kommt Landstrom an Bord, für den spezielle Vorschriften beachtet werden müssen. Zu den VDE-Vorschriften gibt es die DIN-Richtlinie 57100 (Teil 271), die sich speziell mit der Stromversorgung an Liegeplätzen befaßt. Es müssen nämlich Schutzmaßnahmen für Mensch und Schiff beachtet werden: Ein Landanschluß muß schiffsseitig über eine Steckvorrichtung mit Schutzleiter, in wasserdichter Ausführung, verfügen. Der beste Schutz ist, den Teil, der im Schiff sitzt und die hohe Landspannung führt, zu isolieren. Zur Batterieladung wird das immer das Ladegerät sein, das in diesem Fall mit einem Trenntransformator (keinem sogenannten Spartrafo, wie ihn billige Ladegeräte eingebaut haben) ausgerüstet sein muß.

Diese Richtlinie entspringt dem Wunsch nach einer galvanischen Trennung von Land- und Bordnetz. Der Transformator beziehungsweise das Ladegerät muß dann isoliert vom Schiffsrumpf und der Schiffserde eingebaut, der im Landanschlußkabel mitgeführte Schutzleiter (grün-gelbe Ader) aber mit der Masse (Gehäuse) verbunden und an Land geerdet werden.

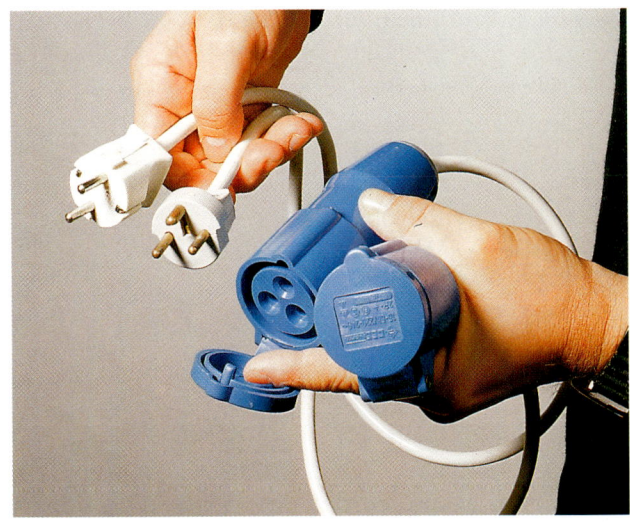

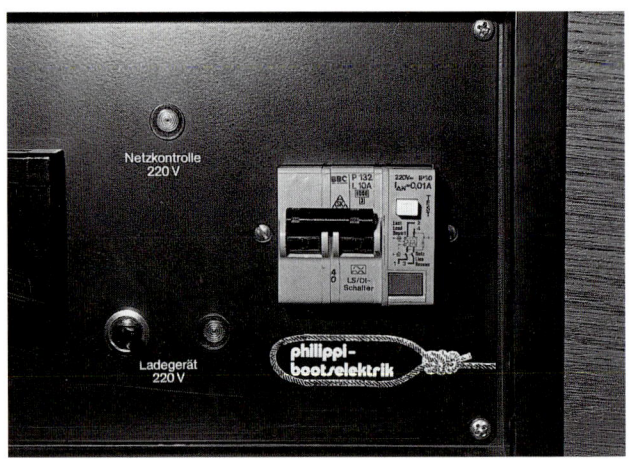

**Landanschlußdose für den Einbau an Bord:** Da der Strom hier aus dem Kabel kommt (und nicht aus der Wand), befinden sich die Stecker in der Dose und die Buchsen in der Kupplung. Ein Deckel schützt sie vor Spritzwasser.

**Zum Lader gehört ein Landanschluß und zum Landanschluß der richtige Stecker. Diese elektrischen Kupplungen sind genormt (oben). Rechts im Bild: die Europa-Steckvorrichtung, die bald ausschließlich in europäischen Häfen zu finden sein soll.**

**Bild Mitte: Kein Landanschluß ohne Fehlerstromschalter (rechts): Er schützt Mensch und Schiff vor Berührungsspannungen. Links daneben: der zweipolige Sicherungsautomat für den Landstrom.**

Zusätzlich sollte man einen Fehlerstromschalter verwenden, der zwei Phasen und den Schutzleiter abschalten kann. Diesen speziellen FI-Schalter gibt es als Steckmat X beim Schiffshändler. Oft allerdings ist es nicht notwendig und auch nicht empfehlenswert, den Schutzleiter mitzubenutzen, da in ausländischen Häfen der Schutzleiter oftmals nicht vorhanden ist. Hier kann der Anschluß des FI-Schalters ohne weiteres über Phase und Null (L1 und N) erfolgen.

Die Technik des FI-Schalters ist einfach. Er besitzt einen Eisenkern, durch den der Strom über eine Spule hindurchgeführt wird, und zwar immer Hin- und Rückleitung. Da bei einwandfreier Isolation der zugeführte Strom gleich dem weggeführten ist, heben sich beide (oder alle drei bei Drehstrom) in ihrer magnetischen Wirkung auf. Fließt jedoch durch einen Isolationsfehler ein Teil des Stromes nicht über die Leitung zurück, sondern zum Beispiel über den menschlichen Körper (weil ein spannungsführendes Teil berührt wurde), so kompensieren sich Hin- und Rückstrom

nicht mehr. Dadurch wird in der ebenfalls auf den Eisenkern gewickelten U-Spule des FI-Schalters eine Spannung induziert, die ihn zum Auslösen bringt.

# KABELNETZ

Wenn an Bord irgend etwas elektrisch arbeitet, ist ein Stromfluß daran beteiligt, und es wurde mit Hilfe eines Schalters ein Stromkreis geschlossen. Elektrischer Strom fließt dann vom Batterie-Minus zum Minus-Anschluß des Gerätes (im einfachsten Fall: einer Lampe) und über den Plus-Anschluß zurück zum Pluspol der Batterie. Den dazu nötigen Weg stellen die in der Regel verdeckt im Schiff eingebauten Kabel sicher. Da es sich immer um Hin- und Rückleitung handelt, sind sie meist zweiadrig. Es gibt aber auch mehradrige Kabel, die dann mehrere Stromkreise enthalten.

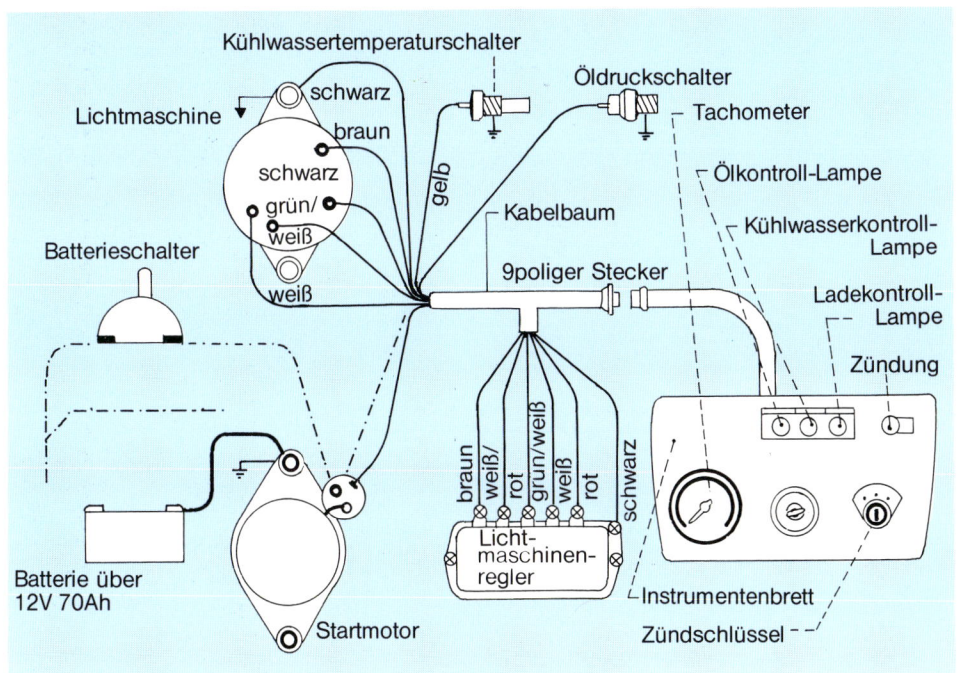

Das Kabelnetz stellt die Nervenstränge des Schiffes dar. Die Verkabelung am Motor erfolgt oft in einem Kabelbaum, von dem die einzelnen Adern zu den Geräten führen. Eine Steckvorrichtung stellt die elektrische Verbindung von der Motorverkabelung zum Instrumentenbrett im Cockpit sicher. Dieser Kabelanschlußplan eignet sich auch zur Fehlersuche. Er zeigt die Aderfarben und wo die Adern am Motor (Geber, Lichtmaschine, Regler etc.) angeschlossen sind.

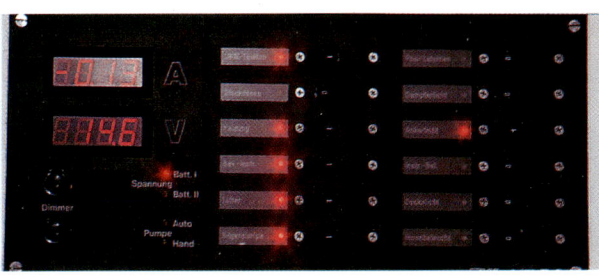

Verteilerpaneel mit Überwachungsleuchten für die einzelnen Stromkreise. Strom (A) und Spannung (V) werden digital angezeigt (links).

An- und Ablaufpunkt für alle elektrischen Kabel sind die Schalttafeln. In der Regel werden handelsübliche Paneele verwendet, die aus einer Platte mit eingebauten Schaltern und Sicherungen oder Automaten bestehen. Diese Paneele sind an geschützter und gut zugänglicher Stelle eingebaut, da sie nicht in wasserfester Ausführung geliefert werden. Besser ist es, sich seine Schaltzentrale anfertigen zu lassen in den Abmessungen, die den Gegebenheiten im Schiff Rechnung tragen. Großzügig angelegte elektrische Bordschalttafeln nämlich sind weniger störanfällig als solche, die mit geringem Anschlußraum auskommen müssen.

Eine richtig ausgelegte Schalttafel beherbergt auch alle Verdrahtung, die nötig ist, um Pumpen, Beleuchtung etc. speziell zu steuern. Konsequent ausgeführt, gibt es dann kaum noch andere Verteiler und Abzweigdosen an Bord, einmal abgesehen von der Anlaß- und Überwachungstafel im Cockpit und gegebenenfalls einer gesondert angeordneten Positionslaternentafel mit Anzeigen zur Überwachung der Laternen.

Außer der guten Übersicht über die gesamte elektrische Anlage, die eine sauber aufgebaute Schalttafel vermittelt, übernimmt sie Schaltung, Sicherung und Überwachung der einzelnen Stromkreise. Für jeden Verbraucher ist ein Sicherungsautomat vorgesehen, der gleichzeitig als Schalter verwendet wird. Es genügen (bei Spannungen bis zu 50 V) einpolige Automaten in der Plusleitung.

Überwachungsinstrumente, die Amperemeter für Ladungs- und Verbraucherstrom und Voltmeter (möglichst mit gespreizter Skala im oberen Bereich) zur Kontrolle der Batteriespannung, sind im oberen Teil der Schalttafel angeordnet und, wenn die Tafel eine Abdeckung erhält (Tür oder ähnliches), in diese gut sichtbar eingebaut. So hat alles, was an Bord an Schalt- und Überwachungsgeräten wichtig ist, in der Schalttafel seinen Platz.

Oft ist auch der Hauptschalter, der beim Verlassen der Yacht das gesamte Bordnetz von der Batterie trennt (möglichst zweipolig), hier eingebaut. Es empfiehlt sich jedoch, ihn an einem versteckten Platz vorzusehen, um so Unbefugten das Starten des Motors zu erschweren.

Die Kabelanschlüsse kommen von unten und sind auf einer hier vorgesehenen Reihenklemme angeschlossen. Um die einzelnen Kabel verfolgen zu können, erhalten sie und die Kabeladern eine Numerierung, die in der gleichen Reihenfolge auf den Anschlußklemmen der Schalttafel wiederkehren. Gute Pläne, die das gesamte elektrische Bordsystem beschreiben, sind wichtig. Eine spätere Fehlersuche ist ohne sie nicht möglich.

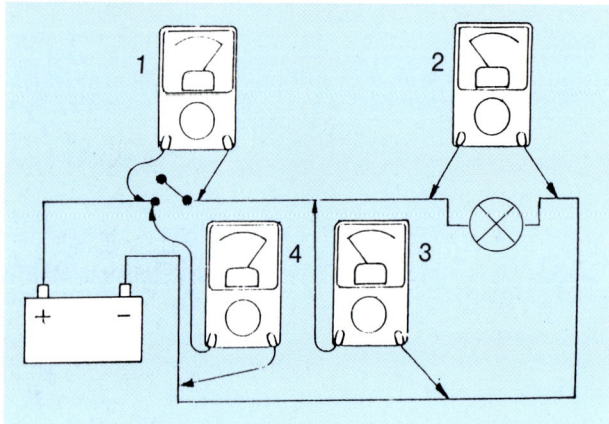

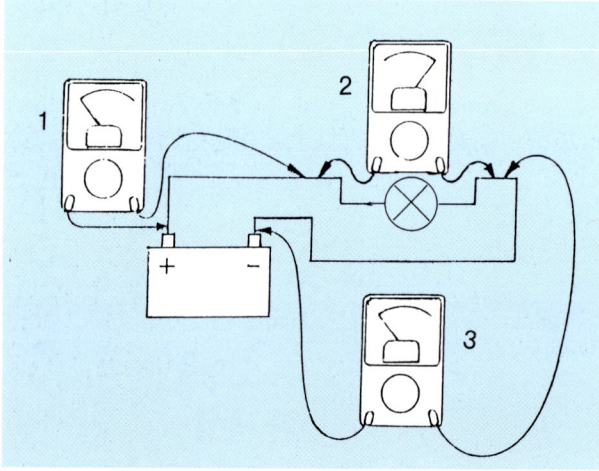

**So kommt man Spannungsverlusten auf die Spur.
Oben:** Der Stromkreis ist in Ordnung, wenn Meßgeräte 1 und 4 volle Spannung anzeigen, 2 und 3 aber Null. **Unten:** In einem geschlossenen Stromkreis zeigen dann Meßgerät 1 Null, Meßgerät 2 die volle Batteriespannung und Gerät 3 den Spannungsverlust an der Lampe an.

Elektrische Kabel erhalten an ihren Enden Kabelschuhe – am besten gequetscht: mit der Quetschzange.

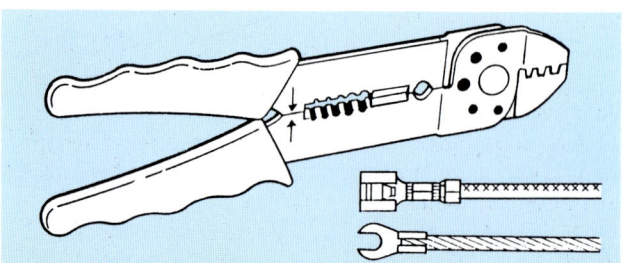

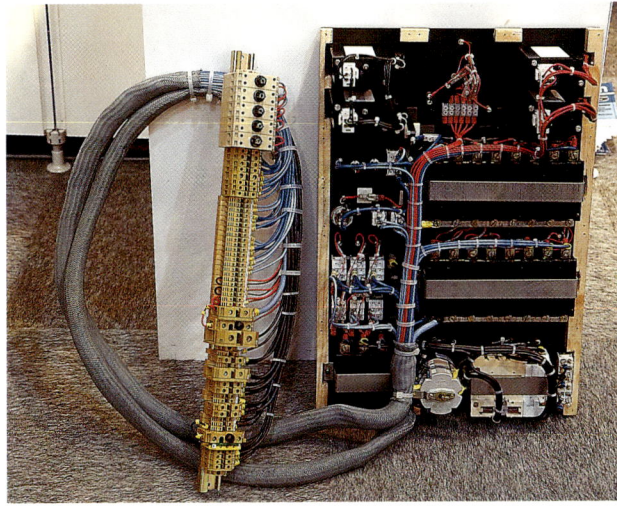

## Schutzschalter und Sicherungen

Jede Überlastung des Bordnetzes, Kurzschlüsse einge-schlossen, muß man vermeiden. Leitungen und Syste-me werden dabei zerstört, wenn nicht geeignete Schutzmaßnahmen getroffen worden sind. Ein Kurz-schluß und jede Überlastung entziehen dem Ampere-stunden-Vorrat der Bordbatterie zudem unnütz Ener-gie.

Der Kurzschlußstrom kann in batteriegespeisten Bord-netzen einige 1000 A betragen, abhängig von der

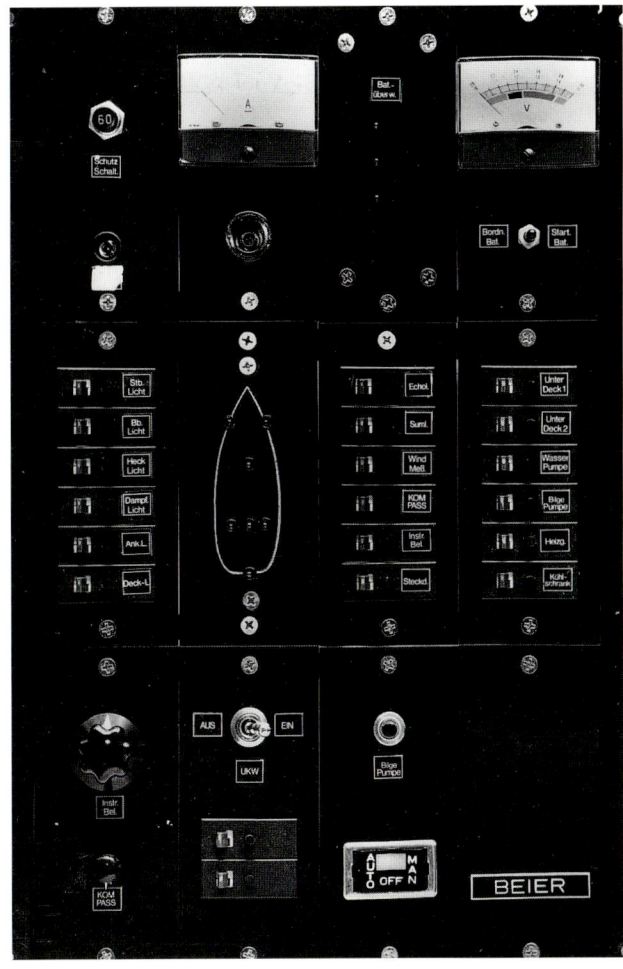

Bild oben: Schalttafel im Steuerhaus eines Motorseg-lers: Von hier aus wird der Motor gestartet, und es kön-nen alle elektrischen Geräte eingeschaltet werden.
So sieht es aus, wenn man hinter die Schalttafelfront schaut (unten). Die Übersicht

geht hier leicht verloren; nur anhand von Kabelplänen ist man noch in der Lage, eine Störung zu beheben. Die Verdrahtung der in der Frontplatte sitzenden Geräte erfolgt in einem Kabel-baum, dessen Adern auf Reihenklemmen führen.

Eine übersichtliche Schaltta-felfront, in der alle für einen störungsfreien Bordbetrieb nötigen Geräte eingebaut sind: (von oben) Ampere-und Voltmeter, Sicherungs-automaten und Positionsla-ternen-Überwachung auf Schiffsgrundriß, Dimmer für

die Kompaßbeleuchtung, Paneel für das UKW-Sprechfunkgerät (nach Post-vorschrift) und die Automa-tik für die Bilgepumpe.

Sicherungsautomaten sind Schmelzsicherungen vorzuziehen. Diese sind sehr klein und geeignet für Nennströme von 8 A. In die Schalttafel eingebaut, tragen sie zur guten Übersicht bei. Dabei erfüllen sie Sicherungs- und Schalterfunktion.

Auch Sicherungsautomaten mit magnetischer Auslösung gibt es in kompakter Bauform (Mitte).

Reicht ein Automat für die zu überwachende Stromstärke nicht aus, kann man auch zwei parallel schalten – für doppelten Strom. Die Anschlüsse für Zu- und Ableitung werden mitgeliefert (unten).

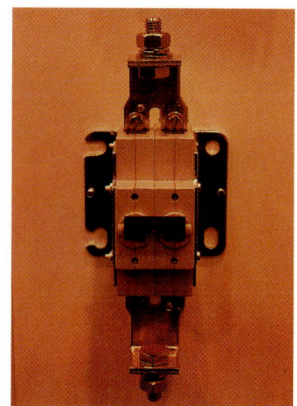

Größe der Batterie und dem Widerstand zwischen Kurzschluß und Spannungsquelle. Ein Kurzschlußstrom von beispielsweise 1500 A ergibt bei einer (zusammengebrochenen) Spannung von 5 V eine Leistung von immerhin 7500 Watt (P = I x U), soviel etwa wie zwei Haushaltsherde „verbraten". Diese Leistung auf ein relativ dünnes Kabel konzentriert, erwärmt es in kurzer Zeit so stark, daß die Isolation schmilzt. Ein weiterer Kurzschluß ist die Folge.

Ein Schutz der gesamten Yachtelektrik ist deshalb wichtig und nach VDE (Verein Deutscher Elektriker) sowie den Klassifikationsgesellschaften gefordert. Die Bordschalttafel enthält aus diesen Gründen Sicherungen.

Schmelzsicherungen schützen Leitungen vor unzulässiger Erwärmung, Geräte vor Zerstörung und intakte Stromkreise durch selektives Abschalten vor dem Ausfall. Sicherungen mit geschlossenem Schmelzraum sind vom Germanischen Lloyd zugelassen.

Besser sind jedoch Überstromschutzschalter, sogenannte „Automaten". Der automatische Schutzschalter erfüllt alle Forderungen nach optimaler Sicherheit. Er gestattet zudem eine gute Ausnutzung der Leitungsquerschnitte.

Unterscheiden muß man zwischen Automaten für den reinen Leitungsschutz und solchen für den Geräteschutz. Der Unterschied liegt im Auslöser: thermisch oder magnetisch. Thermische Auslöser besitzen nur eine begrenzte Kurzschlußfestigkeit, wogegen magnetische Auslöser 6 bis 10 kA (6000 bis 10 000 Ampere) unverzögert schalten können. Kombiniert eingebaut schützen Magnetauslöser damit den (thermischen) Bimetallauslöser bei Kurzschluß.

Sicherungsautomaten, die nur einen Bimetallauslöser besitzen, können lediglich einen sehr begrenzten Kurzschluß-Strom schalten. Ihnen wird als Kurzschlußschutz entweder eine Schmelzsicherung oder ein Selbstschalter mit magnetischer Auslösung vorgeschaltet. Der fachgerechte Schutzschalter ist die Kombination von thermischer und magnetischer Auslösung. Er ist kurzschlußfest.

Die Vorteile solcher Schutzschalter sind: Sofortige

Wiedereinschalt-Bereitschaft, nachdem die Ursache einer Auslösung behoben ist. Es entfallen das oft praktizierte Überbrücken mit Draht und anderen leitenden Gegenständen und die Suche nach einem Sicherungseinsatz mit dem richtigen Nennstrom. Darüber hinaus ersetzen Überstrom-Schutzschalter nicht nur die Schmelzsicherung, sondern auch den Schalter. In der Regel liegt die Lebensdauer zwischen 10 000 und 20 000 Schaltspielen bei Nennstrombelastung.

Leitungen und Kabel sichert man mit thermischen Überstromschaltern, die in allen Belastungspunkten das „thermische Abbild" der zu schützenden Leitung darstellen. Voraussetzung ist die richtige Anpassung. Mit Rücksicht auf die Kurzschlußfestigkeit der Schalter und einer besseren Leitungsausnutzung baut man für den Leitungsschutz auch keine thermischen Schutzschalter unter 8 Ampere Nennstrom ein.

Bei in der Schalttafel eingebauten Schutzgeräten ist ein zentraler Kurzschlußschutz, der für die Zuleitung zur Verteilung, nicht enthalten. Er kann nur in unmittelbarer Nähe der Batterie installiert werden, damit die gesamte Leitung geschützt wird. Auch hierfür verwendet man vorzugsweise Schutzschalter mit thermisch-magnetischer Auslösung. Eine andere Möglichkeit ist, das Kabel so zu verlegen, etwa in geeigneten Rohren, daß ein Kurzschluß ausgeschlossen werden kann. Dies ist notwendig, da selbst auf kleinen Yachten mit beschränkter Batteriekapazität erhebliche Kurzschlußströme fließen können. Eine 50-Amperestunden-Batterie beispielsweise ist immerhin in der Lage, den 10- bis 40fachen Strom des Wertes ihrer Kapazität als Kurzschlußstrom abzugeben. Die Belastbarkeit von Leitungen und Anlagenteilen wird damit weit überschritten. Verwendet werden hier Sicherungen von 20 oder 30 A mit einer entsprechenden (garantierten) Abschaltcharakteristik und einem Kurzschlußstrom bis zu 10 000 A.

## Überwachungsinstrumente

Die Schalttafel an Bord ist auch Einbauort für Instrumente, mit denen das elektrische Bordsystem überwacht wird. Sie helfen bei der Fehler-Diagnose.

*Ladeanzeige-Leuchte:* Um feststellen zu können, ob ein Generator Spannung erzeugt, ist eine Meldelampe im Batterie-Generator-System mit einem Bein an Batterie-Plus und mit dem anderen an Klemme D+ des Generators beziehungsweise 61 des Reglers geschlossen. Bei Stillstand des Generators und eingeschaltetem Startschalter fließt ein Strom vom Minuspol der Batterie über Regler und Lampe zum Pluspol der Batterie: Die Lampe brennt. Setzt die Ladung des Generators ein, wird die Lampe merklich dunkler, bis sie völlig erlischt. Jetzt nämlich baut sich an D+ ebenfalls eine Spannung auf, die der Batteriespannung entgegenge-

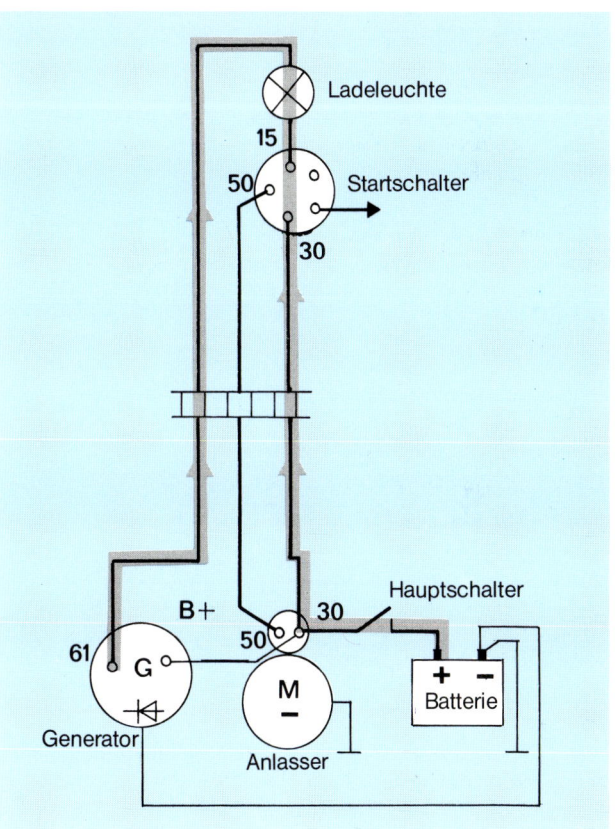

Die Ladeleuchte überwacht die Ladung des Generators: Erzeugt er keine Spannung, fließt Strom von der Batterie über den (geschlossenen) Startschalter, über Lampe und Generator zurück zur Batterie: Die Lampe brennt. Mit zunehmender Drehzahl des Generators erlischt die Lampe, weil eine einsetzende Gegenspannung vom Generator den Stromfluß zum Erliegen bringt.

richtet ist. Erreicht die Generatorspannung die Größe der Batteriespannung, kompensieren sich beide: Die Lampe erlischt. Gleich danach – bei etwas höherer Generatorspannung – wird geladen.

*Voltmeter:* In einem 12-Volt-System beträgt die Klemmenspannung des Generators mehr als 14 V. Diese höhere Spannung ist wegen des Gefälles für eine Batterieladung nötig, ohne das Gefälle würde kein Ladestrom fließen. Voltmeter zur Batterieüberwachung eines 12-Volt-Systems besitzen Skalen, die die Spannung von 8 bis 16 V anzeigen, denn nur dieser Bereich ist interessant. Eine volle 12-Volt-Bleibatterie (Säuredichte 1,28 kg/l) besitzt eine Ruhespannung von 12,72 V, während sie im entladenen Zustand eine Spannung von 10,5 V, als sogenannte „Entladeschlußspannung", hat. Das läßt sich bei richtiger Interpretation für eine vage Bestimmung des Entladezustands der Batterie verwenden. Diese Werte sind jedoch von der Größe der augenblicklichen Belastung der Batterie abhängig. Ein Messen der Spannung beispielsweise während des Startvorgangs (Belastung durch den Anlasser) schafft klare Verhältnisse.

Das Voltmeter wird direkt an die Batterieklemmen angeschlossen, um einen Spannungsabfall an den Leitungen auszuschließen. Der Batteriezustand läßt sich dann für den stehenden und laufenden Motor deuten: Im Stand signalisiert eine Zeigerstellung unter 11 Volt eine Tiefentladung. Die Batterie muß schnellstens nachgeladen werden. Bei laufendem Motor dagegen ist eine Spannung von 13 Volt zu wenig, während 14 Volt normal und 15 Volt zu hoch sind.

*Amperemeter:* Die elektrische Energie, die der Generator der Batterie zuführt, ist ein Strom. Man kann ihn in Ampere messen. Seine Höhe hängt von der bereits in der Batterie gespeicherten Elektrizitätsmenge ab. Die Anzeige des Amperemeters läßt damit Schlüsse auf den Ladezustand zu. Gleichzeitig zeigt es, wann die Batterie geladen und, bei entsprechender Verdrahtung im elektrischen System, wann sie entladen wird.

Das Instrument sollte so in den Stromkreis gelegt werden, daß der gesamte Strom, der von und zu der Batterie fließt, durch das Amperemeter hindurchgeht. Aus-

Die vorhandene Ladung einer Batterie bestimmt man am besten, wenn man Ladestrom und Entladestrom aufaddiert und mit den jeweiligen Zeiten multipliziert. Dieses Gerät tut das und ist damit ein zuverlässiger Stromvorratsanzeiger. Gleichzeitig kann man von ihm Lade- und Entladestrom und die Batteriespannung ablesen.

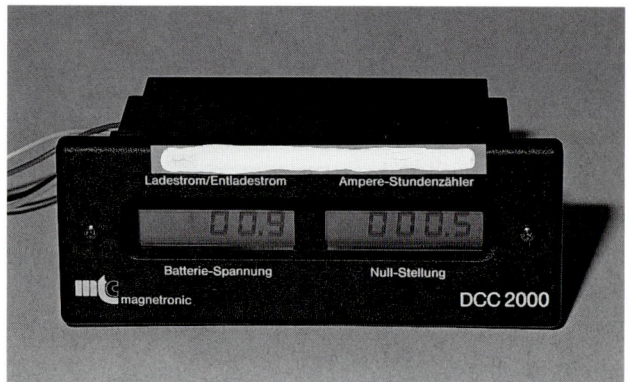

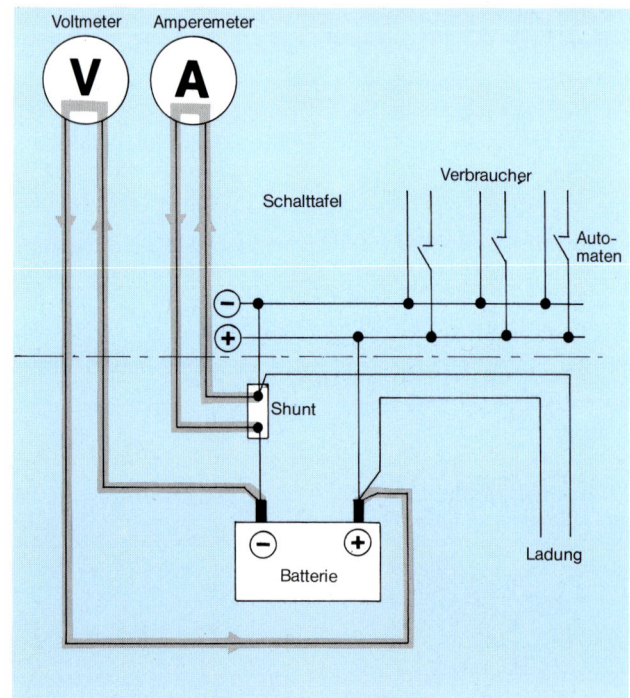

Anschlüsse von Voltmeter und Amperemeter. Wegen des geringen Spannungsunterschiedes einer Bleibatterie zwischen „voll" und „leer" kann man sich keine Spannungsabfälle an Kabeln und Schaltgeräten leisten. Das Voltmeter wird deshalb direkt an die Batterie angeschlossen.
Lade- und Entladeströme führt man nicht direkt über das Amperemeter. Man schaltet einen Meßwiderstand (Shunt) in den Stromkreis und mißt hier die abfallende Spannung; sie ist dem fließenden Strom proportional. Die Leitungen zum Amperemeter können dadurch sehr dünn ausgeführt werden. Schaltet man den Meßwiderstand wie gezeichnet in den Stromkreis, kann man Lade- (Zeigerausschlag nach rechts) und Entladestrom (Zeigerausschlag nach links) messen.

nahmen sind die hohen Ströme des Anlassers und der Ankerwinsch.

Dazu verwendet man ein Instrument mit Nullanzeige in der Mitte und einem Zeigerausschlag nach links und rechts, wobei die linke (–) Seite eine Entladung und die rechte (+) eine Ladung der Batterie anzeigt. Während der Fahrt unter Motor signalisiert der Zeiger im Plus ausreichende Stromversorgung und im Minus unvollständige Versorgung durch den Generator. Die Höhe des Stromes zeigt Fehler in der Anlage: Ein zu hoher Ladestrom über längere Zeit signalisiert eine defekte Batterie oder einen defekten Generatorregler. Ein Entladestrom trotz Abschaltung aller Verbraucher weist auf einen Masseschluß in der Kabelanlage hin. Es lohnt sich, öfter einen Blick auf das Amperemeter zu werfen.

Überwachungsinstrumente gehören in die Schalttafel. Oben: Anzeigegeräte für Strom, Spannung und Batteriekapazität, unten: Spannungs-, Strom- und Frequenzmesser für den (Wechselstrom-)Landanschluß.

## Kabelquerschnitte

Kabeladern kann man nur mit einem bestimmten Strom belasten: Hohe Ströme erfordern dicke Leitungen (große Kabelquerschnitte), niedrige Ströme benötigen nur dünne Leitungen. Wie stark sie sein müssen, gibt die Tabelle auf Seite 289 an.

In der Regel hat der Werftelektriker die richtigen Querschnitte vorgesehen. Wechselt man jedoch ein vorhandenes Gerät gegen ein größeres aus, dann muß der Spannungsverlust, der durch höhere Belastung im Kabel entsteht, neu analysiert werden. Es geht dabei um den Widerstand.

Elektrische Leitungen setzen dem Strom einen Widerstand entgegen. Er ist abhängig von der Länge der Leitung, ihrem Querschnitt und von dem verwendeten Material (siehe Formeln Seite 294). Ein Teil der Energie, die eine Leitung transportieren soll, geht durch den Widerstand in Wärme verloren, wenn der Querschnitt nicht groß genug gewählt wird. Kriterium ist der Spannungsverlust oder -abfall. Er ist ein Teil der Spannung, der bei bestimmtem Strom und Widerstand an der Leitung abfällt. Diese Spannung fehlt am Verbraucher, so daß hier beispielsweise nur 10 statt 12 V zur Verfügung stehen.

Für die Bord-Kleinspannungen hat man die Verluste festgelegt, mit denen die angeschlossenen Geräte noch einwandfrei funktionieren: 2 % für Ladeleitungen, 4 % für Anlasserleitungen, 5 % für Zuleitungen von Positionslaternen und 7 % für Leitungen zu anderen Verbrauchern.

Zwischen Leiterlänge, Querschnitt und Strom ergibt sich also eine Beziehung, die man grafisch darstellen kann, so daß für einen zulässigen Spannungsverlust bei zwei bekannten Werten der dritte leicht abgelesen werden kann. In der Regel wird man den benötigten Querschnitt bei bekanntem Strom und bekannter Leitungslänge ablesen wollen. Die Beispiele auf Seite 288 zeigen, wie man es macht.

Bei der Ermittlung der Querschnitte sollte man sich nicht wundern, daß oft Kabelstärken herauskommen,

Kabel und Leitungen in Kleinspannungsanlagen werden nicht nur nach der Belastungstabelle, sondern auch nach ihrem Spannungsabfall ausgewählt. Das Diagramm steht für einen zulässigen Spannungsverlust von 7 %. Ist die Länge der Leitung bekannt und kennt man den Strom, den die Leitung tragen soll, dann ergibt der Schnittpunkt einer Geraden von der waagerechten Achse (Hin- und Rückleitung in Metern) und einer Geraden von der senkrechten Achse (Leiterstrom in Ampere) den zu verwendenden Leiterquerschnitt. Beispiel: Für eine Leitungslänge von 9 m und einen Strom von 27,5 A ist ein Querschnitt von 6 mm² vorzusehen.

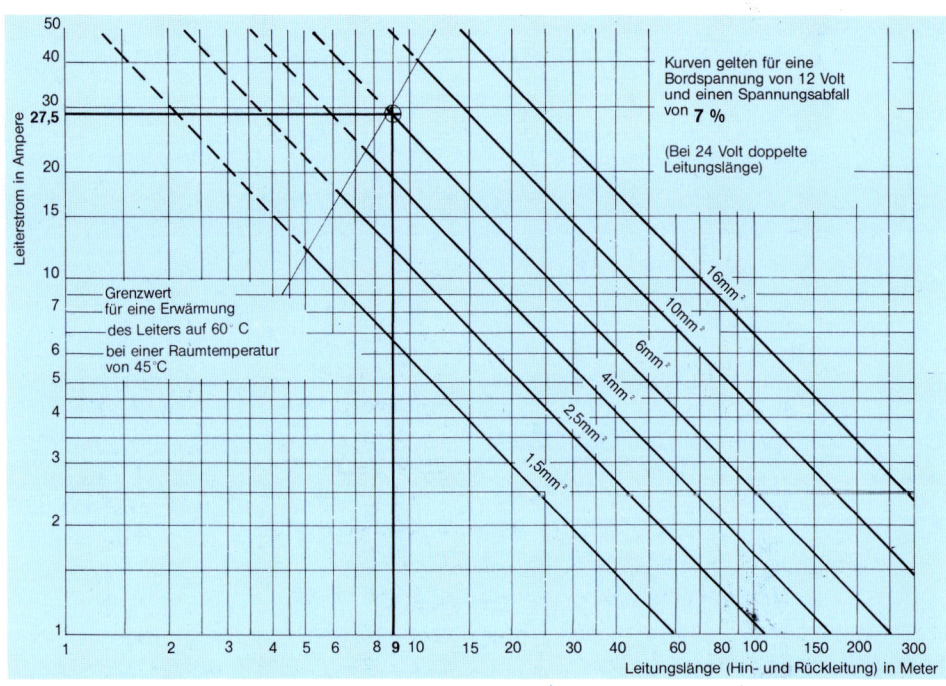

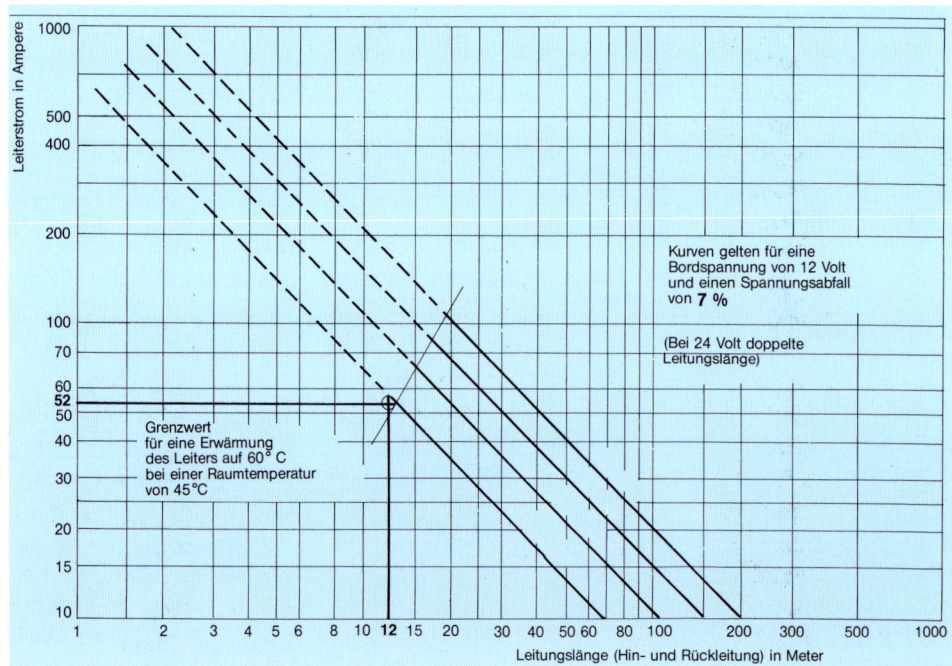

| Leiter-querschnitt | Einleiterkabel | | Zweileiterkabel | | Drei- und Vierleiterkabel | |
|---|---|---|---|---|---|---|
| | höchst zulässige Belastung | Nennstrom-stärke der Sicherung | höchst zulässige Belastung | Nennstrom-stärke der Sicherung | höchst zulässige Belastung | Nennstrom-stärke der Sicherung |
| mm² | A | A | A | A | A | A |
| 1,5 | 12 | 10 | 10 | 10 | 8 | 6 |
| 2,5 | 17 | 16 | 14 | 10 | 12 | 10 |
| 4 | 22 | 20 | 19 | 16 | 15 | 16 |
| 6 | 29 | 25 | 25 | 25 | 20 | 20 |
| 10 | 40 | 36 | 34 | 36 | 28 | 25 |
| 16 | 54 | 50 | 46 | 36 | 38 | 36 |
| 25 | 71 | 63 | 60 | 63 | 50 | 50 |
| 35 | 87 | 80 | 71 | 63 | 61 | 63 |
| 50 | 106 | 100 | 88 | 80 | 73 | 63 |
| 70 | 135 | 125 | 110 | 100 | 94 | 80 |

**Die Tabelle zeigt, wie hoch die einzelnen Leiterquerschnitte belastet werden dürfen und wie hoch man sie absichert. Hier geht es allerdings nur um den thermischen Schutz der Kabel. Spannungsabfälle durch lange Leitungen sind nicht berücksichtigt.**

die weitaus größer sind, als die Belastungstabelle sie angibt. Kabelquerschnitte in Kleinspannungsanlagen müssen denn auch öfter nach ihrem Spannungsabfall ausgelegt werden als nach der Strombelastung, die oft dünnere Querschnitte zuläßt.

# MOTORELEKTRIK

Yachtelektrik kommt mit dem Einbaumotor an Bord und bestimmt damit meist die übrige Yachtelektrik. Bootsmotoren nämlich sind bereits mit Generator, Anlasser, Abstellmagnet und Gebern für die Überwachung ausgerüstet, deren Anschlußspannung in der Regel dann auch die Bordspannung wird. Für Yachten meistens 12 Volt.

Auch für die Elektrik von Yachten bis zirka 14 Metern ist sie vernünftig, denn es sind keine übermäßig langen Kabelwege zu erwarten (mit den damit verbundenen Spannungsverlusten), und man kann leicht auf Teile aus der Autoindustrie zurückgreifen. Eines sollte man jedoch nicht fortsetzen: die einpolige Verlegung

von Leitungen, die den Motorblock als Rückleitung benutzt. Oft genug führt das selbst im Kfz zu Schwierigkeiten mit der gesamten Elektrik. An Bord liegt hier fast immer die Wurzel aller Probleme, die man mit korrodierten Kontakten, vagabundierenden Strömen und unerwünschter Korrosion an Rumpf und Propeller hat.

Die einpolige Motorelektrik sollte deshalb nachträglich zweipolig ausgeführt werden. Nur wenige Motorhersteller tun das serienmäßig. Generator und Geber kann man ohne weiteres modifizieren; der meistens gegen Motormasse liegende Anlasser sollte minusseitig da angeschlossen werden, wo seine Verbindung zur Masse liegt. Diese zweipolige Ausführung ist schon auf Stahlyachten wichtig, auf Aluminiumyachten ist sie unbedingt erforderlich, wegen der erhöhten Korrosionsanfälligkeit von Alu. Über den Rumpf fließender Strom ruft hier oft erhebliche Schäden hervor. Aber auch GFK- und Holzyachten sind nicht davor gefeit. Liegt erst einmal Batterieminus gegen Motormasse, dann besitzt auch die mit ihr verbundene Propellerwelle das Minuspotential. Wird die Batterie jetzt mit einem Ladegerät geladen, das keine einwandfreie gal-

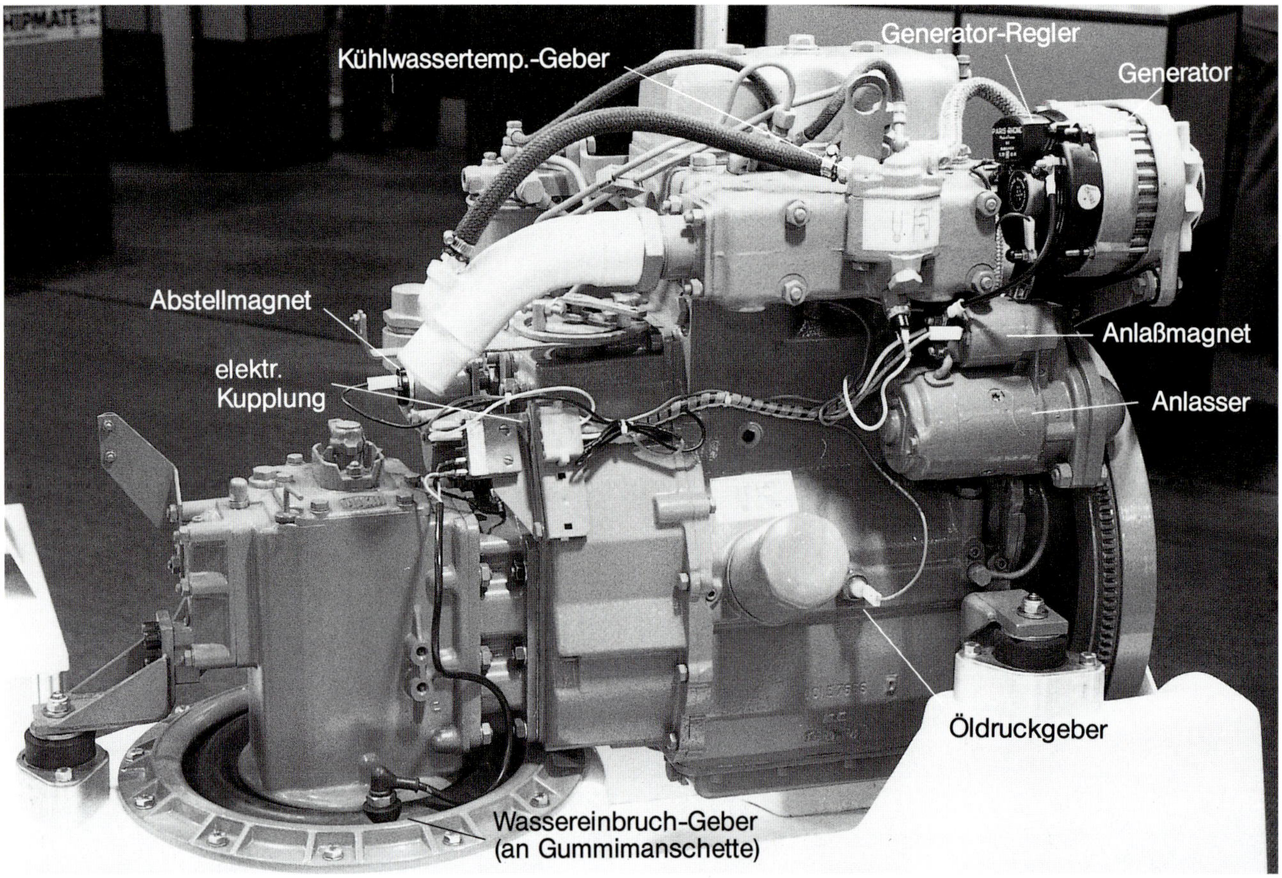

Kühlwassertemp.-Geber

Generator-Regler

Generator

Abstellmagnet

elektr. Kupplung

Anlaßmagnet

Anlasser

Öldruckgeber

Wassereinbruch-Geber (an Gummimanschette)

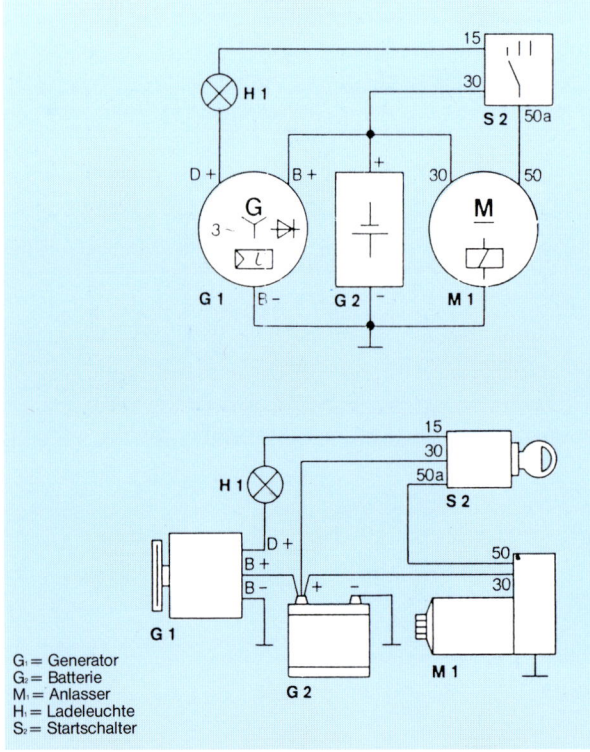

G₁ = Generator
G₂ = Batterie
M₁ = Anlasser
H₁ = Ladeleuchte
S₂ = Startschalter

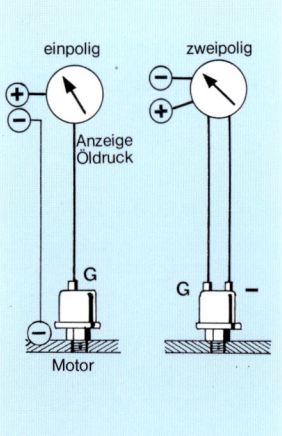

Sämtliche am Motor vorhandene Elektrik sollte zweipolig ausgeführt sein, wie hier die Geber und der Generator. Nur beim Anlasser kann man ein Auge zudrücken: Obgleich hier sehr hohe Ströme fließen, sind diese doch nur kurzzeitig. Wenn der Motor dreht, ist auch der Anlasser massefrei.

Motorelektrik, dargestellt mit Schaltzeichen (oben) und gegenständlich: Es sind G1 der Generator, G2 die Batterie, M1 der Anlasser, H1 die Ladeleuchte und S2 der Startschalter. Die Bezeichnungen der Anschlüsse sind genormt.

Geber (zum Beispiel für den Öldruck): links die einpolige, rechts die zweipolige Ausführung. Der Minuspol hat nur „zweipolig" keine Verbindung zur Motormasse und trägt so in keinem Fall zu einer möglichen Korrosion bei.

vanische Isolierung besitzt, dann kommt es garantiert zu Anfressungen am Propeller. Auf Holzbooten und anderen Fahrzeugen mit nasser Bilge findet man immer wieder durch Feuchtigkeit hervorgerufene Fehler an einpoliger Motorelektrik. Ein zweipoliger Stromkreis ist die beste Versicherung dagegen.

## Drehstromgenerator

Während man sich bei einem Defekt am Anlasser immer noch helfen kann, indem man den Motor von Hand startet, wirkt sich ein Fehler am Generator meist fataler aus. Als wichtigstes Teil der Motorelektrik (und Bordelektrik) sei er hier beschrieben.

Vom Diesel über Keilriemen angetriebene Generatoren sind die Haupt-Stromlieferanten auf einer Yacht. Sie sind klein, leistungsstark und überstehen auch rauhen Bordbetrieb unbeschadet. Es gibt besonders wassergeschützte Typen; aber heute versehen auch normale Kfz-Generatoren auf dem Wasser ihren Dienst.

Sie erzeugen eine Gleichspannung, und was beim Einschalten eines Verbrauchers fließt, ist ein Gleichstrom. Nur Gleichstrom nämlich kann in Akkumulatoren, den Bordbatterien, gespeichert werden. Alle Generatoren erzeugen erst einmal einen Wechselstrom. Für Kleinspannungs-Generatoren wählt man Drehstrom – das sind gleich drei um 120 Grad verschobene Wechselströme – und richtet sie gleich. Zur Drehstrommaschine gehören eine dreiphasige Ständerwicklung als feststehender Teil und ein Läufer, auf dessen Welle Magnetpole mit einer Erregerwicklung sitzen.

Weit verbreitet ist der Klauenpoltyp, der seinen Namen von seinem mit klauenartigen Polen ausgebildeten Läufer hat. Er besteht aus zwei Hälften, deren Pole wechselseitig ineinandergreifen, mit einer Ringspule als Erregerwicklung dazwischen. Es erge-

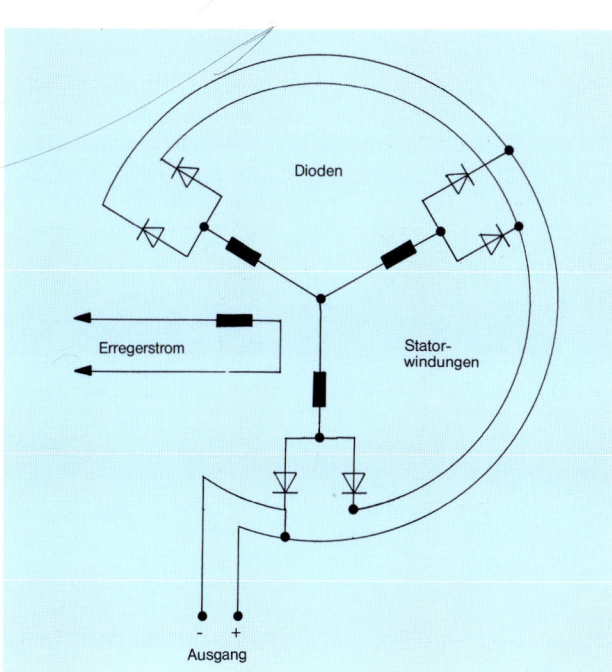

Schema des Drehstromgenerators: In den Statorwicklungen werden drei Wechselströme (= Drehstrom) erzeugt, die von den Dioden sofort gleichgerichtet werden: Gleichstrom.

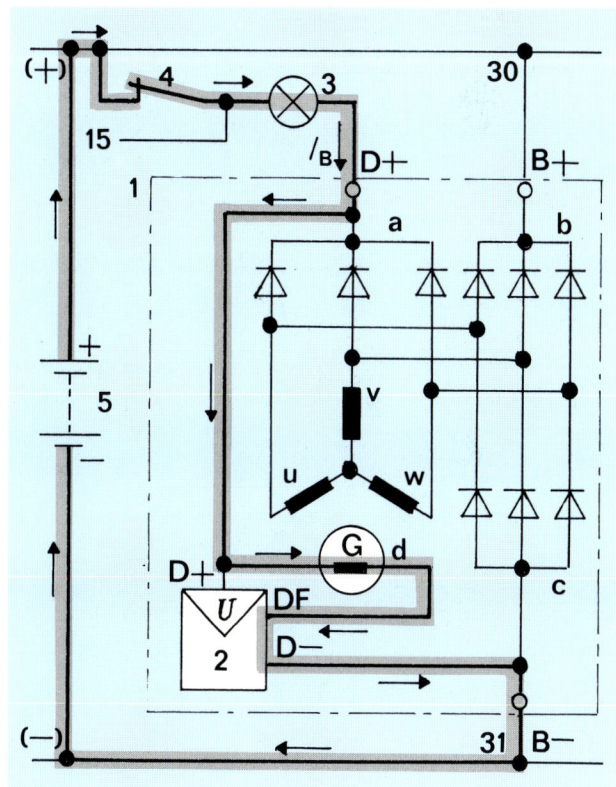

Schaltung eines Drehstromgenerators mit angebautem Regler. Die Ladeleuchte dient hier zur Vorerregung des Rotors: Über seine Spulen fließt ein Strom und „magnetisiert" sein Eisen.

ben sich so zwölf- bis sechzehnpolige (Synchron-) Generatoren, die ihre Spannung im stehenden Teil des Generators erzeugen.

Der Erregerwicklung wird Erregerstrom vom Regler über Schleifringe zugeführt. Beim Drehen des Läufers entsteht nach dem elektrodynamischen Prinzip ein Wechselstrom, das heißt, durch die Anordnung der Ständerwicklungen entstehen drei gegeneinander verschobene Ströme. Drehstrom also, der über eine Gleichrichterschaltung, die aus sechs Dioden aufgebaut ist, gleichgerichtet wird. Jede Diode wirkt dabei wie ein Rückschlagventil, das nur Strom in einer Richtung durchläßt.

Drehstromgeneratoren besitzen genügend viele Windungen und Pole, um auch bei niedrigen Drehzahlen eine ausreichende Leistung abgeben zu können. Ein Regler begrenzt die Generatorspannung auf die Batterieladespannung von ungefähr 14 V, während sich der maximal abzugebende Strom selbsttätig durch mit höherer Drehzahl schlechter werdendem Wirkungsgrad regelt.

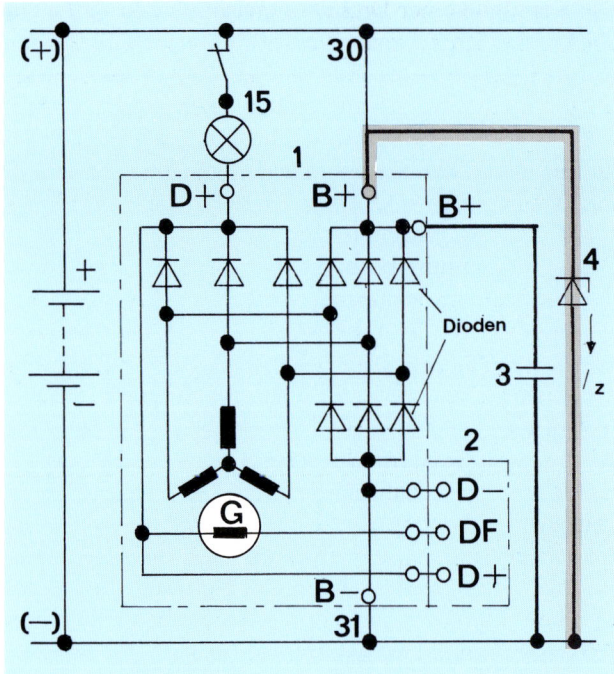

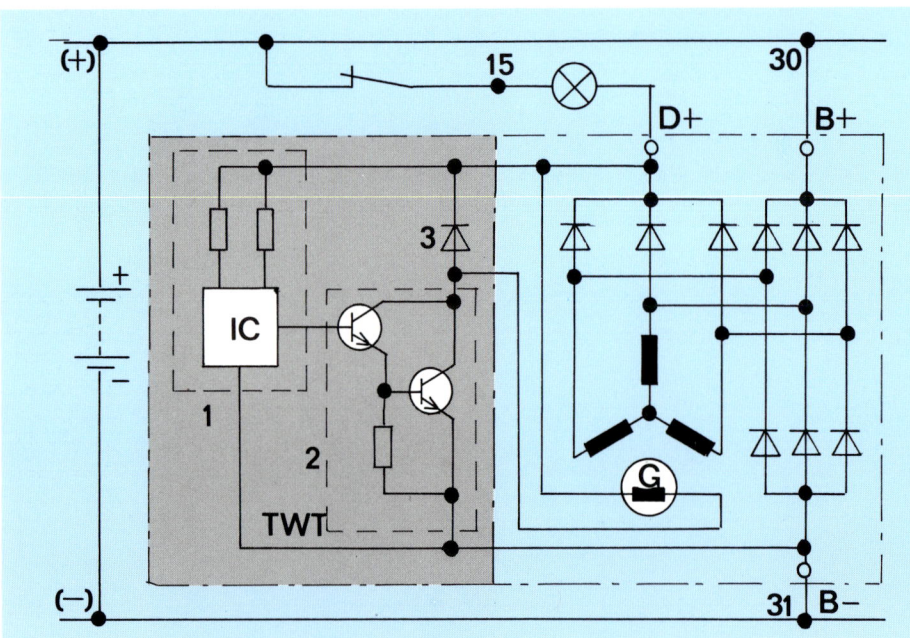

Die Halbleiterdioden im Generator sind spannungsempfindlich. Hohe Spannungsspitzen, wie sie durch Induktion beim Abschalten oder ohne die dämpfende Wirkung der Batterie entstehen, mögen sie nicht. Eine Zenerdiode zwischen 30 und 31 geschaltet schützt davor, ebenso der Kondensator, der die Maschine gleichzeitig nahentstört.

Der rechte Teil dieser Generatorschaltung zeigt den Generatorregler, ohne den die Generatorspannung drehzahlabhängig schwanken würde.

Die Kennlinie einer Drehstrommaschine (ihr drehzahlabhängiger Strom) zeigt ihre ideale Verwendbarkeit an Bord, innerhalb der wichtigsten Fahrtstufen einer Yacht optimale Leistung abzugeben (eben schon während Leerlaufdrehzahlen, beispielsweise 750/min, und während der Marschfahrt bis zu 10 000 Generatorumdrehungen). Der breite Regelbereich des Drehstromgenerators macht das möglich.

Die Gleichrichtung besorgen die Dioden. Da sie große Ströme übertragen müssen, werden sie über Kühlkörper gekühlt. Oft dient das Gehäuse des Generators der Wärmeableitung. Drehstromgeneratoren werden durch den (Erreger) Läufer erregt. Die Selbsterregung beim Anlauf ist jedoch wegen dessen geringer Eisenmenge und der Charakteristik der Dioden nicht immer gewährleistet, so daß beim Bosch-Generator über die Ladeanzeige-Leuchte hilfserregt wird. Die Abnahme des erzeugten Stromes vom stehenden Teil des Generators hat den Vorteil, ohne große Schleifringe auszukommen. Lediglich der geringe Erregerstrom muß so dem Läufer zugeführt werden.

Auch der Generator muß gekühlt werden: Ein auf der Ankerwelle sitzender Lüfter übernimmt diese Aufgabe und sorgt für eine Luftumströmung. Dabei gibt es Lüfterräder für nur eine Drehrichtung. Sie sind der (einzige) Grund, weshalb man auch bei Drehstromgeneratoren auf die Drehrichtung achten muß. Ein Parallelfahrbetrieb beliebig vieler Drehstromgeneratoren ist ohne weiteres möglich. Voraussetzung ist lediglich die gleiche Spannung. Wegen der Gleichrichter-Dioden können von Generator zu Generator keine Ausgleichsströme fließen.

Drehstromgeneratoren sollen nicht ohne angeklemmte oder mit völlig entladener Batterie laufen: Sie werden sonst zerstört. Der Grund sind Spannungsspitzen beziehungsweise Überspannungen, die die Halbleiter im Generator und Regler zerstören. Ein Gerät, das davor schützt, ist das sogenannte Überspannungsschutzgerät, das neben anderen Halbleitern eine steuerbare Diode eingebaut hat, einen sogenannten Thyristor. Das Gerät wird an D+ und D– des Generators angeschlossen. Entsteht hier eine Spannungsspitze, dann überbrückt der Thyristor (von einer Z-Diode angesteuert) die Klemmen D+ und D–: Der Generator wird innerhalb von Millisekunden entregt, was von der Ladekontrolleuchte angezeigt wird. Eine andere Möglichkeit ist das Aufschalten einer Löschdiode, die bewirkt, daß sich Spannungsspitzen totlaufen.

### Drehstromgeneratorregler

Trotz Drehzahländerungen und Belastungsschwankungen muß die Spannung des Generators auf einer bestimmten Höhe gehalten werden. Da die erzeugte Spannung proportional dem Produkt aus Drehzahl und Erregerstrom ist, geht das Prinzip der Spannungsregelung dahin, den Erregerstrom in Abhängigkeit der

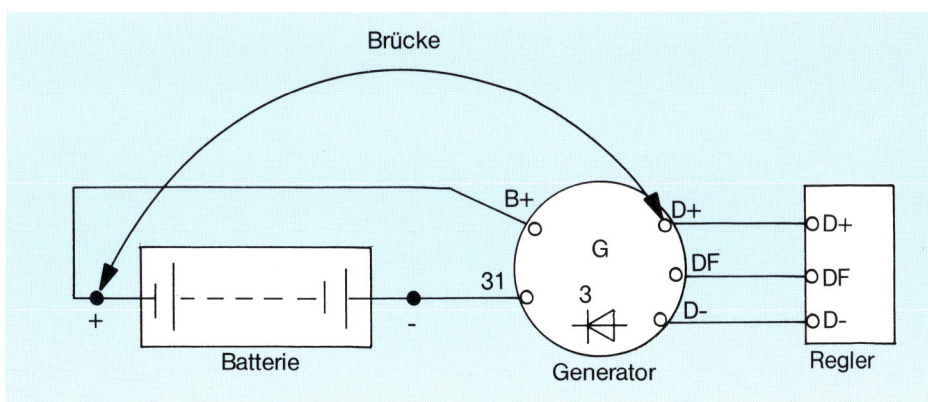

**Wenn der Generator trotz hoher Drehzahlen nicht lädt, ist womöglich sein Feld nicht erregt: Ein kurzes Antippen von D+ mit dem Batterieplus (Brücke) schafft Abhilfe.**

erzeugten Spannung so zu steuern, daß die Klemmenspannung bis zum Maximalstrom konstant bleibt. Der Regler arbeitet dabei als Schalter, der durch periodisches Aus- und Einschalten des Erregerstromes die Generatorspannung regelt.

Realisiert wird das beim Kontaktregler in der Form, daß bei niedrigen Drehzahlen der Erregerstrom verhältnismäßig lange fließt und nur kurze Zeit verringert wird (was einen hohen durchschnittlichen Wert ergibt) und umgekehrt bei hohen Drehzahlen der Erregerstrom nur kurzzeitig unvermindert hoch fließt (niedriger durchschnittlicher Wert). Außerdem wird vom Reglerschalter ein Regelwiderstand zu- und abgeschaltet, um die Regelung zu verfeinern.

Bei elektronischen Reglern übernehmen Transistoren verschleißfrei die Funktion der Kontakte. Sie enthalten außerdem Z-Dioden, die als Sollwertgeber für die Spannungsregelung arbeiten. Ihre Besonderheit: Erst bei einer genau festgelegten Spannung, der Zenerspannung, werden sie in Sperrichtung leitend. Eine Regelung mit elektronischen Reglern ist sehr schnell, da Transistoren trägheitslos schalten. Halbleiter sind jedoch spannungs- und hitzeempfindlich.

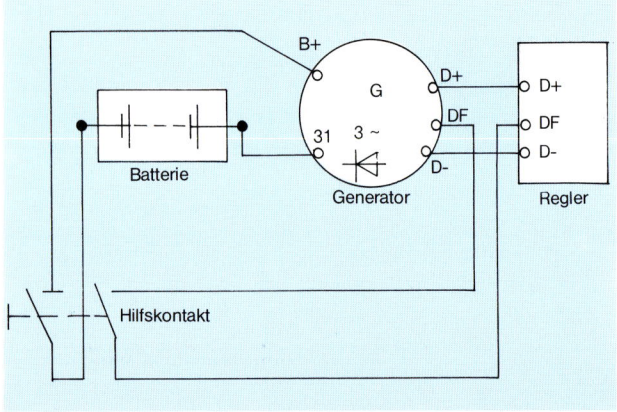

# ANHANG

### Formelzeichen

| | | |
|---|---|---|
| Spannung gemessen in Volt | : U | (V) |
| Strom gemessen in Ampere | : I | (A) |
| Widerstand gemessen in Ohm | : R | (Ω) |
| Leistung (auch Anschlußwert) gemessen in Watt | : P | (W) |
| Zeit (auch Betriebsdauer) gemessen in Stunden | : t | (h) |
| Kapazität (auch Verbrauch, Lademenge) gemessen in Amperestunden | : K | (Ah) |
| Leiterlänge gemessen in Meter | : l | (m) |
| Querschnitt gemessen in qmm | : q | (mm$^2$) |
| Spannungsabfall gemessen in Volt | : Δu | (V) |

### Formeln

$$U = R \times I \qquad\qquad I = U/R$$

$$P = U \times I \qquad\qquad I = P/U$$

$$K = I \times t \qquad\qquad I = K/t$$

$$\Delta u = \frac{2 \times l \times I}{X \times q}$$

$$q = \frac{2 \times l \times I}{X \times \Delta u}$$

**Während des Laufens darf die Generatorleitung zur Batterie nicht unterbrochen werden; das zerstört die Halbleiter von Generator und Regler. Kommt man** **nicht umhin, sollte gleichzeitig auch die Generator-Erregung abgeschaltet werden: Hilfskontakt schaltet DF.**

# GESETZE REGELN DEN VERKEHR

GÜNTER WABBEL

**Gesetze regeln das Zusammenleben von Menschen. Sie sollen verhindern, daß andere geschädigt, gefährdet, behindert oder belästigt werden.**

**Dieser Grundsatz, der auch für das Verkehrsrecht auf den Wasserflächen gilt, ist als „Grundregel für das Verhalten im Verkehr" den Seeverkehrsordnungen vorangestellt. Dieser Paragraph kann als eine Art Zusammenfassung der Verordnungen, die die Sicherheit und Leichtgängigkeit des Schiffsverkehrs gewährleisten sollen, angesehen werden.**

---

*§ 3 – Grundregel für das Verhalten im Verkehr*

---

Jeder Verkehrsteilnehmer hat sich so zu verhalten, daß die Sicherheit und Leichtgängigkeit des Verkehrs gewährleistet ist und daß kein anderer geschädigt, gefährdet oder mehr, als nach den Umständen unvermeidbar, behindert oder belästigt wird. Er hat insbesondere die Vorsichtsmaßregeln zu beachten, die Seemannsbrauch oder besondere Umstände des Falles erfordern.

---

Die Bestimmungen des Seeverkehrsrechts folgen nicht immer rein logischen Gesichtspunkten. Es gibt viele willkürliche Festlegungen. Schon deshalb ist Gesetzeskunde mühsam zu erlernen. Die juristische Ausdrucksweise, die unübersichtliche Gestaltung der Gesetzestexte und die Tatsache, daß drei Verordnungen den Verkehr auf den deutschen Seeschiffahrtsstraßen regeln, erschweren das Verstehen zusätzlich.

Die drei Verordnungen werden in der Literatur gewöhnlich getrennt dargestellt. Besser ist es jedoch, die sich ergänzenden, zueinander gehörenden Regeln gemeinsam und die im Widerspruch stehenden getrennt aufzuarbeiten und anschaulich darzustellen.

Ziel meines Beitrags ist es, Inhalte aus der Gesetzeskunde, die für Fahrtensegler besondere Bedeutung haben und nicht in jedem Lehrbuch stehen, praxisnah aufzuarbeiten. Entsprechend ihrer Bedeutung werden die ausgewählten Themen gewichtet:

Die Ausweichregeln sollen dem Skipper in Fleisch und Blut übergehen und ständig präsent sein, während die nicht so wichtigen Schallsignale zum Beispiel in Tabellenform auf eine Folie gemalt im Cockpit hängen. Viele Bestimmungen braucht der Skipper nicht zu lernen. Er kann sie, falls nötig, in den Verordnungen nachlesen, wie zum Beispiel die Anbringungshöhe von Positionslaternen.

Diese Gewichtung erscheint um so erheblicher, als die Analyse der Sportbootunfälle mehr als 10 % der Unfallursachen direkt auf die Nichtbeachtung der Fahrregeln und fast 50 % auf Unkenntnis und Unerfahrenheit zurückführt.

# AUSWEICH- UND FAHRREGELN

## Die Pflicht zur Information

Die international geltenden Kollisionsverhütungsregeln (KVR) regeln den Verkehr auf hoher See und auf den Wasserflächen von mehr als 60 Staaten. Auf den deutschen Seeschiffahrtsstraßen werden diese Bestimmungen durch die national geltende Seeschiffahrtsstraßen-Ordnung (SeeSchStrO) ergänzt, die die besonderen örtlichen Gegebenheiten des engen und vielbefahrenen deutschen Küstenmeeres berücksichtigt, im Mündungsgebiet der Ems und auf der Leda durch die Schiffahrtsordnung Emsmündung (SchiffOEms). Zusätzlich existieren zahlreiche Hafenordnungen und Sondervorschriften für bestimmte Reviere, wie zum Beispiel Elbe oder Kieler Förde.

In den wenigen Fällen, in denen Regeln der KVR im Widerspruch zu denen der SeeSchStrO bzw. SchiffOEms oder von Sondervorschriften stehen, gilt jeweils das speziellere Recht. (Merke: Hafenordnung vor SeeSchStrO bzw. SchiffOEms vor KVR.)

Jeder Skipper hat die Pflicht, sich über die allgemeinen Regeln hinaus mit denen, die auf seinem Haus- und/oder Urlaubsrevier gelten, vertraut zu machen!

Die Dienststellen der örtlichen Wasserschutzpolizei und die Wasser- und Schiffahrtsverwaltungen stehen als Informationsquelle zur Verfügung.

## Ein Skipper hat es schwer

Verantwortlich für die Befolgung aller gesetzlichen Bestimmungen ist der Schiffsführer oder dessen Vertreter.

*Aufgaben der Schiffsführung*

● Fahren mit sicherer Geschwindigkeit, d. h. die Fahrt so einrichten, daß das Fahrzeug innerhalb einer Strecke aufgestoppt werden kann, die den Sichtverhältnissen, der Verkehrsdichte, den Wind- und Seegangsbedingungen sowie der Manövrierfähigkeit des Schiffes angemessen ist.

● Jeder Verkehrsteilnehmer muß ständig bereit sein, ein notwendiges Ausweich- oder Haltemanöver einzuleiten.

● Das Schiff ist in unklaren Verkehrslagen nötigenfalls aufzustoppen.

● Der Skipper darf selbst keine unklaren Lagen entstehen lassen. Das heißt zum Beispiel: Dem Kurshalter muß deutlich angezeigt werden, daß man seine Ausweichpflicht erkannt hat und das entsprechende Manöver durchführt.

● Der Schiffsführer muß den Kurs und die Manöver jedes in der Nähe befindlichen Fahrzeugs beobachten.

● Der Ausweichpflichtige muß rechtzeitig und deutlich ausweichen.

● Der Kurshalter ist verpflichtet, Kurs und Geschwindigkeit beizubehalten.

● Man darf nur dann überholen, wenn die Verkehrslage es erlaubt.

● Es muß gehöriger Ausguck gehalten werden, das heißt ständig und mit allen verfügbaren Mitteln (zum Beispiel mit Fernglas, Radar usw.).

● Die Besonderheiten der Fahrt bei verminderter Sicht sind gewissenhaft zu beachten (aufgrund der Bedeutung dieses Themas wird das Verhalten bei verminderter Sicht in einem gesonderten Abschnitt behandelt, siehe „Ich fahre nicht bei Nebel!" auf S. 305).

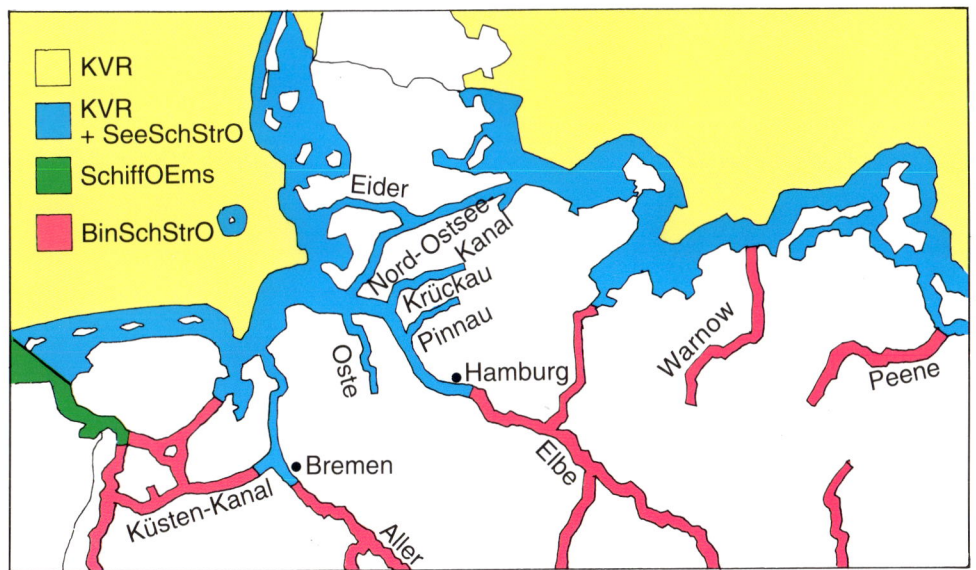

Geltungsbereiche. Die Wasser- und Schiffahrtsdirektionen sind zudem ermächtigt, Sondervorschriften für das deutsche Küstenmeer zu erlassen.

**Das Recht des Stärkeren?**

Als Einstieg in das Thema „Ausweichregeln" möchte ich mit einigen, sich in Seglerkreisen hartnäckig haltenden Gerüchten aufräumen:

● Weit verbreitet ist die Meinung, Berufsfahrzeuge hätten Vorfahrt. Dies ist ein fataler Irrtum, denn grundsätzlich unterscheiden die genannten Verordnungen nicht zwischen Berufs- und Sportschiffahrt. Auch die Größe eines Fahrzeuges spielt, bis auf wenige Ausnahmen (Verkehrstrennungsgebiete und enge Fahrwasser, siehe S. 303), keine Rolle für die Ausweichpflicht.

● Sportfahrzeuge, so hört man, seien die Schwächeren und sollten deshalb grundsätzlich ausweichen. Diese Aussage ist falsch und kann zu gefährlichen Situationen führen. Denn die Regeln der KVR und der SeeSchStrO bzw. SchiffOEms sind gerade auf dem Grundsatz aufgebaut, daß der „Stärkere" (= der die bessere Manövrierfähigkeit besitzt) dem „Schwächeren" (= der schlechter manövrieren kann) ausweicht! Wer „besser manövrieren kann", darf aber nicht durch den einzelnen Sportskipper interpretiert werden, denn dies ist durch die Ausweichregeln für alle verbindlich festgelegt.

● „Die Großen lassen es darauf ankommen!" wird gesagt. Schiffsführer von „dicken Pötten" sind aber keine „potentiellen Killer", sondern verantwortungsbewußte und erfahrene Seeleute. Aufgrund ihrer Ausbildung und Erfahrung sind sie sicher im Umgang mit den Regeln und halten diese in fast allen Fällen ein. Die Sportskipper sollten deshalb, unter ständiger kritischer Beobachtung des Kurses und der Manöver des „Dicken", auf die Einhaltung der Regeln vertrauen.

● Mancher Segler trägt erheblich zur Verunsicherung der gesamten Schiffahrt bei, wenn er die Ausweichsituationen eigenwillig auslegt und gegen die bestehenden Regeln handelt. Dem muß dringend Einhalt geboten werden. Ein Beispiel aus dem Straßenverkehr mag dies verdeutlichen: Was würde wohl geschehen, wenn ein Pkw bei Grün vor einer Ampel hielte, um einen Lkw, der vor Rot steht und „nun mal stärker ist",

durchzulassen? Welches Chaos wird also auf See entstehen, wenn immer mehr Schiffsführer aus unsicherer Kenntnis und mangelhafter Durchführung der Ausweichregeln die Sicherheit und Leichtgängigkeit des Schiffsverkehrs gefährden?

**So weicht man richtig aus!**

Das folgende Zonenmodell erläutert einen typischen Manöverablauf zwischen zwei Fahrzeugen auf sich kreuzenden Kursen: Ein Segler bekommt soeben ein anderes Fahrzeug „in Sicht". Nun gilt es festzustellen, ob bei gegebenen Kursen und Geschwindigkeiten die Möglichkeit der Gefahr eines Zusammenstoßes besteht. Ist eine solche Gefahr vorerst auszuschließen, setzen beide Fahrzeuge ihren Kurs unter fortwährender Beobachtung des anderen fort.

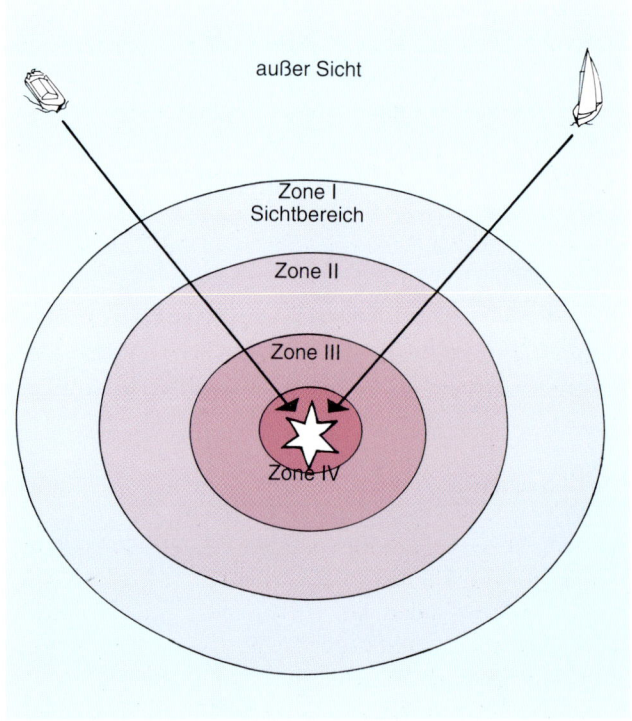

**Zonenmodell für richtiges Ausweichen**

## Erläuterung des Zonenmodells

*Zone I – Platzmachen erlaubt*
In dieser ersten Phase (Zone I) – die Fahrzeuge haben sich soeben optisch wahrgenommen und sind noch weit voneinander entfernt – können beide Fahrzeuge ihren Kurs und ihre Geschwindigkeit frei wählen und so gestalten, daß sich ein sicherer Passierabstand ergibt. Entscheidet sich der Segler jetzt für eine Fahrt- oder Kursänderung, um den sogenannten „Nahbereich" des anderen Fahrzeugs, der immer mit der Gefahr eines Zusammenstoßes verbunden sein kann, zu vermeiden, *so ist dieses Platzmachen die beste Möglichkeit für Sportskipper, großen Pötten aus dem Wege zu gehen.* Dieses Platzmachen ist nämlich unabhängig von der Frage, wer ausweichpflichtig ist!

*Zone II – Nur nicht unruhig werden*
Denn bereits in der Zone II besteht diese Möglichkeit der Entscheidung nicht mehr. Bei weiterer Annäherung auf unveränderten Kursen sind die Fahrzeuge in den sogenannten „Nahbereich" eingefahren. Da die Möglichkeit der Gefahr eines Zusammenstoßes nun nicht mehr ausgeschlossen werden kann, greifen die Ausweichregeln der Seeverkehrsordnungen, die jetzt nur noch zwischen dem *Kurshalter* und dem *Ausweichpflichtigen* unterscheiden. Der Ausweichpflich-tige muß jetzt ausgiebig ausweichen, so daß sich ein sicherer Passierabstand ergibt. Der Kurshalter, also auch der Sportskipper, ist verpflichtet, seinen Kurs und seine Geschwindigkeit beizubehalten, damit das Ausweichmanöver des anderen wirken kann.

*Zone III – Der Kurshalter darf handeln*
Kommt der Ausweichpflichtige bei weiterer Annäherung auf Kollisionskurs seiner Pflicht nicht angemessen nach, so daß die Gefahr einer Kollision droht, *darf* auch der Kurshalter so steuern, wie es zur Vermeidung des drohenden Zusammenstoßes am dienlichsten ist („Manöver des vorletzten Augenblicks").

*Zone IV – Manöver des letzten Augenblicks*
Manövrieren beide Fahrzeuge bis zur Annäherung in Zone IV nicht, *muß* nun der drohende Zusammenstoß unter allen Umständen vermieden werden. Bei diesem „Manöver des letzten Augenblicks" sind beide Fahrzeuge verpflichtet, entschlossene und durchgreifende Manöver zur Vermeidung der Kollision zu fahren: Ausweichpflichtiger und Kurshalter müssen handeln! Dabei gilt für beide der Grundsatz: *Drehe immer vom Kollisionsgegner weg!* Dahinter steckt der Gedanke der Schadensminimierung, denn die folgenschwersten Unfälle entstehen, wenn Schiffe in einem rechten Winkel kollidieren.

Die Möglichkeit der Gefahr eines Zusammenstoßes besteht, wenn die Peilung zum anderen sich nicht oder nur unwesentlich verändert und sich der Abstand verringert.

## Das Zonenmodell in der Praxis

In Zone II werden die meisten Fehler gemacht. Viele Segler, die Kurshalter sind, erkennen erst zu spät den Kollisionskurs, oder sie sehen aus Unerfahrenheit nicht, daß der Kollisionsgegner bereits ausweicht. Wer jetzt, häufig in Panik, ein Manöver einleitet, verstößt gegen die Kurshaltepflicht! Das eigene Manöver kann den Ausweichpflichtigen nämlich in schwere Bedrängnis bringen. Denn hat zum Beispiel der Kapitän eines Handelsschiffes das Ausweichmanöver bereits eingeleitet, muß er sich darauf verlassen können, daß der andere seinen Kurs und seine Geschwindigkeit beibehält. Nur dann kann sein Ausweichmanöver wirken.
Die trägen Reaktionen seines großen Schiffes erlauben es ihm nicht, sich auf einmalige oder, noch schlimmer, mehrmalige Kursänderungen des kurshaltepflichtigen Sportskippers einzustellen.
Für alle Fahrzeuge gelten grundsätzliche Regeln, die beim Ausweichen beachtet werden müssen:

*Grundsätze des Ausweichens*

● Der Ausweichpflichtige muß, wenn die Möglichkeit der Gefahr eines Zusammenstoßes besteht, auf See sofort nach In-Sicht-Kommen des Gegners, in dichtbefahrenen Gewässern so schnell wie möglich nach In-Sicht-Kommen des Gegners ausweichen – mindestens jedoch so rechtzeitig, daß das Ausweichmanöver wirksam werden und der Kurshalter dieses Manöver auch erkennen kann.

● Während bei „dicken Pötten" ein Abstand von mehreren Seemeilen zur Einleitung eines Ausweichens notwendig sein kann, ist zwischen kleinen und wendigen Sportfahrzeugen der Abstand von einer halben Seemeile – oder, je nach Seegebiet, auch weniger – zur Durchführung eines Ausweichmanövers als „rechtzeitig" anzusehen.

● Kursänderungen zum Ausweichen sollen mehr als 20 Grad betragen, um vom Kurshalter erkannt werden zu können. Falsch ist es, mehrere kleine Kursänderungen nacheinander durchzuführen.

● Ein unentschlossenes und knapp bemessenes Ausweichmanöver ist ein schwerer Verstoß gegen die seemännische Sorgfaltspflicht.

● Grundsätzlich passiert der Ausweichpflichtige das Heck des Kurshalters.

# WER IST AUSWEICHPFLICHTIG?

### Überholende Fahrzeuge

Wer sich aus einer Richtung von mehr als 22,5 Grad achterlicher als querab (dies ist der Bereich des Hecklichtes) einem anderen Schiff nähert, ist überholendes Fahrzeug und ausweichpflichtig. Dies gilt auch, wenn Zweifel bestehen, ob man Überholer ist.

Nur selten trifft man Skipper, die schon diese einfachste Ausweichregel nicht beherrschen – so wie ich auf der Kieler Förde, als ich mit angehenden Segellehrern einen Ausbildungstörn fuhr und von einem überholenden Segler fast gerammt wurde. Weder die drohende Kollision der beiden Yachten noch die wüsten Beschimpfungen des (alleinsegelnden!) Baltic-Eigners entsetzten mich. Vielmehr war es die Tatsache, daß der uneinsichtige Segler, der sich dann auch noch vor unser Schiff setzte und die Schoten fierte, so daß wir beinahe aufliefen, Fahrtensegel-Obmann des ortsansässigen Segelvereins war!

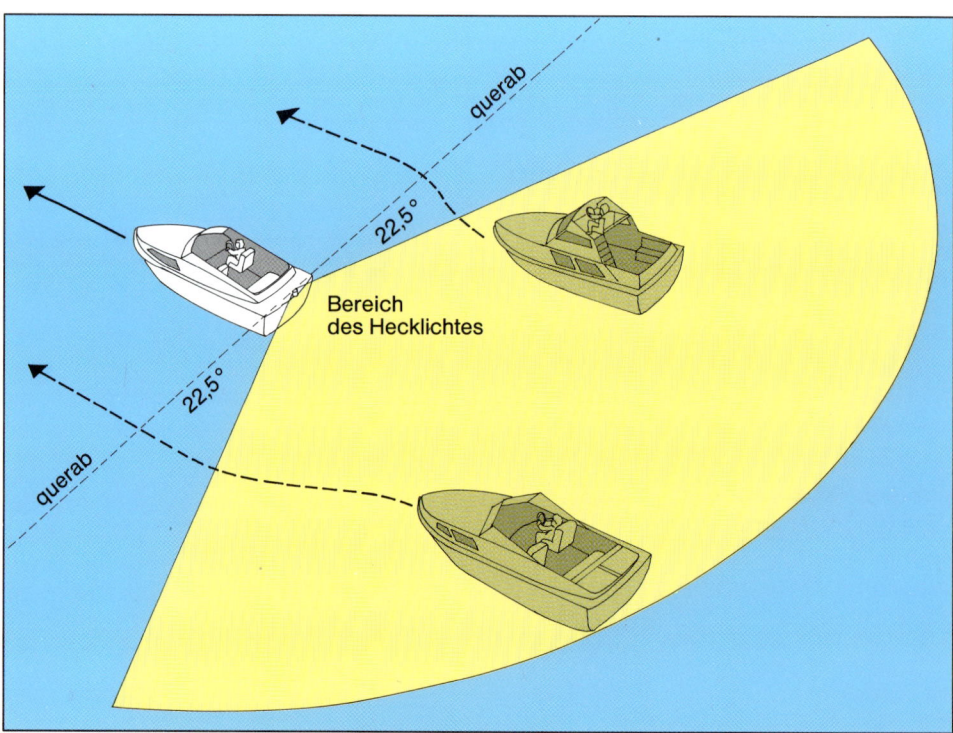

**Überholer weichen aus!
Kann ein Skipper nicht mit
Sicherheit feststellen, daß er
Überholer ist, muß er sich
als solcher betrachten.**

## Maschinenfahrzeuge untereinander

Kreuzen sich die Kurse zweier Maschinenfahrzeuge, so muß dasjenige ausweichen, welches das andere an seiner Steuerbordseite hat.

Nähern sich zwei Maschinenfahrzeuge auf entgegengesetzten Kursen, ändern beide ihren Kurs nach Steuerbord.

## Segelfahrzeuge untereinander

Die zwei bekannten Regeln sollen hier nach dem Grundsatz der Ausweichpflicht dargestellt werden:

a) Haben zwei Segelfahrzeuge den Wind von verschiedenen Seiten, weicht das Boot mit Wind von Backbord dem Boot mit Wind von Steuerbord aus. (*„Stb-Bug weicht Bb-Bug"* ist besser als „Bb-Bug vor Stb-Bug"!)

b) Haben zwei Segelfahrzeuge den Wind von derselben Seite, ist das luvwärtige ausweichpflichtig. (*„Luv weicht Lee"* ist besser als „Lee vor Luv"!)

## Maschinen- und Segelfahrzeuge gegenüber anderen Fahrzeugen

Die Zeichnung auf Seite 302 oben verdeutlicht die Ausweichpflicht von verschiedenen Fahrzeugen untereinander. Nach Regel 18 KVR gilt eine Art „Rangordnung des Ausweichens", die alle Fahrzeugarten einschließt. Dabei muß die jeweils unten stehende Fahrzeugart allen darüberstehenden ausweichen. Die aufgeführten Arten sind bei Tag eindeutig zu unterscheiden, nötigenfalls werden sie durch Signalkörper gekennzeichnet. Bei Nacht führt jede Fahrzeuggruppe arttypische Positionslaternen, die zur Identifizierung dienen (vgl. Tabelle auf S. 308).

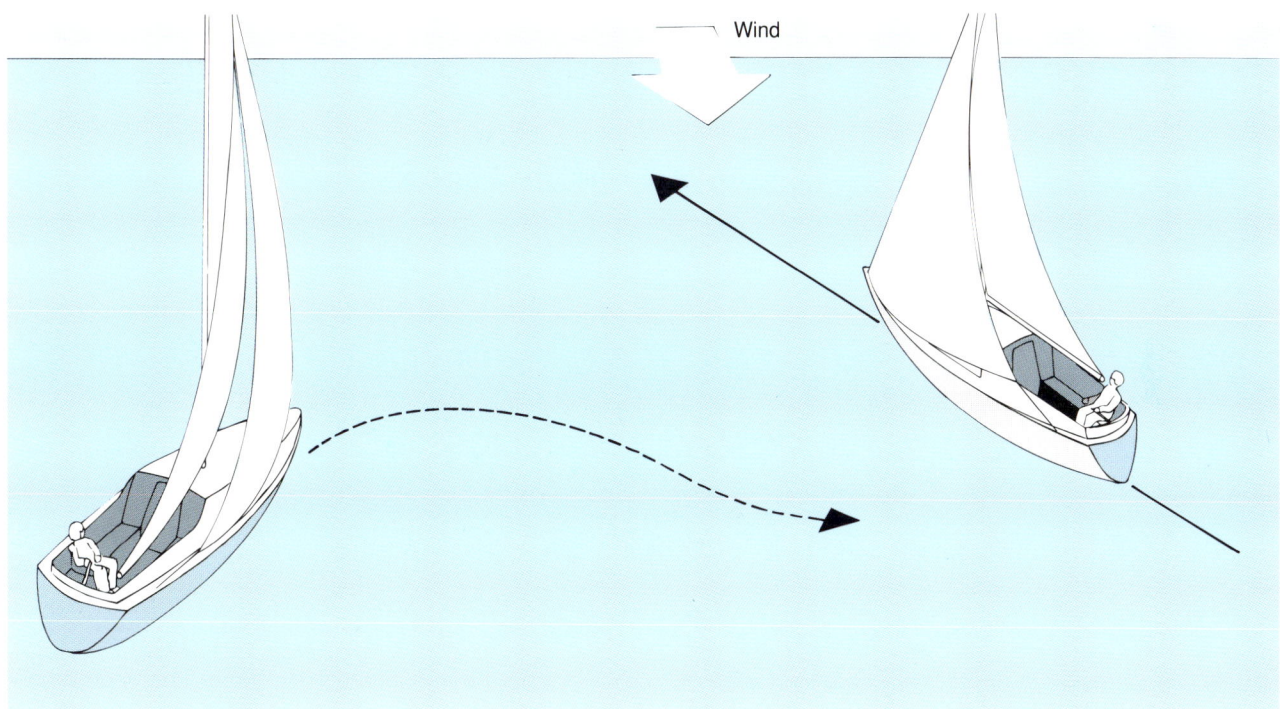

Wind

**Wind von Backbord weicht
Wind von Steuerbord!**

Rangordnung des Ausweichens nach den KVR: Die Ausweichregeln sind nach dem Grundsatz aufgebaut, daß das besser manövrierfähige Fahrzeug dem schlechter manövrierfähigen ausweichen muß.

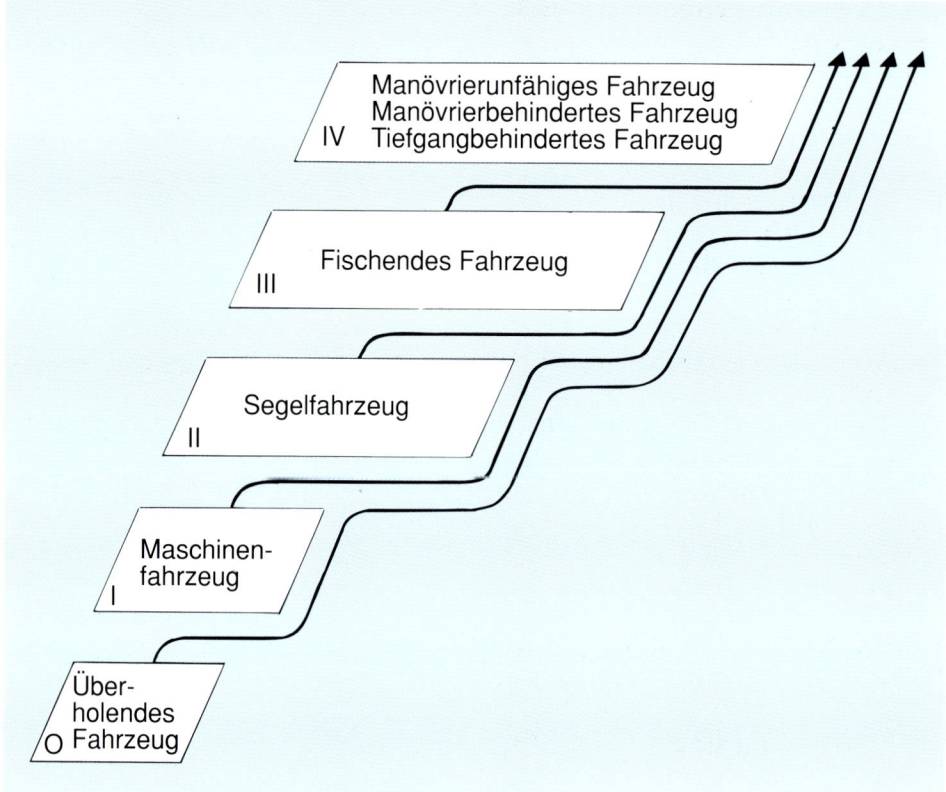

**IV** Manövrierunfähiges Fahrzeug
Manövrierbehindertes Fahrzeug
Tiefgangbehindertes Fahrzeug

**III** Fischendes Fahrzeug

**II** Segelfahrzeug

**I** Maschinenfahrzeug

**O** Überholendes Fahrzeug

Ausweichen innerhalb und außerhalb des Fahrwassers

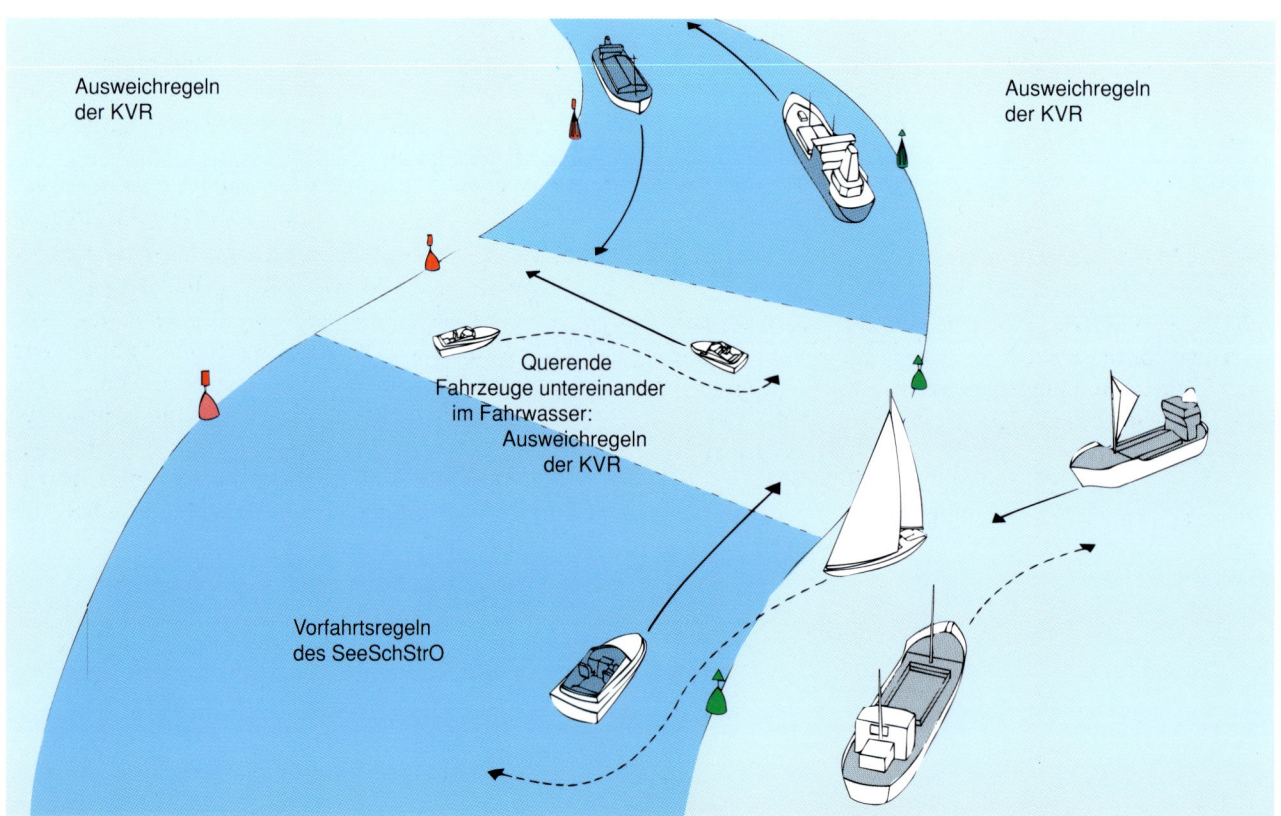

Ausweichregeln der KVR

Ausweichregeln der KVR

Querende Fahrzeuge untereinander im Fahrwasser: Ausweichregeln der KVR

Vorfahrtsregeln des SeeSchStrO

### Die Vorfahrtsregeln von SeeSchStrO/SchiffOEms für Fahrwasser

Fahrwasser sind Wasserflächen, die durch Schiffahrtszeichen begrenzt sind. Es gibt jedoch auch Fahrwasser, die nicht gekennzeichnet oder begrenzt, aber für die durchgehende Schiffahrt bestimmt sind.

*Für diese Gebiete ergänzt die SeeSchStrO bzw. die SchiffO Ems die Ausweichregeln der KVR durch Bestimmungen für Fahrzeuge, die dem Verlauf eines Fahrwassers folgen. Diesen Fahrzeugen räumt die Verordnung „Vorfahrt" gegenüber allen Fahrzeugen ein, die in ein Fahrwasser einlaufen, es queren oder in ihm drehen wollen.*

Außerhalb des Fahrwassers weicht man nach den bereits bekannten Ausweichregeln der KVR aus, die auch für querende Fahrzeuge untereinander innerhalb des Fahrwassers gelten.

# VERHALTEN IN VERKEHRS-TRENNUNGSGEBIETEN UND ENGEN FAHRWASSERN

Vielbefahrene Fahrwasser oder Fahrrinnen sind häufig als *Verkehrstrennungsgebiete* ausgewiesen. Es sind betonnte Schiffahrtswege, die durch Trennlinien oder Trennzonen in Einbahnwege geteilt sind und jeweils nur in Verkehrsrichtung rechts befahren werden dürfen.

*Fahrregeln für Verkehrstrennungsgebiete*
● Fahrzeuge, die den Einbahnwegen folgen, müssen in der allgemeinen Verkehrsrichtung des Verkehrstrennungsgebietes fahren.
● Sie müssen klar Abstand von der Trennlinie halten und dürfen nach Möglichkeit nur an den Enden des Verkehrstrennungsgebietes ein- oder auslaufen.
● Das Queren ist möglichst zu vermeiden. Muß ein Verkehrstrennungsgebiet gequert werden, so möglichst mit der Kielrichtung im rechten Winkel zur allgemeinen Verkehrsrichtung.

● Fahrzeuge von weniger als 20 Meter Länge oder Segelfahrzeuge dürfen die sichere Durchfahrt eines dem Einbahnweg folgenden Maschinenfahrzeugs nicht behindern.
● Segler dürfen auf dem Einbahnweg kreuzen, sie müssen aber der durchgehenden Schiffahrt ausweichen.
● Fahrzeuge, die außerhalb des Trennungsgebietes fahren, müssen ausreichenden Abstand von den Tonnen einhalten. Damit dokumentieren sie, daß sie sich außerhalb des Gebietes befinden.
● Innerhalb des Verkehrstrennungsgebietes gelten, bis auf obenerwähnte Ausnahmen, die bereits bekannten Ausweichregeln der KVR.

Die Regel 9 der KVR sieht für das Befahren „*enger Fahrwasser*" oder „Fahrrinnen" besondere Fahrregeln vor. Enge Fahrwasser sind nicht betonnt, sie befinden sich meist in Landnähe und sind häufig schmal und oft nicht sehr tief. Diese Vorschriften sind nur wenig bekannt, betreffen aber die Sportschiffahrt und müssen deshalb besonders beachtet werden.

*Fahrregeln für enge Fahrwasser*
● In engen Fahrwassern muß man sich äußerst rechts halten, soweit dies ohne Gefährdung des eigenen Schiffes möglich ist.
● Fahrzeuge unter 20 Meter Länge und Segelfahrzeuge dürfen die Durchfahrt eines Fahrzeugs nicht behindern, das nur innerhalb des engen Fahrwassers sicher fahren kann.
● Die Durchfahrt von Fahrzeugen in engen Fahrwassern darf nicht durch fischende Fahrzeuge behindert werden. Dieser Grundsatz gilt auch für Fischer gegenüber kleinen Motor- und Segelfahrzeugen.
● Ein querendes Fahrzeug muß Fahrzeugen ausweichen, die nur innerhalb des engen Fahrwassers sicher fahren können. Für querende Fahrzeuge gegenüber Fahrzeugen, die im engen Fahrwasser fahren, aber nicht auf das enge Fahrwasser angewiesen sind (z. B. Segel- und Motorboote), gelten die bereits bekannten Ausweichregeln der KVR.

# VERHALTEN GEGENÜBER DER GROSSSCHIFFAHRT

Eine der größten Gefahren für Fahrtensegler ist die Kollision mit einem Handelsschiff. Bedingt durch die hohen Geschwindigkeiten dieser Schiffe vergehen nach In-Sicht-Kommen oft nur 5 bis 20 Minuten, um einen Kollisionskurs festzustellen (nachts möglichst mit einem beleuchteten Peilkompaß), über die Ausweichpflicht zu entscheiden und das Manöver durchzuführen.

Äußerste Vorsicht ist in Gebieten angebracht, in denen Handelsschiffe nicht mit Sportbooten rechnen müssen. Denn besonders dort hat der vermehrte Einsatz moderner Technik nicht dazu beigetragen, die Sicherheit der Sportschiffahrt zu erhöhen: Die Benutzung von Selbststeueranlage und Radar – in dem Sportboote ohnehin oft schwer zu erkennen sind – und der Personalmangel an Bord der Handelsschiffe müssen dazu führen, daß man selbst sorgfältig Ausguck hält und den Kurs und die Manöver der „Großen" noch kritischer verfolgt. In vielen Fällen erleichtert der Anruf über UKW auf Kanal 16 die Begegnung mit der Großschiffahrt.

Segler tragen erheblich zur Sicherheit und Leichtgängigkeit des Seeverkehrs bei, wenn sie der Großschiffahrt, unabhängig von der Ausweich- oder Kurshaltepflicht, durch rechtzeitiges „Platzmachen" aus dem Wege gehen (siehe „Zone I – Platzmachen erlaubt" auf Seite 298/299).

In jedem Fall sollte sich der Sportschiffer mit der Problematik der Großschiffahrt vertraut machen, um deren Manöver besser einschätzen und sich diesen Fahrzeugen gegenüber angemessen verhalten zu können.

*Manövriereigenschaften der Großschiffahrt*

● Je nach Tiefgang eines Handelsschiffes werden bereits die 30-m- oder 20-m-Tiefenlinien als Gefahrenlinien eingestuft, die den Platz für Manöver einschränken können.

● Größere Handelsschiffe, die Kurshalter sind, müssen je nach Schiffstyp, -größe und -geschwindigkeit bereits in einem Abstand von 2 bis 3 sm ein Manöver des letzten Augenblicks einleiten bzw. selbst manövrieren, wenn ein Ausweichpflichtiger seiner Pflicht nicht eindeutig nachkommt.

● Handelsschiffe haben Drehkreise, die dem Drei- bis Fünffachen ihrer Schiffslänge entsprechen. Die Dauer eines Vollkreises aus Marschfahrt kann bis zu zehn Minuten in Anspruch nehmen.

Ihre Notstoppstrecken können das Fünf- bis Zehnfache ihrer Schiffslänge betragen, bei schwierigen äußeren Bedingungen (Wind, Strom, geringe Wassertiefe) bis zum Fünfzehnfachen.

*Sichtverhältnisse auf Handelsschiffen*

● Von der Brücke eines Handelsschiffes aus ist die Wasserfläche vor dem Bug oft auf einige hundert Meter nicht einsehbar. Kurse von Sportbooten, die in diesen Bereich einfahren, können dann nicht mehr verfolgt werden.

● Besonders bei schlechten Sichtbedingungen sind Sportboote schwer auszumachen, da sie aufgrund der großen Augeshöhe auf der Brücke von Handelsschiffen bei abnehmender Distanz nicht mehr über der Kimm aufragen und sich schlecht von der Wasserfläche abheben.

**Wenn es eng wird, sind höchste Konzentration und gegenseitige Rücksichtnahme erforderlich.**

# ICH FAHRE NICHT BEI NEBEL!

Zu den furchtbaren Erlebnissen meiner Seglerlaufbahn gehört eine Nebelfahrt über das Kattegat. Die Angst, überlaufen zu werden, saß uns über die vielen Stunden der Überfahrt von Schweden nach Dänemark im Nacken. Trotz Radarreflektors und Geben der Schallsignale waren wir besonders unter Hochspannung, wenn wir uns den vielen Schiffahrtswegen näherten und versuchten, aus Motorgeräuschen und Nebelsignalen auf den Abstand, den Kurs und die Geschwindigkeit der Handelsschiffe zu schließen. Ein hoffnungsloses Unterfangen!

Die Einführung des Radars hat die Gefahr, im Nebel überlaufen zu werden, für die Sportschiffahrt kaum gemindert, denn vor allem Sportboote aus Kunststoff werden auf dem Radar nicht immer erkannt. Auch gute Radarreflektoren wirken nur, wenn sie richtig montiert wurden. Von vielen Fachleuten wird ihre Wirkung auf schwankenden Segelbooten ohnehin in Frage gestellt.

Der Einsatz des Radars auf Handelsschiffen hat außerdem dazu geführt, daß die Geschwindigkeit bei verminderter Sicht kaum mehr reduziert wird.

Es bleibt für den Fahrtensegler letztlich nur das Geben des Nebelsignals, doch das ist auf der geschlossenen Kommandobrücke fast nie zu hören.

*Verhalten bei verminderter Sicht*

● Nicht bei Nebel oder zu erwartender verminderter Sicht auslaufen.

● Wird man auf See von plötzlich eintretender verminderter Sicht überrascht, sind die gesetzlich vorgeschriebenen Maßnahmen zu beachten. Dazu zählen:

– Positionslaternen anschalten und Nebelschallsignale geben,

– Ausguck verstärken und auf Nebelsignale anderer hören,

– mit sicherer Geschwindigkeit fahren, das heißt, das Boot muß in einer der Sichtweite angemessenen Strecke aufgestoppt werden können.

● Bei einer möglichen Kollisionsgefahr – zum Beispiel ertönt voraus das Nebelsignal eines anderen Fahrzeugs – muß die Geschwindigkeit weiter verringert oder es muß sogar gestoppt werden, bis die Gefahr vorüber ist.

Neben diesen Maßnahmen empfehle ich, den Radarreflektor auf richtigen Sitz zu kontrollieren, die Rettungswesten anzulegen und absolute Ruhe an Bord zu halten.

Wichtiger noch erscheint mir der Rat, auf direktem Kurs und so schnell wie möglich flaches Wasser aufzusuchen und zu ankern! Das wird nur gelingen, wenn man bei aufkommendem dickem Wetter seine Position genau bestimmt hat und nun präzise koppelt, um den kürzesten und sichersten Weg zum Ankerplatz zu finden.

Die modernen Navigationsgeräte erlauben es zwar, den Standort auch bei verminderter Sicht auf wenige Meter genau zu bestimmen. Jedoch sollte man nicht nur nach elektronischen Geräten navigieren. Ein möglicher Stromausfall zum Beispiel sollte Anlaß genug sein, den Standort ständig mitzukoppeln.

Die Anschaffung eines eigenen Yachtradars nützt häufig wenig, denn die sichere Interpretation des Radarbildes ist erst nach einer guten Ausbildung und bei ständiger praktischer Anwendung möglich. Die Sicherheit im Umgang, die für eine fehlerfreie Bildauswertung nötig ist, können deshalb nur wenige Yachtskipper erreichen. Also sollte man trotz Radars bei verminderter Sicht nicht auslaufen und nur unter Einhaltung aller Vorsichtsmaßnahmen weiterlaufen, um sobald wie möglich zu ankern.

Wer segelt, der bevorzugt die streßfreie langsame Gangart seiner Segelyacht, das Leben in der Natur mit ihren wechselnden Wind- und Wettergegebenheiten. Durch die Ausrüstung mit immer aufwendigeren technischen Mitteln scheint sich mancher Skipper immer mehr in Zugzwang zu setzen, glaubt handeln zu müssen nach dem Motto: „Wir fahren bei jedem Wetter!" Dieser Grundsatz sollte jedoch Kapitänen von Fähren und Handelsschiffen vorbehalten bleiben, deren Ausbildung und Beruf dies ermöglicht und auch erfordert.

# BELEUCHTUNG UND SIGNALKÖRPER

Bei Nacht und bei verminderter Sicht müssen Fahrzeuge beleuchtet sein. Die Beleuchtung muß mehrere Anforderungen erfüllen:

*Grundsätze:*
● Das Fahrzeug soll nach allen Seiten hin erkennbar sein.
● Die Seiten des Fahrzeugs sollen so gekennzeichnet sein, daß die grobe Fahrtrichtung des Schiffes erkannt werden kann.
● Die Antriebsart muß bestimmt werden können.
● Das Überschreiten einer bestimmten Länge muß angezeigt werden.
● Fahrzeuge, deren Manövrierfähigkeit eingeschränkt ist und die deshalb nicht behindert werden dürfen, zeigen dies durch Lichter und tags durch Signalkörper an (siehe Seite 308).

*Als Positionslaternen finden Verwendung:*
Seitenlichter (rot/grün) mit einem Sektor von 112,5 Grad
Hecklicht (weiß/135 Grad)
Topplicht (weiß/225 Grad)
Schlepplicht (gelb/135 Grad, über dem Hecklicht)
Rundumlichter (weiß/rot/grün/360 Grad)

**Fahrzeuge in Fahrt**

**a) Fahrzeuge ohne Maschinenantrieb**
Seitenlichter und Hecklicht, die „Grundausstattung", führt jedes Fahrzeug, das in Fahrt ist und Fahrt durchs Wasser macht. In Fahrt bedeutet, daß ein Fahrzeug nicht an Land fest ist, nicht vor Anker liegt oder auf Grund sitzt. Fahrt durchs Wasser heißt, daß das Schiff sich in Relation zum Wasser bewegt.
Fahrzeuge ohne Maschinenantrieb sind mit diesen Lichtern der Grundausstattung ausreichend gekennzeichnet. Neben der Fahrtrichtung ist also auch die Antriebsart erkennbar. Segelyachten, Ruderboote und geschleppte Fahrzeuge zeigen diese Lichterführung.
Für Segelfahrzeuge von weniger als 7 m Länge und Ruderboote haben die KVR Erleichterungen in der Lichterführung vorgesehen. Probleme bei der Anbringung und bei der Stromversorgung sind die Gründe, die zu diesen Ausnahmen geführt haben. Diese Fahrzeuge müssen eine elektrische Lampe mit einem weißen Licht gebrauchsfertig zur Hand halten.

**b) Maschinenfahrzeuge**
Zusätzlich zur Grundausstattung führen Maschinenfahrzeuge das Topplicht (weiß/225 Grad). Es ist das typische Erkennungsmerkmal für diese Fahrzeuggruppe. Ist das Maschinenfahrzeug über 50 Meter lang, muß es ein zweites Topplicht fest angebracht haben, und zwar achterlicher und höher als das vordere. Aus der Stellung der Topplichter zueinander kann man gut auf den Kurs des Schiffes schließen und bemerkt Kursänderungen sofort.
Ein Segelfahrzeug, das motort oder unter Maschine und Segel zugleich läuft, gilt als Maschinenfahrzeug. Es führt bei Nacht zusätzlich das Topplicht, am Tag zeigt es die Motorbenutzung durch einen schwarzen Kegel/Spitze unten an.

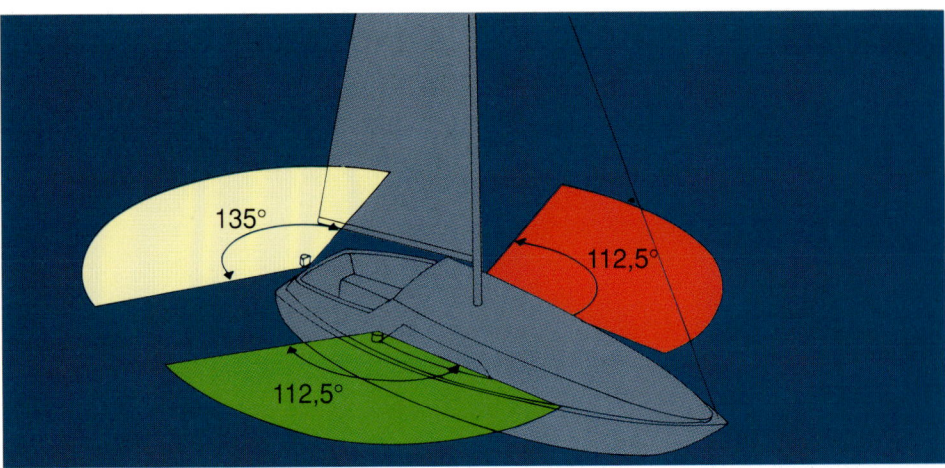

Fahrzeuge ohne Maschinenantrieb führen die Seitenlichter und das Hecklicht.

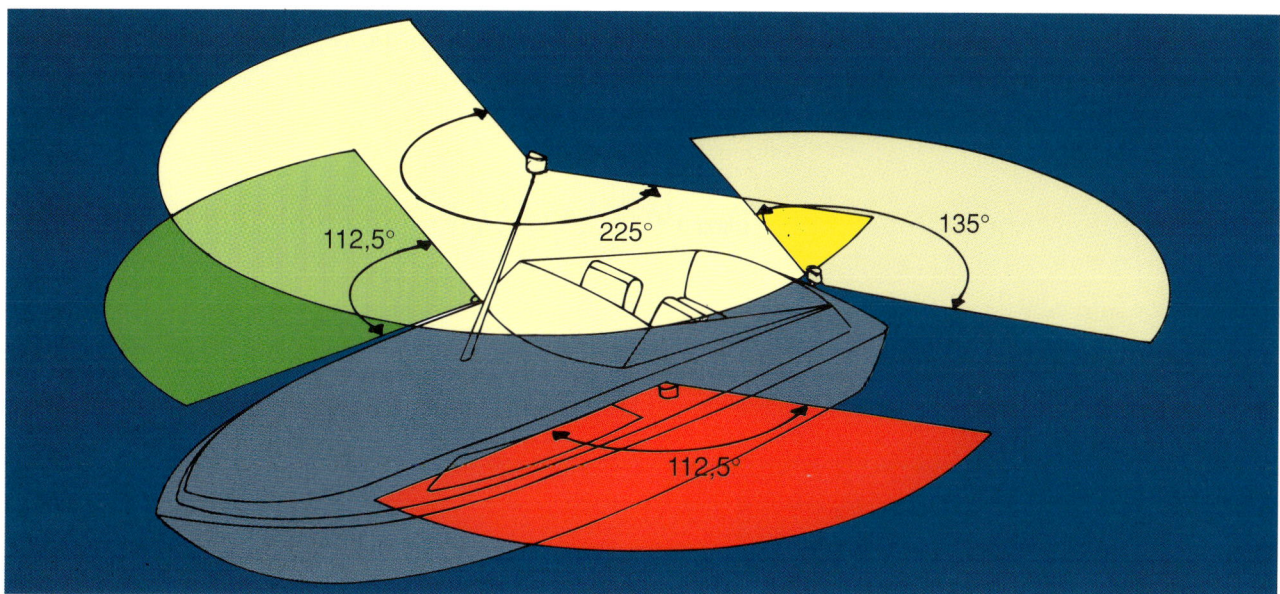

**Das Topplicht ist das typische Erkennungszeichen eines Fahrzeugs, das sich mit Maschinenkraft fortbewegt.**

**c) Manövrierunfähige, manövrierbehinderte und tiefgangbehinderte Fahrzeuge, Schleppverbände, Fischer. Lotsen-, Behördenfahrzeuge und Schiffe mit gefährlicher Ladung**

Die Tabelle auf Seite 308 gibt eine Übersicht, welche Lichter die besondere Fahrzeugart zusätzlich zu der Grundausstattung und dem/den Topplicht/ern führen muß. Die Kenntnis der Lichterführung dieser Fahrzeuge ist für Segler von Bedeutung, da das Segelfahrzeug ausweichpflichtig ist (vgl. Seite 301). Tags tragen diese Fahrzeuge Signalkörper.

*Merke:* Fahrzeuge unter 12 Meter Länge, mit Ausnahme solcher, die Taucharbeiten durchführen, brauchen die Lichter und Signalkörper für manövrierunfähige und manövrierbehinderte Fahrzeuge nicht zu führen!

### Fahrzeuge, die nicht in Fahrt sind

Fahrzeuge, die an Land festgemacht sind, vor Anker liegen oder auf Grund sitzen, sind nicht in Fahrt. Sie tragen deshalb nicht die Grundausstattung, sondern sind ausschließlich durch Rundumlichter gekennzeichnet.

### a) An Land festgemacht
Diese Fahrzeuge setzen ein festes weißes Licht mittschiffs an der Fahrwasserseite, wenn vom Ufer her keine ausreichende Beleuchtung vorhanden ist.

### b) Vor Anker liegend
Fahrzeuge vor Anker führen tags einen schwarzen Ball, bei Nacht zwei weiße Rundumlichter, wobei das hintere niedriger angebracht ist als das vordere (damit unterscheidet es sich deutlich von dem Maschinenfahrzeug von 50 und mehr Meter Länge). Ankerlieger unter 50 Meter Länge brauchen nur ein weißes Rundumlicht zu setzen.

### c) Auf Grund sitzend
Grundsitzer führen das/die obenbeschriebene/n Ankerlicht/er und zusätzlich zwei rote Rundumlichter untereinander. Am Tag zeigen sie drei schwarze Bälle untereinander.

| Fahrzeugart | Lichterführung/Tagsignal (in Fahrt / mit FdW) | | Bemerkungen |
|---|---|---|---|
| **Manövrierunfähiges Fahrzeug** | | | Gründe: Maschinen- oder Ruderschaden usw. |
| **Manövrierbehindertes Fahrzeug** | | | Gründe: Arbeitseinsatz wie Kabellegen, Tonnenlegen, Schleppen, Versorgungsarbeiten usw. |
| **Tiefgangbehindertes Fahrzeug** | | | Aufgrund des Tiefgangs auf die tiefste Stelle des Fahrwassers angewiesen |
| **Schleppfahrzeug** | | Tags führen Schlepper und geschleppte Anhänge schwarze Rhomben. | Der geschleppte Anhang hat eine Länge von über 200 Metern. |
| **Fischer** | \n\nTrawler\n\n\n\nNicht trawlender Fischer (ohne FdW) | | Trawler = Schleppnetzfischer\nNicht trawlender Fischer = Treibnetzfischer |
| **Polizei** | | Schallsignal\n●▬▬●● = Anhalten oder Signalflagge „L"\n\n | Auch andere Fahrzeuge des öffentlichen Dienstes bei Erfüllung polizeilicher Aufgaben. |
| **Fahrzeug mit gefährlicher Ladung** | | | Beförderung gefährlicher Güter oder nicht entgaster Tanker |

# SCHALLSIGNALE

Das Seeverkehrsrecht unterscheidet zwischen *Manöver- und Warnsignalen* (mit der Pfeife gegeben) und den *Schallsignalen*, die bei *verminderter Sicht* mit der Pfeife, der Glocke und dem Gong gegeben werden müssen.

**Manöver- und Warnsignale**
Während große Fahrzeuge diese Schallsignale mit einer Pfeife geben, müssen Fahrzeuge unter 12 Metern Länge nur so ausgerüstet sein, daß sie in der Lage sind, ein kräftiges Schallsignal abgeben zu können. Dazu dienen in der Regel preßluftgetriebene oder mundgeblasene Signalhörner oder Hupen.

**Manöver- und Warnsignale**

| Schallsignal | Begründung | Situation/Manöver |
|---|---|---|
| ● | Kursänderung nach Steuerbord | |
| ● ● | Kursänderung nach Backbord | |
| ● ● ● | Maschine geht rückwärts | |
| ● ● ● ● ● (mindestens) | „Kommen Sie Ihrer Ausweichpflicht nach!" | |
| ▬ | „Achtung!" | |
| ● ▬ | „Bleib weg!" | (Feuer) |
| ▬ ● ● ● ● / ▬ ● ● ● ● | Allgemeines Gefahr- und Warnsignal | |
| ● ▬ ● ● | „Anhalten!" | (Polizei) |
| ▬ ▬ ▬ / ▬ ▬ ▬ | Sperrung einer Seeschiffahrtsstraße | (Stapellauf) |

## Schallsignale bei verminderter Sicht

| Schallsignal | Wiederkehr | Fahrzeug |
|---|---|---|
| ▬<br>ein langer Ton<br>mit der Pfeife | mindestens<br>alle<br>2 Minuten | Maschinenfahrzeug in Fahrt, das Fahrt durchs Wasser macht |
| ▬  ▬<br>zwei lange Töne<br>mit der Pfeife | mindestens<br>alle<br>2 Minuten | Maschinenfahrzeug in Fahrt, das seine Maschine gestoppt hat<br>und keine Fahrt durchs Wasser macht |
| ▬ ● ●<br>ein langer und zwei kurze<br>Töne mit der Pfeife | mindestens<br>alle<br>2 Minuten | Segelfahrzeug in Fahrt<br><br>manövrierunfähiges Fahrzeug in Fahrt<br><br>manövrierbehindertes Fahrzeug in Fahrt oder vor Anker<br><br>fischendes Fahrzeug in Fahrt oder vor Anker<br><br>tiefgangbehindertes Fahrzeug in Fahrt<br><br>schleppendes oder schiebendes Fahrzeug |
| ▬ ● ● ● | mindestens<br>alle 2 Minuten | letztes bemanntes Fahrzeug eines Schleppzuges,<br>unmittelbar nach dem Signal des Schleppers zu geben |
| 🔔 | mindestens<br>jede Minute | Fahrzeug vor Anker unter 100 m Länge |
| 🔔  🔔 | mindestens<br>jede Minute | Fahrzeug vor Anker über 100 m Länge |
| ● ▬ ● | mindestens<br>jede Minute | zusätzliches Signal von Fahrzeugen vor Anker; kann gegeben werden,<br>um einem sich nähernden Fahrzeug den Standort anzuzeigen |
| 🔔🔔🔔 🔔 🔔🔔🔔 | mindestens<br>jede Minute | Fahrzeug auf Grund unter 100 m |
| 🔔🔔🔔 🔔 🔔🔔🔔 🔔 | mindestens<br>jede Minute | Fahrzeug auf Grund über 100 m |
| Topfdeckel<br>Bratpfanne<br>Kochtopf oder<br>ein anderes kräftiges Schallsignal | mindestens<br>alle<br>2 Minuten | Signal eines Fahrzeugs unter 12 m Länge anstelle der<br>oben angegebenen Signale |

**Schallsignale bei verminderter Sicht**

Schallsignale bei verminderter Sicht werden grundsätzlich mit der Pfeife gegeben, wenn ein Fahrzeug in Fahrt ist (alle zwei Minuten).

Ein Fahrzeug, das nicht in Fahrt ist, muß grundsätzlich ein Signal mit der Glocke, in bestimmten Fällen zusätzlich mit dem Gong geben (mindestens jede Minute).

Fahrzeuge unter 12 Meter Länge dürfen anstelle der auf Seite 310 aufgeführten Signale irgendein kräftiges Schallsignal geben (mindestens alle zwei Minuten).

# SCHIFFSPAPIERE

Fahrtensegler, die auf Törn gehen und in verschiedene Länder einreisen, benötigen Dokumente, die als Eigentumsnachweis dienen, die Zollabfertigung erleichtern oder auf Grund von gesetzlichen Regelungen mitzuführen sind.

Es ist zu empfehlen, alle *Schiffspapiere im Original* (Kunststoffhülle) an Bord zu haben. Eine beglaubigte Kopie der nachstehend aufgeführten Papiere sollte – für den Verlustfall – zu Hause vorliegen:

Seegehende Segel- und Motoryachten mit einer Rumpflänge über 15 m *müssen,* kleinere *können* ins *Seeschiffsregister* (SSR) eingetragen werden und erhalten das *Schiffszertifikat*, das weltweit als Eigentumsnachweis anerkannt wird. Es beinhaltet das Recht und die Pflicht zum Führen der Bundesflagge und den Schutz durch den Heimatstaat im Ausland durch dessen diplomatische Vertretungen.

Voraussetzungen hierfür sind:

– Der Eigner muß Deutscher sein und im Geltungsbereich des Grundgesetzes wohnen.

– Das Schiff ist vom Bundesamt für Seeschiffahrt und Hydrographie (BSH), Hamburg, vermessen.

– Es ist ein zweisprachiger oder der *Internationale Schiffsmeßbrief* ausgestellt worden.

Yachten, die in das Seeschiffsregister eingetragen werden sollen, müssen den Schiffsnamen an jeder Seite des Bugs sowie den Schiffsnamen und den Namen des Heimathafens am Heck fest angebracht führen.

Die Registereintragung muß beim zuständigen Amtsgericht gesondert beantragt werden – dort ist das Eigentum an der Yacht nachzuweisen. Der Schiffsmeßbrief muß zur Eintragung vorliegen.

Für Schiffe, deren Rumpflänge 15 m nicht übersteigt und die deutschen Eignern gehören, können vom Bundesamt für Seeschiffahrt und Hydrographie (BSH) *Flaggenzertifikate* ausgestellt werden.

Mit diesem Flaggenzertifikat wird die Berechtigung zur Führung der Bundesflagge nachgewiesen. Das Dokument ist international gültig und für Fahrten in französischen See- und Küstengewässern sogar erforderlich.

Das Flaggenzertifikat ist acht Jahre gültig und kann verlängert werden; beantragt wird es beim BSH.

Ein Schiff, für das ein Flaggenzertifikat erteilt wurde, muß den Namen des Heimathafens am Heck sowie den Schiffsnamen fest angebracht führen.

Das BSH führt ein Flaggenregister, in das alle Schiffe eingetragen werden, für die ein Flaggendokument ausgestellt wurde.

Der *Internationale Bootsschein für Wassersportfahrzeuge* wird vom Deutschen Segler-Verband, vom Deutschen Motoryachtverband und vom ADAC für alle deutschen Bootseigner ausgestellt. Ausländer erhalten ihn, wenn sie in Deutschland wohnen. Das Dokument enthält die wichtigsten Daten des Bootes, ist zwei Jahre gültig und wird von allen europäischen Ländern anerkannt, mit Ausnahme Frankreichs, das für das Befahren der See- und Küstengewässer das *Flaggenzertifikat* fordert.

Auch wenn auf Sportbooten keine Pflicht zur Führung eines *Logbuches* besteht, ist es sinnvoll, ein Schiffstagebuch zu führen. Neben der seemännischen Dokumentation von Reisen erleichtert es die Beweisführung bei Schadens- und Streitfällen. Zum Eintrag berechtigt sind Schiffs- und Wachführer, die die numerierten Seiten tageweise, mindestens aber am Ende der Reise, unterschreiben sollten. Die Führung einer Logkladde und das spätere saubere Übertragen ins Logbuch ist zu empfehlen.

*Folgende Eintragungen gehören ins Logbuch:*

– Namen der Crewmitglieder und die Wacheinteilung
– Überprüfungsvermerk der Sicherheitseinrichtungen, Proviant, Frischwasser und Brennstoff, Sicherheitseinweisung der Crew
– Angaben zu Wind und Wetter, Kursen und Distanzen, Segelstellung, Motorgebrauch, Lichterführung, Standortbestimmungen
– Havarien, Unfälle, wichtige Vorfälle und Beobachtungen

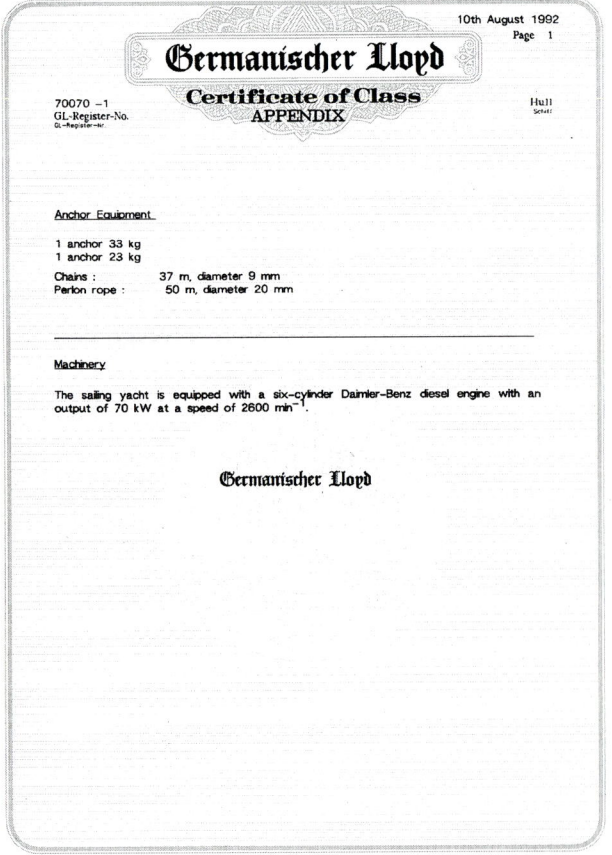

Fehleintragungen sollten nicht radiert, sondern lesbar durchgestrichen werden.

Yachten, die nach den Vorschriften und unter Aufsicht einer Klassifikationsgesellschaft gebaut sind, erhalten ein *Klassenzertifikat.* Sie erfüllen damit den höchsten Anspruch in punkto Sicherheit – die Bauvorschriften der Klassifikationsgesellschaften gelten allgemein als anerkannte Regeln der Technik. Neben der Klassifikation, welche eine individuelle Erprobung einschließt, werden auch Serienbauüberwachungen durchgeführt. Bei der erweiterten Serienbauüberwachung gemäß 100 A 5 wird der Prototyp im Sinne einer Klassifikation geprüft und erprobt, ein Klassenzertifikat ausgestellt. Die Prüfungen beziehen sich auf Schiffskörper einschließlich Rigg, Maschinen- und elektrischer Anlagen sowie Verschlußeinrichtungen. Die Serienfabrikation unterliegt dann gleichfalls einer systematischen Überwachung. Zum Zeichen erfolgter Prüfungen ist jedes Fahrzeug mit einer Plakette gekennzeichnet und erhält eine Serienbaubescheinigung. Auch bei der Serienbauüberwachung muß der Betrieb für die Fertigung zugelassen sein.

Einige Versicherungsgesellschaften sind bei Vorlage des Klassenzertifikats bereit, die Prämie der Kaskoversicherung zu mindern. Klassifikationsgesellschaften sind: Germanischer Lloyd (GL), Hamburg; Lloyd's Register of Shipping (LR), London; Det norske Veritas (DnV), Oslo; Bureau Veritas (BV), Paris; Registro Italiano Navale (RINa), Genua.

*Personalpapiere* für jedes Crewmitglied sind auf Törns mitzuführen. Als zweckmäßig hat sich für Fahrtensegler der Reisepaß herausgestellt, da die administrative Handhabung bei der Ein- und Ausreise am einfachsten ist.

Wer an Bord seiner Yacht eine Seefunkstelle errichtet und betreibt oder eine Ortungsfunkanlage (Radar) installiert hat, braucht eine Genehmigung. Als Nachweis dient die *Genehmigungsurkunde,* die das Bundesamt für Post und Telekommunikation (BAPT), Außenstelle Hamburg, ausstellt. Es dürfen nur solche Funkgeräte verwendet werden, *die typenmäßig geprüft und zugelassen wurden (BZT-Nummer).* Das Führen eines Funktagebuches ist nur für bestimmte Fahrzeuge vorgeschrieben.

Betreiber einer Seefunksendeanlage auf Yachten müssen ein Seefunkzeugnis, mindestens das sogenannte *UKW-Sprechfunkzeugnis,* besitzen, Betreiber von GMDSS-Anlagen ein entsprechendes *Betriebszeugnis.* Fahrtensegler sollten *pyrotechnische Seenotsignale* an Bord haben, damit sie auf sich aufmerksam machen können, wenn sie in Seenot geraten. Seenot heißt, daß Gefahr für Leib oder Leben der Besatzung und die Notwendigkeit zur Hilfe besteht.

Pyrotechnische Seenotsignale sind in zwei Unterklassen eingeteilt, in $T_1$ und $T_2$.

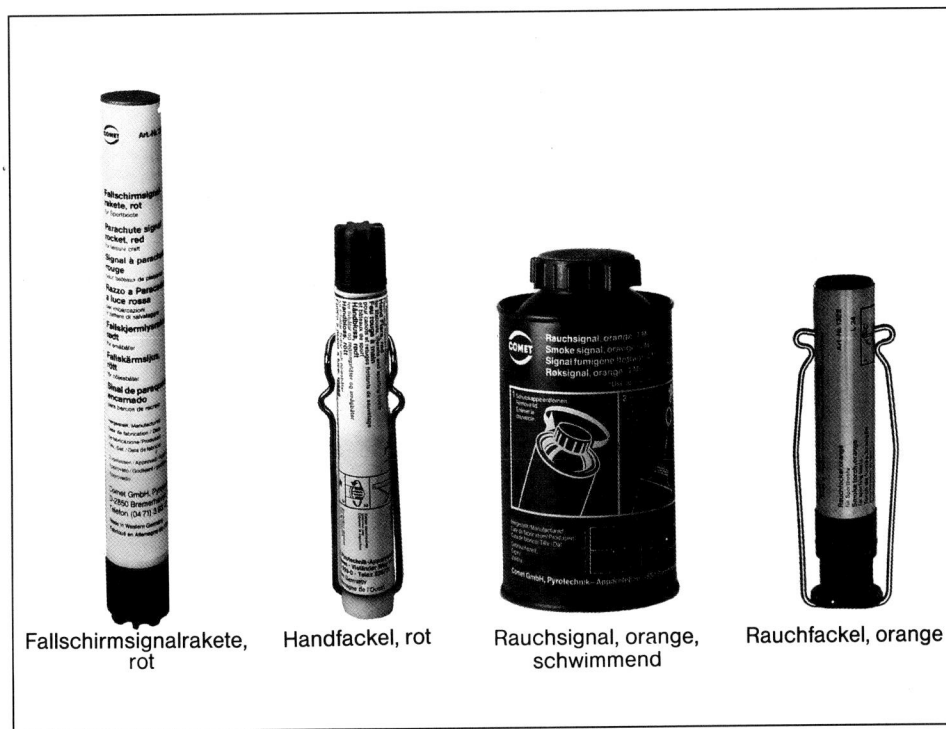

Fallschirmsignalrakete, rot

Handfackel, rot

Rauchsignal, orange, schwimmend

Rauchfackel, orange

**Pyrotechnische Seenotsignale gehören zur Standardausrüstung einer seegehenden Yacht.**

● Die Signale der *Unterklasse T₁* – zum Beispiel Handfackeln, rot und bestimmte Rauchsignale – können von jedem, der das 16. Lebensjahr vollendet hat, erlaubnisfrei erworben, aufbewahrt und verwendet werden.

● Pyrotechnische Signale der *Unterklasse T₂* sind erlaubnispflichtig. Zu ihnen gehören:

a) Signale, die aus der Hand gezündet werden, wie Signalraketen, Fallschirmraketen und Rauchsignale, die dem Sprengstoffgesetz unterliegen, und

b) Signale, die aus der Signalpistole verschossen werden und dem Waffengesetz unterliegen.

● Für den Erwerb der Signale T₂ müssen bestimmte Voraussetzungen erfüllt sein: Zuverlässigkeit, körperliche Eignung, Mindestalter (18 Jahre) und Fachkunde.

● Durch eine Prüfung kann die Fachkunde nachgewiesen werden. Ein *Befreiungsvermerk*, z. B. im Führerschein eingetragen, berechtigt dann zum Erwerb von pyrotechnischen Signalen der Unterklasse T₂, die aus der Hand gezündet werden.

● Um die Erlaubnis zur Handhabung einer *Signalwaffe* mit Patronenlager über 12 mm Durchmesser zu erwerben, muß neben der Fachkunde auch der Bedarf nachgewiesen und eine *Waffenbesitzkarte* beim zuständigen Ordnungsamt beantragt werden. Ein Bedarf kann zum Beispiel aus dem Besitz einer seegehenden Yacht (Kauf- oder Chartervertrag) hervorgehen.

land) müssen Führer von Sportbooten, die mit einer Maschinenanlage von über 3,68 kW (= 5 PS) ausgerüstet sind, allerdings den *Sportbootführerschein See* besitzen.

Ein weiterer amtlicher Befähigungsnachweis für das Führen von Segel- oder Motoryachten (je nach Bezeichnung des Scheins) in der Nordsee, Ostsee und im Mittelmeer sowie allgemein in Küstengewässern bis zu 30 sm ist der *Sportseeschifferschein* (SSS).
Bei privat genutzten Yachten (auch zur Ausbildung) ist er freiwillig, bei gewerblich betriebenen Ausbildungsyachten jedoch Pflicht. Er ist ferner amtlich vorgeschrieben bei Traditionsschiffen über 15 bis 25 m Länge in der Küstenfahrt und Kleinen Küstenfahrt.
Und schließlich gibt es noch den freiwilligen amtlichen *Sporthochseeschifferschein* (SHS) für alle Weltmeere, ebenfalls für Yachten mit Antriebsmaschine oder für Yachten mit Antriebsmaschine und unter Segel.

Die *Führerscheine des Deutschen Segler-Verbandes* für Küsten und Seebereich (BR, BK und C) sind von der Einführung von SSS und SHS nicht betroffen. Diese freiwilligen Verbandsführerscheine behalten ihre Gültigkeit und können auch weiterhin erworben werden.

Schiffsführer von *reinen Segelyachten,* die nicht gewerbsmäßig eingesetzt werden und einen Motor unter 3,68 kW (= 5 PS) haben, *benötigen grundsätzlich keinen Führerschein!*
Diese Aussage gilt uneingeschränkt für alle Seereviere.
Im Geltungsbereich der Seeschiffahrtsstraßen-Ordnung (= Hoheitsgebiet der Bundesrepublik Deutsch-

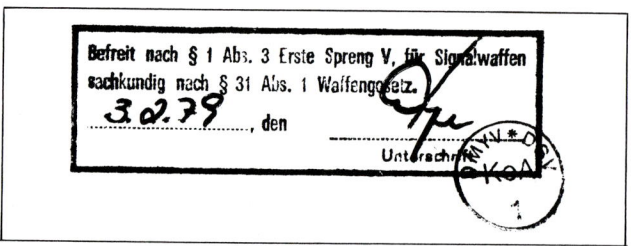

Der abgebildete Stempel im Führerschein berechtigt zum Erwerb von pyrotechnischen Signalen der Unterklasse T₂.

# BEHÖRDEN UND INSTITUTIONEN FÜR DIE SEESCHIFFAHRT

Die Tabelle auf Seite 322 gibt dem Fahrtensegler eine Übersicht über wichtige Behörden und Institutionen und deren Aufgabenbereiche.

Von besonderer Bedeutung ist die *IMO* (International Maritime Organization), eine Unterorganisation der UNO. Ihr sind über 100 Mitgliedsländer angeschlossen, deren Hauptaufgabe die Verbesserung der Schiffssicherheit und Verhütung der Verschmutzung der Meere ist. Die IMO erarbeitet Regelungen und Empfehlungen, die von den angeschlossenen Schiffahrtsländern in Kraft gesetzt werden.

# ZOLLVORSCHRIFTEN UND EINREISEFORMALITÄTEN

Führer von Sportbooten mit Liegeplatz im deutschen Teil des Zollgebietes der Europäischen Union dürfen sogenannte *Nichtgemeinschaftswaren* oder *unversteuerte Gemeinschaftswaren* als *Schiffs- und Reisebedarf* beziehen. Voraussetzung ist, daß sie eine Reise von mindestens 72 Stunden Dauer über das Küstengebiet hinaus antreten.

Der Schiffsbedarf darf nur in Mengen abgegeben werden, die dem Bedarf auf der bevorstehenden Reise entsprechen. Diese Waren sind über einen zugelassenen Schiffshändler zu beziehen.

Früher mußte der Bezug von Schiffsbedarf in einem speziellen *Bezugs- und Anschreibebuch* „angeschrieben" werden. In der Verordnung zur Änderung der Zollverordnung vom 22.12.1994 ist jedoch in § 27 („Handel mit Schiffs- und Reisebedarf") geregelt, daß die für den Liegeplatz des Schiffes zuständige Zoll-

stelle die Anschreibung verlangen *kann*. Dafür reicht der Lieferzettel des Schiffshändlers aus, in dem auch die erforderlichen Daten wie Reisedauer und Reiseziel sowie Anzahl der an Bord befindlichen Personen vermerkt sind.

Beim Anlaufen ausländischer Gewässer sind einige grundsätzliche Formalitäten zu beachten:

Als selbstverständlich gilt, daß die *Gastlandflagge* unter der Steuerbordsaling und damit höher als die Nationalflagge gesetzt wird.

Beim ersten Anlaufen eines Auslandshafens sucht man einen für die Einreise *zugelassenen Zollhafen* aus. Die *Signalflagge „Q"* (= An Bord ist alles gesund, und ich bitte um freie Verkehrserlaubnis) bleibt so lange gesetzt, bis der Zoll und die Einreisebehörden das Schiff abgefertigt haben und den Landaufenthalt erlauben.

Empfehlenswert ist es, sich vor Antritt der Reise bei den *Botschaften oder Konsulaten des Einreiselandes* nach den Vorschriften zu *erkundigen*. Ist dies nicht möglich, sollte im Hafen zunächst nur der Schiffsführer die Yacht verlassen, um sich bei der nächsterreichbaren Behörde nach den Einreisebestimmungen zu erkundigen.

Eine *Crewliste* mit Namen, Geburtsort und -datum, Adresse und Nummer des Personalpapieres sowie ein *Stempel* mit Schiffsname, Heimathafen, eventuell Club und Rufzeichen haben sich zur Vereinfachung der Einreiseformalitäten im Ausland bewährt.

# GESETZE: VON „SICHERUNG DER SEEFAHRT" BIS „BERGUNG UND HILFELEISTUNG"

Zahlreiche nationale und internationale Gesetze und Verordnungen haben sich zum Ziel gesetzt, die Sicherheit der Seeschiffahrt zu gewährleisten. Nicht alle gelten für Sportfahrzeuge, sondern sind erst ab einer bestimmten Schiffsgröße bindend. Dennoch kann die Kenntnis wichtiger Sicherheitsvorschriften auch aus der Handelsschiffahrt Fahrtenseglern zahlreiche Anregungen geben.

## Umweltschutzbestimmungen auf See

Erst 1983, etwa zehn Jahre nach den ersten Gesprächen, trat das *Internationale Übereinkommen zur Verhütung der Meeresverschmutzung durch Schiffe* (MARPOL-Übereinkommen) in Kraft. Der Flaggenstaat eines Schiffes ist verpflichtet, die Einhaltung der Vorschriften zu überwachen und Verstöße zu verfolgen. Verstöße können auch von jedem anderen Küstenstaat verfolgt werden.

Die Vorschriften von MARPOL ähneln denen des „Übereinkommens von Helsinki über den Schutz der Meeresumwelt des Ostseegebietes", die auch folgende für Sportfahrzeuge wichtige und gültige Regeln beinhalten:
● Öl oder ölhaltige Gemische dürfen nicht in das Meer eingeleitet werden.
● Ölrückstände sind an Bord zu behalten oder in Auffanganlagen einzuleiten. Als Ausnahmen gelten nur Gefahrensituationen, Beschädigungen des Schiffes oder Flüssigkeiten mit einem Ölgehalt von maximal 15 ppm (parts per million).
● Das Beseitigen von Kunststoffabfällen oder sonstigen Mülls in die Ostsee und bestimmte andere Meeresteile ist verboten. Ausnahmen können durch Notlagen oder Beschädigungen des Schiffes und seiner Ausrüstung entstehen.
● Lebensmittelabfälle dürfen erst in einem Abstand von mindestens 12 Seemeilen vom nächstgelegenen Land ins Meer eingebracht werden (dennoch sollte man die Abfälle im Hafen entsorgen!).
● Für Abwasser, Müll und Ölrückstände sind im Bereich der Ostsee und einigen anderen Ländern Auffanganlagen installiert worden.

Es ist darauf hinzuweisen, daß Verstöße gegen diese Vorschriften empfindliche Strafen nach sich ziehen.

## Verordnung über die Sicherung der Seefahrt

Das Kapitel V des *Internationalen Übereinkommens zum Schutze des menschlichen Lebens auf See,* Protokoll von 1978 (SOLAS 78), behandelt besondere Verfahren für die Sicherung der Seefahrt. Infolge dieses Vertragswerkes hat die Bundesrepublik Deutschland die *Verordnung über die Sicherung der Seefahrt* erlassen. Diese Verordnung gilt für Seeschiffe, die berechtigt sind, die Bundesflagge zu führen, womit deutsch geflaggte Seeschiffe der Berufsschiffahrt wie auch der gewerblichen oder nichtgewerblichen *Sportschiffahrt* betroffen sind. Aus dem Inhalt:

● *Sturm- oder Gefahrenmeldungen*
Jeder Schiffsführer ist verpflichtet, eine auf See festgestellte unmittelbare Gefahr für die Schiffahrt unverzüglich und mit allen zur Verfügung stehenden Nachrichtenmitteln in der Nähe befindlichen Schiffen und Küstenplätzen sowie Küstenfunkstellen zu melden. Als Gefahren gelten z. B. Eis und Vereisungsgefahr, Wracks, Minen, Wirbelstürme oder Windgeschwindigkeiten von 50 Knoten oder mehr. Die Gefahrenmeldung über Sprechfunk wird mit dem dreimal gesprochenen Wort „Sécurité" eingeleitet und ist möglichst in englischer Sprache abzugeben.

● *Verhalten bei Eisgefahr*
Bei Gefahr von Eisbergen oder Eismassen auf oder nahe dem Kurs ist für gehörigen Ausguck zu sorgen. Bei Nacht und verminderter Sicht darf nur mit mäßiger Geschwindigkeit gefahren werden, und der Kurs ist so zu ändern, daß das Schiff aus dem Gefahrenbereich gelangt.

● *Vorsichtsmaßnahmen auf dem Nordatlantischen Ozean*
Bei der Überquerung des Nordatlantischen Ozeans sollten die üblichen Schiffahrtswege benutzt und Gebiete mit Eisgefahr gemieden werden. Das Gebiet der Fischgründe vor Neufundland (nördlich 43 Grad n. B.) ist während der Fangzeiten (März bis Juli) zu meiden.

● *Verhalten bei Seenotfällen*
Erhält ein Schiffsführer auf See die Meldung, daß Menschen in Seenot sind, so hat er mit größter Geschwindigkeit zur Hilfe zu eilen und sie davon möglichst in Kenntnis zu setzen.
Kann er nach Lage der Dinge keine Hilfe leisten, so hat er dies unter Angabe der Gründe ins Schiffstagebuch einzutragen, auch wenn die in Seenot befindlichen Personen dem Schiffsführer mitgeteilt hatten, daß ein Beistand seines Schiffes nicht mehr erforderlich ist.
Der Führer eines in Not befindlichen Schiffes kann von denjenigen Schiffen, die seinen Notruf beantwortet haben, diejenigen auswählen, die seiner Meinung nach am besten in der Lage sind, Beistand zu leisten. Die anderen kann er nach Absprache aus der Hilfeleistung entlassen.

● *Besondere Vorschriften über das Verhalten nach Zusammenstößen*
Nach einer Kollision haben alle beteiligten Schiffsführer allen vom Unfall Betroffenen Beistand zu leisten, soweit dies ohne erhebliche Gefährdung ihres eigenen Schiffes und der an Bord befindlichen Personen möglich ist.
Die Schiffe müssen so lange beieinander bleiben, bis weiterer Beistand nicht mehr erforderlich ist.
Vor der Fortsetzung ihrer Fahrt haben die Schiffsführer den am Unfall beteiligten Fahrzeugen Namen, Unterscheidungssignal, Heimat-, Abgangs- und Bestimmungshafen ihres Schiffes mitzuteilen.
Kann ein Schiffsführer seiner Pflicht zur Hilfeleistung nicht nachkommen, hat er dies unter Angabe der Gründe ins Schiffstagebuch einzutragen (gilt nicht für die nichtgewerbliche Sportschiffart) und die Hafenverwaltung des nächsten Anlaufhafens sowie das für seinen Heimathafen zuständige Seeamt davon zu unterrichten.

**Nr. 2119**

ISSN 0027-7444　　　　　C 5073 B

# Nachrichten für Seefahrer

31. März 1995 · 126. Jahrgang · Heft 13

Amtliche Veröffentlichung
für die Seeschiffahrt

Bundesamt für Seeschiffahrt und Hydrographie
Hamburg · Rostock

**Beilagen:** Deckblätter zum Lfv.; Nautische Warnnachrichten;
Liste der noch gültigen P- und T-Berichtigungen.
**Neuerscheinungen des BSH:** Hb. Brücke u. Krth. I;
Krt. (21) 89; Krt. für die Sportschiffahrt 3011.

---

Bekanntmachung für Seefahrer 8/95　　　　　WSA Lübeck, 25.01.95

Deutschland. Hohwachter Bucht. Warnsignalkennung geändert.

| | |
|---|---|
| Karte(n) | : (16) 43, 30, 31 und 32 |
| Frühere BfS | : (T) 161/94 A und (T) 169/94 |
| Frühere NfS | : Heft 50/94 und 2/95 |
| Geogr. Lage | : a) 54° 22,94' N, 010° 56,20' E "Heiligenhafen"<br>b) 54° 21,26' N, 010° 52,04' E "Blankeck"<br>c) 54° 19,00' N, 010° 48,12' E "Wessek"<br>d) 54° 22,77' N, 010° 32,64' E "Hubertsberg"<br>e) 54° 26,08' N, 010° 19,09' E "Heidkate"<br>(Koordinaten in ED) |
| Ersetze | : Kennung durch:<br>Blz. g. 5 s/Blz r. 5 s/Wechs. Blz. g/r. 5 s<br>Nenntragweite g/r.: 6/5 sm bei Tagbetrieb und<br>15/13 sm bei Nachtbetrieb |

Anmerkung:
An den auf d. o. g. Positionen vorhandenen Signalstellen werden ab 30. Januar 1995 v. g. Sichtzeichen
zeitweise gezeigt.

Bedeutung der Signale:

Blz. g. an allen Signalstellen: Schießbetrieb im
　　　　　　　　　　　　　　　　Warngebiet Todendorf

Blz. r. an allen Signalstellen: Schießbetrieb im
　　　　　　　　　　　　　　　　Warngebiet Putlos

Blz. g/r. an allen Signalstellen: Schießbetrieb in
　　　　　　　　　　　　　　　　den Warngebieten
　　　　　　　　　　　　　　　　Todendorf und
　　　　　　　　　　　　　　　　Putlos

Im übrigen wird auf die Schiffahrtspolizeiverordnung
über Sicherungsmaßnahmen für militärische Sperr- und
Warngebiete an der schleswig-holsteinischen Ost- und
Westküste und im Nord-Ostsee-Kanal v. 07. Mai 1984
i. d. F. der 3. Änderungsverordnung v. 19. Dezember
1994 hingewiesen.
Die mit BfS (T) 161/94 unter A und (T) 169/94 be-
kanntgemachten Maßnahmen werden zum 30. Januar 1995
aufgehoben.

Aushang bis　　: 28. Februar 1995

---

## Nautischer Warn- und Nachrichtendienst

Der nautische Warn- und Nachrichtendienst findet seine Verbreitung über Funk, Presse oder Aushang in Häfen. In regelmäßigen Zeitabständen werden folgende Nachrichten verbreitet, die die Sicherheit und Leichtgängigkeit des Seeverkehrs betreffen:

● *Bekanntmachungen für Seefahrer (BfS)*
Die nautischen Unterlagen müssen immer auf dem neuesten Stand sein, damit sie auf See eine Hilfe sind. Die *Bekanntmachungen für Seefahrer* erscheinen für den Bereich der Seeschiffahrtsstraßen und enthalten alle Veränderungen hinsichtlich Betonnung, Befeuerung, Wracks und Untiefen. Sie werden von dem für das Gebiet zuständigen Wasser- und Schiffahrtsamt (WSA) herausgegeben und an amtlichen Aushangstellen bekannt gemacht. Ihre Angaben fließen in die Nachrichten für Seefahrer ein.

● *Nachrichten für Seefahrer (NfS)*
Dieses wöchentlich erscheinende Amtsblatt des Bundesamtes für Seeschiffahrt und Hydrographie (BSH) ist in vier Teile gegliedert:
– Teil 1: Kartenberichtigungen
– Teil 2: Handbuchberichtigungen
– Teil 3: Katalogberichtigungen (das sind Berichtigungen zum Verzeichnis der Nautischen Karten und Bücher sowie Hinweise auf berichtigte Nachdrucke und beabsichtigte Neuausgaben von Karten)
– Teil 4: Mitteilungen (z. B. Mitteilungen der Wasser- und Schiffahrtsämter über Schießzeiten, geringere Wassertiefen, Schiffahrtsbeschränkungen usw.)

● *Nautische Warnnachrichten*
Innerhalb eines weltweit koordinierten Warnfunksystems werden nautische Warnnachrichten verbreitet. Die gedruckten Warnnachrichten werden in den *Nachrichten für Seefahrer* des Landes veröffentlicht, das für die Verbreitung dieser Warnnachrichten zuständig ist. Die Funkstellen und Sendezeiten entnimmt man dem *Nautischen Funkdienst.*

---

**Titelseite der Nachrichten
für Seefahrer (NfS) und Auszug aus den Bekanntmachungen für Seefahrer (BfS).
Die Angaben der BfS fließen
in die NfS ein.**

**Diese havarierte Yacht ist
bei Sturm auf Legerwall
geraten und gestrandet
(rechts).**

## GL-Richtlinien, Sicherheitsrichtlinien

Die Schiffsklassifikationsgesellschaft Germanischer Lloyd (GL) hat sich in Deutschland für Fragen der technischen Sicherheit von Wassersportfahrzeugen einen Namen gemacht. Neben den Vorschriften für die Berufsschiffahrt gibt der GL auch *Bauvorschriften für Wassersportfahrzeuge* heraus. Darin ist festgelegt, wie Schiffskörper, Mast und Rigg, Maschinenanlagen, elektrische Anlagen und Sicherheitsausrüstungen aussehen müssen, um die GL-Plakette zu bekommen.

Die Kreuzer-Abteilung des Deutschen Segler-Verbandes veröffentlicht darüber hinaus *Sicherheitsrichtlinien für die Ausrüstung und Sicherheit von Segelyachten*. Es handelt sich dabei um internationale und nationale Richtlinien für die Mindest-Sicherheitsausrüstung und -einrichtung seegehender Segelyachten auf der Grundlage der *Special Regulations* des *Offshore Racing Councils* (ORC).

## Unfallverhütungsvorschriften

Ähnliches gilt für die Unfallverhütungsvorschriften (UVV) der See-Berufsgenossenschaft. Wenngleich ihre Vorschriften für private Sportboote, auf denen keine Personen gegen Entgelt beschäftigt werden, nicht bindend sind, so können bestimmte Abschnitte dem Yachteigner dienlich sein. Besonders auf großen Yachten sollte man sich, soweit dies technisch möglich ist, nach den Normen der UVV-See richten.

Für Fahrtensegler von Interesse können u. a. folgende Abschnitte sein:
– Hinweise zur Besetzung von Ruder und Ausguck
– Vorkehrungen an und unter Deck
– schiffbauliche Einrichtungen
– Maschinenanlagen
– Rettungsmittel
– Feuerschutzvorschriften
– nautische Ausrüstung

### Havarie und Seeunfall

Als *Havarie* werden alle Schäden am Schiff und an der Ladung bezeichnet. Der Begriff beschreibt sowohl den Vorgang der Beschädigung als auch den entstandenen Schaden.

*Seeunfälle* sind nach dem 1986 in Kraft getretenen *Seeunfalluntersuchungsgesetz* (SeeUG) „Unfälle von Schiffen auf Seeschiffahrtsstraßen und an Seeschiffahrtsstraßen gelegenen Häfen sowie auf hoher See, wenn ein Seeschiff beteiligt ist, das berechtigt ist, die Bundesflagge zu führen". Dieses Teilzitat belegt, daß das SeeUG auch für Sportfahrzeuge Gültigkeit besitzt.

*Nach dem SeeUG liegt ein Unfall vor,*
– wenn durch das Verhalten, den Zustand oder den Betrieb eines Schiffes eine erhebliche Gefährdung oder Beeinträchtigung seiner Sicherheit oder der Sicherheit an Bord befindlicher Personen, der Sicherheit des Schiffsverkehrs oder der Zustand der Gewässer eintritt,
– wenn ein Schiff gesunken, verschollen oder aufgegeben ist,
– wenn ein Schiff einen erheblichen Schaden erlitten oder verursacht hat,
– wenn beim Betrieb des Schiffes eine Person getötet worden oder verschollen ist,
– wenn von den Beteiligten eine unterlassene Hilfe- oder Beistandsleistung vorliegt.

Das Gesetz enthält auch die Anzeigepflicht von Seeunfällen. Deshalb ist Fahrtenseglern, die an solchen Unfällen beteiligt sind, anzuraten, eine möglichst genaue schriftliche Schilderung anzufertigen. Dabei sind Ursache und Verlauf, Maßnahmen zur Vermeidung des Unfalls und Umfang des Schadens Inhalte des Dokuments. Führt man an Bord ein Logbuch, so wird der Bericht dort aufgenommen, möglichst mit einer Namensliste der Zeugen und deren Unterschriften.

Das SeeUG räumt dem *Seeamt* die Möglichkeit ein, fehlerhaftes Verhalten eines Beteiligten an einem Seeunfall festzustellen, und erteilt das Recht, die Fahrerlaubnis für Sportboote zu entziehen, wenn ein fehlerhaftes Verhalten des Inhabers festgestellt wird oder dieser zur Führung von Sportbooten ungeeignet erscheint.

### Hilfeleistung und Bergung

Jeder Mensch hat die gesetzliche und moralische Pflicht, Hilfe zu leisten. Dies natürlich auch auf See, wobei jeder Seemann alles in seiner Macht stehende unternehmen wird, Menschenleben aus Seenot zu retten. Er ist dabei verpflichtet, persönliche Hilfe zu leisten, auch unter Inkaufnahme eigener Beschwernisse und Opfer. Bei einer Rettung von Gegenständen ist ein ähnlich hoher Einsatz nicht verpflichtend.

Das deutsche Recht unterscheidet zwischen *Hilfeleistung* und *Bergung,* die jeweils nur aus Seenotlagen denkbar sind. Dabei muß Seenot als „tatsächliche oder durch Sachverstand eingeschätzte angenommene Gefahr für Schiff und Ladung beurteilt werden, die von der Schiffsbesatzung nicht mit eigenen Mitteln

Unter Seglern sollte die unentgeltliche Schlepphilfe eine Selbstverständlichkeit sein.

abgewendet werden kann, und das Schiff ohne Hilfe von dritter Seite den Untergang oder erhebliche Beschädigung erleiden würde".

Eine *Hilfeleistung* wird demnach erbracht, wenn ein Schiff durch die Hilfe Außenstehender aus einer Seenotlage gerettet wird.

Als *Bergung* bezeichnet man die Besitznahme eines Schiffes in Seenotlage durch Außenstehende, die das Schiff in Sicherheit bringen, nachdem die Besatzung aus eigener Kraft dazu nicht mehr in der Lage war.

Jeder, durch dessen freiwillige Mithilfe Sachwerte aus Seenot gerettet wurden, hat Anspruch auf *Bergelohn*. Die Festsetzung der Höhe erfolgt durch Vereinbarung, nötigenfalls kann ein Schiedsgericht oder ordentliches Gericht angerufen werden. Die Summe wird nach der Größe des Erfolges, den Aufwendungen, den Gefahren, den Kosten und Schäden der Retter, dem Wert des eingesetzten Fahrzeugs und dem Wert der geretteten Gegenstände ermittelt. In der Regel liegt der Lohn unter einem Drittel des Wertes der geretteten Gegenstände, er kann – im seltenen Höchstfall – den Wert dieser Gegenstände jedoch nicht überschreiten.

Kein Geld gibt es, wenn die Aktion ohne Erfolg war.


## Verklarung

Die eidesstattliche Erklärung über eine Havarie, eine Kollision oder einen Unfall wird *Verklarung* genannt. Sie dient als Beweismittel auf der Grundlage der Aufzeichnungen des Seeunfalls im Logbuch.

Die Verklarung schildert die Tatsachen ohne jegliche rechtliche Würdigung der Vorfälle. Sie erleichtert die Beweisführung im späteren Verfahren und die Abwehr von Schadensersatzansprüchen. Jeder Beteiligte hat das Recht, eine beglaubigte Kopie des Verklarungsberichtes anzufordern.

In Deutschland nimmt das zuständige Amtsgericht die Verklarung entgegen, im Ausland das jeweilige deutsche Konsulat.

*Bei Bergung und Hilfeleistung zu beachten:*

● Der Schiffsführer wird abwägen müssen, ob und zu welchen Bedingungen er die Hilfe eines Außenstehenden annimmt. So kann ein erheblicher Unterschied darin bestehen, ob eine festgekommene Yacht gegen vereinbartes Schlepphonorar freigeschleppt oder ob sie abgeborgen wird.

● Klare Vereinbarungen und/oder der Beweis der eigenen Handlungsfähigkeit helfen, unangenehme Überraschungen zu vermeiden. So kann zum Beispiel der Einsatz der eigenen Schlepptrosse als Beweis der vorhandenen Handlungsfähigkeit von Bedeutung sein. Außerdem sollte man nur bei Seenot Notsignale geben, das Schiff nicht verlassen, keinen Dritten an Bord nehmen, die Leinen selbst belegen, die Crew nach eigenen Anweisungen handeln lassen und unbedachte Äußerungen vermeiden.

● Für klare Absprachen und Vereinbarungen besonders bei Törns im Ausland spricht auch die Tatsache, daß der Schlepper bzw. Berger Pfandrecht an der geschleppten bzw. geretteten Sache hat. Kommt es aufgrund fehlender oder mißverständlicher Absprachen zu keiner Einigung, sollte man im Ausland die deutsche Botschaft oder das Konsulat um Hilfe ersuchen.

● Für die Rettung von Menschenleben besteht nach deutschem Recht kein Anspruch auf Entlohnung; es können lediglich die Kosten, die im Zusammenhang mit der Rettung entstanden sind, geltend gemacht werden.

# WICHTIGE ANSCHRIFTEN

| Behörde/Institution | Wesentliche Aufgaben | Anschrift |
| --- | --- | --- |
| Bundesministerium für Verkehr (BMV) Abteilung Seeverkehr | Erstellen und Überwachen von gesetzlichen Vorschriften; zum Geschäftsbereich gehören u. a. Bundesamt für Seeschiffahrt und Hydrographie, See-Berufs-genossenschaft, Deutscher Wetter-dienst usw. | 53175 Bonn Robert-Schuman-Platz 1 |
| Bundesamt für Seeschiffahrt und Hydrographie (BSH) | Herausgabe von nautischen Veröffent-lichungen und amtlichen Seekarten; Schiffsvermessung; Meereskunde mit Eisdienst; Prüfung und Zulassung nautischer Instrumente usw. | 20359 Hamburg Bernhard-Nocht-Straße 78 |
| Bundesoberseeamt | Klärung der Ursachen eines See-unfalls (oberste Instanz) | 20359 Hamburg Bernhard-Nocht-Straße 78 |
| Wasser- und Schiffahrtsdirektion Nordwest Wasser- und Schiffahrtsdirektion Nord | Untersteht dem BMV und ist zustän-dig für Ausbau und Erhalt der Bundeswasserstraßen, für Betonnung und Befeuerung | 26603 Aurich Schloßpark 9 24106 Kiel Hindenburgufer 247 |
| See-Berufsgenossenschaft (SeeBG) Hauptverwaltung | Sozialversicherung der Seeleute; Über-wachung der Sicherheitsvorschriften, Ausstellung entsprechender Zeugnisse | 20457 Hamburg Reimertswiete 2 |
| Deutscher Motoryachtverband (DMYV) Deutscher Segler-Verband (DSV) Kreuzer-Abteilung des DSV | Sportverbände als Interessenvertretung der Wassersportler; Interessenvertetung der Fahrtensegler | 22309 Hamburg Gründgensstraße 18 |
| Funkärztliche Beratung: Stadtkrankenhaus Cuxhaven Hafenarzt Kiel | Berät in Fragen von Krankheiten und Verletzungen an Bord | Tel. 0 47 21/78-0 Tel. 04 31/33 61 40 |
| Deutscher Wetterdienst – Seewetteramt – | Routenempfehlung, Törnberatung, Klimarouten-Bestimmung | 20359 Hamburg Bernhard-Nocht-Straße 76 Tel. 0 40/31 90 88 11 und 88 01 |
| Germanischer Lloyd Hauptverwaltung | Technische Gutachterorganisation, u. a. Serienbauüberwachung | 20459 Hamburg Vorsetzen 32 |
| Deutsche Gesellschaft zur Rettung Schiffbrüchiger (DGzRS) | Hilfe beim Suchen und Retten von Schiffbrüchigen | 28199 Bremen Werderstraße 2 Tel. 04 21/53 70 70 Seenotleitung (MRCC) Tel. 04 21/5 37 07 77 |

# GESUNDHEITSSTÖRUNGEN AN BORD

DR. JÜRGEN HAUERT

Der Fahrtensegler verläßt aus eigener Bestimmung das uns vertraute Netz unverzüglicher, qualifizierter medizinischer Versorgung. Er übernimmt zeitlich begrenzt die volle Verantwortung für Leib und Seele, die sonst zu wesentlichen Teilen an fachkompetentes Personal übertragen werden kann. Somit ist an Bord eine Gesundheitsvorsorge nötig. Diese beinhaltet die individuelle Vorbereitung sowie die Aneignung allgemeiner Kenntnisse auf dem Gebiet der erweiterten Erste Hilfe. Die folgenden Ausführungen sollen dazu dienen, persönliche Gesundheitsgefahren zu erkennen, Richtlinien der allgemeinen Gesundheitsvorsorge zu geben sowie praktische Hinweise für eine bordgerechte Versorgung zu liefern.

# GESUNDHEITSVORSORGE

### Chronische Krankheiten

Diese Krankheiten haben einen langjährigen Verlauf, so daß dem entsprechenden Crewmitglied die Diagnose bekannt ist. Unter Würdigung der Fahrtdauer und des Fahrtgebietes sollte der Patient bereits an Land mit einem Arzt seines Vertrauens das Gesundheitsrisiko abschätzen. Chronische Krankheiten haben je nach Schwere und betroffener Person ohnehin einen unterschiedlichen Verlauf, so daß allgemeine Hinweise nur unverbindlich bleiben können.

Als Diagnosen seien hier erwähnt: Herzkreislauferkrankungen, Blutzuckererkrankungen, Anfallsleiden, schweres Asthma bronchiale, Neigung zu allergischen Reaktionen, Lebererkrankungen, Nierenerkrankungen, Prostatavergrößerungen sowie auch psychische Auffälligkeiten.

Die betroffenen Personen sollten entsprechende Medikamente persönlich mitbringen. Eventuelle Krankheitssymptome und Behandlungsmaßnahmen sind vor der Reise mit der Crew zu besprechen.

Ein Besuch beim Zahnarzt vor Abreise zur Sanierung des Gebisses verhindert den äußerst quälenden Zahnschmerz in den meisten Fällen.

### Ernährung und Wasserhygiene

Die Ernährung sollte an Bord genauso ballaststoffreich sein wie heutzutage auch an Land üblich. Dies beugt der häufig recht lästigen Darmträgheit vor. Zu empfehlen sind ungeschrotete Getreidesorten, ungeschälter Reis sowie Obst und Gemüse. Auf längeren Reisen empfiehlt sich die Mitnahme von Multivitamintabletten. Insbesondere in südlichen und subtropischen/tropischen Gegenden stellen sich Probleme der Nahrungsmittelhygiene. Die dort ortsüblichen Speisen sind dem Land und Klima meist gut angepaßt und nach einer entsprechenden Eingewöhnungszeit gut zu vertragen. Die Übernahme unserer Eßgewohnheiten ist problematisch, insbesondere ist vor Delikatessen zu warnen, die unter unseren Bedingungen zwar schmackhaft sind, in südlichen Gefilden jedoch eine ernste Gefahr darstellen. Zu nennen sind hier: Speiseeis, Mayonnaise, kalte Buffets, ungekochtes oder ungebratenes Fleisch sowie Fisch, in welcher Zubereitungsart auch immer. Im Zweifel bleibe man bei Grundnahrungsmitteln wie Reis, Nudeln, Mais, Hirse, Bohnen und Brot, die entsprechend gekocht oder gebacken wurden und somit unbedenklich sind. An unbedenklichen Obstsorten lassen sich Zitrusfrüchte, Bananen, Ananas, Papayas, Mangos aufzählen. Zusammengefaßt gilt die Devise: „Peel it, cook it or forget it!"

### Wasserhygiene

In unserer Klimazone mit entsprechend vorhandenem frischem Wasser reicht zur Wassertankhygiene meist die Reinigung mit reichlich Kochsalz. Bei längeren Fahrten und problematischer Hygienesituation sollte mit Silberpräparaten desinfiziert werden, z. B. Mikropur, Catadyn, Zetosil. Diese Mittel sind im Yachthandel erhältlich. Im Zweifelsfall empfiehlt sich das Abkochen von fraglichem Wasser für die Dauer von 10 Minuten. Diese hygienischen Maßnahmen stellen schon einen wesentlichen Schutz gegen bedrohliche Infektionskrankheiten in südlichen Regionen dar. Der Yachtsegler ist sicherlich nicht im selben Maße wie der Landtourist von den ortsüblichen Hygienebedingungen abhängig.

### Schutzimpfungen

Ausreichender Schutz gegen Tetanus und Polio sollte bei jedem Bundesbürger vorliegen. Dieser Zustand ist vor der Abreise zu überprüfen, es ist dabei zu bedenken, daß die Virulenz der Erreger von Infektionskrankheiten in südlichen Regionen erhöht ist. Die Immunitätslage für infektiöse Leberentzündungen läßt sich ebenso vor der Reise durch ärztliche Untersuchungen bestimmen. Eine Malaria-Prophylaxe ist bei Reisen in entsprechende Gebiete angeraten. Informationen erteilen die Tropeninstitute. Wesentlichen zusätzlichen Schutz bietet ein gutes Moskitonetz, beispielsweise auch zum Abdichten von Windhutzen und Niedergängen.

Pflichtimpfungen existieren noch für Cholera und Gelbfieber in bestimmten Ländern Südamerikas, Afrikas und Asiens. Des weiteren liegt eine orale Impfung gegen Typhus vor. Bei Reisen in entsprechende Länder sollte man sich über die Tropeninstitute in Hamburg (Telefon 0 40/3 11 82-0) oder München (Telefon 0 89/33 33 22) informieren.

# BEHANDLUNGSHINWEISE

### Überlegungen zur Einschätzung der Situation

Schwere Erkrankungen und Verletzungen sind an Bord vergleichsweise selten, dennoch: Einem solchen Problem gegenübergestellt, ist eine ruhige Betrachtung der Gesamtsituation das Vordringlichste.

Insbesondere gilt es zu unterscheiden zwischen

● *akuten lebensbedrohlichen Notfällen:* Hier wären zu nennen Herz- oder Atemstillstand, schwere Blutungen, Beinahe-Ertrinken. Es bleibt fraglich, ob unter Bordbedingungen hier effiziente Hilfe geleistet werden kann.

● *dringlichen medizinischen Notfällen,* bei denen ärztliche Hilfe angeraten ist, insbesondere, um weitere Komplikationen zu vermeiden. Hier sind zu erwähnen: größere Wunden, Knochenbrüche, Gelenksverrenkungen, schwere Verbrennungen, Schädelhirnverletzungen sowie vermutete Entzündungen im Bereich des Bauchraumes, Darmverschluß, Brustschmerzen, Verdacht auf Herzinfarkt sowie schwere Durchfallerkrankungen und schweres Fieber ungeklärter Ursache.

● *medizinischen Problemen,* die zwar schmerzhaft sind und das Wohlsein deutlich beeinträchtigen, jedoch keine dauernde Gesundheitsstörung erwarten lassen. Hier wären zu nennen: oberflächliche Verletzungen, Zerrungen von Gelenken, Husten, Zahnschmerzen, Ohrenschmerzen, oberflächliche Hautinfektionen und zu Teilen auch die Seekrankheit, wobei zu beachten ist, daß keine schwere Kreislaufbeeinträchtigung stattfindet.

Gemäß diesem Dringlichkeitsschema sollte dann auch mit entsprechender Intensität Hilfe von außen über Kanal 16 angefordert werden. Der erhobene Krankheitsbefund muß vor dem Gespräch schriftlich festgehalten werden (siehe Seite 338).

### Wiederbelebung gemäß der ABC-Regel (Atmung – Beatmung – Circulation)

Läßt sich bei einem bewußtlosen Patienten kein Herzschlag feststellen oder hat die Atmung ausgesetzt, so ist unverzüglich mit Wiederbelebungsmaßnahmen zu beginnen. Zunächst sind die Atemwege freizumachen

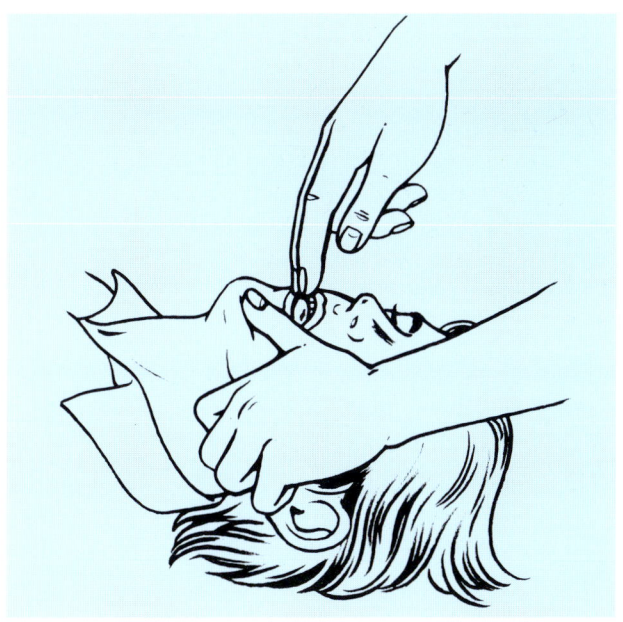

Bei jedem „Bewußtlosen" sind die Atemwege freizuhalten; Fremdkörper sind mit den Fingern zu entfernen.

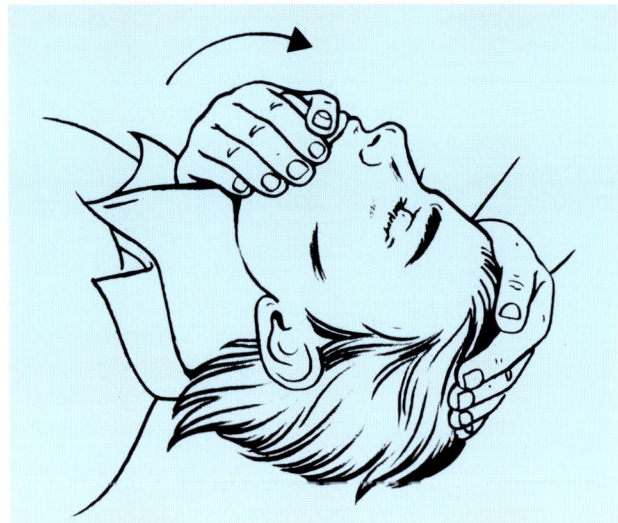

Um ein Rückgleiten der Zunge zu verhindern, wird der Hals überstreckt (links).

Die Herzdruckmassage mit Ansatz am Brustbein muß eine wirkliche Kompression des Brustkorbs bewirken (unten).

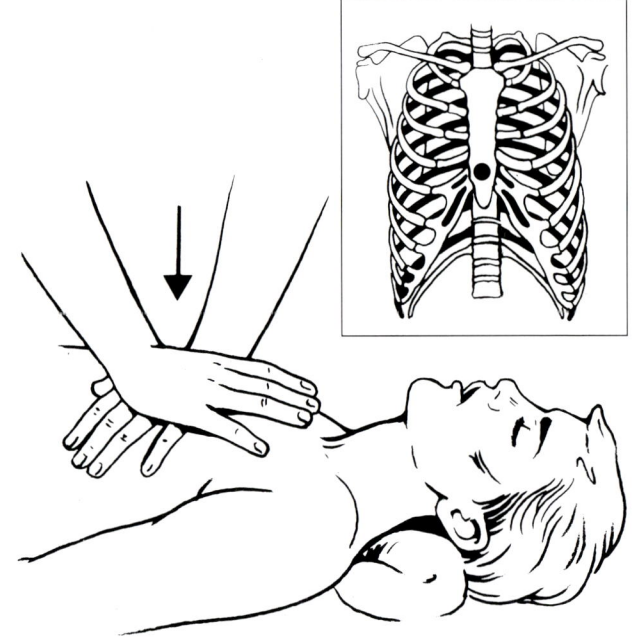

oder freizuhalten. Dies geschieht durch Ausräumen des Mundrachenraumes von Fremdkörpern sowie Überstrecken des Kopfes. Läßt sich des weiteren keine Atmung feststellen, so ist mit der Mund-zu-Mund-Beatmung zu beginnen. Bei weiterhin ausbleibender Herzaktion ist die Blutzirkulation durch äußere Herzmassage aufrechtzuerhalten. Entsprechendes Handeln in der gewünschten Schnelligkeit und Zuverlässigkeit

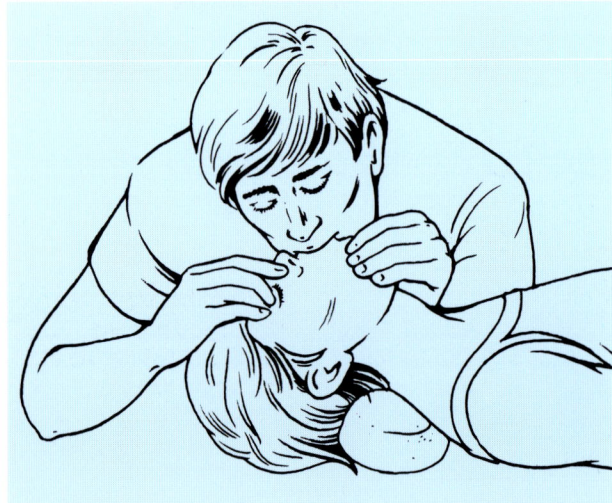

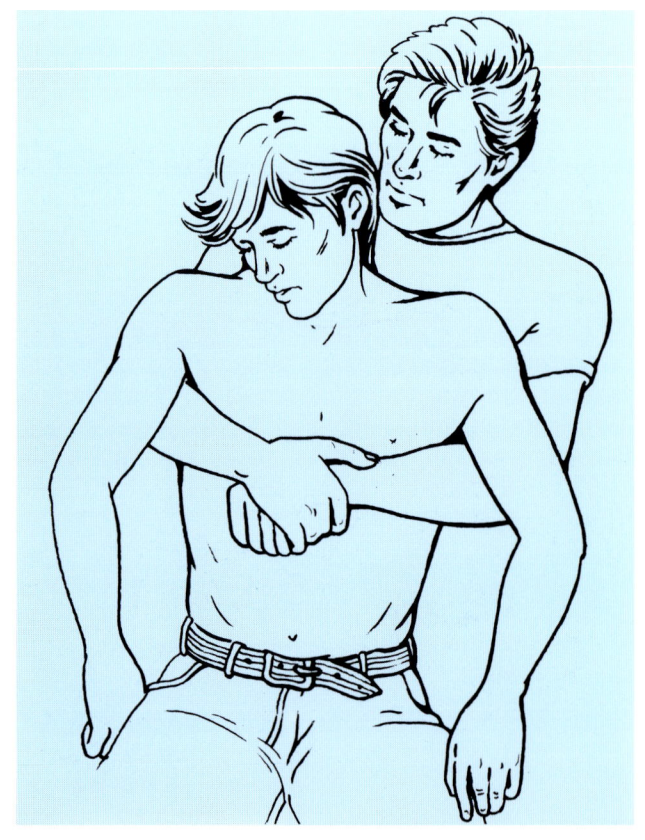

Die Mund-zu-Mund-Beatmung erfolgt bei überstrecktem Kopf mit kräftigen Atemstößen (oben).

Bei einer „Blockierung" der Atemwege kann das ruckartige Pressen des Leibes (Heimlich-Handgriff) zur Lösung führen (rechts).

ist sicherlich nur von einem geübten Laien zu erwarten.

Bei einer Blockierung der Atemwege auf Höhe des Kehlkopfes, bei der der Patient panisch nach Luft ringt, können drei kräftige Stöße zwischen die Schulterblätter gegeben werden. Bei bewußtseinsklaren Patienten kann darüber hinaus der Leib des Patienten ruckartig im Sinne des „Heimlich-Handgriffes" zusammengepreßt werden, um den Fremdkörper zu lösen.

### Der schockierte Patient und die Ursachen

Bei Auftreten eines Schocks, der die vielfältigsten Ursachen haben kann, ist der Patient in die sogenannte Schocklagerung oder, bei eingetrübtem Bewußtsein, in die Komalagerung zu bringen. Dann ist die Ursache andeutungsweise zu klären, um weitere Maßnahmen einleiten zu können. Häufig handelt es sich nur um eine einfache Ohnmacht, die sich nach kurzer Zeit auflöst. Darüber hinaus kommen Schockzeichen bei Blut- und Flüssigkeitsverlust vor, so daß nach diesen zu forschen ist. Eine äußere Blutung wird jeder erkennen,

jedoch ist zu bedenken, daß auch Blutungen nach innen, z. B. in den Magen erfolgen können. Auch schwere andauernde Durchfälle, großflächige Verbrennungen sowie Stoffwechselstörungen bei Diabetikern mit Unterzuckerung können zu Zeichen des Schocks führen.

Entsprechend der zugrunde liegenden Ursache ist dann weiterzuverfahren. Auch in dieser Situation ist auf jeden Fall für freie Atemwege Sorge zu tragen. Blutungen nach außen sollten durch einen Kompressions-

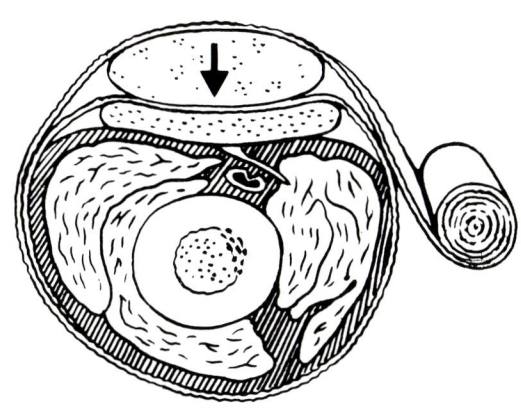

Ein Kompressionsverband vermag auch größere Blutungen zu stillen (oben).

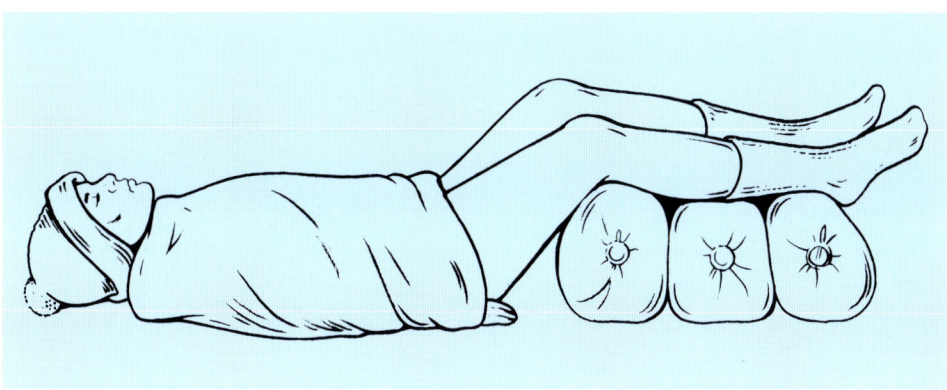

„Schocklagerung": Die Hochlage der Beine stabilisiert den Kreislauf.

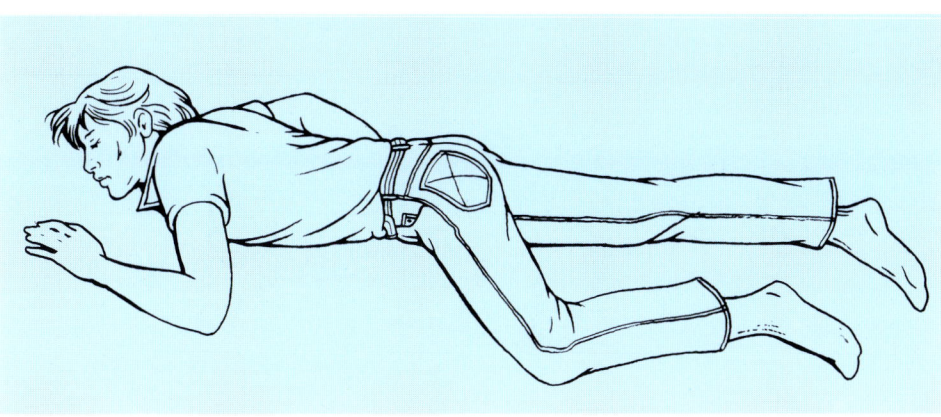

Ein komatöser Patient wird so gelagert, daß die Atemwege frei bleiben.

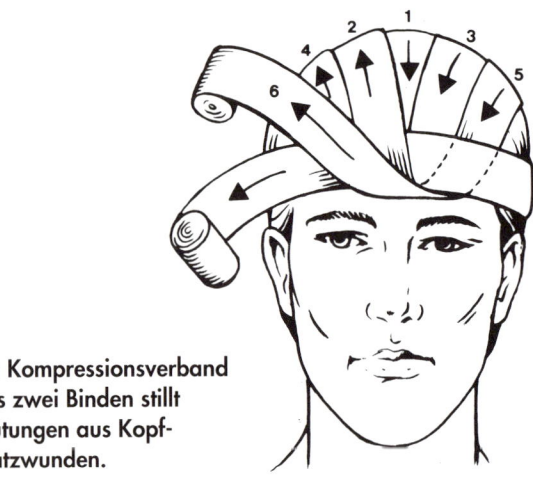

Ein Kompressionsverband aus zwei Binden stillt Blutungen aus Kopfplatzwunden.

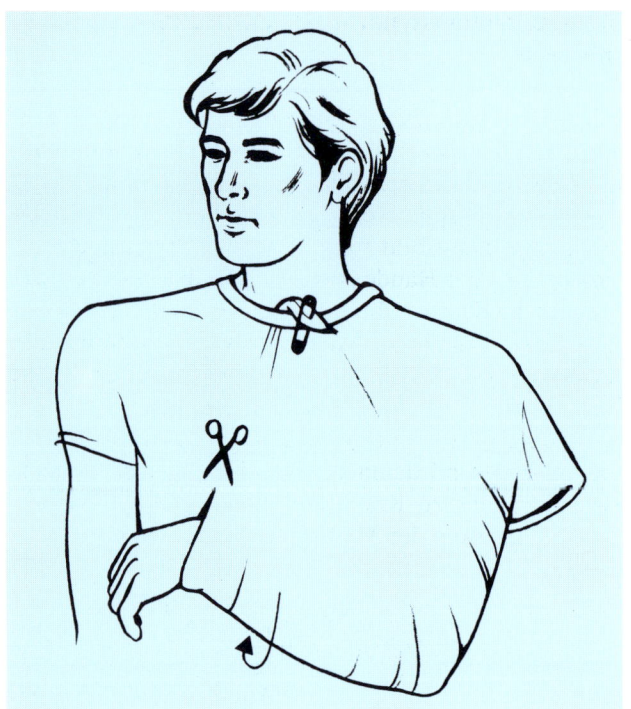

verband versorgt werden. Durch diese Maßnahme ist nahezu jede äußere Blutung vorläufig zu stillen. Wichtig ist, daß der Verband für längere Zeit belassen wird, auch wenn er durchgeblutet sein sollte. Brüche großer Extremitäten werden mit einer gepolsterten Schiene ruhiggestellt, um die Schmerzen zu lindern und darüber hinaus die Blutung in die Weichteile zu minimieren. Bei Blutungen in den Magen-Darm-Trakt sind die Möglichkeiten an Bord äußerst begrenzt, einzig Schocklagerung und dringliche Inanspruchnahme fremder Hilfe ist sinnvoll.

Schockzeichen im Rahmen schwerer Durchfälle sowie durch Flüssigkeitsverlust bei großen Brandwunden sollten bei bewußtseinsklaren Patienten mit elektrolythaltiger Flüssigkeit zusätzlich behandelt werden. Der schockierte Patient ist warmzuhalten.

**Das eingeschnittene Hemd dient zur Ruhigstellung einer Schulter-Arm-Verletzung (oben).**

**Eine elastische Binde stellt einen Oberarmbruch ruhig (rechts).**

**Provisorische Schienung eines Beinbruchs (unten).**

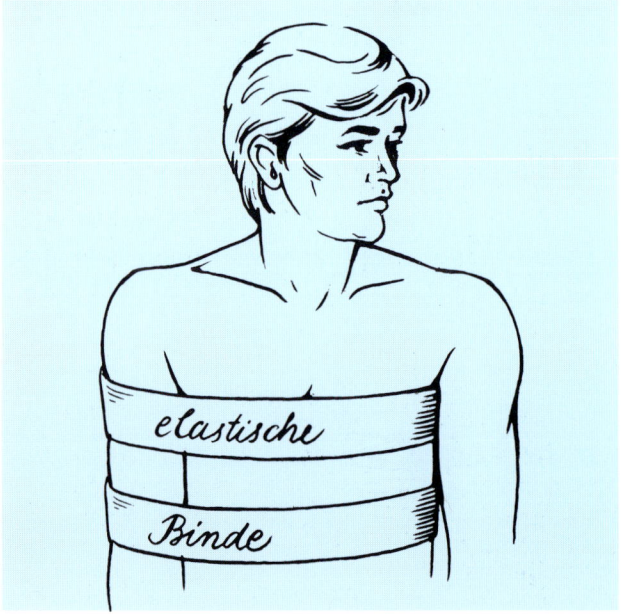

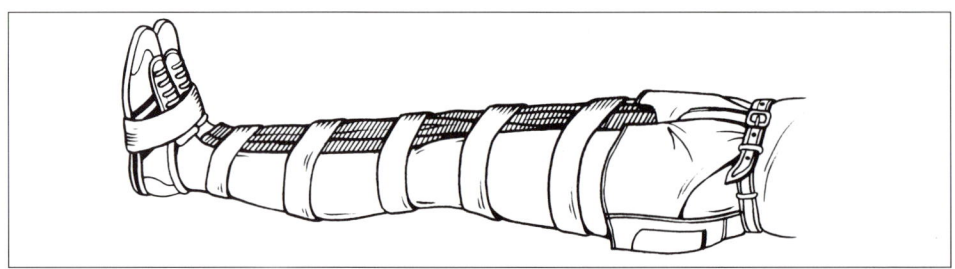

## Hyperventilationssyndrom – Angstreaktion – Epilepsie

Sollte sich an Bord ein ängstlich aufgeregter Mitsegler befinden, der in einer besonderen Streßsituation tief und schnell atmet, so kann es zur Ausbildung eines sogenannten Hyperventilationssyndroms kommen. Das Erscheinungsbild wirkt sehr bedrohlich mit Pfötchenstellung der Hände sowie zunehmender Angst des Betroffenen. Dieses völlig harmlose Krankheitsbild ist durch Beruhigung des Patienten, Anhalten zu langsamer Atmung sowie evtl. Rückatmung der eigenen Luft über einen Plastikbeutel leicht zu beheben. Eine eigentliche Epilepsie ist dem Betroffenen bekannt, bei Seekrankheit und damit unregelmäßiger Tabletteneinnahme kann es zu Krampfanfällen kommen. Wichtig ist das Fortführen der Medikation.

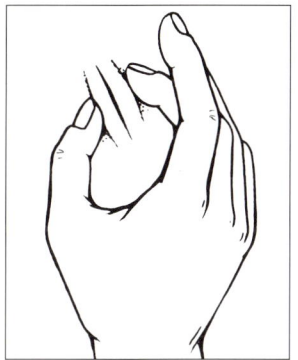
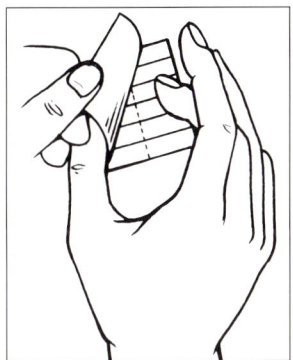

**Bei der Anlage eines Pflasterverbandes werden die Wundränder angenähert.**

### Weichteilverletzungen

Bei **äußeren Verletzungen** mit Blutung sollte ein steriler, zumindest aber sauberer Verband angelegt werden. Ein frisch gebügeltes Taschentuch gilt auch noch als vergleichsweise rein. Ein entsprechender Verband schützt vor weiterer Verschmutzung und führt zur Blutstillung. Ein Abbinden von Schlagadern, wie häufig empfohlen, ist nur im äußersten Notfall sinnvoll; meist richtet es mehr Schaden an, als daß es nützt. Ein Abdrücken von großen, spritzenden Schlagadern kann versucht werden.

Kleine Schnittwunden lassen sich gut und sicher mit entsprechenden Adaptationspflastern versorgen. Diese sollten reichlich an Bord mitgeführt werden. Besteht an Bord die Möglichkeit einer ordnungsgemäßen Wundversorgung mit Nadel und Faden, so werden frische, saubere Verletzungen unverzüglich genäht. Insbesondere bei Kopfplatzwunden ist hier ein guter Erfolg zu erzielen. Ein Angelhaken sollte vorsichtig weiter vorgeschoben werden, um ihn so zu entfernen.

**Eine Hautnaht muß durchgreifend erfolgen (links).**

**Ein Angelhaken wird in paradoxer Richtung entfernt (unten).**

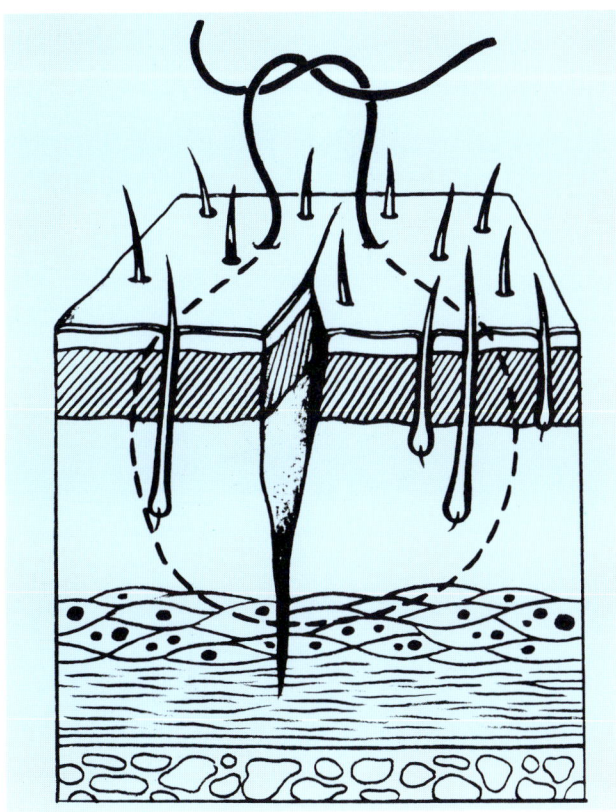

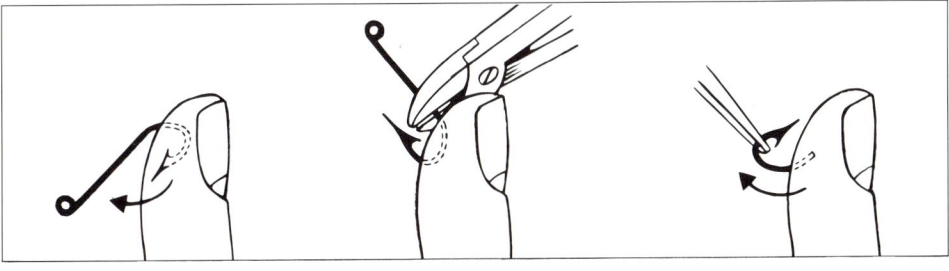

**Die Haut**

Eine sorgfältige Hautpflege an Bord ist wichtig, um Infektionen vorzubeugen. Als Mittel sind zu nennen: Fettsalbe für gereizte, gerötete Haut, Talkum zur Vorbeugung von Fußpilzen, Belüftung und Sauberkeit. Bei Ausbildung einer eitrigen Hautentzündung, erkennbar an Rötung, Schwellung sowie dem hellen Eiterpfropf, ist ein Aufschneiden am Punkt der maximalen Vorwölbung sinnvoll und bringt rasche Linderung. Bei fortbestehendem Fieber sollte dann auch ein Antibiotikum gegeben werden. Infektionen oberhalb des Halses sollten nur durch Ruhigstellung und Antibiotikagabe behandelt werden.

**Knochenverletzungen (incl. Wirbelsäule und Schädel)**

Gliedmaßenbrüche sollen mit Schienen oder sonstigen Hilfsmitteln ruhiggestellt werden. Knochendurchspießungen sind steril abzudecken. Leichter, dauernder Zug trägt meist zur Schmerzlinderung bei. Darüber hinaus kann mit dieser Maßnahme versucht werden, eine annähernd normale Stellung des Knochens zu erzielen und erst in dieser Position ruhigzustellen. Immer ist in der Peripherie von Bandagierungen und Verletzungen auf erhaltene Durchblutung zu achten. Evtl. müssen die Verbände gelockert werden.
*Verletzungen der Wirbelsäule*, z. B. bei Sturz aus großer Höhe, sind insgesamt schwer abzuschätzen. Auf jeden Fall ist große Vorsicht geboten, der Patient soll sicher und stabil auf dem Rücken gelagert werden. Beim eventuell notwendigen Umlagern soll sich der

Patient stocksteif machen und insgesamt nur wie ein Paket bewegt werden. Überprüfen der Bewegungsfähigkeit und Gefühlswahrnehmung im Bereich der Beine ist wichtig. Bei jeder Unklarheit Hilfe von außen beanspruchen.
Ebenso sind *Verletzungen im Bereich des Kopfes* schwer einzuschätzen. Kopfplatzwunden sollten durch Naht und einen Druckverband blutgestillt werden. Wichtig ist die Kontrolle der *Bewußtseinslage* des Patienten. Eine sich entwickelnde oder länger fortbestehende geistige Beeinträchtigung mit Unruhe, Schläfrigkeit, Verwirrtheit oder Sprechstörungen ist dringendes Warnzeichen. Auf jeden Fall auch hier für freie Atemwege sorgen (Komalagerung).
*Handverletzungen* sind häufig an Bord. Verrenkungen und Brüche sollten durch langsamen Zug eingerichtet werden. Bei Abtrennungen von Gliedmaßen besteht heutzutage die Möglichkeit der Replantation. Zu diesem Zweck wird die abgetrennte Gliedmaße steril eingewickelt und in einem wasserdichten Plastikbeutel in Eiswasser gekühlt. Eine sinnvolle Replantation ist nur im Verlauf der ersten Stunden möglich. Ein Bluterguß unter dem Fingernagel kann durch Aufbohren entlastet werden.
Beim *Hexenschuß* stellen sich meist ohne erkennbare Ursachen Schmerzen im Kreuz sowie zum Teil auch in den Beinen ein. Sowohl plötzliches Auftreten („Schuß") als auch allmähliche Entwicklung sind möglich. Häufig nimmt der Betroffene eine groteske Haltung ein. Solange „nur" Schmerzen bestehen, ist die Situation noch ungefährlich. Therapeutisch sollte die bequemste Lage eingenommen werden (mit Beugung in Hüft- und Kniegelenk sowie Verabreichung von Schmerzmitteln und Wärme). Beim Auftreten von verminderter Gefühlswahrnehmung der Beine, Muskelschwäche für Zehen und Hackengang sowie Entleerungsstörungen von Blase und Mastdarm ist dringend ärztliche Beratung nötig. Die Muskelschwäche der Fußhebung und -senkung wird im „Fingerhakel-Versuch" (Fuß gegen Hand des Untersuchenden) im Seitenvergleich getestet.

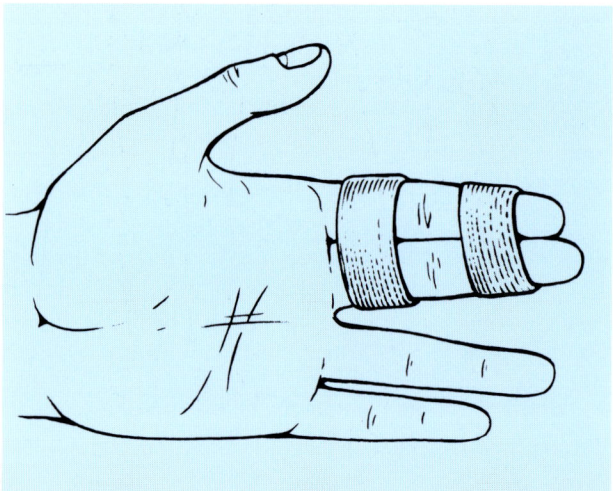

Hier sehen Sie die Ruhigstellung *eines* Fingers (links).

Ein Bluterguß unter dem Fingernagel sollte „aufgebohrt" werden; hierzu eignet sich eine Injektionsnadel (rechts).

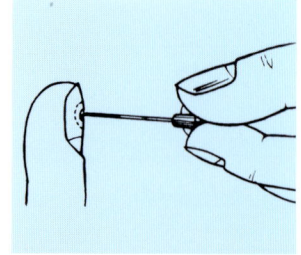

### Das Auge

Eine Reizung der Bindehaut des Auges entsteht an Bord häufig durch Sonne und Wind. Hier sollte Schutz aufgesucht werden, evtl. kühlende Kompressen auf die Augen. Ein Gerstenkorn ist eine bakterielle Entzündung der Liddrüsen und kann durch warme Kompressen sowie Antibiotikasalbe oder -tropfen beschleunigt zur Abheilung gebracht werden. Fremdkörper sollten aus dem Auge nur bei oberflächlicher Lage entfernt werden. Bei unklaren Verhältnissen empfiehlt es sich, nur eine sterile Kompresse aufzulegen. Verätzungen des Auges sollen mit klarem Wasser über einen Zeitraum von mindestens 30 Minuten gespült werden.

### Störungen des zentralen Nervensystems

Kopfschmerz, Nackensteifigkeit sowie Fieber lassen an eine gefährliche *Hirnhautentzündung* denken. Antibiotikagabe und ärztliche Versorgung sind angebracht. Hitzekollaps und Hitzeschlag sind nur unter den Bedingungen südlicher Gefilde gut vorstellbar. Hier ist es angebracht, Hitze und Sonnenlicht zu meiden. Bei dem gefährlichen Hitzschlag ist der Betroffene rot und heiß, die Körpertemperatur kann über 40 Grad liegen. Aktive Kühlungsmaßnahmen sind einzuleiten, z. B. Übergießen mit Wasser.

Ein heftiger *Sonnenbrand* entsteht an Bord besonders schnell, da die Wasseroberfläche das Licht zu 100 % reflektiert (von einer grünen Wiese werden nur 20 % reflektiert). Zwischen 0900 und 1500 ist die Sonnenintensität am größten, so daß der Schutz in dieser Zeit besonders wichtig ist. Am besten schützt Bekleidung; an dennoch sonnenexponierten Stellen wie Gesicht und Nacken haben sich Sonnenschutzcremes bewährt; deren Schutzfaktoren geben allerdings nur die Zeitverlängerung an, bis derselbe Effekt eingetreten ist. Wolken und weiße Baumwollstoffe lassen noch einen Großteil der UV-Strahlen hindurch. Der Verbrennungseffekt wird durch feuchte Haut, feuchte Luft, Hitze und Wind verstärkt. Zur Behandlung eines Sonnenbrandes eignen sich kühle Umschläge und Antihistaminsalbe, eventuell auch Cortisonsalbe.

### Verbrennungen

Verbrennungen ereignen sich häufig im Bereich der Kombüse. Oberflächliche Verbrennungen entsprechen einem starken Sonnenbrand und sind ungefährlich, bei tiefergehenden Verbrennungen kann es bei entsprechender Flächenausdehnung (größer als 10 % Körperoberfläche) zur Ausbildung der schweren Verbrennungskrankheit kommen. Die Behandlung besteht in unverzüglicher, andauernder Kühlung mit leitungswarmem Wasser. Dadurch werden die Schmerzen gelindert, und ein Fortschreiten der Gewebszerstörung wird aufgehalten. Zusätzlich können Schmerzmittel gegeben werden. Die Wunden sind zu reinigen und mit Sulfadiacin (Flamazine- oder PJK-Salbe) zu verbinden. Ausreichende Flüssigkeitszufuhr bei bewußtseinsklaren Patienten sowie fachkompetente Weiterbehandlung an Land sind dringlich.

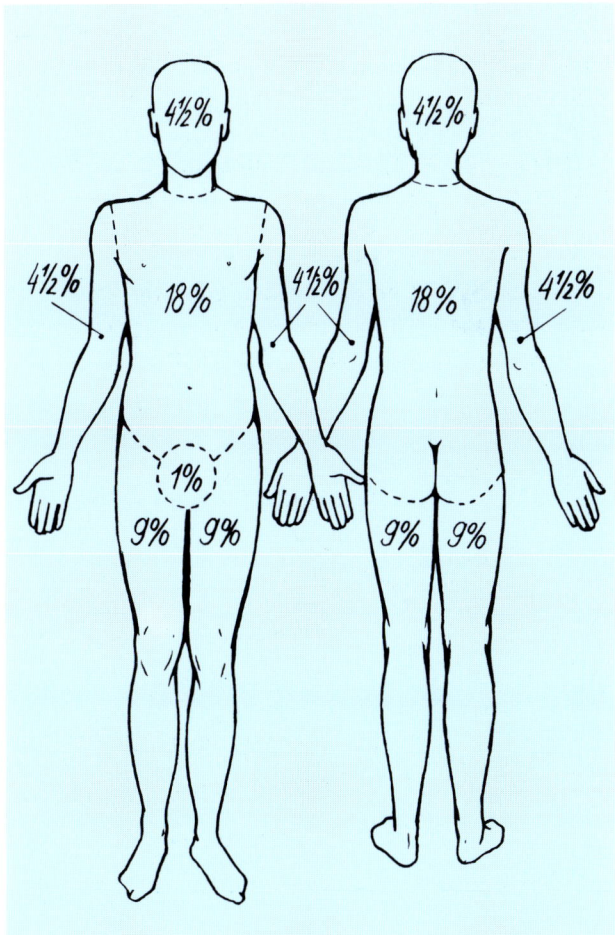

Die Schwere einer Verbrennung ist wesentlich von der Oberflächengröße abhängig.

**Mann über Bord/Unterkühlungen**

Nach einem gelungenen Mann-über-Bord-Manöver mit Bergung des Crewmitgliedes sind die Probleme noch lange nicht gelöst. Zunächst ist auf die erhaltene Herz-/Kreislauffunktion und freie Atemwege zu achten. Hier ist nach den ABC-Regeln zu verfahren. Aber auch bei stabilen Kreislaufverhältnissen droht die Gefahr der Unterkühlung. Der Patient ist äußerst vorsichtig und waagerecht zu handhaben, um weitere Kreislaufbelastungen zu meiden. Bei leichten Formen der Unterkühlung, die an noch vorhandenem Kältezittern sowie schnellem Puls zu erkennen sind, reicht Entkleiden, warmes Anziehen sowie Gabe von warmen, gezuckerten Getränken. Bei der schweren Ausprägung der Unterkühlung mit langsamer Atmung und Herzaktion, wie insbesondere nach längerer Verweildauer im kalten Wasser anzunehmen, ist die obenerwähnte, äußerst vorsichtige Handhabung vordringliche Aufgabe. Der Patient darf nicht aktiv mitarbeiten. Geboten sind: vorsichtiges Entkleiden des Patienten, weiteren Wärmeverlust durch Decken und Alufolie verhindern sowie behutsame Wiederaufwärmung, beispielsweise mit 40 Grad warmen Wärmflaschen oder feuchten, heißen Kompressen auf dem Oberkörper. Auch an Achselhöhle, Leiste, Nacken können Wärmeelemente plaziert werden.

**Verletzungen durch Meerestiere**

Quallen, Polypen und Korallen injizieren ihr Gift aus Nesselkapseln, deshalb bei der Behandlung diese nicht quetschen. Die Hautareale sind mit Meerwasser, Alkohol oder Essig zu spülen. Dadurch kann eine Inaktivierung der Nesselkapseln erreicht werden. Danach erst vorsichtiges Entfernen derselben. Seeigelstichverletzungen sowie Verletzungen durch giftige Fische wie Stachelrochen und Petermännchen sollen für 30–90 Minuten in heißem Wasser gebadet werden (das führt zur Inaktivierung des Giftes), danach Entfernung verbliebener Fremdkörper, soweit möglich. Bei Schockzeichen muß ärztliche Hilfe beansprucht werden.

**Seekrankheit**

Dieser Fluch der Seefahrenden von alters her ist sicherlich auch die häufigste Gesundheitsstörung auf Sportschiffen. Die Betroffenen wirken besonders hilflos. Ursachen sind die Überreizung des Gleichgewichtsorganes sowie widersprüchliche Informationen von Seh- und Gleichgewichtsorgan. Die Patienten sind dennoch aktiv in das Bordgeschehen einzubeziehen, da Streß mitsamt dem dann produzierten Adrenalin heilsam wirken kann. Der Seekranke sollte auf jeden Fall Sicherheitsgurte tragen, da häufig eine apathische

**Der unterkühlte Patient muß vorsichtig behandelt und wiedererwärmt werden.**

Grundstimmung festzustellen ist. Alte Menschen und chronisch Kranke, z. B. Blutzuckerkranke, sind im Rahmen von dauerndem, wiederholtem Erbrechen sowie Kreislaufschwächung ernsthaft gefährdet. Deshalb ist auf ausreichende Flüssigkeitszufuhr trotz Erbrechens zu achten. Die Symptome der Seekrankheit können durch Medikamente unterdrückt werden, bewährt haben sich hier Scopoderm TTS-Pflaster, Cinnarizin, Bonamine sowie Dimenhydrimat. Alle diese Medikamente setzen jedoch die Reaktionsfähigkeit herab, am wenigsten vielleicht das Cinnarizin (Stutgeron). Als Zäpfchen kann Dimenhydrimat in Form von Vomex A auch bei Kindern verabreicht werden. Um dem Aufkommen von Seekrankheit von vornherein vorzubeugen, achte man auf eine gute Gesamtkonstitution (viel Schlaf, wenig Alkohol) und auf eine solide Törnvorbereitung.

## Schmerzen im Brustkorb (Herz)

Schmerzen im Bereich des Brustkorbes können durch eine Lungenentzündung hervorgerufen werden. Diese zeichnet sich im Gegensatz zur Bronchitis durch hohes Fieber und allgemeines Krankheitsgefühl aus. In diesem Fall ist hochdosiert Antibiotikum zu geben. Bei Schmerzen, die in der Herzgegend ihren Ursprung nehmen, wird häufig sofort an einen Herzinfarkt gedacht. Dieser zeichnet sich jedoch meist durch ein schweres Krankheitsgefühl und Schmerzausstrahlung in den linken Arm, Hals oder Oberbauch aus. Die Angina pectoris verursacht ein Engegefühl im Bereich des Brustkorbes. Eine sichere Unterscheidung und Einschätzung ist sicherlich nicht möglich; es kann versucht werden, durch Nitrokapseln eine Besserung zu erzielen. Bei fortbestehender Unsicherheit sollte ein Medicogespräch geführt werden. Schmerzmittel aus der Bordapotheke und Beruhigungsmittel in Form von Valiquid, nur bei stabilen Kreislaufverhältnissen gegeben, sind die einzigen Behandlungsmöglichkeiten. Viel häufiger ist jedoch eine sogenannte funktionelle Herzstörung im Rahmen von Aufregung und Streß.

Diese Beschwerden werden durch Arbeit und Ablenkung deutlich gebessert.

## Innere Verletzungen

Verletzungen des Bauchraumes durch stumpfe Gewalt sind in ihren Folgen äußerst schwer abzuschätzen. Vorstellbar ist eine solche Situation durch Sturz aus großer Höhe oder Sturz auf eine feststehende Winschkurbel. Hierbei kann es zu einem Milz- oder Leberriß kommen mit nachfolgender Blutung. Bei jeder Unklarheit, insbesondere jedoch bei auftretender Kreislaufschwäche, umgehend ärztliche Hilfe beanspruchen.

## Der Blinddarm

Die Verdachtsdiagnose „Blinddarmentzündung" gibt an Bord häufig Anlaß zu Beunruhigung. Als Warnsignal sollte der typische zeitliche Verlauf der Beschwerden gelten:
Beginn des Krankheitsbildes mit unerklärlichen Beschwerden im Bereich von Nabel und Oberbauch (Vorspiel um den Nabel), nachfolgend treten dann häufig Übelkeit und Erbrechen hinzu. Durchfälle sprechen eher gegen eine Blinddarmentzündung.
Im Verlauf von Stunden wandert der Schmerz in den rechten Unterbauch, wo sich dann auch die typische Abwehrspannung der Bauchdeckenmuskulatur finden läßt. Die Körpertemperatur steigt auf Werte um 38 Grad.
Eine muskuläre Abwehrspannung der Bauchdecke durch Reizung des Bauchfelles ist immer ein Zeichen großer Gefahr. Als Ursache kommen nicht nur Blinddarmentzündung, sondern auch Magendurchbruch, Bauchspeicheldrüsenentzündung sowie eitrige Eierstockentzündung in Frage.

### Die innere Blutung

Weiterhin stellt die Magendarmblutung eine bedrohliche Situation dar. Der Betroffene ist kreislaufgeschwächt, setzt zu Teilen schwarzen Stuhl (Teerstuhl) ab oder erbricht rotes, eventuell auch kaffeesatzartig aussehendes Blut. Hier auch Schocklagerung anstreben sowie ärztliche Hilfe anfordern.

### Darmverschluß/Darmträgheit

Weitere ernste Situationen im Bauchraum finden sich bei Darmverschluß. Bei dem Betroffenen ist meist eine wie auch immer geartete Operation im Bauchraum vorangegangen. Es kommt zum völligen Stuhl- und Windverhalt; therapeutisch sind Nahrungsstopp sowie ärztliche Hilfe angeraten.

Davon zu unterscheiden ist die häufig auftretende Darmträgheit unter Bordbedingungen; hier läßt der häufig verhärtete Stuhl länger als 2–4 Tage auf sich warten. Reichlich Flüssigkeitsgabe sowie Bewegung sind angeraten.

### Der Oberbauch

Eine Gallenkolik, häufig mit einer Entzündung der Gallenblase vergesellschaftet, führt zu krampfartigen oder Dauerschmerzen im Bereich des rechten Oberbauches. Meist sind die Symptome dem Betroffenen schon von vorherigen Krankheitsattacken bekannt. Therapeutisch sollten Schmerzmittel, krampflösende Mittel (Scopolamin) sowie bei Fieber auch Antibiotika gegeben werden. Gar nicht einmal so selten sind Magen- und Zwölffingerdarmgeschwüre unter den häufig als Streß wahrgenommenen Bordbedingungen. Hier findet sich ein lokalisierter Schmerz im Oberbauch. Eine Besserung nach Nahrungsaufnahme läßt sich zuweilen feststellen. Therapeutisch ist die Gabe von reichlich Antacida anzuraten (siehe „Bordapotheke" S. 336).

### Die Harnwege/Kolik

Eine Entzündung der ableitenden Harnwege (Nierenbecken, Harnblase) zeigt sich durch Schmerzen über dem Schambein und häufiges Wasserlassen. Finden sich zusätzlich Zeichen der Nierenbeckenentzündung – Fieber, Klopfschmerz im Bereich der Flanke sowie möglicherweise auch kolikartiger Schmerz –, so ist auf alle Fälle hochdosiert Antibiotikum zu geben (z. B. Bactrim; s. S. 336). Die Schmerzen können durch Analgetika und krampflösende Mittel gemildert werden.

Bei älteren Männern liegt darüber hinaus häufig noch eine Harnentleerungsstörung bis zum kompletten

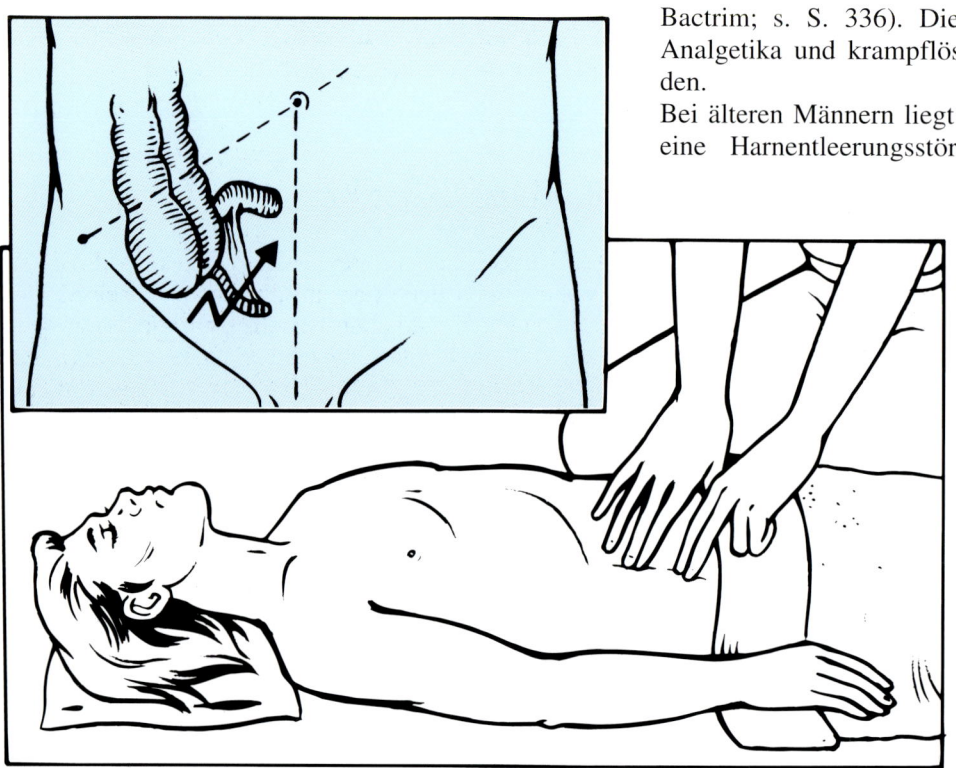

Der „Blinddarm" verursacht Schmerzen und eine Abwehrspannung im rechten Unterbauch.

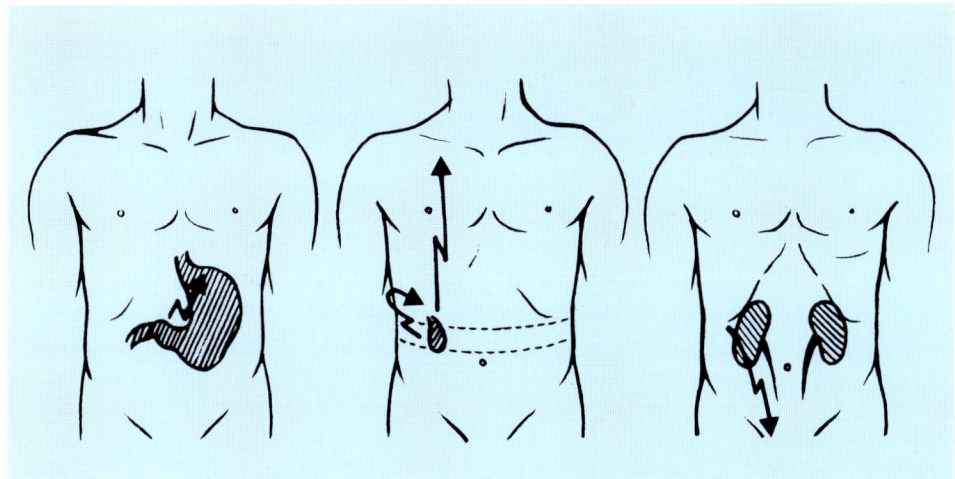

Ein „Magengeschwür" drückt meist im Oberbauch (links).
Eine Gallenkolik kann in den Rücken und die Schulter ausstrahlen (Mitte).
Die Nierenkolik kann in die Leisten ausstrahlen (rechts).

Harnverhalt vor. Bei quälendem Schmerz über der Blase sowie der Unfähigkeit, Wasser zu lassen, muß selbst unter Bordbedingungen für eine Blasenentleerung gesorgt werden. Hierfür eignet sich, sofern vorhanden, ein Harnröhrenkatheterset oder im Notfall die Punktion der Harnblase direkt oberhalb des Schambeines mit einer sterilen Kanüle.

Betroffene ältere Herren sollten sich mit ihrem Urologen besprechen.

**Durchfall**

Durchfallerkrankungen können Reise- und Lebenslust aufs ärgste beeinträchtigen. Dennoch sind sie meist selbstlimitierend und ungefährlich, sofern es sich nicht um schwere Infektionskrankheiten der südlichen Regionen handelt. In jedem Fall ist jedoch für eine strikte symptomatische Behandlung Sorge zu tragen. Auf die sonst üblichen Nahrungsmittel ist im Zustand des Durchfalles allgemein zu verzichten. Statt dessen sind geringe Mengen Kohlehydrate in Form von Zwieback oder Metamucil angeraten. Entscheidend ist der Ersatz von verlorengegangener Flüssigkeit, am besten in Form von Elotranslösung. Liegt diese nicht vor, so kann eine Eigenmischung aus Kochsalz, Zucker, Wasser sowie Natron – so vorhanden – angemischt werden. Auch schwarzer Tee mit Zucker ist sinnvoll. Krampflösende Mittel (z. B. Scopolamin) können versucht werden. Darmantiseptika sowie Kohletabletten erscheinen nicht sinnvoll. Antibiotika sind beim Krankheitsbild der akuten Durchfallerkrankung möglichst zu meiden. Bei fortbestehenden Symptomen mit anhaltenden Durchfällen, evtl. sogar Blut- und Schleimbeimengungen sowie Fieber kann im Ausnahmefall auch vom Laien Antibiotikum in Form TMZ gegeben werden. Besser ist es jedoch, durch Funkkontakt die Situation ärztlicherseits abzuklären.

# BORDAPOTHEKE

Der Umfang der Bordapotheke ist individuell zu gestalten. Als Kriterien mögen gelten: Reisedauer, Reisegebiet, Krankheiten von Crewmitgliedern, finanzielle Möglichkeiten, Versicherungsstatus und die eigene Anwendungskompetenz. Das in der Aufstellung auf den folgenden Seiten Fettgedruckte ist wohl als notwendig zu erachten.

| Bezeichnung | Menge | Bemerkung |
|---|---|---|
| **● Schmerzmittel** | | |
| **Acetylsalicylsäure,** z. B. Aspirin | 30 Tbl./ 30 Brausetbl. | Vorsicht bei empfindlichem Magen; auch gegen Fieber wirksam |
| **Paracetamol,** z. B. ben-u-ron 10 Zäpf. 250 mg | 10 Zäpf. 500 mg 10 Zäpf. 250 mg | Für kleinere Kinder nochmals halbieren; wirkt auch gegen Fieber |
| Scopolamin, z. B. Buscopan-supp | 10 Zäpf. | Bei krampfartigen Schmerzen zusätzlich zu Valoron, ben-u-ron oder Aspirin geben; evtl. auch bei Seekrankheit |
| Valoron N | 10-ml-Lösung | Starkes Schmerzmittel, Reaktionsvermögen beeinträchtigt, Patient nicht an Deck lassen |
| **● Antibiotika** | | |
| **TMZ (Trimethoprim/Sulfamethoxazol),** z. B. Bactrim, Tms-Ratiopharm | 50 Tbl. | Wirkt gegen sehr viele Keime; bei Durchfall 10–14 Tage geben |
| Tetracyclin 250 | 50 Kps. | Zusätzliches Antibiotikum |
| **● Durchfall und Verstopfung** | | |
| (siehe auch Schmerzmittel, Antibiotika, Scopolamin, Metoclopramid) | | |
| **Hemicellulose,** Metamucil | 200 Gramm | Bei Verstopfung 400 ml Flüssigkeit pro Teelöffel Pulver; bei Durchfall mit Apfelmus oder geschlagenen Bananen anrühren |
| Loperamid, Imodium | 10 ml | Bei wässrigen Durchfällen mit beschleunigter Passage |
| **Antacida,** z. B. Gelusil-Liquid, Maaloxan | | Gegen Magenschmerz, bei Verdacht auf Magengeschwür; ausreichend dosieren |
| **Elotrans Neu** (Fresenius) | 20 Beutel | Bei Wasserverlust, z. B. Verbrennung, Durchfall, Schock, Erbrechen |
| **● Seekrankheit** | | |
| (siehe auch Durchfall und Verstopfung) | | |
| Cinnarizin, z. B. Stutgeron | 50 Tbl. à 25 mg | Versuch als Basistherapeutikum mit relativ geringer Nebenwirkung |
| **Dimenhydrinat,** z. B. Vomex A supp D. ratiopharm | 10 supp 150 g | Nebenwirkungen: häufig Müdigkeit, kann auch gegen Allergie verwandt werden |
| Meclozin, z. B. Bonamine | 25 Tbl. à 25 mg | |
| Scopoderm TTS, Scopolamin | 5 Membranpflaster | Nebenwirkungen individuell sehr verschieden; Patient an Deck meist nicht zu gebrauchen, aber recht wirksam. Trockener Mund, Sehstörungen |
| Metoclopramid, z. B. Paspertin | 30 ml | Gegen Übelkeit und Erbrechen allgemein. Kann auch gegen Seekrankheit wirken |
| **● Beruhigungsmittel** | | |
| Diazepam, z. B. Valiquid 0.3 | 25 ml | Wird auch über die Mundschleimhaut aufgenommen, Spritzen erübrigen sich. Patient muß unter Deck bleiben; kann bei hochgradigen Erregungszuständen, Epilepsie und, gering dosiert, auch bei Hexenschuß gegeben werden |
| **● Herzanfall** | | |
| Nitrolingual | 30 Kps. | Bei Herzanfall |

| Bezeichnung | Menge | Bemerkung |
|---|---|---|
| **● Allergiemittel** | | |
| Adrenalin-Medihaler | 10 ml Suspension | Bei gesichertem allergischem Schock zu geben; bekannte Allergiker sollten auch Cortison zur Fortführung der Therapie (wirkt erst nach 6 h) mitführen. Vorsicht: starke Herznebenwirkung |
| **● Mittel zur äußeren Anwendung** | | |
| Bamipin-Salbe/Öl, z. B. Soventol oder B.-ratiopharm, Autan® | 1 Tube | Bei Insektenstichen, Sonnenbrand, Juckreiz, Prophylaxe |
| **Merbromin,** z. B. Mercurocrom | 100 ml | Für alle oberflächlichen Wunden, Verbrennung, Druckgeschwüre, Fußpilz |
| **Polyvidon-Jod-Lösung (PJK),** z. B. Betaisodonna (u./o. PJK-Seife) | 120 ml | Zur chirurgischen Desinfektion, Wundbehandlung, Verbrennungen, Fußpilz |
| Fettsalbe, z. B. Linola-Fett | 50 mg | Für gereizte Haut |
| **Zinksalbe** | | Gegen Sonnenbrand der Lippen, für wunde Stellen |
| **Gentamycin Augensalbe,** z. B. Refobacin | 2,5 g | |
| Otriven-Nasentropfen | | Gegen Schnupfen, bei Nasennebenhöhlenentzündung |
| Cavit | 4 x 7 g | Zum Füllen von Zahnlöchern |
| Talkum-Puder | | Zur Fußpilzvorsorge |
| Clotrimaxol, z. B. Canesten, Mycofug | 20-ml-Lösung | Zur Fußpilzbehandlung |
| Sulfadiazin-Silber, z. B. Flammazine | 50 mg | Für Verbrennungswunden und Hautverätzungen |

**● Zusatzmittel**

Crewmitglieder, die eine bekannte Anfälligkeit haben, sollten hierfür speziell Vorsorge treffen.

Zu denken ist an: H2-Blocker (Zantic, Sostril) zusätzlich zu den mitgeführten Antacida bei Ulcuspatienten. Broncholytica (Bronchospasmin, Berotec) und Antiallergika (Cortison, Adrenalin) bei bekannten Asthma bronchiale und schweren Allergien.

Zusatzantibiotika (Metronidazol, Clont), zu spritzende Antibiotika sowie Information über Prophylaxe gegen Tropenkrankheiten bei Reisen ins Mittelmeer und weiter. Zusätzliche chirurgische Ausrüstung (Lokalanästhetikum, Nahtset) ist sinnvoll, wenn die Technik an Land erlernt wurde.

**Chirurgisches Besteck**
1 Verbandschere
**1 Splitterpinzette**
**5 Paar sterile große Handschuhe**
1 große Metalline-Folie (Sirius-Rettungsdecke)
**5 elastische Binden 10 cm breit**
**20 sterile Kompressen 10 x 10 cm**
3 Elastomull-Verband 6 cm breit
3 Elastomull-Verband 8 cm breit
1 Lederfingerling
1 Rolle Pflaster 2 cm breit
1 Packung Steristrip-Pflaster
1 Packung Heftpflaster
5 Injektionsnadeln Nr. 1
3 Spritzen 10 ccm
2 Ampullen Lokalanästhetikum, z. B. 1 % Scandicain 5 ccm
2 Skalpelle Fig. 11

1 Rolle medizinisches Tape
1 Frühgeburtenthermometer
1 Urinkatheter 18 Charrie
1 Instillagel
Evtl. Nahtset bestehend aus (Fa. AD. Krauth, Hamburg):
1 Pinzette anatomisch
1 Einmal-Nierenschale
10 sterile Kompressen 10 x 20 cm
1 Paar Einmal-Handschuhe steril, groß
1 Einmal-Spritze 10 ccm
1 Einmal-Skalpell Fig. 18
1 Einmal-Rasierer
1 Nadelhalter 18 cm
1 Einmal-Kanüle Nr. 17
1 Einmal-Kanüle Nr. 12
8 Mulltupfer
3 Wundnadeln mit Faden
1 Ampulle 1 % Scandicain 5 ccm

# Radiomedical – Funkarzt-Gespräche als Dringlichkeitsverkehr: PAN PAN

Bei Erstaussendung für Anruf und Meldung UKW-Kanal 16/Grenzwelle 2182 kHz wählen. Läuft dort Notverkehr: Kurzanruf auf Kanal 16/2182 kHz in Sprechpause und Meldung auf Arbeitskanal/-frequenz. Füllen Sie vor dem Gespräch den untenstehenden Fragebogen aus, der beratende Arzt kann dann gezielte Hilfe geben.

## Erstaussendung einer Dringlichkeitsmeldung

**Kurzanruf**
in einer Sprechpause, wenn auf K 16 Notverkehr läuft

*PAN PAN HIER IST (bzw.: DELTA ECHO)*

_____ (1x)
(Schiffsname; 1mal)

_____ (1x)
(Rufzeichen; 1mal)

*ICH GEHE AUF KANAL* _____

*OVER*

**Normales Anrufverfahren auf K 16 maximal 1 Min. lang, sonst auf Schiff/Schiff-Kanal gehen**

*PAN PAN   PAN PAN   PAN PAN* (3x)
*AN ALLE FUNKSTELLEN (bzw.: CHARLY QUEBEC)* (3x)
*HIER IST (bzw.: DELTA ECHO)* (3x)

_____ (3x)
(Eigener Schiffsname; 3mal)

_____ (1x)
(Eigenes Rufzeichen; 1mal)

**Fragebogen bitte vor dem Gespräch ausfüllen**

**1. Yachtname und Rufzeichen;** Vor- und Zuname, Alter und Geschlecht des Erkrankten
**2. Vorgeschichte** bei:
*Unfall:* Zeitpunkt, z. B. Fallhöhe bei Sturz, Dauer bei Unterkühlung
*Verletzungen:* Körperstelle und Ursache, Gliedmaßen verformt oder gebrochen (offen?), Funktionsfähigkeit, Wunden mit Blutverlust, Schockzeichen, Krämpfe, Lähmungen
*Verbrennungen/Verbrühungen:* Zeitpunkt, Ursache, Körperfläche in Prozent, Schwere (2. oder 3. Grad)
*Vergiftungen/Verätzungen:* Zeitpunkt, Ursache, Menge bei Flüssigkeiten
*Erkrankungen:* Zeitpunkt, frühere ähnliche Erkrankung, Operationen, chronische Erkrankung, Allergien, Anfallskrankheit
**3. Zustand** des Kranken:
*Pulsschläge* pro Minute
*Atemzüge* pro Minute, tief oder flach
*Temperatur:* rektal gemessen; bei Bauchbeschwerden zusätzlich unter Achselhöhle gemessen
*Bewußtseinszustand:* klar, verwirrt, bewußtlos, benommen, erweckbar, heiter, ängstlich, unruhig
*Alkohol-, Drogen- oder Medikamenteneinnahme:* wann, was, Menge, Wirkung
*Impfungen:* welche, was, wann, Tetanus
**4. Beschwerden:**
*Hauptbeschwerden:* Körperstelle und Zeitpunkt
*Dauer- oder Kolik-Schmerz,* wo liegt der Druckschmerzpunkt

## Dringlichkeitsmeldung

*PAN PAN*
_____ (1x)
(Eigener Schiffsname; 1mal)

_____ (1x)
(Eigenes Rufzeichen; 1mal)

### Position von Landmarken oder Seezeichen aus:

*POSITION:* _____ *SEEMEILEN*
                            (gesprochene Zahl: z. B. elf)

*IN ZIFFERN*

_____ *SEEMEILEN* _____ *LICH*
(gesprochen: Eins Eins)                        (z. B. Nord-/Süd)

*VON* _____
(Landmarke, Tonne, Feuerschiff)

### Grund für PAN PAN

_____
(z. B. Mann über Bord, Brustkorbverletzung)

### Erbetene Hilfeleistung

_____
(z. B. Dringende Hilfeleistung erbeten, bitte dringend Funkarztgespräch)

### Abschluß: *OVER*

**5. Aussehen** des Kranken:
*Gesicht:* normal, blaß oder gerötet, blaue Lippen, kaltschweißig
*Mund und Zunge:* feucht oder trocken
*Rachen:* frei, gerötet, mit Stippchen belegt
*Urin:* Farbe, Zeitpunkt der letzten Entleerung, Schmerzen bei Entleerung
*Stuhl:* Farbe, Zeitpunkt der letzten Entleerung, Teerstuhl, Blut, Verstopfung oder Durchfall
*Erbrechen:* Farbe, Zeitpunkt der letzten Entleerung, kaffeesatzartig
**6.** Bisher angewandte **Maßnahmen** und **Ergebnisse**
**7. Bordapotheke:** vorhandene Medikamente und chirurgische Instrumente
**8. Standort** der Yacht und ursprünglicher Kurs mit Ziel. Nächst erreichbarer Hafen mit Entfernung und Reisedauer

**Wichtige Telefonnummern und Anschriften**
*Unterkühlung:*
Stadtkrankenhaus Cuxhaven, Telefon 04721/78-0, Altenwalder Chaussee 10–12, 27474 Cuxhaven
*Vergiftung:*
Giftinformation: Telefon 0 30/45 05-35 55/35 65
Virchow-Klinikum der Humboldt-Universität, Augustenburger Platz 1, 13353 Berlin
*Tropenkrankheiten:*
Bernhard-Nocht-Institut für Schiffs- und Tropenkrankheiten, Telefon 040/311820; Bernhard-Nocht-Str. 74, 20359 Hamburg

# BILDNACHWEIS

Alden Electronics, Westborough/Maine  186 o.
Archiv Erdmann Braschos, Hamburg  21 o., 21 u.
  (Cataclub Mammern), 33 li., 35 Mitte

Baltic Yachts, Bosund  9, 24, 70
Rudolf Beier, Berlin  284 o.
Michael Bohmann, Hamburg  107 u., 108, 124, 136,
  137, 138, 142, 143, 144, 145, 146, 147, 148, 149,
  150, 151, 152, 157, 158, 159 re., 160, 161
N. Bowditch, American Practical Navigator, Vol.I,
  Washington  253
Erdmann Braschos, Hamburg  11 u., 33 re., 38 re.,
  40, 42 o. + u., 43, 49 u., 66, 68 re., 73 li., 83, 87, 88
  u., 96, 98, 102, Umschlag-Rückseite unten
British Admiralty, Hydrographic Department, Taunton
  211
British Admiralty, London  189, 224 re.
Gerlind Bruhn, Hamburg  325 – 335
Arndt Bruhns, Hamburg  112
Bundesamt für Seeschiffahrt und Hydrographie,
  Hamburg  223, 224 li., 229 li., 230, 231, 232, 246,
  249, 318, Umschlag-Rückseite links

Chantiers Amel, Perigny/La Rochelle  44, 45 o.

Defense Mapping Agency, Hydrographic/Topographic
  Center, Washington  191, 247, 257
Dehler Yachtbau, Meschede/Freienohl  54
Deutscher Wetterdienst, Offenbach  206, 207
DLR – DFD, Oberpfaffenhofen  167
Dübbel & Jesse, Norderney  12 o., 16 u., 25 u., 26,
  48, 61 u., 63 u., Umschlag-Rückseite oben

Kym Erdmann, Goltoft  210
Wilfried Erdmann, Goltoft  107 o., 111, 169 o., 171,
  172, 173, 175, 176, 177, 178, 182, 184, 186 u., 190,
  192/193, 195, 196, 198, 200/201, 209, 212/213

Ferropilot, Rellingen  245
Frankfurter Allgemeine Zeitung, Frankfurt/M.  169 u.

Germanischer Lloyd, Hamburg  312
Kai Greiser, Hamburg  174, 218
Fridtjof Gunkel/Yacht, Hamburg  113, 118, 222, 258

Hallberg Rassy, Ellös  31 li.
Henningsen und Steckmest, Kappeln-Grauhöft  51 re.
The Hinckley Company, Southwest Harbor  13 o.,
  34, 39 u., 41 li. o., 45 u., 61 o., 73 re.
Heinz Huchtmann  116

Hans-Günter Kiesel/Yacht, Hamburg  10, 11 o.,
  12 u., 13 Mitte, 15, 16 o., 17, 18, 19, 20, 22, 25 o.,
  28, 29 re. (4 x), 30, 31 re., 32, 35 o. + u., 36, 37, 38
  li., 39 o., 41 re. + Mitte, 42 Mitte, 46, 47, 49 o., 50
  o. + u., 51 li., 52, 53, 55, 58, 60, 63 o., 65, 67, 68 li.,
  72, 74, 76, 77, 78, 80, 85, 86, 88 o., 90, 93, 95, 104,
  129, 215, 216, 217, 219, 221, 225, 226, 227, 240 re.,
  241, 243, 244 re., 259, 261, 262, 265, 274, 275, 277
  li., 279, 280, 281, 283 li., 284 Mitte + u., 286, 287,
  290, Umschlag-Rückseite Mitte
Birger Kullmann  31 o.

Fa. H. Mörer, Hamburg  283 re.

Michael Naujok/Yacht, Hamburg  105, 106, 240 li.
Nautor AB, Pietarsaari  23, 29 li., 41 li. u., 71
Georg Nissen Yacht Design, Hamburg  13 u.

Renato Polo  27 (2)

Raytheon/Eissing, Emden  244 li.

Harald Schwarzlose, Bönningstedt  121
SEL, Stuttgart  242

Varta, Hannover  268 re.

Yacht-Archiv, Hamburg  84, 109, 110, 115, 116
  (v. Staaten), 117, 119, 123, 126, 128, 130, 131, 133,
  134, 135, 140/41 (Huchtmann), 153, 154, 155, 156,
  159 li., 162, 164, 165, 267
Yacht Photo Service, Hamburg  Umschlagtitel, 295,
  304, 319, 320, 323, 340 (E. v. Krause)

Zeichnungen S. 261 – 294 nach Vorlagen von Joachim
  Muhs/Yacht, Hamburg
Zeichnungen S. 298 – 310 mit freundlicher Genehmigung von Harald Kimmel (aus: H. Kimmel/G. Wabbel, Sportbootführerschein See, Bielefeld)

# DIE AUTOREN

**Michael Bohmann** lebt als freier Journalist in Hamburg. Nach einem kurzen Abstecher in den kaufmännischen Bereich konnte er einen lange geplanten Traum verwirklichen: den ersten Hochseetörn auf seinem 14 Meter langen, hölzernen Spitzgatter in die Karibik.
Nach Jahren freiberuflicher Tätigkeit in der Ausrüstungsbranche ging er in der Redaktion der Zeitschrift YACHT vor Anker, wo er fast neun Jahre lang als Redakteur tätig war. Weitere ausgedehnte Seetörns auf Booten unterschiedlicher Bauart folgten. Heute arbeitet Bohmann als ständiger Mitarbeiter für Fachzeitschriften und Videoproduktionen für den NDR und den SWF.

**Erdmann Braschos** unterhält seit Abschluß seiner Ausbildung in München und den USA ein eigenes Redaktionsbüro in Hamburg. Er schreibt für namhafte Zeitschriften des In- und Auslandes. Seit fast 30 Jahren segelt er und hat rund 25000 Seemeilen unter den Bootsschuhen. Die europäischen Gewässer sind ihm zwischen den Ålandinseln, den Lofoten, den Hebriden, dem Englischen Kanal bis nach Gibraltar und Zypern vertraut. Im Laufe vieler Törns erkundete er an Bord eines modernen 52-Fuß-Schärenkreuzers auch die nordafrikanische Küste. Als passioniertem Segler gilt seine Vorliebe den schlanken nordischen Bootstypen mit guten Am-Wind-Eigenschaften.

**Wilfried Erdmann,** geboren 1940 in Pommern, lebt vom und für das Segeln. Von September 1966 bis Mai 1968 umsegelte er als erster deutscher Einhandsegler mit der Slup „Kathena" die Erde. 1969 bis 1972 folgte die zweite Weltumseglung mit seiner Frau Astrid, 1984/85 schließlich die berühmte Nonstopfahrt um die Erde – von Kiel nach Kiel in 271 Tagen. Veröffentlichungen u. a.: „Mein Schicksal heißt Kathena"; „Gegenwind im Paradies"; „Tausend Tage Robinson"; „Ein unmöglicher Törn"; „Die magische Route"; „Mein grenzenloses Seestück"; „Ostsee-Blicke: Ein Segelsommer mit Kathena 7"

**Dr. Jürgen Hauert** wurde 1952 in Hamburg geboren und segelt seit dem achten Lebensjahr auf Jollen, Jollenkreuzern und Kielyachten. 1971 Internationaler Deutscher Jugendmeister in der 470er-Klasse und Mitglied der Nationalmannschaft. Segelt heute J 35 in Nord- und Ostsee.
Arzt für Chirurgie und Orthopädie, zur Zeit Ltd. Arzt in einer orthopädisch-chirurgischen Klinik in Hamburg. Veröffentlichte u. a. „Medizintafeln für den Bordgebrauch".

**Erik v. Krause** ist seit 1979 Redakteur der Zeitschrift YACHT in Hamburg. Von 1971 bis 1977 arbeitete er als Crew auf großen Charteryachten in Südamerika und der Karibik, dann folgten zwei Jahre als Segellehrer an der Hanseatischen Yachtschule des DHH in Glücksburg.
Seit 1979 segelt er als Navigator auf Regattayachten, gewann unter anderem zweimal den Admiral's Cup (1983 auf „Sabina" und 1985 auf „Diva"), segelte viermal das Fastnet-Rennen und nahm an vielen internationalen Hochseeregatten in aller Welt teil. Ko-Autor des Fachbuches „Manöver für Segler".

**Joachim F. Muhs,** geboren in der Hafenstadt Bremen-Vegesack, hat als Konstrukteur jahrelang auf der Werft Abeking & Rasmussen elektrische Anlagen für große und kleine Yachten geplant.
Heute ist er als Journalist und Tester bei der Zeitschrift YACHT tätig. Aus seiner Feder stammen Bücher wie „Yachtelektronik", „Yachtelektrik", „Wie beurteile ich eine Yacht?".

**Günter Wabbel,** Sportlehrer, Fahrtensegler auf Nord- und Ostsee, Mittelmeer und Atlantik. Seit 1968 Lehrtätigkeit für alle Führerscheinarten am Segelzentrum der Christian-Albert-Universität in Kiel, anschließend Leiter der Abteilung Führerscheine, Segelschulen und Ausbildung beim Deutschen Segler-Verband, Leitung der Ausbildung und Prüfung von Segellehrern, Lehr- und Prüflizenz bis zum C-Schein. Arbeitet heute freiberuflich; Ko-Autor des Buches „Sportbootführerschein See".

# Hilfen für Ihre Törns in schönen Revieren

## Maritime Reiseführer. Die ideale Ergänzung zu Ihren Seekarten.

## Häfen und Ankerplätze

Die Bücher dieser Reihe enthalten exakte Pläne und Beschreibungen von Häfen und Ankerbuchten. Dazu jede Menge Informationen zu Liegeplätzen, Ansteuerungen und Versorgungsmöglichkeiten.

Gerti und Harm Claußen
**Naturhäfen in Schweden**
Die Westküste – Kullen bis Svinesund

Bernhard Bartholmes
**Häfen und Ankerplätze Costa Brava**
und Häfen um Barcelona

Gerd Radspieler
**Häfen und Ankerplätze Balearen**
Mallorca, Menorca, Ibiza, Espalmador, Formentera

Universitäts-Sportclub München
**Häfen und Ankerplätze Istrien und Dalmatien**
Mehr als 130 Häfen und Buchten

Gerd Radspieler
**Häfen und Ankerplätze Griechenland 1**
Ionische Inseln, westgriechisches Festland, Golfe von Patras und Korinth, Peloponnes, Argolischer u. Saronischer Golf, Attikaküste

Gerd Radspieler
**Häfen und Ankerplätze Griechenland 2**
Attikaküste, Petalischer Golf, Südlicher Euböa-Golf, Südteil Euböas (Evvoia), Kykladen

Gerd Radspieler
**Häfen und Ankerplätze Griechenland 3**
Ostägäische Inseln, Dodekanes, Kreta

Gerd Radspieler
**Häfen und Ankerplätze Griechenland 4**
Nördlicher Euböa-Golf ab Chalkis, Pagasäischer Golf (Volos), nördliche Sporaden, Chalkidiki, nordgriechische Küste bis Alexandroupolis, Inseln Thasos, Samothraki, Limnos, A. Evstratios, Lesvos

**Delius Klasing Verlag**

# Häfen aus der Luft

Großformatige Luftaufnahmen von Küstenabschnitten und Häfen zeigen, wie es innerhalb der Molen und in der Umgebung aussieht. Ausführliche Texte informieren über Routen, Liegeplätze und nützliche Details.

Nils Bahnsen / Helge Janßen
**Dänemarks Häfen aus der Luft 1**
Südwestliche Ostsee einschl. Flensburger Förde, Samsö u. Öresund

Nils Bahnsen / Helge Janßen
**Dänemarks Häfen aus der Luft 2**
Kattegat, Skagerrak, Nordseeküste, Limfjord, Bornholm

Jan Werner / Helmut Jahn
**Ostseehäfen aus der Luft**
Nord-Ostsee-Kanal, Kieler Förde, Eckernförder Bucht, Schlei, Flensburger Förde, Fehmarn, Lübecker Bucht, Trave

Bernt Federau / Jan Werner
**Küste Mecklenburg-Vorpommern aus der Luft**
Von Wismar bis zur Insel Usedom

Jan Werner / Helmut Jahn
**Holländische Häfen aus der Luft**
An der Küste und im Binnenland

Peter Kleinoth
**Spanische Küsten aus der Luft**
Balearen, Costa Brava, Costa Blanca, Costa del Sol

Peter Kleinoth
**Dalmatiens Küsten aus der Luft – mit Istrien**
Häfen – Buchten – Ankerplätze

Peter Kleinoth
**Türkische Küste aus der Luft**
Von Istanbul bis Alanya

Bernhard Bartholmes
**Karibik aus der Luft**
Von den Virgin Islands bis Grenada

# Führer für Sportschiffer

Neben navigatorischen Angaben, Hafenplänen und Lageskizzen informieren diese Bände über Wetter, Wind und Strömungen, über Einreiseformalitäten und Versorgungsmöglichkeiten. Außerdem lernt der Leser Land und Leute, Geschichte und Kultur kennen.

Barbara Böhm / Klaus-Jürgen Röhring
**Mittelmeerküste**
Vom Golf von Genua bis zur spanischen Grenze

Barbara Böhm / Klaus-Jürgen Röhring
**Korsika, Sardinien, Elba**

Christiane und Christian Corssen
**Sizilien mit umliegenden Inseln und Malta**

Volker Lipps
**Spanische Gewässer** Von Cap Cerbère bis Gibraltar

Jan Werner
**Norwegen** Von Oslo bis Bergen

Gerti und Harm Claußen
**Rund Schweden 1** Westküste und Vänersee

H. M. Denham / Gerd Radspieler
**Griechische Küsten** Ionisches Meer, Ägäis und Kreta

Jan Werner
**Segeln in Dänemark 1** Jütland, Anholt, Læsø

Gerd Radspieler
**Türkische Küste** Vom Bosporus bis Antalya

Wolf-Dietrich von Heimburg
**Ostseeküste 1** Travemünde bis Flensburg

Jan Werner
**Ostseeküste 2** Travemünde bis Stettiner Haff

Jan Werner
**Holland mit dem Boot** 20 ausgewählte Touren